ISSA – wissenschaftliche Reihe 18

Christoph Reichert

Das neue Zimbabwe
Gesellschaft im Übergang

Informationsstelle Südliches Afrika e.V.
Bonn, 1984

Diese Arbeit wurde unter dem Titel "Zimbabwe. Probleme der Gesellschaftsstruktur und entwicklungspolitische Ansätze der ersten drei Jahre Unabhängigkeit" als Dissertation zur Erlangung des Doktorgrades der Philosophischen Fakultät der Rheinischen Friedrich-Wilhelms-Universität Bonn vorgelegt.

1. Gutachter: Prof. Dr. R.M. Emge
2. Gutachter: Prof. Dr. K. Mayer
Tag der mündlichen Prüfung: 8. Februar 1984

issa — wissenschaftliche Reihe 18

informationsstelle südliches afrika e.V.
Blücherstr. 14
5300 Bonn 1
März 1984

Titelfoto: H. Hassold, Brot für die Welt
Satz Layout Grafik DK Kierzkowski Bonn-Beuel
Druck: Albrecht, Göttingen
ISBN 3-921614-14-7

Meinen Eltern gewidmet

Am Entstehen dieser Arbeit haben viele, die mir geholfen haben, einen Anteil. Ihnen allen möchte ich hier herzlich danken. Herrn Prof. Emge, meinem Doktorvater, danke ich für seine Förderung. Meine Kolleginnen Helga Albersmeyer und Monika Midel haben mir zeitweilig viel von meiner Arbeit im Seminar abgenommen.

Teile des Manuskripts gelesen, mir mit Diskussionen, Anregungen und Kritik weitergeholfen haben Lothar Berger, Dr. Jürgen Blenck, Britta Döpp, Manfred Göttlicher, Erich Holtze, Willi Klümper, Monika Midel, Hein Möllers, Helmut Rudolph, Hans-Dieter Schinner, Ursula Semin-Panzer, Gottfried Wellmer.

Dr. Jürgen Blenck und Dagmar Bremer fertigten die Abbildungen an. Britta Döpp übersetzte die Zitate aus dem Englischen. Beim Fertigstellen des Manuskripts und beim Korrekturlesen halfen mir Monika Midel, Britta Döpp und Thomas Reichert. Dagmar und Kazik Kierzkowski investierten viel Mühe, um aus der Arbeit ein schönes Buch zu machen.

Eine Reise nach Zimbabwe ermöglichte mir der DAAD; hier danke ich besonders Dr. Peter Kasprzyk. Ohne die Hilfe von Erich Holtze, Hans-Dieter Schinner, Martin Stäbler und vielen anderen hätte ich bei meinem Aufenthalt in Zimbabwe bei weitem nicht so viel lernen können.

Unglücklicherweise ertrug nicht — wie üblich — eine verständnisvolle Ehefrau meine schlechten Launen während der Krisen der wissenschaftlichen Tätigkeit. An ihrer Stelle sei meiner Wohngemeinschaft für das Interesse, mit der sie meine wachsende Lustlosigkeit im letzten halben Jahr verfolgte, gedankt. Spätabendliche Lebenshilfen gaben zuweilen H. Bogart und C. du Rhone.

Bonn, im Februar 1984

Inhaltsverzeichnis

I. EINLEITUNG

Am 18. April 1980 wurde Zimbabwe nach 90 Jahren kolonialer und Siedlerherrschaft unter einer afrikanischen Mehrheitsregierung völkerrechtlich von Großbritannien unabhängig. Mit dem rhodesischen Siedlerstaat fiel nach einem langen und blutigen Guerillakrieg die drittletzte Bastion weißer Herrschaft im Südlichen Afrika. Der erste Premierminister Zimbabwes, Robert G. Mugabe, bildete eine Regierung, der neben den beiden in der Patriotischen Front (PF) verbundenen Befreiungsbewegungen Zimbabwe African National Union (ZANU/PF) und Zimbabwe African People's Union (ZAPU/PF) auch Vertreter der weißen Bevölkerung angehörten. Die neue Regierung sah sich der Aufgabe gegenüber, den noch prekären Waffenstillstand in einen dauerhaften Frieden zu überführen, eine Aussöhnung oder wenigstens Koexistenz der Kriegsgegner zu ermöglichen und die nationale Einheit zu sichern. Auf sozialem und wirtschaftlichem Gebiet hatte sie zunächst die Wiederansiedlung der Kriegsflüchtlinge und -deportierten und die Beseitigung der Kriegsschäden in Angriff zu nehmen. Allgemein und langfristig steht sie vor der Aufgabe, grundlegende soziale Reformen durchzuführen, um Entwicklung in denjenigen Bereichen der zimbabweschen Gesellschaft, die unter weißer Herrschaft davon ausgeschlossen waren, zu ermöglichen.

Diese Arbeit befaßt sich mit den Problemen der sozio-ökonomischen Struktur Zimbabwes sowie mit den in den ersten drei Jahren der Unabhängigkeit formulierten Programmen und erkennbaren Reform- und Entwicklungsansätzen in verschiedenen zentralen gesellschaftspolitischen Bereichen. Die gesellschaftlichen und ökonomischen Strukturen und Probleme, die Zimbabwes Entwicklungsaufgaben wie auch wesentliche Entwicklungsbedingungen beinhalten, sind das Ergebnis der kolonialen Geschichte des Landes: der Unterwerfung der afrikanischen Gesellschaften der Shona und Ndebele unter weiße Herrschaft und der damit verbundenen Veränderung der ursprünglichen gesellschaftlichen Formen durch deren Unterordnung unter die sich entfaltende kapitalistische Produktionsweise und die spezifischen Formen der Herrschaft weißer Siedler. 1890 begann mit der Ankunft der Pioneer Column die Besetzung des Landes zwischen Limpopo und Zambezi, das von den einheimischen Shona und den im 19. Jahrhundert von Süden her zugewanderten Ndebele besiedelt war und das zum südlichen Rhodesien — im Unterschied zu Nordrhodesien jenseits des Zambezi — wurde. Cecil Rhodes' British South Africa Company (BSAC) verwaltete das Land bis 1923, als die seit Anfang des 20. Jahrhunderts gewachsene weiße Siedlerbevölkerung von der britischen Krone den Status einer selbstverwalteten Kolonie erhielt. Unter dem Namen einer Politik der 'zwei Pyramiden' setzten die Siedler die Segregation von weißer und afrikanischer Gesellschaft durch, vollendeten die schon in den Jahren nach der Okkupation begonnene rechtliche Landverteilung nach 'Rassen', die der afrikanischen Bevölkerung 'Native Reserves' zuwies, und ermöglichten so die Herausbildung und den Bestand einer vor afrikanischer Konkurrenz geschützten Schicht weißer Farmer wie auch einer weißen Arbeiter- und Angestelltenschaft mit faktischem Monopol auf qualifizierte Positionen.

Kurz vor dem Zweiten Weltkrieg und in der Kriegszeit liegen die Anfänge der Industrialisierung Südrhodesiens, die dann in der Nachkriegszeit schnell voranschritt und zur Bildung einer städtischen afrikanischen Arbeiterklasse — neben Bauern, Farm- und Bergarbeitern — führte. Dies war auch verbunden mit der Formierung der afrikanischen Arbeiterbewegung. 1953 - 1963 war Südrhodesien mit Nordrhodesien und Nyasaland in der Zentralafrikanischen Föderation zusammengeschlossen. Eine 'Politik der Partnerschaft' weichte in der Föderationszeit die 'zwei Pyramiden' auf und reagierte mit einer Reihe von Reformversuchen darauf, daß die ältere Segregationspolitik den Bedürfnissen der industriekapitalistischen Entwicklung nicht gerecht wurde: 'multirassische' Institutionen wurden geschaffen, privatwirtschaftlich orientierte Landreformmaßnahmen eingeleitet; die städtische afrikanische Arbeiterschaft und die schwarzen Gewerkschaften suchte man in das System der Industrial Conciliation einzubinden. Doch die 'Partnerschaft' war immer auch verbunden mit scharfer Repression gegenüber der seit Mitte der 50er Jahre auch in Südrhodesien schnell wachsenden afrikanischen Nationalistenbewegung, die die Unabhängigkeit des Landes unter einer afrikanischen Mehrheitsregierung forderte. Während der Prozeß der Dekolonisierung in Afrika schnelle Fortschritte machte, stemmte sich die Mehrheit der weißen Siedler in Südrhodesien dieser Entwicklung entgegen: Zu stark waren die Interessen, die von einer Unabhängigkeit unter schwarzer Mehrheitsherrschaft den Verlust ihrer Privilegien zu fürchten hatten. So scheiterten die Reformversuche der 50er Jahre an der politischen Polarisierung innerhalb der weißen Siedlerschaft. Die neugegründete Rhodesian Front (RF), die eine Koalition von weißen Farmern, Arbeitern, Beamten und kleineren Selbständigen repräsentierte, gewann die südrhodesischen Parlamentswahlen von 1962 und führte 1965 die Kolonie unter Ian Smith zur Unilateral Declaration of Independence (UDI) und damit in eine völkerrechtlich nicht anerkannte Unabhängigkeit unter weißer Herrschaft.

Die durch Verbot und Unterdrückung in Illegalität und Exil gezwungene und seit 1963 in die beiden Flügel ZAPU und ZANU gespaltene afrikanische Nationalistenbewegung nahm nun auch den militärischen Kampf um die Befreiung des Landes von der Siedlerherrschaft auf. Sie organisierte von zambischen und später mozambikanischen Basen aus den Guerillakampf, der seit Mitte der 70er Jahre intensiviert wurde. Der wachsende militärische Druck der Befreiungsbewegungen und die sich durch Krieg und Weltwirtschaftskrise seit 1975 verschlechternde wirtschaftliche Lage, verbunden mit einem Emporschnellen der weißen Emigration, zwangen die Siedlerregierung, nach einer Serie gescheiterter internationaler Vermittlungsbemühungen und Verhandlungen nun der unvermeidlichen Abgabe der Macht an eine afrikanische Regierung ins Auge zu sehen. Ian Smiths Versuch, durch die 'Interne Lösung' von 1978/79 die Machtübergabe an eine 'gemäßigte' schwarzweiße Koalition von vor allem Bischof A. Muzorewas United African National Council (UANC), Rev. N. Sitholes ZANU-Fraktion und Rhodesian Front im weissen Sinne zu regeln, mißlang. Zwar wurde Muzorewa 1979 nach Wahlen, an denen die Parteien der Patriotischen Front nicht teilnahmen, erster schwarzer Premierminister von 'Zimbabwe-Rhodesien'. Doch Muzorewa konnte keinen Frieden schaffen, er repräsentierte nicht die wirkliche Macht im Land. So blieb 'Zimbabwe-Rhodesien' auch die internationale Anerkennung versagt. Mitte 1979 wurden dann auf der Commonwealth-Gipfelkonferenz in Lusaka die Allparteien-Verhandlungen im Londoner Lancaster House, die den Übergang zur Unabhängigkeit Zimbabwes regelten, eingefädelt. Ende des Jahres wurde das Lancaster House Agreement unterzeichnet, das für Rhodesien einen Waffenstillstand, eine Verfassung nach britischem Muster, aber mit einer zeitlich begrenzten parlamentarischen Sondervertretung der weißen Bevölkerungsminderheit, die Einsetzung von Lord Soames als britischem Übergangsgouverneur und allgemeine Wahlen unter Commonwealth-Aufsicht Ende Februar 1980 brachte.

Aus den Wahlen ging R.G. Mugabes ZANU/PF, die 57 von 80 schwarzen Parlamentssitzen gewann, als überragender Sieger hervor. J. Nkomos ZAPU/PF erhielt 20 Sitze, Muzorewas UANC nur noch 3 Sitze. Andere afrikanische Gruppierungen spielten keine Rolle mehr. Die 20 von den Weißen gewählten Parlamentssitze gingen an die RF. Bei diesen Mehrheitsverhältnissen konnte nur Mugabe Premierminister des unabhängigen Zimbabwe werden.

Während es Mugabes 'Politik der Versöhnung' gelang, den Exodus der weißen Bevölkerung zu .verhindern und durch die Integration von Guerillastreitkräften und rhodesischer Armee zur neuen Armee von Zimbabwe Frieden zu schaffen und die Unsicherheiten der Übergangssituation zu bewältigen, brach nach der Armeeintegration der Konflikt zwischen ZANU/PF und ZAPU/PF auf. Anfang 1982 entließ Mugabe J. Nkomo aus dem Kabinett, nachdem auf ZAPU-Eigentum umfangreiche nicht in den Integrationsprozeß eingebrachte Waffenbestände aufgedeckt worden waren. Seitdem beschuldigte Mugabe Nkomo, Umsturzpläne gehegt zu haben, suchte aber gleichzeitig andere ZAPU-Politiker weiter in die Regierungsverantwortung einzubinden. Die Entlassung Nkomos aus der Regierung führte dazu, daß viele Nkomo-Anhänger aus der Armee desertierten, das Problem der sogenannten Guerilla-'Dissidenten' vor allem in den ZAPU-kontrollierten Westprovinzen Matabeleland North und Matabeleland South sich verschärfte und die Sicherheitssituation sich hier entsprechend verschlechterte. Die Regierungspolitik der militärischen Unterdrückung der 'Dissidents' unter Vernachlässigung einer politischen Lösung zwischen ZANU und ZAPU trug zur Eskalation eines neuen blutigen Konflikts in Matabeleland, unter dem vor allem die dortige Zivilbevölkerung leidet, bei.

Von Rhodesien übernommen hat die neue Regierung des unabhängigen Zimbabwe

7

das Erbe der alten Gesellschafts- und Wirtschaftsstruktur, deren wesentliches Charakteristikum der krasse 'Dualismus' zwischen einem relativ weitentwickelten, 'modernen' kapitalistischen Bereich und der unterentwickelten Reservatswirtschaft, in der die Mehrheit der Bevölkerung lebt, ist. Die in dieser Gesellschafts- und Wirtschaftsstruktur liegenden Entwicklungsaufgaben und -bedingungen zu betrachten ist Ziel des ersten Hauptteils dieser Arbeit. **Kapitel 1** wird einen Überblick über Wirtschaftsstruktur und -entwicklung Rhodesiens seit der Kolonisierung geben. **Kapitel 2** stellt kurz die Zusammensetzung der Bevölkerung nach 'Rassen' im Sinne der Kategorien der rhodesischen Statistik und die ethnische Gliederung der afrikanischen Bevölkerung dar. Der Schwerpunkt der Untersuchung der sozioökonomischen Struktur liegt auf den **Kapiteln 3 bis 5.** Die ländliche Gesellschaft Zimbabwes zerfällt entlang der Linien, die die Politik der Landverteilung zog, in den weißen Farmsektor — weiße Farmer und afrikanische Landarbeiter —, die Zwischengruppe afrikanischer Mittelklassefarmer in den African Purchase Areas und die Reservatsgesellschaft der Communal Lands. Diese Strukturen sind Gegenstand von **Kapitel 3.** Die Entwicklung und soziale Differenzierung der afrikanischen und europäischen Arbeiterschaft, die Entwicklung der Gewerkschaften und des Systems der Arbeitsbeziehungen werden in **Kapitel 5** behandelt. **Kapitel 4** befaßt sich mit der Bedeutung, die ausländischem Kapital in Relation zu einem 'nationalen' weißen Bürgertum und zum Staatssektor in Zimbabwe zukommt und mit den Ansätzen zur Entfaltung eines afrikanischen Bürgertums. Eine zunehmende Zahl von Afrikanern in Zimbabwe hat weder Landrechte in den Communal Lands, den früheren Reservaten, noch Arbeitsplätze im Lohnarbeitssektor; **Kapitel 6** stellt das Problem von offener und verdeckter Arbeitslosigkeit dar. Die Strukturbeziehungen, die die Entwicklung der 'modernen' Wirtschaft mit der Unterentwicklung der Communal Lands verbinden und deren Veränderung Bedingung von Entwicklung für die Mehrheit der Bevölkerung Zimbabwes ist, sind Gegenstand von **Kapitel 7.** Schließlich wird in **Kapitel 8** Zimbabwes Abhängigkeit von Südafrika als Entwicklungsbedingung behandelt. Es kommt in diesem ersten Hauptteil der Arbeit darauf an, die Entwicklungsaufgaben, vor die die Regierung des unabhängigen Zimbabwe gestellt ist, wie auch sozioökonomische Bedingungen von deren Politik, insbesondere die verschiedenen die politische Handlungsfreiheit beschränkenden Abhängigkeiten, herauszuarbeiten. Der zweite Hauptteil (**Kapitel 10 bis 13**) wird sich dann mit wesentlichen Ansätzen der zimbabweschen Entwicklungspolitik 1980 - 1983 befassen.

II. DIE SOZIOÖKONOMISCHE STRUKTUR ZIMBABWES — ENTWICKLUNGSAUFGABEN UND -BEDINGUNGEN

Kapitel 1:
Wirtschaftsstruktur und -entwicklung. Ein Überblick

Zimbabwe stellt ein typisches Beispiel einer **dualistischen Wirtschaftsstruktur**, eines beeindruckenden Wachstumsprozesses, der der Mehrheit der Bevölkerung nicht zugute gekommen ist, dar: Wachstum ohne Entwicklung. Einerseits verfügt das Land über einen relativ weitentwickelten 'modernen' Wirtschaftssektor, der mehrere Industrialisierungsphasen, deren Anfänge bis in die 30er Jahre dieses Jahrhunderts zurückreichen, durchlaufen hat. Die Verarbeitende Industrie ist der größte Einzelsektor der Wirtschaft und steuert heute rd. ein Viertel des Bruttoinlandsprodukts (BIP) bei. Nach der von Südafrika und Nigeria gilt die zimbabwesche Industrie als die drittstärkste in Afrika südlich der Sahara (1). Zweitwichtigster Wirtschaftssektor ist die Landwirtschaft; eine kleine Zahl hochproduktiver Farmen in der Hand weißer Farmer und multinationaler Unternehmen stellt den größten Teil der landwirtschaftlichen Erzeugnisse her. Bergbau, ein leistungsfähiges Bankensystem, entwickelte Infrastruktur und Dienstleistungssektoren gehören weiter zum 'modernen' Wirtschaftsbereich.

Neben dem modernen Sektor besteht der afrikanische 'Subsistenzsektor', d.h. vor allem die afrikanische Landwirtschaft in den Communal Lands (CLs), den früheren 'African Reserves'. Die Produktion der CLs umfaßt einen — geschätzten — Anteil von nur um die 5% des BIP; nach den Zensusergebnissen von 1969 lebten hier jedoch rd. 59% der Bevölkerung (2). Entsprechend groß sind die Einkommensdifferenzen zwischen Subsistenz- und modernem Sektor; aber auch innerhalb der modernen Wirtschaft gibt es große Unterschiede. All dies wird im einzelnen Gegenstand späterer Kapitel sein. Hier geht es zunächst um einen Überblick über wesentliche Stationen der rhodesischen Wirtschaftsentwicklung seit der Kolonisierung.

Der 'Dualismus' der zimbabweschen Gesellschaft und Wirtschaft ist das Resultat der geschichtlichen Entwicklung seit der Kolonisierung des Gebietes 1890, Resultat des gewaltsamen Zusammenstoßes von traditioneller afrikanischer Wirtschaft und Gesellschaft einerseits und westlich-kapitalistischem System andererseits. Im Verlaufe dieses Zusammenstoßes wurde die traditionelle afrikanische Ökonomie in eine Reservatswirtschaft, die allmählich die Rolle des Lieferanten von billiger Arbeitskraft und rudimentärer 'sozialer Sicherheit' für den sich entwickelnden,

1. **Stoneman, Colin/Davies, Rob,** The Economy: An Overview, S. 95 in: Stoneman, Colin (Hrsg.), Zimbabwe's Inheritance, London 1981, S. 95 - 126
2. Vgl. Tabelle 3 sowie zu den Bevölkerungszahlen Kapitel 2 der Arbeit und **Central Statistical Office** (im folgenden immer: CSO), Rhodesia. Census of Population 1969, Salisbury 1969

von weißen Siedlern und internationalen Kapitalinteressen dominierten modernen Wirtschaftssektor übernahm, umgeformt.

Die **vorkoloniale Wirtschaft** der im Gebiet des heutigen Zimbabwe lebenden Shona-Bevölkerung basierte überwiegend, aber nicht ausschließlich, auf landwirtschaftlichem Anbau. Im 19. Jahrhundert bauten die Shona-Bauern verschiedene Hirsesorten (Rapoko, Mhunga), Sorghum, Mais, der seit dem 18. Jahrhundert bekannt war, Reis, Erdnüsse, Gemüse und Früchte an, teilweise auch Tabak, Baumwolle und Zucker (3). Die angewandten Produktionstechniken werden als 'Wanderhackbau' mit Brandrodung bezeichnet: Man rodete ein Stück Busch, bearbeitete das Land mit einer kurzstieligen Eisenhacke, bebaute das Feld, bis die Fruchtbarkeit nachließ, ließ es dann wieder überwachsen und 10 bis 15 Jahre lang liegen und zog auf ein neues Stück Land. Die Bevölkerungsdichte war relativ gering, Land war nicht knapp; die traditionellen Techniken waren der Bodenbeschaffenheit angemessen. Die europäischen Siedler im Südlichen Afrika, die die afrikanischen Anbaumethoden als primitiv verachteten, tiefes Pflügen und Dauerkultivierung einführten und die Brache durch Fruchtwechsel ersetzten, verursachten damit ökologische Schäden und erzielten bis zur Einführung von Kunstdünger, Pestiziden und Herbiziden der afrikanischen Landwirtschaft keineswegs überlegene Erträge (4). Neben dem landwirtschaftlichen Anbau hielten die Shona Rind- und Kleinvieh (5).

Die Shona-Gesellschaft kannte eine über die Landwirtschaft hinausgehende Arbeitsteilung. Eisen wurde hergestellt und verarbeitet. Die Eisenhacken, Tabak und Salinensalz waren die wichtigsten internen Handelsprodukte. Gold, Kupfer und Elfenbein verkaufte man nach außen, vor allem an Portugiesen im Gebiet des heutigen Mozambik. Dieser letztere Handel wurde im Laufe des 19. Jahrhunderts erschwert und schließlich durch die Engländer unterbunden (6).

Die Ndebele, die Mitte des 19. Jahrhunderts aus dem Süden in das Gebiet zwischen Limpopo und Zambezi einwanderten und deren Siedlungsschwerpunkt das südöstliche Highveld um das heutige Bulawayo herum wurde, waren in stärkerem Maße

3. **Ndlela, Daniel B.**, The Rhodesian Economy in a Historical Perspective, Part I, S. 5 in: Zimbabwe. Towards a New Order: An Economic and Social Survey, Working Papers Vol. II, United Nations 1980, S. 1 - 34; **Palmer, Robin**, The Agricultural History of Rhodesia, in: Palmer, Robin/Parsons, Neil (Hrsg.), The Roots of Rural Poverty in Central and Southern Africa, London 1977, S. 221 - 254
4. **Palmer/Parsons** (Hrsg.), Roots, S. 6
5. **Ndlela**, Rhodesian Economy Part I, S. 8
6. ebd. S. 9 ff; **Beach, David**, The Shona Economy: Branches of Production, in: Palmer/Parsons (Hrsg.), Roots, S. 37 - 65

Trojan Nickel Mine (AAC), Bindura

Zuckerrohrverarbeitung in Hippo Valley Estate (AAC), Chiredzi

als die Shona Viehzüchter. Vieh spielte eine große Rolle in der Ndebele-Gesellschaft, war aber nicht deren einzige wirtschaftliche Basis. Wie die Shona waren die Ndebele auch Bauern, die verschiedene Getreidearten, Tabak und Baumwolle anbauten, in Dürrezeiten, von denen das Matabeleland damals wie heute stark betroffen ist, Vieh gegen Getreide der Shona eintauschten und darüberhinaus u.a. mit Elfenbein, Federn, Horn und Häuten handelten, gegen die sie Speere, Hacken, Messer und Eisen eintauschten (7).

Als im September 1890 die 'Pioneer Column' von Cecil Rhodes' British South Africa Company (BSAC) an einem Ort in Mashonaland, den sie Ft. Salisbury nannte, die britische Flagge hißte, war dies der Auftakt zu weitreichenden Veränderungen nicht nur der politischen, sondern auch der wirtschaftlichen Verhältnisse. Rhodes' BSAC war ausgerüstet mit einer Royal Charter von 1889, die ihr gestattete, das an die portugiesischen Gebiete angrenzende Land nördlich von British Bechuanaland — ohne Festlegung einer Nordgrenze — zu kolonisieren. Das Interesse der Gesellschaft galt dem erwarteten Goldreichtum des Landes; man hoffte auf einen 'Second Rand'. Daß dieser sich im Gebiet der Shona nicht fand, führte zur Eroberung Matabelelands 1893.

Aus den Interessen von BSAC und einzelnen Goldsuchern entstand der 'moderne' **Bergbau**, d.h. zunächst primär die Goldsuche, als erster und lange Zeit dominierender Sektor der 'modernen' Wirtschaft. Den Notwendigkeiten infrastruktureller Erschließung entsprach der Bau der **Eisenbahnen**: Die mehrheitlich von der BSAC kontrollierten Rhodesia Railways Ltd. und Mashonaland Railway Company erbauten die Bahnverbindungen von Salisbury zum mozambikanischen Hafen Beira (1898), von Bulawayo nach Kapstadt (1897) und eine Verbindung nach Norden vorbei an den Kohlefeldern von Wankie in das Gebiet nördlich des Zambezi (1909) (8). Das Ausbleiben der Entdeckung eines 'zweiten Rand', die Erkenntnis, daß der Goldreichtum des Landes überschätzt worden war, führten zum Zusammenbruch der Goldspekulation und zum Kurssturz der BSAC-Aktien an der Londoner Börse 1903. Das zog die für Südrhodesien folgenschwere Entscheidung der BSAC nach sich, durch eine systematische Besiedlungspolitik die hohen Infrastrukturinvestitionen zu retten zu suchen. Diese Strategie fand ihren Ausdruck in der 'white agricultural policy' von 1908, der Anwerbung und Förderung weißer Siedlerfarmer (9), und legte den Grundstein für die Entwicklung Südrhodesiens zu einer 'Siedlerkolonie' im Unterschied zu einer reinen 'Extraktionskolonie' (10). So entstand ein

---

7. **Palmer**, Agricultural History, S. 224 f
8. **Biermann, Werner**, Rhodesien. Sozio-ökonomische Analyse eines kolonial-peripheren Landes, Bochum 1976 (Diss.), S. 19
9. vgl. ausführlicher Kapitel 3 dieser Arbeit
10. **Biermann**, Rhodesien. Sozio-ökonomische Analyse

weißer Landwirtschaftssektor; die schon in den 90er Jahren des 19. Jahrhunderts — damals eher zur Spekulation — weit vorangetriebene Landnahme wurde fortgeführt, die Einrichtung von Reservaten für die afrikanische Bevölkerung vollendet bis hin zur völligen rechtlichen Segregation 'europäischen' und 'afrikanischen' Landes durch den Land Apportionment Act von 1930. Erst allmählich und mit politischen Unterstützungsmaßnahmen konnte sich die weiße Landwirtschaft gegen die Konkurrenz der afrikanischen Bauern, die die mit der Nahrungsmittelversorgung der Minen verbundenen Marktchancen schnell und energisch wahrgenommen hatten, durchsetzen (11). 1923 erhielten die Siedler von Großbritannien den Status einer 'selbstverwalteten Kolonie'; damit endete die über 30jährige Periode der 'Company Rule'. Die Voraussetzungen für die Verwirklichung der weitergehenden Interessen der Siedler an infrastruktureller Erschließung und Industrialisierung des Landes waren geschaffen.

Die am weitesten zurückgehende Schätzung des südrhodesischen Sozialprodukts stammt von Prof. S.H. Frankel und wurde erstmals im Report der Commission of Enquiry into the Mining Industry of Southern Rhodesia von 1945 veröffentlicht. Demnach betrug das Nettoinlandsprodukt 1924 rd. 11,2 Mio Pfund (in Preisen von 1929) und entfiel zu 21,4% auf den Bergbau, zu 19% auf die Landwirtschaft, zu 14,6% auf die Weiterverarbeitung und zu 45% auf Dienstleistungen. Phasen des Wachstums bis 1927 und nach 1933 waren getrennt durch die Krisenjahre 1927 - 33. Südrhodesien war von der Weltwirtschaftskrise durch niedrige Preise für seine Exportprodukte wie Tabak, Mineralien, insbesondere Gold, betroffen: Infolge der hohen Abhängigkeit der Wirtschaft vom Export von Primärprodukten sank das Inlandsprodukt mit dem Exporteinbruch in der Weltwirtschaftskrise um 37% und erreichte erst 1934 wieder den Stand von 1927 (12).

In den 30er Jahren, stärker dann in den folgenden Kriegsjahren, liegen die **Anfänge der Industrialisierung** Südrhodesiens, an denen der Siedlerstaat als ein die wirtschaftliche Entwicklung vorantreibender Faktor wesentlichen Anteil hatte. 1933 fand die Regierung die BSAC mit 2 Mio Pfund für die Abgabe ihrer Rechte an den Mineralien des Landes, die diese auf Grundlage der Rudd Concession von 1888 für sich reklamierte, ab. 1939 nationalisierte die Siedlerregierung die rhodesische Abteilung der Cold Storage Commission (CSC) und unterstützte damit die Fleischproduktion. Zur Förderung kleiner Minen wurde die staatliche Hochofenanlage, mit der auch niedriggradige Erze verwertet werden konnten, in Que Que eingerichtet (13).

11. vgl. Kapitel 3
12. **Hawkins, Anthony M.**, The Economy: 1924 - 1974, S. 16 in: Leistner, Gerhard M.E. (Hrsg.), Rhodesia. Economic Structure and Change, Pretoria 1976, S. 15 - 40
13. **Arrighi, Giovanni**, The Political Economy of Rhodesia, Den Haag 1967, S. 31

1942 nationalisierte der Staat die von der südafrikanischen Iron and Steel Corporation (ISCOR) kontrollierten Iron and Steel Works in Bulawayo, die zur Rhodesia
Iron and Steel Corporation (RISCO) wurden. Zur Förderung von Baumwollanbau
und -verarbeitung und zur Sicherung der Baumwollimporte richtete die Regierung
ebenfalls 1942 den Cotton Research and Industry Board ein, der eigene Produk-
tionsstätten für Entkörnung und Verspinnen der Baumwolle als Voraussetzung der
weiteren Verarbeitung durch eine private Textilindustrie aufbaute. 1944 übernahm
der Staat die Triangle Sugar Estate und richtete einen Sugar Industry Board ein.
1947 wurden die Eisenbahnunternehmen, zu Rhodesia Railways zusammengefaßt,
nationalisiert (14). Eine Reihe staatlicher Unternehmen wurde später, als sie rentabel arbeiteten, wieder privatisiert. Entscheidend war, daß die Initiative beim
Vorantreiben der wirtschaftlichen Entwicklung vom Staat ergriffen wurde (15).
Gerade während des Weltkrieges, als traditionelle Importe erschwert waren bzw.
ausblieben, suchte der Siedlerstaat, "eine dauerhafte industrielle Infrastruktur zu
begründen, die das Sprungbrett für privates Unternehmertum werden sollte. Die
durch die Regierung ausgebauten oder eingeführten Schlüsselindustrien beinhalte-
ten: Eisen und Stahl, Baumwollanbau, -entkörnung, -spinnen und -weben, um die
Textil- und Bekleidungsindustrien mit Rohmaterial zu versorgen; Zuckeranbau
und -raffinierung, die Herstellung von Industriealkohol und die Versorgung mit
Nebenprodukten wie Melasse..." (16).

Der **Zweite Weltkrieg** stärkte die südrhodesischen Exporte beträchtlich: Chrom
und Asbest waren von strategischer Bedeutung, und landwirtschaftliche Produkte
waren gefragt (17). Trotz wachsender Chrom- und Asbestexporte nahm der Anteil
des Bergbaus an den Exporten relativ ab, der von Landwirtschaft und Verarbeiten-
der Industrie dagegen zu. Wachstumsimpulse gingen auch von der Substitution aus-
bleibender Importe und von der Einrichtung eines Royal Air Force Training Camp
in Südrhodesien, die mit dem Bau beträchtlicher militärischer Anlagen und europäischer Einwanderung verbunden war, aus (18). Die Anzahl der Industrieunter-
nehmen wuchs während der Kriegsjahre. Das Volkseinkommen stieg um real 2,4%
jährlich zwischen 1939 und 1945. Eine stark positive Zahlungsbilanz führte überdies während der Kriegsjahre zu einer Reservenbildung, die die Finanzierung der
großen Nachkriegsinvestitionsprogramme erleichterte (19).

14. **Ndlela**, Rhodesian Economy Part I, S. 34; **Makoni, Tonderai**, The Rhodesian
    Economy in a Historical Perspective Part II, S. 39 ff in: Zimbabwe. Working
    Papers Vol. II, S. 35 - 67; vgl. auch **Arrighi**, Political Economy of Rhodesia, S. 31
15. **Stoneman/Davies**, The Economy. An Overview, S. 112
16. **Makoni**, Rhodesian Economy in Historical Perspective, S. 41
17. **Arrighi**, Political Economy of Rhodesia, S. 40
18. ebd. S. 40
19. **Hawkins**, Economy: 1924 - 1974, S. 16 f

Die Zeit nach dem Zweiten Weltkrieg bis zur Gründung der Zentralafrikanischen Föderation brachte für die südrhodesische Wirtschaft einen Boom nicht gekannten Ausmaßes. Das Volkseinkommen wuchs zwischen 1945 und 1953 real gut 10% jährlich. Die Landwirtschaft überholte mit ihrem Anteil am Sozialprodukt den bisher größten Einzelsektor, den Bergbau; ebenso rückte sie bei den Exporten auf Platz 1. Wesentliche Faktoren des **Nachkriegsbooms** waren hohe, vor allem ausländische Investitionen, eine starke weiße Immigration und das fortgesetzte Exportwachstum. 1946 überholte Tabak, 1952 dann auch noch Asbest Gold als wichtigstes Ausfuhrprodukt. Auch Chrom und Kohle nahmen weiter zu; daneben wuchsen aber auch die Ausfuhr von Erzeugnissen der Verarbeitenden Industrie wie Textilien, Nahrungsmittel und verarbeiteter Tabak und die Reexporte. Solche Industrieerzeugnisse gingen vor allem nach Nordrhodesien, Nyasaland und Südafrika, während die Struktur der Primärexporte traditionell ganz überwiegend auf den Bedarf der Kolonialmacht Großbritannien ausgerichtet war. Haupthandelspartner Südrhodesiens waren nun Großbritannien, Südafrika und Nordrhodesien, die zusammen rd. 80% der Ex- und Importe abnahmen bzw. lieferten. Durch die hohen sowohl privaten wie auch öffentlichen Investitionsprogramme der Nachkriegszeit und die damit verbundenen Kapitalgüterimporte wuchsen die im Krieg erschwerten Importe schneller als die Ausfuhr. Gleichzeitig flossen große Mengen privaten ausländischen Kapitals vor allem britischer und südafrikanischer Herkunft nach Südrhodesien (20); die Auslandsinvestitionen übertrafen in jedem einzelnen Jahr der Periode die inländischen Ersparnisse; ein großer Teil der inländischen Kapitalbildung kam den Investitionen des öffentlichen Sektors, so der staatlichen Electricity Supply Commission (ESCOM) und Rhodesia Railways, zugute (21).

1953 bis 1963 war Südrhodesien mit Nordrhodesien und Nyasaland in der Federation of Rhodesia and Nyasaland zusammengeschlossen (22). Die **Föderationszeit** war für Südrhodesien eine Zeit fortgesetzten schnellen Wachstums bis Ende der 50er Jahre und mündete in die Rezession von 1958; bis Mitte der 60er Jahre nahm das Sozialprodukt dann nur noch langsam zu. 1954 trugen die Landwirtschaft 22,8%, die Verarbeitende Industrie 14,7%, der Handel 13,9% und der Bergbau nur noch knapp 9% zum Bruttoinlandsprodukt bei. Das Sozialprodukt wuchs von 1954-57 real rd. 8% jährlich, danach bis 1963 nur noch durchschnittlich gut 2,5% (23). Während die Fortsetzung des schnellen Nachkriegswachstums bis 1957 weiter von hohen Auslandsinvestitionen, für die die 'Politik der Partner-

20. vgl. auch Kapitel 4 dieser Arbeit
21. **Hawkins**, Economy: 1924-1974, S. 17f
22. Zur Entstehung der Föderation vgl. **Biermann**, Rhodesien. Sozio-ökonomische Analyse, S. 78ff
23. **Hawkins**, Economy: 1924-1974, S. 18f

schaft' während der Föderationszeit langfristig stabilere Herrschaftsverhältnisse und Verwertungsbedingungen als die südrhodesische Segregationspolitik der 'zwei Pyramiden' zu verheißen schien, von starker weißer Immigration, Exportwachstum und öffentlichen Infrastrukturinvestitionen getragen wurde, wurden Ende der 50er Jahre mit den Afrika ergreifenden 'winds of change' die politischen Bedingungen von Kolonial- und weißer Siedlerherrschaft instabiler: Investitionen gingen zurück, und weiße Migrationsgewinne kehrten sich in Verluste um. 1963 wurde die Föderation aufgelöst; Nordrhodesien und Nyasaland wurden 1964 als Zambia und Malawi unabhängig. Die erste Hälfte der 60er Jahre war für Siedler und Kapital in Südrhodesien eine Zeit großer politischer Unsicherheit bezüglich der weiteren Entwicklung der Kolonie und fortgesetzter Polarisierung der Siedlerschaft, bis sich 1965 schließlich die von Ian Smith's Rhodesian Front repräsentierte Koalition von weißen Arbeitern, Farmern, Beamten und kleinen Mineneignern durchgesetzt hatte mit ihrem Projekt, sich durch einseitige Proklamation der Unabhängigkeit von Großbritannien der allgemeinen Entwicklung zur Unabhängigkeit der afrikanischen Kolonien unter afrikanischen Regierungen entgegegenzustemmen.

Trotz dieser Zergliederung der Föderationszeit in eine Periode schnellen Wirtschaftswachstums und eine Zeit eher krisenhafter Entwicklung hat die Föderation im Ganzen betrachtet der südrhodesischen Wirtschaft enorme Vorteile gebracht. Freihandel innerhalb der Föderation und gemeinsame Schutzzollpolitik nach außen nützten der am weitesten entwickelten südrhodesischen Verarbeitenden Industrie, die den größten Vorteil aus dem erweiterten Inlandsmarkt ziehen konnte. Die hohen Infrastrukturinvestitionen der Föderationsregierung kamen ebenfalls vor allem Südrhodesien zugute. Neben anderen Projekten sind hier der Bau der 1955 eröffneten Eisenbahnverbindung zum zweiten mozambikanischen Hafen Lourenco Marques, dem heutigen Maputo, die Sicherung der Energieversorgung durch Stauung des Zambezi im Kariba-Damm-Projekt und die Errichtung der University of Rhodesia in Salisbury zu nennen (24). Kosten und Nutzen der Föderation waren zugunsten von Südrhodesien, dessen Siedler auch im Föderationsparlament dominierten, ungleich verteilt. "Das Mißlingen der Bemühungen, eine gerechtere Verteilung von Kosten, Einkünften und Industrieansiedlung zu bewirken, war verantwortlich für die Auflösung der Föderation von Rhodesien und Nyasaland. Zu diesen ökonomischen Ungerechtigkeiten kam der Ärger Zambias und Malawis über die politische Vorherrschaft Süd-Rhodesiens hinzu." (25)

24. ebd. S. 19; **Biermann**, Rhodesien. Sozio-ökonomische Analyse, S. 91 f; **Makoni**, Rhodesian Economy in Historical Perspective, S. 49 f
25. **Makoni**, Rhodesian Economy in Historical Perspective, S. 53

Die **Einseitige Unabhängigkeitserklärung** (Unilateral Declaration of Independence
– **UDI**) von 1965 veränderte die Rahmenbedingungen der rhodesischen Entwicklung grundlegend, indem sie das nun faktisch, aber widerrechtlich unabhängige
Land in eine internationale Außenseiterposition brachte. Unmittelbare Folge der
Einseitigen Unabhängigkeit war die Verhängung von Wirtschaftssanktionen gegen die abtrünnige britische Kolonie, deren Auswirkungen freilich aus verschiedenen Gründen anders und differenzierter ausfielen als beabsichtigt. "Die nachteiligen Auswirkungen sowohl der Auflösung der Föderation wie auch der wirtschaftlichen Sanktionen – so ernst sie auch gewesen sind – haben sich nicht als so
schädlich herausgestellt wie weithin vorausgesagt wurde." (26)

Rhodesien wäre durch effektive **Sanktionen** seiner Haupthandelspartner von
1965 – Großbritannien, Südafrika, Zambia, Bundesrepublik Deutschland, Malawi, Japan, USA – stark verletzbar gewesen. Aber effektive Sanktionen gab es
nie. Zum einen wurden die Sanktionsmaßnahmen nur allmählich eingeführt:
Großbritannien und einige Commonwealth-Staaten reagierten unmittelbar im
November 1965 mit dem Abbruch der wirtschaftlichen Beziehungen zu Rhodesien; die allgemein bindenden Sanktionen der Vereinten Nationen folgten erst
Anfang 1967. Das Byrd Amendment, das 1971 durch den US-Kongreß ging,
durchlöcherte die amerikanischen Sanktionsmaßnahmen nachhaltig, indem es
bedeutende rhodesische Mineralexporte in die USA, vor allem Chrom, Ferrochrom, Nickel und Asbest, wieder zuließ (27). Von der rechtlichen Situation
unterschieden ist überdies die faktische: Südafrika und Portugal – letzteres bedeutend wegen der Verfügung über die mozambikanischen Häfen Beira und Lourenco Marques (Maputo) – schlossen sich den Sanktionen nie an; Südafrika ersetzte infolgedessen nach 1965 Großbritannien als wichtigsten Handelspartner
Rhodesiens. Schwarzafrikanische Staaten mit schwacher Wirtschaftsstruktur,
insbesondere die aufgrund der Entwicklung während der Föderationszeit enger
mit Rhodesien verbundenen Länder Zambia und Malawi, sehen sich durch die
Forderung nach politisch begründeten Wirtschaftssanktionen vor ungleich größere
Probleme gestellt als Industrieländer. Zambia reduzierte zwar seine Importe aus
Rhodesien nach 1965, stellte sie aber bis zur Schließung der Grenze 1973 nicht
ein; das Land nahm erhebliche wirtschaftliche Opfer in Kauf, sah sich aber 1978
aufgrund der eigenen Situation gezwungen, um die Wiederaufnahme des Eisenbahntransitverkehrs durch Rhodesien zu ersuchen (28). Anders als in Zambia
war in Malawi der politische Wille zum Boykott Rhodesiens nicht gegeben; der

26. **Hawkins,** Economy: 1924-1974, S. 19
27. ebd. S. 23; **Davies, Rob,** Foreign Trade and External Economic Relations,
    S. 196 in: Stoneman (Hrsg.), Zimbabwe's Inheritance, S. 195-219
28. vgl. **Jeske, Joachim,** Zimbabwes Eingliederung in den regionalen Wirtschaftsverbund des Südlichen Afrika, S. 268, in: Afrika Spektrum 3 (1981), S. 267-296

malawische Handel mit Rhodesien wuchs nach 1965. Industrieländer wie Frankreich, die Bundesrepublik Deutschland und Japan machten wenig Anstrengungen, die bindenden UN-Sanktionen effektiv durchzusetzen. Internationale Firmen wie auch rhodesisches Kapital fanden neue Handelskanäle, die oft durch Südafrika und Portugal getarnt waren (29).

Die internationalen Sanktionsmaßnahmen schnitten dem rhodesischen Siedlerstaat seine Handels- und Kapitalverbindungen also nie wirklich ab. Das heißt nicht, daß sie keine Wirkung gehabt hätten. Die rhodesischen Exporte fielen nach 1965 zunächst scharf um ein Drittel, erholten sich seit 1968 wieder und überschritten Anfang der 70er Jahre den Stand von 1965. Die Terms of Trade verschlechterten sich freilich langfristig (30). Die Importe, die aufgrund der Einführung von Devisenkontrollen kurz vor UDI staatlich kontrolliert werden konnten, sanken 1966 ebenfalls stark um rd. 27% und wurden dann von der Regierung, die die Devisenzuteilung auch systematisch für die Steuerung der wirtschaftlichen Entwicklung nutzte, laufend der Zahlungsbilanzsituation angepaßt. Bis auf 1968 war die rhodesische Handelsbilanz in allen Jahren der Einseitigen Unabhängigkeit positiv (31). Auch wenn die Ex- und Importe nach den ersten Krisenjahren wieder zunahmen, so verringerte sich doch ihr Anteil am Sozialprodukt, was beträchtliche Strukturveränderungen der Wirtschaft mit sich brachte (32).

War die Handelsbilanz durchweg positiv, so verzeichnete die Zahlungsbilanz ein dauerndes starkes Defizit bei den Invisibles, d.h. Dienstleistungen, Investitionseinkommen und Transfers; dabei ist freilich auch zu bemerken, daß Rhodesien von der Einstellung des Zahlungsverkehrs im Falle von Großbritannien und den USA insofern profitierte, als damit hohe Investitionseinkommen nicht an die Mutterfirmen überwiesen, sondern für inländische Kapitalbildung qua Reinvestition verfügbar wurden. Trotzdem zeigt die Zahlungsbilanz beträchtliche Verluste an Investitionseinkommen. War die Leistungsbilanz meist negativ, so wurde dies insgesamt ausgeglichen durch keineswegs schwache Kapitalzuflüsse auch in den meisten Jahren der Einseitigen Unabhängigkeit unter Wirtschaftssanktionen (33).

Nachhaltig gestärkt wurde durch UDI die **Rolle des Staates** in der Wirtschaft; die Entwicklung resultierte in "direkter staatlicher Intervention in den alltäg-

29. vgl. **Hawkins,** Economy: 1924-1974, S. 22 f
30. **Davies,** Foreign Trade, S. 208
31. **Hawkins,** Economy: 1924-1974, S. 23; vgl. auch Tabelle 1
32. **Hawkins,** Economy: 1924-1974, S. 24
33. vgl. Tabelle 1 sowie **Davies,** Foreign Trade, S. 197

Tabelle 1
Zahlungsbilanz 1966 - 1981
(in Mio Dollar)

	1966	1967	1968	1969	1970	1971	1972	1973	1974	1975	1976	1977	1978	1979	1980	1981[8]
Exporte[1]	188	188	192	231	259	290	349	389	531	531	557	551	609	716	909	972
Importe	170	187	207	200	235	283	275	309	438	462	383	388	404	549	809	1 018
Handelsbilanz insgesamt[2]	30	11	- 22	32	28	3	63	89	70	48	154	144	182	139	68	- 58
Dienstleistungen[3]	- 10	- 14	- 11	- 5	- 17	- 25	- 22	- 58	- 80	- 73	- 71	- 92	- 101	- 144	- 175	- 304
Investitionseinkommen[4]	- 19	- 13	- 15	- 18	- 21	- 30	- 35	- 39	- 40	- 45	- 58	- 47	- 40	- 53	- 46	- 91
Transfers[5]	- 4	0	- 1	- 4	- 3	- 3	- 3	- 7	- 19	- 18	- 19	- 13	- 16	- 16	- 4	+ 13
Invisibles insgesamt	- 34[7]	- 27	- 27	- 27	- 41	- 58	- 60	- 104	- 139	- 136	- 148	- 152	- 157	- 213	- 225	- 382
Leistungsbilanz insgesamt	- 4	- 16	- 49	+ 5	- 13	- 55	+ 2[7]	- 15	- 69	- 88	+ 6	- 9[7]	+ 25	- 74	- 157	- 439[7]
Kapitaltransaktionen v. Staat u. Öffentl. Körperschaften	—	—	—	—	—	—	—	—	- 4	- 6	- 1	- 7	+ 117	+ 112	- 25	+ 354
Private Kapitaltransaktionen[6]	—	—	—	—	—	—	—	—	+ 64	+ 93	+ 7	+ 11	- 88	+ 62	+ 100	+ 84
Kapitalverkehrsbilanz insgesamt	- 5	+ 24	+ 40	+ 10	+ 26	+ 31	- 2	+ 52	+ 60	+ 87	+ 6	+ 3[7]	+ 29	+ 174	+ 76[7]	+ 438
Zahlungsbilanz insgesamt	- 8[7]	+ 8	- 10[7]	+ 15	+ 14[7]	- 25[7]	0	+ 37	- 9	- 1	+ 12	- 6	+ 54	+ 100	- 81	- 2[7]

Anm.:
1. Einschließlich Reexporte und Goldverkäufe
2. Export/Import sowie Inlandsfracht
3. Einschließlich nichtkommerzieller Transaktionen
4. Einschließlich privater Einkommen aus abhängiger Arbeit und Eigentum; diese werden nicht unter Dienstleistungen verbucht.
5. Ohne nichtkommerzielle Transaktionen; diese sind bei den Dienstleistungen verbucht.
6. Einschließlich statistischer Diskrepanz
7. Rundungsfehler
8. Vorläufige Zahlen des CSO

Quellen:
Republic of Zimbabwe, Transitional National Development Plan 1982/83 - 1984/85 Vol. I, Harare 1982, S. 129 Tab. 7.5 (im folgenden immer: Republic of Zimbabwe, TNDP); CSO, Monthly Digest of Statistics, Harare Sept. 1982, Tab. 9.1 und 10.1; ebd., Feb. 1983, Tab. 9.1; für 1966 - 68: Clarke, Duncan G., Zimbabwe's International Economic Position and Aspects of Sanctions Removal, S. 37 Tab. II in Morris-Jones, W.H. (Hrsg.), From Rhodesia to Zimbabwe. Behind and Beyond Lancaster House, London 1980, S. 28 - 54.

lichen Wirtschaftsbetrieb" (34) in vorher nicht gekanntem Ausmaß. Die Regierung steuerte die Entwicklung der Wirtschaftsstruktur durch Zuteilung der knap-
pen Devisen, führte Preiskontrollen ein, baute das System der Marketing Boards
für die Vermarktung vor allem der weißen landwirtschaftlichen Produktion aus,
subventionierte die weißen Farmer, gründete neue parastaatliche Organisationen
für Entwicklungsförderung und -planung. Daneben entwickelte sich das direkte
wirtschaftliche Engagement des Staates durch öffentliche Unternehmen weiter.
Der Anteil der Staatsausgaben (35) am BIP stieg von 27% 1967 auf 32% 1975
und dann infolge der wachsenden Militärausgaben auf 38,5% 1977. Ein solcher
Staatsanteil ist nicht außergewöhnlich hoch, muß jedoch auch in Verbindung
mit den anderen genannten staatlichen Aktivitäten gesehen werden. Der Anteil
der öffentlichen Investitionen an der Kapitalbildung, der in der Föderationszeit
durchschnittlich 48,8% betragen hatte, stand 1966 bei 48,1%, fiel infolge der
hohen privaten Investitionen zur Importsubstitution in der Verarbeitenden Industrie auf 28,8% 1968, stieg dann aber wieder auf über 40% 1971 und 46,9%
1976. Die staatlichen Investitionen waren weiter meist Infrastrukturinvestitionen
(36).

Die Wirkung der Sanktionen auf das Wachstum der rhodesischen Wirtschaft fiel
insgesamt anders aus als von ihren Initiatoren bezweckt: Nach einem kurzfristigen
Rückgang des Sozialprodukts und 2-3 Jahren der Stagnation wuchs die Wirtschaft
schnell bis Mitte der 70er Jahre. Zwischen 1968 und 1974 wuchs das Bruttosozial-
produkt real durchschnittlich 8,3% jährlich, pro Kopf um 4,6% jährlich (37). Erst
seit 1974/75 kehrte sich diese Entwicklung um in eine reale Abnahme des Sozialprodukts infolge der Weltrezession, der Kriegsauswirkungen und einer Erschöpfung
der leichten Phase der Importsubstitution (38).

Wie ist der schnelle Wachstumsprozeß nach der Einseitigen Unabhängigkeitserklärung zu verstehen? Wenn die Sanktionen die rhodesische Wirtschaft nicht im
Kern treffen konnten, so zwangen sie doch die Wirtschaft, das alte, vom Export
angetriebene Entwicklungsmuster wenn nicht zu verlassen, so doch zu modifi-

34. **Stoneman/Davies,** The Economy: An Overview, S. 112
35. Laufende und Kapitalausgaben von Central und Local Government, aber
    ohne die Parastatals.
36. **Stoneman/Davies,** The Economy: An Overview, S. 112 f
37. **Hawkins,** Economy: 1924-1974, S. 20
38. vgl. Tabelle 2

Tabelle 2

Sozialprodukt und Prokopf-Einkommen 1969 - 1981

	BIP (zu Faktorkosten) Mio Dollar	BIP (zu Faktorkosten) in konst. Preisen von 1969 Mio Dollar	BIP (zu Faktorkosten) in konst. Preisen von 1969 Index: 1969 = 100	BSP (zu Marktpreisen) in konst. Preisen von 1969 Mio Dollar	BSP (zu Marktpreisen, in konst. Preisen von 1969) pro Kopf Dollar	BSP (zu Marktpreisen, in konstante Preise von 1969) pro Kopf Index: 1969 = 100
1969	941	941	100,0	983	192,7	100,0
1970	1 011	950	101,0	994	187,1	97,1
1971	1 168	1 060	112,6	1 101	200,4	104,0
1972	1 336	1 202	127,7	1 232	216,7	112,5
1973	1 450	1 212	128,8	1 262	214,4	111,3
1974	1 791	1 301	138,3	1 397	229,8	119,3
1975	1 916	1 303	138,5	1 363	217,0	112,6
1976	2 077	1 285	136,6	1 353	208,3	108,1
1977	2 091	1 189	126,4	1 243	185,4	96,2
1978	2 236	1 170	124,3	1 220	176,5	91,6
1979	2 608	1 188	126,2	1 312	184,1	95,5
1980	3 316	1 322	140,5	1 510	205,2	106,5
1981	4 147	1 483	157,6	1 699	223,6	116,0

Quellen:
Republic of Zimbabwe, TNDP Vol. I, S. 108 Tab. 2.1. und S. 121 Tab. 5.7.; CSO, Monthly Digest, Sept. 1982, S. 10 Tab. 8.2.

Tabelle 3
Entstehung des Bruttoinlandsprodukts (Faktorkosten), in laufenden Preisen

	1965 Mio $	1965 %	1970 Mio $	1970 %	1975 Mio $	1975 %	1980 Mio $	1980 %	1981 Mio $	1981 %
Europäische Landwirtschaft	82	12,1	93	9,2	218	11,4	462[2]	13,9[2]	738[2]	17,8[2]
Afrikanische Landwirtschaft[4]	33	4,9	55	5,4	95	5,0				
Berg- und Tagebau	49	7,2	71	7,0	131	6,8	267	8,1	217	5,2
Verarbeit. Industrie	128	18,8	209	20,7	447	23,3	844	25,5	1 098	26,5
Elektrizität, Wasser	22	3,2	32	3,2	50	2,6	75	2,3	88	2,1
Bau	26	3,8	55	5,4	94	4,9	84	2,5	126	3,0
Handel, Rest., Hotels	102	15,0	152	15,0	258	13,5	479	14,4	620	15,0
Transport u. Kommunikation	75	11,0	88	8,7	159	8,3	230	6,9	262	6,3
Materielle Produktion insgesamt	517	76,0	755	74,7	1 452	75,8	2 441	73,6	3 149	75,9
Erziehung	24	3,5	35	3,5	65	3,4	169	5,1	253	6,1
Gesundheit	12	1,8	21	2,1	38	2,0	73	2,2	63	1,5
Öffentl. Verw. u. Verteidigung	40	5,9	63	6,2	130	6,8	287	8,7	352	8,5
Häusliche Dienste	23	3,4	30	3,0	45	2,3	65	2,0	74	1,8
Banken, Versicherungen	20	2,9	37	3,7	86	4,5	161	4,9	189	4,6
Sonstige Dienste[1]	44	6,5	70	6,9	100	5,2	120[3]	3,6[3]	67[3]	1,6[3]
Nichtmat. Produktion insgesamt	163	24,0	256	25,3	464	24,2	875	26,4	998	24,1
BIP (zu Faktorkosten)	680	100,0	1 011	100,0	1 916	100,0	3 316	100,0	4 147	100,0

Anm.:

1. Umfaßt Immobilien, sonstige Dienste, abzüglich unterstellte Gebühren für Bankdienstleistungen, plus landwirtschaftliche Dienste.
2. Einschließlich landwirtschaftlicher Dienste, die ab 1980 im Posten Landwirtschaft enthalten sind; getrennte Daten für europäische und afrikanische Landwirtschaft nicht verfügbar.
3. Ohne landwirtschaftliche Dienste, die ab 1980 im Posten Landwirtschaft enthalten sind.
4. Einschließlich geschätzter nichtvermarkteter Produktion.

Quellen:

CSO, National Accounts of Rhodesia, Salisbury 1976; **Republic of Zimbabwe**, TNDP Vol. I, S. 108 Tab. 2.2;

23

zieren und zum einen die exportorientierten Aktivitäten wie den Tabakanbau in der weißen Landwirtschaft zu diversifizieren, zum anderen nicht mehr verfügbare Importe durch weiteren Ausbau der Verarbeitenden Industrie zu substituieren (39). Während die weiße Landwirtschaft große Anpassungsschwierigkeiten hatte, über die ihr staatliche Hilfe hinweghalf, war es im wesentlichen der **Importsubstitutionsboom** in der Verarbeitenden Industrie, der das Wachstum bis Mitte der 70er Jahre trug.

Die Veränderungen werden auch in der Sektorenstruktur der Wirtschaft deutlich (40).

Der Anteil der Landwirtschaft nahm langfristig ab (41), die Verarbeitende Industrie dagegen stark zu und wurde zum stärksten einzelnen Wirtschaftssektor.

"Bis 1975 konnte man im allgemeinen behaupten, daß die Einseitige Unabhängigkeitserklärung (UDI) in gewissem Sinne funktioniert hatte, indem sie eine Wachstumsrate ermöglichte, die höher als in manchen (jedoch durchaus nicht allen) anderen armen Ländern und höher als in manchen (aber nicht allen) früheren Abschnitten der Geschichte Rhodesiens war. Aber die gesamte Periode von 1965-80 stellt anderthalb vergeudete Jahrzehnte dar ..." (42).

Das Prokopf-Einkommen lag 1979 nur knapp über dem von 1965 (43).

Die Entwicklung der Importsubstitution erreichte nicht die Stufe der eigenen Produktion von Kapitalgütern; diese mußten und müssen importiert werden. Insofern blieb auch die Devisenknappheit ein Wachstumshemmnis. Mit der Erschöpfung der 'leichten Phase' der Importsubstitution wurden auch die Folgen der Wirtschaftssanktionen wieder bemerkbarer: Die Überalterung des Kapitalstocks und die entsprechenden Notwendigkeiten der Modernisierung belasten heute die zimbabwesche Zahlungsbilanz stärker als die rhodesische während der

39. **Hawkins,** Economy: 1924-1974, S. 29: "The exogenous shock of sanctions jolted the economy off its path of reliance upon tobacco for export earnings and on Zambia and the U.K. as export markets and onto a new growth path emphasising self-suffiency (even at the cost of economic ineffiency in terms of comparative cost theory) and import replacement."
40. vgl. Tabelle 3
41. Diese Entwicklung wird in Tabelle 3 nicht so deutlich, wie sie in Wirklichkeit ist, weil durch die gewählten 5-Jahresabstände für die Landwirtschaft mit ihrer starken Klimaabhängigkeit untypische Jahre das Bild verzerren; insbesondere ist auch der hohe Wert für 1981 ganz außergewöhnlich und spiegelt die "Jahrhundernternte" dieses Jahres wider.
42. **Stoneman/Davies,** The Economy: An Overview, S. 96
43. vgl. ebd. S. 97

Zeit der Einseitigen Unabhängigkeit. Insgesamt verfügt Zimbabwe als Resultat der Entwicklung nach dem 2. Weltkrieg und insbesondere nach 1965 über einen relativ weitentwickelten Industriesektor, "aber es gibt immer noch einige ernsthafte Mängel, z.B. das Fehlen einer petrochemischen Industrie und einer über die grundlegende Stufe hinausgehenden Stahlproduktion oder Metallverarbeitung." (44)

Die vorangegangene Darstellung der rhodesischen Wirtschaftsentwicklung war im wesentlichen beschränkt auf den 'modernen' Sektor der Wirtschaft, der durch Kolonisierung und Besiedelung des Landes durch Europäer induziert wurde. Sie sollte einen im folgenden immer vorausgesetzten groben Überblick geben über dessen Entstehung und Struktur und damit auch über das wirtschaftliche Erbe, das die Regierung des unabhängigen Zimbabwe übernahm. Die andere Seite der Entwicklung: die Umformung der traditionellen afrikanischen Wirtschaft in eine Reservatswirtschaft, und die Funktion, die die African Reserves für das Wachstum des modernen Sektors erfüllten, gerieten vorübergehend aus dem Blickfeld. In dieser zweiten Seite von Zimbabwes Erbe liegen die wesentlichen Entwicklungsaufgaben für die Zukunft begründet. Diese Strukturen und Probleme werden in den folgenden Kapiteln der Arbeit sichtbar werden.

44. **Stoneman, Colin,** Zimbabwe's Prospects as an Industrial Power, S. 15 in: Morris-Jones (Hrsg.), From Rhodesia to Zimbabwe, S. 14-27

Kapitel 2:
Die Bevölkerung — 'rassische' (1) und ethnische Gliederung

Die Bevölkerung Zimbabwes setzt sich zusammen zum einen aus einheimischen Afrikanern und zugewanderten afrikanischen Wanderarbeitern ausländischer Herkunft; die Afrikaner gehören weiter unterschiedlichen ethnischen und Sprachgruppen an. Zum anderen lebt in Zimbabwe die ursprünglich eingewanderte, heute zum Teil aber auch schon im Land geborene Siedlerbevölkerung, die vor allem aus Weißen europäischer und südafrikanischer Herkunft und einer kleinen Gruppe von Asiaten, meist Indern, besteht. Aus der Verbindung zwischen unterschiedlichen Bevölkerungsgruppen vor allem während der frühen Jahre der Besiedlung ging eine kleine Gruppe von 'Coloureds' hervor.

'Africans', 'Europeans', 'Asians' und 'Coloureds' sind die Kategorien, nach denen die rhodesische Statistik die Gesamtbevölkerung aufteilte (2). In der Zeit vor der Unabhängigkeit ging man dann dazu über, nur noch nichtrassische Gesamtbevölkerungsdaten zu veröffentlichen, was noch einmal im Annual Economic Review of Zimbabwe 1981 durchbrochen wurde. Der erste Zensus seit demjenigen von 1969 wurde in Zimbabwe im August 1982 durchgeführt. Da die detaillierten Ergebnisse dieser Zählung bei Fertigstellung dieser Arbeit noch nicht veröffentlicht waren, beruhen viele der im folgenden verwendeten Bevölkerungszahlen für die Zeit seit 1969 auf den Ergebnissen des damaligen Zensus, der Migrationsstatistik und Schätzungen des natürlichen Bevölkerungszuwachses. Dem vorläufigen Ergebnis des Zensus von 1982 zufolge wurde die Gesamtbevölkerung in den letzten Jahren leicht überschätzt (3).

Tabelle 4 zeigt das Wachstum der Bevölkerung und deren Zusammensetzung nach 'rassischen' Kategorien. Von einer Gesamtbevölkerung von 7,48 Mio Menschen waren demnach 1980 96,6 % Afrikaner, 2,9 % Europäer, 0,1 % Asiaten und 0,4 % Coloureds. Die große Mehrheit der Bevölkerung lebt auf dem Lande; der Urbanisierungsgrad ist in Zimbabwe im Vergleich zu anderen Ländern der 'Dritten Welt' und auch im Vergleich zu einigen anderen afrikanischen Ländern gering (4).

1. Der Begriff 'Rasse' ist im folgenden immer gebraucht im Sinne der rhodesischen Statistik, die die Bevölkerung in Europeans, Africans, Asians und Coloureds einteilte. Er ist Bestandteil der gesellschaftlichen Realität Rhodesiens und daher kaum durch einen treffenderen und weniger belasteten Begriff zu ersetzen.
2. Die Kategorie "Europäer" impliziert nicht eine direkte Einwanderung aus einem europäischen Land.
3. vgl. Tabelle 4
4. **Brand, Coenraad M.,** The Anatomy of an Unequal Society, S. 45, in: Stoneman (Hrsg.), Zimbabwe's Inheritance, S. 36 - 57

Tabelle 4
Bevölkerung nach 'Rassen'zugehörigkeit 1901 - 1982
Amtliche Schätzungen
(Anzahl in tsd.)

Jahr	Afrikaner	Europäer	Asiaten	Coloureds	Insgesamt[4]
1901	700	11	1,5[1]		710
1910	860	21	2,8[1]		880
1920	1 090	33	1,2	2,0	1 130
1930	1 380	48	1,7	2,4	1 430
1940	1 870	65	2,5	3,8	1 940
1945	2 200	81	2,9	4,5	2 290
1950	2 600	125	4,0	5,7	2 730
1955	3 090	165	4,9	7,6	3 270
1960	3 610	218	6,7	9,9	3 840
1965	4 260	210	8,0	12,6	4 490
1969[2]	4 880	230	9,0	15,3	5 130
1970[3]	5 050	239	9,2	16,1	5 310
1971[3]	5 310	254	9,4	17,3	5 590
1972	5 490	266	9,6	18,1	5 780
1973	5 680	269	9,7	19,0	5 980
1974	5 880	272	9,9	19,9	6 180
1975	6 080	275	10,0	20,9	6 390
1976	6 300	268	10,2	22,0	6 600
1977	6 520	255	10,3	23,0	6 810
1978	6 750	240	10,6	24,0	7 020
1979	6 980	228	10,8	25,3	7 240
1980	7 230	215	11,2	26,5	7 480
1981	--	–	–	–	7 730
1982[5]	--	–	–	–	7 539[5]

1. Asiaten und Coloureds zusammen
2. Jahr des letzten Zensus vor dem von 1982
3. Zahlenangaben für 1901 - 1970: CSO, Supplement, Okt. 1976 Tab. 1 bezogen
   jeweils auf den 30. Juni eines Jahres; für 1971 - 1980: Annual Economic Review,
   1981, S. 65 Tab. 23 bezogen jeweils auf den 31. Dezember eines Jahres; für
   1981/82: CSO, Monthly Digest, Feb. 1983 Tab. 1.1. bezogen auf den 31.12.81
   bzw. August 1982 (Zensus)
4. Vom CSO gerundet auf ganze Zehntausender
5. Vorläufiges Ergebnis des Zensus (August 1982)

Quellen:
CSO, Supplement to the Monthly Digest of Statistics, Salisbury Okt. 1976, Tab. 1;
CSO, Monthly Digest, Feb. 1983, Tab. 1.1.; Ministry of Economic Planning and
Development, Annual Economic Review of Zimbabwe, Salisbury 1981, Tab. 23,
S. 65 (im folgenden immer: Annual Economic Review)

Offiziellen Angaben zufolge lebten in den 'Main Urban Areas', d.h. den 19 Städten und Großstädten, 1969 17,6% und nach dem vorläufigen Zensusergebnis 1982 23% der Gesamtbevölkerung (5). Die Urbanisierung der verschiedenen Bevölkerungsgruppen war sehr unterschiedlich: Offiziellen Schätzungen zufolge waren die Europäer 1980 zu 82%, die Asiaten sogar zu 92% und die Coloureds zu 83% Städter (6). Die afrikanische Bevölkerung lebte dagegen ganz überwiegend auf dem Land, unterlag jedoch in den 70er Jahren einem recht schnell voranschreitenden Verstädterungsprozeß.

Die übergroße Mehrheit der Bevölkerung Zimbabwes, 1980 rund 96,6%, besteht aus **Afrikanern**. Die meisten davon sind Einheimische, ein Teil kam als Wanderarbeiter ins Land. Weil sich die einheimische afrikanische Bevölkerung nach der Kolonisierung nur in einem sehr langwierigen Prozeß und nicht entsprechend den Bedürfnissen der weißen Wirtschaft proletarisieren ließ (7), waren vor allem die Niedriglohnsektoren der Wirtschaft, d.h. Farmen, Bergbau und Häusliche Dienste, lange Zeit auf regelmäßige Zufuhr billiger ausländischer Arbeitskräfte angewiesen (8). Die wichtigsten Herkunftsländer der ausländischen afrikanischen Bevölkerung waren 1969 Malawi (48,5%), Mozambik (32,5%) und Zambia (13%) (9). Nicht immer kehrten diese afrikanischen Arbeiter nach Ablauf ihrer kurzfristigen Arbeitsverträge in ihre Heimat zurück; häufig wurden die Verträge erneuert, manche Wanderarbeiter heirateten und blieben. Die Zahl der im Ausland geborenen Afrikaner betrug 1962 400 050 (11,3% aller Afrikaner) und ging bis 1969 auf 363 840 (7,5% der afrikanischen Bevölkerung) zurück. Die Bedeutung von Ausländern auf dem Arbeitsmarkt war freilich ungleich größer als diese Daten es ausdrücken: Nachdem Ausländer lange Zeit den südrhodesischen Arbeitsmarkt dominiert hatten, zeigte der Beschäftigtenzensus von 1961 erstmals ein Überwiegen inländischer (52,8%) gegenüber im Ausland geborenen abhängig Beschäftigten (47,2%) (10). Die Anzahl neuer Wanderarbeiterverträge und die Anzahl der Wanderarbeiter nahmen seitdem weiter ab. Heute ist das Wachstum der afrikanischen Bevölkerung Zimbabwes, sieht man von zurückkehrenden Flüchtlingen und Exilzimbabwern nach der Unabhängigkeit ab, fast ganz durch den natürlichen Zuwachs bestimmt. Die Geburtenrate der Afrikaner wurde auf 52/1000 p.a., die Sterberate auf

5. **CSO,** Monthly Digest, Feb. 1983, Tab. 1.1.
6. **Annual Economic Review,** Tab. 23
7. vgl. **Arrighi, Giovanni,** Labour Supply in Historical Perspective: A Study of the Proletarianization of the African Peasantry in: Journal of Development Studies, 1970, S. 197 - 234
8. vgl. ausführlicher Kapitel 3.2.2. und 5
9. **Kay, George,** The Population, S. 50 in: Leistner (Hrsg.), Rhodesia, S. 43 - 56
10. ebd., S. 49 f

16/1000 p.a. geschätzt; dies ergäbe ein sehr schnelles natürliches Bevölkerungswachstum von jährlich 3,6% (11). Dem vorläufigen Zensusergebnis von 1982 zufolge ist dies eine leichte Überschätzung. Das Bevölkerungswachtum wird insgesamt danach auf knapp 3% jährlich geschätzt.

Die Entwicklung des **europäischen** Bevölkerungsteils in Rhodesien war mehr durch Migration als durch endogenes Wachstum bestimmt. Bei einer Geburtenrate von 12/ 1 000 p.a. und einer Sterberate von 9/1 000 p.a. wuchs die europäische Bevölkerung — sieht man von den Wanderungsbewegungen ab — in den Jahren vor der Unabhängigkeit nur noch 0,3% jährlich, also sehr langsam. Verluste durch den Krieg in den 70er Jahren, die bei der weißen Bevölkerung sehr gering waren, fallen dabei nicht ins Gewicht (12).

Nach der Herkunft setzte sich der europäische Bevölkerungsteil Rhodesiens zur Zeit des Zensus von 1969 folgendermaßen zusammen: 40,5% waren in Rhodesien geboren, über die Hälfte davon allerdings noch unter 15 Jahren alt; 22,8% kamen aus Großbritannien, 21,8% aus Südafrika, 3,5% aus Zambia und 1,4% aus Portugal. Die restlichen 10% verteilten sich auf 44 Herkunftsländer, von denen nur Griechenland und Italien mehr als 1 500 Personen stellten (13).

Einen starken Zuwachs durch Wanderungsgewinne erzielte die weiße Bevölkerung in der Zeit nach dem Zweiten Weltkrieg und während der Aufschwungjahre der Föderationszeit, dann wieder in der 2. Hälfte der 60er Jahre und Anfang der 70er Jahre infolge einer gezielten Immigrationsförderungspolitik. Mit der Verschärfung des Krieges nahm in der 2. Hälfte der 70er Jahre die Auswanderung schnell und stark zu; seit 1975 ist die weiße Bevölkerung in Rhodesien absolut nur noch gefallen (14), eine Tendenz, die sich auch nach der Unabhängigkeit Zimbabwes fortsetzte, auch wenn der prognostizierte Massenexodus der Weißen nicht stattfand. Da die zimbabwesche Statistik nach Rassen getrennte Bevölkerungs- und Migrationszahlen nicht mehr veröffentlicht, können exakte Aussagen zur weißen Auswanderung nicht getroffen werden. Man kann jedoch davon ausgehen, daß zum

11. **Annual Economic Review,** Tab. 2
12. Geburten- und Sterberaten ohne klare Angabe des zugrundegelegten Zeitraums in: Annual Economic Review, Tab. 23; vgl. **Kay,** Population, S. 45: Während der Periode 1955 - 59 betrug die Geburtenrate der weißen Bevölkerung noch 26,4/1 000 p.a., die Sterberate 6,2/1 000 p.a., 1970 - 74 dagegen nur noch 17,2/1 000 p.a. resp. 7,4/1 000 p.a.. Das Ansteigen der Sterbeziffern ist wohl mit dem zunehmenden Durchschnittsalter der weißen Bevölkerung zu erklären.
13. ebd., S. 43
14. vgl. zur Migrationsentwicklung Tabelle 28 in Kapitel 5.3

einen die 17.240 Auswanderer 1980, 20.534 1981 und 17.942 1982, die das Land offiziell als solche deklariert verließen, fast sämtlich Weiße waren und daß zum anderen damit nicht alle weißen Auswanderer erfaßt sind, da nicht alle das Land über offizielle Grenzübergänge verließen und eine Reihe von Auswanderern sich aus zolltechnischen u.a. Gründen als Touristen deklarierten (15).

Die wenigen in Zimbabwe lebenden **Asiaten** sind fast alle indische Siedler bzw. deren Nachfahren. Inder kamen meist in den ersten Jahrzehnten des Jahrhunderts als Händler ins Land (16). 1969 waren jedoch schon 82,2% aller Asiaten und Coloureds in Rhodesien selbst geboren worden, ein Zeichen dafür, daß Migration in neuerer Zeit bei diesen beiden Gruppen keine nennenswerte Rolle mehr spielte. Die wenigen **Coloureds**, die nicht in Rhodesien selbst geboren waren, waren südafrikanischer Herkunft (17). Offizielle Schätzungen des natürlichen Bevölkerungswachstums betragen 1% jährlich für Asiaten (18) und 4,9% für Coloureds (19).

Die afrikanische Bevölkerung Zimbabwes ist differenziert nach ihrer Zugehörigkeit zu **ethnischen** und sprachlichen **Gruppen**. Ethnische Zugehörigkeit ist bis heute auch politisch relevant, wenn auch in einer wesentlich vermittelteren und eingeschränkteren Art und Weise als gängige europäische Deutungsschemata innenpolitischer Konflikte in afrikanischen Staaten und in Zimbabwe im besonderen glauben machen.
Die Situation in Zimbabwe unterscheidet sich von der vieler anderer afrikanischer Staaten dadurch, daß die ethnische Struktur hier weniger vielfältig ist und daß die kolonialen Grenzziehungen in geringerem Maße die Wohngebiete afrikanischer Ethnien auseinandergerissen haben. Es gibt in Zimbabwe rund 40 afrikanische ethnische Gruppen; die meisten davon sind jedoch einer der beiden Hauptgruppen der **Shona** (auch: Maschona) und **Ndebele** (auch: Matabele) zugeordnet (20). 1969 sprachen rund 79% der afrikanischen Bevölkerung zuhause einen der Shona-Dialekte, rund 16% sprachen Ndebele (21).

15. vgl. **CSO**, Monthly Digest, Feb. 1983, S. 2 Tab. 2.1.: Recorded Migration Through Official Ports
16. vgl. **Brand**, Unequal Society, S.37
17. vgl. ebd. S. 37; **Kay**, Population, S. 47
18. Geburtenrate 16/1000 p.a., Sterberate 6/1000 p.a.
19. vgl. **Annual Economic Review**, Tab. 23
20. **Kay, George**, Rhodesia: A Human Geography, London 1970, S. 27
21. **Brand**, Unequal Society, S. 38; abweichende Angaben bei **Stark, Klaus**, Die ethnisch-sprachliche Situation in Simbabwe zum Zeitpunkt der Unabhängigkeit, S. 1092 in: Asien, Afrika, Lateinamerika 9(1981), S. 1091 - 1099: 68% der zimbabweschen Gesamtbevölkerung seien Shona, 16% Ndebele. Angaben zum Zahlenverhältnis von Shona und Ndebele schwanken meistens in der Größenordnung von 70:30 oder 80:20.

Abb. 2: Zimbabwe
Ethnien

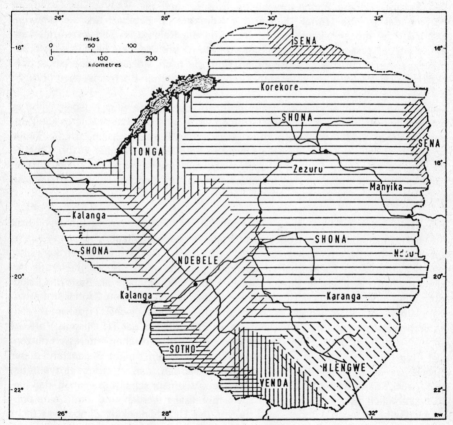

Quelle: G Kay: Rhodesia: a human geography.
London 1970, S. 27

Die Ndebele sind eine von den Zulu abstammende, im 19. Jahrhundert von Süden in das Gebiet des heutigen Zimbabwe eingewanderte Gruppe, die damals die Shonabevölkerung unterwarf. Sie sind bis heute vor allem im Westen und Südwesten Zimbabwes, den beiden Provinzen Matabeleland North und South, ansässig. Die Shona ihrerseits lassen sich untergliedern in verschiedene Gruppen: Die größten Einzelgruppen sind die im Gebiet um Masvingo, das ehemalige Fort Victoria, herum beheimateten **Karanga** und die im Hochland um Harare (Salisbury) wohnenden **Zezuru**. Andere Shona-sprechende Ethnien sind die **Manyika** im Osten um Mutare, das frühere Umtali, herum, die **Korekore** im Zambezi-Tal, die **Ndau** im Osten an der mozambikanischen Grenze und die **Kalanga** im Südwesten des Landes. Fast das gesamte Siedlungsgebiet von Shona und Ndebele liegt innerhalb der Staatsgrenzen Zimbabwes; Ausnahmen sind die nach Mozambik 'überlappenden' Ndau und die Kalanga, die sowohl in Zimbabwe als auch in Botswana leben (22).

Neben den beiden ethnischen Hauptgruppen, den Shona und Ndebele, gibt es eine Reihe von kleinen ethnischen Gruppen am Rande des Staatsgebietes von Zimbabwe, deren Siedlungsschwerpunkte jenseits der Grenzen liegen, so die **Tonga** im Zambezi-Tal am Kariba-See, die **Shangaan** im Südosten, **Venda, Sotho, Chikunda** und **Barwe**. Diese Gruppen liegen nicht nur geographisch an der Peripherie, sondern gehören auch mit den Korekore (Shona) im Zambezi-Tal zu den ärmsten Bevölkerungsteilen in Zimbabwe (23).

Fragt man nach der Bedeutung dieser ethnischen Untergliederung für die Politik im heutigen Zimbabwe, so ist der europäische Beobachter allzuleicht in der Gefahr, vereinfachende Schemata wie das des 'Tribalismus' als 'Grundübel afrikanischer Politik' komplexen Sachverhalten überzustülpen. So muß die Aufgliederung der afrikanischen Bevölkerung Zimbabwes in Shona und Ndebele als Basis der Erklärung aller innenpolitischen Rivalitäten zwischen ZANU/PF und ZAPU/PF herhalten. Umgekehrt kann jedoch auch rhetorisches Negieren jedes 'Tribalismus' afrikanischen Politikern zum Verbergen eigener Ziele dienen, der Tribalismus-Vorwurf an den jeweiligen politischen Gegner eigenen machtpolitischen Interessen nützen. Die Frage der innenpolitischen Konflikte in Zimbabwe ist nicht Gegenstand dieser Arbeit; es kann daher hier nur angedeutet werden, daß ethnische Loyalitäten sicher nicht deren wesentliche Ursache bilden. Vielmehr scheint es eher so, daß diese nachträglich für machtpolitische Ziele mobilisiert werden und damit eine politische Rolle erlangen können, die sie vor der Unabhängigkeit Zimbabwes nicht hatten. Brand weist auf die Mehrschichtigkeit der traditionellen Identifizierungsmöglichkeiten der Shona hin: "Kurz gesagt könnte sich ein Shona also identifizieren in Begriffen seines Clans (mutupo), des Gebiets seines Chiefs oder eines

22. ebd. S. 1092
23. **Brand**, Unequal Society, S.39

anderen Gebiets, seiner historischen Abstammung oder Zugehörigkeit, seines Dialekts oder seiner Dialektgruppe, der umfassenden Kategorie 'Shona', oder er könnte sich einfach als Afrikaner bezeichnen, je nach den Erfordernissen der Situation." (24) Die Begriffe 'Stamm' und 'Tribalismus' dagegen seien vereinfachte, stereotypisierte Muster für komplexe Formen von "zeitgenössischem ethnischen und regionalen Bewußtsein" (25). Solche ethnisch-regionalen Bewußtseinsformen seien auch geprägt durch Konflikte um ökonomische Ressourcen, Status und Einfluß; sie würden mobilisiert im Wettbewerb um Arbeitsplätze und andere Ressourcen. "Als solche sind sie eher abgeleitet als grundlegend oder, wenn man will, eher intervenierende als unabhängige Variablen." (26).

24. ebd. S. 40
25. ebd. S. 44
26. ebd. S. 44

Kapitel 3
Strukturen der ländlichen Gesellschaft —
Hauptprobleme und Entwicklungsbedingungen

3.1.   Landverteilung und Herstellung der Dualismusstruktur
in ländlicher Wirtschaft und Gesellschaft

3.1.1. Die Geschichte der Landverteilung

Die heutige duale Struktur von ländlicher Wirtschaft und Gesellschaft in Zimbabwe, deren Auseinanderfallen in einen 'modernen', meist 'weißen' Landwirtschaftssektor einerseits und einen 'traditionellen' afrikanischen 'Subsistenzsektor' andererseits, ist historisch entstanden infolge der weißen Landnahme, der landwirtschaftspolitischen Förderung weißer Farmer sowie der Zurückdrängung der schnell wachsenden afrikanischen Bevölkerung in Reservate, die schon bald für die Gesamtwirtschaft die Funktion eines Reservoirs an billiger Arbeitskraft erfüllten. Der 'traditionelle' ländliche Sektor ist insofern weniger die Folge afrikanischer Tradition, zu der keineswegs das Leben in Reservaten gehörte, als Folge der Herrschaft der weißen Siedler: "... was als ein 'traditioneller' Sektor in der heutigen Ökonomie bezeichnet werden kann, wurde **geschaffen** als Resultat einer Politik, die darin bestand, daß die Weißen nach und nach afrikanisches Land übernahmen und dadurch die Produktionsbedingungen in der ursprünglichen 'traditionellen' Ökonomie so einschneidend veränderten, daß es fast angemessen ist, von Zerstörung zu sprechen." (1)

Die Landnahme begann mit der Okkupation des Landes 1890 (2). Die BSAC, die bis 1923 die Verwaltung des Gebietes trug, verkaufte Landrechte an Spekulanten und Siedler. 1894 wurden nach dem Ndebele-Aufstand von 1893 im Westen des Landes in sehr trockenen Gebieten die ersten Reservate, das Gwai- und das Shangani-Reservat, eingerichtet. Die Southern Rhodesia Order-in-Council von 1898 verpflichtete die BSAC allgemeiner, Land für die afrikanische Bevölkerung zu reservieren, und führte so dazu, daß im ganzen Land Reservate abgesteckt wurden.

1. **Ndlela, Daniel B.,** Dualism in the Rhodesian Colonial Economy, Lund 1981, S. 110
2. vgl. zum Folgenden: **Palmer,** Agricultural History; **Palmer, Robin,** Land and Racial Domination in Rhodesia, London 1977; **Rifkind, M.L.,** Land Apportionment in Perspective in: Rhodesian History 3 (1972), S. 53 ; 62; **Dunlop, Harry,** Land and Economic Opportunity in Rhodesia in: Rhodesian Journal of Economics, März 1972, S. 1 - 19; **Bannerman, J. H.,** The Land Apportionment Act. A Paper Tiger? in: Zimbabwe Agricultural Journal Vol. 79, 3 (1982), S. 101 - 106; **Floyd, Barry N.,** Land Apportionment in Southern Rhodesia in: Geographical Review 1962, S. 566 - 582; **Riddell, Roger C.,** The Land Problem in Rhodesia. Alternatives for the Future, Gwelo 1978

Abb. 3: Rhodesien
Native Reserves 1894

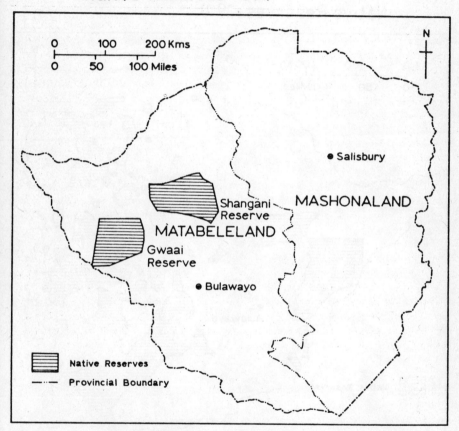

Quelle: A.J. Christopher: Land Tenure in Rhodesia.
In: South African Geographical Journal,
Vol 53, 1971, S.40

Abb.4: Rhodesien
Native Reserves 1910

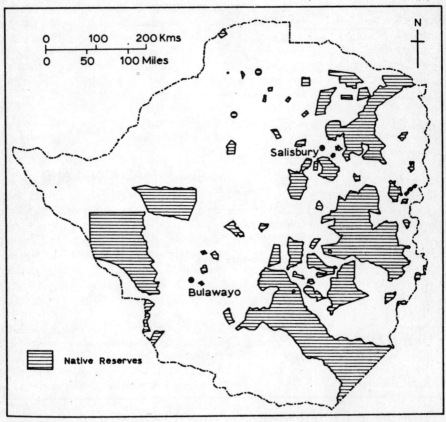

Quelle: A.J. Christopher: Land Tenure, S.41

Land außerhalb der Reservate konnte jedoch noch von Angehörigen aller Rassen gekauft werden (3). Diese Rechtslage wurde auch in der Verfassung von 1923, die den weißen Siedlern eine weitgehende Selbstverwaltung zugestand, bestätigt. 1925 waren 14 Farmen an Afrikaner verkauft worden (4).

Der weiße Landerwerb fand zunächst vor allem auf dem Papier statt und diente der Spekulation: Man erwartete in Rhodesien einen 'zweiten Rand', suchte nach Gold. Mit der Einrichtung von Reservaten waren keineswegs alle Afrikaner vom 'weißen' Land vertrieben; dies geschah vielmehr erst in einem langen, sich bis in die 70er Jahre erstreckenden Prozeß. Zunächst waren es die afrikanischen Bauern, die die Nahrungsmittelversorgung der Bergwerke und städtischen Siedlungen übernahmen und sich dem Versuch, sie durch Erhebung von Steuern in Lohnarbeitsverhältnisse zu zwingen, durch Vermarktung ihrer Produktion entzogen. Erst die Erkenntnis, daß ein 'zweiter Rand' in Rhodesien nicht zu finden war, und der folgende Kurszusammenbruch der BSAC-Aktien an der Londoner Börse 1903 führten zu einer systematischen Besiedlungspolitik und der 'white agricultural policy' seit 1908. Der Aufschwung der afrikanischen Landwirtschaft, die sich schnell auf die neuen Marktchancen eingestellt hatte, wurde durch die politische Unterstützung für die weißen Siedlerfarmer im Keim erstickt (5).

Mit dem Aufbau einer weißen Landwirtschaft begann der Konflikt zwischen weissen und schwarzen Siedlungsinteressen. Die weißen Siedler suchten nach mehr Land, denn infolge der Spekulationsinteressen bei Beginn der Landnahme befand sich viel Land in den Händen abwesender Landlords. "Die Afrikaner hatten bereits mit der Abwanderung in die Reservate begonnen, die in verschiedenen Faktoren begründet war, darunter häufig exzessiver Pacht, Weidegebühren, dem Erheben von Pachtgebühr auf unveräußerlichtem Land seitens der B.S.A. Company und der schlechten Behandlung durch gewisse europäische Farmer. Es war eine Wanderung, die etwa die nächsten 60 Jahre in unterschiedlichem Ausmaß anhalten sollte." (6)

Weiße Farmer forderten, vor der afrikanischen Konkurrenz geschützt zu werden; andere, wohlmeinendere Vertreter der Kolonialherren wollten die Afrikaner vor weiterem Landraub schützen. Diese verschiedenen Motivationen mündeten in die Empfehlung der Morris Carter Land-Kommission von 1925, eine völlige Segregation durchzuführen, unrechtmäßig auf weißen Farmen lebende Afrikaner umzusiedeln

3. Artikel 83 der Order hielt fest, daß "a Native may acquire, hold, encumber and dispose of land on the same conditions as a person who is not a Native..."; zit. nach **Ndlela**, Dualism, S. 76
4. **Palmer**, Racial Domination, S. 135
5. vgl. **Arrighi**, Labour Supply
6. **Bannerman**, Land Apportionment Act, S. 103

in Reservate und — quasi als Entschädigung für eine afrikanische bäuerliche Mittelklasse — neben 'weißem' Land und 'schwarzen' Reservaten eine zusätzliche Kategorie, in der Afrikaner Land kaufen können sollten, einzurichten (7). So geschah es im **Land Apportionment Act** von **1930**, der erstmals im Ansatz alles Land gesetzlich nach 'Rassen'zugehörigkeit aufteilte in rd. 8,7 Mio ha Native Reserves, 3 Mio ha Native Purchase Areas und 19,9 Mio ha European Land; daneben bestand noch eine relativ große Kategorie von noch nicht zugewiesenem (unassigned) Land. Hiermit endete die Regelung, daß Land außerhalb der Reservate von Angehörigen aller Rassen gekauft werden konnte. 30% des Landes waren den Afrikanern, rd. 97% der Bevölkerung, zugeteilt, 51% des Landes den Europäern, die nur rd. 3% der Bevölkerung ausmachten. Die bis in die Gegenwart bestehende Grundstruktur der Landverteilung war geschaffen.

Der Land Apportionment Act (LAA) bestimmte, daß alle Afrikaner, die auf europäischem Land lebten, bis 1937 von dort entfernt werden sollten; die Umsiedlung wurde beschleunigt, blieb aber ein nur allmählich wirkender Prozeß. Man verlängerte die Frist bis 1941. "Trotzdem befanden sich zu diesem Zeitpunkt viel mehr Afrikaner auf weißem Land als 1930, und 1941 gab die Regierung klein bei und erklärte lediglich noch ihre Absicht, die Afrikaner so bald wie möglich umzusiedeln." (8)

Seit Ende der 20er Jahre gab es Berichte, daß einzelne Reservate keine weiteren Menschen mehr aufnehmen könnten (9). Überbevölkerung, Überweidung und Bodenzerstörung wurden seitdem zu geläufigen Erscheinungen. Zum einen reagierte die Regierung darauf mit der Förderung von Bodenkonservierungsmaßnahmen, Eingriffen in den afrikanischen Viehbestand und dem Versuch, durch den Native Land Husbandry Act von 1951 in den Reservaten eine privatwirtschaftlich orientierte Landreform durchzuführen und die in dieser Zeit sich entwickelnde afrikanische Arbeiterklasse von ihren Landrechten in den Reservaten zu trennen (10). Der Native Land Husbandry Act wurde zu einem wichtigen 'Propagandisten' für die in den 50er Jahren sich formierende afrikanische Nationalistenbewegung; seine Durchführung scheiterte am Widerstand der Bevölkerung.

Zum anderen ergänzte man die Reservate 1950 um die Kategorie der Special Native Areas, die in der Verfassung von 1961 mit den Reservaten zu den Tribal Trust Lands (TTLs) zusammengeschlossen wurden. Die 'Politik der Partnerschaft' während der Zeit der Zentralafrikanischen Förderation (1953 - 1963) war verbunden

7. ebd. S. 104; **Rifkind,** Land Apportionment in Perspective, S. 55
8. ebd. S. 56
9. **Riddell,** Land Problem, S. 8
10. vgl. Kapitel 3.3.2. dieser Arbeit

Tabelle 5
Gesetzliche Landverteilung 1930 - 1969

Landkategorie	1930 Fläche in .000 ha	%	1950 Fläche in .000 ha	%	1962 Fläche in .000 ha	%	1969 Fläche in .000 ha	%
Native Reserves	8 741	22,3	8 458	21,6	16 268[1]	41,6	16 147	41,3
Special Native Area	–	–	1 538	3,9	1 700	4,3	1 497	3,8
Native Purchase Area	3 035	7,8	2 307	5,9				
Afrikanisches Land insgesamt	11 776	30,1	12 302[4]	31,4	17 968	46,0[4]	17 644[2]	45,2[4]
Unreserved Land	–	–	–	–	2 185	5,6	–	–
European Land	19 911	50,9	19 425	49,6	14 933	38,2	15 661[2]	40,1
Unassigned Land	7 203	18,4	7 082	18,1	–	–	–	–
Sonstiges (Wildreservate u.a.)	243	0,6	324	0,8	4 006	10,2	5 747[3]	14,7
Insgesamt[5]	39 133	100,0	39 133	99,9[4]	39 093[4]	100,0	39 052	100,0

1. Native Reserves und Special Native Areas sind zu den Tribal Trust Lands (TTLs) zusammengelegt.
2. Ohne Waldgebiete, Wildreservate und 'Specially Designated Land', die in der neuen Klassifikation nach dem Land Tenure Act von 1969 in African resp. European Area enthalten sind.
3. Enthält Forest Area, Parks & Wild Life, Specially Designated Land und National Land.
4. Rundungsfehler
5. Angaben zur Gesamtoberfläche Rhodesiens weichen immer wieder leicht voneinander ab, so daß man je nach Quelle und Zeit mit unterschiedlichen Gesamtsummen rechnet.

Quelle:
Dunlop, Economic Opportunity, S. 1 Tab. 1.

Abb. 5: Rhodesien
Land Apportionment 1931

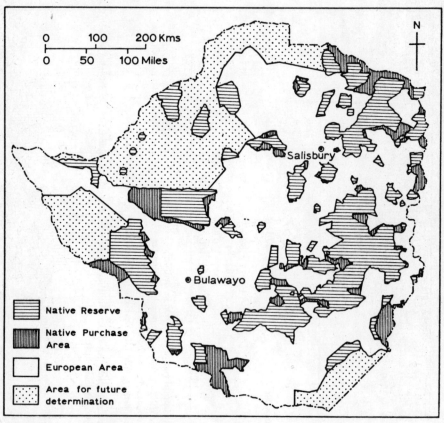

Quelle: A.J. Christopher: Land Tenure, S.43

Abb. 6: Rhodesien
Land Tenure 1970

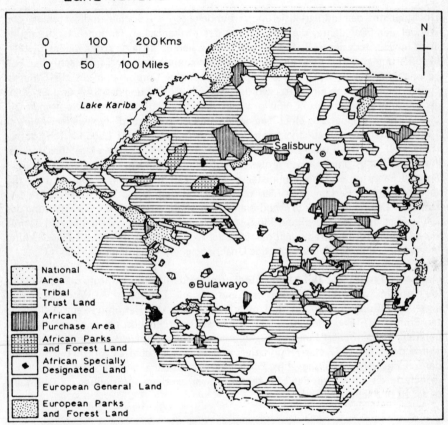

Quelle: A.J.Christopher: Land Tenure, S.48

mit Zugeständnissen in der Frage der Rassentrennung: Die Entstehung einer städtischen afrikanischen Arbeiterklasse mit städtischem Wohnrecht mußte akzeptiert werden; der Land Apportionment Amendment Act von 1954 erlaubte die Einrichtung einer multirassischen Universität, die Bildung anderer multirassischer Organisationen u.a. (11). "Das Gesetz von 1954 war die erste Konzession an die neue afrikanische Elite in Süd-Rhodesien; als solche wurde es als ein erster Schritt zum Ende jeglicher Rassentrennung gesehen." (12)

Doch der mit der Industrialisierung verbundene schnelle soziale und wirtschaftliche Wandel der 50er Jahre, die Formierung der afrikanischen Nationalistenbewegung auch in Südrhodesien (13) führten zur politischen Polarisierung der weißen Siedlerbevölkerung zu einer Zeit, als die meisten afrikanischen Kolonien in schneller Folge unabhängig wurden. 1960 empfahl die Quinton Commission, die zur Untersuchung der Landfrage eingesetzt worden war, die Aufhebung des LAA und als Übergangslösung die Einführung von privatem Landeigentum in den afrikanischen Gebieten und die Schaffung einer Kategorie von 'Common Land', wo wieder – wie vor 1930 – jedermann unabhängig von der 'Rassen'zugehörigkeit Land kaufen können sollte (14). In der Folge wurde ein solches 'Unreserved Land' eingeführt und bestand bis 1969, ohne jedoch große Bedeutung zu erlangen. Die regierende United Federal Party unter Premierminister E. Whitehead führte den Wahlkampf für die südrhodesischen Parlamentswahlen von 1962 mit dem Versprechen, den LAA aufzuheben. Die neugegründete Rhodesian Front (RF) versprach die Beibehaltung des LAA, warb für eine Politik der 'no forced integration' und gewann die Wahl. Damit waren die Reformbestrebungen der 50er Jahre abgeschrieben, und die Entwicklung mündete geradewegs in die Einseitige Unabhängigkeitserklärung von 1965.

Der **Land Tenure Act (LTA)** von **1969** ersetzte den LAA und legte die Aufteilung in 'europäisches' und 'afrikanisches' Land 'für alle Zeit' fest (15). Von Dauer war diese Verteilung freilich nicht. Unter dem Druck des Befreiungskampfes suchte Ian Smith's RF Ende der 70er Jahre zu einer 'Internen Lösung' mit kooperationsbereiten afrikanischen Führern zu kommen. In diesem neuen politischen Kontext wurde der LTA 1977 stark modifiziert und 1979 abgeschafft (16). Da die Struktur der realen Landverteilung zum Zeitpunkt der Unabhängigkeit Zimbabwes 1980 jedoch durch das Muster des LTA bestimmt war, ist dessen Verteilung im folgenden näher zu betrachten.

11. **Rifkind,** Land Apportionment in Perspective, S. 57
12. ebd. S. 58
13. vgl. genauer Kapitel 5
14. **Dunlop,** Economic Opportunity, S. 6
15. **Riddell,** Land Problem, S. 8
16. vgl. Kapitel 11.3

3.1.2. Die Landverteilung nach dem Land Tenure Act (1969)

Tabelle 6 zeigt die Landverteilung nach dem Land Tenure Act. Dabei sind Wälder, Naturparks und städtisches Gebiet jeweils den Kategorien Europäisches vs. Afrikanisches Land zugerechnet. Auf dieser Grundlage erhält man eine prozentuale Verteilung von 46,5% Europäischem Land, 46,7% Afrikanischem Land und 6,8% Nationalem Land.

Sinnvoller für die Analyse der ländlichen Verhältnisse ist die isolierte Betrachtung des ländlichen Farmgebietes, d.h. ein Vergleich des 'General Land' im europäischen Gebiet mit TTLs und Purchase Areas (PAs), und der Verteilung der ländlichen Bevölkerung auf diese Kategorien. Tabelle 7 zeigt die Verteilung des Farmlandes nach 'Rassen'zugehörigkeit und die für 1976 geschätzte Verteilung der ländlichen Bevölkerung auf die verschiedenen Landkategorien. Es ergibt sich, daß auf dem afrikanischen Farmland, das rd. 53% des Farmlandes ausmacht, rd. 80% der ländlichen Bevölkerung lebten, dagegen auf dem europäischen Farmland, das rd. 47% umfaßt, 20% der Landbevölkerung, die sich vor allem aus afrikanischen Farmarbeiterfamilien zusammensetzten (1).

Tabelle 8 zeigt die unterschiedlichen Bevölkerungsdichten in afrikanischen und europäischen Farmgebieten für 1969 und 1976, ausgedrückt (umgekehrt) als das pro Person verfügbare Farmland. Es ist erkennbar, wieviel stärker der Bevölke-

1. Es ist sicher, daß die verwendeten Bevölkerungszahlen erhebliche Ungenauigkeiten enthalten. Eine Aktualisierung der Zahlen durch Projektion des vermuteten Bevölkerungswachstums auf 1980 oder 1983 hätte die enthaltenen Fehler nur vergrößert, aber nicht mehr Information geliefert. Im einzelnen ist zu den Zahlen festzuhalten: 1) Der letzte Zensus in Rhodesien fand 1969 statt. Die detaillierten Ergebnisse des zimbabweschen Zensus von 1982 waren bei Fertigstellung dieser Arbeit noch nicht veröffentlicht. Bevölkerungszahlen für nach 1969, auch die hier verwendeten von R. Riddell, beruhen daher auf den Daten des Zensus von 1969, ergänzt um ein geschätztes Bevölkerungswachstum. 2) Der Krieg hat in der zweiten Hälfte der 70er Jahre zu erheblichen Bevölkerungsverschiebungen zwischen Stadt und Land geführt. Vgl. zu einer Schätzung der Bevölkerungsverteilung für Ende 1978 **Tickner, Vincent**, The Food Problem (From Rhodesia to Zimbabwe Vol. 8), London 1979, S. 8 Tab. 1.3. Eine erheblich abweichende Schätzung der ländlichen Bevölkerungsverteilung für 1979, bei der der Anteil der auf weißem Farmgebiet Lebenden größer ist, findet sich bei **Cross, E.G.**, Agriculture: Development and Equity. Paper to the Conex Training Branch Forum: Zimbabwe: Strategies for Economic Development, Salisbury 1980 (hektogr.), S. 2 Tab. 2.

Tabelle 6
Gesetzliche Landverteilung nach dem Land Tenure Act 1969

	Fläche in ha	%
Europäisches Gebiet		
Waldgebiet	754 300	
Parks & Wild Life	1 773 915	
General Land	15 606 473	
Land für besondere Zwecke[1]	7 653	
Europäisches Land insgesamt	18 142 527[2]	46,5
Afrikanisches Gebiet		
Waldgebiet	171 926	
Parks & Wild Life	255 164	
Tribal Trust Land	16 179 291	
Purchase Area	1 485 506	
Land für besondere Zwecke[1]	118 030	
Afrikanisches Land insgesamt	18 209 906[2]	46,7
Nationales Land	2 669 657	6,8
Rhodesien insgesamt	39 022 091	100,0

1. Specially designated Land, d.h. insbesondere städtische Gebiete
2. Alle Angaben zur Landverteilung in Rhodesien enthalten immer wieder leichte Abweichungen in bezug auf die Gesamtfläche und leichte Ungereimtheiten in bezug auf deren Zusammensetzung. So stimmen in der hier verwendeten Tabelle die Zwischensummen nicht genau. Am Gesamtbild ändert das nichts.

Quelle:
Riddell, Land Problem, S. 33 Tab. 4

Tabelle 7
Verteilung von Farmland und ländlicher Bevölkerung nach 'Rassen'zugehörigkeit 1976

Landkategorie	Fläche in ha	%	Ländliche Bevölkerung in .000			%
			Afrikaner	Europäer	Insgesamt	
Tribal Trust Land	16 179 291	48,6				
Purchase Area	1 485 506	4,5				
Afrik. Farmland insgesamt	17 664 797	53,1	4 440,6	2,3	4 442,9	79,9
Europäisches Farmland	15 606 473	46,9	1 089,2	31,9	1 121,0	20,1
Insgesamt	33 271 270	100,0	5 529,8	34,2	5 563,9	100,0

Quelle:
Landflächen nach Tabelle 6; Projektionen von Bevölkerungsdaten des Zensus 1969 nach Riddell, Land Problem, S. 34 Tab. 5.

rungsdruck auf dem afrikanischen Land ist und wie relativ rasch das pro Kopf verfügbare Land zwischen 1969 und 1976 abgenommen hat (2).

Tabelle 8
Ländliche Bevölkerungsdichten 1969 und 1976

Landkategorie	Bevölkerungsdichten (ha/Kopf)	
	1969	1976
Afrikanisches Land (TTL und PA)	5,8	4,0
Europäisches Farmland	16,3	13,9
Europäisches Farmland (pro Kopf der weißen Landbevölkerung)	515,1	489,2
Farmland insgesamt	8,3	6,0

Quelle: Riddell, Land Problem, S. 35 Tab. 6

Eine bisher hier nicht betrachtete Dimension der Landverteilung in Rhodesien ist die der unterschiedlichen landwirtschaftlichen Nutzbarkeit des Landes, die von Bodenqualität und klimatischen Bedingungen abhängt. Eine Untersuchung dieser 'qualitativen Landverteilung' zeigt, daß das weiße Farmland zu einem erheblich größeren Teil für intensive Landwirtschaft geeignet ist als das afrikanische Land. Von Bedeutung für landwirtschaftliche Nutzung und Planung ist im Ansatz bis heute der Agro-Ecological Survey von V. Vincent und R.G. Thomas von 1961 (3). Vincent/Thomas teilten die Oberfläche Südrhodesiens nach der Menge des Niederschlags in 'Natural Regions' ein (4) und unterteilten diese Regionen nach der Bodenqualität in 'Natural Areas' (5).

2. Zur Qualität und Herkunft der Daten vgl. die vorangegangene Fußnote. Wiederum stark abweichende Angaben bei **Cross**, Agriculture: Development and Equity, S. 2 Tab. 2, der aufgrund einer veränderten Flächenverteilung und einer anderen Bevölkerungsschätzung auf 8,5 ha/Kopf auf europäischem Farmgebiet, 11,7 ha/Kopf in den PAs und 4,7 ha/Kopf in den TTLs kommt.
3. **Federation of Rhodesia and Nyasaland**, An Agricultural Survey of Southern Rhodesia Part I: Vincent, V./Thomas, R.G., The Agro-Ecological Survey, Salisbury 1961 (im folgenden immer: **Vincent/Thomas**, Agro-Ecological Survey)
4. ebd. S. 30 ff
5. ebd. S. 39 f

Von Interesse sind hier die **Natural Regions** (NRs). Vincent/Thomas unterscheiden 6 NRs. Die regenreichste NR I ist geeignet für spezialisierte und diversifizierte Landwirtschaft (Obstbau, Kartoffeln, Gemüse, Tee, Kaffee, intensive Vieh- und Milchwirtschaft u.a.); NR II umfaßt die im Nordosten Zimbabwes gelegene 'Kornkammer', das wichtigste von künstlicher Bewässerung unabhängige Farmgebiet des Landes, und ist geeignet für intensive Getreideproduktion mit ergänzender Viehzucht. Die an Region II angrenzende NR III ist wegen der möglichen längeren Sommertrockenheit nicht für eine primär auf Getreideanbau beruhende Bewirtschaftung geeignet und wird von Vincent/Thomas als semi-intensives Farmgebiet mit einer Mischung aus Ackerbau und Viehzucht ausgewiesen. NR IV ist geeignet für semi-extensive Viehzucht, die vor allem im Süden des Landes gelegene, trockene NR V nur für extensive Viehzucht mit sehr großen erforderlichen Weideflächen pro Einheit Vieh. Schließlich unterscheiden Vincent/Thomas eine letzte Kategorie, die NR X, die ungeeignet für jedwede landwirtschaftliche Nutzung sei (6). Blickt man nun auf die Zusammensetzung von europäischem und afrikanischem Land nach NRs, wie Tabelle 9 sie zeigt, so liegen 51,2% des gesamten europäischen Farmlandes in NR I, II und III, dagegen nur 25,8% des TTL-Landes. Bei den quantitativ weniger bedeutenden African Purchase Lands liegen 56,2% in den Regionen I - III, jedoch nur 18,3% in NR I und II (im Gegensatz zu 30,4% des europäischen Farmlandes). Neben der quantitativ ungleichen Landverteilung ist also das afrikanische Gebiet das mit dem wesentlich geringeren landwirtschaftlichen Potential. Während die Kategorisierung von Vincent/Thomas primär auf den klimatischen Gege-

6. vgl. **Riddell**, Land Problem, S. 27; da es mir hier nicht primär um eine Analyse der Landwirtschaft geht, verzichte ich auf Details der Kategorien von Vincent/Thomas und deute nur kurz zwei wichtige Qualifikationen an: 1) Die Analyse von Vincent/Thomas setzt Trocken-Landwirtschaft voraus, rechnet also nicht mit künstlicher Bewässerung; die Einführung von Variablen wie Bewässerung und Viehfütterung während der Trockenzeit verändert das landwirtschaftliche Potential. Künstliche Bewässerung ist in der weißen Landwirtschaft seit Mitte der 60er Jahre stark ausgebaut worden; so entstanden etwa im trockenen, südöstlichen Lowveld die großen Zuckerrohrplantagen. Die Einführung solcher Variablen verändert das Bild der qualitativen Landverteilung zwischen afrikanischer und europäischer Landwirtschaft noch zuungunsten der afrikanischen Gebiete. 2) Die klimatisch für Getreideanbau geeigneten NRs sind nicht identisch mit der Kategorie des 'potential arable land', mit der sie zuweilen verwechselt werden. Das 'potential arable land' bildet bei Vincent/Thomas vielmehr nur einen Teil des Landes in den ersten drei NRs und wird ermittelt nach Bodentiefe und Bodenkonservierungsmöglichkeiten — vgl. **Vincent/Thomas**, Agro-Ecological Survey, S. 43. Es wird mich später noch einmal bei der Diskussion der Frage der 'Unterausnutzung' weißen Farmlandes beschäftigen; daher sei schon hier auf die Definition der Kategorie verwiesen.

Abb.7: Zimbabwe
Natural Farming Regions

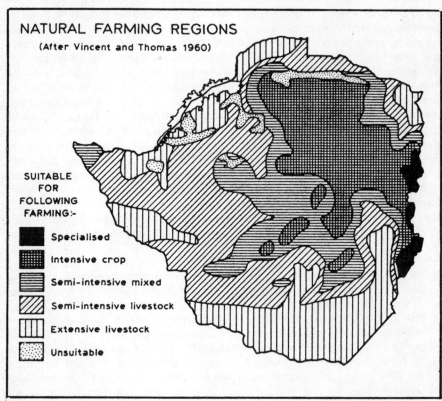

NATURAL FARMING REGIONS
(After Vincent and Thomas 1960)

SUITABLE
FOR
FOLLOWING
FARMING:-

- Specialised
- Intensive crop
- Semi-intensive mixed
- Semi-intensive livestock
- Extensive livestock
- Unsuitable

Quelle:D.H.Davies: Towards an Urbanization Strategy for Zimbabwe. In:GeoJournal Supplement Issue 2/1981, S.74

Tabelle 9:
Landverteilung nach Natural Regions und 'rassischen' Landkategorien[2]

Natural Region	Europ. Farmland		TTL		African Purchase Area		Sonstiges Land		Insgesamt	
	tsd. ha	%	tsd. ha	%	tsd. ha	%	tsd. ha	%	tsd. ha	%
I	440,2	2,8	128,3	0,8	7,3	0,5	127,6	2,2	703,4	1,8
II	4 324,5	27,6	1 255,1	7,7	252,1	17,8	29,7	0,5	5 861,4	15,0
III	3 240,6	20,8	2 814,7	17,3	536,1	37,9	696,3	12,2	7 287,7	18,7
IV	4 025,8	25,7	7 307,3	44,9	523,0	36,9	2 926,2	51,3	14 782,3	37,8
V	3 648,4	23,3	4 774,0	29,3	97,6	6,9	1 921,1	33,7	10 441,1	26,7
Insgesamt	15 679,5	100,2[1]	16 279,4	100,0	1 416,1	100,0	5 700,9	99,9[1]	39 075,9	100,0

1. Rundungsfehler
2. Die Verteilung beruht auf einer Aktualisierung der ursprünglichen Analyse von Vincent und Thomas durch P. Ivy (Conex), 1978.

Quelle:
Whitsun Foundation, A Strategy for Rural Development. Data Bank No. 2: The Peasant Sector, Salisbury 1978, S. 57 Tab. D 5

Tabelle 10
Landwirtschaftliches Potential nach Whitlow

Landw. Potential Klasse	kommerzielles Land[1]		Communal Land		Sonstiges Land		Insgesamt	
	tsd. ha	%	tsd. ha	%	tsd. ha	%	tsd. ha	%
sehr gut	2 599	15,2	474	2,9	—	—	3 073	7,9
gut	5 506	32,2	1 537	9,4	158	2,8	7 201	18,4
mittel	4 395	25,7	4 529	27,7	578	10,2	9 502	24,3
schlecht	2 702	15,8	3 482	21,3	2 587	45,8	8 771	22,4
sehr schlecht	1 898	11,1	6 328	38,7	2 327	41,2	10 553	27,0
Insgesamt	17 100	100,0	16 350	100,0	5 650	100,0	39 100	100,0

1. Als 'kommerzielles Farmland' werden seit der Aufhebung der gesetzlichen Landverteilung nach 'rassischen' Kriterien das frühere weiße Farmgebiet und die African Purchase Areas bezeichnet.

Quelle:

Whitlow, J.R., Agricultural Potential in Zimbabwe — A Factorized Survey in: Zimbabwe Agricultural Journal 77 (1980), S. 97 - 106; Gasasira, F./Amos, F., A Spatial Planning System for Zimbabwe, Vol. II, UNDP/UNCHS ZIM/80/008, Salisbury 1981, S. 20

benheiten beruht, hat Whitlow in neueren Untersuchungen den Versuch gemacht, Variablen der Bodenbeschaffenheit und andere Randbedingungen stärker in die Bestimmung des landwirtschaftlichen Potentials einzubeziehen. Das Ergebnis zeigt Tabelle 10: Demzufolge haben 37,4% des kommerziellen, d.h. weißen und Purchase Area-Landes, aber nur 12,3% des Communal Land gutes oder sehr gutes landwirtschaftliches Potential.

3.1.3. Die landwirtschaftspolitische Unterstützung des ländlichen Dualismus: Kreditwesen und Vermarktungssystem

Die ungleiche Landverteilung, die Konzentration eines großen Teils des qualitativ besten Farmlandes in den Händen einer kleinen Klasse weißer Farmer und von in der Landwirtschaft tätigen Gesellschaftsunternehmen bildet die historische Basis der dualen Struktur von Wirtschaft und Gesellschaft in Zimbabwe. Das Zerfallen der ländlichen Wirtschaft und Gesellschaft in einen 'modernen' weißen Farmsektor einerseits und einen mangels Kapitalbildung nicht entwicklungsfähigen, aber gerade auch nicht 'traditionellen', sondern durch seine Funktion als Lieferant billiger Arbeitskraft für den 'modernen' Sektor wesentlich veränderten Reservatssektor andererseits wurde auch politisch unterstützt durch systematische Förderung der weißen Landwirtschaft und deren Schutz vor afrikanischer Konkurrenz.

Dazu gehören die infrastrukturelle Erschließung des weißen Landes ebenso wie staatliche Forschungsförderung und der Aufbau effektiv arbeitender Beratungsdienste für die weißen Farmer. Hier soll in knapper Form auf zwei weitere wesentliche Dimensionen eingegangen werden: die Organisation der landwirtschaftlichen Vermarktung und die Kreditbeschaffung.

Es wurde schon erwähnt, daß in der Zeit nach der Okkupation die afrikanischen Bauern sich sehr schnell auf die neuen Marktchancen einstellten und die Nahrungsmittelversorgung von Bergwerken und städtischen Siedlungen übernahmen (1). Mehrere scharfe Preisstürze für landwirtschaftliche Produkte zwischen 1903 und 1923 sowie die seit 1908 betriebene 'white agricultural policy' der BSAC veränderten diese Situation drastisch: Die Marktbeteiligung der afrikanischen Bauern wurde erschwert, die weißen Siedler übernahmen die Versorgung der Minen, der Anteil der Einkommen aus dem Verkauf landwirtschaftlicher Produkte an den afrikanischen Geldeinkommen sank in den ersten drei Jahrzehnten dieses Jahrhunderts rasch (2). Die 'white agricultural policy' umfaßte die Förderung der Immigra-

---

1. **Arrighi**, Labour Supply; **Palmer**, Racial Domination; **Stoneman**, Agriculture, S. 129 in: Stoneman (Hrsg.), Zimbabwe's Inheritance, S. 127 - 150
2. **Ndlela**, Dualism, S. 157 f

tion weißer Farmer, deren Zahl von 148 1905 auf 2067 1911, rund 3000 1931, 3640 1944 und schließlich 6682 1976 stieg (3), die Herabsetzung der Landpreise, die Bereitstellung billiger Kreditmöglichkeiten und eines breiten Spektrums von Beratungsdiensten sowie die Erhöhung von Steuern und Gebühren für Afrikaner (4).

Einen wesentlichen Schutzschild vor afrikanischer Konkurrenz bildete für die weißen Farmer die Segregation infolge des Land Apportionment Act von 1930. Die Weltwirtschaftskrise führte außerdem zu dem Ruf nach mehr staatlicher Beteiligung im Bereich der Vermarktung: Der Maize Control Act von 1931 führte mit dem Maize Marketing Board einen Grundstein des bis heute funktionierenden **Systems parastaatlicher Vermarktungsbehörden** ein. Das Gesetz reagierte auf den Preisfall für Mais mit der Einführung eines Quotensystems mit gespaltenem Produzentenpreis für die Weltmarktproduktion einerseits und die Erzeugung für den lokalen Markt andererseits. Bei der Zuteilung von Quoten erhielten die afrikanischen Bauern nur einen kleinen Teil der Hochpreis-Quoten (5). Die zweite früh eingerichtete Vermarktungsbehörde ist die Cold Storage Commission (CSC); der Maize Marketing Board wurde 1950 dann zum Grain Marketing Board (GMB). 1952 wurde der Dairy Marketing Board (DMB) eingerichtet, 1969 der Cotton Marketing Board (CMB). Als Dachorganisation dieser Boards wurde 1967 die Agricultural Marketing Authority (AMA) geschaffen (6). "Obwohl die Statutory Marketing Boards für Einkäufe sowohl aus den europäischen wie den afrikanischen Gebieten zuständig sind und obwohl sie theoretisch mit beiden gleichermaßen befaßt sind, ist praktisch der Hauptteil der Unterstützung an die größeren Produzenten, nämlich die weissen Farmer, gegangen." (7) Neben einer diskriminierenden Preispolitik trugen u.a. Transportprobleme und die Erhebung einer Gebühr von bis zu 15% auf vermarktete Produkte aus den TTLs zwischen 1948 und 1979 zur Finanzierung des African Development Fund (ADF) zur Erschwerung der afrikanischen Vermarktung bei (8).

Für die landwirtschaftliche Entwicklung wesentlich ist der Zugang zu **Kredit**. Auch hier wurden früh die entsprechenden Institutionen für die weiße Landwirtschaft geschaffen, während erst nach dem 2. Weltkrieg für afrikanische Farmer und Bauern begrenzte öffentlich organisierte Kreditmöglichkeiten, die entweder die Entwicklung in den Purchase Areas stützen sollten oder schon als defensive Maßnahme ge-

3. **Riddell**, Land Problem, S. 11 ff
4. **Stoneman**, Agriculture, S. 129
5. **Ndlela**, Dualism, S. 163 f
6. vgl. **Nziramasanga, Mudziviri**, The Agricultural Sector in Zimbabwe: Prospects for Change and Development, S. 53 in: Zimbabwe. Working Papers Vol. I, S. 27 - 74; **Tickner**, Food Problem, S. 26 ff
7. ebd. S. 28 f
8. **Ndlela**, Dualism, S. 165 ff

gen die starke Verschlechterung der Situation in den Reservaten geplant wurden, eingerichtet wurden. Im Zuge der 'white agricultural policy' entstand 1912 die Land Bank, die 1924 zur Land and Agricultural Bank wurde und in dieser Form bis 1971 bestand, als sie von der Agricultural Finance Corporation of Rhodesia (AFC), die bis heute für den öffentlich organisierten landwirtschaftlichen Kredit zuständig ist, abgelöst wurde (9). Daneben entstanden der Agricultural Assistance Fund, der Farm Irrigation Fund und der Agricultural Diversification Fund; die beiden letztgenannten Institutionen wurden nach der Einseitigen Unabhängigkeitserklärung von 1965 geschaffen, um die mit den Wirtschaftssanktionen verbundenen Schwierigkeiten der weißen Landwirtschaft überwinden zu helfen.

Begrenzte Kreditmöglichkeiten bei der Land and Agricultural Bank erhielten afrikanische Farmer in den Purchase Areas zuerst 1945 (10). Mit dem Kreditprogramm des Agricultural Loan Fund — später bekannt als African Loan Fund — von 1958 wurde die Kreditfähigkeit auch auf Bauern in den Reservaten, die bei der Durchführung des Native Land Husbandry Act von 1951 individuelle Landrechte zugeteilt bekommen hatten, ausgedehnt (11). Neben diesem öffentlich organisierten Kredit spielten kirchliche Hilfsmaßnahmen, Savings Clubs, die seit 1956 entstehende Genossenschaftsbewegung und die private African Loan and Development Company eine Rolle (12). Solche Anstrengungen halfen zwar, einige Innovationen in den Bereich der afrikanischen Landwirtschaft einzuführen; sie erreichten neben den PA-Farmern im wesentlichen eine kleine Gruppe 'fortschrittlicher' afrikanischer Bauern, die 'Master Farmers'. Maßnahmen zur Entwicklung des afrikanischen Landwirtschaftssektors als Ganzem waren sie jedoch nicht. Ernsthafte Anstrengungen, die Kreditmöglichkeiten für afrikanische Bauern zu erweitern, werden durch das 1978 ins Leben gerufene Small Farm Credit Scheme der AFC unternommen (13).

Zusammenfassend kann festgehalten werden: Der Grund des 'Dualismus' in der ländlichen Gesellschaft Zimbabwes wurde gelegt durch die weiße Landnahme seit der Okkupation 1890. In den 30er Jahren dieses Jahrhunderts wurden die afrikanischen Bauern als Konkurrenz der weißen Farmer durch die Segregation des LAA und die Preispolitik des Maize Control Act ausgeschaltet. Die weiße Landwirtschaft entwickelte sich durch staatliche Förderung in den Bereichen Vermarktung, Beratungswesen, Kreditwesen zu dem heutigen modernen Landwirtschaftssektor, während die afrikanische Reservatswirtschaft seit den 30er

---

9. ebd. S. 133
10. ebd. S. 139
11. **Weinrich, Aquina K.H.**, African Farmers in Rhodesia. Old and New Peasant Communities in Karangaland, London 1975, S. 27 ff
12. ebd. S. 33; **Clarke, Duncan G.**, Foreign Companies and International Investment in Zimbabwe, London/Gwelo 1980, S. 117; **Ndlela,** Dualism, S. 143
13. vgl. Kapitel 11.5 dieser Arbeit

Jahren zunehmend unter Bevölkerungsdruck und Bodenverschlechterung litt. Landwirtschaftsförderung für den afrikanischen Bereich blieb immer Reaktion auf die sich verschlechternden Bedingungen und konnte unter den gegebenen Voraussetzungen nie die seit Ende der 50er Jahre steigende Unterbeschäftigung absorbieren.

3.1.4. Landwirtschaftliche Produktion und Produktivität im dualen System

Der 'Dualismus' in der ländlichen Wirtschaft und Gesellschaft Zimbabwes wird widergespiegelt in den Zahlen zur landwirtschaftlichen Produktion, die hier kurz betrachtet werden sollen, weil sie wesentliche Determinanten der Lebenssituation der afrikanischen Bevölkerungsmehrheit und aller Bemühungen, die gegebene Situation durch Landreform und ländliche Entwicklungspolitik zu verändern, bilden.

Tabelle 11 zeigt, daß die Communal Lands, in denen um die 60% der zimbabweschen Gesamtbevölkerung leben, einen zwischen 15% und 30% stark schwankenden Anteil an der landwirtschaftlichen Gesamtproduktion haben. Im Durchschnitt der Jahre 1964 bis 1980 betrug der Anteil der CLs 22,4%; dabei war die Tendenz seit Ende der 60er Jahre langfristig fallend, durchbrochen allerdings von dem hohen Anteil 1974. Der Kriegszustand vor allem in der zweiten Hälfte der 70er Jahre hatte erheblichen Einfluß auf die Produktion in den CLs; er führte auch zur Stagnation in der kommerziellen Farmwirtschaft.

Die Zahlen des Central Statistical Office (CSO) haben erhebliche Schwächen im Bereich der Produktion für den Eigenkonsum ländlicher Haushalte: Die CL-Produktion ist exakt erfaßt, soweit die Bauern Überschüsse an die Marketing Boards verkaufen; die Produktion für den Eigenbedarf und den Verkauf innerhalb der CLs ist jedoch nur geschätzt auf der Grundlage von Ernteprognosen und einem angenommenen Pro-Kopf-Bedarf an Lebensmitteln, der mit geschätzten Bevölkerungszahlen multipliziert wird. In dieser letzten Komponente liegt eine Tendenz, eine mögliche Unterversorgung der CLs mit selbstproduzierten Nahrungsmitteln per definitionem auszuschließen. Die Angaben zur CL-Produktion werden daher wahrscheinlich eher zu hoch als zu niedrig sein (1).

Unabhängig von solchen Problemen im einzelnen zeigen die CSO-Zahlen zur landwirtschaftlichen Produktion deutlich die hochgradige Abhängigkeit Zimbabwes von der kommerziellen landwirtschaftlichen Produktion, d.h. insbesondere vom weißen Farmsektor. Es scheint klar, daß jede Landreform diese Abhängigkeiten

1. Es ist aufgrund des Charakters dieser Schätzung auch wenig sinnvoll, aus den Zahlen einen Trend der Pro-Kopf-Produktion in den CLs zu errechnen; eine solche Rechnung wäre tendenziell tautologisch.

Landwirtschaftliche Produktion in Communal Lands und kommerziellen Farmgebieten 1964 - 1981 (in Mio Dollar)

| | Verkäufe über Marketing Boards | Communal Lands[1] | | Kommerzielle Farmen[2] | | Landwirt- schaftliche Produktion insgesamt | Anteil d. CLs an landw. Prod. insgesamt (%) |
		Prod. für Konsum der ländl. Haushalte[3]	Insgesamt	Brutto- produktions- wert[4]	Index (in Preisen v. 1964) 1964 = 100		
1964	6,4	26,2	32,6	143,1	100,0	175,7	18,6
1965	6,1	25,4	31,5	145,0	93,2	176,5	17,8
1966	7,2	40,4	47,6	150,6	113,4	198,2	24,0
1967	8,3	57,6	65,9	153,1	117,7	219,0	30,1
1968	5,6	38,4	44,0	141,5	97,4	185,5	23,7
1969	10,7	52,7	63,4	179,2	129,6	242,6	26,1
1970	8,9	44,4	53,3	175,7	122,3	229,0	23,3
1971	13,0	58,9	71,9	217,6	154,9	289,5	24,8
1972	20,1	62,7	82,8	241,6	168,0	324,4	25,5
1973	18,4	44,6	63,0	252,9	140,1	315,9	19,9
1974	26,3	84,9	111,2	356,0	174,7	367,2	30,3
1975	26,6	68,6	95,2	371,3	169,4	466,5	20,4
1976	28,2	80,2	108,4	401,1	182,7	509,5	21,3
1977	22,0	84,0	106,0	392,5	168,8	498,5	21,3
1978	22,5	51,8	74,3	418,2	167,1	492,5	15,1
1979	16,9	85,5	102,3	438,5	164,8	540,8	18,9
1980	28,9	117,1	146,0	591,6	185,2	737,6	19,8
1981	79,5	185,1	264,6	775,6	271,6	1 040,2	25,4

1. Communal Lands (CLs) sind die früheren Tribal Trust Lands (TTLs) bzw. Reservate.
2. Die Commercial Areas umfassen den früheren weißen Farmsektor (Large Scale Commercial Farms) und die früheren African Purchase Areas (Small Scale Commercial Farms).
3. Schätzungen auf Grundlage von Ernteprognosen und angenommenem Pro-Kopf-Konsum
4. Einschließlich Sekundärproduktion im landwirtschaftlichen Sektor, aber ausschließlich own account capital formation
5. Ausschließlich Sekundärproduktion; berechnet anhand eines laufend gewichteten Index der Produzentenpreise.

Quelle:
CSO, Monthly Digest, Sept. 1982, S. 29 Tab. 11.1.; für 1981: CSO, Monthly Digest, Febr. 1983, Tab. 11.1.

nur allmählich abbauen kann, wenn sie große Produktionseinbrüche vermeiden will. Diese Abhängigkeit gilt nicht nur für die landwirtschaftliche Produktion insgesamt, sondern auch für die Nahrungsmittelversorgung Zimbabwes. Nicht nur ist die Versorgung der Stadtbevölkerung abhängig von der weißen Landwirtschaft, sondern auch die Produktion in den Communal Lands reichte in den 70er Jahren wahrscheinlich nicht mehr für deren Eigenversorgung. Cross schätzte 1977, daß seit Anfang der 70er Jahre die CLs zur eigenen Versorgung Nahrungsmittel aus der kommerziellen Landwirtschaft 'importiert' hätten (2). Verschärft hat sich diese Situation in den Kriegsjahren (3). Die große Kluft zwischen vor allem weißer kommerzieller Landwirtschaft und Communal Lands drückt sich auch aus in unterschiedlichen Flächenerträgen. Nach Zahlen von Cross für Mashonaland North betrugen die Flächenerträge (in kg per Hektar) für verschiedene Anbauprodukte 1978 in der weißen Farmwirtschaft durchschnittlich 258% der Erträge in den Purchase Areas (4). Letztere liegen oft wiederum erheblich über denen der CLs (5).

Für die Saison 1980/81 schätzte das Crop Forecasting Committee Maiserträge von 5.714 kg/ha auf den Large Scale Commercial Farms, 2 000 kg/ha im Small Scale Commercial Sector und 1 026 kg/ha im Bereich der bäuerlichen Produktion (6). Auch für den Außenhandel spielt die weiße Landwirtschaft eine bedeutende Rolle. Landwirtschaftliche Exporte machten seit Mitte der 70er Jahre durchschnittlich rund ein Drittel der gesamten Ausfuhrerlöse des Landes aus (7). Dieser Anteil erhöht sich beträchtlich, wenn man die Weiterverarbeitung landwirtschaftlicher Rohprodukte durch die Verarbeitende Industrie einbezieht (8). Schließlich ist die kommerzielle Landwirtschaft der größte Arbeitgeber Zimbabwes: sie stellt ebenfalls rd. ein Drittel der Arbeitsplätze (9). Indirekt hängen durch die starke

2. **Cross, E.G.,** The Tribal Trust Lands in Transition: The National Implications, Rhodesian Institute for Agricultural Extension Workshop, University of Rhodesia, Salisbury 1977
3. **Ministry of Economic Planning and Development,** Let's Build Zimbabwe Together. Zimbabwe Conference on Reconstruction and Development, Salisbury 23. - 27.3.1981, Conference Documentation (im folgenden immer: **ZIMCORD Documentation**), S. 37 Abs. 3; vgl. auch **Tickner,** Food Problem
4. **Cross,** Agriculture: Development and Equity, S. 6, Tab. 5
5. **Nziramasanga,** Agricultural Sector, S. 51, Tab. 8
6. **International Fund for Agricultural Development,** Report of the General Identification and Programming Mission to the Republic of Zimbabwe, Rom 1981, S. 58 (im folgenden immer: IFAD)
7. **Republic of Zimbabwe,** TNDP, S. 126f Tab. 7.2.
8. **Riddell, Roger C.,** Zimbabwe's Land Problem: The Central Issue, S. 4 in: Morris-Jones (Hrsg.), From Rhodesia to Zimbabwe, S. 1 - 13
9. vgl. Kapitel 3.2.2. der Arbeit

Verkettung von Landwirtschaft und Weiterverarbeitung wesentlich mehr Arbeitsplätze von der Landwirtschaft ab.

Wenn man also von einem Auseinanderfallen der ländlichen Wirtschaft und Gesellschaft Zimbabwes in einen hochentwickelten, zum größten Teil weiß beherrschten Sektor einerseits und die afrikanische Reservatswirtschaft andererseits spricht, so sind darin zum einen wesentliche Dimensionen der sozialen Probleme des Landes begründet; der ländliche 'Dualismus' muß daher einer der wichtigen Ansatzpunkte von Entwicklungsbemühungen sein. Zum anderen liegen in dieser Struktur jedoch auch Abhängigkeiten vom weißen Landwirtschaftssektor begründet, die keineswegs unüberwindbar sind, jedoch ein bedeutendes Hindernis für jeden Versuch, die vorhandenen sozialen Disparitäten schnell und gründlich abzubauen, bilden.

3.2. Die weiße kommerzielle Landwirtschaft:
Weiße Farmer und afrikanische Landarbeiter

3.2.1. Die weißen Farmen

Der Teil des rhodesischen Farmlandes, der für europäische Siedler reserviert war, war unterteilt in eine relativ kleine Zahl von Farmeinheiten. Deren Anzahl betrug 1965 6 266, wuchs auf 6 937 1973 (1), um dann auf 6 819 1975, 6 682 1976 (2) und 6 338 1978/79 (3) zu fallen. Diese Entwicklung spiegelt einen Konzentrationsprozeß in der weißen Landwirtschaft in den 70er Jahren wider, in dessen Verlauf kleine Farmen zusammengelegt oder aufgekauft wurden, Einzelunternehmen Gesellschaftsstatus und Haftungsbegrenzung erhielten (4). In der 2. Hälfte der 70er Jahre wurden wegen des Krieges viele weiße Farmen von ihren Eigentümern oder Managern verlassen und vorübergehend oder auf Dauer aufgegeben. Es ist nicht auszuschließen, daß manche der aufgegebenen Farmen aus der Statistik verschwanden und daß — wie Riddell annimmt — die Zahlen zum Rückgang der Farmen auch diesen kriegsbedingten Zwang zur Aufgabe widerspiegeln; wenn es jedoch stimmt, daß im April 1979 rd. 2 000 weiße Farmen aufgegeben worden waren (5), so ist dieser Prozeß in den obigen Zahlen nicht ausgedrückt. Der Rückgang der Farmen von 6 937 1973 auf 6 338 1978/79, der schon vor der Verschärfung

1. **Hunt, A.F.,** European Agriculture, S. 82 in: Leistner (Hrsg.), Rhodesia, S. 79 - 89
2. **Riddell,** Land Problem, S. 13 und 63
3. **Cross,** Agriculture: Development and Equity, S. 3
4. **Riddell,** Land Problem, S. 63
5. **Riddell,** Zimbabwe's Land Problem, S. 4

des Krieges begann, reflektiert insofern ganz überwiegend die Unternehmenskonzentration.

Die Mehrzahl der weißen Farmen befand sich im Besitz individueller Eigentümer; wohl die meisten davon, nicht aber alle, wurden vom Besitzer selbst bewirtschaftet. Daneben gab es verpachtete und von angestellten Managern bewirtschaftete Farmen (6). Die neben den individuellen Farmen bestehenden Gesellschaftsunternehmen waren teils von inländischen, teils von ausländischen Investoren kontrolliert.

Die **Produktion** des weißen Farmsektors hat sich zwischen 1964 und 1980 wertmäßig real fast verdoppelt. Dabei war dieses Wachstum nicht gleichmäßig verteilt: Die Zeit nach der Einseitigen Unabhängigkeitserklärung brachte für die kommerzielle Landwirtschaft große Anpassungsprobleme, da die Märkte für Tabak, das Hauptanbauprodukt, stark zusammenschrumpften. In der ersten Hälfte der 70er Jahre wuchs der Output dann stark, während er in der zweiten Hälfte der 70er Jahre wegen des Krieges stagnierte (7).

Der Output des weißen Farmsektors setzt sich ungefähr im Verhältnis 70 : 30 aus dem **Anbau** von Getreide, Tabak und anderen Produkten einerseits und **Viehzucht** andererseits zusammen (8). Der größte Teil von Zimbabwes Farmland ist unter agrarwissenschaftlichen Gesichtspunkten nur oder vor allem für Viehzucht zu nutzen. Diese ist vor allem Rinderzucht, davon abgeleitet spielt Milchwirtschaft eine wichtige Rolle. Wichtigstes Anbauprodukt ist Tabak. Rhodesien war vor der Einseitigen Unabhängigkeitserklärung der Welt zweitgrößter Tabakexporteur hinter den USA. Tabak hatte 1965 einen Anteil von 31,5% an den Exporterlösen. Die Wirtschaftssanktionen trafen den Tabak stark und erzwangen einen Diversifizierungsprozeß in der weißen Landwirtschaft; die Tabakproduktion nahm wertmäßig zunächst stark ab, wuchs aber seit 1970 dann wieder und überschritt in der zweiten Hälfte der 70er Jahre den Stand von 1964/65. Auch unter UN-Sanktionen wurde Tabak wieder zum wichtigsten Exportprodukt (9). Infolge der Diversifizierungspolitik wuchsen Baumwollproduktion und der Anbau von

6. **Riddell,** Land Problem, S. 72
7. vgl. Tabelle 11: Landwirtschaftliche Produktion in Communal Lands und kommerziellen Farmgebieten 1964 - 1981, die die Daten für den gesamten kommerziellen Landwirtschaftssektor, also unter Einschluß der African Purchase Areas, angibt. Da die APAs jedoch nur einen kleinen Anteil — um die 4%, vgl. **Cross,** Agriculture: Development and Equity, S. 13 — am Output des Commercial Sector haben, fallen sie nicht stark ins Gewicht.
8. **Riddell,** Land Problem, S. 54
9. **Stoneman,** Agriculture, S. 140 f.

Mais, dem bedeutendsten Getreideprodukt. Zuckerrohr wird fast ausschließlich auf den großen bewässerten Plantagen im südöstlichen Lowveld angebaut; ebenso ist Weizen fast ganz ein Produkt der weißen Landwirtschaft und wächst meist auf bewässertem Land. Kaffee und Tee werden in den östlichen Highlands hergestellt; andere Anbauprodukte der weißen Landwirtschaft sind Sorghum, Gerste, Erdnüsse, Soyabohnen, Zitrusfürchte u.a. (10).

In Urteilen über wirtschaftliche Bedeutung und 'Erfolg' des weißen Farmsektors tauchen widersprüchliche Aspekte auf. So hält Riddell einerseits fest, daß die weißen Farmen "das Rückgrat des kommerziellen landwirtschaftlichen Sektors in Rhodesien darstellen und einen wesentlichen Beitrag zum Wachstum der modernen Wirtschaft leisten" (11). Andererseits stellt Stoneman fest, daß die weißen Farmer sich im Lauf der Zeit entwickelten "zu einem höchst erfolgreichen ländlichen Bürgertum mit garantierten Märkten und Preisen, staatlichen Subventionen, einer Reihe von landwirtschaftlichen Beratungsdiensten, und dem völlig ungerechtfertigten Ruf, für die zukünftige Fähigkeit des Landes, sich selbst zu ernähren, unentbehrlich zu sein" (12). Wie paßt es zusammen, daß die weiße Landwirtschaft 'Rückgrat' der kommerziellen Landwirtschaft mit bedeutender Stellung in der Gesamtwirtschaft sei, ihre Bedeutung für die Nahrungsmittelversorgung Zimbabwes jedoch übertrieben werde und ihr 'Erfolg' mit staatlichen Subventionen erkauft werde? Die große gesamtwirtschaftliche Bedeutung des weißen Farmsektors auch im unabhängigen Zimbabwe ist nicht zu bezweifeln. Bei näherem Hinsehen tauchen jedoch Brüche auf im Bild eines hochproduktiven Landwirtschaftssektors: Zum einen sind die **weißen Farmer** in sich sozioökonomisch ausgesprochen **stark differenziert** und damit für die gesellschaftliche Gesamtproduktion unterschiedlich 'wichtig'. Zum anderen läßt sich zeigen, daß die historisch entstandene Struktur der Landnutzung innerhalb des weißen Sektors gesamtgesellschaftlich gesehen irrational ist, daß neben Übervölkerung in den Communal Lands eine 'Unterausnutzung' des landwirtschaftlichen Potentials im europäischen Teil besteht, die einzelwirtschaftlich durchaus profitabel sein kann.

Die durchschnittliche Größe der Farmen im europäischen Sektor betrug 1978/79 2 338 ha (13). Die Durchschnittszahl verbirgt freilich enorme Größenunterschiede. Tabelle 12 zeigt, daß 1978/79 die 45,5% der Farmen in der untersten aufgeführ-

10. ebd. S. 141 ff
11. **Riddell**, Zimbabwe's Land Problem, S. 4
12. **Stoneman**, Agriculture, S. 130
13. **Cross**, Agriculture: Development and Equity, S. 3; vgl. **Riddell**, Land Probem, S. 54 für 1976: 2 160 ha; **Hunt**, European Agriculture, S. 82 für 1973: 2 150 ha. Der angesprochene Konzentrationsprozeß hat also den Durchschnitt leicht erhöht.

ten Größenklasse bis zu 800 ha nur 5,4% des europäischen Farmlandes umfaßten, dagegen die nur 7,5% der Farmen in der Klasse ab 6 000 ha 53,1% des Farmlandes. Die Konzentration von Land in den Händen einer kleinen Gruppe von Großfarmern scheint sich zwischen 1975 und 1978/79 noch verstärkt zu haben (14).

Nun sind freilich bei der Verteilung der Farmgrößen auch qualitative Differenzen im Spiel. Ein Blick auf die Verteilung nach Provinzen (15) zeigt, daß die größten Farmen in der Victoria-Provinz, in Matabeleland und — mit Abstand folgend — in den Midlands liegen, also vor allem in den trockenen Gebieten des Südens, die nur zu extensiver Viehzucht geeignet sind bzw. — wie im südöstlichen Lowveld in der Victoria-Provinz — durch kapitalintensive Bewässerungsprojekte zu Plantagen entwickelt werden können. Die höchsten Produktionswerte absolut, per ha und per Farm, werden nicht in den genannten Provinzen, sondern in Mashonaland North, Mashonaland South und Manicaland erzielt (16). Doch die Betrachtung der Provinzverteilung ist ihrerseits nur wiederum ein Hilfsmittel, ein Umweg, und sagt nichts über die Verteilung der landwirtschaftlichen Produktion nach Farmgrößen innerhalb der Provinzen aus. Zu der Verteilung von Produktionsleistungen und Einkommen auf die einzelnen Farmen sind Daten nicht verfügbar.

Mangels statistischer Daten zur Verteilung der Produktionsleistung der Farmen versuchen Riddell wie auch Hume (17) eine grobe Annäherung über die Einkommenssteuerstatistik. Die Betrachtung der Einkommenssteuerzahlungen zeigt,

14. Die Verteilung auf differenziertere Größenklassen, die mir für 1978/79 nicht verfügbar ist, ist noch aufschlußreicher; so zeigt **Hume, Ian M.**, Agriculture in Rhodesia, Whitsun Foundation, Salisbury 1977 (hektographiert), S. 17, daß 1975 1 652, d.h. 23,8% der weißen Farmen weniger als 200 ha umfaßten; am unteren Ende der Skala liegen die Farmgrößen unter dem Durchschnitt der African Purchase Areas.
15. **Cross,** Agriculture: Development and Equity, S. 3; vgl. auch **Hunt,** European Agriculture, S. 82
16. **Cross,** Agriculture: Development and Equity, S. 3, Tab. 3
17. **Riddell,** Land Problem, S. 67 ff; **Hume,** Agriculture in Rhodesia, S. 18 ff. Das dabei verwendete Verfahren ist folgendes: a) werden in der Einkommenssteuerstatistik die Anzahl der steuerzahlenden Farmen und das zu versteuernde Einkommen nach Einkommensklassen ermittelt; b) ordnet man die nicht steuerzahlenden Farmen entweder in die unterste Einkommensklasse ein (Riddell) oder verteilt sie anteilmäßig auf die Einkommensklassen (Hume); c) verteilt man die landwirtschaftliche Wertschöpfung (Value added = Gross Output — Inputs), die aus den National Accounts hervorgeht, im gleichen Verhältnis wie die Einkommen auf die Einkommensklassen. Man hat so den Anteil an der landwirtschaftlichen Wertschöpfung, den die Farmen einer Einkommensklasse

Tabelle 12
Europäische Farmen und Farmland nach Größenklassen 1975 und 1978/79

Größenklasse	Farmen Anzahl 1975	Farmen Anzahl 1978/9	Farmen Anteil (%) 1975	Farmen Anteil (%) 1978/9	Farmland Fläche (tsd. ha) 1975	Farmland Fläche (tsd. ha) 1978/9	Farmland Anteil (%) 1975	Farmland Anteil (%) 1978/9	Durchschnittliche Farmgrößen (ha/Farm) 1975	Durchschnittliche Farmgrößen (ha/Farm) 1978/9
0 - 800 ha	3 331	2 883	48,0	45,5	965	801	6,5	5,4	290	278
800 - 6 000 ha	3 150	2 979	45,4	47,0	6 425	6 149	43,3	41,5	2 040	2 064
6 000 ha und mehr	457	476	6,6	7,5	7 449	7 870	50,2	53,1	16 300	16 534
Insgesamt	6 938	6 338	100,0	100,0	14 839	14 820	100,0	100,0	2 139	2 338

Quellen.
Für 1975: Hume, Agriculture in Rhodesia, Tab. 13, nach Daten der Agricultural Marketing Authority, für 1978/79: Cross (Agricultural Marketing Authority), Agriculture: Development and Equity, Tab. 3

daß nur eine Minderheit von Farmen genügend verdiente, um sich für die Einkommenssteuer zu qualifizieren: 1974/75 zahlten von 6 938 Farmen 2 173, das sind 31,3%, Einkommenssteuer (18), 1976 2 659 von 6 682, das sind 39,8% (19). Das bedeutet, daß in den angegebenen Jahren rd. zwei Drittel der Farmen entweder Verluste oder Einkommen unter der zu versteuernden Grenze angaben. Die Schätzungen des Anteils der verschiedenen Gruppen von Farmen an der landwirtschaftlichen Wertschöpfung (value added) entsprechend dem Anteil am zu versteuernden Einkommen führt zu dem Ergebnis, daß rd. 5% (Riddell) bzw. 6,2% (Hume) der Farmen mit einem zu versteuernden Einkommen von über 30 000 Dollar einen Anteil von rd. 47% an der Wertschöpfung hatten, während umgekehrt 72,4% (Riddell) bzw. 42,8% (Hume) der Farmen mit einem Einkommen unter 6 000 Dollar nur einen Anteil von 21% (Riddell) bzw. 9,3% (Hume) an der Wertschöpfung hatten. Die dazwischen liegende Gruppe von Farmen mit einem zu versteuernden Einkommen zwischen 6 000 Dollar und 30 000 Dollar produzierte 31% (Riddell) bzw. 43,7% (Hume) der Wertschöpfung. Während Riddell (für 1976) und Hume (für 1974/75) also übereinstimmen in der Einschätzung der hohen Konzentration der Produktionsleistung an der Spitze des weißen Farmsektors, divergieren ihre Schätzungen weit in bezug auf die darunter liegenden Gruppen. Die Differenz entsteht durch unterschiedliche Annahmen bezüglich derjenigen Farmen, die keine Einkommenssteuer zahlen (20).

Der Umweg über die Einkommenssteuerstatistik ist sicher eine grobe Annäherung an das Problem; jedoch wird man bei allen Unsicherheiten im einzelnen die Tendenz festhalten können, daß eine kleine Zahl von Farmen (rd. 5%) bis zur Hälfte der landwirtschaftlichen Wertschöpfung in der Hand hatte und eine große Anzahl ein recht geringes Einkommen hatte bzw. Mitte der 70er Jahre mit Verlust arbeitete. Gleichzeitig war knapp die Hälfte des weißen Farmlandes in der Hand von ebenfalls 5 - 6% der Farmen konzentriert. Die vorhandenen Daten erlauben **nicht** den Schluß, daß diese größten Farmen und Ranches auch die mit dem größten Anteil an der landwirtschaftlichen Produktion seien; jedoch wird es sicher Überschneidungen zwischen beiden Gruppen geben, so etwa eine Reihe der großen Agrarunternehmen in der Hand internationalen Kapitals. Hume kommt zu dem Schluß, daß "diese Schätzungen darauf hindeuten, daß über 40% der weißen Farmer wesentlich kleinere Farmen besitzen und wesentlich weniger produktiv sind als der

haben, 'geschätzt'. Die Voraussetzung, die in die Schätzung eingeht, ist, daß der Anteil der Farmen einer Einkommensklasse am zu versteuernden/nicht versteuerten Einkommen ihrem Anteil an der landwirtschaftlichen Wertschöpfung entspricht.

18. **Hume,** Agriculture in Rhodesia, S. 18
19. **Riddell,** Land Problem, S. 67, Tab. 29
20. vgl. Fußnote 17 zum Verfahren der Schätzung

Durchschnitt. Obwohl dies gewiß darauf hinausläuft, die allgemeine Vorstellung von einer generellen Effizienz in der weißen Landwirtschaft zu untergraben, kann man genauere Interpretationen nicht ohne Daten vornehmen, die erlauben, Produktion und Farmgröße zu korrelieren" (21).

Um seine These eines "hohen Grades an Ineffizienz auf vielen Farmen" (22) zu stützen, verweist Riddell weiter auf die hohen staatlichen Subventionen für die weiße Landwirtschaft, deren in den 70er Jahren stark gewachsene Abhängigkeit von kurzfristigen Krediten, die nicht zu einer adäquaten Steigerung der Produktionsleistung führten, sowie auf die dauernde 'Subventionierung' durch Niedriglöhne der afrikanischen Landarbeiter (23). Subventionierung sagt freilich mehr über das Verhältnis von Produzenten- und Konsumentenpreisen als über 'Ineffizienz' der landwirtschaftlichen Produktion aus. Wirtschaftliche Schwierigkeiten eines großen Teils des weißen Farmsektors sind allerdings nicht zu bestreiten: 1978 gab die Rhodesia National Farmers' Union, der Verband der weißen Farmer (24) an, daß rd. 40% der weißen Farmer 'technisch insolvent' (25) seien. Riddell schließt, daß es nur mittels viel staatlicher Unterstützung gelungen sei, "die weniger effizienten Farmer auf dem Land zu halten" (26). Die dabei vorgenommene Gleichsetzung von 'unprofitablen' Farmen und denen mit der 'am wenigsten effizienten Nutzung des Landes' (27) ist solange gewagt, wie man nicht genauere Aussagen über die Ursachen von Verlusten machen kann.

Die Frage der Differenzierung der weißen Farmer und der Konzentration von Land und landwirtschaftlicher Produktion ist relevant in bezug auf die Möglichkeiten einer Landreform: Das Argument der großen gesamtwirtschaftlichen Bedeutung der weißen Landwirtschaft trifft in der Tat nur für einen mehr oder weniger kleinen Kernbereich des Sektors zu. Doch der Schluß, ein Großteil des Landes müßte ohne größere Schwierigkeiten für einen Umverteilungsprozeß zur Verfügung stehen, läßt offen, welche neuen Probleme mit der Umsiedlung afrikanischer Bauern auf — möglicherweise oft qualitativ schlechteres — Land, auf dem vorher schon 'unproduktive weiße Farmer' nicht sehr erfolgreich waren, verbunden sind (28).

Neben der betrachteten sozioökonomischen Differenzierung der weißen Farmen

21. **Hume,** Agriculture in Rhodesia, S. 19
22. **Riddell,** Land Problem, S. 68
23. ebd. S. 70 f
24. heute Commercial Farmers' Union (CFU)
25. **Riddell,** Zimbabwe's Land Problem, S. 6
26. ebd. S. 5
27. **Riddell,** Land Problem, S. 63.
28. vgl. weiter Kapitel 11

ist als weitere Dimension von Bedeutung, daß die Landnutzung im weißen Farmsektor gesamtgesellschaftlich gesehen in hohem Maße irrational ist: Während in den Communal Lands **Landmangel** herrscht, wird das **landwirtschaftliche Potential des weißen Sektors erheblich 'unterausgenutzt'.** Die Kategorie des 'un- und unterausgenutzten Landes', die bei der Diskussion um die Möglichkeiten der Landreform eine große Rolle spielt, ist nicht ganz einfach empirisch zu konkretisieren; es finden sich sehr verschiedene Zahlenangaben. Klar ist aber, daß innerhalb des weißen Farmsektors und auch innerhalb der früheren African Purchase Areas un- und untergenutztes Farmland existierte und existiert.

Das Brachliegen **ungenutzten** Farmlandes bildete schon vor dem Krieg ein mit der rhodesischen Landverteilung verbundenes strukturelles Problem, das durch die Auswirkungen des Krieges noch verschärft wurde. Riddell errechnete für 1976, daß im europäischen Farmgebiet rd. 1,2 Mio ha nicht genutzt wurden, und zeigte, daß schon vor der Eskalation des Krieges seit 1974 die weißen Farmer sich gesetzlich Land reservierten, ohne es jedoch zu nutzen — die Irrationalität der rhodesischen Landverteilung (29). Seit 1977 verließen verstärkt weiße Farmer ihr Land wegen des Krieges: Mitte 1978 schätzte die Rhodesia National Farmers' Union (RNFU), daß 2,8 Mio ha aufgegeben worden seien; die rhodesische Regierung sprach von 4 Mio ha (30). Im April 1979 waren 2.000 weiße Farmen verlassen worden (31). Aber nach der Unabhängigkeit Zimbabwes kamen auch Farmer zurück, und Mitglieder der neuen schwarzen Elite des Landes haben sich inzwischen — in schwer quantifizierbarem Ausmaß — mit Land eingedeckt.

Als **'unterausgenutzt'** definiert Riddell Land, das nicht entsprechend seinem natürlichen Potential genutzt wird. Der Klassifizierung von Vincent/Thomas zufolge (32) sind im weißen Farmgebiet rd. 3,8 Mio ha 'potentially arable land'; wirklich bebaut wurde jedoch nur ein Bruchteil davon: Das bebaute Land umfaßte im weißen Sektor 1968 535.609 ha, 1973 605.361 ha (33), 1974 615.121 ha, 1976 574.653 ha (34) und 1978/79 nach Angaben von Cross 564.000 ha (35). Dies sind nur um die 15% des bebaubaren Landes. Das bedeutet, daß rd. 3,2 Mio ha bebaubares Farmland im weißen Sektor dauernd nur extensiver zur Viehzucht oder gar nicht genutzt wurden.

29. **Riddell,** Land Problem, S. 63
30. **Riddell, Roger C.,** Skill Needs in the Agricultural Sector in Zimbabwe, S. 14 in: Zimbabwe Manpower Survey, Patriotic Front Seminar, Dar-es-Salaam 5. - 9.11.1978, Vol. III, Genf (IUEF) 1978, S. 5 - 40
31. **Riddell,** Zimbabwe's Land Problem, S. 4
32. **Vincent/Thomas,** Agro-Ecological Survey
33. **Hunt,** European Agriculture, S. 83 Tab. 4
34. **Riddell,** Land Problem. S. 63
35. **Cross,** Agriculture: Development and Equity, S. 3 Tab. 3

Riddell zeigte weiter, daß weißes Viehzuchtland im Durchschnitt erheblich weniger intensiv als möglich genutzt wurde (36).

Die staatliche rhodesische Entwicklungsplanung von 1978/79 arbeitete mit einer etwas abweichenden Definition von 'underutilized land' und kam damit auf insgesamt 4,1 Mio ha un- oder unterausgenutztes Land (37).

Der zimbabwesche Dreijahresplan 1982/83 - 1984/85 geht nun ohne nähere Begründung von 4,2 Mio ha ungenutztem und weiteren 3 Mio ha untergenutztem, d.h. insgesamt 7,2 Mio ha, allerdings im Large Scale und Small Scale Commercial Sector, d.h. unter Einschluß der früheren Purchase Areas, aus (38). Eine weitere davon abweichende Berechnung ist die von Whitlow (39), demzufolge im Large Scale und Small Scale Commercial Sector rd. 7,4 Mio ha weder bebaut noch geplante Brache seien noch als Weideland benutzt würden. Davon seien 3 Mio ha Land mit 'sehr gutem' oder 'gutem' landwirtschaftlichen Potential (40).

Während also im einzelnen verschiedene Zahlenangaben kursieren und die 'Unterausnutzung' kommerziellen Farmlandes auf unterschiedliche Art berechnet wird,

36. **Riddell,** Land Problem. S. 65 f; so auch **Harbeson, John W.,** Land and Rural Development in Independent Zimbabwe: A Preliminary Assessment, USAID Feb. 1981, S. 18
37. Unter 'underutilized' zusammengefaßt werden hier 5 verschiedene Kategorien von Land: Farmen, die zu niedrige Erträge aus landwirtschaftlichem Anbau (Kategorie 1) oder aus Viehzucht (Kategorie 2) erbringen. Die verwendeten Kriterien sind ein Produktionswert von unter 20 Dollar/ha 1973/74 im Falle von landwirtschaftlichem Anbau bzw. die Produktion von weniger als 30 Livestock Units/1000 ha jährlich. Große ausländisch kontrollierte Ranches und Land, das nur zu spekulativen Zwecken genutzt wird, bilden Kategorie 3. Schließlich werden verlassenes (Kategorie 4) und ungenutztes (Kategorie 5) Land, soweit es nicht schon in einer der ersten drei Kategorien enthalten ist, genannt. (Vgl. **Rhodesia,** Proposals for a Five-Year Programme of Development in the Public Sector, Ministry of Finance, Salisbury 1979, S. 20f sowie: **Rhodesia,** Integrated Plan for Rural Development, Annexure to Rhodesia, Proposals, 1979, Salisbury, 1979, S. 51). Während die beiden letztgenannten Kategorien nicht näher spezifiziert werden, wird das Land "defined as producing below capacity" mit 2,6 Mio ha angegeben, während in Kategorie 3 1,5 Mio ha fallen sollen. (Vgl. **Rhodesia,** Proposals, S. 51).
38. **Republic of Zimbabwe,** TNDP Vol. I, S. 65
39. **Whitlow,** Agricultural Potential
40. vgl. ebd., sowie **Gasasira/Amos u.a.,** Planning System Vol. II, S. 20 Tab. 10 und S. 18

kann man doch unbestritten sprechen von einer "wenig intensiven Nutzung des landwirtschaftlichen Potentials des Landes. Diese Fakten sind bekannt, sind in ihrer Gesamtheit aber noch nicht in einem Versuch, eine wirkliche nationale Strategie zur intensiven Landnutzung auszuarbeiten, berücksichtigt worden" (41). Hieraus folgt, daß die Landwirtschaft Zimbabwes über große Wachstumsmöglichkeiten verfügt. Aussagen über Perspektiven der Landumverteilung sind jedoch nur unter Berücksichtigung weiterer Variablen abzuleiten (42).

3.2.2. Afrikanische Landarbeiter

Inmitten des — wenn auch stratifizierten — Wohlstandes des weißen Farmsektors arbeitet und lebt die größte und am schlechtesten bezahlte Gruppe innerhalb der afrikanischen Arbeiterklasse: die Landarbeiter. Der Reichtum an Nahrungsmitteln, den sie produzieren, steht ihnen nicht zur Verfügung: Unterernährung von Kindern ist hier mit am weitesten in Zimbabwe verbreitet. Unter dem Master and Servants Act, dem die Farmarbeiter bis zu dessen Abschaffung 1980 unterlagen, hatten sie keine vollen gewerkschaftlichen Rechte und keine Tarifverhandlungen; wie bei den Hausangestellten, den Domestic Workers, hatten und haben die Arbeitsverhältnisse, in denen sie leben, viele Bestandteile persönlicher Abhängigkeit; dies ist gemeint, wenn die Riddell-Kommission von einer "feudal-type structure" (1) der Arbeitsverhältnisse auf weißen Farmen spricht. "Die Bindungen der Arbeiter an die Plantage sind nahezu allumfassend. Diese Bindungen sind nicht bloß ökonomisch, sondern bringen auch einen hohen Grad an (persönlicher) soziopolitischer Unterordnung und Abhängigkeit mit sich. In der Tat sind viele Bindungen ihrer Natur nach nicht-vertraglich." (2)

41. ebd. S. 15
42. vgl. weiter Kapitel 11 dieser Arbeit
 1. **Report** of the Commission of Inquiry into Incomes, Prices and Conditions of Service. Under the Chairmanship of Roger C. Riddell, Salisbury 1981, S. 41 (im folgenden immer: **Riddell-Report)**
 2. **Clarke, Duncan G.,** Agricultural and Plantation Workers in Rhodesia, Gwelo 1977, S. 51; vgl. ebd. S. 51f: "The landowner is not only the sole employer of the worker's family, but is also the landlord of his worker-tenants. This imposes an additional constraint on employees. Loss of job means loss of right of tenure, loss of basic subsistence and a high degree of insecurity. Workers also rely extensely on employer — initiated welfare policies which often reinforce dependency links. The provision of education, the supply of rudimentary medical aid, the hope of 'retainer status' after retirement, the prospect of obtaining intermittent cash loans, and the **local** authority of the employer for discipline, order and obedience are dependent often on employer decision and inclination. In this respect workers are 'tied' to the land."

Tabelle 13

Abhängige Beschäftigung[5] und Einkommen[1] aus abhängiger Arbeit in der Landwirtschaft[2] 1964 - 1982

	Anzahl der Beschäftigten (in tsd.)			Anteil der LW an der Gesamtbeschäftigung (%)	Einkommen aus abh. Arbeit in der LW (in Mio $)	Anteil der LW an Einkommen aus abh. Arbeit insg. (%)
	Afrikaner	Europ., Asiaten, Coloureds	Insgesamt			
1964	293,9	5,6	299,5	40,7	52,2	13,9
1965	290,1	5,5	295,6	39,5	52,3	13,1
1966	273,1	5,3	278,4	37,9	48,7	11,8
1967	272,0	5,6	277,6	37,0	49,0	11,3
1968	283,1	5,5	288,6	36,5	49,9	10,6
1969	301,9	5,6	307,5	36,8	52,8	10,3
1970	292,2	5,6	297,8	34,9	53,3	9,5
1971	305,3	5,6	310,9	34,9	56,3	9,0
1972	336,5	5,8	342,3	35,9	62,6	9,0
1973	350,7	5,9	356,6	35,7	70,7	9,0
1974	359,9	5,7	365,6	35,2	80,6	8,9
1975	357,8	6,0	363,8	34,6	93,4	8,9
1976	350,2	5,9	356,1	34,5	103,2	8,9
1977[3]	342,5	5,7	348,2	34,4	112,2	9,0
1978	—	—	341,4	34,6	120,1	9,0
1979	330,0[4]	5,2[4]	335,2	34,0	137,8	9,2
1980	—	—	327,0	32,4	149,7	8,0
1981	—	—	294,3	28,3	219,1	9,1
1982	...	—	274,3	26,2	252,0	8,6

1. Die Einkommen umfassen Geldlöhne und Gehälter und Prämien etc., Arbeitgeberbeiträge zu Renten- und sonstigen Fonds, Sachleistungen des Arbeitgebers an die Beschäftigten wie Nahrungsmittel, Kleidung, Wohnen.

2. Agriculture and Forestry; nicht eingeschlossen in den Zahlen des CSO sind abhängig Beschäftigte in den afrikanischen Gebieten.

3. Infolge der Umstellung der zimbabweschen Statistik hat das CSO zuletzt für 1977 Daten nach den alten 'rassischen' Kategorien getrennt veröffentlicht.

4. Unveröffentlichte Daten des CSO, Harare.

5. Als Beschäftigter gilt, wer mehr als 30 Stunden wöchentlich für einen öffentlichen oder privaten Arbeitgeber arbeitet.

Quellen:

CSO, Supplement, Jan. 1979, Tab. 6 und 7; CSO, Monthly Digest, Sept. 1982 und April 1983, Tab. 6.1; CSO, persönliche Mitteilung (vgl. Note 4.)

Auf weißen Farmen lebten 1979 rd. 330. 000 afrikanische Farmarbeiter und viele von deren Familienangehörigen. Daneben gab es nur 5.200 abhängig Beschäftigte in der Landwirtschaft in der Kategorie der 'Europäer, Asiaten und Coloureds', die vor allem Management- und sonstige qualifizierte Funktionen ausübten. Abhängig Beschäftigte in den afrikanischen Gebieten sind in diesen Zahlen des Central Statistical Office nicht enthalten. Die im weißen Farmsektor lebende Bevölkerung umfaßte 1977 schätzungsweise 18,2% der Gesamtbevölkerung des Landes (3).

Die Zahl der Landarbeiter ist in der rhodesischen Geschichte nach dem 2. Weltkrieg relativ kontinuierlich gestiegen, unterbrochen nur durch einen zeitweiligen Rückgang in der zweiten Hälfte der 60er Jahre, als die Farmwirtschaft mit den Umstellungsschwierigkeiten nach der Einseitigen Unabhängigkeitserklärung kämpfte (4). Ihren Höhepunkt erreichte die Beschäftigung in der Farmwirtschaft 1974 und ging seitdem wieder zurück; dies ist teilweise Folge der Kriegsauswirkungen und steht dann nach der Unabhängigkeit Zimbabwes auch mit der Mindestlohngesetzgebung in Zusammenhang. Die Landwirtschaft hat mit um die 35% in den 70er Jahren den größten Einzelanteil an der Gesamtbeschäftigung. Langfristig sank dieser Anteil jedoch.

Nicht alle Farmarbeiter sind festangestellt: 1979 waren rd. 65% dauerhafte, der Rest zeitweilig eingesetzte Arbeiter (5). Die nur zeitweise Beschäftigten sind in ihrer Mehrheit Frauen; der Anteil der weiblichen Farmarbeiter ist langfristig gestiegen und umfaßte Mitte der 70er Jahre rd. ein Viertel der Farmarbeiter. Diese Entwicklung kann gedeutet werden als Ausdruck des Fortschreitens der Unterentwicklung in den afrikanischen Reservaten, der Stabilisierung afrikanischer Familien auf den Farmen und der Knappheit nicht-landwirtschaftlicher Arbeitsplätze — besonders für Frauen. Diese erfüllen für den Farmer vor allem die Funktion, Fluktuationen des Arbeitskräftebedarfs durch Rückgriff auf die Familienangehörigen seiner permanenten Arbeiter zu bewältigen (6). Auch die Arbeit von Kindern und Jugendlichen ist auf den Farmen verbreitet. J. Sinclair, der Präsident des weißen Farmerverbandes Commercial Farmers' Union (CFU), verteidigte 1981 Kinderarbeit, die es in vielen Länder gebe und die ein "gesundes Leben und eine gute Möglichkeit, das Familieneinkommen aufzubessern" (7), biete.

Die Geschichte der rhodesischen Farmarbeit bis in die 70er Jahre hinein ist be-

3. **Riddell-Report,** S. 57
4. Zahlenangaben seit 1946 bei **Clarke,** Agricultural and Plantation Workers, S. 24; ab 1964 vgl. Tabelle 13
5. **Riddell-Report,** S. 77
6. **Clarke,** Agricultural and Plantation Workers, S. 27 f.
7. **The Herald** v. 16.11.1981

gleitet von der Klage der Farmer über Arbeitskräfteknappheit: Für die einheimische afrikanische Bevölkerung war Farmarbeit häufig nur die letzte aller schlechten Möglichkeiten. 'Labour histories' von Farmarbeitern zeigen, daß die Farmarbeit lebensgeschichtlich oft Endstufe eines Abstiegsprozesses ist: Entlassung in anderen Wirtschaftsbereichen und Arbeitslosigkeit zwingen zur Annahme schlechterer Arbeit. Farmarbeit wird aus Not angenommen (8). Der Arbeitskräfteknappheit suchten die weißen Siedler seit Anfang des Jahrhunderts durch die Anwerbung ausländischer Arbeiter zu begegnen. Zu diesem Zweck wurde 1903 das Rhodesia Native Labour Bureau (RNLB) gegründet, das bis 1933 arbeitete (9). Das RNLB diente zunächst vor allem den Minen, bald aber auch den Farmern. Gleichzeitig entwickelte sich ein 'Labour-Tenancy-System' als wichtige Quelle von Arbeitsleistungen: Afrikanische Bauern konnten sich das 'Recht', auf 'europäischem' Land zu bleiben und Land innerhalb dieses Sektors für sich selbst zu bewirtschaften, mit Arbeitsleistungen für den weißen Siedlerfarmer erkaufen. Arbeitskräfteknappheit war der Grund, aus dem die Farmer einer allzu rigorosen Politik der Vertreibung in die Reservate Widerstand entgegensetzten (10). Der Land Tenure Act von 1969 brachte noch einmal eine Verschärfung, indem er viele Afrikaner zu 'illegal occupiers' auf den weißen Farmen machte. Kontrollen von Farminspektoren in den Farmarbeiter-Compounds führten zur Entdeckung und Vertreibung vieler dieser 'illegal occupiers'; sie wurden jedoch seit 1974 stark eingeschränkt (11).

Als Nachfolger des RNLB wurde 1946 die Rhodesia Native Labour Supply Commission (RNLSC; später: Rhodesia African Labour Supply Commission, RALSC) zur staatlich organisierten Anwerbung von ausländischen Arbeitskräften auf Zeitverträgen eingerichtet. Dieses System erreichte seinen Höhepunkt Ende der 50er Jahre. In der wirtschaftlichen Krisensituation Ende der 50er Jahre, in der auf die mit der Nachkriegsindustrialisierungswelle verbundene städtische Arbeitskräfteknappheit erstmals Arbeitslosigkeit im städtischen Sektor folgte, intervenierte der Staat zur Einschränkung der Arbeitskräfteimporte und zur Kanalisierung des Flusses ausländischer Arbeitskräfte in den landwirtschaftlichen Sektor. Seit 1961 diente die RNLSC vor allem den weißen Farmen. Seit 1974 trocknete dann der Neuzufluß von RALSC — Kontraktarbeitern infolge der Entscheidung der malawischen Regierung, keine weiteren Rekrutierungen zuzulassen, schnell aus (12). Von Bedeutung für die inländische Arbeitskräftebeschaffung waren seit dem Ende der 60er Jahre auch afrikanische Arbeitsvermittler (Labour Contractors) als Mit-

8. vgl. die empirische Untersuchung von **Chavunduka, Gordon L.**, Farm Labourers in Rhodesia, S. 19 f in: Rhodesian Journal of Economics Dez. 1972, S. 18 - 25; **Clarke**, Agricultural and Plantation Workers, S. 281 - 293
9. ebd. S. 15
10. vgl. ebd. S. 16 sowie **Arrighi**, Labour Supply
11. **Clarke**, Agricultural and Plantation Workers, S. 18
12. ebd. S. 18 und 83

telsmänner zwischen Farmern und Bevölkerung der TTLs. Der Anteil ausländischer afrikanischer Arbeiter an den Farmarbeitern erreichte seinen Höhepunkt 1951 mit 62% und nahm dann bis 1974 auf 33% ab. Spätere Zahlen sind nicht bekannt. Die meisten Ausländer kamen aus Malawi, gefolgt von Mozambik und Zambia (13). Im Unterschied zu afrikanischen Arbeitern in Industrie und Handel, die mit dem novellierten Industrial Conciliation Act von 1959 ein wenn auch staatlich kontrolliertes Recht auf Koalitionsbildung und Tarifverhandlungen zugestanden bekamen, wurden die Arbeitsverhältnisse von Farm- und Haushaltsarbeitern bis 1980 durch den **Master and Servants Act** von **1901** geregelt. Auch von dem System der Mindestlohnfestsetzung in branchenspezifischen Industrial Boards waren Farm- und Haushaltsarbeiter ausgeschlossen (14). Der Master and Servants Act (MSA) basierte auf einem entsprechenden Gesetz der südafrikanischen Kapprovinz von 1856 und verlängerte so eine vorindustrielle Regelung von Arbeitsbeziehungen aus dem 19. Jahrhundert bis ins letzte Drittel des 20. Jahrhunderts hinein (15). Das Gesetz, das die allgemeinen Rechte und Pflichten von Master und Servants regeln will, sieht ein individuelles Aushandeln der Vertragsbedingungen vor. Soweit nichts anderes vereinbart wird, gilt ein (mündlicher oder schriftlicher) Dienstvertrag für einen Monat; festgelegt wird eine Höchstzahl von 313 Arbeitstagen jährlich und 10 Arbeitsstunden täglich. Für Kinder unter 16 Jahren können die Eltern Dienstverträge eingehen. Bei Krankheit oder Unfall des Servant, soweit diese nicht 'selbstverschuldet' sind, erhält der Arbeiter einen Monat lang seinen üblichen Lohn; nach 2 Monaten kann der Master den Dienstvertrag auflösen. Weibliche Arbeitskräfte können fristlos entlassen werden, wenn sie durch Schwangerschaft oder Geburt untauglich für die Arbeit werden (16). Fast die Hälfte der Bestimmungen des MSA sind Strafvorschriften für den Fall der Vertragsverletzung; gleiche oder ähnliche Strafen (17) für materiell ungleich gestellte Vertragspartner betonen das Herrschaftsverhältnis. Sicher klafften im Falle des MSA Rechtsnorm und Rechtswirklichkeit im Laufe der Zeit zunehmend auseinander; Verfolgungen auf Grundlage des MSA nahmen in den letzten beiden

13. ebd. S. 31 f
14. vgl. Kapitel 5.1. der Arbeit
15. vgl. **Clarke, Duncan G.**, Domestic Workers in Rhodesia. The Economics of Masters and Servants, Gwelo 1974, S. 59: "The continued existence of this legislative artifact in Rhodesian labour legislation in the seventh decade of the twentieth century also forces on today's workers an historical and psychological inequality rooted in labour relations of the nineteenth century which becomes increasingly more difficult to justify by even the most moderate of conventional norms, or by other legislation governing labour relations in Rhodesia."
16. ebd. S. 50 ff
17. Geldstrafen von 8 Dollar bzw. 10 Dollar, ersatzweise ein Monat Gefängnis, für verschiedene Vertragsverletzungen von "Herr" und "Diener", vgl. ebd. S. 57 f
18. ebd. S. 59

Jahrzehnten ab (18). Es bleibt jedoch die Tatsache, daß durch den MSA eine Grundstruktur von Arbeitsverhältnissen rechtlich institutionalisiert blieb, die den Servant in völliger Abhängigkeit zu halten gestattete und ihm den Schutz durch Tarifverhandlungen oder staatliche Mindestlohnfestsetzung versagte.

Gewerkschaftsbildung sah der MSA nicht vor. Er erlaubte jedoch 'das freie und freiwillige Zusammenkommen jeglicher Personen, um **bona fide** miteinander oder untereinander alle Angelegenheiten zu beraten und zu besprechen, die sich aus der Beziehung von Herr und Knecht ergeben' (19). Diese Bestimmung gestattete praktisch die Bildung einer unregistrierten und daher nie tariffähigen Landarbeitergewerkschaft. Diese 1963 gegründete Agricultural and Plantation Workers' Union (APWU) hatte 1972 eine nominale Mitgliedschaft von 8 000, von denen aber nur 900 zahlende Mitglieder waren. Farmarbeiter waren also praktisch unorganisiert (20). Die Rhodesian National Farmers' Union (RNFU) hat APWU nie anerkannt. Wegen ihrer finanziellen Schwäche war die Gewerkschaft abhängig von äußerer Unterstützung durch das International Trade Secretariat, die ihr über den langjährigen Repräsentanten der International Confederation of Free Trade Unions (ICFTU) in Rhodesien, W.G. Lawrence, zukam (21). Forderungen der APWU nach garantierten Mindestlöhnen für Landarbeiter wurden bis 1979 übergangen.

Die **Einkommen** von afrikanischen Farmarbeitern waren die niedrigsten von afrikanischen Arbeitern in Rhodesien. Veränderungen sind hier erst nach der Unabhängigkeit mit der Mindestlohngesetzgebung eingetreten. Tabelle 13 zeigt, daß, während der Anteil der Landwirtschaft an der abhängigen Beschäftigung in den 70er Jahren bei 35% lag, diese Beschäftigten nur rd. 9% aller Einkommen aus abhängiger Arbeit verdienten. In diesen Einkommenszahlen des Central Statistical Office enthalten sind Geldzahlungen und Sachleistungen des Arbeitgebers; letztere spielen gerade in der Landwirtschaft eine große Rolle: die Landarbeiter erhalten in der Regel vom Farmer Essensrationen, zum Teil Arbeitskleidung. Sie wohnen meist in selbstgebauten Hütten innerhalb des Farmarbeiter-Compounds auf dem Land des Farmers, was die Statistik als 'free housing' verbucht. Neben diesen Geld- und Naturalleistungen des Farmers, die in den statistisch erfaßten Einkommen enthalten sind, gibt es verschiedene Wege, das Familienbudget zu verbessern; diese reichen von Sammeln, Jagen und Fischen im Bereich der Farm, Bebauung eines kleinen, vom Farmer überlassenen Landstücks zur Selbstversorgung über das Halten von eigenem Vieh auf den Ranches bis hin zu Formen gewerblicher Nebenbetätigung wie Brauen und Verkaufen von Bier an andere Landarbeiter. Was der Farmer davon im einzel-

19. Section 56, zit. nach ebd. S. 58
20. **Clarke,** Agricultural and Plantation Worker, S. 188
21. **Clarke, Duncan, G.,** A Note on the Agricultural and Plantation Workers' Union in Rhodesia 1964 - 1973, S. 61 in: South African Labour Bulletin, März 1975, S. 53 - 65; vgl. weiter Kapitel 5.4. der Arbeit

nen gestattet, liegt in seinem Ermessen und kann sehr unterschiedlich sein. Nicht alle Farmarbeiter erhalten Land zur eigenen Bewirtschaftung; vielmehr scheint dies auch ein Element der Stratifizierung der Farmarbeiter untereinander zu sein: Je besser der jeweilige Beschäftigte eingestuft ist, desto bessere Wohnbedingungen stellt der Farmer und desto eher überläßt er auch kleine Landstücke (22).

Betrachtet man nun die in Tabelle 14 angegebenen **Jahresdurchschnittseinkommen** der in der Landwirtschaft abhängig Beschäftigten (23), so fällt zunächst die große Diskrepanz zwischen afrikanischen Landarbeitern und den in der statistischen Kategorie 'Europäer, Asiaten, Coloureds' erfaßten Beschäftigten auf. Weiße Landarbeiter gibt es nicht in Zimbabwe. Es handelt sich in dieser Kategorie um Beschäftigte mit höherer Qualifikation bis hin zu Farmmanagern.

Von besonderem Interesse sind die **realen Einkommen der afrikanischen Landarbeiter.** Zur Deflationierung von Einkommensdaten stehen zwei verschiedene vom CSO veröffentlichte Konsumentenpreisindizes, der European und der African Consumer Price Index (CPI), die heute CPI for Higher Income Urban Families bzw. Lower Income Urban Families genannt werden, zur Verfügung. Sicher liegen in der Übertragung eines am städtischen Warenkorb orientierten Index auf die Budgets von Farmarbeitern Fehlerquellen; die Betrachtung der langfristigen Entwicklungstendenz ist von solchen Überlegungen jedoch relativ unbeeinträchtigt. Da ein geeigneterer Deflator nicht zur Verfügung steht, folge ich Clarke in der Benutzung des Lower Income-Index für afrikanische Landarbeiter und verwende den Higher Income-Index für europäische Beschäftigte. Die Daten zeigen, daß die Realeinkommen afrikanischer Landarbeiter in (Süd-) Rhodesien von Mitte der 50er Jahre bis Ende der 60er Jahre — mit leichten Schwankungen — langfristig zurückgegangen sind und dann wieder langsam anstiegen, um 1975 den Stand von 1954 zu erreichen (24).

Die afrikanischen Reallöhne in anderen Wirtschaftsbereichen sind im gleichen Zeitraum zum Teil nicht unwesentlich gestiegen (25). In der zweiten Hälfte der 70er Jahre stiegen dann auch die afrikanischen landwirtschaftlichen Löhne über das Niveau von 1954 hinaus von 125 Dollar 1975 auf 141 Dollar 1979 (in Preisen von 1964), d.h. um real 12,8% innerhalb von 4 Jahren. Wegen der Umstellung der rhode-

22. **Clarke,** Agricultural and Plantation Workers, S. 49 ff
23. Die Daten schließen die nur zeitweilig Beschäftigten ein.
24. **Clarke,** Agricultural and Plantation Workers, S. 35 sucht für den Zeitraum seit 1893 Stagnation und Fallen der Reallöhne zu zeigen; mangels statistischer Angaben begibt man sich hier auf noch unsichereren Boden als ohnehin schon. Ich habe auf eine Diskussion dieser Entwicklung auch deshalb verzichtet, weil sie für meine Fragestellung nicht unmittelbar relevant ist.
25. vgl. Kapitel 5.2. der Arbeit

Tabelle 14

Jahresdurchschnittseinkommen[1] aus abhängiger Beschäftigung in der Landwirtschaft[2], 1954/64 - 1982 (in $)

	Jahresdurchschnittseinkommen pro Beschäftigten[6]					
	Europäer, Asiaten, Coloureds		Afrikaner		Ingesamt	
	lfd. Preise	konst. Pr. v. 1964[5]	lfd. Pr.	konst. Pr. v. 1964[5]	lfd. Pr.	konst. Pr. v. 1964[5]
1954			96	125		
1955			100	128		
1956			104	128		
1957			100	118		
1958			104	120		
1959			104	116		
1960			106	116		
1961			108	115		
1962			111	115		
1963			122	125		
1964	2 821	2 821	124	124	174	174
1965	2 982	2 932	124	121	177	173
1966	2 755	2 641	125	118	175	166
1967	2 804	2 635	123	114	177	164
1968	2 727	2 509	123	112	173	158
1969	2 786	2 494	124	113	172	156
1970	2 875	2 487	128	114	179	159
1971	2 839	2 384	132	114	181	156
1972	3 017	2 427	134	113	183	154
1973	3 441	2 672	144	117	198	161
1974	4 123	2 977	159	121	221	169
1975	4 817	3 229	180	125	257	178
1976	5 102	3 138	209	131	290	181
1977[3]	5 737	3 219	232	132	322	183
1978	—	—	—	—	352	182
1979	6 831[4]	3 230[4]	311[4]	141[4]	411	187
1980	—	—	—	—	458	197
1981	—	—	—	—	745	284
1982	—	—	—	—	919	316

1. Die Einkommen umfassen Geldlöhne und -gehälter und Prämien etc.; Arbeitgeberbeiträge zu Renten- und sonst. Fonds; Sachleistungen des Arbeitgebers an die Beschäftigten wie Nahrungsmittel, Kleidung, Wohnen. Alle Zahlen auf ganze Dollar gerundet.

2. Agriculture and Forestry; nicht eingeschlossen in den Zahlen des CSO sind die abhängig Beschäftigten in den afrikanischen Gebieten.

3. Nach 'rassischen' Kategorien getrennt hat das CSO zuletzt für 1977 Daten veröffentlicht.

4. Unveröffentlichte Daten des CSO.

5. Einkommen deflationiert nach dem jeweils relevanten Consumer Price Index des CSO, vgl. CSO, Monthly Digest, Sept. 1982 und CSO, Monthly Supplement to the Digest of Statistics, Aug. 1983, Tab. 7.1 und 7.2. Die Übertragung des Consumer Price Index für städtische Familien auf den ländlichen Bereich ist sicher nicht unproblematisch, aber die einzige Möglichkeit, sich der Frage der Reallöhne zu nähern. Ich folge hierin dem Vorgehen von Clarke, Agricultural and Plantation Workers, S. 39, Tab. 14.

6. Als Beschäftigter (employee) gilt, wer mehr als 30 Stunden wöchentlich für einen öffentlichen oder privaten Arbeitgeber arbeitet.

Quellen:
Für 1954 - 1963: Clarke, Agricultural and Plantation Workers, S. 39 Tab. 14: African Agricultural Earnings 1948 - 74. Ab 1964: CSO, Supplement, Jan. 1979. Tab. 6: Employees by Industrial Sectors, Tab. 7: Earnings of Employees by Industrial Sectors; CSO, Monthly Digest Sept. 1982 und April 1983, Tab. 6.1: Employees and Earnings by Industrial Sectors. Für 1979: CSO, Persönliche Mitteilung.

sischen Statistik ist eine getrennte Betrachtung der afrikanischen Löhne nach 1979 nicht mehr möglich. Das CSO hat Daten in den 'rassischen' Kategorien der alten Statistik für 1977 zuletzt veröffentlicht und 1979 zuletzt erhoben — eine politische Entscheidung, die freilich mit beträchtlichem Informationsverlust verbunden ist. Blickt man mangels differenzierterer Daten auf die Durchschnittswerte der Einkommensentwicklung, so sieht man, daß sich die Reallohnsteigerung nach 1979 fortsetzt, besonders von 1980 auf 1981. Dies ist ohne Zweifel eine Wirkung der Mindestlohngesetzgebung, auch wenn sich der Anteil der afrikanischen Löhne in diesen Zahlen nicht systematisch isolieren läßt (26).

Tabelle 15, die nur die **Geldlöhne** der festangestellten afrikanischen Landarbeiter nach Lohngruppen verteilt erfaßt, zeigt für Juni 1977 die starke Konzentration von gut 80% in der untersten Lohngruppe, aber auch ein gewisses Potential an sozialer Differenzierung innerhalb der afrikanischen Beschäftigten (27). Ihrer beruflichen Position nach sind solche über den einfachen Farmarbeitern stehende afrikanische Beschäftigte etwa Traktorfahrer, Lastenwagenfahrer, Köche, Mechaniker, zwischengeschaltete Herrschaftsträger wie 'Compound Policemen', 'Boss Boys', 'Supervisors'; schließlich gibt es infolge zunehmender Komplexität der agrarischen Produktion eine wachsende Zahl von 'Farm Assistants' und Managern; solche Positionen wurden auch schon vor der Unabhängigkeit partiell 'afrikanisiert' (28).

Die extrem niedrigen Löhne der afrikanischen Landarbeiter liegen weit unter jeder Schätzung eines 'Existenzminimums', einer Poverty Datum Line (PDL), die freilich systematisch auch nur für den städtischen Bereich errechnet wurde. Partiell mag diese Diskrepanz aus eigenem landwirtschaftlichen Anbau und anderen Einkommensquellen der Farmarbeiterfamilien, die oft nicht vollständig auf der Farm leben, überbrückt werden. Daß jedoch dies nicht reicht und die PDL-Berechnungen (29) nicht nur von akademischer Bedeutung sind, zeigt sich an der Ernährungssituation der Farmarbeiterfamilien.

Nachdem schon seit langem angenommen worden war, daß der **Gesundheitsstatus von Farmarbeiterfamilien** zu den schlechtesten im Land gehörte und viele Indizien dafür, daß Unter- und Fehlernährung auf den Farmen am weitesten verbreitet und schlimmer als in den Communal Lands seien, zusammengetragen worden waren (30), gingen Ende 1980 die Mediziner R. Loewenson und R. Laing in einer empirischen Untersuchung dieser Frage auf den Grund (31). Sie untersuchten 6 Groß-

26. vgl. weiter Kapitel 12 der Arbeit
27. Diese Daten wurden vom CSO zuletzt für Juni 1977 veröffentlicht.
28. vgl. **Clarke,** Agricultural and Plantation Workers, S. 158, 198 f, 212
29. vgl. Kapitel 5.2. der Arbeit
30. **Clarke,** Agricultural and Plantation Workers, S. 104 ff
31. **Loewenson, R./Laing, R.,** The Health Status of Farmworker Communities in Zimbabwe, Salisbury o.J. (1981) (hektographiert)

Tabelle 15

Geldlöhne festangestellter afrikanischer Landarbeiter[1] nach Lohngruppen, Juni 1977

Monatliches Geldeinkommen[2]	Anzahl der Beschäftigten	Anteil der jew. Lohngruppe (%)
Weniger als 20 $	206 930	80,54
20 $ bis weniger als 30 $	25 210	9,81
30 $ bis weniger als 40 $	15 350	5,97
40 $ bis weniger als 50 $	3 120	1,21
50 $ bis weniger als 70 $	3 280	1,28
70 $ bis weniger als 90 $	1 400	0,54
90 $ bis weniger als 110 $	780	0,30
110 $ bis weniger als 130 $	220	0,09
130 $ bis weniger als 150 $	420	0,16
150 $ bis weniger als 200 $	150	0,06
200 $ bis weniger als 250 $	40	0,02
250 $ bis weniger als 300 $	10	0,004
300 $ und mehr	30	0,01
Insgesamt	256 940	99,994

1. Ausgeschlossen sind 74 040 zeitweilige und Saisonarbeiter und 26 750 Kontraktarbeiter.
2. Alle Geldzahlungen; ausgeschlossen sind Sachleistungen.

Quelle:
CSO, Wage Distribution of African Employees by Industrial Sector for the Month of June, Salisbury 1977, E/1/79/30; 20/9/80.

farmen im Gebiet von Bindura, der Kornkammer Zimbabwes mit den reichsten weißen Farmen. In den Farmcompounds lebten 312 Farmarbeiter, insgesamt rd. 1 200 Menschen, davon 223 Kinder unter 5 Jahren und 164 Mütter mit Kindern unter 15 Jahren. Loewenson/Laing suchten den Gesundheitsstatus zu erfassen zum einen durch Interviews mit Farmern, Workers' Committees und den Frauen in den Compounds, zum anderen durch Messung von Gewicht, Größe und Armumfang aller Kinder unter 5 Jahren und durch Erhebung der Daten zu Geburten, Todesfällen und Impfungen über alle in den Compounds lebenden Mütter, die Kinder unter 15 Jahren hatten. Die Messungen ergaben, daß je nach dem verwendeten medizinischen Maß für Unterernährung (32) zwischen 19,3% und 68,6% der Kinder unter 5 Jahren unterernährt waren, viele davon schwer. Den höchsten Prozentsatz von 68,6% unterernährten und 50,2% schwer unterernährten Kindern erhielten Loewenson/Laing mit dem Gewicht/Alter - Maß. Dieses Ausmaß von Unterernährung wurde in keiner anderen der in der Nachkriegssituation 1980 in Communal Lands, Protected Villages und städtischen Gebieten durchgeführten Untersuchungen zur Ernährungssituation festgestellt (33). Ursache der Unterernährung ist Proteinmangel: "Die Ernährung der unter fünf Jahre alten Kinder bestand, wie sich herausstellte, aus Sadza und Gemüse zweimal täglich in 97% der Fälle. In dieser Altersgruppe wurden Fleisch und Fisch weniger als einmal die Woche in 79% bzw. 92% der Fälle und Milch, Eier und Bohnen nie in jeweils 65%, 87% und 84% der Fälle gegessen." (34) Dabei hielten die Farmarbeiterfamilien durchaus Hühner, verkauften aber Eier und eigene landwirtschaftliche Produkte, um ihr Einkommen zu erhöhen (35). Die Untersuchung von Loewenson/Laing bestätigte im übrigen schon bekannte Tatsachen in bezug auf schlechte Wohnbedingungen, sanitäre Bedingungen, Wasserversorgung, damit verbundene Krankheiten; Schulen, Basisgesundheitsversorgung und Krankenhäuser sind für die Farmarbeiterfamilien nicht allgemein erreichbar (36). Afrikanische Landarbeiter bildeten die ärmste Gruppe

32. Die Maße sind Körpergewicht in Beziehung zum Alter; Größe in Beziehung zum Alter; Armumfang; Gewicht in Beziehung zur Größe, Armumfang in Beziehung zur Größe; vgl. ebd. S. 4
33. vgl. ebd. S. 4 f
34. ebd. S. 6
35. ebd. S. 6 f
36. ebd. S. 7. Solche Untersuchungen der Ernährungssituation sagen u.U. mehr aus als ohnehin ungenaue Einkommensschätzungen. So schätzte **Hume, Ian M.**, A Preliminary Essay on Land Reform in Rhodesia /Zimbabwe, Whitsun Foundation, Salisbury 1978, S. 2 das Pro-Kopf-Einkommen von Familien in den TTLs auf 28 Dollar pro Jahr (1977), das von Farmarbeiterfamilien auf 45 Dollar (1977). Unterernährung nicht nur, aber gerade bei Farmarbeiterkindern spricht gegen diese Annahme höherer Einkommen der Farmarbeiter im Vergleich zu den TTLs. Daß die TTL-Pro-Kopf-Einkommen leicht über denen der

der afrikanischen Arbeiterklasse in Rhodesien und gehörten zu den Ärmsten der gesamten Gesellschaft. Das gegen die Existenz hoher Arbeitslosigkeit und Unterbeschäftigung in den 60er Jahren und Anfang der 70er Jahre häufig ins Feld geführte Argument, daß die weißen Farmen unter Arbeitskräfteknappheit litten, spricht nicht gegen die Existenz von Arbeitslosigkeit, die auch damals offenkundig war, sondern zeigt nur, daß viele Afrikaner der Beschäftigung zu den auf weißen Farmen herrschenden Bedingungen die Unterbeschäftigung in den TTLs vorzogen.

3.3. Die Communal Lands

3.3.1. 'Tradition' und weiße Herrschaft

'Communal Lands' (CLs) ist die heutige Bezeichnung für das in rhodesischer Zeit für die afrikanischen 'Tribesmen' reservierte Land, das zunächst Native Reserves, später African Reserves, seit Anfang der 60er Jahre dann Tribal Trust Land (TTL) genannt wurde. Die Bezeichnungen Reservate, TTLs und CLs werden im folgenden synonym gebraucht.

Zum Zeitpunkt der Unabhängigkeit Zimbabwes gab es 174 TTLs (1). In ihnen lebten nach den Zensusergebnissen von 1969 rd. 60% der Gesamtbevölkerung. Die TTLs sind unterteilt in Chiefdoms, deren Anzahl in der 2. Hälfte der 70er Jahre rd. 252 betrug (2); Chiefdoms sind sowohl territoriale Einheiten als auch die Gruppe der Menschen, die dort unter einem Chief leben. Den Chiefs untergeordnet sind Subchiefs und Village Headmen.

Die Anfänge einer kolonialstaatlichen Herrschaftsstruktur gehen zurück auf die Southern Rhodesia Native Regulations von 1898, durch die ein Native Affairs Department eingerichtet wurde; dieses bestimmte Native Commissioners, die umfassende Gerichtsbarkeit über die Afrikaner ausübten und auch Chiefs und Headmen einsetzten, für Polizeiaufgaben und zur Eintreibung von Steuern benutzten. Durch die Verwaltungsreform von 1962/63 wurde dann die bis zur Unabhängig-

afrikanischen Farmarbeiter liegen, schätzte Anfang der 70er Jahre **Hawkins, Anthony M.,** How much African Unemployment?, S. 29 f in: Rhodesian Journal of Economics,, Sept. 1972, S. 21 - 33 und führte dies mit zur Erklärung dafür an, daß trotz zunehmender Arbeitslosigkeit und Unterbeschäftigung in den TTLs die weißen Farmer über Arbeitskräftemangel klagten. Vgl. weiter die Angaben der Riddell-Kommission, **Riddell-Report,** S. 77.
1. **ZIMCORD Documentation,** S. 37 § 3
2. **Riddell,** Land Problem, S. 39

keit bestehende Struktur geschaffen: Die Lokalverwaltung lag in den Händen des District Commissioners, des Nachfolgers des Native Commissioners; das Native Affairs Department wurde zum Ministry of Internal Affairs (3). Der District Commissioner bildete so die oberste unmittelbare Autoritätsperson für die Bewohner der TTLs.

Ebensowenig wie die politischen Herrschaftsstrukturen — aus Chiefs und Headmen als traditionellen Führern wurden bezahlte Funktionäre des rhodesischen Staats — blieben Gesellschaftsstruktur und Produktionsweise in den TTLs 'traditionell'. "Es gibt einen weit verbreiteten Mythos in Rhodesien, daß die von Tribal Trust Land-Farmern heute praktizierte Landwirtschaft **traditionell** sei und die Anbaupraktiken fortsetze, die vor der Ankunft der weißen Siedler in Gebrauch waren." (4) Die wirklich traditionelle afrikanische Landwirtschaft beruhte auf 'Wanderhackbau' ('shifting cultivation'): Bauern und Viehzüchter benutzten Land, solange es fruchtbar war. Wenn die Erträge sanken, zog man weiter, suchte neues Land und ließ das alte vom Busch überwachsen. "... die Alten entschieden weiterzuziehen, und diese Entscheidung war die einzige landwirtschaftliche Regelung, die das Volk kannte." (5) Das traditionelle Dorf bestand aus einer Großfamilie (extended family); die in Nachbarschaft Lebenden waren also durch Verwandtschaft verbunden (6). Privates Landeigentum war den Afrikanern unbekannt. Der Chief teilte der Familie Land zur Bebauung zu, Weideland wurde gemeinsam genutzt.

Die Unterordnung des afrikanischen Stammessystems unter weiße Herrschaft hat dieses verändert. Die Politik getrennter Entwicklung mit der Einrichtung von Reservaten beschränkte das verfügbare Land und führte zusammen mit schnellem Bevölkerungswachstum zu der Notwendigkeit, den Wanderhackbau zugunsten einer kontinuierlichen Nutzung des Bodens aufzugeben. Tiefes Pflügen wurde eingeführt. Die unvermeidliche Folge unter den gegebenen Bedingungen war Bodenerosion. Die Umsiedlungsprozesse führten dazu, daß die Zahl der Fremden im Dorf wuchs: die Verwandtschaftsbande wurden ergänzt durch Nachbarschaft. Die Verbreitung von Lohnarbeitsverhältnissen und das System der Wanderarbeit rissen die Familien weiter auseinander und schufen eine spezifische Alters- und Geschlechtsstruktur in den TTLs: Vor allem erwachsene Männer lebten und arbeiteten nun unterschiedlich lange Zeitspannen nicht mehr auf dem Land, das sie Frauen, Jugendlichen und anderen Mitgliedern der Großfamilie überließen, sondern in Bergwerken und Städten. Der Bevölkerungsdruck in den Reservaten

3. **Zimbabwe. Towards a New Order.** Hauptband, United Nations 1980, S. 243 f; **Weinrich**, African Farmers, S. 29
4. **Riddell**, Land Problem, S. 6
5. **Weinrich**, African Farmers, S. 6
6. ebd.

wuchs: "Die Mitgliedschaft in einem modifizierten Stammessystem wird durch Geburt erworben, und die Tatsache, in einem Tribal Trust Land geboren zu sein, gab einem Mann in der Vergangenheit die Sicherheit, ein Stück Land bebauen zu können. Aber jetzt macht die Landknappheit es unmöglich, jedem Stammesangehörigen ein Feld zum Bebauen zu geben, und dies bewirkt steigende Unsicherheit in den ländlichen Gebieten, denn ohne Land fühlen sich Afrikaner als 'unvollständige menschliche Wesen'." (7)

3.3.2. Staatliche Landwirtschaftspolitik in den CLs

Seit den 20er Jahren gab es Berichte von Native Commissioners, daß Reservate überfüllt seien, keine weiteren Menschen mehr aufnehmen könnten, daß Land durch Anbaumethoden und Überweidung zerstört werde (8). Aus der Notwendigkeit staatlicher Intervention in dieser Situation entstand eine Landwirtschaftspolitik für die afrikanischen Reservate. Ziel dieser Politik war, die Landressourcen zu konservieren (conservation) und durch landwirtschaftliche Beratungstätigkeit intensivere Anbaumethoden zu induzieren (extension). "Von 1930 bis zur Unabhängigkeit war das primäre Ziel der Regierungspolitik in bezug auf die afrikanische Landwirtschaft, die Aufnahmefähigkeit der Reservate zu erhöhen." (9) 1926 erhielt **E.D. Alvord**, ein amerikanischer methodistischer Missionar, den Auftrag, ein **Department of Native Agriculture** aufzubauen. Alvord wurde 'Agriculturalist for the Instruction of Natives' und stand dem Department bis 1949 vor (10).

Alvord suchte durch Demonstrationsfelder Konservierungsmaßnahmen und verbesserte Produktionsmethoden einzuführen: Er befürwortete Fruchtwechselfolgen, starke Düngung und andere "einfache Methoden, die die fortlaufende Bebauung eines Stücks Land ermöglichten." (11) Auf Alvord gehen die anläßlich einer schweren Dürre eingeführten ersten Bewässerungsprojekte für afrikanische Bauern zurück, und er bildete die ersten Master Farmers, d.h. Bauern, die landwirtschaftliche Beratung und Ausbildung erhielten und mit Erfolg in die Praxis umsetzten, aus. Seitdem wurden die meisten Anstrengungen, Produktivitätssteigerungen in

7. ebd. S. 9
8. **Riddell**, Land Problem, S. 9
9. **Ellsworth, B.L.**, Rural Development Policy in Ndanga District, Paper presented at the Zimbabwe Economic Society Conference on Rural Development, Harare, 8. - 10.6.1981, S. 5
10. **Kennan, P.B.**, Agricultural Extension in Zimbabwe 1950 - 1980, S. 183 f in: Zimbabwe Science News 1980, S. 183 - 186
11. **Ellsworth**, Rural Development Policy, S. 6

der afrikanischen Landwirtschaft zu erreichen, in die Master Farmer Training Schemes investiert (12). Daneben suchte Alvord durch eine Politik der 'Zentralisierung' der Felder Ackerbau- und Weideland neu zu definieren und zu trennen und damit eine neue Ordnung in die von Ressourcenzerstörung bedrohten Reservate zu bringen (13). Alvords Ansatz blieb einflußreich auch nach seinem Ausscheiden, erreichte zu seiner Zeit aber wohl nur wenige Bauern (14).

Da der Druck auf die Reservate sich weiter verschärfte — man denke an den gleichzeitigen Prozeß der Umsiedlung von weißem Farmland in Reservate, der nach dem Land Apportionment Act von 1930 verstärkt wurde —, versuchte die Regierung seit den 40er Jahren eine erzwungene Reglementierung der afrikanischen Landwirtschaft: Durch den **Natural Resources Act** von **1941** wurde ein Natural Resources Board geschaffen und mit Vollmachten, in die Landwirtschaft der Reservate einzugreifen, insbesondere bei überschrittener Carrying Capacity den Viehbestand zu reduzieren (De-stocking), ausgestattet. Die Logik, daß, wenn man die Carrying Capacity nicht genügend erhöhen konnte, dann eben der 'Überschuß' vom Land entfernt werden mußte, wurde mit dem **Native Land Husbandry Act** von **1951** vom Vieh auf die Menschen in den Reservaten ausgedehnt. Der Native Land Husbandry Act als bedeutender Versuch, der afrikanischen Gesellschaft eine privatwirtschaftlich orientierte Landreform aufzuzwingen, ist im folgenden näher zu betrachten.

Zweck des Native Land Husbandry Act (NLHA) war, 'für die Kontrolle von Nutzung und Verteilung des von Afrikanern bewohnten Landes zu sorgen und dessen effizienten Gebrauch für landwirtschaftliche Zwecke zu sichern; Afrikaner zu verpflichten, Arbeit zur Bewahrung von natürlichen Ressourcen und zur Förderung einer guten Landwirtschaft zu leisten...' (15). Zum sozialen Hintergrund der Gesetzgebung — wie auch der gesamten Reformpolitik der 50er Jahre — gehörten die schnell voranschreitende Industrialisierung nach dem 2. Weltkrieg und die Interessen der Verarbeitenden Industrie an der Stabilisierung einer städtischen afrikanischen Arbeiterklasse. Vor diesem Hintergrund erschien die Durchführung einer Landreform, die einen Teil der ländlichen Bevölkerung proletarisieren und die verbleibenden Bauern zu einer lebensfähigen, marktintegrierten Bauernschaft machen wollte, eine Lösung für die ländlichen Probleme zu bieten. Wichtige weiße Interessen, die der weißen Arbeiter wie der weißen Farmer, standen jedoch durchgreifenden Verbesserungen für afrikanische Arbeiter und Bauern entgegen (16).

12. **Weinrich**, African Farmers, S. 22
13. **Ellsworth**, Rural Development Policy, S. 6
14. **Kennan**, Agricultural Extension, S. 183
15. Präambel des NLHA, zit. nach **Weinrich**, African Farmers, S. 25
16. vgl. **Arrighi**, Political Economy of Rhodesia, S. 55 ff

Der NLHA warf das traditionelle afrikanische System der Communal Land Tenure über den Haufen und suchte einen allmählichen Übergang zu individuellem Landbesitz zu initiieren. Es wurde zwar nicht unmittelbar ein Privateigentum an Land in den Reservaten eingerichtet, aber die Bauern erhielten ein registriertes 'Landrecht' und 'Weiderecht' individuell zugeteilt. Diese 'Rechte' waren innerhalb gewisser Grenzen verkäuflich, so daß ein staatlich kontrollierter Landmarkt in den Reservaten entstehen konnte. Wo vorher die afrikanischen Chiefs Land zugeteilt hatten, demarkierten nun staatliche Landwirtschaftsbeamte in Durchführung von Alvord's Zentralisierungspolitik Anbau- und Weideland für Dorfeinheiten und teilten unter agrarwissenschaftlichen Gesichtspunkten bestimmte Flächengrößen und Weiderechte zu. Für die 'Befreiung' der Reservate von Überbevölkerung ausschlaggebend war die Regelung, daß nur derjenige ein 'Recht' auf Land hatte, der in der vorangegangenen Saison auch angebaut hatte; dies schloß viele Wanderarbeiter aus (17).

Gleichzeitig wurde den so proletarisierten Afrikanern keine Sicherheit als Ersatz geboten: "kein städtisches Gegenstück zu dieser Politik (— das den Lebensunterhalt der **Familie** der städtischen Arbeiter gesichert hätte — ,) wurde in Erwägung gezogen." (18) Wanderarbeiter sahen sich so von ihren Landrechten und damit von sozialer Sicherheit und einem für die Ernährung der Familien notwendigen Einkommensbestandteil 'befreit'.

Es war vor allem diese Unsicherheit der proletarisierten afrikanischen Bauern, die zu Unruhen, passivem Widerstand gegen die Durchführung des NLHA, zu massenhaftem Zulauf für die in den 50er Jahren sich formierende afrikanische nationale Unabhängigkeitsbewegung und letztlich zum Scheitern des NLHA führte (19). Der Versuch, den NLHA in die Wirklichkeit umzusetzen, erstreckte sich über ein Jahrzehnt; wegen des Widerstandes der Bauern konnten die Landwirtschaftsbeamten oft nur die Landflächen für ganze Dörfer demarkieren und mußten die individuelle Zuteilung den Village Headmen überlassen. Die weitere Durchführung des Gesetzes wurde 1962 offiziell aufgegeben: "Nach zehn Jahren des Über-

17. **Weinrich**, African Farmers, S. 26; vgl. auch **International Labour Office** (im folgenden immer: **ILO**), Labour Conditions and Discrimination in Southern Rhodesia (Zimbabwe), Genf 1978, S. 35: "Following the Land Husbandry Act (1951) many have forfeited, abrogated or relinquished their claims to land. Probably no more than 60 - 70 per cent of Africans can still legitimately stake a claim of various sorts directly in the Tribal Tust Lands."
18. **Arrighi**, Political Economy of Rhodesia, S. 57
19. **Cross, E.G.**, The Economics of Ecosystems Management, S. 21 in: Rhodesia Science News 1975, S. 21 f; **Ellsworth**, Rural Development Policy, S. 7; **Weinrich**, African Farmers, S. 26

redens und der Zwangsanwendung beendete die Regierung ihren Versuch, das Gesetz in den verbleibenden Distrikten Rhodesiens zur Anwendung zu bringen und sah sogar über die Nichteinhaltung von dessen Vorschriften bei jenen Bauern hinweg, die in Gebieten lebten, in denen das Gesetz bereits durchgeführt worden war." (20)

Indem die Regierung die Landzuteilung stufenweise wieder in die Hände der Chiefs zurückverlagerte, suchte sie sich deren Unterstützung gegen die afrikanische Nationalistenbewegung zu versichern. 1962 wurde den Chiefs erstmals erlaubt, ihren Gefolgsleuten kleine Felder in als Weideland deklariertem Land zuzuweisen. Die Umwandlung von Weideland in Ackerland mit den damit verbundenen ökologischen Schäden war seitdem ein kontinuierlicher Prozeß. Diese Landverteilung durch die Chiefs an Verwandte und Gefolgsleute, die diesen durch Geld'geschenke' 'dankten', führte zum Teil zu einer kritischen Verknappung der gemeinsamen Weide und war ein wesentlicher Mechanismus der Durchsetzung von steigender Ungleichheit in bezug auf den Landbesitz in den TTLs (21). Der Tribal Trust Land Act von 1967 sanktionierte die neue Situation, indem er das traditionelle System der Communal Land Tenure im Gegensatz zum NLHA anerkannte und ein hohes Maß von Kontrolle über das Land wie die Landzuteilung und Zuständigkeiten für Bodenkonservierung an die Chiefs und deren Tribal Land Authorities zurückgab (22).

Im Zusammenhang der Landreformpolitik der 50er Jahre entstanden auch die Anfänge des **Genossenschaftswesens** in der afrikanischen Landwirtschaft Zimbabwes; Genossenschaften für Vermarktung und landwirtschaftliche Inputbeschaffung nahmen seitdem an Zahl zu. Sie sind auch für die zukünftige ländliche Entwicklung wichtig und müssen deshalb hier näher betrachtet werden. Die Vermarktungsmöglichkeiten sind von zentraler Bedeutung für jedwede landwirtschaftliche Entwicklung, und weiter oben ist dargestellt worden, wie die afrikanischen Bauern in Südrhodesien seit dem Beginn der 'white agricultural policy' politisch an den Rand des landwirtschaftlichen Marktes verdrängt wurden, indem ihnen u.a. der Marktzugang erschwert wurde. Der Bauer in den CLs hat prinzipiell verschiedene Möglichkeiten, seine Produktion zu vermarkten: er kann innerhalb der CL-Wirtschaft lokal oder an Missionen, die größeren Bedarf haben, verkaufen. Weinrich fand in empirischen Erhebungen in Karangaland Mitte der 60er Jahre, daß der lokale Verkauf der bedeutendste war (23).

20. ebd. S. 26
21. ebd. S. 35 und 70
22. ebd. S. 35 f
23. "Of all surplus millet produced 92,1 per cent is sold directly to the people, and so is 71,4 per cent of all maize, 66,7 per cent of all groundbeans, 60,0 per cent of all groundnuts and 21,4 per cent of all sorghum." **Weinrich,**

Mit der späteren Verbreitung von Cash Crops hat sich dies sicher verändert. Verkäufe auf diesem lokalen Markt tauchen in der nationalen Statistik nicht auf; hier werden sie vielmehr erst erfaßt, wenn sie auf dem nationalen Markt, d.h. über die parastaatlichen Marketing Boards, stattfinden. Dazu kann sich der CL-Bauer dreier Kanäle bedienen: er kann sich direkt beim Marketing Board als Lieferant registrieren lassen, was sich vor allem für die größten unter den CL-Bauern rentiert. Er kann über von den Boards autorisierte Händler (approved buyers) verkaufen; diese Händler sind in der Regel lokale Geschäftsleute, die eine wichtige Funktion für die Versorgung der CLs und für den Absatz der Bauern haben, aber gleichzeitig wegen ihrer Monopolstellung und wegen der Transportprobleme Konsumgüter in den ländlichen Gebieten teuer verkaufen und landwirtschaftliche Produkte zu niedrigen Preisen aufkaufen (24). Drittens schließlich können die Bauern über Genossenschaften an die Marketing Boards verkaufen. Die 'Marketing and Supply Co-operative Societies' können darüber hinaus wichtige Funktionen im Bereich der Beschaffung von Kredit und Inputs wie Saatgut, Düngemittel, Geräte u.a. erfüllen (25).

Während für die europäischen Farmer Genossenschaften und genossenschaftliche Unternehmen durch den Co-operative Agricultural Societies Act von 1909 und den Co-operative Companies Act von 1926 eingerichtet wurden, entstanden afrikanische Genossenschaften erst in der Folge des **Co-operative Societies Act** von **1956**; die ersten Gründungen erfolgten in den Purchase Areas, wenig später dann auch in den Reservaten (1959) (26). Die Anzahl der Genossenschaften wuchs vor allem in den 60er Jahren recht schnell; sie stagnierte später in der zweiten Hälfte der 70er Jahre wegen des Kriegszustandes. Der Aufbau des Genossenschaftswesens ist dreigliedrig: Die Kooperativen der Bauern ('primary societies') wurden seit 1965 zunehmend zusammengeschlossen in 'Secondary Co-operative Unions', über denen 1972 die allerdings nie recht funktionierende Central Association of Co-operative Unions (CACU) gebildet wurde (27).

African Farmers, S. 103; die Aussage bezieht sich auf eine Stichprobe von 163 Bauern.
24. **Weinrich, Aquina K.H.**, Black and White Elites in Rural Rhodesia, Manchester 1973, S. 201: "The significant profit they make from this transaction frequently arouses local resentment. Yet they are the only channel through which small-scale peasant producers can acquire money."
25. Zu den verschiedenen Vermarktungsmöglichkeiten vgl. **Nziramasanga**, Agricultural Sector, S. 54
26. **Cheater, Angela P.**, Co-operative Marketing among African Producers in Rhodesia, S. 45 in: Rhodesian Journal of Economics 1 (1976), S. 45 - 57
27. **Cheater, Angela P.**, Rural Development Policy: Zimbabwe, Past and Future, Department of Sociology, University of Zimbabwe, Harare o.J. (1981) (hektographiert), S. 8

Tabelle 16
Agricultural Marketing and Supply — Genossenschaften
1956 - 1981

	Anzahl der Primary Societies	Mitglieder- zahl	Umsatz[1] (in tsd. $)
1956	2	187	0,8
1957	6	398	63,0
1958	12	765	70,2
1959	14	1 206	111,2
1960	21	1 830	144,0
1961	38	3 460	441,0
1962	52	4 897	506,3
1963	67	6 280	404,1
1964	110	8 937	633,0
1965	169	14 742	1 258,9
1966	213	19 342	1 844,6
1967	236	22 543	2 284,5
1968	257	24 416	1 586,1
1969	267	26 185	2 445,4
1970	283	27 397	2 000,7
1971	288	30 592	3 045,7
1972	292	33 110	4 386,1
1973	294	35 512	3 767,6
1974	292	37 991	5 984,6
1975	310	39 675	4 934,8
1976	328	41 258	5 260,1
1977	327	40 996	3 494,0
1978	326	41 132	3 321,7
1979	326	40 630	3 525,4
1980	331	44 863	14 744,1[2]
1981	338	56 185	21 869,9

1. Umsatz = vermarkteter landwirtschaftlicher Produktionswert + Lieferungen von Inputs wie Düngemittel, Saatgut, Schädlingsbekämpfungsmittel u.a.;
2. Das sprunghafte Ansteigen des Umsatzes 1980/81 kommt dadurch zustande, daß in den Zahlen die Verteilung von Flüchtlingshilfe im Rahmen des UNHCR-Programms und Dürrehilfemittel enthalten sind, aber auch durch die außergewöhnlich gute Ernte von 1981.

Quelle:
Report of the Director of Marketing and Co-operative Services Section, Ministry of Lands, Resettlement and Rural Development, for the Year Ending 31st December, 1981, Annexure B.

Die afrikanischen Vermarktungsgenossenschaften in Zimbabwe haben inzwischen also eine lange Tradition, sind daher aber auch mit Hypotheken belastet. Sie sind relativ weiter verbreitet in den Purchase Areas als in den CLs: rd. 20% der Primary Societies wurden in den Purchase Areas gebildet (28). Bürokratisierung, Verzögerungen in Auszahlungen von Marketing-Schecks an die Produzenten, höhere Marketing-Kosten im Vergleich zur individuellen Registrierung beim Marketing Board u.a. gehören zu den Faktoren, die das Ansehen von Genossenschaften bei den Bauern schmälerten. Am wichtigsten scheint in diesem Zusammenhang die politische Hypothek: Genossenschaften waren vom rhodesischen Regime initiierte Einrichtungen, funktionierten mit Beratung, aber auch unter Kontrolle staatlicher Co-operative Officers, waren staatlichen Eingriffen ausgesetzt. Mindestens ebensosehr wie am Wachstum der Genossenschaften war die rhodesische Politik an der Kontrolle jedweder Form von afrikanischen Organisationen interessiert und verfolgte infolgedessen eine "administrative Politik, die die Bewegung nicht ermutigen sollte, schneller anzuwachsen als die Fähigkeit des landwirtschaftlichen Beratungsdienstes, sie zu überwachen, und die die ländliche Bevölkerung davon abhalten sollte, die Kontrolle über ihre eigenen Genossenschaften zu übernehmen." (29) Einschränkungen der Autonomie der ländlichen Produzenten wurden und werden von diesen sehr genau als 'Kosten' der Kooperation verbucht und gegen die möglichen wirtschaftlichen Vorteile aufgerechnet (30). Cheater weist auch darauf hin, daß die Marketing-Genossenschaften, wenn sie Erfolg haben, eine Tendenz hervorbringen, sich selbst überflüssig zu machen, indem gerade die erfolgreichsten Bauern mit der Zeit Produktionsleistungen erreichen können, bei denen sich die individuelle Vermarktung an den Marketing Board mehr lohnt (31).

Auch wenn nur ein relativ kleiner Teil der CL-Bauern in Vermarktungsgenossenschaften organisiert ist, so ist doch diese Form von Kooperativen als Institution in der ländlichen Gesellschaft verankert. Dies gilt nicht für Produktionskooperativen, die die heutige Regierung neben den Vermarktungsgenossenschaften fördert. Pionierprojekte genossenschaftlicher Produktion wie die Cold Comfort Farm waren in der Vergangenheit politischer Repression ausgesetzt (32). Unter den politischen Bedingungen nach der Unabhängigkeit Zimbabwes sind ein relativ schnelles Wachstum der Vermarktungsgenossenschaften und möglicherweise ein langsamerer Aufbau von Produktionskooperativen zu erwarten (33).

28. ebd. S. 8
29. ebd. S. 10
30. ebd. S. 11
31. ebd. S. 10; **Cheater,** Co-operative Marketing, S. 56
32. vgl. **Melchers, Konrad,** Zimbabwe. Bedingungen und Ansätze einer Mitarbeit des DED, Berlin 1981, S. 77 f
33. vgl. Kapitel 11 der Arbeit

Doch nun zurück zur staatlichen Politik gegenüber den Reservaten an der Wende von den 50er zu den 60er Jahren: Die Aufgabe des NLHA und die Stärkung der Chiefs gingen einher mit dem Versuch, eine begrenzte Form von indirekter Herrschaft in die Tribal Trust Lands, wie die African Reserves seitdem genannt wurden, einzuführen. Schon der **African Councils Act** von **1957** hatte die Bildung von gewählten Lokalräten, sofern die Einwohner dies wollten, vorgesehen (34). Die Kompetenzen solcher Councils, die zunächst nur selten wirklich gebildet wurden — die afrikanischen Nationalisten forderten Majority Rule statt scheindemokratischer Zugeständnisse —, blieben bis Ende der 60er Jahre äußerst gering. Die Councils wurden von den Chiefs und dem mit der Verwaltungsreform 1962/63 eingeführten District Commissioner geleitet. "Chiefs und Subchiefs müssen offiziell von der rhodesischen Regierung anerkannt sein, sie müssen mit den Staatsbeamten zusammenarbeiten und erhalten für ihre Dienste ein monatliches Gehalt."(35) Die wichtigsten Aufgaben der Chiefs waren Landzuteilung und Rechtsprechung in den TTLs (36). Offiziell wurde 1962 die Politik der **'Community Development'** begonnen, die theoretisch die Zentralregierung von Zuständigkeiten für die Verwaltung und Entwicklung der TTLs entlastete. Aber auch als 1968 die Kompetenzverteilung zwischen Zentralverwaltung und Lokalräten festgelegt wurde, erhielten die African Councils nicht viel Macht; sie betätigten sich vor allem im Bereich der afrikanischen Primarbildung und im Gesundheitswesen. Mit viel staatlichem Druck stieg die Zahl der Councils von 87 1968 auf 241 1977 von insgesamt 260 vorgesehenen Räten (37). "Die Räte waren nicht populär und erreichten trotz aller Manipulationen keine endgültige Anerkennung, nicht einmal unter den Chiefs." (38) Den Charakter der 'Community Development'-Politik als 'Entlastung' der Zentralregierung formulierte 1971 der Staatssekretär im Innenministerium, W.H.H. Nicolle, sehr klar: "Zu Beginn der Einseitigen Unabhängigkeit machten wir den Tribesmen völlig klar, daß die alte Ära des ständigen Gebens und Fütterns ein Ende genommen habe. Wir standen in einem wirtschaftlichen Krieg und es ging um Leben oder Tod. Wenn die Tribesmen zu überleben und voranzukommen wünschten, läge es bei ihnen, das zu erreichen, und die Regie-

34. Anfänge dieser Politik gehen bis 1938 zurück. Vgl. **Zimbabwe.** Towards a New Order, S. 243; vgl. auch **Bratton, Michael**, Beyond Community Development (From Rhodesia to Zimbabwe Bd. 6), London 1978; **Weinrich, Aquina K.H.**, Chiefs and Councils in Rhodesia, London 1971
35. **Weinrich**, African Farmers, S. 52; vgl. **Kufandada, Jewel C.**, Der Dualismus in Entwicklungsländern und Ansätze zu seiner Überwindung. Ein Studium Zentralafrikas, Forschungsbericht, Institut für Genossenschaftswesen, Universität Münster, Münster 1979, S. 30 ff
36. **Weinrich**, African Farmers, S. 53
37. **Zimbabwe**, Towards a New Order, S. 244
38. ebd. S. 245

rung würde ihnen nur in dem Maße helfen, wie sie sich selber helfen würden. Kurz gesagt, wir verwendeten den Community Development-Ansatz, was im Kern bedeutet, daß die Probleme vor die Gemeinschaft gebracht werden."(39)

1972 wurde die Community Development-Politik faktisch aufgegeben, weil der Staat wegen des Guerillakrieges wieder eine direktere Kontrolle über die ländlichen Gebiete herzustellen suchte. Die mit dem Regional Authorities Act von 1973 betriebene 'Provinzialisierungspolitik' erwies sich als Rückkehr zur eigentlich nie aufgegebenen, sondern nur vorübergehend abgeschwächten direkten Herrschaft (40).

Im Hinblick auf die landwirtschaftlichen Aktivitäten in den TTLs hatte die Verwaltungsreform von 1962/63 die Zuständigkeit für die 'Native Agriculture' aus dem bis dahin allzuständigen Native Affairs Department, das zum Ministry of Internal Affairs wurde, aus- und dem neugebildeten Ministry of Agriculture eingegliedert. Hier wurde auch das für die weiße Landwirtschaft zuständige Department of Conservation and Extension (CONEX) angesiedelt, das nun auch in der afrikanischen Landwirtschaft arbeitete (41). Dies wurde erst rückgängig gemacht, als 1969 die Zuständigkeit für 'Tribal Agriculture' wieder ins Innenministerium verlagert wurde (42) — Ausdruck der Tatsache, daß die TTLs primär unter dem Gesichtspunkt politischer Kontrolle gesehen wurden und dem für die Verwaltung der TTLs zuständigen Innenministerium die Tätigkeit von von ihm unabhängigen Landwirtschaftsberatern in diesen Gebieten ein Dorn im Auge war.

39. **Nicolle, W.H.H.**, The Development of the Subsistence Sector: What ist being done in Rhodesia, S. 3 in: Rhodesian Journal of Economics, Dec. 1971, S. 1 - 8; zu den im Innenministerium vertretenen Vorstellungen von "Entwicklung" vgl. ebd. S. 7 f: "A final word of warning to those who continually shout that we must develop the tribal areas. I have heard this story for over forty years and have seen elsewhere the nugatory results of heeding these theorists who have persuaded various Governments to pour millions into the bottomless African pit. I think we have shown that the development and progress of the Tribal Trust Areas can only flow from the African's own efforts — we can guide and assist, but it is the African himself who must do the work. He is beginning to realize this fact, but is still hopeful that some fool or political crank will come along with gifts to keep him in leisure."
40. **Zimbabwe**, Towards a New Order, S. 246 f; **Bratton**, Beyond Community Development, S. 36
41. **Kennan**, Agricultural Extension, S. 184 f
42. ebd. S. 185

In der Zwischenzeit von 1962 bis 1969 entstanden einige wichtige neue Initiativen in der Landwirtschaftspolitik für die TTLs, die zwar die bestehenden Probleme nicht lösen konnten, die aber als Konzepte bis in die heutige Entwicklungsplanung hineinreichen und deshalb hier kurz darzustellen sind. Zu nennen sind hier die Einführung von Cash Crops in die afrikanische Landwirtschaft, der Ausbau kleiner Bewässerungsprojekte in den TTLs sowie die Gründung der Tribal Trust Land Development Corporation (TILCOR). Seit Anfang der 60er Jahre wurden verstärkt **Cash Crops** wie Tabak und Baumwolle in der afrikanischen Landwirtschaft verbreitet (43). Dem Ausbau von **Bewässerungsprojekten** in den afrikanischen Gebieten wandte sich die staatliche Politik nach langer Stagnation in der zweiten Hälfte der 60er Jahre zu, als man nach Möglichkeiten suchte, die nach der Einseitigen Unabhängigkeitserklärung steigende Arbeitslosigkeit aufzufangen, den Zustrom überflüssiger Arbeitskraft zu bremsen und gleichzeitig die 'heilige Kuh' der Landverteilung nach Rassen zu erhalten (44). Dieses letzte Ziel, so Dunlop, erklärt zu einem guten Teil "die überwältigende Beschäftigung mit Konservierungsmaßnahmen, die bis in die frühen 60er Jahre anhielt und sich in den letzten Jahren erneuerte, wobei das zugrundeliegende Ziel war, für eine rapide wachsende Bevölkerung eine angemessene Lebensmittelversorgung innerhalb des Gebietes, das den Afrikanern zugeteilt war, sicherzustellen. Das erklärt die kostspielige Politik, ungeachtet der starken Unterausnutzung von Land im weißen Sektor entlegene Tribal Areas zu erschließen und Bewässerungseinrichtungen in den afrikanischen Gebieten auszudehnen." (45) Bewässerung, obwohl kapitalintensiv und teuer in der Erschließung, erschien in diesem Zusammenhang als Mittel, große Bevölkerungszahlen auf kleinen Landstücken anzusiedeln. 1967 wurde der Tribal Trust Land (Control of Irrigation Schemes) Regulation Act verabschiedet; Ende der 60er Jahre wuchs die bewässerte Landfläche in afrikanischen Gebieten recht schnell (46).

1968 wurde die **Tribal Trust Land Development Corporation (TILCOR)** eingerichtet. Als Zweck dieser öffentlichen Einrichtung bestimmte der Tribal Trust Land Development Corporation Act, die Entwicklung von natürlichen Ressourcen, von Industrie und anderen Unternehmen in den TTLs zu planen, zu fördern

43. vgl. **Reid, M.G.**, Tribal Agriculture in Relation to Rural Development — A Historical Note, S. 6 in: Zimbabwe Rhodesia Science News 1980, S. 4 - 6; **Bates, D.B.**, Important Innovations Introduced by Agricultural Extension to the Tribal Farmer over the last Twenty Years in: Zimbabwe Science News 1980, S. 187 - 190
44. **Riddell**, Land Problem, S. 10; **Weinrich**, African Farmers, S. 37 f
45. **Dunlop, Harry**, Development in Rhodesian Tribal Areas, S. 180 in: Rhodesian Journal of Economics, Dez. 1974, S. 177 - 189
46. **Weinrich**, African Farmers, S. 37 f

und auszuführen (47). TILCOR sollte eigene Unternehmen in den TTLs betreiben und dafür auch privates Kapital mobilisieren. Praktisch entstanden neben einigen Fabrikunternehmen und Plantagen vor allem wiederum von TILCOR betriebene Bewässerungsprojekte, die zum Ausgangspunkt ländlicher Zentren, sogenannter 'Growth Points', werden sollten. In diesen Aktivitäten liegen die Anfänge der späteren Growth Point-Strategie (48). Zwischen 1968 und 1977 entstanden durch TILCOR-Aktivitäten 12 faktische oder potentielle Growth Points (49).

Tabelle 17:
Bewässerung in der zimbabweschen Landwirtschaft (1982)

Kommerzielles Farmgebiet	131.900 ha
TILCOR- und angegliederte Siedlerprojekte	6.000 ha
Staatliche Communal Land-Projekte	4.400 ha
Inoffizielle Communal Land-Projekte	700 ha
Insgesamt	143.000 ha

Quelle: United States Agency for International Development (USAID), Irrigation in Zimbabwe, Harare, April 1982, S.9.

Tabelle 17 zeigt die Verteilung der bewässerten Flächen in der zimbabweschen Landwirtschaft (50). Landwirtschaftliche Entwicklungsarbeiten in den afrikanischen Gebieten wurden in der zweiten Hälfte der 70er Jahre durch die räumliche

47. vgl. ebd. S. 40
48. "Because of limited funds, Tilcor's objectives were to create 'growth points' based on the development of a resource such as an irrigation scheme, thereby creating an economic focus as a platform for private enterprise." **Tillett, E.R.**, Planning for the Rural Development Needs of Zimbabwe, Paper presented to the Zimbabwe Economic Society (ZES), Economic Symposium, Salisbury 8. - 10.9.1980, S. 2
49. ebd.
50. Es gibt einige hiervon abweichende Zahlenangaben zur Ausdehnung von Bewässerung: **Zimbabwe Agricultural and Economic Review,** Harare 1982, S. 125 (Figure) spricht von einer bewässerten Fläche von insgesamt 163.000 ha, kommt bei TILCOR-Projekten und Bewässerungsprojekten für Kleinbauern in den Communal Lands aber auch auf zusammen ungefähr 10.000 ha. **IFAD 1981** spricht von 155.000 ha insgesamt, davon 4.000 ha TILCOR-Projekte und 3.000 ha Communal Land-Projekte für Kleinbauern.

Ausdehnung des Krieges undurchführbar (51). Erst in Verbindung mit Ian Smith's Versuch, getrieben von den Erfolgen der Befreiungsbewegungen zu einer 'internen Lösung' mit 'gemäßigten', kooperationswilligen schwarzen Führern zu kommen, entstand Ende der 70er Jahre ein neues Konzept für ländliche Entwicklung (52).

3.3.3. Bevölkerungsdruck und Landnot in den CLs

Die dargestellten staatlichen Bemühungen, den Bevölkerungsdruck in den TTLs zu reduzieren, konnten die Situation nicht verbessern. Sie führten eine Reihe landwirtschaftlicher Innovationen ein; sie trugen, insofern sie nur einen begrenzten Teil der TTL-Bauern erreichten, zur sozioökonomischen Differenzierung in den TTLs bei; sie bewirkten Produktivitätsfortschritte und Einkommenssteigerungen in den begrenzten Bereichen, die sie erreichten. Da die gesetzliche Landverteilung nach 'Rassen' tabu war, konnte eine an den Bedürfnissen der afrikanischen Bevölkerungsmehrheit orientierte Landreform gar nicht zur Debatte stehen.

Versuche, eine 'Carrying Capacity' der Reservate zu berechnen, wurden zuerst im Rahmen der Durchführung des NLHA in den 50er Jahren gemacht. Man berechnete damals sogenannte 'Standard Units' (SUs), d.h. Größen von Landeinheiten, die in Abhängigkeit von der jeweiligen regionalen Niederschlagsmenge als notwendig angesehen wurden, um eine Bauernfamilie zu ernähren, ihr über die Subsistenz hinaus eine Marktproduktion zu gestatten und gleichzeitig die Konservierung des Landes sicherzustellen (1). Für Anfang der 50er Jahre wurde die Carrying Capacity (CC) der Reservate so auf rd. 205.000 Bauernfamilien oder insgesamt 1,2 Mio Menschen geschätzt. Die Reservate wurden später vergrößert; die Kalkulation mit den in die Natural Farming Regions von Vincent/ Thomas eingehenden Annahmen führt zusätzlich zu höheren Schätzungen der CC. So nahm Riddell für 1977 eine CC der TTLs von rd. 275.000 Familien an (2); der Untersuchungsbericht der Riddell-Kommission nach der Unabhängigkeit Zimbabwes spricht von 325.000 Familien (3). Es ist klar, daß in solche Berechnungen Annahmen über notwendige Familieneinkommen, über Produktivitätsniveaus und Konservierungsmöglichkeiten eingehen müssen, die sich verändern können und die zu beurteilen außerhalb der Möglichkeiten dieser Arbeit liegt.

51. **Kennan**, Agricultural Extension, S. 185
52. vgl. Kapitel 11 der Arbeit
 1. **Riddell**, Land Problem, S. 39 f
 2. ebd. S. 41
 3. **Riddell-Report**, S. 147 f

Abb.8 : Zimbabwe
Human and Livestock Population Pressure in the Tribal Trust Lands

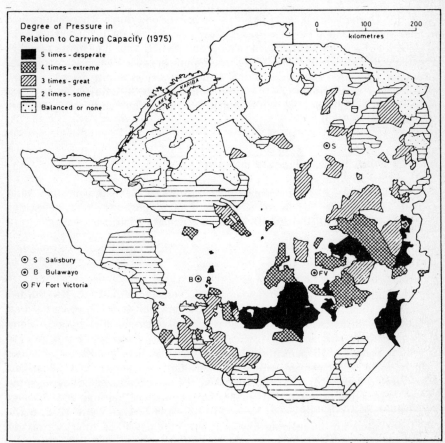

Degree of Pressure in
Relation to Carrying Capacity (1975)

- 5 times - desperate
- 4 times - extreme
- 3 times - great
- 2 times - some
- Balanced or none

0   100   200
kilometres

⊙ S Salisbury
⊙ B Bulawayo
⊙ FV Fort Victoria

Quelle : J R Whitlow : Environmental constraints and population pressures in the tribal areas. of Zimbabwe In : Zimbabwe agric Journal 1980, Vol.77(4),S.177

1960 lebten in den Reservaten rd. 359.000 Bauernfamilien, 1977 waren es schätzungsweise 675.000 (4), und für 1980 spricht die Riddell-Kommission von rd. 780.000 (5). Nach den Zahlenangaben der Kommission beträgt also die Bevölkerung der Communal Lands 240% von deren Carrying Capacity (6).

Folge der Übervölkerung der CLs war Landzerstörung durch Überweidung und zu intensive Bebauung: "Ein beträchtlicher Teil des besten bebaubaren Landes ist bereits aufgegeben worden, weil seine Produktivität unter die Grenze der Wirtschaftlichkeit gefallen ist." (7) Da gleichzeitig immer mehr Heranwachsende Land forderten, wandelten Chiefs und Tribal Land Authorities immer mehr Weideland in Ackerland um, was die Zerstörungen beschleunigte (8). Kay hielt fest, daß "schnelle und möglicherweise sich beschleunigende Erosion nun in vielen Gebieten offensichtlich ist." (9)

3.3.4. Landwirtschaftliche Produktion in den CLs

Weiter oben wurden die vom Central Statistical Office (CSO) gesammelten Daten zur Entwicklung der landwirtschaftlichen Produktionswerte kurz betrachtet. Es ist wesentlich, im Blick zu behalten, daß es gesicherte Zahlenangaben zur

4. **Riddell**, Land Problem, S. 42
5. **Riddell-Report**, S. 147 f
6. Auf Grundlage der Bevölkerungsdaten des Zensus von 1969 kam Kay zu dem Ergebnis, daß damals die afrikanischen Gebiete um 40% übervölkert waren; dabei ist die Überbevölkerung allerdings regional unterschiedlich verteilt: "Some 27 percent of African Areas fall within this band of acceptable though near-critical densities; 16 percent with lower densities have unused or underused capacity while 57 percent with higher densities were already in 1969, subject to varying degrees of overpopulation and the associated cycle of degenerative and destructive processes." **Kay, George**, Population Pressures and Development Prospects in Rhodesia, S. 10 in: Rhodesia Science News 1975, S. 7 - 13. In bezug auf die gesamte Bevölkerungsdichte der TTLs unter Abstraktion von der regionalen Verteilung sagte **Kay**, Population, S. 53 f: "Taken as a whole, the population of the Tribal Trust Lands exceeded their 'safe carrying capacity' by 15 percent in 1963, 40 percent in 1969 and 85 percent in 1972; and unless population policies and projections change markedly it is likely to rise to some 210 percent by the mid-eighties..."
7. **Walker, B.H.**, Ecological Constraints to Growth in Rhodesia, S. 18 in: Rhodesia Science News 1975, S. 18 ff
8. **Riddell**, Land Problem, S. 45
9. **Kay**, Population Pressures, S. 10

Produktion in den CLs nicht gibt (1). Je nach Wahl von Basisjahr und Zeitraum, Produzentenpreisindex zur Deflationierung und Bevölkerungsschätzung lassen sich sehr verschiedene Aussagen zu landwirtschaftlicher Produktion und Pro-Kopf-Einkommen in den CLs machen (2). Klarheit ist daraus nicht zu gewinnen. Über die Situation in den CLs sagt wohl am meisten noch aus, daß die Verfügbarkeit von Nahrungsmitteln sich in den 70er Jahren verschlechtert hat (3).

Dies schließt die von der Whitsun Foundation angenommenen Steigerungen landwirtschaftlicher Einkommen in den partiell auf Cash Crops umgestiegenen Teilen der CLs nicht aus (3a); vielmehr kann die Einführung von Cash Crops, vor allem Baumwolle, als eine Ursache der Nahrungsmittelverknappung und als ein die soziale Differenzierung verstärkender Faktor betrachtet werden (4).

Fragt man nach den **ursächlichen Bedingungen** für landwirtschaftliche Entwicklung in den Communal Lands, so sind neben der Verfügbarkeit von Land und der Landqualität vor allem mangelnde Möglichkeiten der Kapitalbildung, unzureichende Beratungseinrichtungen und die mit dem System der Wanderarbeit zusammenhängenden Verzerrungen in der Sozialstruktur der CLs zu nennen. Der im Zusammenhang modernisierungstheoretischer Argumentationen beliebte Rückgriff auf 'traditionalistische' Einstellungen der afrikanischen Bauern, fehlenden Unternehmergeist oder die 'high leisure preference' der Afrikaner als Ursache von Unterentwicklung entspricht auch nach dem Urteil weißer zimbabwescher Landwirtschaftsexperten nicht der Realität. So sieht etwa Reid die Ursache des Scheiterns

1. **Cross**, Agriculture: Development and Equity, S. 11: "Unlike the situation pertaining to commercial farmers and purchase area farms, statistics of production and consumption from tribal areas are not collected by the Central Statistical Office. Therefore, the estimates of production are those of Government agencies responsible for administration and development in the Tribal Trust Lands."
2. vgl. etwa **Whitsun Foundation**, Strategy for Rural Development, S. 5; **Nziramasanga**, Agricultural Sector, S. 38; **Riddell**, Land Problem, S. 10; **Mukarati, M.M.**, Land Reform and Agricultural Transformation in Zimbabwe, S. 7 in: Zimbabwe. Towards a New Order Vol. I, S. 1 - 25; **Ndlela**, Dualism, S. 203
3. vgl. **Cross**, Agriculture: Development and Equity, S. 11: "However, it does seem that the availability of food has not increased over the past decade, while population has continued to expand." Vgl. auch **Dunlop**, Tribal Areas, S. 182; **Dunlop**, Economic Opportunity, S. 17; **Riddell**, Land Problem, S. 50 sowie **ZIMCORD** Documentation, S. 37 Abs. 3
3a. **Whitsun Foundation**, Strategy for Rural Development, S. 5
4. **Dunlop**, Tribal Areas, S. 182

von 'Modernisierungs-'versuchen darin, daß Innovationen ohne Bezug auf die Bedingungen, unter denen die Bauern wirtschaften, geplant würden. "Es ist natürlich, daß dies oft dazu führt, daß unsere Ratschläge zur Modernisierung von den Tribesmen zurückgewiesen werden, und der Techniker reagiert dann emotional und schließt, seine Klientel sei irrational und in ökonomischen Dingen unrealistisch. Daß dies bei weitem nicht der Fall ist, haben neuere Untersuchungen gezeigt, nach denen die Stammesmitglieder in Relation zu ihren ökonomischen Rahmenbedingungen rationale wirtschaftliche Entscheidungen treffen." (5)

Man muß also vor allem nach den materiellen Bedingungen für Produktions- und Produktivitätssteigerungen fragen. An erster Stelle stehen hier Verfügbarkeit und Qualität von Land. Dies ist ausreichend behandelt worden. Von zentraler Bedeutung sind weiter verschiedene Faktoren, die mit dem Mangel an Kapital zusammenhängen: Mitarbeiter der landwirtschaftlichen Beratungseinrichtungen und afrikanische Farmer nennen als Hindernisse das Fehlen von genügend Saatgut und Kunstdünger; unzureichende Zugkraft zum Pflügen behindere den Anbau, Transportprobleme träten bei der Vermarktung und beim Gebrauch organischen Düngers auf. Zu niedrige Produzentenpreise für die afrikanischen Bauern und fehlende Kreditmöglichkeiten verhinderten die Kapitalbildung (6). Ohne regelmäßige Düngung sind aus den meisten Böden der CLs nur geringe Erträge zu holen (7).

Das Fehlen von genügend Beratungspersonal ist ein weiteres Problem. In den TTLs kam 1977/78 ein Extension Worker auf 590 Bauern (8). 1982 hatte sich das Verhältnis auf 1 : 800 verschlechtert, wahrscheinlich auch dadurch, daß nach der Unabhängigkeit Zimbabwes das Beratungspersonal in den Resettlement-Gebieten

5. **Reid, M.G.**, Progress in Cotton Production in the Tribal Trust Lands in: Rhodesia Science News 1976, S. 255 f; vgl. auch **Dankwerts, J.P.**, Requirements for the Development of African Agriculture, S. 267 in: Rhodesia Science News 1976: "It is believed that careful examination will usually show that tribesmen are remarkably effective in deciding which techniques are likely to be profitable and which should be rejected as unprofitable. Very often what appears to be unenterprising behaviour will turn out after careful examination to be surprisingly effective decision making."
6. **Mukundu, N.Z.**, Factors Limiting Increased Crop Production in Tribal Trust Lands as an Extension Worker sees them in: Rhodesia Science News 1976, S. 248 f; **Gapare, R.**, Problems in Crop Production as seen by a Tribal Trust Land Farmer in: Rhodesia Science News 1976, S. 249 ff
7. **Grant, P.M.**, Peasant Farming on Infertile Lands, S. 254 in: Rhodesia Science News 1976, S. 252 ff
8. **IFAD 1981**, S. 71

konzentriert wurde. Angestrebt wird heute in den CLs ein Verhältnis von 1 : 250 (9). Die Arbeit der Beratungsdienste konzentrierte sich in der Vergangenheit unter den gegebenen Umständen unvermeidlicherweise auf die als 'progressiver' angesehenen, d.h. aber auch auf die wenigen wohlhabenderen Bauern in den CLs.

Eine dritte Gruppe von Gründen für niedrige Produktivität in den CLs schließlich hängt unmittelbar mit der durch das Wanderarbeitssystem verzerrten Sozialstruktur der CLs zusammen. Landmangel und niedrige landwirtschaftliche Einkommen führten dazu, daß ein Großteil der erwachsenen, vor allem männlichen CL-Bevölkerung Arbeit in Städten, auf Minen oder weißen Farmen suchte; fehlende soziale Sicherheit und niedrige Löhne im formellen Sektor zwingen umgekehrt oft dazu, die Familie auf dem Lande zurückzulassen, Landwirtschaft als zusätzliche Einkommensquelle zu betreiben, Landrechte als soziale Sicherheit im Falle von Krankheit, Arbeitslosigkeit und Alter zu behalten. "Ein großer Teil des Lands in den Tribal Trust Lands gehört Leuten, die in den Städten oder Minen arbeiten und nur einige Wochen im Jahr zum Bearbeiten des Landes kommen. Das wird gewöhnlich nicht ordentlich gemacht, die Produktion ist niedrig und die Hauptsache dabei ist, das Land als Sicherheit zu behalten für den Fall, daß man arbeitslos wird, oder um es im Alter zu nutzen." (10) Pflügen und Aussaat erfolgen dadurch oft zu spät, Frauen und Kinder machen einen Großteil der landwirtschaftlichen Arbeit (11).

Das Wanderarbeitssystem spiegelt sich wider in der Alters- und Geschlechtsstruktur der CLs. Die Alters- und Geschlechtspyramiden für TTLs und für 'europäische' Gebiete, d.h. weißes Farmland und Städte, zeigen deutlich, daß 1969 die meisten afrikanischen Männer in erwerbsfähigem Alter nicht in den TTLs waren. Dagegen lebten mehr Frauen in ökonomisch aktivem Alter in den TTLs als in europäischem Gebiet. Stark ausgeprägt ist in den TTLs das Überwiegen von Kindern und Jugendlichen: Rd. 55% der TTL-Bevölkerung waren 1969 unter 15 Jahren alt. "Die Abwesenheit von ökonomisch aktiven Erwachsenen in den Tribal Areas ist eines der größten Hindernisse für deren Entwicklung und Umwandlung." (12)

Während die Zensusdaten nur eine Augenblicksaufnahme der Situation bieten, verdeutlichen die älteren empirischen Untersuchungen von A.K.H. Weinrich Mitte der 60er Jahre auch die dahinter verborgene Dynamik und soziale Organisation

9. **Mombeshora, S.**, Agricultural Policy and Nutritional Needs of the People of Zimbabwe, S. 128 in: Zimbabwe Science News Juni 1982, S. 127 - 129
10. **Mukundu**, Factors Limiting Crop Production, S. 248
11. ebd.; **Plowes, D.C.H.**, Technical Problems of Tribal Crop Production in: Rhodesia Science News 1976, S. 244 - 247
12. **Cross**, Agriculture: Development and Equity, S. 9

Tabelle 18

Alters- und Geschlechtsverteilung der afrikanischen Bevölkerung nach Landkategorien 1969 (gerundet)

Alter in Jahren	Tribal Trust Land						African Purchase Land					
	männlich		weiblich		TTL insgesamt		männlich		weiblich		PA insgesamt	
	Anzahl	%	Anzahl	%	Anzahl	%	Anzahl	%	Anzahl	%	Anzahl	%
0 - 14	816 100	61,5	803 600	50,7	1 619 700	55,6	33 900	52,6	34 200	50,0	68 100	51,2
15 - 29	269 600	20,3	390 800	24,7	660 400	22,7	21 100	32,7	17 700	25,9	38 800	29,2
30 - 44	122 100	9,2	214 800	13,6	336 900	11,6	4 300	6,7	8 200	12,0	12 500	9,4
45 - 59	79 700	6,0	119 100	7,5	198 800	6,8	3 200	5,0	5 500	8,0	8 700	6,5
60 und mehr	40 100	3,0	56 800	3,6	96 900	3,3	2 000	3,1	2 800	4,1	4 800	3,6
Insgesamt	1 327 600	100,0	1 585 100	100,1[2]	2 912 700	100,0	64 500	100,1[2]	68 400	100,0	132 900	99,9[2]

Alter in Jahren	Europäisches Gebiet						Rhodesien insgesamt[1]					
	männlich		weiblich		Eur. Geb. insg.		männlich		weiblich		Rhodesien insg.	
	Anzahl	%	Anzahl	%	Anzahl	%	Anzahl	%	Anzahl	%	Anzahl	%
0 - 14	363 400	36,3	344 400	48,3	707 800	41,3	1 213 400	50,7	1 182 200	50,0	2 395 600	50,3
15 - 29	330 500	33,1	218 000	30,6	548 500	32,0	621 200	26,0	626 500	26,5	1 247 700	26,2
30 - 44	210 200	21,0	111 000	15,6	321 200	18,7	336 600	14,1	334 000	14,1	670 600	14,1
45 - 59	77 400	7,7	31 700	4,4	109 100	6,4	160 300	6,7	156 300	6,6	316 600	6,7
60 und mehr	18 500	1,9	8 000	1,1	26 500	1,5	60 600	2,5	67 600	2,9	128 200	2,7
Insgesamt	1 000 000	100,0	713 100	100,0	1 713 100	99,9[2]	2 392 100	100,0	2 366 600	100,1[2]	4 758 700	100,0

1. Ohne afrikanische Bevölkerung auf nationalem und 'nicht reserviertem'[1] Land
2. Rundungsfehler

Quelle:
Whitsun Foundation, Strategy for Rural Development, S. 44 Tab. C 3

Abb.9: Rhodesien: Alterspyramiden

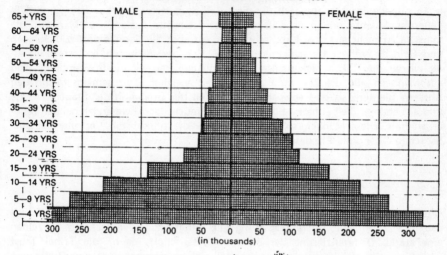

AFRICAN AGE-SEX PYRAMID IN T.T.L.'S 1969

MALE — FEMALE

65+YRS
60—64 YRS
54—59 YRS
50—54 YRS
45—49 YRS
40—44 YRS
35—39 YRS
30—34 YRS
25—29 YRS
20—24 YRS
15—19 YRS
10—14 YRS
5—9 YRS
0—4 YRS

300 250 200 150 100 50 0 50 100 150 200 250 300
(in thousands)

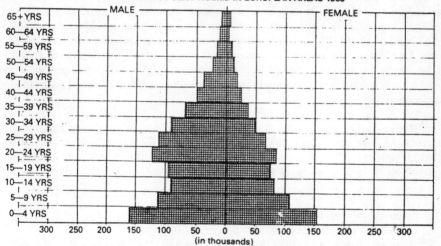

AFRICAN AGE-SEX PYRAMID IN EUROPEAN AREAS 1969

MALE — FEMALE

65+YRS
60—64 YRS
55—59 YRS
50—54 YRS
45—49 YRS
40—44 YRS
35—39 YRS
30—34 YRS
25—29 YRS
20—24 YRS
15—19 YRS
10—14 YRS
5—9 YRS
0—4 YRS

300 250 200 150 100 50 0 50 100 150 200 250 300
(in thousands)

NOTE: See Table following for actual figures

SOURCE: 1969 CENSUS OF POPULATION: TABLE 10, P.65

Quelle: Whitsun Foundation: A strategy for rural devolopment. Salisbury 1978, S.43

der Wanderarbeit: Weinrich erfaßte 1.538 'labour trips' von 902 männlichen Afrikanern aus zwei TTLs in der Victoria-Provinz. 18% dieser 'labour trips' dauerten nur wenige Monate nach der Ernte, 45% dauerten 1 bis 3 Jahre, und 37% dauerten 4 Jahre oder länger. Diese letztere Gruppe bestand aus Männern, die selbst nicht mehr auf dem Land arbeiteten, oft aber die Familie dort zurückließen und Geld an Verwandte schickten, weil sie sich bewußt waren, spätestens im Alter wieder ins TTL zurückzumüssen. Die mittlere und wichtigste Gruppe bestand aus Männern, die die Zeit ihrer Abwesenheit aus dem Dorf gemeinsam mit den Brüdern planten, so daß abwechselnd ein Teil der Brüder in der Stadt arbeitete und ein anderer Teil zuhause blieb und den Frauen der Abwesenden bei der Landarbeit half. Diese Männer, so Weinrich, seien "die typischsten Vertreter der dualistischen Ökonomie Rhodesiens..." (13)

3.3.5. Sozioökonomische Differenzierung zwischen und in den CLs

Die Darstellung von Bevölkerungsdruck und Landnot in den Communal Lands gab eine allgemeine Charakterisierung der Situation; sie verdeckt im einzelnen eine starke Differenzierung der dortigen Gesellschaft, denn "die Tribal Trust Lands sind durch enorme Ungleichheiten gekennzeichnet, was den Besitz von Vieh, die Größe der Felder der einzelnen Bauern und die Möglichkeit für die erwachsene ländliche Bevölkerung, überhaupt irgendwelche Landrechte zu erhalten, angeht." (1) Neben der Wanderarbeiter- und Bauernbevölkerung umfaßt die Gesellschaft der CLs einige Handwerker und Händler sowie afrikanische Lehrer und Landwirtschaftsberater, die schon eine 'neue Elite' im Gegensatz zu der alten traditionellen Elite der Chiefs und Headmen bilden (2). Im folgenden soll nur auf die soziale Differenzierung der Bauern-/Wanderarbeiterbevölkerung eingegangen werden.

Der Bevölkerungsdruck in den CLs ist regional sehr verschieden stark ausgeprägt. Grob kann man aber sagen, daß **Felder** von 5 bis 10 acres (rd. 2 - 4 ha) charakteristisch sind (3). Viele Familien haben jedoch auch weniger Land verfügbar, etwa nur einen, 2 oder 3 acres; eine Reihe von Bauern haben erheblich mehr als 10

13. **Weinrich**, African Farmers, S. 62
 1. **Riddell**, Land Problem, S. 48
 2. **Weinrich**, Black and White Elites; Handwerker und Händler sind eine zahlenmäßig kleine Gruppe; vgl. **Stoneman, C./Zwizwai, B. u.a.**, Industry and Rural Development in Zimbabwe, Paper presented at the ZES Conference on Rural Development, Salisbury 8. - 10.6.1981
 3. **Cheater, Angela P.**, Small-Scale Freehold as a Model for Commercial Agriculture in Rhodesia-Zimbabwe, S. 120 in: Zambezia 1978, S. 117 - 127

acres (4). Es ist nicht möglich, hier genaue und allgemeingültige Angaben zu machen; man kann höchstens auf Einzeluntersuchungen für einige CLs rekurrieren. Riddell hat verschiedene solche Studien zusammengetragen:

So hatten 1969 von 944 in die Untersuchung einbezogenen Bauern in Gutu West TTL 29,6% weniger als 6 acres (2,4 ha), 63,7% hatten 6 - 12 acres (2,4 - 4,9 ha) und 6,7% mehr als 12 acres. In North Mondoro TTL verfügten 1973/74 von 703 erfaßten Bauern 18,1% über 0 -1 acre, 24,8% über 2- 4 acres, 17,3% über 4 - 7 acres und 39,8% über 7 und mehr acres (5). Weinrich fand 1966 - 1968 in TTLs in Karangaland, d.h. der Victoria-Provinz, daß von 575 in der Erhebung erfaßten Bauern 36,3% Felder von 1 - 3 acres, 47,4% von 4 - 6 acres, 14,6% von 7 - 9 acres und nur 1,7% von 10 acres und mehr hatten (6). Solche Zahlen haben keinen Anspruch auf irgendwelche Repräsentativität; gerade die von Weinrich untersuchten TTLs liegen in der mit am stärksten übervölkerten Region des Landes; jedoch hat sich der Bevölkerungsdruck seit Ende der 60er Jahre noch erheblich verstärkt. Man kann aus solchen Einzeluntersuchungen nur einen Eindruck von den üblichen Feldgrößen gewinnen.

Nicht enthalten sind in den genannten Zahlenangaben diejenigen, für die kein Land mehr verfügbar ist. Weinrich fand, daß 1966 - 68 in den von ihr untersuchten TTLs 47,1% der Männer ab 15 Jahren landlos waren (7). "Da die alten Männer die Kontrolle über das wenige kultivierbare Land für sich selbst in Anspruch nehmen, bleiben die Jungen, die gerade ihre eigenen Familien gegründet haben, ohne Land." (8) Cheater schätzt den Anteil der rechtlich landlosen TTL-Haushalte auf bis zu 20%: "Außerdem ist eine unbekannte, aber bedeutende Anzahl von Familien (— manche Berechnungen beziffern diese Zahl auf 20% aller potentiell eigenständigen Haushalte —) in den Tribal Trust Lands **de iure** ohne Land, obwohl sie **de facto** fragmentierte Teile des Landes von Verwandten bebauen mögen." (9)

Die Untersuchung zu 'Land Tenure and Land Hunger in two Zimbabwean Peasant Communities', die Brand von Dezember 1980 bis Februar 1981 durchführte, wirft ein Licht auf Veränderungen, die durch den Krieg eingetreten sind. Brand fand, daß in Mazuru East im östlichen Gutu-Distrikt und in Narira (bei Enkeldoorn) die Autorität der Chiefs and Headmen in den Kriegsjahren stark abge-

4. 1 acre = 0.404685 ha
5. **Riddell**, Land Problem, S. 49 f
6. **Weinrich**, African Farmers, S. 85
7. ebd. Appendix Tab. 38
8. ebd. S. 59 f
9. **Cheater**, Small-Scale Freehold, S. 123

nommen hatte. Viele Familien hatten sich Land genommen, ohne die üblichen Gebühren für die Landzuteilung zu zahlen und zum Teil auch ohne die Headmen zu
konsultieren. Wegen ihrer zwiespältigen Stellung als traditionelle Autoritäten und
Beamte der rhodesischen Regierung hatten Chiefs und Headmen sich angesichts
dieser Situation sehr vorsichtig verhalten: Sie fürchteten die 'Boys', die Guerillakämpfer, die den Standpunkt vertraten, Land dürfe kein Geld kosten (10). Infolge
dieser Entwicklung, daß sich Leute Land nahmen, wo sie es fanden, auch wenn
es nicht als Ackerland deklariert oder durch die Chiefs 'umgewandelt' worden war,
fand Brand völlige Landlosigkeit weniger verbreitet als erwartet: "Unsere Untersuchungen deuten darauf hin, daß es eventuell bei Ehepaaren, die zur Zeit in Communal Areas leben, weniger Landlosigkeit gibt als man in Anbetracht der allgemein
bekannten und seit langem bestehenden Landknappheit erwarten könnte. Dies ist
in jedem Fall nur der Abneigung der traditionellen Autoritäten — besonders in
und seit dem Krieg —, irgendjemandem Land zu verweigern, zu verdanken; außerdem der Aufteilung von Land unter Verwandten und dem "Squatting" in den
Communal Areas selbst. Dies kann aber nur zu wachsender Landzerstückelung,
Armut, zu weiterer Verschlechterung der ohnehin schon ernstlich geschädigten
oder unter Druck stehenden Ressourcen und möglicherweise auch zu wachsenden
Konflikten innerhalb der Gemeinschaften wie auch zu politischen Spannungen in
den ländlichen Gebieten allgemein führen." (11)

Bedeutend für die soziale Differenzierung in den Communal Lands ist nicht nur das
Land, sondern auch der Besitz von **Vieh**. Ochsen bilden die wichtigste Zugkraft für
die Bestellung der Felder. Angaben von Riddell zufolge haben insgesamt schätzungs-
weise 44% der TTL-Haushalte kein Rindvieh mehr (12). Eine IFAD-Studie über
Zimbabwe von 1981 gibt Schätzungen wieder, denen zufolge nur die Hälfte der
CL-Familien Rindvieh besitzen, alle dagegen Ziegen, Schafe und Geflügel (13).
Brand fand in Mazuru East 1980/81, daß 27,4% der erfaßten Familien kein Rind-
vieh und noch einmal so viele nicht genügend Ochsen zum Pflügen hatten (14). Der
Ausweg für solche Familien ist nur, für zum Teil teures Geld Zugvieh zu leihen.

10. **Brand, Coenraad M.,** Land Tenure and Land Hunger in two Zimbabwean Pea-
    sant Communities, Paper presented at the ZES Conference on Rural Develop-
    ment, Salisbury 8. - 10.6.1981, S. 12; vgl. ebd. S. 13: "In many areas kraal-
    heads are still involved, but they no longer command the same recognition or
    authority as before. Yet no alternative agency has emerged to take over land
    allocation functions. In some areas, such as Narira, people have simply begun
    to help themselves."
11. ebd. S. 13
12. **Riddell,** Land Problem, S. 48
13. **IFAD 1981,** S. 54
14. **Brand,** Land Tenure, S. 9

Tabelle 19:
Land[1] pro Haushalt in Mazuru East, 1980/81

Landgröße (ha)	Anzahl der Haushalte	Anteil (%)
0	3	4,1
0,1 - 1,1	16	21,9
1,2 - 1,9	20	27,4
2,0 - 2,7	15	20,6
2,8 - 3,5	9	12,3
3,6 u. mehr	10	13,7
Insgesamt untersuchte Haushalte	73	100,0

1) Ohne Weideland

Quelle: Brand, Coenraad M., Land Tenure and Land Hunger in Two Zimbabwean Peasant Communities, Paper Presented at the ZES Conference on Rural Development, Salisbury 8. - 10.6.1981, S. 8

Die 1982 in verschiedenen CLs durchgeführte empirische Untersuchung von M. Göttlicher und J. Fritz über 'Ländliche Mittelpunktzentren in den Communal Lands von Zimbabwe' hat wichtige bisher nicht verfügbare Daten zu Einkommen, Land und Landnutzung, Zusammensetzung der Haushalte, Kapitalausstattung, Wohnverhältnissen, nichtlandwirtschaftlicher Beschäftigung u.a. erhoben, die einen tieferen und exakteren Einblick in die sozioökonomische Struktur verschiedener CLs gestatten. Bei Stichproben von je 100 Familien in Sanyati CL, Umfuli CL, Gutu CL und Chitsa (— einem Teilbereich von Gutu CL —) fanden Göttlicher/Fritz, daß den erfaßten Bauernfamilien durchschnittlich 7,7 (Sanyati), 7,4 (Umfuli), 5,8 (Gutu) und 5,3 (Chitsa) acres Ackerland zur Verfügung standen. Erheblich stärker variierten die landwirtschaftlichen Betriebseinkommen, d.h. die Einkommen, die die Familien aus landwirtschaftlicher Tätigkeit — Landbau und Viehzucht — in den CLs bezogen. Göttlicher/Fritz ermittelten die vermarktete Produktion und bewerteten die Subsistenzproduktion der Haushalte nach den offiziellen Produzentenpreisen und subtrahierten dann von der Summe den Aufwand für landwirtschaftliche Inputs u.a. Sie kamen so auf ein landwirtschaftliches Betriebseinkommen pro Jahr von 1.100 Dollar in Sanyati, 820 Dollar in Umfuli, 330 Dollar in Gutu und 183 Dollar in Chitsa. Sanyati und Umfuli, die Gebiete mit den höchsten Einkommen, sind dabei durch starken Anbau von Baumwolle als Marktprodukt gekennzeichnet. Die landwirtschaftlichen Einkommen wurden häufig ergänzt durch nicht-landwirtschaftliche: Während im Durchschnitt der in den vier genannten Stichproben erfaßten Familien 84% der Haushaltsvorstände irgendeine Erfahrung mit Arbeit im nichtlandwirtschaftlichen Sektor hatten, hatten aktuell 37 % (Sanyati), 29% (Umfuli),

43% (Gutu) und 43% (Chitsa) der Haushalte ein ergänzendes nicht landwirtschaftliches Einkommen (14a).

Infolge der Landnot sucht die CL-Bevölkerung nicht nur im modernen Wirtschaftssektor nach Arbeit, sondern Lohnarbeitsverhältnisse in freilich nicht bekannter Anzahl sind auch innerhalb der CLs nicht außergewöhnlich. Oft wird es sich dabei um Teilzeit- und Gelegenheitsarbeit handeln. Eine Reihe von Bauern, vor allem die Master Farmers, greifen bei der Bestellung der Felder auf Lohnarbeit zurück (15).

Hiermit ist nun auch eine zum Abschluß zu behandelnde Sondergruppe der bäuerlichen Communal Land-Bevölkerung angesprochen: den oberen Teil in der Schichtung der CL-Bauern bilden diejenigen, die die größten Landstücke haben, Kontakt zu den Landwirtschaftsberatern pflegen, eine ausgeprägte 'modernisierende' Einstellung zu ihrer Landwirtschaft und die Mittel zu 'modernerem' Anbau besitzen, häufig Master Farmer-Kurse besucht haben und oft auch gute Verbindungen in den Lohnarbeitssektor, die je nach Struktur und Verwendung Basis einer Kapitalbildung in kleinem Maßstab bilden können, haben. Die Ausbildung zum **Master Farmer**, d.h. der Besuch von landwirtschaftlichen Kursen und die praktische Umsetzung der Ratschläge des Extension-Personals, geht zurück auf die Aktivitäten von Alvord. Offiziellen Schätzungen zufolge waren in der zweiten Hälfte der 70er Jahre rd. 5% aller in den CLs Anbauenden, rd. 34 000 Bauern, Master Farmer (16). Ungefähr 10% der CL-Bauern werden von den Landwirtschaftsberatern als 'progressive farmers' eingestuft; das sind diejenigen, die die auf 'Modernisierung' gerichtete Beratung umsetzen, Cash Crops anbauen, Kunstdünger verwenden u.a., und auf die sich die Tätigkeit der Beratungsdienste konzentriert (17). Diese Gruppe ist für CL-Standards überdurchschnittlich wohlhabend; die Master Farmers haben ihren eigenen Verband, die National Farmers' Association of Zimbabwe (Master Farmers). Sie sind stärker als die normalen Bauern auf die Landwirtschaft als einzige oder Haupterwerbsquelle orientiert. Weinrich fand, daß Master Farmers durchschnittlich deutlich mehr Land als die anderen Bauern hatten, daß sie meist permanent auf dem Land lebten und in der Regel etwas mehr Schulbildung — gemessen als Anzahl der besuchten Schuljahre, nicht unbedingt als Art des Abschlusses — genossen hatten. Sie verfügten auch über mehr Vieh und bessere Geräteausrüstung (18). Die Gruppen der 'progressive farmers' und der Master Far-

14a. Der vollständige Bericht liegt demnächst vor: **Göttlicher, Manfred/Fritz, Joachim,** Ländliche Mittelpunktzentren in den Communal Lands von Zimbabwe, DFG-Projektbericht, Bonn 1983
15. **Weinrich,** African Farmers, S. 88
16. **Riddell,** Skill Needs, S. 17
17. **IFAD 1981,** S. 54
18. **Weinrich,** African Farmers, S. 80 ff

mers bilden eine Art landwirtschaftliche Elite in den Communal Lands, die als Multiplikator für Landreform und ländliche Entwicklung von großer Bedeutung sein kann, wenn sie in die entsprechenden Prozesse eingebunden wird (19).

Zusammenfassend kann festgehalten werden, daß innerhalb der Communal Land-Gesellschaft Land und Vieh, damit Armut und relativer Wohlstand sehr ungleich verteilt sind. Die Mehrheit der Menschen in den CLs lebt nicht alleine vom Land; eine wachsende Zahl erhält keine Landrechte mehr und lebt, da der moderne Wirtschaftssektor die zunehmende Erwerbsbevölkerung nicht schnell genug absorbiert (20), von Gelegenheitsarbeit, von etwas landwirtschaftlichem Anbau auf zersplitterten Landstücken der Verwandtschaft oder wird anders von dem Netz des erweiterten Familiensystems aufgefangen. Die verdeckte Arbeitslosigkeit wächst. "Obgleich es gewiß zutrifft, daß einige Bauern in den Tribal Trust Lands vergleichsweise wohlhabend sind, über der Subsistenzgrenze leben können und sogar in der Lage sind, Arbeiter zu beschäftigen, ist die überwiegende Mehrheit nicht fähig, aus dem Land ihren Lebensunterhalt zu beziehen." (21)

3.4. Afrikanische Mittelklassefarmer in den Purchase Lands

Die Institution der African Purchase Areas als ein kleiner, gesetzlich abgegrenzter Teil des Landes, innerhalb dessen afrikanische Farmer Privateigentum an Land erwerben konnten, wurde durch den Land Apportionment Act von 1930 geschaffen. Als exklusive Kategorie innerhalb der gesetzlichen Landverteilung bestanden die Purchase Areas (PAs) bis zum Amendment des Land Tenure Act von 1977. Faktisch bilden sie bis heute einen klar abgegrenzten Teil der ländlichen Wirtschaft und Gesellschaft in Zimbabwe und werden im offiziellen Sprachgebrauch als Small Scale Commercial Sector der Landwirtschaft — im Unterschied zu dem früher rein weißen Sektor, dem Large Scale Commercial Sector — bezeichnet. Afrikanische Bauern, die Land in den PAs erwerben wollten, mußten mehr oder weniger klar definierte Voraussetzungen erfüllen: Bis 1952 sollten sie ein 'gewisses landwirtschaftliches Wissen' mitbringen. 1953 wurde der Erwerb des Master Farmer Certificate Voraussetzung. Anfang der 60er Jahre wurden weitere 'Maße' der Eignung eines Kandidaten wie Kapitalausstattung, landwirtschaftliche Erfahrung und Charaktereigenschaften als Kriterien eingeführt (1).

19. **Riddell**, Land Problem, S. 118
20. vgl. dazu Kapitel 6
21. **Riddell**, Land Problem, S. 50
 1. **Weinrich**, African Farmers, S. 23; **Riddell**, Land Problem, S. 8

Die Zuteilung von gesetzlich als PA ausgewiesenem Land an afrikanische Bauern geschah in einem über die Jahrzehnte sich erstreckenden Prozeß, der nach der Auflösung der Zentralafrikanischen Föderation sehr verlangsamt wurde (2). Von den rd. 10 000 vorgesehenen potentiellen Farmeinheiten waren 1976 8 460 an afrikanische Eigentümer vergeben; davon wurden 4 574 vom Eigentümer bewirtschaftet, 3 482 waren verpachtet und 404 galten als vakant oder 'illegal besetzt' (3). 1979 gab es 8 514 PA-Farmeinheiten (4). Flächenmäßig bedeutete dies, daß von den knapp 1,5 Mio ha, die im Land Tenure Act von 1969 als Purchase Land ausgewiesen waren, nur knapp 1,1 Mio ha, d.h. 73%, auch wirklich vergeben waren. Rd. 27% des insgesamt verfügbaren PA-Landes waren vor der Unabhängigkeit Zimbabwes nie verteilt worden (5).

Der Zuteilungsprozeß unterlag einem wechselnden politischen Schicksal: Widerstände innerhalb der Rhodesian Front gegen afrikanisches Privateigentum an Land führten in den 60er Jahren und noch einmal um 1975 zu Überlegungen und Versuchen, das PA-Experiment abzubrechen oder zu verändern, die sich jedoch letztlich nicht durchsetzen konnten. 1978 wurde die Zuteilung infolge der Kriegswirkungen eingefroren. Opposition unter sozialistischem Vorzeichen manifestierte sich nach dem Wahlsieg von ZANU/PF 1980; zum Zeitpunkt der Unabhängigkeit war die Enteignung von nicht besetztem PA-Land zur Ansiedlung von Flüchtlingen in der Diskussion. Dies wurde jedoch nicht durchgeführt, und im September 1980 nahm man den Zuteilungsprozeß von noch nicht vergebenem PA-Land erneut auf (6).

Die durchschnittliche Bevölkerungsdichte der PAs liegt erheblich unter der der Communal Lands. Sie lag mit 10,7 ha/Person nach den Zensusdaten von 1969 über der des weißen Farmgebietes (16,3 ha/Person) (7) und ging — wahrscheinlich

2. **Cross,** Agriculture: Development and Equity, S. 2
3. **Nziramasanga,** Agricultural Sector, S. 33; **Riddell,** Skill Needs, S. 15
4. **Cross,** Agriculture: Development and Equity, S. 2
5. vgl. Angaben für Anfang der 70er Jahre bei **Riddell,** Land Problem, S. 52 in Anlehnung an **Hughes, A.B.,** Development in Rhodesian Tribal Areas, Salisbury 1972, S. 224
6. **Cheater, Angela P.,** Idioms of Accumulation: Rural Development and Class Formation among Freeholders in Zimbabwe, Dep. of Sociology, University of Zimbabwe, Salisbury 1981 (unveröffentlicht), S. 27 ff
7. vgl. **Riddell,** Land Problem, S. 35 und 37, Tab. 6 und 8; nach Zahlen von Cross, die auf CSO-Erhebungen beruhen, also keine Schätzungen sind, ist die Bevölkerung der PAs auf rd. 101 800 1978 zurückgegangen, die Dichte auf 11,7 ha/Person. (**Cross,** Agriculture: Development and Equity, S. 5). Da Cross die Bevölkerung im weißen Farmsektor erheblich höher schätzt als Riddell, kommt er für 1979 auf eine Bevölkerungsdichte von 8,5 ha/Person im weißen Farmsektor, die über der der PAs liegt.

infolge von Kriegswirkungen — bis 1979 auf 11,7 ha/Person zurück (8). Die durchschnittliche Farmgröße in den Purchase Lands beträgt 125 ha (— im Unterschied zu 2 338 ha im weißen Farmsektor) (9). Dahinter verbergen sich freilich enorme Unterschiede der Farmgrößen zwischen 4 ha und über 800 ha (10). Die Mehrzahl der Farmen liegt in der Größenklasse unter 100 ha (11). Die Qualität des Landes, gemessen nach der Verteilung auf die Natural Farming Regions, liegt wesentlich über der der CLs und ist fast vergleichbar mit dem europäischen kommerziellen Farmgebiet (12).

Tabelle 20:
Purchase Area — Farmen nach Größenklassen, 1976

Farmgröße (ha)	Anzahl der Farmen	Anteil (%)	Fläche (ha)
bis unter 100 ha	4 879	57,7	336 007
100 bis unter 200	2 717	32,1	360 891
200 bis unter 300	463	5,5	110 571
300 bis unter 400	112	1,3	38 969
400 bis unter 500	79	0,9	35 237
500 und mehr	210	2,5	180 037
Insgesamt	8 460	100,0	1 061 712
Durchschnittsgröße			125,5

Quelle: CSO, Agricultural Production in African Purchase Lands 1976, Salisbury 1977; Nziramasanga, Agricultural Sector S. 66, Tab. A 1

Mit relativ kleinen Farmgrößen und schlechter Kapitalausstattung arbeiteten die Farmen in den PAs über Jahrzehnte unter erschwerten Konkurrenzbedingungen im Vergleich zu dem weißen Großfarmsektor; die politisch geschaffenen Rahmenbedingungen verhinderten "das Entstehen einer afrikanischen Mittelklasse und

8. ebd. S. 2
9. ebd. S. 2
10. **Riddell,** Land Problem, S. 52
11. vgl. Tabelle 20
12. vgl. Tabelle 9 oben

ländlichen Bourgeoisie als einer ökonomisch bedeutenden Kraft." (13) Während in der Reformperiode der 50er Jahre "die Schaffung einer afrikanischen Mittelklasse und Bourgeoisie durch Einführung stärkerer Konkurrenz zwischen den Rassen" (14) ein konstantes Thema der Regierungspolitik war, drückten die Machtübernahme der Rhodesian Front und die Einseitige Unabhängigkeitserklärung die Ablehnung der Reformversuche der 50er Jahre durch vor allem weiße Arbeiterschaft und einen großen Teil der Farmer aus und schufen auch ökonomisch schwierigere Bedingungen: Die Wirtschaftssanktionen trafen gerade die weltmarktorientierte Tabakproduktion der weißen Farmer hart. Mit staatlicher Hilfe wurde die weiße landwirtschaftliche Produktion diversifiziert, was die Konkurrenz für die afrikanischen Nahrungsmittelproduzenten verschärfte. Eine Zimbabwe-Studie des Centro de Estudos Africanos an der Universität Maputo sieht durch diese Entwicklung eine ländliche afrikanische Mittelklasse, 'Kulakenklasse' genannt, zerstört: "Um ihre eigene Diversifizierung zu ermöglichen, mußte die Siedlergemeinschaft die afrikanische Kulakenklasse zerstören, die mit ihr in Wettbewerb getreten war." (15) Dadurch habe das rhodesische Regime zwischen 1966 und 1970 "wirkungsvoll zerstört, was einen konservativen Alliierten des Regimes unter der afrikanischen Bevölkerung hätte darstellen können, nämlich die afrikanische Kulakenklasse." (16) Die Studie schließt: "Es ist daher unwahrscheinlich, daß das Regime bei der Schaffung einer konservativen Basis in irgendeinem Teil der ländlichen Bevölkerung Erfolg hatte." (17)

Freilich ist die Gruppe der PA-Farmer keineswegs 'zerstört'. Sie war kein Verbündeter der weißen rhodesischen Regierung, da sie nur von deren Ablösung eine Verbesserung ihrer Konkurrenzbedingungen gegenüber den weißen Farmern erwarten konnte. Jedoch sieht sie ihre Interessen klar innerhalb einer nichtrassischen, privatwirtschaftlich organisierten, kapitalistischen Landwirtschaft, versteht sich selbst als Schicht landwirtschaftlicher Unternehmer, die abgehoben ist von den afrikanischen Kleinbauern. Die Vorstellungen der African Farmers' Union (AFU), des Verbandes der PA-Farmer (18), zur Landreform liegen deutlich auf einer solchen Linie (19). Die Darstellung der PA-Farmer als quantitativ zu vernachlässigende, wirtschaftlich und politisch unbedeutende Kraft wird bei allen Beschränkungen, denen diese in der Vergangenheit wirklich unterlagen, ihrer Bedeutung nach der Unabhängigkeit Zimbabwes noch weniger als vorher gerecht.

13. **Arrighi,** Political Economy of Rhodesia, S. 50
14. ebd. S. 53
15. **Centro de Estudos Africanos,** Zimbabwe: Notes and Reflections on the Rhodesian Question, Maputo 1979 (2. Auflage), S. 19
16. ebd. S. 19
17. ebd. S. 20
18. Heute: Zimbabwe National Farmers' Union (ZNFU)
19. vgl. Kapitel 11

Auf einer anderen Argumentationslinie liegen die Urteile verschiedener Autoren, die die **Produktionsleistungen der PA-Farmer** an der weißen Landwirtschaft messen, als gering befinden und daraufhin der PA-Landwirtschaft den qualitativen Unterschied zu den CLs tendenziell absprechen. So faßt G. Kay verschiedene zwischen 1954 und 1964 entstandene Studien zusammen und kommt zu dem Ergebnis, daß niedrige Einkommen und von den TTLs nicht wesentlich unterschiedene Anbaumethoden einen geringen Erfolg der PAs anzeigten (20). "Der Mangel an Erfolg ist dem Fehlen von Kapital und der niedrigen Rate der Kapitalbildung sowie den begrenzten Fähigkeiten der meisten Farmer zugeschrieben worden." (21) Riddell behauptet, in den PAs überwiege die Subsistenzproduktion, freilich ein System der Subsistenz für größere Familien: "Der Typ des Small-Scale-Farming könnte also bezeichnet werden als erweiterte Subsistenzproduktion, die mehr Familienangehörige versorgt als Tribal Trust Land-Farmen, aber nicht zu einem proportional höheren Ertrag pro Erwachsenen führt." (22) Scheinbar in Widersprüche führt das Urteil von Weinrich, die in empirischen Feldstudien Mitte der 60er Jahre feststellte, daß die Flächenerträge der untersuchten PA-Farmer niedriger als in den TTLs waren (23), andererseits aber deutlich den relativen Wohlstand der PA-Farmer von den TTLs abhebt: "Die Farmbesitzer sind im Vergleich zu ihren Nachbarn in den Tribal Trust Lands ökonomisch abgesichert, und die meisten Bauern wären gerne so gut dran wie die Familien in den Purchase Areas." (24) Auch Cross konstatiert einerseits eine "geringe Leistung der Purchase Area Farmers" (25), hält andererseits jedoch fest, daß "kaum Zweifel daran besteht, daß die Menschen, die auf diesen Farmen leben, einen annehmbaren (— für afrikanische Verhältnisse hohen —) Lebensstandard genießen und daß die landwirtschaftlichen Methoden sich auf einer höheren Ebene befinden als der, die in den Tribal Areas vorherrscht." (26)
Eine Gegenposition gegen die dargestellten eher negativen Urteile vertritt A. Cheater, die sich sowohl gegen die These marxistischer Autoren, der **Prozeß ländlicher afrikanischer Klassenbildung** in Zimbabwe sei wegen quantitativer Insignifikanz der PA-Farmer wenig entwickelt und bedürfe keiner Beachtung (27), als auch gegen abwertende Beurteilungen der landwirtschaftlichen Aktivitäten der PA-Farmer wendet (28). Beide Positionen gelten ihr als Ausdruck eines **'Mythos vom**

20. **Kay,** Rhodesia, S. 95
21. ebd. S. 96
22. **Riddell,** Land Problem, S. 53
23. **Weinrich,** African Farmers, S. 192
24. ebd. S. 202
25. **Cross,** Agriculture: Development and Equity, S. 7
26. ebd. S. 4
27. So **Saul, J.S./Woods, R.,** African Peasantries, S. 111 in: Shanin, T. (Hrsg.), Peasants and Peasant Societies, Harmonsworth 1971
28. **Cheater,** Idioms of Accumulation, S. 25 ff und 214 ff

erfolglosen afrikanischen Farmer', der von den Kolonialherren verbreitet worden sei und auch bei linken Autoren noch seine Entsprechung finde.

Was die 'niedrige Produktivität' der PAs angeht, so lagen die Flächenerträge (in kg/ha) für landwirtschaftlichen Anbau in Mashonaland North 1978 in PAs im Durchschnitt 61% unter den Erträgen der weißen Farmer (29). Das Bild differenziert sich jedoch, wenn man PAs und CLs vergleicht. Cheater hält fest, daß weniger als 10 000 PA-Farmer ein Drittel der über Marketing Boards vermarkteten afrikanischen landwirtschaftlichen Erzeugnisse herstellen, während die restlichen zwei Drittel von rd. 750 000 Bauern in den CLs produziert werden (30). Die These einer 'erweiterten Subsistenzproduktion' ist angesichts dessen kaum aufrechtzuerhalten.

Freilich zeigen die Daten von Weinrich, die Mitte der 60er Jahre erhoben wurden, daß die Flächenerträge der untersuchten PAs durchweg unter denen der untersuchten TTLs lagen. Es fragt sich jedoch, was dies bedeutet. Weinrich selbst erklärt dies u.a. mit einer Knappheit an Arbeitskraft, von der die PA-Farmer infolge größerer Felder und schlechter Kapitalausstattung vor allem betroffen seien (31). Der TTL-Bauer kann in seine kleinen Flächen relativ mehr Arbeitskraft investieren. Ähnliches gilt wohl für die Beschaffung verschiedener landwirtschaftlicher Inputs wie Saatgut und Kunstdünger, die der PA-Farmer häufig kapitalmäßig nicht in gleicher Relation beschaffen kann. Er weicht deshalb tendenziell auf extensivere Produktion aus. Umgekehrt ist es unstrittig, daß die PA-Farmen häufig zu klein sind, um effizient kapitalisiert zu werden (32). Das bedeutet, daß selbst wo von Master Farmers in den CLs höhere Flächenerträge erzielt werden als in den PAs, dies noch nichts darüber aussagt, inwieweit der CL-Bauer großenteils Subsistenzproduktion betreibt und der PA-Farmer kapitalistischer Landwirt ist.

Neuere Zahlen geben allerdings einen Hinweis darauf, daß um die Mitte der 70er Jahre erhebliche Produktivitätssteigerungen in den Purchase Areas stattgefunden haben, die wohl auf verstärkten Gebrauch von Kunstdünger zurückzuführen sind. Der erfaßte Zeitraum ist zu klein, um Generalisierungen zuzulassen, aber die Zahlen deuten schnelle Produktivitätssteigerungen in den PAs im Gegensatz zu den TTLs an.

29. **Cross,** Agriculture: Development and Equity, S. 6
30. **Cheater,** Idioms of Accumulation, S. 27; vgl. auch Zahlenangaben bei **Cross,** Agriculture: Development and Equity, S. 2: Die PAs vermarkteten demnach 1979 Anbauprodukte und Vieh im Wert von rd. 8 Mio Dollar, die TTLs 16 Mio Dollar.
31. **Weinrich,** African Farmers, S. 192
32. **Cross,** Agriculture: Development and Equity, S. 5; **Riddell,** Land Problem, S. 52

Tabelle 21:
Flächenerträge in Purchase Areas und TTLs
für verschiedene Anbauprodukte 1973 - 1976 (in kg/ha)

| | 1973 | | 1974 | | 1975 | | 1976 | |
	TTLs	PAs	TTLs	PAs	TTLs	PAs	TTLs	PAs
Mais	734	561	649	1 777	535	1 865	600	2 340
Sorghum	602	225	529	496	539	478	500	739
Erdnüsse	538	157	396	398	400	409	355	509
Sojabohnen	–	178	–	568	–	442	–	794
Weizen	–	180	–	380	–	390	–	515
Baumwolle	729	467	753	655	750	767	740	1 016
Burlay-Tabak	–	718	–	839	–	880	–	864
Kartoffeln	–	902	–	3 508	–	2 413	–	2 116

Quelle: Nziramasanga, Agricultural Sector, Tab. 8, S. 51

Bei allen Überlegungen ist jedoch zu berücksichtigen, daß die Klasse der PA-Farmer ebenso wie die weißen Farmer und die TTL-Bauern in sich hochgradig differenziert ist. Die Untersuchung von Cheater wirft hierauf ein interessantes Licht (33). Cheater unterscheidet aufgrund empirischer Studien in Msengezi African Purchase Land zwei **'idioms of accumulation'**, d.h. Muster der Kapitalbildung und Bewirtschaftung, die mit verschiedenen Arten der Beschaffung von Arbeitskraft für die Landarbeit zusammenhängen. Das Problem der Beschaffung von genügend Arbeitskraft, das schon Weinrich als ein Grundproblem identifizierte, lösen rd. 20% der Farmer in Msengezi durch das 'traditional idiom', das auf Polygynie basiert. Die Verwendung dieses Musters bedeutet Cheater zufolge jedoch nicht, daß diese Farmer 'traditionalistisch' orientiert wären; sie seien im Gegenteil 'moderne' Farmer und sogar die erfolgreichsten in Msengezi (34). Die Mehrzahl der Farmer benutzt jedoch das 'modern idiom', das auf kleinen Familien und der Verwendung von Lohnarbeit beruht. Bezugsgruppe für die Orientierung dieser Farmer, so Cheater, ist die europäische Gesellschaft; das moderne Idiom habe größeres Prestige und werde tendenziell von den 'gebildeteren' Farmern gewählt (35).

33. **Cheater,** Idioms of Accumulation
34. ebd. S. 4 - 8
35. ebd. S. 10 ff

Die Entwicklung geht hin zu immer stärkerer Benutzung von Lohnarbeit, vor allem in Form von Teilzeit- und Gelegenheitsarbeit (36). Die meiste Arbeitskraft wird jedoch Cheater zufolge immer noch von den Familienmitgliedern gestellt (37). Die Familie ist die primäre Quelle von Arbeitskraft; reicht dies nicht aus, so sucht man sie durch verschiedene Formen von Kooperation und Nachbarschaftshilfe zu ergänzen. Erst danach greift man auf Lohnarbeit zurück (38). Ein Mittel, Verwandte als Arbeiter an die Farm zu binden, ist die Vergabe von Nutzungsrechten: 1972/73 waren 15%, 1980/81 38,3% des kultivierten Landes in Msengezi nicht unter direkter Kontrolle des Farmbesitzers.

Ein Grund dafür kann sein, daß der Farmbesitzer selbst, etwa als städtischer Geschäftsmann, nicht auf der Farm lebt, sondern sie durch einen Manager bewirtschaften läßt. Eine weitere Möglichkeit ist, daß der Farmer die begrenzte Verantwortlichkeit für einen Teil des Landes einer polygynen Frau oder einem erwachsenen Sohn überträgt, die damit ein Anrecht auf den Ertrag des von ihnen bearbeiteten Landstückes erwerben, während die Farm als ganze in der Hand des Farmers bleibt (39). Schließlich kann der Farmer abgestufte Nutzungsrechte an engere oder fernere Verwandte vergeben, damit Unterstützungsverpflichtungen nachkommen und gleichzeitig Arbeitskraft beschaffen. "Der Hauptgrund für alle Zuteilungen von Nutzungsrechten ist finanzieller Natur. Indem der Farmer Verwandten, die ein gewisses Recht auf seine Unterstützung besitzen, die Mittel zur Subsistenz zur Verfügung stellt, befreit er sich von seiner finanziellen Verantwortung für sie. Zusätzliche Anbauer als Kategorie sind daher keine Kapitalbildner wie die Farmbesitzer, sondern 'Klienten' auf Subsistenzniveau." (40)

Nach Kapitalausstattung und verwendetem Akkumulationsmuster unterscheidet Cheater vier Typen von Farmern in Msengezi: Erstens nennt sie kapitalistische Farmer, die das moderne Idiom benutzen und auf der Farm anwesend sind, zweitens solche 'modernen' kapitalistischen Farmer, die nicht selbst auf der Farm leben: "Die Zahl monogamer Kapitalisten, die nicht ständig auf ihren Farmen leben, steigt in dem Maße, wie erfolgreiche städtische Geschäftsleute in Purchase Land-Farmen investieren." (41) Drittens nennt Cheater anwesende kapitalistische Farmer, die das 'traditionelle Idiom' verwenden, und viertens schließlich die bedeutende Gruppe der kapitalmäßig unterausgestatteten, auf dem Land anwesenden Farmer mit modernem Idiom, denen wegen Kapitalmangels wenig Erfolg beschieden ist. Rund

36. ebd. S. 90 ff
37. ebd. S. 78
38. ebd. S. 85 ff
39. ebd. S. 70
40. ebd. S. 73
41. ebd. S. 133

ein Drittel der Farmer in Msengezi gehörten zu diesen "gewöhnlichen Leuten, die nach dem 'modern idiom' zu akkumulieren versuchen, ohne zusätzliche Finanzquellen", und die Cheater zufolge "fast sicheres Scheitern erwartet" (42), weil sie im Zirkel von Armut und Knappheit von Arbeitskraft gefangen sind.

Die dargestellten widersprüchlichen Einschätzungen in der Beurteilung der African Purchase Lands lassen sich ein Stück weit miteinander vereinbaren: Es scheint unbestreitbar, daß die meisten PA-Farmer von ihrer Orientierung her kapitalistische Agrarunternehmer sind, die ihre Rolle heute eher an der Seite der weißen kommerziellen Farmer als an der der afrikanischen Bauern sehen. Kleine Farmgrößen, Kapitalmangel und infolgedessen Knappheit an Arbeitskräften und landwirtschaftlichen Inputs sind wesentliche Hinderungsfaktoren, die die meisten PA-Farmer daran hindern, das wirtschaftliche Niveau des weißen Farmsektors zu erreichen. Dabei ist die Gruppe der PA-Farmer in sich stark differenziert und reicht vom städtischen Kapitalanleger bis hin zu der Gruppe der Kleinfarmer, deren Produktion nicht weit über das von Riddell genannte Niveau 'erweiterter Subsistenzproduktion' für eine Vielzahl von Verwandten hinausgeht.

42. ebd. S. 142

Kapitel 4:
Ausländisches Kapital und 'nationales' Bürgertum

Von Bedeutung für die Möglichkeiten der weiteren Entwicklung Zimbabwes, deren Selbst- bzw. Fremdsteuerung, ist die Tatsache, daß ein exakt mangels statistischer Unterlagen heute nicht angebbarer, in jedem Falle aber überragender Anteil des gesamten Produktivkapitals des Landes sich in der Hand ausländischer Interessen, meist multinationaler Konzerne, befindet. Siedlerkapital und rhodesischer Staat spielten in der Vergangenheit eine zwar wichtige, quantitativ aber immer ausländischen Interessen untergeordnete Rolle als Kapitaleigner. Eine einheimische afrikanische Klasse von Kapitaleignern konnte sich neben den genannten Gruppen nur in geringem Umfang bilden. Entsprechend vollzieht sich auch heute nach der Unabhängigkeit Zimbabwes der Aufstieg von Afrikanern in soziale und wirtschaftliche Spitzenpositionen weniger durch produktives Investieren in Unternehmen des modernen Wirtschaftssektors als durch schnelle 'Afrikanisierung' des Staatsdienstes und erheblich langsamere, selektivere Beförderung von Afrikanern in Teilbereiche des Unternehmensmanagements.

Die Aussagen, die — bei aller Vorsicht — zu der quantitativen Bedeutung ausländischen Kapitals in Zimbabwe gemacht werden können, beruhen ausschließlich auf Forschungen von Colin Stoneman und Duncan G. Clarke (1), die zu den besten Kennern der rhodesischen Wirtschaft gehören. Die **Geschichte ausländischer Investitionen** in Südrhodesien beginnt mit der Kolonisierung und fällt zunächst in eins mit der Entwicklung der politischen Herrschaft: 1890 - 1923 regierte die British South Africa Company (BSAC) die Kolonie und repräsentierte zugleich die wirtschaftliche Macht. Neben der und durch die BSAC kamen weitere ausländische Investitionen, neben britischem auch südafrikanisches und US-amerikanisches Kapital, ins Land. Mit der Besiedlungspolitik entwickelten sich neue soziale Gruppen und Interessen — kleine Minenbesitzer, Siedlerfarmer, weiße Gewerkschaften u.a. —, die 1923 die 'Selbstverwaltung' der Kolonie erhielten. Der Prozeß der Diversifizierung ausländischer Kapitalanlagen im Bergbau von Gold zu anderen Produkten und insgesamt vom Bergbau in andere Wirtschaftsbereiche, der

1. **Stoneman, Colin,** Foreign Capital and the Prospects for Zimbabwe in: World Development Vol. IV, Jan. 1976, S. 25 - 58; **ders.,** Economic Development with Unlimited Supplies of Capital: The Case of Southern Rhodesia in: South African Labour Bulletin Feb. 1976; **ders.,** Foreign Capital and the Reconstruction of Zimbabwe in: Review of African Political Economy 11 (1978); **ders.,** Foreign Capital in Zimbabwe in: Zimbabwe. Working Papers Vol. I, S. 413 - 540; **Clarke,** Foreign Companies

schon vor 1923 begonnen hatte, setzte sich fort. Ausländisches Kapital wurde "weniger und weniger monolithisch in seiner Natur" (2).

Als in den 30er Jahren die Industrialisierung begann, trat zur Unterstützung der Staat mit eigenen Unternehmen auf den Plan; der Industrialisierungsprozeß erhielt während des 2. Weltkrieges und in der Nachkriegszeit Auftrieb. Große Kapitalströme flossen nach dem Krieg und in der Föderationszeit aus Großbritannien nach Südrhodesien, das auch von einer vorübergehenden Kapitalflucht aus Südafrika nach der Machtübernahme der National Party 1948 profitierte. Hohe Raten weißer Immigration, ein Nachfrageboom und die hohen Metallpreise der Koreakriegs-Zeit förderten die Entwicklung. Gegenüber den schwarzafrikanischen Nachbarländern und innerhalb der Zentralafrikanischen Föderation hatte Südrhodesien einen Attraktivitätsvorteil für Investoren. Die 50er Jahre waren bis zur Rezession von 1958/59 eine Zeit schneller Industrialisierung, getragen von hohen Auslandsinvestitionen (3).

Nun erst änderten sich Investitions- und politisches Klima. Mit dem Anwachsen der afrikanischen Opposition, der allgemeinen Entwicklung zur Unabhängigkeit der afrikanischen Kolonien und mit der Machtübernahme der Rhodesian Front (RF) 1962 entstand eine wachsende politische Unsicherheit. Die Auflösung der Föderation führte dann zu einem scharfen Abfall der ausländischen Kapitalzuflüsse und zu einer geringen Kapitalflucht (4). Einige Investoren zogen sich vor der Einseitigen Unabhängigkeitserklärung 1965 nach Zambia, das ehemalige Nordrhodesien, nördlich des Zambezi zurück, andere blieben südlich des Limpopo. Diejenigen, die zu große Interessen in Südrhodesien hatten, um sich ohne große Verluste zurückziehen zu können, lobbyierten gegen die Einseitige Unabhängigkeit: Sie wie auch viele andere einheimische Investoren "erwarteten nichts von einem neuen Regime, das internationale Sanktionen, Schließung von Märkten, höhere Handelskosten, finanzielle Restriktionen und politische Instabilität mit sich bringen und weltweite Feindschaft auf sich ziehen würde." (5) Doch dann setzte sich die "starke Koalition aus weißen ländlichen Interessen, Gewerkschaftern, kleinen Geschäftsleuten, Beamten und anderen, die die Rhodesian Front bildeten" (6), durch.

Die Einseitige Unabhängigkeit veränderte die wirtschaftlichen Rahmenbedingungen grundlegend, jedoch — wie weiter oben dargestellt — nicht nur zum Negativen.

2. ebd. S. 20
3. vgl. Kapitel 1
4. **Clarke**, Foreign Companies, S. 28
5. ebd. S. 29
6. ebd. S. 29

Die ausländisch kontrollierten Unternehmen arrangierten sich mit dem neuen Regime: Rhodesische Tochterunternehmen arbeiteten weitgehend unabhängig von den ausländischen Müttern, ersetzten die Rückführung von Gewinnen durch lokale Reinvestitionen, expandierten innerhalb von Rhodesien und wahrten ihre Interessen mit Blick auf eine spätere politische Lösung des Konflikts. Als Gegenmaßnahme gegen die Wirtschaftssanktionen wurde die Profitrepatriierung nach Großbritannien und den USA von der rhodesischen Regierung verboten. Dies schuf die Voraussetzungen für eine inländische wirtschaftliche Expansion, die Finanzierung der weiteren importsubstituierenden Industrialisierung. Gegen die Wirtschaftssanktionen der Vereinten Nationen fand man bald neue Handelskanäle. Auch nach 1965 gab es "neue, aber illegale Investitionszuflüsse von außen, über Südafrika und sogar direkt aus Europa." (7) So wuchs auch während der Periode der Einseitigen Unabhängigkeit der ausländische Kapitalstock in Rhodesien durch Reinvestitionen und neue Zuflüsse absolut weiter an (8).

Versucht man die **Anteile von inländischem und ausländischem Kapital in Zimbabwe** zu gewichten, so ist man, da entsprechende Statistiken nicht vorhanden sind, auf die Schätzungen, die C. Stoneman erarbeitet hat, angewiesen. Stoneman (9) wie auch Clarke (10) weisen ausdrücklich auf die methodischen Schwierigkeiten hin, die mit der Bewertung von Kapitalien, der Berücksichtigung der laufenden Entwertung, dem Vergleich verschiedener Währungen u.a. verbunden sind und die im Falle Rhodesiens noch verstärkt werden durch das Problem, daß nach der Einseitigen Unabhängigkeitserklärung offizielle Daten nicht mehr verfügbar sind. Diese Probleme sind hier nicht zu behandeln; sie verweisen allerdings darauf, daß Stonemans Ergebnisse recht grobe Schätzungen sind.

Stoneman sucht mittels zweier voneinander unabhängiger Methoden zu einer Schätzung des ausländischen Kapitalanteils in Zimbabwe zu kommen: Zum einen geht er vom Stand vor UDI aus, der ungefähr — mit einigen Einschränkungen — in einer für 1963 vom Central Statistical Office erstellten Erhebung erfaßt ist, und addiert anschließend Kapitalzuflüsse und anhand der Gewinnzahlen der National Accounts geschätzte Reinvestitionen. Zum anderen sucht er auf der Basis

---

7. ebd. S. 30
8. Trotz des Verbots der Gewinntransfers nach Großbritannien und in die USA als Gegenmaßnahme gegen die Wirtschaftssanktionen flossen nach offiziellen rhodesischen Zahlungsbilanzdaten 1966 - 79 rd. 638 Mio Dollar an Investitionseinkommen ins Ausland ab; dem steht ein Nettokapitalzufluß von rd. 500 Mio Dollar im selben Zeitraum gegenüber. Vgl. **Stoneman/Davies**, The Economy: An Overview, S. 121
9. **Stoneman**, Foreign Capital, S. 418
10. **Clarke**, Foreign Companies, S. 30 f

einer von ihm erstellten Firmenliste den Kapitalstock insgesamt zu schätzen. Er kommt so für Ende der 70er Jahre auf ein Produktivkapital von insgesamt 3 - 3,5 Mrd Dollar (laufende Preise), von denen 1,5 - 2 Mrd Dollar in ausländischer Hand seien (11). Dies ergäbe einen ausländischen Anteil an Zimbabwes produktivem Kapital von 50 - 57%. Mit welcher Fehlerbreite man dabei rechnen muß, wird etwa daran deutlich, daß Stoneman/Davies in einer anderen Veröffentlichung auf Grundlage derselben Ausgangsdaten den Gesamtwert von ausländischem Kapital für 1980 auf 2,5 Mrd Dollar (+/− 500 Mio Dollar) und den der inländischen Investitionen auf 1,5 Mrd Dollar ansetzen. Man kommt so auf einen Auslandsanteil von 62,5% (12). Davon seien jeweils rd. 25% **britisches** und **südafrikanisches** Kapital, die restlichen 12,5% **sonstiges ausländisches** Kapital. Überwog vor 1965 immer das britische Kapital, so hat dieser Schätzung zufolge Südafrika während der UDI-Periode gleichgezogen. Die verbleibenden 37,5% inländisches Kapital verteilen Stoneman/Davies zu gleichen Teilen auf **Staat** und **inländisches Privatkapital** (13).

Ein genaues Bild der **Verteilung** des ausländischen Kapitals **auf die einzelnen Wirtschaftssektoren** ist nicht zu zeichnen. In allen wichtigen Wirtschaftsbereichen ist ausländisches Kapital von Bedeutung. In der Landwirtschaft sind ausländische Interessen u.a. in den großen Zuckerrohrplantagen (Hippo Valley, Triangle) wichtig, auch große Ranching-Unternehmen sind in ausländischer Hand (Nuanetsi Ranch Ltd, Liebigs Rhod. Ltd., Lonrho) (14). Der Bergbau ist der Sektor, von dem das ausländische Kapital ursprünglich ausging; mit dem Niedergang der 'Smallworkers' seit den 30er Jahren und trotz deren Wiederaufschwung in den 70er Jahren hat die Bedeutung ausländischer Interessen hier noch zugenommen. Nur wenige große Minen sind nicht in ausländischer Hand. Die bedeutendsten Gruppen im Bergbau sind Anglo American Corporation (AAC, Südafrika), Lonrho (GB), Messina (Transvaal) Development CoLtd., Rio Tinto Ltd. (GB), Falcon Mines Ltd. (GB), Johannesburg Consolidated Investments, Turner and Newall Ltd. (GB) und Union Carbide Corp. (USA) (15). Auch in der Verarbeitenden Industrie ist ausländisches Kapital seit den Anfängen der Industrialisierung stark vertreten. Schließlich war der Banksektor vor der Unabhängigkeit Zimbabwes ganz in ausländischer Hand: Die Bankenstruktur Rhodesiens war gekennzeichnet durch ein

---

11. **Stoneman**, Foreign Capital, S. 418 f
12. **Stoneman/Davies**, The Economy: An Overview, S. 119; vgl. daneben **Clarke**, Foreign Companies, S. 32, der für 1978/79 nach einem unveröffentlichten Beitrag von Stoneman auf 67 - 73% ausländischen Kapitalanteil kommt.
13. **Stoneman/Davies**, The Economy: An Overview, S. 119; vgl. auch **Stoneman**, Foreign Capital, S. 419
14. **Clarke**, Foreign Companies, S. 50 ff
15. ebd. S. 61

Oligopol von nur 4 Großbanken, nämlich der Standard Bank Ltd. (GB), Barclays Bank International Ltd. (GB), Grindlays Bank International (GB) und schließlich der Rhodesian Banking Corporation (RHOBANK), einer Tochter der südafrikanischen Nedbank mit 39% lokalen Anteilen (16). Nach der Unabhängigkeit Zimbabwes hat der Staat sich in die Rhobank, die zur Zimbank wurde, eingekauft (17).

Die große Bedeutung, die ausländischem Kapital aufgrund des historisch gewachsenen Musters in der zimbabweschen Wirtschaft zukommt, ist ein wesentliches die Entwicklung Zimbabwes determinierendes Strukturmerkmal. Sie konstituiert eine Abhängigkeit der zimbabweschen Entwicklungsdynamik von äußeren Interessen, die die Gestaltungsmöglichkeiten der nationalen Regierung erheblich einschränkt. Während die multinationalen Konzerne das rhodesische Regime nach 1965 tolerierten, auf eine politische Lösung warteten und sich unterdessen in der Ausnahmesituation der Wirtschaftssanktionen auch mit erheblichen restriktiven Staatseingriffen in die Wirtschaft arrangierten, erwarteten sie von der Unabhängigkeit Zimbabwes die Rückkehr zum 'normalen' Geschäftsbetrieb. "Selbst wenn das unabhängige Zimbabwe eine bloß nationalistische oder nur eine mehr egalitäre Politik verfolgt, geschweige denn eine sozialistische, wird es damit rechnen müssen, Gegenmaßnahmen des ausländischen Kapitals herauszufordern, und jeder Versuch einer tatsächlichen Kontrolle oder Verstaatlichung könnte sehr wohl mit einem Wirtschaftskrieg auf der ganzen Linie beantwortet werden." (18) Mit der Aufhebung der Repatriierungssperren der UDI-Zeit nach der Unabhängigkeit 1980 steigen nun die Verluste an möglicher Kapitalbildung, die Zimbabwe durch den Transfer von Investitionseinkommen, die in rhodesischer Zeit in höherem Maße reinvestiert wurden, erleidet. Wie die Regierung Zimbabwes, deren programmatisches Ziel es ist, nach der politischen Unabhängigkeit nun die ökonomische zu erringen, mit den in der dargestellten Kapitalstruktur liegenden Zwängen umgeht, ist Gegenstand späterer Kapitel (19).

Soweit der zimbabwesche Kapitalstock nicht in der Hand internationalen Kapitals ist, ist er weitgehend Eigentum entweder des Staats oder von weißen Siedlern. Für die Herausbildung eines afrikanischen Bürgertums ließ die rhodesische Politik nicht viel Raum. Allerdings darf man sich auch die **europäischen Siedler** nicht als eine Unternehmerklasse vorstellen; diese waren vielmehr überwiegend abhängig beschäftigt. Der Zensus von 1969 wies von den 102 741 ökonomisch

---

16. ebd. S. 98; **Clarke** spricht von 30% inländischen Anteilen. Als später der Staat 61% an Rhobank erwarb, hieß es, der Rest sei in der Hand inländischer Anteilseigner.
17. vgl. Kapitel 13 der Arbeit
18. **Stoneman/Davies**, The Economy: An Overview, S. 123
19. vgl. Kapitel 10 und 13 der Arbeit

aktiven Europäern 7 710, das sind 7,5%, als Selbständige und 90,3% als abhängig Beschäftigte aus. Die restlichen 2,2% waren arbeitslos oder mithelfende Familienangehörige (20). Auch wenn die Zahl der Selbständigen nicht alle diejenigen, die Unternehmerfunktionen ausfüllten, erfaßt (21), so gilt doch, daß die meisten europäischen Erwerbstätigen Arbeiter, Angestellte und Staatsbeamte waren.

Im folgenden ist zu untersuchen, in welchen Bereichen der zimbabweschen Gesellschaft Ansätze zu einem **afrikanischen Bürgertum** bestehen. Der Raum für die Entfaltung von Afrikanern zu mittleren und größeren Unternehmern war in der Vergangenheit sehr begrenzt. Quantitativ schon bedeutender sind die Kleinhändler, die vor allem die ländlichen Gebiete versorgen, und die afrikanischen Farmer. Schließlich ist auch an den Bereich des Führungspersonals von Unternehmen und an den Staatsdienst zu denken.

Sucht man nach afrikanischen Unternehmern außerhalb der Landwirtschaft, so stößt man vor allem auf die Bereiche **Handel und Transport**. Der Handel ist insgesamt beherrscht von Großunternehmen in der Hand südafrikanischen Kapitals und einheimischen weißen Unternehmern; jedoch gibt es "eine Anzahl von schwarzen und 'asiatischen' Einzelhändlern sowohl in den städtischen als auch in den ländlichen Gebieten." (22) Daneben haben eine Reihe afrikanischer Unternehmer "profitable ländliche Busunternehmen in den schwarzen Gebieten" (23) aufgebaut. Die größeren Groß- und Einzelhändler und Busunternehmer bilden schon die Spitze einer kleinen afrikanischen Unternehmergruppe. Der Übergang zu den kleinen Händlern und sonstigen Selbständigen ist fließend.

Blickt man auf die Ergebnisse des Zensus von 1969, so sind dort insgesamt 18 920 Afrikaner als 'Selbständige' außerhalb der Landwirtschaft ausgewiesen. Afrikanische Geschäftsleute beschäftigten 16 910, afrikanische Farmer 15 360 Arbeiter (24). Die 'Geschäfte', die betrieben wurden, waren also im Durchschnitt sehr klein. Die afrikanischen Selbständigen (ohne Farmer) bilden eine sehr hetero-

20. **CSO**, Rhodesia. Census of Population, S. 23 Tab. "Employment Status of Economically Active Europeans, Asians and Coloureds: 1961 and 1969 Censuses"; im vorangegangenen Zensus von 1961 hatten die entsprechenden Prozentsätze noch 9,4%, 88,1% und 2,5% von insgesamt 96 117 ökonomisch aktiven Europäern betragen.
21. Anteilseigner von Gesellschaften mit Haftungsbeschränkungen etwa sind nicht als Selbständige erfaßt; vgl. die Definitionen in ebd., S. 23
22. **Stoneman/Davies**, The Economy: An Overview, S. 115
23. ebd. S. 115
24. **CSO**, Rhodesia. Census of Population, S. 26 Tab. "Components of the Economically Active Population Enumerated in the 1969 African Household Census"

gene Gruppe; größere Anteile an ihr hatten 1969 Bauhandwerker (4 880), Groß-, Einzel-, Straßen- und sonstige Händler (3 850), 'Manager' und 'Geschäftsleute' (1 070), Spinner, Weber, Schneider, Schuster, Maler u.a. (25).

Die zimbabwesche Wirtschaftszeitschrift 'Commerce' gab im Februar 1980 an, es gebe rd. 20 000 afrikanische Geschäftsleute, davon 5 000 städtische, 5 400 Händler ('general traders') in den TTLs, 5 900 Geschäfte mit Mühlen, Reparaturwerkstätten und 'Beerhalls', schließlich 4 000 sonstige Unternehmen in den TTLs (26). Angaben des Ministry of Trade and Commerce sprechen von rd. 13 700 kleinen Geschäften in 'Business Centres' in den ländlichen Gebieten für die Zeit vor der Intensivierung des Krieges 1975, von denen Ende 1979 nur noch 9 000 übrig gewesen seien (27).

Die Kategorien der verschiedenen genannten Quellen sind nicht unmittelbar vergleichbar, und die Zahlenangaben scheinen nicht sehr konsistent. Sie vermitteln jedoch einen ungefähren Eindruck von der Schmalheit des betrachteten Sektors afrikanischer Kleinunternehmer und Geschäftsleute in Zimbabwe. Neben dem hier betrachteten Bereich stehen die afrikanischen **Farmer** in den African Purchase Areas, die weiter oben ausführlich behandelt worden sind. Diese rd. 8 500 Farmer sind in sich eine sehr differenzierte Gruppe, können jedoch wohl in der Mehrheit als afrikanische landwirtschaftliche Unternehmer beschrieben werden. Zu ihnen gesellen sich nach der Unabhängigkeit Zimbabwes verstärkt Afrikaner, die ehemals weißes Farmland kaufen.

Blickt man nun auf die Führungspositionen in Wirtschaft und Staatsdienst sowie auf den Öffentlichen Dienst allgemein als Ansatzpunkte für die Herausbildung eines afrikanischen Bürgertums und Kleinbürgertums, so waren auch hier die Ansätze vor der Unabhängigkeit sehr begrenzt. In der Privatwirtschaft haben multi-

25. ebd. S. 184   Tab. 76 "Occupation by Sex of Self-Employed Africans (Excl. Farmers) and African Employees of African Businessmen"
26. Angaben nach **Munslow, Barry**, Zimbabwe's Emerging African Bourgeosie, S. 67 in: Review of African Political Economy 19 (1980), S. 63 - 69
27. **Ministry of Trade and Commerce**, Rehabilitation and Reconstruction of Rural Businesses, Projektbeschreibung, Harare 20.3.1981 (unveröffentlicht), S. 1. In Mashonaland East verteilten sich nach Angaben des Ministeriums 2 021 ländliche Kleinunternehmen im Oktober 1981 wie folgt: 41% waren Gemischtwarenhändler, 23,8% Müller, 9,4% Metzger, 7,7% Getränkeläden ("Bottle Stores"), 4,9% Restaurants ("Eating Houses") und 13,4% sonstige (Rundungsfehler: 100,2%); vgl. **dass.**, Pilot Survey: Small Business Development — Preliminary Report Ref. D/36, Harare 29.10.1981 (unveröffentlicht), Schedule 'A'

nationale Unternehmen als Vorbereitung auf die Unabhängigkeit eine begrenzte Zahl von Afrikanern in Führungspositionen befördert. Typischerweise beschränkten sich solche Beförderungen auf der **Management-Ebene** auf die Personal- und Public Relations-Ressorts. Eine solche neue, 'nicht-rassische' Personalpolitik in multinationalen Unternehmen ist im wesentlichen eine Errungenschaft der 2. Hälfte der 70er Jahre (28). Nach der Unabhängigkeit Zimbabwes hat sich dieser Prozeß beschleunigt.

Im **Öffentlichen Dienst** beschränkten vor der Unabhängigkeit Gesichtspunkte der 'Staatssicherheit' und der Grundsatz, daß Afrikaner nicht Europäern übergeordnet sein sollten, die Aufstiegsmöglichkeiten für Afrikaner. Begrenzte Chancen bestanden im Bereich der 'African Affairs', etwa als Lehrer oder Schulinspektor für den afrikanischen Teil des Schulsystems (29). Über die Herausbildung einer afrikanischen Mittelschicht durch 'Afrikanisierung' des Öffentlichen Dienstes schrieb noch 1974 Harris als eine reine Möglichkeit: "Wenn die Regierung eine Politik der Lokalisierung oder Afrikanisierung des Öffentlichen Dienstes verfolgen sollte, wäre der Gesamteinfluß auf die schwarze Bevölkerung ziemlich gering, aber die Auswirkungen in bezug auf die Bildung einer schwarzen Mittelklasse infolge der teilweisen Ersetzung weißer Gruppen in der Verwaltung wären beträchtlich." (30) Genau dies, die 'Afrikanisierung' des Öffentlichen Dienstes, wurde nach der Unabhängigkeit Zimbabwes schnell und energisch angegangen: Zum einen stand die neue Regierung vor der Notwendigkeit, die Institutionen des Siedlerstaats, mit denen sie weiterarbeiten mußte, in die Hand zu bekommen; Führungspositionen in den Ministerien waren neu zu besetzen, ausscheidende und auswandernde Europäer mußten ersetzt werden. Zum anderen war mit der Ausdehnung der Ministerien und vor allem der staatlichen 'sozialen Dienste' wie Erziehungs- und Gesundheitswesen ein schnelles quantitatives Wachstum des Öffentlichen Dienstes verbunden, und in die neu geschaffenen Stellen rückten natürlich vor allem Afrikaner ein.

Tabelle 22 zeigt die Entwicklung der Beamtenstellen (Established Posts) im Civil Service von Zimbabwe zwischen Februar 1980 und Juli 1982. Zum einen ist die

28. **Centro de Estudos Africanos**, Zimbabwe, S. 36
29. ebd. S. 34
30. **Harris, Peter S.**, Black Industrial Workers in Rhodesia. The General Problem of Low Pay, Socio-Economic Series No. 2, Gwelo 1974, S. 14 f; vgl. auch **Centro de Estudos Africanos**, Zimbabwe, S. 35: "If the public sector was to be filled by the graduates in exile, unemployed educated Africans and those already in jobs well below their educational qualifications then the effect in the building of an African bureaucratic petit-bourgeoisie could be significant."

Tabelle 22:
Besetzung etablierter Beamtenstellen im Civil Service
von Zimbabwe, Februar 1980 und Juli 1982

	Afrikaner		Weiße	
	Febr. 80	Juli 82	Febr. 80	Juli 82
Verwaltungsbeamte (allg.)	81	745	340	175
Verwaltungsbeamte (spez. Qualifik.)	176	765	850	300
Wissenschaftl. Bereich	116	753	792	612
Technischer Bereich	371	907	714	304
Departments	342	2 040	1 379	775
Gesundheit	729	2 821	362	282
Erziehung	1 227	8 402	2 019	2 368
Schreib- und ausführende Tätigkeiten	326	654	746	394
Insgesamt	3 368	17 087	7 202	5 210

Quelle: Unveröffentlichte Daten der Public Service Commission: "Officers in Established Posts. Comparative Composition of the Zimbabwe Civil Service February 1980 – July 1982"

starke quantitative Ausdehnung des Staatsapparats deutlich sichtbar, zum anderen der absolute Rückgang der weißen Beamtenschaft und die Verfünffachung der afrikanischen Stellen. Eine systematische Verdrängungspolitik gegenüber weißen Beamten wurde dabei freilich nicht betrieben. Von 31 Staatssekretären (Permanent Secretaries) waren im Oktober 1982 8 Weiße und 23 Afrikaner; vor der Unabhängigkeit hatte es keine schwarzen Permanent Secretaries gegeben; von den 8 Weißen waren 5 nach der Unabhängigkeit auf diesen Posten befördert worden. Von 67 Stellvertretenden Staatssekretären waren gleichzeitig 52 Afrikaner und 15 Weiße; von letzteren waren 9 nach der Unabhängigkeit befördert worden (31).

Zusammenfassend kann festgehalten werden, daß die Entwicklungsansätze eines afrikanischen Bürgertums im Sinne einer Unternehmerklasse in der Vergangenheit vorhanden, aber recht begrenzt waren. Afrikanische (Klein-) Unternehmen sind im wesentlichen beschränkt auf die Landwirtschaft und den Bereich des Handels. Multinationale Unternehmen, die den größten Teil der Wirtschaft Zimbabwes kontrollieren, haben in den Jahren vor der Unabhängigkeit eine kleine Zahl von Afrika-

31. Angaben der Public Service Commission, Gespräch mit Mr. Ross, PSC, am 18.10.1982.

nern in Führungspositionen befördert, eine Entwicklung, die sich nach der Unabhängigkeit beschleunigt fortsetzte und über einen längeren Zeitraum hinweg auch zur Afrikanisierung verantwortlicher Management-Positionen in größerem Umfang führen wird. Von Bedeutung ist, daß es innerhalb der afrikanischen Gesellschaft Zimbabwes Kräfte gibt, die sich nun nach Erreichen der politischen Unabhängigkeit und der Beseitigung rechtlicher Diskriminierungen den weißen Siedlern und multinationalen Unternehmen als Bündnispartner in deren Bemühungen, radikale soziale Reformen zu verhindern, anbieten. Von noch größerer Bedeutung als die genannten Gruppen ist in diesem Zusammenhang möglicherweise die innerhalb des Staatsapparates sich etablierende afrikanische Mittel- und Oberschicht.

Nationale Befreiungsbewegungen sind in der Regel außerordentlich heterogene Bewegungen, Koalitionen von unterschiedlichen gesellschaftlichen Interessen, die in verschiedener Form unter der Herrschaft von Kolonialmacht oder Siedlern leiden. Mit dem Erreichen der politischen Unabhängigkeit müssen Interessengegensätze innerhalb dieser Koalition hervortreten. Je komplexer Staatsapparat und Wirtschaft, die die neuen Machthaber übernehmen, sind, und je weiter die Differenzierung der sozialen Klassenstrukturen entwickelt ist, um so weniger werden diejenigen, die um die Unabhängigkeit militärisch gekämpft haben und die die Basis der Bewegung bilden, vor allem Guerillakämpfer und Bauern, einerseits und diejenigen, die nach der Unabhängigkeit das Sagen in staatlichen Institutionen und in der Wirtschaft haben, andererseits, identisch sein. Im Falle Zimbabwes bedeutet dies konkret, daß, während die ehemaligen Guerillakämpfer in die Nationale Armee übernommen und anschließend teilweise demobilisiert wurden, in den staatlichen Institutionen sich eine neue afrikanische Führungsschicht mit zum Teil völlig anderem Background etablierte, ein 'bürokratisches Bürgertum', das häufig über akademische Ausbildungen und zum Teil längere Exilerfahrung verfügt, zum Teil schon vor der Unabhängigkeit in den Befreiungsbewegungen tätig war, zum Teil in einer abwartenden oder Mitläuferbeziehung zu diesen Bewegungen stand. Von ihrer sozialen Position, ihren Interessen, ihrer städtischen Lebenssituation her kann eine solche Schicht in kurzer Zeit mehr Gemeinsamkeiten mit afrikanischen Unternehmern, Siedlern und internationalen Kapitalinteressen entwickeln als mit denen, um deren 'Entwicklung' es in der politischen Programmatik geht: den afrikanischen Bauern weitab von der Hauptstadt Harare. So unvermeidlich eine solche sozialstrukturelle Entwicklung zu sein scheint, so folgenreich kann sie sein: sie bildet die soziale Basis einer möglichen Allianz von Staat und multinationalem Kapital, die die verfügbaren Ressourcen im gemeinsamen Interesse kontrolliert und vorbeileitet an den Bereichen, für deren Entwicklung sie benötigt würden.

Kapitel 5:
Arbeiterklasse und Gewerkschaftsbewegung

5.1. Gespaltene Arbeiterklasse und Gewerkschaftsbewegung
und die Entstehung des Systems
der Industrial Conciliation 1890 - 1959

Die Arbeiterklasse in Rhodesien ist seit ihren Anfängen nach dem Kriterium der 'Rasse' gespalten und hat zwei verschiedene Wurzeln. Während die weißen Arbeiter vor allem aus dem industrialisierten England einwanderten und gewerkschaftliche Traditionen mitbrachten, entstand eine afrikanische Arbeiterklasse in Rhodesien erst in einem langwierigen Prozeß der 'Proletarisierung der afrikanischen Bauernschaft' (1). Die Kolonisierung durch die British South Africa Company zielte auf die Bodenschätze des Landes, insbesondere das in größerem Umfang als tatsächlich vorhanden vermutete Gold. Zum Betreiben der Minen benötigte man Arbeiter, die man aus den Reihen der unterworfenen afrikanischen Bevölkerung zu rekrutieren suchte. Hier liegt der Ursprung der Entstehung einer **afrikanischen Arbeiterklasse.**

Dem Gedanken, den neuen weißen Herren des Landes in Bergwerken zu dienen, brachten die afrikanischen Bauern zunächst wenig Sympathien entgegen; sie mußten in das Lohnarbeitsverhältnis vielmehr gezwungen werden. Dem dienten in der Zeit nach 1890 vor allem zwei Maßnahmen: zum einen unmittelbarer Arbeitszwang: Beamte der das Land verwaltenden BSAC, Polizei, Native Commissioners oder Unternehmer selbst zwangen 'Eingeborene', eine gewisse Arbeitsleistung zu erbringen. Zwangsarbeit gehörte zu den Ursachen der frühen Aufstände gegen die weiße Herrschaft in den Jahren 1896/97 (2). Zum anderen erfüllte die Besteuerung der afrikanischen Bevölkerung die Funktion, diese in die Geldwirtschaft hineinzuzwingen. Schon 1894 wurde eine Hüttensteuer eingeführt, die 1904 durch die Kopfsteuer abgelöst wurde. Später kamen als Belastung für die Bauern Abgaben, Gebühren und Arbeitsleistungen hinzu, mit denen sie sich das Recht erkaufen konnten, vorübergehend auf dem Land, das die Weißen nun ihr eigen nannten, zu bleiben (3). Beide Formen der 'Rekrutierung' afrikanischer Arbeitskräfte für die Minen und später für die Farmen reichten jedoch nicht, den Bedarf zu decken. Vielmehr wählten die Bauern zunächst den Weg, sich das benötigte Geld durch Vermarktung ihrer Produkte zu verschaffen, und erst ihre langfristige Ausschaltung aus der Konkurrenz durch die Durchsetzung des Reservatssystems und die Entwicklung eines kapitalistisch organisierten weißen Landwirtschaftssektors

1. **Arrighi**, Labour Supply
2. ebd. S. 207
3. ebd. S. 208

sowie das Wachstum der Bevölkerung lösten im Laufe der Zeit das Problem der Arbeitskräfteknappheit, indem für eine wachsende Zahl von Afrikanern Landwirtschaft als Mittel der Subsistenz nicht mehr ausreichte. Erst seit Ende der 50er Jahre dieses Jahrhunderts wurde der Arbeitskräftemangel durch einen Überschuß ersetzt: Reservate waren übervölkert und der moderne Wirtschaftssektor schuf nicht genügend neue Arbeitsplätze für die schnell wachsende afrikanische Bevölkerung.

Zur Rekrutierung vor allem ausländischer Arbeitskräfte wurde 1903 das Rhodesia Native Labour Bureau (RNLB) gegründet (4). Dessen Tätigkeit bis 1933 und die seiner später gegründeten Nachfolgeorganisation Rhodesia Native Labour Supply Commission (RNLSC) (5) führten dazu, daß ausländische Wanderarbeiter aus Nordrhodesien, Nyasaland und Mozambik bis heute einen bedeutenden, allerdings seit den 60er Jahren abnehmenden Bestandteil der afrikanischen Arbeiterklasse Rhodesiens bilden.

Die in den Minen angestellten Arbeitskräfte bildeten in der hier behandelten Zeit keine festansässige, dauerhafte Arbeiterklasse; sie wurden vielmehr nur temporär proletarisiert als Wander- und Kontraktarbeiter. Die Bergarbeiter machten zunächst den quantitativ bedeutendsten Bestandteil der afrikanischen Arbeiterklasse aus: Ihre Zahl betrug 1931 36 600, erreichte 1937 den Höhepunkt von 93 700 und fiel dann infolge einer Konzentrationsbewegung im Bergbau, der viele Kleinbetriebe der 30er Jahre zum Opfer fielen, wieder auf 73 600 im Jahr 1945 (6). Weniger noch als die Bergarbeiter waren die afrikanischen Beschäftigten auf weißen Farmen eine Arbeiterklasse im eigentlichen Sinne. Häufig ist der 'quasi-feudale' Charakter von Farmarbeit in Rhodesien bis in die jüngste Zeit hervorgehoben worden (7). Eine bedeutende Institution der Arbeitsbeschaffung für weiße Farmen bildete in der hier behandelten Zeit die 'Labour Tenancy': Afrikanische Bauern, die 'ihr' Land im Eigentum eines weißen Farmers wiederfanden, erhielten vom Farmer die Zusage, auf 'seinem' Land leben und Anbau für den eigenen Bedarf treiben zu dürfen, und mußten als Gegenleistung einen Teil ihrer Zeit für den Farmer arbeiten.

In der Frühzeit der afrikanischen Arbeiterklasse äußerte sich deren Widerstand gegen die ihnen auferlegten Arbeitsbedingungen vor allem in einer hohen Rate von 'Desertion', dem Entzug der Arbeitskraft durch Flucht (8). Entsprechend handelte

4. **Biermann**, Rhodesien. Sozio-ökonomische Analyse, S. 24
5. Später umbenannt in Rhodesia African Labour Supply Commission (RALSC)
6. **Clarke**, Foreign Companies, S. 23
7. vgl. Kapitel 3.2.2.
8. vgl. **Onselen, C. van**, Worker Consciousness in Black Miners, Southern Rhodesia, 1900 - 1920 in: **Phimister, I.R./Onselen, C. van** (Hrsg.), Studies in the History of African Mine Labour in Colonial Zimbabwe, Gwelo 1978, S. 1 - 22

ein beachtlicher Teil der Bestimmungen des Master and Servants Act von 1901 von Strafen, die der den Arbeitsvertrag verletzende Arbeiter zu erwarten hatte. Neben 'Desertionen' traten aber auch schon früh Streiks in den Minen auf, so der Streik der Kohlebergleute in Wankie 1912 und der Streik der Bergarbeiter von Shamva 1927 (9). Schließlich entstand in der Vorkriegszeit die Industrial and Commercial Workers' Union (ICU) als Vorläufer späterer Gewerkschaftsbildung (10).

Während eine afrikanische Arbeiterklasse in Rhodesien sich erst allmählich durch Proletarisierung von Bauern herausbildete, bildeten die einwandernden **weißen Arbeiter** von Anfang an eine Arbeiteraristokratie. Arrighi weist darauf hin, daß in Rhodesien im Unterschied zu Südafrika die Erscheinung des 'Poor-White-ism', also eine Schicht armer Weißer, keine nennenswerte Rolle gespielt hat (11). Der Grund dafür ist, daß die Einwanderung von Europäern in größerem Umfang in Rhodesien nicht der kapitalistischen Entwicklung der Kolonie voranging, sondern eine bewußte Immigrationspolitik betrieben wurde, nachdem die Entscheidung für Investitionen in die Entwicklung des Landes über den Status einer bloßen 'Extraktionskolonie' (12) hinaus gefallen war. Weiße Arbeiter mußten mit dem Angebot von Löhnen über südafrikanischem oder englischem Niveau angeworben werden, um die Entwicklung voranzutreiben. "Die Nachfrage nach ihrer Arbeitskraft konzentrierte sich auf den Bergbau, das Transportwesen (hauptsächlich die Eisenbahnen) und auf Dienstleistungen (vor allem im Öffentlichen Dienst)." (13) Sie waren in der Regel ausgebildete oder wenigstens halbqualifizierte Arbeiter. "Mit anderen Worten: Die weiße Arbeiterklasse war nicht aus einer ansässigen besitzlosen Klasse (wie die 'armen Weißen' in Südafrika) entstanden, sondern kam, um bestimmte Arbeitsplätze zu besetzen, so daß keine 'Reservearmee weißer Arbeitskraft' im Land existierte. Das hatte zur Folge, daß zum ersten die weißen Arbeiter

9. **Onselen, C. van**, The 1912 Wankie Colliery Strike in: Phimister/Onselen, African Mine Labour, S. 41 - 57; **Phimister, I.R.**, An Emerging African Proletariat: The Shamva Mine Strike of 1927 in: Phimister/Onselen, African Mine Labour, S. 58 - 79
10. **Brand, Coenraad M.**, Politics and African Trade Unionism in Rhodesia since Federation, S. 89 in: Rhodesian History 1971, S. 89 - 109. Zu den Formen afrikanischen Widerstandes insgesamt bis zur Bildung der Zentralafrikanischen Föderation vgl. auch **Ranger, Terence O.**, The African Voice in Southern Rhodesia, 1898 to 1930, London 1970 sowie **Gray, Richard**, The Two Nations. Aspects of the Development of Race Relations in the Rhodesias and Nyasaland, London 1960.
11. **Arrighi**, Political Economy of Rhodesia, S. 21
12. **Biermann**, Rhodesien. Sozio-ökonomische Analyse
13. **Arrighi**, Political Economy of Rhodesia, S. 21

eine sehr große Verhandlungsmacht gegenüber ihren Arbeitgebern hatten und daß sie zum zweiten wirkungsvoll organisiert werden konnten." (14) Infolge dieser sozialen Stellung bestand das Interesse der weißen Arbeiter darin, ihre Macht zum einen zur Erlangung ökonomischer Zugeständnisse zu nutzen und zum anderen ihre Stärke gegenüber möglicher Konkurrenz seitens der afrikanischen Arbeiter abzusichern.

Schon bald nach Beginn der Einwanderungspolitik entstanden **weiße Gewerkschaften** in Rhodesien, so u.a. die Rhodesia Railway Workers' Union 1914, die Amalgamated Engineering Union 1916, die Associated Mine Workers of Rhodesia 1919 und die Building Workers' Union 1920 (15). Auf Druck dieser Gewerkschaften weißer Arbeiter, die noch einen unklaren rechtlichen Status hatten und nur begrenzte offizielle Anerkennung genossen, entstand der **Industrial Conciliation Act (ICA)** von **1934.** Dieser institutionalisierte das Koalitionsrecht für weiße Arbeiter und Tarifverhandlungen zwischen registrierten weißen Gewerkschaften einerseits und Unternehmen andererseits. Afrikanische Arbeiter wurden per definitionem aus dem Geltungsbereich des ICA ausgenommen: Der Begriff des Employee, des abhängig Beschäftigten, so wurde definiert, solle keinen 'Eingeborenen' einschliessen (16). Für afrikanische Arbeiter galt vielmehr weiter der Master and Servants Act von 1901 (17).

Auf der dargestellten Grundlage entwickelte sich in der Folge eine gut organisierte, starke weiße Gewerkschaftsbewegung, die die privilegierte Stellung der weißen Arbeiter im Vergleich zu Afrikanern verteidigte. Sie wurde repräsentiert seit den 40er Jahren durch den Trades and Labour Council als Dachverband, seit 1953 dann für das gesamte Gebiet der Zentralafrikanischen Föderation durch den **Trade Union Congress (TUC)** of Rhodesia and Nyasaland, der eine 'nicht-rassische' Satzung hatte, also für die Aufnahme aller, auch der später entstehenden afrikanischen Gewerkschaften, offen war, praktisch aber der Verband der weißen Gewerkschaften blieb. Der TUC wurde 1958 Mitglied der International Confederation of Free Trade Unions (ICFTU), des westlich orientierten Weltdachverbandes (18). Mit dem Ende

14. ebd. S. 26
15. **Trade Union Congress of Rhodesia** (im folgenden immer: **TUCRh**), Resume of the Historical Background over the Years, 1978, S. 1
16. **Harris, Peter S.**, Industrial Relations in Rhodesia, S. 66 in: The South African Journal of Economics, 42 (1974), S. 65 - 84; sowie **Malaba, Luke,** Supply, Control and Organization of African Labour in Rhodesia, S. 23 in: Review of African Political Economy 18 (1980), S. 7 - 28
17. vgl. Kapitel 3.2.2. der Arbeit
18. **Brand**, Trade Unionism, S. 94; die ICFTU heißt im deutschsprachigen Raum Internationaler Bund Freier Gewerkschaften (IBFG).

der Zentralafrikanischen Föderation wurde der Verband wieder auf Südrhodesien beschränkt, hieß seit 1962 Trade Union Congress of Rhodesia (TUCRh) und wurde bis nach der Unabhängigkeit Zimbabwes von dem weißen Bergarbeiterführer H. Bloomfield geleitet (19).

Tendenzen zur **Bildung einer stabileren** und festansässigen **afrikanischen Arbeiterklasse** gingen von den Bereichen aus, in denen die ganz unqualifizierte und ständig fluktuierende Wanderarbeit vom Arbeitsprozeß her gesehen nicht funktional war. Dies war früh der Fall bei den Eisenbahngesellschaften, die seit Ende des 19. Jahrhunderts die' wichtigen Verbindungsstrecken nach Südafrika, Mozambik und nach Nordrhodesien gebaut hatten. Daneben führte die vor dem 2. Weltkrieg einsetzende und danach bis Ende der 50er Jahre rasch voranschreitende erste Industrialisierungswelle (20) zur Bildung einer afrikanischen Industriearbeiterklasse und zu schnellem Wachstum der Zahl der abhängig beschäftigten Afrikaner von 376.868 im Jahre 1946 auf 609.953 1956 (21). Hohe Inflation in den Kriegsjahren, fallende Reallöhne und die Wohnsituation der städtischen Arbeiter führten zu Wellen von meist spontan einsetzenden Arbeitskämpfen und der Bildung afrikanischer Arbeiterorganisationen (22).

1944 entstand die **Rhodesia Railways African Employees' Association (RRAEA)** als Organisation der afrikanischen Eisenbahnarbeiter. Im folgenden Jahr streikten die Eisenbahnarbeiter, der stabilisierteste und organisierteste Teil der afrikanischen Arbeiterklasse, und errangen materielle Erfolge (23). "Der Markstein, der den Umschlag von der Klassenbildung zum Klassenhandeln anzeigt, ist der Eisenbahnstreik von 1945." (24) Der Erfolg der Eisenbahner strahlte aus und ermutigte zur Gründung weiterer Organisationen: Die Vorkriegs-ICU wurde als **Reformed Industrial and Commercial Workers' Union (RICU)** unter Ch. Mzingeli in Salisbury neu gegründet; in Bulawayo, dem zweiten Zentrum der industriellen Entwicklung, entstanden die **Federation of African Workers' Unions (FAWU)** unter J. Savanhu und die **African Workers' Voice Association (AWVA)** unter B. Burombo.

19. **TUCRh**, Resume S. 2
20. vgl. Kapitel 1
21. **Brand**, Trade Unionism, S. 89
22. **Clarke, Duncan G.**, The Underdevelopment of African Trade Unions in Rhodesia: An Assessment of Workingclass Action in Historical Perspective, Salisbury o.J. (1974) (hektographiert), S. 8
23. ebd. S. 7 f.
24. **Pollak, Oliver B.**, The Impact of the Second World War on African Labour Organisation in Rhodesia, S. 125 in: Rhodesian Journal of Economics Sept. 1973, S. 121 - 137

Im Jahre 1948 fand der Generalstreik genannte erste und einzige nationale Streik afrikanischer Arbeiter in Rhodesien statt (25).

Im Jahr der Nationalisierung der Eisenbahnen 1947 versprach der damalige rhodesische Premierminister Huggins, die Regierung werde die Frage der Anerkennung afrikanischer Gewerkschaften im Bereich der Eisenbahnen überdenken — "die erste ausdrückliche und formelle Anerkennung der organisierten afrikanischen Gewerkschaftsbewegung in Süd-Rhodesien." (26) Die RRAEA stellte 1951 den vorherigen Railways Welfare Officer Joshua Nkomo als ersten hauptamtlichen Sekretär einer afrikanischen Gewerkschaft ein. Umbenannt zu Rhodesia Railways African Workers' Union (RRAWU) schloß sich dieselbe Gewerkschaft 1955 mit der nördlichen Eisenbahnergewerkschaft zur **Railways African Workers' Union (RAWU)** zusammen, die die schwarzen Arbeiter im gesamten Gebiet der Rhodesia Railways vertrat. Im Unterschied zu anderen afrikanischen Gewerkschaften konnte sich RAWU unter dem Railways Act von 1949 registrieren lassen und gewann damit offizielle Anerkennung (27). Auch nach dem Auseinanderbrechen der Zentralafrikanischen Föderation blieb die RAWU in (Süd-)Rhodesien bis heute eine der Säulen der schwarzen Gewerkschaftsbewegung.

Anfang der 50er Jahre bemühten sich die neu entstandenen Organisationen um Vereinheitlichung unter einem Dachverband. 1952/53 arbeiteten G. Bano (FAWU), R. Bango (RICU, Zweig Bulawayo) und J. Nkomo von der Eisenbahnergewerkschaft an einem Verfassungsentwurf für den zu gründenden Dachverband. 1954 entstand dann, allerdings ohne Unterstützung seitens RICU, der südrhodesische **African Trade Union Congress (ATUC)** mit Nkomo als erstem Präsidenten (28). Neben dem weißen TUC stand nun ein sich allerdings nur langsam weiterentwickelnder afrikanischer Gewerkschaftsdachverband, der dann 1961 unter dem Namen Southern Rhodesia Trade Union Congress (SRTUC) ebenfalls Mitglied der ICFTU wurde (29).

In der zweiten Hälfte der 50er Jahre formierte sich auch die politische afrikanische **Nationalistenbewegung** in Rhodesien, die unter dem Motto 'One man — one vote' Freiheit von weißer Beherrschung und eine Verfassungskonferenz mit Großbritannien zur Entlassung in die Unabhängigkeit unter einer afrikanischen Mehrheitsregierung forderte. Es war die Zeit der Auseinandersetzungen um die Unabhängigkeit der afrikanischen Kolonien: 1957 wurde Ghana als erster

25. **Brand,** Trade Unionism, S. 89
26. **Clarke,** Trade Unions, S. 9
27. **Brand,** Trade Unionism, S. 90 f
28. ebd. S. 90 f
29. ebd. S. 94

schwarzafrikanischer Staat selbständig. Im selben Jahr wurde der African National Congress (ANC), der schon vor dem Krieg eine Zeitlang bestanden hatte, neu gegründet (30). Der erste ATUC-Präsident J. Nkomo, der bald aus der Gewerkschaftsbewegung ausgeschieden war und sich als Geschäftsmann betätigte, wurde Führer des ANC und damit auf längere Zeit die wichtigste Führungspersönlichkeit der afrikanischen Nationalistenbewegung. Nach dem Verbot des ANC 1959 entstand 1960 die National Democratic Party (NDP) als Nachfolgeorganisation, nach deren Verbot 1961 die Zimbabwe African People's Union (ZAPU), beide unter Nkomo. Sowohl ANC als auch NDP genossen von Anfang an Unterstützung aus den Reihen der schwarzen Gewerkschaftsbewegung; beim Verbot des ANC 1959 wurde mit dessen Führung auch der größte Teil der ATUC-Führung verhaftet (31).

Der afrikanische Widerstand formierte sich also in der Nachkriegszeit in gewerkschaftlicher und politischer Form. Die schwarze Arbeiterbewegung war innerhalb kurzer Zeit bis Anfang der 50er Jahre ein Faktor geworden, den es zu berücksichtigen galt. "Zu dieser Zeit genossen die Gewerkschafter einen Grad an ausdrücklicher, aber nicht gesetzlich verankerter Anerkennung, der ihnen nie zuvor gewährt worden war. Prominente weiße Politiker und Arbeiterführer rede-

30. Zu Entstehung und Entwicklung der afrikanischen Nationalistenparteien in Rhodesien vgl. **Niemann, Rolf**, Von Rhodesien zu Zimbabwe. Emanzipation der Afrikaner durch Guerillakampf oder Verfassungskonferenz, Frankfurt/M. 1976, S. 112 - 126; **ders.**, Zimbabwe, S. 172 in: Deutscher Volkshochschulverband, Materialien 20, Afrika II, Bonn 1982, S. 167 - 180
31. **Brand**, Trade Unionism, S. 92; zum Verhältnis von politischem Nationalismus und schwarzer Gewerkschaftsbewegung vgl. die Rede von Premierminister R. G. Mugabe zur Gründung des Zimbabwe Congress of Trade Unions 1981: "Further, the nationalist leadership desired that the trade union movement became politically motivated. In 1962, as there was a move to divorce the African trade union movement from politics, I was one of those who spoke and fought against that trend and the bid to make the movement a member of the ICFTU, rather than of the All-African Trade Union Congress. Speaking at Cyril Jennings on the subject of a non-political trade union congress, I emphasized the fact that our African worker was an indivisable entity. He could not be divided into a part of him that worked and earned bread, which would be viewed as non-political, and another part of him that suffered political oppression and denial of freedom and civic rights that would be regarded as political. The person who worked and earned meagre wages was the same as that denied political rights. He was one human being!" Aus: Prime Minister addresses Trade Union Congress. Text der Rede R. G. Mugabes auf dem Inaugural Congress des ZCTU, 28th February – 1st March 1981, S. 2

ten auf ihren Konferenzen, Arbeitgeber verhandelten direkt mit ihnen. Gewerkschaftsführer trafen sich mit Ministern, und von den afrikanischen Arbeitern erhielten sie beträchtliche Unterstützung." (32) Das bedeutet nicht, daß die schwarzen Gewerkschaften starke und konsolidierte Organisationen gewesen wären: Brand schätzt die Gesamtmitgliederzahl afrikanischer Gewerkschaften für Ende der 50er Jahre auf vielleicht nicht mehr als 3.000. Aber die schwarze Arbeiterbewegung hatte sich als ernstzunehmender politischer Faktor etabliert, und der Staat mußte auf sie reagieren (33).

Einen ersten wichtigen Schritt zur Neuregelung der Arbeitsbeziehungen für afrikanische Arbeiter bildete der **Native Labour Boards Act** von **1947**. Das Gesetz sah die Bildung von regionalen Labour Boards zur Regelung von Entlohnungs- und Arbeitsbedingungen 'eingeborener' Arbeiter in Labour Regulations vor. Die staatlich bestellten Mitglieder dieser Boards sollten alle Parteien des Arbeitsverhältnisses hören; eigentliche Verhandlungen mit den Gewerkschaften führten sie jedoch nicht. Der Native Labour Boards Act institutionalisierte so keine Tarifverhandlungen und sah auch kein Streikrecht für afrikanische Arbeiter vor. Das Gesetz zielte auf die neue industrielle afrikanische Arbeiterklasse: Ausgeschlossen aus seinem Geltungsbereich waren Farm- und Minenarbeiter, Haushaltsangestellte und die im Erziehungswesen und Staatsdienst Beschäftigten (34). Auch ohne garantiertes Streikrecht gingen die Arbeitskämpfe weiter, und die Labour Boards wurden von den schwarzen Gewerkschaften sowohl als unzureichend kritisiert als auch praktisch ausgenutzt. Als weiteres Reformvorhaben kam 1954 die Native Industrial Workers' Bill vor das Parlament. Der Gesetzentwurf wollte das System der Labour Regulations auf die großen Minen ausdehnen, sah aber noch immer keine Registrierung afrikanischer Gewerkschaften und Tarifverhandlungen in Industrial Councils, wie sie für weiße Arbeiter auf Grundlage des Industrial Conciliation Act von 1934 stattfanden, vor. Der Widerstand der Gewerkschaften verzögerte die Gesetzgebung um Jahre; der Gesetzentwurf erschien erst in stark veränderter Form wieder vor dem Parlament als Industrial Conciliation Amendment Act von 1959 (35). Industrielle Entwicklung und Formierung der schwarzen Arbeiterklasse führten damit zur Institutionalisierung der afrikanischen Gewerkschaftsbewegung.

Der **Industrial Conciliation Act (ICA)** von **1959** bildete – mit verschiedenen späteren Amendments – das Kernstück der rhodesischen Arbeitsgesetzgebung neben dem Master and Servants Act von 1901 und war bei Fertigstellung dieser Arbeit noch in Kraft. Das Gesetz galt für alle abhängig Beschäftigten unabhängig von deren

32. **Clarke**, Trade Unions, S. 11
33. **Brand**, Trade Unionism, S. 92
34. **Clarke**, Trade Unions, S. 9 f
35. ebd. S. 11 f

'Rassen'zugehörigkeit außer für Arbeiter in Landwirtschaft und Haushalten und für im Öffentlichen Dienst Beschäftigte. Für Land- und Haushaltsarbeiter galt weiter bis 1980 der Master and Servants Act (36). Die Arbeitsverhältnisse von Eisenbahnarbeitern wurden zunächst noch nach dem Railways Act geregelt, später aber dem Geltungsbereich des ICA eingegliedert (37).

Der Industrial Conciliation Act institutionalisierte in den genannten Bereichen das Koalitionsrecht für Afrikaner sowie Tarifverhandlungen zwischen registrierten, 'verantwortlichen' Gewerkschaften und Unternehmern. Die schon anerkannten weißen Gewerkschaften wurden weiter als registriert betrachtet mit einer Option auf Neubestimmung ihres Status als 'multirassische' Organisationen. Im Gegensatz zu ihnen hatten sich afrikanische Gewerkschaften um ihre Registrierung durch den Industrial Registrar zu bemühen, indem sie diesen von ihrer Repräsentativität und 'Verantwortlichkeit' überzeugten, ihre 'bona fides' nachwiesen. Eine Reihe weiterer Bestimmungen dienten dem Zweck, scharfe Kontrollen über die Gewerkschaften zu etablieren: Direkte politische Aktivitäten wurden diesen verboten. Finanzen, Rechnungsführung, Protokolle u.a. können vom Industrial Registrar kontrolliert werden. Der Registrar kann die Anerkennung von Gewerkschaften, z.B. wenn er sie für nicht ausreichend repräsentativ hält, verweigern, er kann auch die Registrierung zurückziehen. Nicht registrierte Gewerkschaften kann er auflösen. Zwar sind auch unregistrierte Gewerkschaften zugelassen und unterliegen denselben Kontrollen wie registrierte; aber sie können nicht an Tarifverhandlungen teilnehmen (38). Politisches Ziel des Industrial Conciliation Act war, die afrikanischen Arbeiter in die 'Obhut' 'multirassischer' und weiß kontrollierter Gewerkschaften zu übernehmen oder, soweit sie ihre eigenen Organisationen behielten, diese staatlicher Regulierung zu unterwerfen (39). Die rhodesischen Gewerkschaften reagierten auf den

36. Zur Entwicklung der Arbeitsgesetzgebung nach der Unabhängigkeit Zimbabwes vgl. Kapitel 12
37. **ILO,** Labour Conditions, S. 66, **Harris,** Industrial Relations, S. 67. Unrichtig ist die Darstellung bei **Malaba,** African Labour, S. 19 und 23, daß auch afrikanische Bergarbeiter nicht dem ICA unterlagen; richtig ist nur, daß die Industrial Agreements für den Bergbau nicht für kleine Minen galten.
38. **ILO,** Labour Conditions, S. 66 ff; vgl. auch **Harris,** Industrial Relations, S. 71: "Registration does not involve the union concerned in any additional regulation over financial affairs, the maintenance of records or the submission of returns, since non-registered unions are subject to identical regulations. Registration in fact reserves 'proprietary rights' for the classes of occupation for which a union is registered and in the areas in which it is registered."
39. Wahrscheinlich der meistzitierte Satz eines rhodesischen Arbeitsministers ist in diesem Zusammenhang die Begründung in der Parlamentsdebatte über den ICA, daß "it could be argued that to provide for these associations is nothing

ICA zunächst ablehnend, begannen dann aber sehr schnell, sich um die Registrierung zu bemühen (40). Echte Tarifverhandlungen finden unter dem ICA zwischen registrierten Gewerkschaften und Arbeitgebern in **Industrial Councils (IC's)** statt. "Industrial Councils werden gebildet, wenn registrierte Gewerkschaften und registrierte Arbeitgeber, Arbeitgeberorganisationen oder Gruppen von Arbeitgebern in einzelnen Industrien übereinkommen, solche Councils zu bilden." (41) Das Verhandlungsergebnis wird vom Arbeitsminister als **Industrial Agreement** veröffentlicht und bindet dann die Parteien für einen bestimmten Zeitraum.

In Bereichen, in denen mangels einer registrierten Gewerkschaft kein Industrial Council besteht, kann ein **Industrial Board (IB)** gebildet werden. In diesem sind zwar Arbeitgeber und -nehmer repräsentiert, letztere aber durch vom Minister bestellte Vertreter; die Gewerkschaften sind also nicht direkt vertreten (42). Der Industrial Board ist ein Beratungsorgan, das gegenüber dem Arbeitsminister Empfehlungen zur Festsetzung bestimmter Mindestlöhne ausspricht; der Minister entscheidet bindend und veröffentlicht seine Entscheidung als **Employment Regulations** (43).

Der Bereich echter Tarifverhandlungen in Industrial Councils deckte nur einen kleinen Teil der rhodesischen Arbeiterklasse ab, und auch der gesamte Geltungsbereich des ICA mit Industrial Councils und Industrial Boards umfaßte nur eine Minderheit der Arbeiter insgesamt (44). Tabelle 23 zeigt für 1979 die Verteilung der abhängig Beschäftigten nach der Art der Regelung der Arbeitsbedingungen. Im Jahr vor der Unabhängigkeit gab es 21 Industrial Councils für 154 500 Beschäftigte und 66 Industrial Boards für 144 790 Beschäftigte (45). Die insgesamt 299 290 Beschäftigten, deren Arbeitsbedingungen 1979 unter dem Industrial Conciliation Act geregelt wurden, machten nur 30,2% der Gesamtbeschäftigung aus. Noch die Muzore-

more than a control measure and, let me be perfectly frank, it is"; vgl. Southern Rhodesia, Legislative Assembly Debates, House of Assembly, 1959, Col. 1547, zit. nach **ILO,** Labour Conditions, S. 65.
40. ebd. S. 66
41. **Harris,** Industrial Relations, S. 70
42. **ILO,** Labour Conditions, S. 70
43. **Riddell-Report,** S. 251, **Harris,** Industrial Relations, S. 70 f. Wo weder Industrial Councils noch Industrial Boards vorhanden sind, können zur Lösung eines konkreten Konfliktes ad hoc Conciliation Boards gebildet werden, die wie Industrial Councils funktionieren.
44. 1960 gab es 14 Industrial Councils und 54 Industrial Boards. Zum 31.12.1973 wies der Bericht des Secretary for Labour 27 Industrial Councils, die die Arbeitsbedingungen von 196 421 Arbeitern regelten, und 62 Industrial Boards für 182 740 Arbeiter aus; vgl. **ILO,** Labour Conditions, S. 98
45. **Riddell-Report,** S. 256 und 258

wa-Regierung veranlaßte, daß die 335 200 Farmarbeiter zum 1.1.1980 in das Industrial Board-System einbezogen wurden; gleichzeitig wurden damit in den Agricultural Industry-Employment Regulations (Statutory Instrument 917 of 1979)
erstmalig Mindestlöhne für Farmarbeiter festgelegt (46).

Tabelle 23:
Beschäftigte nach Art der Regelung der Arbeitsbedingungen 1979

Beschäftigtenkategorie	Anzahl	Anteil an der Gesamtbeschäftigung
Industrial Councils	154 500	15,6%
Industrial Boards, 1979	144 790	14,6%
Zuzügl. Landwirtschaft ab 1.1.1980	335 200	33,9%
Weder unter Industrial Councils noch Industrial Boards:		
Häusliche Dienste	114 300	11,6%
Öffentliche Verwaltung	73 700	7,4%
Erziehungswesen	33 800	3,4%
Gesundheitswesen	14 800	1,5%
Sonstige	117 910	12,0%
Insgesamt	989 000	100,0%

Quelle: Riddell-Report, Tab. 27, S. 258, nach Angaben des Ministry of Labour and
Social Services.

Der Industrial Conciliation Act sieht für den Fall, daß in Industrial Councils oder
Conciliation Boards (46 a) keine Einigung erzielt wird, eine Reihe von **Schlichtungs-
prozeduren** vor, die durchlaufen werden müssen, bevor ein Arbeitskampf stattfinden
darf. Daneben ist das Streikrecht durch weitere Regelungen, die zum Teil in späteren Amendments zum ICA eingeführt wurden, stark beschränkt. Solche Amendments in den Jahren 1964, 1967, 1971 und 1973 führten auch zusätzliche Kontrollmaßnahmen gegenüber den Gewerkschaften ein. In dem Falle, daß Parteien
der Tarifverhandlungen sich nicht einigen können, können sie – und müssen
es nach Ablauf gewisser Fristen – entweder einen Vermittler (mediator) zu Hilfe
rufen oder sie können freiwillig den Konflikt dem Industrial Tribunal als Schieds-
richter (arbitrator) vorlegen. Bei freiwilliger Anrufung des Industrial Tribunal ist
dessen Entscheidung bindend. Bleibt – im alternativen Fall – die Tätigkeit eines

46. ebd. S. 258 und 55, Fußnote 11
46a. Vgl. Fußnote 43

Vermittlers erfolglos, so muß der Konflikt dem Industrial Tribunal zur Entscheidung vorgelegt werden. In diesem letzteren Falle eines obligatorischen Schiedsspruchs ist die Entscheidung des Industrial Tribunal nicht bindend.

Nur in diesem Fall besteht nun das **Recht auf Arbeitskampf** (47). Zum einen enthält der ICA damit eine komplexe und sehr zeitraubende Schlichtungsstruktur, die die Lösung von Konflikten verzögert und damit auch zu Vertrauensproblemen im Verhältnis von Arbeitern, die ihre Forderungen verwirklicht sehen wollen, und Gewerkschaften, die über lange Zeiträume hinweg ergebnislos in Gremien verhandeln, geführt hat. Zum anderen ist das Streikrecht zusätzlich beschränkt dadurch, daß 'essential industries' ausgenommen sind (Amendment 1967) sowie nach dem Amendment von 1971 der Präsident Streiks verbieten kann, wenn er sie für dem öffentlichen Interesse zuwiderlaufend hält (48). Das Amendment von 1971 führte außerdem die Bestimmung ein, daß Personen, die wegen Verstoßes gegen Bestimmungen des Law and Order (Maintenance) Act oder des Unlawful Organisations Act zu Freiheitsstrafen von mehr als 3 Monaten verurteilt worden waren, sieben Jahre lang keine Ämter in Gewerkschaften mehr bekleiden durften (49). "Tatsächlich ist das 'Streikrecht' stark beschnitten worden, und die meisten Streikaktionen müssen in einer Atmosphäre der 'Illegalität' außerhalb des Industrial Conciliation Act und unter den Einschränkungen des Law and Order (Maintenance) Act und des Emergency Powers Act stattfinden, die für den Fall der Zuwiderhandlung gegen ihre Bestimmungen strenge Strafen vorsehen." (50) Der Verweis auf die rhodesischen Repressionsgesetze, die 'Rahmenbedingungen' für die Industrial Relations setzten — und die bis heute in Kraft sind —, erhellt über die Kontrollbestimmungen des ICA selbst hinaus, was die Kehrseite der Anerkennung und Integration der afrikanischen Gewerkschaftsbewegung seit 1959 war. Das Amendment von 1973 schließlich gab dem Arbeitsminister die Vollmacht, letztentscheidend in Industrial Agreements einzugreifen. Schon vorher konnte der Minister im 'allgemeinen Interesse'

---

47. ebd. S. 278
48. **ILO,** Labour Conditions, S. 72 f; vgl. auch **Harris,** Industrial Relations, S. 71 f: "Thus, under the I.C.A., the right to strike or lock-out exists only in non-essential services, where the parties are not bound by the provisions of a current, unexpired industrial agreement, and after any dispute has been discussed by the industrial council and subsequently been submitted to mediation and compulsory arbitration. The right to strike or lock-out lapses if at any time in the negotiating procedure a dispute is voluntarily submitted to arbitration, or if once conciliation procedures have been completed, it is outlawed by presidential decree as being contrary to the public interest, and is subsequently a very remote legal weapon in the collective bargaining procedure."
49. **Brand,** Trade Unionism, S. 105
50. **ILO,** Labour Conditions, S. 127

die in Industrial Councils ausgehandelten Abmachungen verändern, die letzte Entscheidung lag dann aber bei einem Industrial Court als Berufungsinstanz. Mit dem Amendment von 1973 konnte der Arbeitsminister dann qua Dekret des Präsidenten die Entscheidung des Industrial Court aufheben. Diese Veränderung bedeutete, "daß der Exekutive die vollständige Macht gegeben wurde, die Bedingungen einer von Arbeitgeber- und Arbeitnehmervertretern erreichten Vereinbarung zu verändern." (51)

Der Industrial Conciliation Act von 1959 wurde, obwohl formell 'multirassisch', zur Grundlage einer **'getrennten Entwicklung' von weißen und schwarzen Gewerkschaften.** Die Arbeitsbedingungen der 'weißen' Gewerkschaften Rhodesiens wurden weder durch die neue Gesetzgebung noch durch die spätere politische Entwicklung wesentlich verändert. Diese Gewerkschaften vertraten die 'qualifizierte Arbeitskraft', die in der Regel 'weiß' war. Sie waren meist dem TUC of Rhodesia angeschlossen, der auch einige 'multirassische' Mitgliedsgewerkschaften wie etwa die Associated Mineworkers' Union hatte: Diese hatten sich — der Intention des ICA entsprechend — afrikanischen Mitgliedern geöffnet. Afrikanische Arbeiter waren in solchen 'multirassischen' Gewerkschaften schlecht vertreten; der ICA sah die Möglichkeit eines abgestuften Stimmrechts für verschiedene Beschäftigtengruppen in der innergewerkschaftlichen Willensbildung vor. So blieben die 'multirassischen' Gewerkschaften 'weiß-dominierte' Gewerkschaften (52).

Die Gewerkschaften der Facharbeiter waren konzentriert in den Bereichen Bergbau, Stahlproduktion, Stadtverwaltungen und im Öffentlichen Dienst sowie im Handel (53). Sie betrieben eine streng protektionistische Politik der Interessenvertretung (54). Den Schutz der weißen Arbeiter erreichten sie vor allem durch zwei politische Strategien: zum einen durch eine Politik der 'Rate for the Job', d.h. der Sicherung gleichen Lohns für gleiche Arbeit, wodurch der Anreiz für den Unternehmer, 'europäische' durch billigere afrikanische Arbeitskraft zu ersetzen, minimiert wurde. Ergänzend beeinflußten die weißen Gewerkschaften die Ausbildungspolitik und damit den Zufluß von afrikanischer qualifizierter Arbeitskraft. Zum anderen arbeiteten sie gegen 'Job Fragmentation', da die Zerlegung qualifi-

51. **Harris, Peter S.,** The 1973 Amendments to the Industrial Conciliation Act, S. 162 in: Rhodesian Journal of Economics Sept. 1973, S. 159 - 164
52. **Clarke,** Trade Unions, S. 32 f
53. **ILO,** Labour Conditions, S. 125
54. "The skilled or 'white' unions are thus forced to operate on two fronts. They have to mount the traditional offensive of organised labour against capital, but at the same time must fight a rearguard action against workers of a lower order of skill." **Harris, Peter S.,** Government Policy and African Wages in Rhodesia, S. 41, in: Zambezia 1972, S. 39 - 45

zierter Arbeitsvorgänge eine Bedrohung für die Exklusivität der weißen Arbeitsplätze bedeutete. Erst in den 70er Jahren war diese Politik dann infolge zunehmender Knappheit an qualifizierter Arbeitskraft nicht mehr in allen Bereichen durchzuhalten (55).

Im Unterschied zu den 'weißen' Gewerkschaften mit ihrer starken Verhandlungsposition und ihrer engen Zusammenarbeit mit staatlichen Organen arbeiteten die afrikanischen Gewerkschaften für ungelernte und halbqualifizierte (semiskilled) Arbeiter auch nach der Institutionalisierung durch den ICA unter schwierigen Bedingungen. Zwar waren die Reallöhne für afrikanische Arbeiter seit Ende der 40er Jahre gestiegen, aber seit Mitte der 50er Jahre deutete sich eine grundlegende Veränderung der Arbeitsmarktstruktur an: Der Anteil der einheimischen afrikanischen Männer, die abhängige Beschäftigung fanden, sank (56), und mit dem Abklingen des Nachkriegsbooms kehrte sich seit Ende der 50er Jahre die bis dahin herrschende allgemeine Knappheit an Arbeitskräften in zunehmende Unterbeschäftigung um. Seit den 60er Jahren und bis heute schuf der moderne Sektor nicht mehr genügend Arbeitsplätze, um die wachsende afrikanische Bevölkerung zu absorbieren (57). Zu den ungünstigen ökonomischen Rahmenbedingungen für die afrikanischen Gewerkschaften gehörte auch der noch immer für größere Teile der Arbeiterklasse 'vorübergehende' Charakter der städtischen Arbeit (58).

Neben den wirtschaftlichen Rahmenbedingungen war politische Repression wesentliche Determinante der afrikanischen Gewerkschaftsarbeit. Die Führer der Organisationen waren regelmäßig von Verhaftungswellen betroffen. Unterdrückungsmaßnahmen der 1962 an die Macht gekommenen Rhodesian Front unter Ian Smith zwangen seit 1964 die politischen Nationalistenbewegungen ganz in die Illegalität. Dies trug einerseits sicher zum Wachstum der Gewerkschaften bei, die immer dann, wenn die nationalistischen Parteien keinen Spielraum mehr hatten, Teile von deren Funktionen mitübernahmen; andererseits führte es auch zu Verhaftungen und Emigration vieler Gewerkschaftsführer und begründete mit eine bis heute nachwirkende Diskontinuität in der gewerkschaftlichen Organisationstätigkeit. 1966 übermittelte die ICFTU der International Labour Organization (ILO) 88 Namen von gefangenen oder in ihrer Tätigkeit beschränkten rhodesischen Gewerkschaftern (59); 1973 betrug ebenfalls nach ICFTU-Angaben die Anzahl verhafteter oder restringierter Gewerkschaftsführer 68. Daneben wurden Gewerkschaftstreffen häufig verboten (60).

55. ebd. S. 41 f
56. **Arrighi,** Labour Supply, S. 222 ff
57. vgl. Kapitel 6 der Arbeit
58. **Clarke,** Trade Unions, S. 26 f
59. **Brand,** Trade Unionism, S. 102
60. **Clarke,** Trade Unions, S. 21

Die organisatorischen Schwächen und Diskontinuitäten der afrikanischen Gewerkschaftsbewegung in Rhodesien haben ihre Wurzel auch in diesen Behinderungen.
Bevor ich die Entwicklung der Gewerkschaftsbewegung bis zur Unabhängigkeit Zimbabwes weiterverfolge, wird es im folgenden zunächst darum gehen, eine Bestandsaufnahme der materiellen Situation der im modernen Wirtschaftssektor abhängig Beschäftigten mit Schwerpunkt auf der Situation der afrikanischen Arbeiterklasse zu leisten und die Differenzierung der Beschäftigten nicht nur entlang dem Kriterium der Hautfarbe, sondern auch innerhalb der afrikanischen Arbeiter nachzuzeichnen.

5.2. Die soziale Differenzierung der abhängig Beschäftigten
5.2.1. Entwicklung und Zusammensetzung der abhängigen Beschäftigung

Die **abhängige Beschäftigung** in Rhodesien, die in Tabelle 24 von 1964 bis 1982 erfaßt ist, hat im behandelten Zeitraum bis Mitte der 70er Jahre mit nur einem leichten Einbruch 1966 relativ kontinuierlich zugenommen. Der Höhepunkt liegt bei 1,05 Mio Beschäftigten 1975; danach sinken die Zahlen infolge der wirtschaftlichen Krisenerscheinungen bis 1979, um mit der Unabhängigkeit wieder anzusteigen. Der beschriebene Trend gilt im wesentlichen sowohl für afrikanische Beschäftigte als auch für Europäer, Asiaten und Coloureds (1).

Nach 'Rassen' getrennte Zahlen sind nur bis 1977 verfügbar. Der Anteil der Afrikaner an der Gesamtbeschäftigung betrug 1975 knapp 89%. Das bedeutet, daß Europäer in Relation zu ihrem Anteil an der Bevölkerung sehr viel stärker in abhängiger Arbeit vertreten sind, da ein Großteil der afrikanischen Bevölkerung im Bauernsektor lebt. Zwar gehen nur um die 12% der afrikanischen Bevölkerung lohnabhängiger Arbeit im modernen Sektor nach; die Bedeutung, die Lohnarbeit für die Afrikaner hat, ist mit einer solchen Zahl jedoch nicht angemessen ausgedrückt. P. Harris hat in einer Modellrechnung gezeigt, daß, stellt man den hohen Anteil von Kindern und Jugendlichen an der afrikanischen Bevölkerung in Rechnung, die Beschäftigtenzahlen bedeuten, daß zwischen 50% und 60% der afrikanischen Haushalte von abhängiger Arbeit als Haupteinkommensquelle abhängen (2). Die Riddell-Kommission hält fest: "Es erscheint also berechtigt anzunehmen, daß mindestens 50% und vermutlich sogar etwa 75% der zimbabweschen Bevölkerung zu einem bestimmten Grad von Lohnarbeit abhängig geworden sind." (3)

1. Die rhodesische Statistik faßte häufig "Asians" und "Coloureds" mit den "Europeans" in einer Kategorie zusammen. Dabei umfassen die Europäer den weitaus größten Anteil an der Kategorie. Ich spreche im folgenden der Einfachheit halber von "Europäern".
2. vgl. **Harris,** Black Industrial Workers, S. 9; **ILO,** Labour Conditions, S. 92
3. **Riddell-Report,** S. 53

136

Anhang Beschäftigte nach Wirtschaftssektor und 'Rasse' 1964 - 1982

	Landw. u. Forsten	Berg. u. Tagebau	Verarb. Industrie	Elek. u. Wasser	Bau	Bank., Vers., Immob.	Handel, Gaststätt.	Transp. u. Komm.	Öff. Verw.	Erziehung	Gesundh.	Häusl. Dienste	Sonstige	Insgesamt
Afrikaner[3] (tsd. Beschäftigte)														
1964	293,9	41,7	64,0	3,6	23,2	2,1	41,2	21,0	17,7	22,3	6,1	93,7	17,6	648
1965	290,1	44,1	66,7	3,6	23,4	2,3	41,2	22,3	20,3	23,5	6,3	94,7	18,0	656
1966	273,1	45,4	66,5	3,7	23,9	2,3	38,5	22,4	21,4	24,5	6,5	95,7	20,4	644
1967	272,0	47,3	72,4	3,8	24,6	2,5	40,3	22,8	23,2	23,5	6,9	97,8	21,4	659
1968	283,1	48,4	80,1	4,1	29,7	2,3	43,2	22,7	24,5	24,3	7,2	102,0	21,7	693
1969	301,9	50,3	88,0	3,8	34,3	2,6	46,0	22,2	26,3	24,8	7,2	105,4	22,1	735
1970	292,2	53,4	97,7	4,1	36,9	2,6	46,0	22,9	27,5	24,4	7,5	109,3	25,1	750
1971	305,3	54,2	103,4	4,1	40,9	2,5	47,2	25,2	27,3	24,4	7,9	114,0	26,6	783
1972	336,5	54,6	110,7	4,3	43,7	2,7	51,4	27,0	27,4	24,9	8,2	119,4	29,5	840
1973	350,7	54,4	118,8	4,7	50,7	2,9	55,1	28,2	29,0	26,0	8,6	122,6	30,4	882
1974	359,9	58,3	130,2	5,0	57,9	3,1	54,6	29,6	30,7	27,5	8,8	124,4	33,2	923
1975	357,8	58,7	134,4	5,0	54,8	3,4	56,0	30,7	35,1	28,7	9,1	126,3	33,7	934
1976	350,2	59,7	132,8	4,8	46,3	3,6	54,5	31,0	37,6	29,6	9,3	126,1	33,4	919
1977[3]	342,5	57,5	125,2	4,7	41,7	4,0	53,4	31,2	43,3	29,5	10,2	123,0	34,1	900
Europäer, Asiaten, Coloureds[3] (tsd. Beschäftigte)														
1964	5,6	2,7	12,7	1,3	3,7	5,5	20,3	12,3	9,0	5,5	2,7	6,9		88
1965	5,5	3,0	13,5	1,3	3,8	5,6	20,1	13,0	9,6	5,6	2,8	7,2		91
1966	5,3	3,1	13,5	1,4	3,9	5,6	18,2	13,4	10,4	5,7	2,9	7,4		91
1967	5,6	3,2	13,5	1,4	3,9	5,6	18,1	13,6	10,7	5,8	2,9	7,8		92
1968	5,5	3,3	15,2	1,4	4,5	5,9	19,1	13,5	11,0	5,9	3,0	8,4		97
1969	5,6	3,9	15,9	1,5	5,3	6,3	19,6	13,2	11,3	6,1	3,0	8,8		100
1970	5,6	3,8	17,0	1,5	5,5	6,4	19,6	13,6	11,5	6,6	3,2	9,7		104
1971	5,6	3,8	18,3	1,7	5,9	6,9	20,3	13,7	12,3	6,6	3,5	10,0		109
1972	5,8	3,8	20,1	1,8	5,8	7,7	20,6	14,0	12,7	7,0	3,9	10,3		113
1973	5,9	3,7	20,8	1,9	6,1	8,2	21,4	14,1	12,4	7,3	3,9	10,9		117
1974	5,7	3,7	21,8	1,9	6,4	8,5	20,9	14,2	12,7	7,2	4,2	11,2		118
1975	6,0	4,0	22,3	1,9	6,0	8,7	20,6	14,6	13,8	7,3	4,4	11,2		121
1976	5,9	4,1	21,5	1,9	5,3	8,5	19,4	14,7	16,2	7,3	4,2	10,6		120
1977[3]	5,7	4,1	20,6	1,9	4,8	8,1	18,3	14,3	17,3	7,1	4,3	10,4		117

	Landw. u. Forsten	Berg. u. Tagebau	Verarb. Industrie	Elek. u. Wasser	Bau	Bank, Vers., Immob.	Handel, Gaststätt.	Transp. u. Komm.	Dienstleistungen					Insgesamt
									Öff. Verw.	Erzie-hung	Ge-sundh.Dienste	Häusl.Dienste	Sonstige	
						Insgesamt[2] (tsd. Beschäftigte)								
1964	299,5	44,4	76,7	4,9	26,9	7,6	61,5	33,3	26,7	27,8	8,8	93,7	24,5	736,6
1965	295,6	47,1	80,7	4,9	27,2	7,9	60,8	35,3	29,9	29,1	9,1	94,7	25,2	747,5
1966	278,4	48,5	80,5	5,1	27,8	7,9	56,1	35,8	31,8	30,2	9,4	95,7	27,8	735,0
1967	277,6	50,5	86,3	5,2	28,5	8,1	58,0	36,4	33,9	29,3	9,8	97,8	29,2	750,6
1968	288,6	51,7	95,8	5,5	34,2	8,2	61,8	36,2	35,5	30,2	10,2	102,0	30,1	790,0
1969	307,5	54,2	104,2	5,3	39,6	8,9	65,4	35,4	37,6	30,9	10,2	105,4	30,9	835,5
1970	297,8	57,2	114,7	5,6	42,4	9,0	65,6	36,5	39,0	31,0	10,7	109,3	34,5	853,3
1971	310,9	58,0	121,6	5,8	46,8	9,4	67,5	38,9	39,6	31,0	11,4	114,0	36,1	891,0
1972	342,3	58,4	130,7	6,1	49,5	10,4	72,1	41,0	40,1	31,9	12,1	119,4	38,9	952,9
1973	356,6	58,1	139,4	6,6	56,8	11,1	76,7	42,3	41,4	33,3	12,5	122,6	40,1	997,5
1974	365,6	62,0	151,3	6,9	64,3	11,6	76,2	43,8	43,4	34,7	13,0	124,4	42,7	1 039,9
1975	363,8	62,6	156,0	6,9	60,8	12,1	77,3	45,3	48,9	36,0	13,5	124,1	42,9	1 050,2
1976	356,1	63,8	153,6	6,7	51,6	12,1	74,7	45,7	53,8	36,9	13,5	122,8	42,1	1 033,4
1977	348,2	61,6	145,1	6,6	46,5	12,2	72,5	45,5	60,6	36,6	14,5	120,0	42,3	1 012,2
1978	341,4	58,1	139,3	6,5	40,9	12,0	69,1	44,0	68,3	34,9	14,7	115,9	41,1	986,2
1979	335,2	59,5	144,7	6,6	40,6	12,1	67,6	43,4	73,7	33,8	14,8	110,4	42,3	984,7
1980	327,0	66,2	159,4	6,7	42,2	12,5	70,3	45,6	71,1	41,9	15,2	108,0	43,8	1 009,9
1981	294,3	68,7	173,2	6,6	47,1	13,8	75,0	49,1	83,2	59,1	16,3	104,6	47,3	1 038,2
1982	274,3	63,7	180,5	6,5	51,1	14,6	79,8	50,4	81,3	71,8	18,9	101,4	51,7	1 045,9
					Anteile an der Gesamtbeschäftigung (alle 'Rassen') (%)									
1964	40,7	6,0	10,4	0,7	3,7	1,0	8,3	4,5	3,6	3,8	1,2	12,7	3,3	99,9¹
1965	39,5	6,3	10,8	0,7	3,6	1,1	8,1	4,7	4,0	3,9	1,2	12,7	3,4	100,0
1966	37,9	6,6	11,0	0,7	3,8	1,1	7,6	4,9	4,3	4,1	1,3	13,0	3,8	100,1¹
1967	37,0	6,7	11,5	0,7	3,8	1,1	7,7	4,8	4,5	3,9	1,3	13,0	3,9	99,9¹
1968	36,5	6,5	12,1	0,7	4,3	1,0	7,8	4,6	4,5	3,8	1,3	12,9	3,8	99,8¹
1969	36,8	6,5	12,5	0,6	4,7	1,1	7,8	4,2	4,5	3,7	1,2	12,6	3,7	99,9¹

(Tabelle 24, Fortsetzung)

1970	34,9	6,7	13,4	0,7	5,0	1,1	7,7	4,3	4,6	3,6	1,3	12,8	4,0	100,1[1]
1971	34,9	6,5	13,6	0,7	5,3	1,1	7,6	4,4	4,4	3,5	1,3	12,8	4,1	100,2[1]
1972	35,9	6,1	13,7	0,6	5,2	1,1	7,6	4,3	4,2	3,3	1,3	12,5	4,1	99,9[1]
1973	35,7	5,8	14,0	0,7	5,7	1,1	7,7	4,2	4,2	3,3	1,3	12,3	4,0	100,0
1974	35,2	6,0	14,5	0,7	6,2	1,1	7,3	4,2	4,2	3,3	1,3	12,0	4,1	100,1[1]
1975	34,6	6,0	14,9	0,7	5,8	1,2	7,4	4,3	4,7	3,4	1,3	11,8	4,1	100,2[1]
1976	34,5	6,2	14,9	0,6	5,0	1,2	7,2	4,4	5,2	3,6	1,3	11,9	4,1	100,1[1]
1977	34,4	6,1	14,3	0,7	4,6	1,2	7,2	4,5	6,0	3,6	1,4	11,9	4,2	100,1[1]
1978	34,6	5,9	14,1	0,7	4,1	1,2	7,0	4,5	6,9	3,5	1,5	11,8	4,2	100,0
1979	34,0	6,0	14,7	0,7	4,1	1,2	6,9	4,4	7,5	3,4	1,5	11,2	4,3	99,9[1]
1980	32,4	6,6	15,8	0,7	4,2	1,2	7,0	4,5	7,0	4,1	1,5	10,7	4,3	100,0
1981	28,3	6,6	16,7	0,6	4,5	1,3	7,2	4,7	8,0	5,7	1,6	10,1	4,6	99,9[1]
1982	26,2	6,1	17,3	0,6	4,9	1,4	7,6	4,8	7,8	6,9	1,8	9,7	4,9	100,0

1. Rundungsfehler
2. Die Insgesamt-Angaben stimmen nicht immer genau überein mit der Summe der einzelnen Kategorien, da die nach 'Rassen' getrennten Zahlen früher veröffentlicht wurden und das Central Statistical Office seine Zahlen laufend und ohne Angabe von Gründen korrigiert.
3. Die Beschäftigtenzahlen nach 'rassischen' Kategorien getrennt hat das CSO zuletzt für 1977 veröffentlicht.

Quellen:
Für die Beschäftigten nach 'Rassen': CSO, Supplement, Jan. 1979, Tab. 6, S. 4; für die abhängige Beschäftigung insgesamt: CSO, Monthly Digest, Sept. 1982, Tab. 6.1, S. 6, sowie Monthly Digest, April 1983, Tab. 6.1.

(Tabelle 24, Fortsetzung)

Blickt man nun auf die Verteilung der Beschäftigten auf die verschiedenen **Wirtschaftsbereiche,** so zeigen sich als größte Sektoren 1980 die Landwirtschaft (32,4%), die Verarbeitende Industrie (15,8%) und die Häuslichen Dienste (10,7%). Dabei sind jedoch einige langfristige sektorale Trends modifizierend von Bedeutung: Während der Anteil der Verarbeitenden Industrie an den Beschäftigten von 10,4% 1964 auf 15,8% 1980 zunahm, gingen die Anteile von Landwirtschaft und Häuslichen Diensten zurück, dabei die Landwirtschaft stark von 40,7% 1964 auf 32,4% 1980. Seit 1974 fielen auch die absoluten Beschäftigtenzahlen in der Landwirtschaft, und zwar überdurchschnittlich im Vergleich zur allgemeinen Beschäftigungsentwicklung.

Auch bei den afrikanischen Beschäftigten sind Landwirtschaft, Verarbeitende Industrie und Häusliche Dienste die stärksten Sektoren (4), an vierter Stelle steht der Bergbau. Die verarbeitende Industrie hat den zweiten Rang erst seit 1974 inne, als sie erstmals die Häuslichen Dienste übertraf. Andere Schwerpunkte als bei den Afrikanern bestehen bei den europäischen Beschäftigten: Hier ist die größte einzelne Gruppe in der Verarbeitenden Industrie beschäftigt, und es folgen Handel und Gaststätten an zweiter und die Öffentliche Verwaltung an dritter Stelle. Der stärkere White-collar-Anteil innerhalb der Berufsstruktur der Europäer deutet sich darin an. Der einzige Sektor, in dem absolut mehr Europäer als Afrikaner beschäftigt sind, ist der Bereich der Banken, Versicherungen und Immobilien, also ein White-collar-Bereich par excellence und im übrigen der mit den höchsten afrikanischen Durchschnittseinkommen. Eine viel größere Rolle spielt bei den Europäern auch der Staat als Arbeitgeber: 1969 waren 37,3% der europäischen, aber nur 14% der afrikanischen Beschäftigten im Öffentlichen Sektor angestellt (5). Der Anteil der weiblichen Beschäftigten betrug bei den Afrikanern 1969 9,7%; in europäischen Haushalten ist Frauenarbeit sehr viel weiter verbreitet (6).

5.2.2. Die Einkommen von afrikanischen und europäischen Beschäftigten

Betrachtet man nun die Einkommen der Beschäftigten als zentrale Determinanten ihrer materiellen Lebenssituation, so sind verschiedene Dimensionen der Einkommensverteilung von Bedeutung. Zum einen kann man den Versuch machen, das Ausmaß von Armut in der zimbabweschen Arbeiterklasse zu bestimmen; dies setzt die Verwendung eines Maßes, das einen zur Befriedigung von Grundbedürfnissen notwendigen Lohn angibt, voraus. Weiter ist die Frage der langfristigen Einkommensentwicklung von Interesse. Schließlich ist die Differenzierung der abhängig

4. Die Arbeiter in Häuslichen Diensten sind durchweg Afrikaner.
5. **Harris,** Black Industrial Workers, S. 14
6. **CSO,** Rhodesia. Census of Population, Tab. 77

Beschäftigten sowohl nach Hautfarbe als auch innerhalb der afrikanischen Arbeiterschaft zu betrachten.

Tabelle 26 zeigt die **realen Jahresdurchschnittseinkommen** aus abhängiger Arbeit, die unter Verwendung der laufend vom Central Statistical Office veröffentlichten Consumer Price Indices (CPIs) errechnet wurden. Das durchschnittliche Einkommen eines afrikanischen Beschäftigten stieg demnach zwischen 1964 und 1977, also innerhalb von 13 Jahren, von 238 Dollar auf 334 Dollar jährlich, d.h. um 40,4% insgesamt; das des europäischen Beschäftigten stieg im gleichen Zeitraum von 2 509 Dollar auf 3 454 Dollar, d.h. um 37,7%. Dabei verläuft die Entwicklung je nach Wirtschaftssektor sehr unterschiedlich; häufig ist sie bei den afrikanischen Beschäftigten unterbrochen durch einen kurzen Reallohnrückgang nach der Mitte der 60er Jahre und noch einmal Anfang der 70er Jahre. Auch die zweite Hälfte der 70er Jahre, vor allem die Jahre 1976 bis 1979, brachte in vielen Bereichen — auch der europäischen Beschäftigten — noch einmal Reallohnverluste, bis in den ersten beiden Jahren der Unabhängigkeit Zimbabwes kräftige Reallohnsteigerungen, die sicher auch mit der Mindestlohngesetzgebung zu tun haben (1), aber, weil das CSO keine nach 'Rassen' getrennten Zahlen mehr erhebt, nicht eindeutig zuzuordnen sind, eintraten.

Zwei Wirtschaftsbereiche fallen aus der Tendenz einer langfristigen Reallohnsteigerung auch der afrikanischen Beschäftigten heraus: die Landwirtschaft und die Häuslichen Dienste. Die realen Einkommen afrikanischer Landarbeiter und auch der europäischen Beschäftigten fielen zunächst und erreichten dann erst wieder 1974/75 den Stand von 1964. Dies ist weiter oben ausführlich behandelt worden. Nur geringe reale Einkommenssteigerungen gab es bis 1975 für die Domestic Workers, auch Domestic Servants genannt, danach einen Abfall unter das Niveau von Mitte der 60er Jahre. Die Einkommensangaben für den Bereich der Häuslichen Dienste sind auch deshalb von besonderem Interesse, weil hier die Wirkung der Mindestlohngesetzgebung nach der Unabhängigkeit für einen Sektor unverfälscht in der Statistik sichtbar ist: Da es keine europäischen Haushaltsangestellten gibt, sondern diese Arbeiten nur von Afrikanern (und einer zu vernachlässigenden Zahl von 'Coloureds') ausgeführt werden, zeigen die für die Zeit nach 1977 veröffentlichten 'nichtrassischen' Daten nur hier unmittelbar die Entwicklung der afrikanischen Reallöhne an. Man sieht deutlich den Sprung von 1979 auf 1980, der die realen Einkommen der Haushaltsangestellten über das Niveau der gesamten vorher betrachteten Zeit hebt (2).

1. vgl. Kapitel 12 der Arbeit
2. Die Nichtübereinstimmung der "afrikanischen" und der "Insgesamt"-Angabe für 1979 kommt daher, daß a) die Angabe für den afrikanischen Sektor 1979 nur für das erste Quartal gilt, also den Jahresdurchschnitt verzerrt, und b)

Tabelle 25

Jahresdurchschnittseinkommen[5] der abhängig Beschäftigten
nach Wirtschaftssektor und 'Rasse' 1964 - 1982
(Laufende Preise in $)

	Landw. u. Forsten	Berg. u. Tagebau	Verarb. Industrie	Elek. u. Wasser	Bau	Bank., Vers., Immob.	Handel, Gaststätt.	Transp. u. Komm.	Dienstleistungen					Insgesamt
									Öff. Verw.[6]	Erziehung	Gesundh. Dienste	Häusl. Dienste	Sonstige	
Afrikaner														
1964	124	288	392	306	276	476	320	600	339	462	361	236	318	238
1965	124	295	412	361	303	522	345	646	365	468	429	240	328	251
1966	125	304	420	351	297	609	348	652	393	506	492	244	328	260
1967	123	309	431	368	321	560	375	636	388	540	493	252	355	268
1968	123	322	443	390	367	696	384	626	408	572	542	261	387	280
1969	124	336	477	395	335	654	402	676	445	609	569	263	412	288
1970	128	345	482	439	404	731	430	655	451	656	573	276	426	306
1971	132	352	482	488	472	760	477	734	517	758	620	289	421	326
1972	134	359	531	512	508	778	483	730	610	767	671	295	431	338
1973	144	388	569	532	483	862	499	780	676	823	698	302	467	359
1974	159	436	635	600	549	1000	550	865	766	913	784	321	512	402
1975	180	508	725	680	655	1177	646	964	852	1042	934	356	576	464
1976	209	573	813	792	685	1417	717	1077	992	1169	1075	390	659	524
1977	232	650	929	915	736	1700	813	1202	1099	1268	1186	424	742	589
1978[1]	—	—	—	—	—	—	—	—	—	—	—	—	—	—
1979[2]	311[3]	792	1096	1084	864	2084	980	1460	1276	1784	1560	464	896	—
Europäer, Asiaten, Coloureds														
1964	2812	3407	2732	3154	2568	2582	2064	2886	2556	2218	1852		2261	2509
1965	2982	3400	2830	3308	2684	2571	2159	2962	2729	2286	1929		2278	2597
1966	2755	3548	2852	3214	2667	2661	2258	3239	2817	2316	2000		2338	2682
1967	2804	3531	3104	3357	2692	2821	2326	3250	2907	2379	2069		2321	2774
1968	2727	3727	3132	3786	2867	2949	2429	3215	3055	2559	2167		2500	2851

(Tabelle 25, Fortsetzung)

Jahr												
1971	2839	3825	4294	3644	3348	2941	3825	3618	3121	2686	2700	3389
1972	3017	4124	4556	4155	3701	3165	4157	3866	3357	2718	2864	3679
1973	3441	4466	4842	4164	3817	3336	4511	4669	3616	2874	3321	3978
1974	4123	5106	5474	4859	4459	3665	4916	5339	4097	3214	3571	4526
1975	4817	5839	6421	5533	4931	4257	5397	5739	4740	3614	4063	5095
1976	5102	6428	6947	5962	5412	4639	5993	6364	5164	4119	4519	5618
1977	5737	6733	7579	6438	5975	4973	6329	7659	5437	4279	4817	6156
1978[1]	—	—	—	—	—	—	—	—	—	—	—	—
1979[2]	9888 / 6831[3]	7728	8420	7000	6796	5528	7188	8456	5852	4856	5444	—

Insgesamt

Jahr														
1977	322	1159	1747	2833	1323	4525	1735	2813	2972	2077	2103	424	1745	1233
1978	352	1250	1917	3185	1413	4783	1999	3039	3152	2459	2367	450	1888	1352
1979	411	1435	2122	3349	1579	5314	2257	3406	3304	2891	2635	482	2059	1525
1980	458	1757	2521	3910	1844	6280	2669	4138	3703	4014	3197	599	2502	1863
1981	745	2304	3117	4546	2242	7196	3272	4843	3375	3657	3417	690	2863	2308
1982	919	2805	3601	5262	2705	7959	3757	5470	4054	4315	4011	842	3290	2788

Anm. zu den Tabellen 25 und 26:

1. Das Central Statistical Office hat Einkommens- und Beschäftigungsdaten zuletzt für 1977 nach 'rassischen' Kategorien getrennt veröffentlicht.

2. 'Rassisch' getrennte Daten für 1979 — außer Landwirtschaft und Forsten — aus unveröffentlichtem Material des CSO nach Riddell-Report, S. 53 Tab. 8. Die Daten beziehen sich auf das erste Vierteljahr 1979, verzerren also den Jahresdurchschnitt leicht.

3. Unveröffentlichte Daten des CSO, gültig für den Jahresdurchschnitt 1979.

4. Zur Deflationierung wurden der Consumer Price Index (CPI) for Higher Income Urban Families (für Europäer, Asiaten, Coloureds) und der CPI for Lower Income Urban Families (für Afrikaner und die Insgesamt-Daten) verwendet.

5. Die Einkommen umfassen Geldlöhne und -gehälter und Prämien etc.; Arbeitgeberbeiträge zu Renten- und sonstigen Fonds; Sachleistungen des Arbeitgebers an die Beschäftigten wie Nahrungsmittel, Kleidung, Wohnen.

6. Beschäftigte, die zeitweise zum Militärdienst einberufen sind, bleiben in der Statistik in ihrem normalen zivilen Beruf erfaßt. Militärische Ausstattungsleistungen sind jedoch unter 'Öffentliche Verwaltung' verbucht.

Tabelle 26

Jahresdurchschnittseinkommen[5] der abhängig Beschäftigten nach Wirtschaftssektor und 'Rasse' 1964 - 1982
(Konstante Preise von 1964)

	Landw. u. Forsten	Berg. u. Tagebau	Verarb. Industrie	Elek. u. Wasser	Bau	Bank., Vers., Immob.	Handel, Gaststätt.	Transp. u. Komm.	Dienstleistungen					Insgesamt
									Öff. Verw.[6]	Erziehung	Gesundh.Dienste	Häusl.Dienste	Sonstige	
							Afrikaner							
1964	124	288	392	306	276	476	320	600	339	462	361	236	318	238
1965	121	288	402	352	296	509	336	630	356	457	418	234	320	244
1966	118	288	397	333	281	576	329	617	371	479	466	230	311	246
1967	114	285	398	341	297	518	346	588	359	499	456	232	328	248
1968	112	293	404	356	335	634	350	570	372	521	494	238	353	255
1969	112	305	434	359	305	594	365	614	404	553	517	239	374	262
1970	114	307	429	391	359	650	383	583	401	583	510	246	379	272
1971	114	304	416	421	408	656	412	634	446	655	536	249	367	281
1972	113	301	446	430	427	653	405	613	512	644	563	248	362	284
1973	117	316	463	433	394	702	406	635	550	670	568	246	380	292
1974	121	333	485	458	420	764	420	661	585	697	599	245	391	307
1975	125	353	504	472	455	817	449	670	592	724	649	247	400	322
1976	131	358	508	495	428	886	449	674	620	731	673	244	412	328
1977	132	369	527	519	417	964	461	681	623	719	673	240	421	334
1978[1]	—	—	—	—	—	—	—	—	—	—	—	—	—	—
1979[2]	—	377	591	515	411	991	466	684	607	849	749	231	426	—

Jahr													
1964	2812	3407	2732	3154	2568	2582	2064	2886	2556	2218	1852	2261	2509
1965	2932	3343	2782	3252	2639	2528	2123	2912	2684	2248	1896	2240	2553
1966	2641	3402	2734	3082	2557	2551	2165	3105	2701	2220	1918	2241	2572
1967	2635	3319	2917	3155	2530	2652	2186	3055	2732	2236	1945	2181	2607
1968	2509	3429	2881	3483	2637	2713	2235	2958	2810	2355	1993	2300	2622
1969	2494	3397	2956	3342	2500	2785	2215	3174	2955	2422	2119	2350	2706
1970	2487	3870	3079	3287	2611	2852	2304	3187	2964	2346	2082	2256	2741
1971	2384	3977	3212	3606	3060	2811	2469	3211	3038	2621	2255	2267	2846
1972	2427	3874	3318	3665	3343	2978	2546	3344	3110	2701	2187	2304	2960
1973	2671	4050	3468	3759	3233	2964	2590	3502	3625	2809	2309	2579	3088
1974	2977	4469	3686	3952	3509	3219	2646	3549	3855	2958	2321	2579	3268
1975	3228	4591	3913	4304	3709	3305	2853	3618	3847	3177	2422	2723	3415
1976	3138	4680	3953	4273	3667	3328	2853	3686	3914	3176	2533	2779	3455
1977	3219	4654	3778	4253	3613	3353	2791	3552	4298	3051	2401	2703	3454
1978[1]	—	—	—	—	—	—	—	—	—	—	—	—	—
1979[2]	3244[3]	4971	3885	4233	3519	3417	2779	3614	4251	2942	2441	2737	—

Insgesamt[4]

Jahr													
1977	183	657	990	1606	750	2565	984	1595	1685	1177	1192	989	699
1978	182	646	990	1645	730	2471	1032	1570	1628	1270	1223	975	698
1979	187	652	964	1521	717	2414	1026	1547	1501	1313	1197	936	693
1980	197	757	1087	1686	795	2707	1150	1784	1596	1730	1378	1079	803
1981	284	878	1188	1732	854	2741	1247	1845	1286	1393	1302	1091	879
1982	316	966	1240	1811	931	2740	1293	1883	1396	1485	1381	1133	960

Quellen zu den Tabellen 25 und 26:

Für die nach 'rassischen' Kategorien getrennten Daten CSO, Supplement, Jan. 1979, S. 4 f Tab. 6 und 7, sowie Riddell-Report, S. 53 Tab. 8.

Für die Insgesamt-Daten CSO, Monthly Digest, Sept. 1982, S. 6 Tab. 6.1., sowie CSO, Monthly Digest, April 1983, Tab. 6.1. Zur Deflationierung CSO, Monthly Digest, April 1983, S. 8 f Tab. 7.1. und 7.2. sowie CSO, Monthly Digest, Dez. 1980, Tab. 4 und 5.

(Tabelle 26, Fortsetzung)

Besonders auffällig bei der Betrachtung der Einkommen ist die große **Kluft** zwischen afrikanischen und europäischen Löhnen und Gehältern. Die realen Durchschnittseinkommen standen 1964 bis 1977 erstaunlich konstant in einem Verhältnis von 1 : 10 bis 1 : 10,6 zueinander. Auch in Sektoren, in denen sich diese Kluft verhältnismäßig verkleinert hat, ist die absolute Differenz der Realeinkommen gewachsen (3). Am größten war die Kluft zwischen europäischen und afrikanischen Realeinkommen 1977 relativ ausgedrückt außer in der Landwirtschaft (1 : 24,4) im Bergbau (1 : 12,6), am geringsten bei Banken/Versicherungen/Immobilien (1 : 3,5), Gesundheit (1 : 3,6) und Erziehung (1 : 4,2). Letzteres sind gleichzeitig die Bereiche mit den höchsten afrikanischen Lohn- und Gehaltseinkommen überhaupt. Der Abstand zwischen europäischen und afrikanischen Einkommen wird zusätzlich verstärkt durch die geringere Familiengröße und die häufigere Frauenerwerbstätigkeit bei weißen Haushalten (4).

Wie kommen die starken Einkommensdifferenzen innerhalb derselben Wirtschaftsbereiche zustande? Hinter den Zahlen verbergen sich unterschiedliche Tätigkeiten von europäischen und afrikanischen Beschäftigten: Wegen ungleicher Bildungschancen und der schon berührten Diskriminierung von Afrikanern bei der Berufsausbildung waren qualifizierte Tätigkeiten weitgehend den Europäern vorbehalten. Dies wird mich im folgenden noch beschäftigen. Die Zahl unqualifizierter weißer Arbeiter ist unbedeutend; für solche unqualifizierten Weißen existierten in der rhodesischen Wirtschaft, vor allem aber im unteren Bereich des Staatsdienstes und bei den öffentlichen Statutory Bodies, z.B. der Eisenbahn, eine Reihe von 'reservierten' unqualifizierten Arbeitsplätzen, auf denen sie, ohne mit Afrikanern konkurrieren zu müssen, zu 'weißen' Löhnen beschäftigt wurden (5). Von großer Bedeutung für die Erklärung der verschiedenen Lohnniveaus ist der historische Hintergrund der Entstehung der afrikanischen Löhne: Diese waren am niedrigsten Bedarf des einzelnen Wanderarbeiters, nicht am Mindestbedarf der Arbeiterfamilie orientiert (6). Bis heute spielt dieses System einander ergänzender städtischer und ländlicher Einkommensquellen, wenn auch nicht für alle afrikanischen Arbeiter, eine bedeutende Rolle.

die 'Insgesamt'-Angaben auf später veröffentlichten Lohnsummen- und Beschäftigtenzahlen des CSO, das seine Angaben laufend rückwärts korrigiert, beruhen. Hierdurch entstehen auch in der Tabelle zur Beschäftigung unvermeidliche Inkonsistenzen zwischen afrikanischer/europäischer und Gesamtbeschäftigung.

3. So bei Elektrizität und Wasser, Bau, Banken/Versicherungen/Immobilien, Handel/Gaststätten, Öffentlicher Verwaltung, Erziehungswesen und Gesundheit.
4. **Harris,** Black Industrial Workers, S. 11
5. ebd. S. 16
6. ebd. S. 25

5.2.3. Die Differenzierung der afrikanischen Arbeiterschaft

Große Einkommensdifferenzen bestehen jedoch nicht nur zwischen europäischen und afrikanischen Beschäftigten, sondern auch **innerhalb der afrikanischen Beschäftigtengruppe** selbst. Die schlechtestbezahlten afrikanischen Arbeiter sind Land-, Haushalts- und Bergarbeiter; an der Spitze der Einkommensskala standen 1979 die Bereiche Banken/Versicherungen/Immobilien, Erziehung und Gesundheit; 1977 waren noch die Beschäftigten bei Transport und Kommunikation auf dem zweiten Rang und fielen danach auf Platz 4 ab. Die durchschnittlichen Einkommen der afrikanischen Landarbeiter zu denen im Bankbereich verhielten sich 1977 wie 1:7,3, die von Haushaltsarbeitern zum Bankbereich wie 1:4. Dies sind die größten sektoralen Einkommensdifferenzen. Dabei bildeten freilich in der Vergangenheit die niedrigstbezahlten Arbeiter die Mehrheit und die hochbezahlten eine kleine Minderheit der afrikanischen Arbeiterschaft: Die in Landwirtschaft, Häuslichen Diensten und Bergbau Beschäftigten umfaßten 1977 58,1%, die in den Sektoren Banken/Versicherungen/Immobilien, Erziehung und Gesundheit Beschäftigten dagegen nur 4,9% der afrikanischen Beschäftigten; schließt man den Bereich Transport und Kommunikation noch ein, so kommt man auf 8,4%. Rund die Hälfte aller afrikanischen Beschäftigten, nämlich Land- und Haushaltsarbeiter, erfuhren zwischen 1964 und 1977 kaum eine nennenswerte Steigerung ihrer Reallöhne.

Das Bild der sozialen Differenzierung der afrikanischen Beschäftigten wird bestätigt und vervollständigt durch die in Tabelle 27 enthaltenen Daten zur **Geldlohnverteilung afrikanischer Arbeiter**, die das CSO zuletzt für Juni 1977 erhoben und veröffentlicht hat. Die Geldlohndaten unterscheiden sich von den bisher betrachteten Durchschnittseinkommen dadurch, daß letztere Sachleistungen wie Essensrationen, Wohnung, Kleidung u.a., die vor allem bei Farm-, Haushalts- und Bergarbeitern eine wesentliche Rolle spielten, enthalten, während erstere die reinen monatlichen Geldlöhne erfassen. Tabelle 27 zeigt die starke Massierung in den unteren Lohngruppen wieder für die genannten Niedriglohnbereiche und gibt im übrigen eine Vorstellung von der Streuung der Löhne innerhalb der einzelnen Wirtschaftsbereiche.

Als grobes Maß dafür, was die absolute Höhe der afrikanischen Einkommen für die Lebenssituation der Arbeiterfamilien bedeutet, kann die **Poverty Datum Line (PDL)** herangezogen werden. Nach älteren Vorläufern (1) unternahmen Wissen-

1. **Batson, Edward,** The Poverty Line in Salisbury, School of Social Science and Administration, University of Cape Town, Cape Town 1945; **Bettison, David G.,** The Poverty Datum Line in Central Africa, Rhodes-Livingstone Journal, 27 (1960)

Tabelle 27

Geldlohnverteilung afrikanischer abhängig Beschäftigter nach Wirtschaftssektor, Juni 1977

Monatl. Geldeinkommen[1]	Landwirt., Forsten[2]	Berg- u. Tagebau	Verarb. Industrie	Elektr. u. Wasser	Bau	Banken, Vers., Imm.	Handel, Gaststätt.	Transport u. Komm.	Öffentl. Verwalt.	Erziehung	Gesundheitswesen	Häusl. Dienste	Sonst. Dienstl.	Ingesamt ohne LW u. HD	Landw. u. Häusl. Dienste	%	Ingesamt	%	Ingesamt ohne LW u. HD %
Unter 20 $	206 930	6 820	2 480	(a)	1 290	20	1 460	110	3 130	230	90	64 620	2 490	18 120	271 550	71,4	289 670	35,3	4,1
20 $ bis unter 40 $	40 560	22 720	15 700	500	10 580	90	11 620	1 230	5 090	1 270	1 460	55 790	7 730	77 990	96 350	25,3	174 340	21,3	17,7
40 $ bis unter 70 $	6 400	22 510	73 760	2 970	22 020	470	23 090	11 210	20 660	8 480	3 450	3 130	15 910	204 530	9 530	2,5	214 060	26,1	46,5
70 $ bis unter 110 $	2 180	5 630	25 620	1 150	5 210	1 470	11 920	13 010	8 630	12 580	2 700	—	5 400	93 320	2 180	0,6	95 500	11,6	21,2
110 $ bis unter 150 $	640	910	6 290	180	2 400	790	2 560	3 530	3 320	4 360	600	—	1 260	26 200	640	0,2	26 840	3,3	6,0
150 $ bis unter 250 $	190	390	3 540	80	1 170	970	1 470	1 700	1 160	1 460	860	—	770	13 570	190	(0,05)	13 760	1,7	3,1
250 $ und mehr	40	210	1 180	20	420	240	400	670	240	1 350	900	—	450	6 080	40	(0,01)	6 120	0,7	1,4
	256 940	59 190	128 570	4 900	43 090	4 050	52 520	31 460	42 230	29 730	10 060	123 540	34 010	439 810	380 480	100,06	820 290	100,0	100,0

1. Alle Geldzahlungen; ausgeschlossen sind alle Sachleistungen.
2. Nicht eingeschlossen sind 74 040 zeitweilige und Saisonarbeiter und 26 750 Kontraktarbeiter.
(a) Weniger als 5 Beschäftigte

Quelle: CSO, Wage Distribution of African Employees

schaftler des Department of Economics der Universität in Salisbury Anfang der 70er Jahre den Versuch, für verschiedene Städte Rhodesiens und verschiedene Familientypen und -größen eine zur Deckung von Grundbedürfnissen mindestens notwendige Einkommenshöhe zu bestimmen: die **Poverty Datum Line** (2). Aktualisiert für September 1978 betrug die Armutsgrenze diesen Studien zufolge für eine durchschnittliche Familie von 2 Erwachsenen und 4 Kindern und im Durchschnitt der Städte Salisbury, Bulawayo und Fort Victoria 110 Dollar monatlich (3). Da für 1978 keine Einkommensdaten für Afrikaner verfügbar sind, muß man die PDL für 1978 um die laufende Inflation verringern oder erhöhen, um den ungefähren Wert für 1977 oder 1979 zu erhalten. Unter Benutzung des CPI for Lower Income Urban Families ergeben sich so monatlich 100 Dollar für 1977 bzw. 125 Dollar für 1979 als Armutsgrenze. Blickt man nun wieder auf die Jahresdurchschnittseinkommen der afrikanischen Beschäftigten (— in laufenden Preisen, Tabelle 25 —), so zeigt sich, daß die erforderlichen Jahreseinkommen von 1 200 Dollar bzw. 1 500 Dollar 1977 nur in den Sektoren Banken etc., Erziehung und Transport/Kommunikation, 1979 nur bei Banken, Erziehung und Gesundheitswesen erreicht oder übertroffen wurden. Land- und Bergarbeiter sind hier aus der Betrachtung auszunehmen, da die PDL nur für städtische Familien kalkuliert ist. Aber auch so gilt, daß die Durchschnittseinkommen der großen Mehrheit der städtischen afrikanischen Beschäftigten zum Teil erheblich unter der PDL lagen.

Die Frage mag sich stellen, welche Bedeutung ein errechnetes 'Existenzminimum' hat, wenn eine Mehrheit von Arbeiterfamilien auch unterhalb dieser Grenze überleben kann. Ohne hier in eine ausführliche Diskussion über die Berechnung der Poverty Datum Line eintreten zu wollen, kann m. E. festgehalten werden, daß zum einen jeder Begriff von Armut immer soziale Bezüge und damit relative, veränderliche, nicht auf die nackte physische Existenz reduzierbare Bestandteile hat. Zum anderen jedoch ist auf die Rolle ergänzender Einkommensquellen zu verweisen, neben ein wenig Gartenbau, Straßenverkauf von etwas Obst und Gemüse u.a. vor allem auf "die grundlegende Rolle der traditionellen Landwirtschaft bei der Unterstützung und Subventionierung der industriellen Arbeiterschaft." (4)

2. **Cubitt, Verity S./Riddell, Roger C.**, The Urban Poverty Datum Line in Rhodesia, Faculty of Social Studies, University of Rhodesia, Salisbury 1974; **Riddell, Roger C./Harris, Peter S.**, The Poverty Datum Line as a Wage-Fixing Standard, Gwelo 1975
3. **Cubitt, Verity S.**, 1979 Supplement to the Urban Poverty Datum Line in Rhodesia. A Study of the Minimum Consumption Needs of Families (1974), Faculty of Social Science, University of Rhodesia, Salisbury 1979; vgl. auch **Riddell-Report**, S. 81
4. **Harris**, Black Industrial Workers, S. 29

Doch nicht immer reichen die Haushaltseinkommen afrikanischer Arbeiter für die einfache physische Existenz: Unterernährung vor allem von Kindern gibt es nicht nur bei Farmarbeiterfamilien; Fälle von Unterernährung werden auch aus städtischen Townships berichtet. In einer empirischen Untersuchung nachgewiesen wurde sie Ende 1981 in erheblichem Ausmaß für Bergarbeiterkinder in der Umgebung von Bindura (5).

Nach der Betrachtung der verfügbaren Einkommensdaten soll im weiteren noch auf einige andere Merkmale der Lebenssituation besonders der einkommensschwächsten Gruppen der afrikanischen Arbeiterklasse eingegangen werden. Die Situation der Farmarbeiter ist weiter oben ausführlich behandelt worden. Mit ihnen haben die in **Häuslichen Diensten** beschäftigten Afrikaner gemeinsam, daß sie nicht in den Geltungsbereich des ICA fielen, sondern bis nach der Unabhängigkeit Zimbabwes dem Master and Servants Act von 1901 unterlagen. Bis zur Unabhängigkeit gab es keinen gewerkschaftlichen Zusammenschluß der Haushaltsangestellten; alle arbeitsvertraglichen Regelungen waren Abmachungen zwischen Individuen mit ungleicher Verhandlungsmacht. Vor der Mindestlohngesetzgebung von 1980 gab es auch keine staatlichen Lohnregulierungen für die Domestic Workers.

1969 waren von den rd. 105 000 Haushaltsangestellten 84,3% männliche Arbeiter und die verbleibenden Frauen. 25,3% waren ausländischer Herkunft (6). Neben der Armut bilden Abhängigkeit vom Haushalt des 'Master's' und Angewiesenheit auf einen wohlwollenden Paternalismus des Arbeitgebers beherrschende Merkmale der Lebenssituation. Die Arbeiter leben in der Regel am anderen Ende des Grundstücks des Arbeitgebers in einem kleinen Haus oder einer Hütte, der 'Kia'. Nach den Regelungen des Native (Urban Areas) Accomodation and Registration Act von 1946 und von dessen verschiedenen Novellierungen mußte die Lokalverwaltung die Unterbringung afrikanischer Arbeiter auf dem Grundstück des Arbeitgebers genehmigen; für die Unterbringung der Frau des Arbeiters war eine zusätzliche Erlaubnis erforderlich, Kinder waren in der Regel nicht zugelassen (7). Noch 1974 konnte Clarke feststellen: "Den Arbeitern wird in der Praxis selten erlaubt, ihre Frauen auf dem Grundstück bei sich wohnen zu lassen; für Kinder trifft dies noch weniger zu. Das Familienleben wird also zerrissen." (8) Die Ar-

5. **Zengeya, S./Sena, A. u.a.,** The Health Status of Mineworker Communities in Zimbabwe, University of Zimbabwe Medical School, Harare 1982 (hektographiert); veröffentlicht auch in: Central African Journal of Medicine, Juli 1982

6. **CSO**, Rhodesia. Census of Population, Tab. 77 und 79

7. **Clarke**, Domestic Workers, S. 46

8. ebd. S. 47

beiter waren durch die Art ihrer Unterbringung dauernd verfügbar; sie gehörten zum Haus. Clarke stellte 1973 bei einer Stichprobe von 30 Haushaltsarbeitern fest, daß diese durchschnittlich 63,5 Wochenstunden und manche bis zu 16 Stunden am Tag arbeiteten, oft keine klaren Urlaubsregelungen und nur wenige an Feiertagen frei hatten. Keiner der untersuchten Arbeiter erhielt Leistungen für soziale Sicherheit, die geregelte medizinische Versorgung und Renten abgedeckt hätten. Medizinische Hilfe wurde oft von Fall zu Fall und ohne klare Vereinbarung vom Arbeitgeber übernommen (9). Man kann freilich davon ausgehen, daß schon aus Gründen der eigenen Gesundheit und der Hygiene im Privathaushalt die Arbeitgeber hier einen etwas genaueren Blick für den Gesundheitsstatus der Domestic Workers hatten als dies in anderen Bereichen der Fall war.

Die Häuslichen Dienste waren auch der Bereich, in dem die Entlohnung noch am wenigsten in Geldform stattfand. Einen erheblichen Einkommensbestandteil bildeten 'freies Wohnen', Essensrationen u.a. Der Geldlohn wurde eher als Taschengeld angesehen (10). Charakteristisch für das Arbeitsverhältnis waren die neben der Bezahlung für geleistete Dienste gegebenen 'außervertraglichen' Leistungen des Arbeitgebers, 'Geschenke' wie Kleidung, im Haushalt abfallende Reste u.a. "Der Dienstherr wird zur 'fons et origo' des wirtschaftlichen Wohlergehens; er stellt Geldeinkommen für die Bedürfnisse des Arbeiters und Wohnung, Essen, Kleidung und andere Leistungen für die Erhaltung von Arbeiter und Produktivität zur Verfügung." (11) Die Beziehung zwischen Master und Servant war eine Erwachsenen-Kind-Beziehung, in der der Erwachsene entschied, was gut für das Kind sei. Entsprechend nahmen viele Arbeitgeber ihre Haushaltsarbeiter als zufrieden wahr: für sie war 'gesorgt' (12).

Eine letzte wichtige Sondergruppe am unteren Ende der Stratifizierung der afrikanischen Arbeiter bilden die **Bergarbeiter**. In diesem Sektor ist der Anteil der ausländischen Arbeiter am größten: 1936, d.h. ein Jahr vor dem absoluten Höhepunkt der Beschäftigung im Bergbau, waren um die 70% der afrikanischen Minenarbeiter ausländischer Herkunft (13). Das RNLB bzw. ab 1946 die RNLSC warben ausländische Arbeiter an. Nach dem Reallohnsturz in der Weltwirtschaftskrise Anfang der 30er Jahre, der bis nach dem Krieg nicht wieder aufgeholt wurde, setzten in der Nachkriegszeit wieder kontinuierliche Reallohnsteigerungen

9. ebd. S. 36 f
10. ebd. S. 40
11. ebd. S. 42
12. ebd. S. 40
13. **Clarke, Duncan G.**, African Mine Labourers and Conditions of Labour in the Mining Industry in Rhodesia 1940 - 1974, S. 179 in: Rhodesian Journal of Economics Dez. 1975, S. 177 - 218

ein, die durch Arbeitskräfteknappheit, wachsende Militanz der afrikanischen Arbeiter während dieser Zeit, Mechanisierungsprozesse und die Herausbildung einer relativ großen Gruppe von halbqualifizierten Arbeitern innerhalb der afrikanischen Minenarbeiter verursacht wurden (14). Gleichzeitig blieb die ausländische Rekrutierung von Arbeitern ein charakteristisches Merkmal der Personalpolitik des Minenkapitals; von der staatlichen 'Closed Labour Areas'-Politik seit Anfang der 60er Jahre, die ausländische Arbeiter vor allem von städtischer Arbeit auszuschließen suchte, waren die Minen nicht stark betroffen. 1965 waren noch rd. 60% der afrikanischen Bergarbeiter ausländischer Herkunft (15), 1969 noch rd. 48% (16). Seit ungefähr Mitte der 60er Jahre ließ man bewußt den inländischen Anteil — auch unter staatlichem Druck wegen der wachsenden Arbeitslosigkeit — durch Ausnutzung der natürlichen Abgänge, nicht aber durch Entlassung ausländischer Arbeiter, anwachsen und sicherte so durch einen nur allmählichen Wandel das insgesamt niedrige Lohnniveau. Mitte der 70er Jahre trockneten dann mit der Unabhängigkeit Mozambiks unter einer sozialistischen Regierung und der Entscheidung des Hauptlieferanten Malawi von 1974, den Export von Arbeitskräften einzustellen, die Quellen ausländischer Arbeitskraftzuflüsse nach Rhodesien aus. Gleichzeitig schloß die rhodesische Regierung 1974 gegen die Lobby der Minenarbeitgeber ein Abkommen mit Südafrika, auf dessen Grundlage die südafrikanische Rekrutierungsorganisation für die Goldminen, WENELA, seit Ende 1974 afrikanische Arbeiter in Rhodesien anwarb (17).

Von Bedeutung für die Situation der afrikanischen Minenarbeiter in Rhodesien war, daß mit der Associated Mine Workers' Union (AMWU) 1960 eine Gewerkschaft die alleinigen Verhandlungsrechte für alle im Minenbereich Beschäftigten unterhalb der Ebene der Gehaltsempfänger — hier war die Mine Officials and Salaried Staff Association (MOSSA) zuständig — erhielt, die sich zwar 'multirassisch' organisierte, aber auf Grundlage von Bestimmungen des ICA innerorganisatorisch von vor allem weißen, qualifizierten und halbqualifizierten Arbeitern kontrolliert wurde (18). Die AMWU war entsprechend mehr mit den Interessen der weißen Arbeiter und den Gefahren von 'African advancement' als mit den Lohninteressen der ungelernten afrikanischen Arbeiter beschäftigt; Clarke geht so weit zu sagen, daß die Steigerung der durchschnittlichen Einkommen von afrikanischen Minenarbeitern, die zu einem guten Teil auf den Stratifizierungsprozeß zurückgingen, eher trotz als wegen der Aktivitäten der AMWU zustandegekommen seien (19).

14. ebd. S. 184 f und 188 f
15. ebd. S. 192
16. ebd. S. 179
17. ebd. S. 192 f
18. **Clarke**, Mine Labourers, S. 188
19. ebd. S. 188 f

"Da eine völlig undemokratische Gewerkschaft, die von einer Allianz von qualifizierter Arbeiteraristokratie und einer abhängigen Klasse halbqualifizierter Arbeiter kontrolliert wurde, ihre 'Rechte' bei den Tarifverhandlungen usurpiert hatte, wurden die unteren Teile der Arbeiterklasse durch das Kapital **und** die höheren Schichten der Arbeiterklasse beherrscht." (20)

Wie die Farmarbeiter lebten die Minenarbeiter meist beim Arbeitsplatz, im Minenarbeiter-Compound, und unterlagen der sozialen Kontrolle von 'Compound-Polizisten', die Angestellte der Firma waren. Hütten und Häuser sind oft von schlechter Qualität und haben nicht die erforderlichen sanitären Anlagen u.a. Wie bei Farm- und Haushaltsarbeitern waren 'Rationen' lange Zeit ein bedeutender Bestandteil der Entlohnung vor allem der einfachen unqualifizierten Arbeiterschaft; im Bergbaubereich führte dies in den 60er Jahren zu einer Menge von Konflikten zwischen Kapital und Arbeit (21). Wie auch auf den Farmen unterstützte das Management eine geringe eigene Nahrungsmittelproduktion der Bergarbeiterfamilien als ergänzende Einkommensquelle, die es erlaubte, die Löhne niedrig zu halten (22). Die Untersuchung von Medizinern der University of Zimbabwe im Dezember 1981 über 'The Health Status of Mineworker Communities in Zimbabwe' auf drei Gold- und zwei Nickelminen bei Bindura mit insgesamt 3 776 Arbeitern kam zu dem Ergebnis, daß von den untersuchten 623 Kindern bis zu 5 Jahren nach verschiedenen Maßen 51% (Gewicht in Relation zum Alter), 53% (Größe − Alter), 23% (Gewicht − Größe) bzw. 24% (Armumfang) unterernährt waren. "Die anthropometrischen Ergebnisse zeigen ein Bild schlechten Ernährungszustands des chronischen Typus, besonders in der Altersgruppe unter zwei Jahren." (23) Bemerkenswert ist, daß die befragten Managements der Minen selbst durchschnittlich schätzten, daß 28% der Kinder unterernährt seien (24).

Im Vergleich zu Farm-, Haushalts- und Bergarbeitern bilden die städtischen afrikanischen Arbeiter in Industrie, Transportbereich u.a. eine bessergestellte Gruppe. Die Überlegungen dazu, ob sie eine 'Arbeiterelite' oder ein 'Lumpenproletariat' darstellten (25), brauchen hier nicht weiter aufgenommen zu werden. Beide Etiketten taugen nicht zur Charakterisierung. Besserverdienend waren sie im Ver-

20. ebd. S. 202 f
21. ebd. S. 198 ff
22. ebd. S. 201 f
23. **Zengeya/Sena u.a.**, Health Status, S. 3
24. ebd.
25. vgl. **Arrighi, Giovanni**, Multinationale Konzerne, Arbeiteraristokratien und die ökonomische Entwicklung in Schwarz-Afrika in: Senghaas, Dieter (Hrsg.), Peripherer Kapitalismus, Frankfurt/M. 1974, S. 221 - 275; **Harris, Peter**, Industrial Workers in Rhodesia, 1946 - 1972: Working Class Elites or Lumpen-

gleich zu den genannten Niedriglohngruppen; jedoch erreichten ihre Einkommen nur bei einer recht kleinen Zahl die PDL. Neben unzureichenden Einkommen auch hier spielten die Unsicherheiten des Arbeitsplatzes und die Unsicherheit in bezug auf Wohnen und Verbleiben im städtischen Sektor eine wichtige Rolle. Die meisten afrikanischen Arbeiter waren als ungelernte Arbeiter jederzeit ersetzbar und lebten infolge hoher Arbeitslosigkeit unter der dauernden Drohung, ihren Arbeitsplatz zu verlieren. Durch das Fehlen von genügend greifenden Systemen sozialer Sicherheit hatten sie die Rückkehr in die TTLs als früher oder später eintretende Möglichkeit ständig vor Augen. Die städtische Wohnsituation war durch große Wohnungsknappheit in den African Townships, den für Afrikaner vorgesehenen Vorstädten, gekennzeichnet. Seit einem Amendment von 1960 zum LAA war für eine begrenzte Zahl von städtischen Afrikanern, die Häuser in den Townships erwerben konnten, ein ständiges städtisches Wohnrecht vorgesehen (26). Die Mehrzahl der städtischen Afrikaner lebte in von Stadtverwaltungen oder privaten Unternehmen gemieteten Unterkünften, als legale oder illegale Untermieter, in vom Arbeitgeber gestellten und an das Beschäftigungsverhältnis gebundenen Unterkünften oder illegal in einem Squatter-Camp am Stadtrand. Diese Arbeiter waren mit Beendigung des Arbeitsverhältnisses im Alter sowohl materiell als auch gesetzlich gezwungen, sich aufs Land zurückzuziehen (27).

5.3. 'Job Reservation', Immigration und die Abhängigkeit von weißen Fachkräften als Entwicklungsbedingung

Der Gliederung der abhängig Beschäftigten in Hoch- und Niedrigverdienende,

proletariat? in: Journal of Southern African Studies Vol. I, 2 (1975), S. 139 - 161; P. Harris kommt zu dem Ergebnis, die afrikanischen Industriearbeiter in Rhodesien könnten als "Lumpenproletariat" bezeichnet werden: "Industrial workers are better off than their agricultural and private domestic counterparts, but they are certainly not well off. They are a proletariat in one sense of the word, but their dependency on rural production reduces their status to below one of a self-sufficient worker class. They are a 'sub-' of 'lumpen-'proletariat, and their case for higher wages is a powerful one." **Harris**, Black Industrial Workers, S. 38 f

26. **Riddell**, Land Problem, S. 15; 1974 lebten 5% der afrikanischen Bevölkerung von Salisbury und 10% der von Bulawayo in solchen eigenen Häusern. So galt Mitte der 70er Jahre, daß "a small but growing class of Africans holds long-term leases to urban property in select areas of the townships and some additional provision has recently been made for home ownership." **ILO**, Labour Conditions, S. 111

27. **Harris**, Black Industrial Workers, S. 23

in Europäer und Afrikaner entsprach weitgehend die Verteilung von qualifizierter und halb- oder unqualifizierter, gelernter, an- und ungelernter Arbeit. Zwar gab es kein völliges Monopol der europäischen Bevölkerung im Bereich von Berufsbildung, Facharbeit und Universitätsstudien, jedoch waren die beruflichen Qualifikationen der verschiedenen Arbeiten so verteilt, daß Manpower-Knappheit und die Abhängigkeit von weißen Qualifikationen eine wichtige Entwicklungsbedingung für Zimbabwe bilden. Dies bedeutet nicht, daß weiße Facharbeiter, Techniker, Manager u.a. unersetzbar wären; eine plötzliche massive Auswanderung würde jedoch Zimbabwe in seiner Entwicklung weit zurückwerfen.

Um exakte und differenzierte Daten zur Verfügbarkeit und Verteilung verschiedener Berufsqualifikationen zu erhalten, wurde nach der Unabhängigkeit Zimbabwes ein 'National Manpower Survey' durchgeführt, dessen Ergebnisse bei Fertigstellung dieser Arbeit nicht mehr berücksichtigt werden konnten. Eine Grundstruktur kann jedoch anhand bekannter Daten herausgearbeitet werden.

Für die Produktion gesellschaftlich notwendiger Qualifikationen sind zwei Dimensionen des Ausbildungssystems relevant: das allgemeine Bildungssystem und das Berufsbildungssystem. Schon im rhodesischen **Schulsystem**, das hier nicht im Detail zu betrachten ist, waren die Chancen auf einen qualifizierten Schulabschluß ungleich verteilt. Getrennte Schulsysteme für Afrikaner und Europäer bis 1979, hohe staatliche Investitionen in den europäischen Teil, Unterversorgung der ländlichen Gebiete mit Schulen sowie zum Teil hohe von den Eltern zu zahlende Schulgelder führten dazu, daß im Gegensatz zu den europäischen Kindern nur ein Teil der Afrikaner wenigstens eine vollständige Primarschulbildung erwerben konnte. Mitte der 70er Jahre wurden rd. 25% der schulreifen afrikanischen Kinder gar nicht erst eingeschult; nur ein Teil der Eingeschulten durchlief die Primarschule vollständig, und nur ein kleiner Bruchteil genoß zusätzlich eine Sekundarschulerziehung (1). Stoneman/Davies halten fest, "daß das Schulsystem eindeutig dabei versagt, für Allgemeinbildung im Lesen, Schreiben und Rechnen in ausreichendem Umfang zu sorgen." (2)

Eine gesetzlich festgelegte **'Job Reservation'**, d.h. die Reservierung qualifizierter Tätigkeiten für weiße Arbeiter, wie sie in Südafrika existierte, gab es in Rhode-

1. **Riddell, Roger C.**, Education for Employment, From Rhodesia to Zimbabwe Bd. 9, London 1980, S. 15 f
2. **Stoneman/Davies**, The Economy: An Overview, S. 107

sien nicht (3). Die rhodesische 'Job Reservation' war eine **informell** wirkende: In den unter dem Industrial Conciliation Act abgeschlossenen Industrial Agreements teilten Gewerkschaften und Arbeitgeber alle Bestandteile des Arbeitsprozesses sorgfältig ein in solche, die von qualifizierten, von angelernten und ungelernten Arbeitern auszuführen waren. Es gab also eine 'Reservierung' von Tätigkeiten für Qualifikationsgruppen, und die weißen Gewerkschaften wehrten sich gegen eine Aufweichung dieses Systems durch 'Job fragmentation'. Qualifizierte Arbeiter waren nicht ausschließlich, aber in der Regel Europäer, weil die rhodesische Wirtschaft ihren Bedarf an Fachkräften zum einen aus der Einwanderung zu decken suchte und zum anderen in ihren insgesamt geringen Ausbildungsleistungen Weiße bevorzugte (4).

1964 traf die südrhodesische Regierung nach der Auflösung der Zentralafrikanischen Föderation die Entscheidung für eine systematische **Einwanderungsförderungspolitik**, nachdem die Migrationsbilanz seit 1961 wegen der politischen Unsicherheit der Periode negativ geworden war. Die rhodesische Immigrationsförderung arbeitete mit Anzeigenkampagnen, Zollbefreiungen, Steuervergünstigungen, Subventionierung von Einreisekosten, Unterstützung bei Arbeits- und Wohnungssuche u.a. (5). Die Erfolge zeigt Tabelle 28: Mit Ausnahme von 1966, dem Jahr nach der Einseitigen Unabhängigkeitserklärung, war die weiße Migrationsbilanz von 1965 bis 1975 positiv. Die Verschärfung des Krieges führte dann in der zweiten Hälfte der 70er Jahre zu einem Emporschnellen der weißen Emigration.

Die europäische Immigration ermöglichte es der rhodesischen Wirtschaft lange Zeit, auf größere Ausbildungsanstrengungen zu verzichten. Die **Lehrlingsausbildung** war nach dem Apprenticeship Act von 1959 prinzipiell 'multirassisch'. Trotz der Immigration bestehende Manpower-Engpässe führten 1968 zur Einrichtung der Apprenticeship Training and Skilled Manpower Development Authority (6)

3. "There is no legal job reservation along racial lines. No qualified person can be excluded from the relevant skilled trade union on the grounds of race; employers are able to select apprentices for the skilled trades from any race; persons doing the same job must be paid the same minimum rates of pay regardless of race; and technical training colleges offer instruction to apprentices of all races in the same institution." **Harris, Peter S.**, Job Reservation — Rhodesian Style, S. 46 in: South African Labour Bulletin, März 1975, S. 46 - 52
4. ebd. S. 47 ff
5. **Harris, Peter S.**, Economic Incentives and European Immigration in Rhodesia, S. 67 f in: Rhodesian Journal of Economics Sept. 1972, S. 61 - 74
6. **Moyo, Nelson P.**, Notes on Skilled Manpower for Industrial Development in Zimbabwe, S. 76 f in: Zimbabwe Manpower Survey 1978, Vol. III, S. 69 - 85

Tabelle 28
Migration von Europäern[1] nach und aus (Süd-) Rhodesien 1955 - 1979[2]

	Immigration	Emigration	Migrations-bilanz
1955	14 000	6 000	+ 8 000
1956	19 000	8 000	+ 11 000
1957	18 000	11 000	+ 7 000
1958	14 000	9 000	+ 5 000
1959	9 000	5 000	+ 4 000
1960	8 000	7 000	+ 1 000
1961	8 000	10 000	− 2 000
1962	8 000	12 000	− 4 000
1963	7 000	18 000	− 11 000
1964	7 000	15 710	− 8 710
1965	11 128	8 850	+ 2 280
1966	6 418	8 510	− 2 090
1967	9 618	7 570	+ 2 050
1968	11 864	5 650	+ 6 210
1969	10 929	5 890	+ 5 040
1970	12 227	5 896	+ 6 331
1971	14 743	5 336	+ 9 407
1972	13 966	5 141	+ 8 825
1973	9 433	7 751	+ 1 682
1974	9 649	9 069	+ 580
1975	12 425	10 497	+ 1 928
1976	7 782	14 854	− 7 072
1977	5 730	16 638	− 10 908
1978	4 360	18 069	− 13 709
1979	3 416	12 973	− 9 557

1. Der Terminus 'Europäer' ist gebraucht im Sinne der 'rassischen' Gliederung der rhodesischen Statistik und sagt nichts über das Herkunftsland aus. Asiaten und Coloureds, deren Wanderung geringfügig und zu vernachlässigen ist, sind hierin nicht enthalten.
2. Zahlen für die 'europäische' Wanderung sind für 1979 zuletzt ausgewiesen. Danach veröffentlicht das CSO eine 'multirassische' Migration through Official Ports, deren Zahlen mit den älteren nicht vergleichbar sind.

Quellen:
Für 1955 - 1963 CSO, Monthly Digest, Jan. 1976, Tab. 4, S. 3; für 1964 - 1979 CSO, Monthly Digest, March 1980, Tab. 1, S. 1.

und zu Bemühungen der Industrie, durch stärkere Arbeitszerlegung Facharbeiter durch halbqualifizierte, angelernte Arbeiter partiell ersetzbar zu machen (7). Erst seit Anfang der 70er Jahre wurden die eigenen Ausbildungsanstrengungen nennenswert verstärkt. Tabelle 29 zeigt gleichzeitig, daß der Anteil der Afrikaner an den Auszubildenden auch erst in den 70er Jahren ansteigt, ohne freilich bis 1980 ein Viertel der Auszubildenden zu erreichen.

Die Ausdehnung des Krieges Mitte der 70er Jahre führte zu einem wachsenden Verlust von weißen Fachkräften durch Emigration einerseits und Einberufung zum Militärdienst andererseits, gleichzeitig zu einem — allerdings bescheidenen — Wachstum der Zahl afrikanischer Lehrlinge und zu einem Anwachsen der Zahl von 'halbqualifizierten' afrikanischen Arbeitern, die die Militärdienst leistenden Weissen ersetzen mußten: "es besteht kein Zweifel, daß es in beträchtlichem Umfang Anlernprozesse am Arbeitsplatz für schwarze 'Assistants' gegeben haben muß, um die Produktion aufrechtzuerhalten." (8) Nach Angaben des Minister of Manpower Planning and Development, F. Shava, werden nach vorläufigen Analyseergebnissen des National Manpower Survey die 'semi-skilled' Arbeiter außerhalb von Landwirtschaft und Häuslichen Diensten auf rd. 160.000 geschätzt; ein Zehntel von diesen, rd. 16.000, könnten als 'skilled' neu eingestuft werden und würden so sprunghaft die Verfügbarkeit qualifizierter Arbeitskraft erhöhen (9). Auch wenn sich bestehende Probleme sicher nicht qua Umdefinition von 'semi-skilled' zu 'skilled' Arbeitern lösen lassen, könnte doch die Gruppe 'halbqualifizierter' afrikanischer Arbeiter eine wesentliche Quelle für die Bewältigung gegenwärtiger und zukünftiger Manpowerprobleme Zimbabwes bilden. Freilich sind hier entsprechende Weiterbildungsinstitutionen Voraussetzung.

Eine andere Gruppe von ausgebildeten Afrikanern stellen jene dar, die in rhodesischer Zeit das Land zur Weiterbildung verlassen haben, meist in Großbritannien, den USA oder verschiedenen Ostblockstaaten studierten und anschließend nicht wieder zurückkehrten. Im Rahmen des 1978 vom International University Exchange Fund geförderten Versuchs, als Zuarbeit für die Parteien der Patriotischen Front

7. **Harris**, Black Industrial Workers, S. 48 f
8. **Riddell, Roger C.**, Post 1965 Economic Changes under Sanctions and War and their Implications for Manpower in Zimbabwe, S. 97 f in: Zimbabwe Manpower Survey 1978, Vol. II, S. 85 - 115
9. "Evidence so far gathered by the National Manpower Survey confirms the Ministry's contention that, for a large number of skilled trades, the apparent shortage of personnel is artificial and can be wiped out if the semi-skilled workers in the trades are given due recognition and training." Department of Information, Press Statement 617/81/RH v. 10.8.1981, "Minister of Manpower opens Secretarial College", S. 7

Tabelle 29
Registrierte Ausbildungsverträge 1961 - 1980

	Ausbildungsverträge	davon mit afrik. Auszubildenden	Anteil (%) der Afrikaner
1961	308	(x)	(x)
1962	436	10	2,3
1963	371	9	2,4
1964	378	8	2,1
1965	445	7	1,6
1966	378	9	2,4
1967	396	5	1,3
1968	498	17	3,4
1969	531	49	9,2
1970	600	(x)	(x)
1971	751	(x)	(x)
1972	807	(x)	(x)
1973	798	(x)	(x)
1974	880	100	11,4
1975	1 211	219	18,1
1976	1 098	177	16,1
1977	983	228	23,2
1978	1 020	185	18,1
1979	1 140	249	21,8
1980	1 431	321	22,4

(x) = keine Angaben

Quellen:
Für 1961 bis 1975 ILO, Labour Conditions, S. 63, Tab. 26; ab 1976 Angaben des Ministry of Manpower Planning and Development von Zimbabwe, in: Department of Information, Press Statement 165/81/NM v. 6/3/1981, "Minister on Apprenticeship Needs", S. 4 f. Die letztgenannten Zahlen vor allem zum Anteil der Afrikaner können einige Ungenauigkeiten enthalten, da die vom Ministerium veröffentlichten Angaben zu den Anteilen der einzelnen 'Rassen' sich oft nur auf zwischen 90 und 100% addieren, also unvollständig sind.

die zukünftigen Manpower-Probleme eines unabhängigen Zimbabwe zu evaluieren, schätzte Davies diese Gruppe auf zwischen 6.000 und 20.000 Exilzimbabwer, die mindestens Sekundarschulbildung oder eine daran anschließende weitere Ausbildung, meist Universitätsabschlüsse, hätten (10). Es sind diese Afrikaner, die nach der Unabhängigkeit relativ schnell nach Zimbabwe zurückkehrten und viele wichtige Posten in Ministerien, an der Universität und in anderen Bereichen besetzten.

Verglichen mit anderen schwarzafrikanischen Staaten verfügte Zimbabwe zum Zeitpunkt der Unabhängigkeit über einen ausgesprochen großen 'Pool' an halbqualifizierten und ausgebildeten afrikanischen Arbeitskräften und Akademikern. Deren Zahl muß freilich auch gesehen werden in Relation zu dem infolge eines fortgeschrittenen Industrialisierungsprozesses erheblich größeren Bedarf. Die Abhängigkeit von weißen Fachkräften ist für eine Übergangszeit ein unumgängliches Datum. Die nach der Unabhängigkeit unvermeidbare weiße Auswanderung abzufedern, zeitlich zu strecken und nicht die Form eines plötzlichen Exodus annehmen zu lassen, war eine wichtige politische Aufgabe und bildet gleichzeitig eine Schranke schneller und radikaler sozioökonomischer Veränderungen, seien diese im Verteilungsbereich oder darüber hinausgehend in einer grundsätzlichen Veränderung der Eigentumsverhältnisse angesiedelt. Gleichzeitig verfügt Zimbabwe allerdings über alle Voraussetzungen, die Abhängigkeit von den fachlichen Qualifikationen der weißen Bevölkerungsminderheit relativ schnell abzubauen (11).

5.4. Die Entwicklung der Gewerkschaftsbewegung 1960 — 1980

Vor 1959 hatte es als Dachverband der afrikanischen Gewerkschaftsbewegung den **African Trade Union Congress (ATUC)** gegeben, dessen Führung 1959 zum größten Teil verhaftet worden war und der 1961 unter **R. Jamela** als SRTUC Mitglied der ICFTU wurde (1). In der ersten Hälfte der 60er Jahre bildete sich dann das **Grundmuster einer in zwei Linien gespaltenen afrikanischen Gewerkschaftsbewegung**

10. **Davies, Rob**, External Zimbabwean Manpower Supplies: A Partial Assessment Based upon IUEF Data, S. 188 und 203 in: Zimbabwe Manpower Survey 1978, Vol. II, S. 181 - 203
11. Zu einer weiterführenden Diskussion der Manpower-Situation vgl. vor allem **Stoneman, Colin**, Skilled Labour and Future Needs, From Rhodesia to Zimbabwe Bd. 4, London 1975 sowie **Clarke, Duncan G.**, A Review of Skills Problems and Politics in Zimbabwe in: Zimbabwe. Working Papers Vol. II, S. 257 - 314. Auf eine neue Datenbasis wird die Diskussion durch den **National Manpower Survey**, Harare 1983, gestellt.
1. **Brand**, Trade Unionism, S. 92 ff

aus, das die weitere Entwicklung bis Mitte der 70er Jahre bestimmte. Zwei wesentliche Einflußfaktoren auf die schwarzen Gewerkschaften formierten sich Anfang der 60er Jahre: Erstens nahm das Interesse der internationalen Gewerkschaftsbewegung an Rhodesien sprunghaft zu, da seit Ende der 50er Jahre der kalte Krieg zwischen der ICFTU und der World Federation of Trade Unions auch auf afrikanischem Boden ausgetragen wurde. Seit 1960 floß ICFTU-Hilfe an ATUC (2). Damit begann die Geschichte des ICFTU-Einflusses auf die rhodesische Gewerkschaftsbewegung. Zweitens wurde die Spaltung der afrikanischen Nationalistenbewegung zu einem auch die Gewerkschaften mitbetreffenden Faktor.

Das Verhältnis zur internationalen Gewerkschaftsbewegung war ein Streitpunkt innerhalb der afrikanischen Diskussion. 1960/61 war die ICFTU schon bei einer Reihe afrikanischer Regierungen in Ungnade gefallen; die panafrikanisch orientierten Regierungen rieten J. Nkomo, dem Führer der National Democratic Party (NDP) und von deren Nachfolgeorganisation Zimbabwe African People's Union (ZAPU), ihrer Politik der 'Blockfreiheit' in der Gewerkschaftsfrage zu folgen. Infolgedessen wuchs der Druck auf Jamelas SRTUC, sich von der ICFTU zu lösen. Jamela blieb jedoch loyal zur ICFTU, verlor aber durch inkonsequentes Verhalten in einer Lohnauseinandersetzung 1961 stark an Ansehen. In dieser Situation spaltete J. Maluleke von der alten ATUC-Führung, der gerade aus dem Gefängnis entlassen worden war, mit Unterstützung aus der ZAPU-Führung den **Southern Rhodesia African Trade Union Congress (SRATUC)** von Jamelas SRTUC ab. Als Gründe der Spaltung wurden später angegeben, die Verwaltung des SRTUC sei ineffizient gewesen, die Finanzen nicht genügend kontrolliert, Jamela habe eng mit dem Arbeitsminister kooperiert, die Organisation sei überzentralisiert gewesen und die ICFTU habe starken Einfluß auf den SRTUC ausgeübt. In der Folge verlor der SRTUC relativ schnell Einfluß an SRATUC (3).

1963 kam es dann über Fragen der Strategie zur Spaltung der afrikanischen Nationalistenbewegung: Rev. Ndabaningi Sithole und Robert G. Mugabe spalteten die Zimbabwe African National Union (ZANU) von Nkomos ZAPU ab. "Eine Art von fraktionsartiger Ausrichtung in den Gewerkschaften schien unvermeidlich." (4) Gleichzeitig entwickelte sich SRATUC keineswegs in den erwarteten Bahnen einer strengen Gegnerschaft zur ICFTU, sondern überließ die Frage der internationalen Angliederung den Einzelgewerkschaften. Anfang 1963 wurde Maluleke schon von Th. Mswaka und T.H. Chiweshe ausgeschlossen unter der Anschuldigung, ausländisches Geld zur Unterstützung der Arbeiterbewegung erhalten und nicht abgeliefert zu haben. Als dann auf der 2. Jahresversammlung von SRATUC im

2. ebd. S. 94
3. ebd. S. 96 ff
4. ebd. S. 99

September 1963 der amtierende Präsident Th. Mswaka eine politische Führung der Gewerkschaften ablehnte, lagen trotzdem die meisten Sympathien innerhalb des Verbandes bei der neugegründeten ZANU (5). Zwei Wochen nach dieser Konferenz, die J. Dube zum neuen Präsidenten wählte, trat Jamela als SRTUC-Präsident zurück, um die Einigung der Arbeiterbewegung zu ermöglichen. Das war das Ende des SRTUC, und auch R. Jamela spielte erst eineinhalb Jahrzehnte später noch einmal eine kurze aktive Rolle in der Gewerkschaftsbewegung. Der Einigungsprozeß war unter ICFTU-Einfluß zustandegekommen (6).

Doch die politische Spaltung der Befreiungsbewegung ließ Einigkeit bei den Gewerkschaften nicht zu. ZAPU-orientierte Gewerkschafter gründeten nach der September-Konferenz den **Zimbabwe African Congress of Unions (ZACU)**. ZACU wurde schnell zum Labour Department von ZAPU und deren inländischer Nachfolgeorganisation Peoples Caretakers' Council (PCC). ZACU litt unter der Verhaftung von Gewerkschaftsführern stärker als SRATUC und wurde 1965 schließlich verboten (7). Der Verband verschwand damit aus der Öffentlichkeit und dem Bereich legaler Gewerkschaftsarbeit und tauchte erst 1980 wieder auf mit dem Anspruch, einer von den dann 5 Dachverbänden der afrikanischen Gewerkschaften zu sein (8), ohne jedoch über eine inländische Basis und Mitgliedsgewerkschaften zu verfügen.

Im Juli 1965 entstand als inländische Nachfolgeorganisation für den verbotenen ZACU die ebenfalls ZAPU-orientierte **National African Federation of Unions (NAFU)** (9). Damit war 1965 die duale Grundstruktur der afrikanischen Gewerkschaftsbewegung in der bis Mitte der 70er Jahre bestehenden Form herausgebildet. Auch NAFU erhielt in der Folgezeit Unterstützung von der ICFTU, die seit 1964 auch lokal durch ihren Vertreter W.G. Lawrence repräsentiert war; die NAFU-Mitgliedsgewerkschaften wurden sogar zu den Haupt-Hilfsempfängern von Lawrence. SRATUC, der seit Auflösung der Föderation wieder einfach als ATUC auftrat, wurde seit 1967 von dem Textilarbeiterführer Phineas Sithole geleitet, der sich zum schärfsten Gegner der ICFTU entwickelte (10).

5. ebd. S. 99 f
6. J. Dube und Chiweshe waren vor der September-Konferenz in Brüssel gewesen und hatten Unterstützungsversprechen erhalten für den Fall, daß der SRATUC politisch neutral bliebe und sich mit dem SRTUC wiedervereinige. Man war zu einer Einigung mit dem in einem Nebenraum wartenden R. Jamela gekommen und mit ICFTU-Geld zurück nach Salisbury gefahren (ebd. S. 100).
7. ebd. S. 101
8. vgl. Kapitel 12 dieser Arbeit
9. **Brand,** Trade Unionism, S. 108
10. **Davies, Rob,** Leadership and Unity in Rhodesian Black Trade Unions, S. 19 in: South African Labour Bulletin, März 1975, S. 12 - 28

Der krisenhaften Entwicklung auf der Ebene der Dachverbände in der ersten Hälfte der 60er Jahre stand bei der **einzelgewerkschaftlichen Entwicklung** zunächst ein schneller Wachstumsprozeß gegenüber. Der Prozeß der Registrierung gemäß den Bestimmungen des Industrial Conciliation Act lief langsam an: 1960 waren erst die Transport Workers' Union und RAWU registriert. 1962 waren 6, 1964 dann schon 26 afrikanische Gewerkschaften registriert (11). Die ICFTU anerkannte 1966 22 in nationalem Maßstab organisierte afrikanische Gewerkschaften mit 31 726 zahlenden Mitgliedern. Diese Mitgliederzahl ist das Zehnfache der Schätzung für 1959. "Die zehnfache Vergrößerung seit 1959 muß der verbesserten Organisation, ICFTU-Hilfe in verschiedenen Formen, der Hoffnung auf eventuelle Vorteile, so gering sie auch sein mochten, durch den neuen Industrial Conciliation Act und wahrscheinlich dem gesteigerten politischen Bewußtsein der Arbeiter in der nationalistischen Ära zugeschrieben werden. Zugleich zahlte man für diesen Fortschritt den Preis der Überwachung durch die Regierung, von Kompromissen mit den Arbeitgebern, z.B. um ein System des Abzugs der Gewerkschaftsbeiträge vom Lohn einzurichten, und schließlich den Preis, der internationalen Bewegung bedeutenden Einfluß auf die inländische Arbeiterbewegung einzuräumen." (12)
1969 waren von den 24 national organisierten und von der ICFTU anerkannten afrikanischen Gewerkschaften 13 NAFU und 5 ATUC angeschlossen. Doch die genannten ATUC-Gewerkschaften hatten 20 240 zahlende Mitglieder, die NAFU-Gewerkschaften dagegen nur 12 000. Die größten Gewerkschaften waren also ATUC angeschlossen. Neben den beiden Dachverbänden existierten außerdem noch einige starke, nicht affiliierte Gewerkschaften (13). Die Tatsache, daß

11. **Brand**, Trade Unionism, S. 101. Von 50 Gewerkschaften, die Ende 1972 registriert waren, waren 26 rein schwarze Gewerkschaften — dies ist noch dieselbe Anzahl wie 1964. (**Harris**, Black Industrial Workers, S. 60)
12. **Brand**, Trade Unionism, S. 101 f
13. ebd. S. 102. Neben den registrierten Gewerkschaften gab es einige unregistrierte. **Crookes, Ken B.**, Labour Problems in Rhodesia: An Employer's Viewpoint, S. 7 in: Rhodesian Journal of Economics, Dez. 1972, S. 1 - 8 nennt für Ende 1971 neben 50 registrierten 20 unregistrierte Gewerkschaften; von letzteren seien aber nur wenige aktiv gewesen. Eine grundsätzliche Anmerkung ist angebracht zum Charakter solcher Zahlenangaben: Diese beruhen im wesentlichen auf zwei Quellen: einmal den Angaben des Ministry of Labour and Social Services in den bis 1973 jährlich veröffentlichten Berichten des Secretary for Labour; zum anderen ICFTU-Angaben. Beide Quellen können nicht als einfache 'Abbildung' der Realität genommen werden, sondern wenigstens im Bereich der unregistrierten Gewerkschaften kann man annehmen, daß hier politische Entscheidungen die 'Wahrnehmung' von bestehenden Organisationen als Gewerkschaften filtern. Entsprechend schwieriger sind Angaben über Mitgliederzahlen zu machen.

eine größere Zahl afrikanischer Gewerkschaften registriert wurde und daß die Mitgliederzahlen in der ersten Hälfte der 60er Jahre sprunghaft wuchsen, zeigen nun zwar eine quantitative Ausdehnung in diesem Zeitraum, die sich auch danach weiter fortsetzte, bedeuten aber nicht, daß die afrikanischen Einzelgewerkschaften zu schlagkräftigen Verbänden herangewachsen wären. Arbeitskämpfe nahmen seit 1964 stark ab (14). Aus der großen Zahl sich bildender afrikanischer Gewerkschaften waren nur einige wenige wirklich starke Organisationen. Dazu gehörten in der ersten Hälfte der 70er Jahre an erster Stelle die Railway Associated Workers' Union (RAWU) mit rd. 11 000 Mitgliedern und einem Organisationsgrad von 80%, an zweiter Stelle wohl die United Textile Workers' Union (UTWU) mit rd. 7 000 Mitgliedern und 70% Organisationsgrad (15). Beide waren zu dieser Zeit ATUC angeschlossen. RAWU-Generalsekretär A. Mhungu und UTWU-Generalsekretär Ph. Sithole waren gleichzeitig Generalsekretär bzw. Präsident von ATUC. Keinem der Verbände angeschlossen waren zwei weitere starke Gewerkschaften, die Salisbury Municipal Workers' Union (SMWU) und die Bulawayo Municipal Workers' Union (BMWU). Neben diesen bestanden drei kleinere, aber aktiv in Industrial Councils verhandelnde, effektive Gewerkschaften: die Rhodesia Tailors and Garment Workers' Union (NAFU-Mitglied), die Rhodesia Motor Trades Workers' Union und die Rhodesia Catering and Hotel Workers' Union (beide ATUC-Mitglieder). "Die restlichen Gewerkschaften", so urteilt Harris, "sind unterentwickelt und stagnieren." (16).

Welches waren die Ursachen für **Schwäche und Stagnation der Mehrheit der afrikanischen Gewerkschaften?** Neben den weiter oben genannten politischen und ökonomischen Rahmenbedingungen, die ungünstig für die Gewerkschaften waren und zu Angst der Arbeiter vor den Folgen von Gewerkschaftsmitgliedschaft, hoher Fluktuation, infolgedessen Finanzschwäche der Organisationen und schließlich zu Diskontinuität infolge von Verhaftungen führten, spielten jedoch auch interne Faktoren der Gewerkschaftsbewegung eine Rolle: vor allem die Spaltung der afrikanischen Gewerkschaften, die – auch mit ICFTU-Hilfe – die Gründung konkurrierender Einzelgewerkschaften im selben Organisationsbereich durch ATUC und NAFU zur Folge hatte. "Es gibt eine große Anzahl von 'Papier-Gewerkschaften' in der schwarzen Arbeiterbewegung Rhodesiens, und es ist so gut wie sicher, daß die Form der ICFTU-Hilfe teilweise für diese Entwicklung verantwortlich gewesen ist." (17) Die Hilfe von außen ermöglichte damit auch die Herausbildung ei-

14. vgl. als einzige Untersuchung der Streikentwicklung auf der Grundlage von – stark politisch gefärbten – Zahlen des Secretary for Labour: **Harris,** Industrial Relations, S. 75 f
15. **ders.,** Black Industrial Workers, S. 61
16. ebd. S. 61
17. ebd. S. 62

ner Schicht von Gewerkschaftsführern, die nicht mehr allzusehr von der eigenen Basis abhängig waren, sondern sich Posten, Auto u.a. durch Wohlverhalten gegenüber einem äußeren Geldgeber sichern konnten (18). Seit Ende der 60er Jahre wuchs die Kritik an der ICFTU-Hilfe, und 1971 erhielten nur noch 2 von 14 ATUC-Mitgliedsgewerkschaften solche Unterstützung (19).

War Anfang der 70er Jahre ATUC der afrikanische Gewerkschaftsdachverband mit den meisten starken Mitgliedsgewerkschaften, so begann 1974 — ausgehend von einem Versuch zur Vereinigung von ATUC und NAFU — eine **neue Geschichte der Spaltung und Fragmentierung der afrikanischen Dachverbände**, die gar keine Beziehung mehr zu etwaigen unterschiedlichen gewerkschaftlichen Konzeptionen der Arbeiterinteressenvertretung hatte, sondern nur vor dem Hintergrund einer von ihrer Basis unabhängig sich bewegenden gewerkschaftlichen Führungsschicht, die sich an internationalen Einflüssen einerseits und an den sich in dieser Zeit differenzierenden parteipolitischen Positionen andererseits orientierte, verständlich ist.

Von der ICFTU geförderte Versuche zur Vereinigung der gespaltenen Gewerkschaftsbewegung hatte es auch früher schon gegeben, zuletzt in den Jahren 1967 und 1972. Ein neuer Anlauf wurde 1974 genommen. Am 17.3.1974 trafen sich in Salisbury Vertreter von rd. 30 Gewerkschaften im Beisein des ICFTU-Repräsentanten Lawrence. Die Versammlung rief ATUC und NAFU zur Selbstauflösung auf und setzte ein National Interim Committee (NIC) aus 5 ATUC- und 6 NAFU-Ver-

18. Der Zwang für Gewerkschaftsführer, sich zur Erhaltung ihrer Position um Mitgliederinteressen zu kümmern, war in manchen Bereichen eingeschränkt: "It is therefore possible for individuals to become professional leaders, moving from one union to another and, if possible, being supported by ICFTU funds." (**Davies,** Black Trade Unions, S. 27)
19. **Clarke,** Trade Unions, S. 24; eine harte Diagnose, die sicher auch vor dem Hintergrund einer erneuten Spaltung der Dachverbände, bei der ATUC nachhaltig geschwächt wurde, zu sehen ist, stellte Ph. Sithole der afrikanischen Gewerkschaftsbewegung Rhodesiens Mitte der 70er Jahre: "The trade unions have to some extent developed in a perverse direction. The internal function towards members has been neglected and the external function with regard to national issues concerning the ICFTU, employers' associations and government have taken prominence. The workers in general have received too little attention." (**Sithole, Phineas,** Major Problems in Union Formation in Rhodesia in the 70's, S. 8 in: South African Labour Bulletin, März 1975, S. 6 - 11) Eine wachsende internationale Orientierung der Gewerkschaften sowie Bürokratisierung, so Sithole, hätten zu Vernachlässigung der Arbeiterinteressen und zu Apathie der afrikanischen Arbeiter gegenüber den Gewerkschaften geführt, damit in einen Zirkel von weiterer Zentralisierung und steigender Apathie.

tretern ein (20). NAFU folgte dem Appell und löste sich im August des Jahres selbst auf; sie hatte zu dieser Zeit nur eine starke Mitgliedsgewerkschaft. Unterstützt wurde das Vereinigungsunternehmen auch von einer dritten Gruppe, den sogenannten 'Get-together Unions' aus Salisbury unter der Führung der Salisbury Municipal Workers' Union (SMWU); diese Gruppe hatte sich Anfang 1974 gebildet (21). Innerhalb von ATUC kam es zum Streit über die Mitarbeit von drei Mitgliedern des ATUC-Vorstandes im National Interim Committee; diese waren Generalsekretär A. Mhungu, J. Dube und A. Ndabambi (22) und kamen alle drei aus der Eisenbahnergewerkschaft RAWU. Ph. Sithole verhinderte auf der ATUC-Jahresversammlung im September 1974 zwar den Ausschluß von RAWU, im folgenden Monat wurden jedoch die drei aus dem Vorstand entlassen (23).

So fand das geplante Vereinigungstreffen am 17.11.1974 ohne ATUC statt und führte statt zur Vereinigung der Dachverbände zur Neugründung des **National African Trade Union Congress (NATUC)** (24), der vor allem aus alten NAFU-Gewerkschaften und einigen sich von ATUC trennenden Organisationen bestand. ATUC scheint durch diesen Vorgang nachhaltig geschwächt worden zu sein und verlor mit RAWU und der Rhodesia Catering and Hotel Workers' Union zwei der starken Gewerkschaften an NATUC (25). Die alte Spaltung zwischen ATUC und NAFU war durch eine neue ersetzt worden mit geschwächter Stellung von ATUC, ohne daß deshalb freilich NATUC sich zu einem starken Gewerkschaftsverband entwickelt hätte. In den folgenden Jahren bekämpften innerhalb von NATUC verschiedene Vorstände einander und schlossen sich gegenseitig aus (26). NATUC

20. **Davies**, Black Trade Unions, S. 14
21. ebd. S. 15 ff
22. vgl. **Rhodesia Herald** vom 28.10.1974 (im folgenden im **RH)**
23. **Davies**, Black Trade Unions, S. 15; RH 25.10.1974. Sie wurden in der ATUC-Führung ersetzt durch M.M. Derah (Rhodesia Motor Industry Workers' Union) als Generalsekretär; Albert Mugabe als Assistant Secretary, U.M. Pasipanodya (Clothing Industry Workers' Union) und E. M. Nyashanu.
24. ebd. S. 17
25. Die erste NATUC-Führung setzte sich folgendermaßen zusammen: J. Dube (RAWU), Präsident; A. Ndabambi (RAWU), Vizepräsident; E. Tsvaringe (Rhodesian Catering and Hotel Workers' Union), Vizepräsident; D. Chimusoro (Rhodesia Engineering and Metal Workers' Union), Generalsekretär; A. Mhungu (RAWU), Assistant Secretary; D. Mudzi (United Building and Allied Industrial Workers' Union), Publicity Secretary; vgl. RH 18.11.1974 und RH 12.3.1975
26. Im Oktober 1976 sprach eine NATUC-Jahresversammlung dem bestehenden Vorstand das Mißtrauen aus und wählte neu E. Tsvaringe als Präsidenten, A. Mhungu als Generalsekretär, D. Mudzi, D. Chimusoro und A. Kupfuma (Rhodesia Catering and Hotel Workers' Union). Diese Führungsgruppe bekämpfte

litt weiter unter neuen Abspaltungen in den folgenden Jahren und scheint über Jahre hinweg praktisch kaum existiert zu haben. Kurz vor der Unabhängigkeit Zimbabwes trafen sich dann im Januar 1980 6 Gewerkschaften (27) zur Wiederbelebung des praktisch nicht mehr funktionierenden NATUC — rechtzeitig, um wenigstens den Versuch zu machen, bei der Besetzung der Plätze in einer neuen Gewerkschaftsstruktur im unabhängigen Zimbabwe (28) präsent zu sein.

Die Splitterstruktur der afrikanischen Gewerkschaftsbewegung, die zum Zeitpunkt der Unabhängigkeit Zimbabwes vorlag, wurde in der zweiten Hälfte der 70er Jahre dann vollends hergestellt in Anlehnung an das Muster der Auseinandersetzungen in der politischen Nationalistenbewegung. Als der 1974 als politisches Bündnis der Nationalistenorganisationen gegründete African National Council (ANC) unter Bischof A. Muzorewa 1975 wieder auseinanderfiel, formierte sich auf politischer Ebene die dann bis zum Ende des Konflikts bestehende Konstellation: Robert G. Mugabe formierte im mozambikanischen Exil die ZANU neu, J.Nkomo in Zambia ZAPU; dies führte zu schneller Intensivierung des Guerillakampfes seit 1975. Der abgesetzte ehemalige ZANU-Präsident Rev. N. Sithole führte eine eigene Fraktion aus dem zerfallenden ANC hinaus, eine Inlands-ZANU, die später auch ZANU-S (Sithole) genannt wurde. Muzorewa gründete seinen United African National Council (UANC). Während ZANU und ZAPU vom Ausland aus den Guerillakrieg führten, verhandelten Muzorewa und N. Sithole in Rhodesien mit Ian Smith und ließen sich auf dessen Versuch der Machtübergabe an eine 'gemäßigte' schwarze Regierung — vorbei an den Guerillabewegungen —, ein, der im März 1978 zur Unterzeichnung der 'Internen Lösung' führte (29). Die Herausbildung dieser verschieden orientierten Blöcke in

sich für eine Zeit mit einer anderen, sich ebenfalls NATUC-Exekutive nennenden Gruppe um J. Dube, E.T. Chikura (BMWU) und M.G. Khumalo (RH 25. 10.76, RH 1.11.76); die Gruppen verkündeten wechselseitig den Ausschluß (RH 1.11.76, RH 19.3.77). Wie der Konflikt geschlichtet wurde, ist nicht deutlich; als Generalsekretär taucht ein alter Name (R.M. Bango) wieder auf (RH 19.3.77, RH 5.12.77). Als Publicity Secretary agierte I. Nedziwe (United Food and Allied Workers' Union (RH 19.3.77, RH 31.1.78). Zwischendurch zog E.T. Chikura die Unterstützung der BMWU für NATUC zurück, weil letzterer in sich bekämpfende Gruppen zerfallen sei. (RH 29.4.77) Hinter diesen an die Öffentlichkeit gedrungenen Vorgängen verbergen sich wahrscheinlich viele Intrigen, aber wenig Aktivitäten von NATUC als Dachverband.

27. RAWU, Rhodesia Tailors' and Garment Workers' Union, BMWU, Rhodesia Gemstone and Jewellery Workers' Union, Zimbabwe Postal and Communication Workers' Union und United Food and Allied Workers' Union of Zimbabwe; RH 15.1.1980.
28. RH 15.1.1980
29. vgl. zu dieser politischen Entwicklung **Kürschner, Frank**, Zimbabwe — Schwe-

der politischen Nationalistenbewegung beeinflußte auch die Gewerkschaften und wurde auf diese übertragen (30), auch wenn eine eindeutige und ungebrochene Zuordnung von Gewerkschaftsverbänden zu politischen Organisationen nicht ohne weiteres möglich ist.

Der African Trade Union Congress **(ATUC)** unter Phineas Sithole hatte persönliche Verbindungen zu Pfarrer Ndabaningi Sithole's ZANU-S. Ph. Sithole geriet ins Schußfeld von Kritik aus dem eigenen Verband, als er sich zum Sekretär für Arbeitsfragen der Sithole-Fraktion des ANC bestellen ließ (31). In den Wahlen der 'Internen Lösung' im März 1979 wurde Ph. Sithole Parlamentsabgeordneter der ZANU-S für Matabeleland North (32). Der National African Trade Union Congress **(NATUC)** war wie die Vorgängerorganisation NAFU in Teilen ZAPU-orientiert.

Ende 1977 entstand dann der **Zimbabwe Trade Union Congress (ZTUC)** als ZANU-naher Gewerkschaftsverband, der jedoch ein ziemliches Schattendasein führte und nie starke Mitgliedsgewerkschaften hatte, unter A. Makwarimba als Präsident (33). Kurz nach der Gründung des ZTUC entstand Ende November 1977 als vierter afrikanischer Gewerkschaftsdachverband die **Zimbabwe Federation of Labour (ZFL)** unter E. Tsvaringe als von NATUC und der Rhodesia Catering and Hotel Workers' Union herkommendem Präsidenten und R. Jamela als Generalsekretär (34). Es gibt Anzeichen dafür, daß die ZFL unter ausländischem

   rer Weg zur Demokratie, S. 82 ff in: Weiße, Wolfram (Hrsg.), Asania-Namibia-Zimbabwe, Stuttgart 1979, S. 65 - 95
30. Gespräch mit I. Chigwendere, Chief Industrial Relations Officer im Ministry of Labour and Social Services, am 21.9.1982.
31. RH 19.10.1977
32. RH 10.5.1979
33. A. Makwarimba ist vorher erwähnt als Organisationssekretär der Rhodesia Motor Industry Workers' Union (RH 27.6.1975) und als im ATUC tätig (RH 11.4.1975), später dann Generalsekretär der Commercial Workers' Union of Zimbabe (Übersicht über Gewerkschaften in Zimbabwe, Stand März 1981, von Brian Fox, Commonwealth TUC). In der Führung des ZTUC waren 1977 weiter E. Chikoma als Vizepräsident, J.A. Siyandaba als Generalsekretär, D.S. Ndawana, der später Generalsekretär der Zimbabe Agricultural and Plantation Workers' Union wurde, als Stellvertretender Generalsekretär, M. Katiza als Schatzmeister und V. Manheru als dessen Stellvertreter; A. Chirwa und O. Kabasa waren Organisationssekretär und dessen Stellvertreter (RH 24.11. 1977, Rh 25.11.1977) Siyandaba und Katiza traten später aus der ZTUC-Führung aus. (RH 18.2.1978)
34. RH 28.11.1977. Als ZFL-Führer finden sich weiter zusammen A. Kupfuma (NATUC, Rhodesia Catering and Hotel Workers' Union), D. Chimusoro (NA-

Einfluß zur Unterstützung von Muzorewa's UANC gegründet wurde (35). Jedenfalls entwickelte sie sich als eine teilweise, wenn auch nicht völlig, UANC-nahe Gewerkschaftsorganisation.

Ende 1977 hatten die afrikanischen Gewerkschaftsorganisationen sich entsprechend den Linien der politischen Auseinandersetzungen aufgespalten. Der nächste Schritt war nun, wieder in Analogie zu der politischen Konstellation, die Suche nach Koalitionen.

Infolge der politischen Affinitäten waren es vor allem ATUC, ZFL und der weiße TUC of Rhodesia, die das gewerkschaftliche Pendant zur **'Internen Lösung'** auf politischer Ebene darstellten. Sollte die 1978/79 von Smith, Muzorewa, N. Sithole und Chief Chirau versuchte 'Interne Lösung' den Machtübergang an eine 'gemäßigte' schwarze Führung regeln, so hatte auf der gewerkschaftlichen Ebene der weiße TUC of Rhodesia Grund, seine Positionen zu sichern und antizipierten Eingriffen einer künftigen schwarzen Regierung durch eigenen Strukturwandel zuvorzukommen. Dieses Bedürfnis stand am Anfang der 1978 beginnenden und vom TUCRh ausgehenden Bemühungen um Vereinigung mit afrikanischen Dachverbänden. Als sich 1980 mit dem Wahlsieg der von Robert G. Mugabe geführten ZANU das Scheitern der 'Internen Lösung' endgültig offenbarte, kamen auch die ATUC- und ZFL-Führer unter Druck, ihre Positionen gegenüber der zukünftigen Regierung, von der man nicht wußte, wie sie mit den Gewerkschaften im allgemeinen und mit den durch die 'Interne Lösung' belasteten im besonderen umgehen würde, durch einen **Vereinheitlichungsprozeß** abzusichern. Der Bildung eines schwarz-weißen Abwehrbündnisses der Kräfte, die auf gewerkschaftlicher Ebene Träger entweder des Siedlerregiments oder der 'Internen Lösung' waren, schob dann nach der Unabhängigkeit der Eingriff des Arbeitsministers einen Riegel vor.

Der neue Vereinigungsanlauf begann 1978. Verschiedene Gewerkschaftsfunktionäre brachten öffentlich wieder einmal das Thema 'Vereinigung' ins Gespräch. B. Holleran, Generalsekretär des TUCRh, gab das Ziel, um das es aus der Sicht der weissen Gewerkschaften ging, zu erkennen, als er sagte, schwarze und weiße Gewerkschaften müßten gegenüber jeder zukünftigen Regierung eine vereinigte Front

---

TUC, Rhodesia Engineering and Metal Workers' Union) (RH 30.1.1978) und Sh. Chifamba (Rhodesia Commercial and Allied Workers' Union) (RH 24.6.1978, RH 11.9.1979).

35. So sollen der US-amerikanische Gewerkschaftsverband AFL/CIO und dessen Afro-American Labour Center (AALC) die Bildung der ZFL gefördert haben; vgl. Zimbabwe: Encouraging Union Formation, in: Africa Now, August 1981, S. 39; die ATUC-Führer Ph. Sithole und M. Derah behaupteten, die ZFL sei unter amerikanischem Druck und mit amerikanischem Geld zur Mobilisierung von Unterstützung für Muzorewa entstanden. RH 29.11.1977 sowie **Ure, John**, Trade Unions in Zimbabwe (unveröffentlichtes MS), 1980, S. 6f

bilden (36). H. Bloomfield, der Bergarbeiterführer und Präsident des TUCRh, machte das noch deutlicher: In den meisten afrikanischen Staaten seien nach der Unabhängigkeit die Gewerkschaften Arm des Staates geworden. In Rhodesien jedoch würden sie allen Versuchen einer schwarzen Regierung, ihr eine politische Führung überzustülpen, Widerstand leisten (37).

Die Verhandlungen begannen zunächst nur zwischen TUCRh und ATUC. Im September beklagten noch A. Makwarimba und E. Tsvaringe als Präsidenten von ZTUC und ZFL, nicht konsultiert worden zu sein (38). Mitte Oktober war dann die ZFL einbezogen (39). Der Prozeß wurde beschleunigt nach den Wahlen der 'Internen Lösung' im März 1979. Mitte 1979 wurde dann bekanntgemacht, man habe sich auf den Zusammenschluß geeinigt (40). Schließlich verkündete H. Bloomfield, man habe eine Satzung für den neuen Verband formuliert und die **United Trade Unions of Zimbabwe (UTUZ)** gebildet. Der Zusammenschluß solle vor Ende des Jahres wirksam werden (41).

Wie weit die Unterhändler von TUCRh, ATUC und ZFL wirklich gekommen waren zu diesem Zeitpunkt, ist nicht bekannt; faktisch bestanden die United Trade Unions als eigener Verband jedoch nicht. Der Prozeß scheint politisch aufgehalten worden zu sein, weil man nun auf die Resultate der Ende 1979 stattfindenden Lancaster House-Konferenz zu warten hatte. Der Konferenz- und der folgende Wahlausgang veränderten dann das politische Umfeld auch für die an den UTUZ-Plänen beteiligten afrikanischen Gewerkschaftsverbände völlig. Im Vorfeld und während des kurz nach der Unabhängigkeit Zimbabwes im katholischen Silveira House in Salisbury stattfindenden Seminars über die Rolle der Gewerkschaften beim ökonomischen und sozialen Aufbau Zimbabwes wurde dann wieder auf Initiative und mit Hilfe der ICFTU versucht, durch Schaffung eines Abwehrbündnisses, in das nun auch NATUC einbezogen wurde, möglichen Eingriffen der neuen Regierung in die Gewerkschaftsstruktur zuvorzukommen (42).

Der Zustand der Gewerkschaftsbewegung zum Zeitpunkt der Unabhängigkeit Zimbabwes, der eine wesentliche Ausgangsbedingung für die später zu behan-

36. RH 28.4.1978
37. RH 7.10.1978
38. RH 22.9.1978
39. RH 12.10.1978
40. RH 19.5.1979
41. RH 5.7.1979
42. Gespräch mit **E. Holtze**, Friedrich-Ebert-Stiftung, Harare, am 23.9.1982. Zur weiteren Entwicklung vgl. Kapitel 12 der Arbeit.

delnden 'Labour Policies' der neuen Regierung (43) war, war gekennzeichnet durch Zersplitterung und Schwäche. Die Gewerkschaften hatten bei der Unterstützung des Kampfes der Befreiungsbewegungen ZANU und ZAPU keine bedeutende Rolle gespielt; deren Guerillakampf wurde vielmehr von der ländlichen Bevölkerung getragen. Der Fragmentierung der gewerkschaftlichen Dachverbände korrespondierte auf der Ebene der Einzelgewerkschaften das Nebeneinanderbestehen konkurrierender Organisationen im selben Bereich.

Die Riddell-Kommission geht in ihrer Lagebeschreibung der Gewerkschaften aus von "akuten Schwächen der Gewerkschaftsbewegung im heutigen Zimbabwe" (44) und betont die Losgelöstheit gewerkschaftlicher Organisationen von deren Basis: "Wo Gewerkschaften existieren, haben sie nur selten eine organisierte Struktur, die bis hinunter zur Basis reicht ..." (45). Entsprechend genössen die Gewerkschaften wenig Achtung bei den afrikanischen Arbeitern: "Vom Standpunkt der Masse der Arbeiter aus ist die Erfahrung mit Gewerkschaften und Gewerkschaftern größtenteils negativ; entweder wissen die Arbeiter nicht von der Existenz und den möglichen Vorteilen von Gewerkschaften, oder sie sehen oft den Gewerkschaftsfunktionär als jemanden, der ihnen ihr Geld wegnimmt und wenig Gegenleistung bietet." (46) Dieser Gesamteindruck schließt nicht aus, daß einige effektiv arbeitende Gewerkschaften existierten; die Riddell-Kommission nennt hier neben den weiß dominierten Gewerkschaften wieder RAWU, die Hotel and Catering Workers' Union sowie die United Textile Workers' Union (UTWU).

1980 gab es 40 registrierte Gewerkschaften mit insgesamt 79 310 Mitgliedern (47), und wenigstens 71 nicht registrierte Gewerkschaften mit schätzungsweise höchstens 30 000 Mitgliedern waren bekannt (48). Die Masse der afrikanischen Arbeiter wurde 1980 nicht von Gewerkschaften, erst recht nicht von effektiv arbeitenden vertreten. Ein großer Teil fiel aus dem Geltungsbereich des Industrial Conciliation Act ganz heraus.

43. vgl. Kapitel 12
44. **Riddell-Report**, S. 238
45. ebd.
46. ebd.
47. ebd. S. 256; Stand vom 1.9.1980
48. ebd. S. 260; Stand vom April 1980. Daneben erwähnt die Riddell-Kommission noch organisierte Gruppen im Bereich des Öffentlichen Dienstes, die nicht unter den Industrial Conciliation Act fallen. Diese eingeschlossen schätzt die Kommission, daß insgesamt weniger als 200 000 abhängig Beschäftigte, d.h. weniger als 20% der abhängig Beschäftigten organisiert waren.

Kapitel 6:
Arbeitslosigkeit, Unterbeschäftigung und Informeller Sektor

Die Überlegungen zu Beginn dieser Arbeit gingen aus von dem offensichtlichsten Merkmal der zimbabweschen Gesellschafts- und Wirtschaftsstruktur: von deren Zerfallen in einen 'modernen', 'entwickelten' Sektor einerseits und einen ländlichen 'Subsistenzsektor', oft auch als 'traditioneller' Sektor bezeichnet, andererseits, in dem die Mehrheit der Bevölkerung lebt und von dem gezeigt werden konnte, daß er keineswegs der afrikanischen Tradition entsprechend organisiert, sondern Resultat der Veränderung wirklich 'traditioneller' Strukturen durch politische Herrschaft und wirtschaftliche Macht von Kolonialherren und Siedlern ist. Die darauf folgenden Kapitel der Arbeit suchten den dürren Kategorien des 'modernen' und 'Subsistenzsektors' etwas Leben einzuhauchen, indem sie die gesellschaftlichen Klassen und Gruppen, die in den 'Sektoren' ihr Leben reproduzieren, aufsuchten und historische Herstellung wie aktuellen Stand dieser gesellschaftlichen Strukturen darzustellen suchten. Dabei wurden zwei Fragen bisher weitgehend ausgespart. Arbeitslosigkeit und Unterbeschäftigung wurden nur implizit berührt, insofern die Übervölkerung der CLs auf ein hohes Maß verdeckter Arbeitslosigkeit verweist. Hierauf ist im folgenden einzugehen. Zum anderen stieß die Darstellung immer wieder, etwa bei der Frage der Wanderarbeit, der bloß partiellen Proletarisierung afrikanischer Arbeiter und bei der Behandlung der städtischen Lohnniveaus auf Strukturbeziehungen zwischen 'modernem' und 'Subsistenzsektor', ohne diese Beziehungen, die die scheinbar so getrennten Bereiche verbinden, genauer auszuführen. Dies wird Gegenstand des nächsten Kapitels sein.

Genauere Angaben zur Anzahl der **Arbeitslosen** in Zimbabwe zu machen ist nicht möglich, weil der größte Teil der Arbeitslosigkeit nicht offen sichtbar ist und schon gar nicht in einer Arbeitslosenstatistik erscheint, sondern die Form von Unterbeschäftigung oder verdeckter Arbeitslosigkeit im ländlichen Bereich und von 'selbständiger' Beschäftigung im informellen Sektor annimmt. Arbeitslosigkeit von Afrikanern trat in Südrhodesien nach dem schnellen Beschäftigungswachstum der Nachkriegszeit erstmals in der Rezession von 1958/59 deutlich auf und wurde damals auch zum Gegenstand politischer Überlegungen. Später Ausdruck der 'liberalen' Reformpolitik der Föderationszeit war 1961 die Einsetzung eines parlamentarischen Untersuchungskomitees unter Leitung von A.E. Abrahamson, das die Einführung einer begrenzten Sicherung für Arbeitslose durch einen Unemployment Insurance Fund (UIF) vorschlug. Mit der Machtübernahme der Rhodesian Front 1962 waren solche Vorstellungen dann politisch desavouiert (1). War in den 50er Jahren mit der Durchführung des Native Land Husbandry

---

1. **Clarke, Duncan G.**, The Unemployment Crisis, From Rhodesia to Zimbabwe Bd. 3, London 1974, S. 6 f; **ILO**, Labour Conditions, S. 122

Act die Vorstellung der Aufspaltung der afrikanischen Landbevölkerung in eine lebensfähige Bauernschaft und eine urbanisierte Arbeiterklasse verbunden, so wurden nun die Afrikaner politisch als 'Tribesmen', die, wenn im formellen Sektor arbeitslos, vom Land in den Tribal Trust Lands zu leben hatten und durch — zentral kontrollierte — 'Community Development' ihre 'eigenen Probleme' selbst lösen sollten, definiert (2).

Trotzdem wurde die afrikanische Arbeitslosigkeit in den 60er Jahren zum Gegenstand wachsender Besorgnis, die vor allem von Wirtschaftswissenschaftlern ausgedrückt wurde. Zwischen 1958 und 1967 stagnierte die Zahl der abhängig beschäftigten Afrikaner um die 650 000, während gleichzeitig die afrikanische Bevölkerung schnell wuchs (3). Erst danach stieg die afrikanische Beschäftigung wieder schnell von 659 000 1968 auf 934 000 1975, um in der zweiten Hälfte der 70er Jahre wieder zu fallen (4).

Der wirtschaftswissenschaftliche Berater der rhodesischen Regierung, Prof. Sadie, wies in seinem Bericht von 1967 zur wirtschaftlichen Entwicklung Rhodesiens darauf hin, daß die männliche afrikanische Erwerbsbevölkerung seit 1960 um jährlich 31 000 gewachsen sei, wovon der größte Teil offenbar im Subsistenzsektor 'absorbiert' worden sei und das Ausmaß der Unterbeschäftigung vergrößert habe (5). Politisch wurde das Problem teilweise anerkannt, indem man auf Bergbauunternehmen einzuwirken versuchte, den ausländischen Anteil an ihren Arbeitskräften zu reduzieren, oder indem mit der Gründung von TILCOR und der Einrichtung von Bewässerungsprojekten in den TTLs Ansätze zur Schaffung ländlicher Arbeitsplätze entstanden. Andererseits jedoch suchten Regierungsvertreter das Ausmaß afrikanischer Arbeitslosigkeit zu verharmlosen und wiesen auf Wirtschaftswachstum, die Notwendigkeit von Bevölkerungskontrolle und die Absorptionsfähigkeit des ländlichen Sektors wie auch auf die von den weißen Farmern immer wieder reklamierte 'Arbeitskräfteknappheit' auf Farmen hin (6). Letztere spricht freilich nicht gegen das Vorhandensein von Unterbeschäftigung, sondern zeigt nur, daß es innerhalb des Sektors formeller Beschäftigung Arbeits-

2. ebd. S. 7
3. vgl. **Hawkins, Anthony M.**, African Labour Supplies in the Rhodesian Economy, S. 105 in: Rhodesian Journal of Economics 10 (1976), S. 103 - 116
4. vgl. Tabelle 24
5. **Sadie, J.L.**, Report on Planning and the Economic Development of Rhodesia. CSR 35 - 1967, Salisbury, Government Printer 1967, S. 5; vgl. auch **Hawkins**, Economy: 1924 - 1974, S. 26
6. vgl. **Clarke**, Unemployment Crisis, S. 8

bedingungen gibt, die für manche afrikanischen Arbeiter offenbar noch weniger attraktiv sind als Unterbeschäftigung in den TTLs (7).

Der Staatssekretär im rhodesischen Arbeitsministerium, R. Dawson, löste 1972 eine Kontroverse mit dem damaligen Direktor der wirtschaftswissenschaftlichen Abteilung der Universität, A.M. Hawkins, aus, als er auf Grundlage der Zensusergebnisse von 1969 zu zeigen suchte, daß die afrikanische Arbeitslosigkeit überschätzt worden sei und im übrigen seit 1969 abgenommen habe. Dawson ging von 30 330 im Zensus als 'arbeitslos' erfaßten Afrikanern aus; den Kategorien des Zensus zufolge sind nur solche Personen arbeitslos, die in der letzten Woche vor der Zählung aktiv Arbeit gesucht haben (8). Den gesamten Bereich verdeckter ländlicher Arbeitslosigkeit blendete Dawson aus, indem er den afrikanischen Bauernsektor und die überwiegende Mehrzahl afrikanischer Frauen als 'ökonomisch inaktive Bevölkerung' aus den Erwerbspersonen, die damit auf selbständige und abhängige Beschäftigung im modernen Wirtschaftssektor beschränkt waren, ausschloß. Damit hatte Dawson den größten Teil des Problems definitorisch beseitigt. Er arbeitete auf dieser Grundlage mit Aktivitätsraten von 53% der afrikanischen Männer und 8,3% der afrikanischen Frauen ab 15 Jahren (9). Aufgrund der engen Definition von Arbeitslosigkeit kam er zu einer relativ geringen Arbeitslosenrate (10) von 3,7% für afrikanische Männer und 3,9% für Frauen (11). Zusätzlich betrachtete Dawson dann den jährlichen Zuwachs an Erwerbspersonen: von den jährlich die Altersgrenze von 15 Jahren erreichenden Jugendlichen zog er entsprechend den vorher gewonnenen hohen Inaktivitätsraten erst einmal den Großteil ab, ohne auch nur zu fragen, wie lange der übervölkerte Bauernsektor 47% der männlichen und 92% der weiblichen afrikanischen Jugendlichen jedes Jahrgangs als 'ökonomisch inaktiv' aufnehmen sollte. Der verbleibende Zuwachs an afrikanischen Erwerbspersonen, bereinigt um angenommene Sterbefälle und Auswanderung, erschien dann als geringer als die Zahl der 1969 - 1971 jährlich neu geschaffenen Arbeitsplätze (12). Dawson konnte so schließen: "Die Arbeitslosigkeit von Afrikanern im modernen Sektor der rhodesischen Wirtschaft ist gewöhnlich übertrieben worden. ... Überdies hat entgegen der allgemeinen Vor-

7. vgl. auch **Hawkins,** How Much African Unemployment?, S. 29 f
8. **Dawson, R.,** Towards a better Understanding of Manpower Supply in Rhodesia, S. 5 Tab. 1 in: Rhodesian Journal of Economics, Sept. 1972, S. 1 - 20
9. vgl. ebd. S. 6; mit "Aktivitätsrate" ist der Anteil der Erwerbspersonen, der "ökonomisch aktiven Bevölkerung", an der Gesamtbevölkerung innerhalb der definierten Altersgruppen gemeint.
10. Anteil der Arbeitslosen an den Erwerbspersonen
11. ebd. S. 9
12. ebd. S. 16 ff

stellung der Umfang der afrikanischen Arbeitslosigkeit seit dem Zensus abgenommen." (13)

Dawson's "statistischer Akrobatik" (14) trat A.M. Hawkins entgegen, der zeigte, daß die Zensusdefinitionen von Arbeitslosigkeit und 'ökonomischer Aktivität' nur einen Teilbereich des Problems erfaßten (15) und durch Dawson's Vorgehen das eigentliche Problem, die Unterbeschäftigung im Subsistenzsektor, übergangen werde (16). Während der rhodesische Arbeitsminister noch 1974 öffentlich die Existenz von Arbeitslosigkeit in Rhodesien schlicht abstritt (17), suchte der Staat gleichzeitig Linderung durch das Wanderarbeitsabkommen, auf dessen Grundlage seit Ende 1974/Anfang 1975 die südafrikanische Rekrutierungsorganisation WENELA (später: TEBA − The Employment Bureau of Africa) afrikanische Arbeiter in Rhodesien für südafrikanische Minen anwarb (18).

Wenn auch Schätzungen, wieviele Arbeitsplätze jährlich neu geschaffen werden müßten, um nur die neu auf den Arbeitsmarkt kommenden Jahrgänge zu absorbieren, in Abhängigkeit von Annahmen über 'Inaktivitätsraten' und der Einbeziehung afrikanischer Frauen in die Berechnungen differieren (19), so besteht doch kein Zweifel, daß die afrikanische Arbeitslosigkeit nach 1969 trotz schnellen Beschäftigungswachstums bis 1975 beträchtlich zugenommen haben muß. Seit 1975 hat sich die Situation infolge der Kriegsauswirkungen und der Abnahme der Beschäftigung bis 1979 noch verschlimmert (20).

Allen vorgelegten **Projektionen** zufolge wird die Arbeitslosigkeit auch in Zukunft weiter wachsen, wenn nicht neue Wege der Arbeitsbeschaffung und der Reduzierung des Zuwachses der Erwerbsbevölkerung gefunden werden; denn Wachstum des modernen Sektors alleine kann die benötigten Arbeitsplätze selbst bei hohen Wachstumsraten nicht schaffen. Versucht man ein Bild von der aktuellen Situation zu bekommen, so kann man zum einen geschätzte Erwerbsbevölke-

13. ebd. S. 20
14. **Clarke**, Unemployment Crisis, S. 8
15. **Hawkins**, How much African Unemployment?, S. 23
16. ebd. S. 26 f
17. **Clarke**, Unemployment Crisis, S. 8
18. vgl. Kapitel 5.2.3. und 8 dieser Arbeit; vgl. auch **Clarke**, Unemployment Crisis, S. 24 Tab. 12
19. vgl. **Hawkins, Anthony M.**, African Unemployment in Rhodesia, S. 214 in: Rhodesia Science News 1974, S. 211 - 215; **ders.**, Economy: 1924 - 1974, S. 26; **ders.**, Labour Supplies, S. 112 f; **Clarke**, Unemployment Crisis, S. 18 ff; **Stoneman/Davies**, The Economy: An Overview, S. 104
20. ebd. S. 104; **Clarke**, Unemployment Crisis, S. 18

rung und formelle Beschäftigung vergleichen, zum anderen den jährlichen Zuwachs der Erwerbsbevölkerung aus der Altersstruktur der Bevölkerung zu ermitteln suchen. Die Riddell-Kommission schätzte für 1979 die gesamte **Erwerbsbevölkerung** (einschließlich der im Bauernsektor lebenden Menschen) unter Voraussetzung bestimmter alters- und geschlechtsspezifischer Aktivitätsraten, die hier nicht näher diskutiert werden müssen (21), auf 2,5 Mio Menschen. Abhängig beschäftigt waren im modernen Sektor Ende 1979 991 000 Menschen. Geht man von einer Carrying Capacity der CLs von 326 000 Familieneinheiten oder 652 000 Erwachsenen aus, so bleibt ein 'Rest' von 857 000 Menschen oder 34% der Erwerbsbevölkerung, die als Kleinproduzenten im informellen Sektor sich selbst 'Beschäftigung' schaffen, im ländlichen Bereich unterbeschäftigt oder arbeitslos sind (22).

Die Riddell-Kommission schätzte weiter, daß jährlich 187 500 Jugendliche in den nächsten Jahren in arbeitsfähiges Alter kämen, d.h. 15 Jahre alt würden; wenn von diesen nur 75% Arbeitsplätze suchten, so machte dies knapp 141 000 jährlich zu schaffende Arbeitsplätze aus (23). Mit abweichenden Angaben rechnet der Dreijahresplan von 1982 (24), der als 'konservative Schätzung' eine **jährliche Nettozunahme** (25) **der Erwerbsbevölkerung** um 80 000 nennt (26). Ging die zimbabwesche Regierung noch in der ZIMCORD Documentation (27) davon aus, daß das angenommene 8%ige reale Wirtschaftswachstum in den nächsten Jahren jährlich 85 000 neue Arbeitsplätze schaffen werde, setzte sie also voraus, daß die Beschäftigung genauso schnell wie das BIP steigen werde, so bezieht der Transitional National Development Plan eine steigende Arbeitsproduktivität in die Planung ein und rechnet mit 8%igem realen Wachstum des BIP jährlich und 3%igem Wachstum der abhängigen Beschäftigung, d.h. jährlich 36 067 neuen Arbeitsplätzen im modernen Wirtschaftssektor während des Planungszeitraums (28).

Fehlen in dieser Rechnung des Entwicklungsplans, die von einem unrealistisch hohen Wachstum ausgeht, trotzdem noch knapp 44 000 Arbeitsplätze jährlich, um bloß den Zuwachs an Erwerbspersonen zu beschäftigen, so besteht in der Rechnung der Riddell-Kommission, die von einem schnelleren Zuwachs der Er-

21. **Riddell-Report**, S. 80
22. ebd. S. 80
23. Die Riddell-Kommission hat bei dieser Schätzung keine Bereinigung um ausscheidende Arbeitskräfte vorgenommen.
24. **Republic of Zimbabwe**, TNDP Vol. I
25. Netto, d.h. nach Bereinigung um altersbedingtes Ausscheiden u.a.
26. ebd. S. 22 Fußnote und S. 8
27. **ZIMCORD** Documentation, S. 48
28. **Republic of Zimbabwe**, TNDP Vol. I, S. 31; vgl. zur Wirtschaftsplanung nach der Unabhängigkeit Kapitel 10

werbsbevölkerung und — in Anlehnung an die ZIMCORD-Zahlen — von einem noch unrealistischeren Wachstum der Beschäftigung ausgeht, eine Lücke von jährlich sogar 56 000 Arbeitsplätzen. Auch wenn diese letztgenannte Zahl noch um altersbedingtes Ausscheiden zu bereinigen wäre, so bleibt doch, wie man auch kalkuliert, kein anderer Schluß, als daß der moderne Wirtschaftssektor auch bei optimistischen Annahmen die neu auf den Arbeitsmarkt strömenden Jugendlichen nicht beschäftigen, geschweige denn die hohe bestehende Arbeitslosigkeit abbauen kann. "Der moderne Sektor der Ökonomie ist ganz einfach nicht in der Lage, so schnell zu expandieren, daß er die zu erwartende Anzahl von Arbeitssuchenden aufnehmen könnte." (29) Auch bei hohen Wachstumsraten des Sozialprodukts wird die Arbeitslosigkeit in Zimbabwe in Zukunft weiter anwachsen. Reine Wachstumsstrategien können infolgedessen keine Lösung bieten. Erforderlich wären Entwürfe alternativer Strategien, die Beschäftigung im ländlichen Bereich und im informellen Sektor schaffen.

Arbeitslosigkeit und Unterbeschäftigung, das Fehlen von Arbeitsplätzen im formellen Sektor abhängiger Beschäftigung, bedeuten praktisch, daß die Betroffenen entweder vor allem in den ländlichen Gebieten von der Großfamilie aufgefangen werden und hier als zusätzliche Konsumenten ins Gewicht fallen oder/und im Bereich des **informellen Sektors** sich selbst Beschäftigung schaffen und sich damit über Wasser zu halten suchen. Der Begriff 'informeller Sektor' steht hier für ein vielfältiges und stark stratifiziertes System von handwerklichen und Händlertätigkeiten, die neben dem offiziell anerkannten Gewerbe, dem formellen Sektor, ausgeübt werden. Er umfaßt etwa Straßenverkauf, Marktfrauen, handwerkliche Tätigkeiten kleinen und kleinsten Umfangs, Bierbrauen und -verkauf, den Betrieb nicht lizensierter 'Pirate Taxis', Fahrradreparateure, Schneider, Prostituierte, Schuhputzer, Kräuterspezialisten (herbalists) u.a. (30). Über den informellen Sektor Zimbabwes ist wenig Exaktes bekannt. Davies zeigte jedoch für die Stadt Hartley 1974, daß je nach Art der Tätigkeit sehr niedrige bis zu beträchtlichen Einkommen erzielt werden können und daß Aktivitäten im informellen Sektor eine erhebliche Bedeutung als Einkommensergänzung und Einkommensersatz bei Arbeitslosigkeit haben können (31). Die Riddell-Kommission geht davon aus, daß der informelle Sektor, der in der Vergangenheit politisch restriktiv behandelt wurde, eine Rolle bei der Behebung von Arbeitslosigkeit zu spielen habe und in Zukunft gefördert werden solle; vor allem aber müsse schnell eine gründliche wissenschaftliche Untersuchung des informellen Sektors in Zimbabwe unternommen werden (32).

29. **Riddell-Report**, S. 158
30. ebd. S. 161
31. **Davies, Rob**, The Informal Sector in Rhodesia: How important? in: Rhodesia Science News 1974, S. 216 - 220; vgl. auch **ders.**, The Informal Sector: A Solution to Unemployment? - From Rhodesia to Zimbabwe Bd. 5, London 1978
32. **Riddell-Report**, S. 162 f

Kapitel 7:
Moderner und Subsistenzsektor:
Dualismusstruktur und Muster der Kapitalbildung

Im Vorangegangenen wurde deutlich, daß der 'moderne' und der 'Subsistenzsektor' der zimbabweschen Wirtschaft und Gesellschaft zwei voneinander klar abgrenzbare Bereiche sind. Während in ersterem ein beeindruckender Industrialisierungs- und Wachstumsprozeß stattfand, ist der Subsistenzsektor, die 'Reservatswirtschaft', durch Übervölkerung, Bodenverschlechterung, niedrige Erträge und Prokopfeinkommen aus landwirtschaftlicher Tätigkeit gekennzeichnet. Doch auch wenn beide Bereiche als getrennte identifizierbar sind, so stehen sie doch nicht beziehungslos nebeneinander. "Obwohl es zutrifft, daß die rhodesische Wirtschaft aus einem modernen und einem 'traditionellen' Sektor besteht, wird man weder den Akkumulationsprozeß noch die Veränderungsmöglichkeiten begreifen, wenn man das wesentliche Bindeglied zwischen beiden nicht erkennt." (1) Was ist das 'wesentliche Bindeglied' zwischen den Sektoren, welche Beziehungen bestehen zwischen ihnen?

Moderner und Subsistenzsektor sind wirtschaftlich vor allem durch Transaktionen auf zwei Märkten verbunden: durch Kauf und Verkauf von Konsumgütern, Geräten, landwirtschaftlichen Inputs und eines Teils der landwirtschaftlichen Produktion auf dem Warenmarkt einerseits, durch den Verkauf von Arbeitskraft auf dem Arbeitsmarkt andererseits (2). Beide Arten von Transaktionen sind mit beträchtlichen, aber auf Grundlage der derzeitigen empirischen Kenntnisse nicht quantifizierbaren Geldtransfers zwischen den Sektoren verbunden.

Weiter oben ist entwickelt worden, daß afrikanische Arbeitskräfte für Bergwerke und Farmen zunächst vor allem als ausländische Kontraktarbeiter angeworben werden mußten, weil die einheimische Bevölkerung sich nicht in ausreichendem Maß dazu bereitfand, für die neuen weißen Herren zu arbeiten. Erst langfristig zwang die Verschlechterung der materiellen Situation in den Reservaten die wachsende afrikanische Bevölkerung dazu, in steigendem Maße Arbeit im modernen Sektor zu suchen. Neben der relativ abnehmenden grenzüberschreitenden Kontrakt- oder Wanderarbeit breitete sich so ein inländisches **System der Arbeitsmigration** zwischen Reservaten einerseits und Farmen, Minen und städtischer Wirtschaft andererseits aus. Vor allem männliche Afrikaner aus den Reservaten begaben sich saisonal, für einige Jahre oder für größere Teile ihres Arbeitslebens in Lohnarbeitsverhältnisse im modernen Sektor, während die Familie auf dem Land zurückblieb. Die 'extended families' entwickelten komplizierte Strukturen der Ergänzung von Lohn- und landwirtschaftlichen Einkommen. Neben diesem Wanderarbeitssystem

1. **Riddell**, Land Problem, S. 2
2. **Kufandada**, Dualismus in Entwicklungsländern, S. 222 - 241

entstand dem Bedarf der industrialisierenden städtischen Wirtschaft entsprechend eine mehr oder weniger voll, wenigstens bis zum Ende des Arbeitslebens, urbanisierte afrikanische Arbeiterschaft, die auch die Familie mit in die Stadt zog. Doch auch der Großteil dieser permanenten städtischen Arbeiterschaft behielt ein ländliches Heim bei und hielt die Großfamilienbande aufrecht, weil nur diese die Alterssicherung garantieren.

"Das Modell der Wanderarbeit, das bei vielleicht der Mehrheit der städtischen Arbeiter übliche Verfahren, die Familie auf dem Land zurückzulassen, und die wachsende Unfähigkeit der Haushalte des Bauernsektors, sich selbst zu unterhalten, führten zu einem komplexen Strom von Menschen, Geld, Waren und Farmprodukten zwischen Stadt und Land." (3) Die Menschen in den CLs wurden für ihr Überleben zunehmend abhängig vom Transfer eines Teils der Lohneinkommen aus dem modernen Sektor; solche z.Zt. nicht quantifizierbaren Einkommenstransfers machen einen nicht unbedeutenden Teil der ländlichen Geldeinkommen aus: "Die verfügbaren Unterlagen deuten darauf hin, daß es bei Familien von städtischen Wanderarbeitern beträchtliche Transfers aus der Stadt in die ländlichen Gebiete gibt." (4) Die ärmsten Bauern in den CLs sind nach dem Urteil der Riddell-Kommission wahrscheinlich diejenigen, die keine solchen ergänzenden Einkommen aus dem modernen Sektor haben (5). Dies bedeutet, daß der ländliche Bauernsektor im Laufe der Zeit abhängig wurde vom modernen Wirtschaftssektor und der 'Unterstützung' durch städtische Einkommen für das eigene Weiterleben bedarf.

Dies scheint nun nicht zu vereinbaren mit dem schon weiter oben erwähnten Argument, "daß der Lohnarbeitssektor netto in beträchtlichem Umfang von der bäuerlichen Landwirtschaft subventioniert wird." (6) Doch der Widerspruch ist ein scheinbarer und löst sich auf, wenn man 'Subvention' in einem umfassenderen Sinn als dem reiner Geldzahlungen versteht und den Blick auf die Funktion, die der Subsistenzsektor für das Wachstum des modernen Sektors erfüllt, lenkt. Bei der Betrachtung der Lohnniveaus im Bereich formeller Beschäftigung fiel auf, daß der Großteil der städtischen afrikanischen Beschäftigten Einkommen unterhalb der Poverty Datum Line (PDL) verdiente. Landarbeiter und Bergarbeiter, für die diese PDL-Berechnungen nicht gelten, hatten unter dem städtischen Durchschnitt liegende Löhne. Eine Teilantwort auf die Frage, wie Leben unter der PDL möglich sei, bestand darin, daß die betroffenen Arbeiter eben nicht alle Grundbedürfnisse, die die PDL-Berechnung einbezog, befriedigen konnten: So waren die Familien z.B. eben nicht immer fähig, Schulgeld für alle Kinder zu bezahlen, oder die Nahrung

3. **Riddell-Report**, S. 61
4. ebd. S. 61
5. ebd. S. 62
6. ebd. S. 61

umfaßte nicht genügend Proteinbestandteile für alle Familienmitglieder. Darüber hinaus konnte der Mangel teilweise reduziert oder verlagert werden: Reichte das städtische Einkommen nicht für die unterstellte durchschnittliche 6-köpfige Familie, so konnten Kinder auf dem Land im System der erweiterten Familie untergebracht werden. Schon dies ist eine Leistung, die der Subsistenzsektor für den modernen Sektor erbringt. Entscheidender noch ist jedoch, daß mit dem Wanderarbeitssystem durch Zurücklassen der Familie auf dem Land eine zusätzliche Quelle von Haushaltseinkommen erschlossen wird. Lohn- und landwirtschaftliche Einkommen ergänzen sich gegenseitig. Die gleiche Funktion der Einkommensergänzung kann durch Tätigkeiten im informellen Sektor erfüllt werden. So hält etwa Davies fest: "Normalerweise wird argumentiert, daß dies (-d.h. die Einkommensergänzung, C. R.-) durch eine ländliche Subvention geschieht, und offensichtlich ist das die wichtigste Quelle der Ergänzung. Jedoch weist das Verstehen des informellen Sektors auf eine weithin vernachlässigte Quelle von Unterstützung des Lohnarbeitssektors hin. Es ist klar, daß eine der Hauptfunktionen des informellen Sektors darin besteht, die Lohnpolitik im formellen Sektor zu subventionieren." (7)

Das Wanderarbeitssystem enthebt also den modernen Wirtschaftssektor der Notwendigkeit, die gesamte Arbeiterfamilie zu unterhalten. Der Subsistenzsektor 'erspart' dem modernen Sektor einen Teil des Familieneinkommens, der der modernen Wirtschaft als Gewinn und damit Kapitalbildung zugute kommen kann. Doch die 'Subventionen' gehen weiter: Indem der Erhalt von Landrechten im Subsistenzsektor die Alterssicherung des Arbeiters garantiert (8) und indem die Rückkehr in die CLs bei Arbeitslosigkeit den städtischen Arbeiter auffängt, erspart der Subsistenzsektor dem modernen Sektor die Kosten von Renten- und Arbeitslosenversicherung. Er unterhält die Reservearmee, deren Existenz gleichzeitig einen dauernden Druck auf das städtische Lohnniveau — wenigstens im Bereich unqualifizierter Arbeit — ausübt. "Unter heutigen Bedingungen kommt der Lohnarbeitssektor nur für einen Teil der Kosten der afrikanischen Arbeitskraft auf, nämlich für die Kosten, die direkt mit ihrer Beschäftigung in diesem Sektor zusammenhängen. Außerdem kommt er für diese Kosten nur für die Dauer der Beschäftigung afrikanischer Arbeiter in diesem Wirtschaftsbereich auf." (9)

Erschwerend kommt hinzu, daß im Austausch von städtischer und ländlicher Produktion die **Terms of Trade** wegen des Land-Stadt-Preisgefälles zuungunsten der ländlichen Produzenten ausfallen: Die Bauern kaufen städtische Produkte, seien

7. **Davies,** Informal Sector, S. 219
8. vgl. **Clarke, Duncan G.,** The Economics of African Old Age Subsistence in Rhodesia, Gwelo 1977
9. **Mswaka, T.E.,** Rural Area Subsidies to Wage Employment in Rhodesia, S. 223 in: Rhodesia Science News 1974, S. 221 - 224

es Konsumgüter oder Produktionsgüter wie Dünger, Werkzeuge u.a., teuer und verkaufen ihre eigene landwirtschaftliche Produktion wegen der weiter oben behandelten Vermarktungsprobleme und Diskriminierungen relativ billiger (10).

Was bedeutet das Gesagte für das Verhältnis zwischen modernem und Subsistenzsektor? Die Tatsache, daß aus Lohneinkommen beträchtliche Transfers in die ländlichen Gebiete stattfinden, widerspricht nicht der These, daß eine Subventionierung des modernen durch den Subsistenzsektor durch eine 'rural subsidy' stattfinde (11). Der Subsistenzsektor erbringt beträchtliche Leistungen, die dem Wachstum des modernen Sektors zugutekommen. Die Kapitalbildung des modernen Sektors wird partiell aus Zuschüssen des Bauernsektors zum Lohn des Arbeiters finanziert.

Was bedeutet dies für die Entwicklung des Subsistenzsektors? Der ländliche Bauernsektor absorbiert alle diejenigen Afrikaner, die nicht von Einkommen im modernen Sektor leben können. Chronische Übervölkerung, niedrige Einkommen pro Kopf verhindern eine Kapitalbildung im Subsistenzsektor, die Voraussetzung für dessen Entwicklung wäre, schon auf ganz niedriger Ebene. "Eine wesentliche Beschränkung der bäuerlichen Ökonomie ist deren strukturelle Unfähigkeit, ein ausreichendes und regelmäßiges Mehrprodukt zu produzieren, zu vermarkten und in Geldform zu realisieren, was die minimale Vorbedingung der Akkumulation wäre." (12) Zusätzlich wirkt sich das Wanderarbeitssystem negativ auf die in den CLs betriebene Landwirtschaft aus: Die verzerrte Alters- und Geschlechtsstruktur in den CLs verringert die landwirtschaftliche Produktivität, insofern ein großer Teil der erwachsenen Männer nicht in den ländlichen Gebieten anwesend ist. Daß Landrechte als Alterssicherung erhalten werden müssen, wirkt sich zum Teil auch so aus, daß die Bebauung eher dem Erhalt der Rechte dient als auf optimale Landnutzung angelegt ist, und führt damit zusammen mit der Alters- und Geschlechtsstruktur zu 'Unterausnutzung' von Land in den CLs bei gleichzeitig bestehendem Landmangel. Alle solchen mit der Wanderarbeit verbundenen, im einzelnen sehr differenzierten Strategien der Landnutzung und der Beschaffung einander ergänzender Einkommen stellen individuell eine rationale Anpassung an die gegebenen Bedingungen dar, wirken sich jedoch zerstörerisch auf die CL-Landwirtschaft als ganze aus.

Ältere Dualismustheorien verschiedenster Herkunft, die den Subsistenzsektor als rückständiges Hinterland eines modernen 'Wachstumspols' sahen und 'Entwicklung' von schnellem Wachstum des modernen Sektors und dessen 'Ausstrah-

10. ebd. S. 222
11. vgl. ebd. S. 221
12. **ILO**, Labour Conditions, S. 38 f

lungseffekten' erwarteten, neigten dazu, die im Subsistenzsektor herrschenden Formen von Wirtschaft und Gesellschaft als Ausdruck einer vorkolonialen 'Tradition' zu begreifen und die Deformationen der sozialen und ökonomischen Strukturen des Subsistenzsektors, die mit kolonialer Herrschaft und dem Wachstum des modernen Sektors verbunden sind, diesem quasi das Material lieferten, zu übersehen. In der kolonialen Geschichte Zimbabwes haben diese Deformationen durch Reservatssystem und Segregationspolitik eine spezifische Form erhalten. Wirtschaftswachstum allein kann die Situation der ländlichen Bevölkerung Zimbabwes nicht verbessern: "Indessen geben in der realen Erfahrung der unterentwickelten Länder, während Produktion und Kapitalbildung entsprechend der Prognose des Dualismus-Modells wuchsen, die Folgen für die Verteilungssituation besonders im traditionellen Sektor Anlaß zu großer Ernüchterung." (13) Wachstumsstrategien, die auf das alte Muster der Kapitalbildung durch Niedriglöhne und 'ländliche Subventionen' setzen, werden die Situation auf dem Lande in Zimbabwe nur verschlimmern. Im zweiten Hauptteil der Arbeit werde ich untersuchen, welche alternativen Ansätze einer Politik, die Wachstum auch zu Entwicklung für die arme Bevölkerungsmehrheit werden läßt, in der politischen Programmatik der zimbabweschen Regierung nach der Unabhängigkeit des Landes sichtbar sind und inwieweit solche Ansätze in der Wirklichkeit umgesetzt werden.

13. **Ndlela,** Dualism, S. 52

Kapitel 8:
Zimbabwes Abhängigkeit von Südafrika als Entwicklungsbedingung

Abhängigkeit wurde in den vorangegangenen Kapiteln als ein wesentliches Merkmal der zimbabweschen Entwicklungsdynamik deutlich: Behandelt wurden die in der kolonialen Geschichte des Landes entstandenen Abhängigkeiten von 'weißen' Berufsqualifikationen, der landwirtschaftlichen Produktion des kommerziellen Farmsektors und von ausländischem Kapital als Strukturmerkmale von Wirtschaft und Gesellschaft, die den politischen Handlungsspielraum jeder Regierung des unabhängigen Zimbabwe entscheidend formen und einengen. Auch wenn diese Arbeit primär an der inneren Struktur der zimbabweschen Gesellschaft und den damit verbundenen Problemen und Entwicklungsmöglichkeiten interessiert ist, so muß, will man wesentliche Determinanten der Entwicklung wenigstens versammelt haben, eine Dimension der Außenbeziehungen, die von entscheidender Bedeutung ist, hier wenn auch nicht im Detail, so doch in den Grundzügen ausgeführt werden: die Abhängigkeit von Südafrika.

Die Republik Südafrika ist die dominierende Wirtschaftsmacht der Region. Schwarzafrikanische Staaten im Südlichen Afrika, die in politischer Gegnerschaft zu Südafrika stehen und die Politik der Apartheid verurteilen, politische Flüchtlinge aus Südafrika und die für eine schwarze Mehrheitsregierung kämpfenden Befreiungsbewegungen beherbergen und zum Teil in UN-Gremien die Forderung nach Wirtschaftssanktionen gegenüber Südafrika unterstützen, sind meist selbst in vielfacher Hinsicht auf den südlichen Nachbarn ökonomisch angewiesen. Das gilt etwa für Mozambik, für Botswana, Lesotho und Swaziland, für Malawi und in geringerem Maße für Zambia; es gilt schließlich für Zimbabwe, dessen Beziehung zu Südafrika die Geschichte der 'Schicksalsgemeinschaft' der weißen Siedler Rhodesiens und Südafrikas in der Sanktionszeit nach 1965 ein besonderes Gepräge gegeben hat. D.G. Clarke, der sich mit den Implikationen verschiedener wirtschaftspolitischer Strategien ('regimes') für Zimbabwe befaßt hat, kommt zu dem Schluß: "Eine gewisse strukturelle ökonomische Abhängigkeit vom Süden würde in jedem Fall die Handlungsmöglichkeiten für alle wirtschaftspolitischen Konzepte beschränken, besonders in den Bereichen Ölversorgung, Transportwege, in bezug auf die Tatsache, daß viele multinationale Konzerne von Südafrika aus operieren, infolge des Wanderarbeitsabkommens mit der South African Chamber of Mines, des Devisenbedarfs und der zeitlichen Verzögerung beim Aufbau neuer Handelsbeziehungen." (1) Hierauf ist im folgenden einzugehen.

Im ersten Kapitel dieser Arbeit wurde deutlich, daß es vor allem Südafrika war,

1. **Clarke,** Foreign Companies, S. 166

das dem rhodesischen Siedlerstaat nach 1965 half, mit den Wirtschaftssanktionen fertig zu werden. Die südafrikanischen Verkehrswege und Häfen bildeten neben den Linien durch das bis 1975 portugiesisch beherrschte Mozambik Rhodesiens Verbindungen zum Weltmarkt. Den Handel mit den boykottierten rhodesischen Waren wickelten zum Teil südafrikanische Firmen oder rhodesische Unternehmen unter südafrikanischem Namen ab, wenn die Sanktionen nicht offen gebrochen wurden. Südafrika, das traditionell ein wichtiger Handelspartner Südrhodesiens gewesen war, aber vor 1965 hinter Großbritannien zurücklag, übernahm die Stellung des größten Handelspartners, und südafrikanisches Kapital investierte weiter in Rhodesien.

Bei der Betrachtung der Bedeutung von ausländischem **Kapital** in Zimbabwe habe ich weiter oben die Schätzungen von C. Stoneman dargestellt, denen zufolge um die 60% des gesamten Produktivkapitals in Zimbabwe in ausländischer Hand sein könnten. Während vor der Einseitigen Unabhängigkeitserklärung Kapital aus dem 'Mutterland' Großbritannien immer den größten Anteil am südrhodesischen Kapitalstock hatte, nahm nach 1965 der Anteil Südafrikas zu, weil britische Mutterfirmen infolge der Sanktionen rechtlich an Neuinvestitionen in Rhodesien gehindert waren, britisches Kapital infolgedessen auf legalem Wege nur durch Reinvestition von im Land erwirtschafteten Gewinnen wachsen konnte. Das bedeutet nicht, daß es nicht doch noch Kanäle für neue Kapitalzuflüsse gegeben hätte, aber insgesamt muß das Wachstum des südafrikanischen Kapitalanteils durch diese Situation begünstigt worden sein. Den Annahmen Stonemans zufolge waren zum Zeitpunkt der Unabhängigkeit Zimbabwes je 25% des gesamten Produktivkapitals des Landes in britischer und südafrikanischer Hand (2).

Neben den privaten Kapitalinvestitionen ist zu berücksichtigen, daß Zimbabwe über **Kredite** bei Südafrika verschuldet ist. Die offizielle Auslandsschuld, die das unabhängige Zimbabwe von Rhodesien erbte, betrug Ende 1979 353,4 Mio Dollar, war also im internationalen Vergleich nicht hoch (3). Der größte Teil dieser Summe wurde in den letzten Kriegsjahren aufgenommen und kam aus Südafrika; die Kapitalverkehrsbilanz (4) weist für 1978/79 hohe staatliche Transaktionen aus. Die südafrikanischen Kriegskredite wurden zum Politikum, als kurz vor der Unabhängigkeit Vertreter der Patriotischen Front andeuteten, man werde Schulden, mit denen die Bomben auf die eigenen Flüchtlingslager bezahlt worden seien, nicht übernehmen. Nach der Unabhängigkeit hat die Regierung Zimbabwes jedoch keine der von der alten Regierung gemachten Auslandsschulden zurückgewiesen (5).

2. vgl. Kapitel 4 der Arbeit
3. vgl. **Republic of Zimbabwe**, TNDP Vol I, S. 125 Tab. 6.5: "Gross Public Debt of the Central Government and Local Authorities"
4. vgl. Tabelle 1
5. vgl. **Jeske**, Zimbabwes Eingliederung, S. 292; sowie Sunday Mail (im folgenden immer: SM) 20.4.1980: "Foreign Debts to Be Repaid"

Tabelle 30
Haupthandelspartner von Zimbabwe 1981

	Außenhandel[1] Zimbabwes			Inländische Exporte[2]			Importe Zimbabwes		
	in tsd. $	%	Rang	in tsd. $	%	Rang	in tsd. $	%	Rang
Südafrika	471 829	24,8	1	192 177	21,6	1	279 652	27,5	1
Großbritannien	163 221	8,6	2	61 299	6,9	4	101 922	10,0	2
Bundesrepublik Deutschland	146 782	7,7	3	73 009	8,2	2	73 773	7,2	4
USA	144 193	7,6	4	69 770	7,9	3	74 423	7,3	3
Japan	86 508	4,5	5	24 911	2,8	10	61 597	6,1	5
Italien	65 129	3,4	6	44 013	5,0	5	21 116	2,1	10
Zambia	59 919	3,1	7	35 284	4,0	6	24 635	2,4	7
Niederlande	50 313	2,6	8	26 874	3,0	9	23 439	2,3	8
Frankreich	50 217	2,6	9	13 087	1,5	14	37 130	3,6	6
Belgien	49 108	2,6	10	32 411	3,6	7	16 697	1,6	13
Botswana	46 040	2,4	11	28 678	3,2	8	17 362	1,7	12
Schweiz	38 243	2,0	12	16 796	1,9	13	21 447	2,1	9
Mozambik	29 983	1,6	13	11 154	1,3	18	18 829	1,9	11
Malawi	29 264	1,5	14	14 226	1,6	15	15 038	1,5	14
Außenhandel insgesamt (einschließlich der restlichen Handelspartner)	1 905 761	100,0	–	888 067	100,0	–	1 017 694	100,0	–

1. Exporte plus Importe
2. Ohne Reexporte und Goldverkäufe

Quelle:
CSO, Statement of External Trade 1981, Harare 1982, S. 2 und 3,Tab. 3 und 4

185

Tabelle 30 zeigt, daß 1981 Südafrika Zimbabwes größter **Handelspartner** war und 21,6% der Exporte abnahm sowie 27,5% der Importe lieferte. Für die Zeit zwischen 1965 und der Unabhängigkeit Zimbabwes sind keine länderspezifischen Außenhandelsdaten verfügbar. Vor der Einseitigen Unabhängigkeitserklärung jedoch sah das Bild anders aus. Zum einen war ein größerer Anteil des Außenhandels auf weniger Länder konzentriert. Großbritannien, Südafrika und Nordrhodesien waren 1948 noch für rund 70% der Ex- und der Importe Südrhodesiens verantwortlich. 1965 kamen die drei Länder — Nordrhodesien war inzwischen als Zambia unabhängig geworden — immer noch für gut 55% der Ex- und Importe auf (6). 1981 dagegen war der Außenhandel Zimbabwes stärker diversifiziert.

Zum anderen hat sich während der Sanktionsjahre die Rolle von Großbritannien, Südafrika und Zambia als Handelspartnern stark verändert. Der Anteil Großbritanniens, das 1948 und 1965 größter Handelspartner Südrhodesiens war, ist drastisch gefallen. Auch die Bedeutung Zambias, das 1965 größter Abnehmer von südrhodesischen Exporten war, ging stark zurück. Südafrika dagegen, das als Lieferant südrhodesischer Importe auch vor der Einseitigen Unabhängigkeit wichtig war und an zweiter Stelle hinter Großbritannien stand, rückte nach 1965 zum mit Abstand

Tabelle 31:
Außenhandel Südrhodesiens/Zimbabwes mit ausgewählten Ländern 1948, 1965 und 1981
(Anteile in %)

	Inländische Export e			Importe		
	1948	1965	1981	1948	1965	1981
Großbritannien	56,8	21,9	6,9	43,6	30,4	10,0
Südafrika	4,7	9,0	21,6	24,2	23,0	27,5
N.rhod./Zambia	9,8	25,3	4,0	0,9	3,6	2,4
Nyasal./Malawi	1,0	5,4	1,6	0,3	1,2	1,5

Quellen: Für 1948: **Zimbabwe. Towards a New Order**, S. 160 Tab. 8.3: "Geographical Distribution of Southern Rhodesia's Trade"; für 1965: nach **Hawkins,** Economy: 1924 - 1974, S. 36 Tab. 12: "Rhodesia's Main Trading Partners"; für 1981: **CSO,** Statement of External Trade 1981, Tab. 3 und 4.

6. vgl. **Zimbabwe. Towards a New Order,** S. 160 Tab. 8.3: "Geographical Distribution of Southern Rhodesia's Trade" sowie **Hawkins,** Economy: 1924 - 1974, S. 36 Tab. 12: "Rhodesia's Main Trading Partners"

wichtigsten Handelspartner auf, wobei vor allem seine Rolle als Abnehmer rhodesischer Exporte stark wuchs von 8,2% 1965 auf 21,6% 1981 (7).

Von besonderer Bedeutung bei den zimbabweschen Importen ist die Ölversorgung, die 1978 19,4%, 1979 26,8%, 1980 21,5% und 1981 19,4% der gesamten Einfuhren ausmachte (8). Während der Sanktionszeit war Rhodesien hierbei ganz auf südafrikanische Lieferungen angewiesen. Auch nach der Einstellung der Belieferung Südafrikas durch den Iran nach dem Sturz des Schah Ende 1978 stellte Südafrika die Versorgung Rhodesiens aus den eigenen Kohlehydrierungsanlagen wie auch aus Käufen auf dem internationalen Spotmarkt sicher (9). Auch Zimbabwe könnte heute nur dann von Südafrika und dessen Transportsystem unabhängig werden, die Gefahr des Abschneidens seiner Ölzufuhr überwinden, wenn die vor der Einseitigen Unabhängigkeitserklärung von der London and Rhodesian Mining and Land Company (LONRHO) errichtete Pipeline zwischen dem mozambikanischen Hafen Beira und dem Grenzort Umtali (heute: Mutare) dauerhaft funktionstüchtig wäre. Die Pipeline war im Januar 1965 in Betrieb genommen, dann aber schon im Dezember des gleichen Jahres wegen der Sanktionen wieder stillgelegt worden (10). Nach der Unabhängigkeit Zimbabwes wurde sie Mitte 1982 erstmals wieder in Betrieb genommen, ist seitdem aber dauernd durch Anschläge der in diesem Teil Mozambiks kämpfenden und von Südafrika unterstützten Mozambik National Resistance (MNR) gefährdet (11).

Seit 1903 war Südrhodesien mit Südafrika in einer Zollunion verbunden, die mehrmals vertraglich neuformuliert wurde und schließlich in das **Preferential Trade Agreement** von 1964 mündete, das 1969 unbefristet verlängert wurde. Das Trade Agreement begünstigte rhodesische Exporte nach Südafrika stark. Als die südafrikanische Regierung das Abkommen Ende März 1981 mit der vertraglichen Frist von einem Jahr kündigte, war dies ein politisches Signal an die zimbabwesche Regierung, die anschließend große Anstrengungen unternahm, bis sich Südafrika schließlich doch zur Verlängerung bereitfand. Inwieweit das unabhängige Zimbabwe die Diversifizierung seines Außenhandels wird weiterentwickeln können, bleibt abzuwarten. Jedenfalls ist die große Bedeutung Südafrikas als Handelspartner kaum schnell aus der Welt zu schaffen, ohne starke Wachstums- und Beschäftigungseinbrüche im modernen Wirschaftssektor Zimbabwes zu riskieren.

7. vgl. Tabelle 31
8. "Petroleum and Allied Products" nach **CSO**, Monthly Digest, März 1982, Tab. 10.6: "Imports by SITC Sections and Principal Commodities"
9. **Jeske**, Zimbabwes Eingliederung, S. 269 f
10. ebd. S. 276 f
11. vgl. **Meinardus, Ronald**, Feindselige Nachbarschaft: Pretorias Politik gegenüber Zimbabwe, S. 11 in: Informationsdienst Südliches Afrika 4/5 (1983), S. 11 f

Einen anderen Bereich der rhodesisch-südafrikanischen Wirtschaftsbeziehungen bildet die **Wanderarbeit**. Weiter oben wurde der Vertrag erwähnt, auf dessen Grundlage die südafrikanische Rekrutierungsorganisation WENELA seit Ende 1974 afrikanische Arbeiter in Rhodesien mit Zeitverträgen für die südafrikanischen Minen anwarb (12). Neben dem Beschäftigungseffekt waren diese Arbeitsverträge auch als Devisenquelle für das Land von Interesse. Außer den offiziell angeworbenen Minenarbeitern suchten andere Afrikaner privat Arbeit in Südafrika. In südafrikanischen Bergwerken sollen 1977 rund 19 000 afrikanische Arbeiter aus Rhodesien gearbeitet haben; die Zahl ging später auf rund 5 000 zurück (13). Aufgrund einer politischen Entscheidung stoppte die zimbabwesche Regierung im Februar 1981 die südafrikanische Anwerbung in Übereinstimmung mit den Bemühungen der übrigen Frontstaaten, ihre Abhängigkeit von der Wanderarbeit nach Südafrika abzubauen (14). Im August reagierte dann die südafrikanische Regierung mit der Entscheidung, die Arbeitsverträge aller zimbabweschen Arbeiter in Südafrika nicht zu verlängern. Zu diesem Zeitpunkt arbeiteten südafrikanischen Angaben zufolge rund 20 000 Zimbabwer legal in Südafrika, davon rund ein Drittel in Bergwerken, ein weiteres Drittel in Häuslichen Diensten und der Rest in Landwirtschaft, Industrie und Handel. Daneben wurde geschätzt, daß bis zu 50 000 Zimbabwer illegal in Südafrika arbeiteten (15).

Ein letzter, aber wesentlicher Bereich der Abhängigkeit Zimbabwes von Südafrika ist der der Verkehrswege und des **Transportsystems**. Zimbabwe ist ein Binnenland und als solches für seinen Außenhandel auf Häfen und Transitwege von Nachbarländern angewiesen. Die relevanten Verbindungen sind zum einen die Linien nach Osten zu den mozambikanischen Häfen, zum anderen die Südstrecke zu südafrikanischen Häfen. Vor der Einseitigen Unabhängigkeitserklärung waren die Bahnverbindungen über Umtali (Mutare) nach Beira in Mozambik und über Malvernia (heute: Chicualacuala) in Mozambik nach Lourenco Marques (Maputo) die bedeutendsten Verbindungen Südrhodesiens zum Weltmarkt. Daneben war für den Handel nach Norden die Eisenbahn über die Victoria Falls-Brücke nach Nordrhodesien wichtig. Die mozambikanischen Häfen haben gegenüber den südafrikanischen den Vorteil, ungleich näher gelegen zu sein (16). Die Wege zu den südafrikanischen Häfen (17) gingen zum Zeitpunkt der Einseitigen Unabhängigkeitserklärung zum einen per Bahn via Plumtree durch Botswana nach Süden, zum anderen vom Endbahnhof der Rhodesia Railways in Rutenga auf der Straße via Beitbridge zum süd-

12. vgl. Kapitel 5.2.3. sowie **Jeske**, Zimbabwes Eingliederung, S. 292
13. Financial Times (im folgenden immer: FT) 6.8.1981, S. 14
14. Rand Daily Mail 10.2.1981
15. FT 6.8.1981, S. 14; Guardian (im folgenden immer: G) 6.8.1981, S. 6
16. Salisbury - Beira: 592 km; Salisbury - Maputo: 1 269 km
17. Kapstadt, Port Elizabeth, East London, Durban, Richards Bay

afrikanischen Kopfbahnhof Messina und von dort per Bahn zu den Häfen (18). Mit Blick auf die politische Entwicklung in Mozambik, das nach langem Guerillakrieg 1975 unter einer sozialistischen Regierung unabhängig wurde, mußte Rhodesien die Verbindung zu Südafrika stärken: 1974 wurde die Eisenbahn von Rutenga nach Messina fertiggestellt, wo vorher auf Straßentransport umgeladen werden mußte; damit bestand seitdem neben der Botswana-Verbindung eine weitere direkte Eisenbahnlinie zu den südafrikanischen Häfen (19).

Hatte Rhodesien bis Mitte der 70er Jahre für den Überseehandel überwiegend die mozambikanischen Verkehrswege benutzt, so änderte sich dies grundlegend durch die Schließung der mozambikanisch-rhodesischen Grenze durch die FRELIMO-Regierung Anfang März 1976. Rhodesien mußte sich nun ganz auf die südafrikanischen Verbindungen umstellen (20). Nach der Unabhängigkeit versucht nun Zimbabwe seinen Transitverkehr wieder verstärkt auf die mozambikanischen Häfen zu orientieren; der Prozeß schreitet langsam voran. Hindernisse stellen vor allem die Schwierigkeiten der mozambikanischen Häfen, nach vier Jahren geringerer Auslastung den steigenden Anforderungen gerecht zu werden, und Sabotageakte der MNR auf die Mutare-Beira-Eisenbahnstrecke dar (21).

Im Vorangegangenen sollten die vielfältigen Abhängigkeitsbeziehungen, in denen Zimbabwe aufgrund von geographischer Lage und historisch — vor allem, aber nicht nur nach 1965 — gewachsenen Strukturen zu seinem südlichen Nachbarn Südafrika steht, nur in Umrissen deutlich werden; im Detail sind diese zwischenstaatlichen Beziehungen nicht Gegenstand dieser Arbeit. Zimbabwe ist von Südafrika erpreßbar; die Beziehungen beider Staaten seit 1980 sind gekennzeichnet durch eine Kette von wirtschaftlichen Machtdemonstrationen Südafrikas (22). Solche ökonomischen Abhängigkeiten können, wenn der politische Wille dazu vorhanden ist, verringert werden. Eine Rolle können in diesem Zusammenhang auch die Bemühungen der in der Southern African Development Co-ordination Conference (SADCC) zusammengeschlossenen Staaten, sich durch gemeinsame Anstrengungen

---

18. Salisbury — East London via Botswana: 2.430 km; Salisbury — East London via Beitbridge: 2.121 km; vgl. **Jennings, A.C.**, Zimbabwe External Trade: Transit-Transport Routes, S. 604 f und 611 in: Zimbabwe. Working Papers Vol. I, S. 599 - 659
19. **Jeske**, Zimbabwes Eingliederung, S. 293
20. vgl. für Zahlenangaben zur Verteilung des Außenhandels auf die verschiedenen Strecken ebd. S. 271 und **Jennings**, External Trade, S. 604
21. **Jeske**, Zimbabwes Eingliederung, S. 271 ff
22. vgl. hierzu etwa **Meinardus, Ronald**, Südafrika und Zimbabwe: Koexistenz oder Intervention? in: Informationsdienst Südliches Afrika 4 (1981), S. 17 - 20 und **ders.**, Feindselige Nachbarschaft

Abb. 10: Verkehrslinien im Südlichen Afrika

Quelle: nach J.Jeske: Verkehrsgeographische Struktur-
wandlungen im südlichen
Afrika 1975–1980,
Hamburg 1981

von Südafrika zu emanzipieren und der südafrikanischen Regionalstrategie einer von Pretoria dominierten 'Constellation of States' ein selbstbestimmtes Gegenmodell entgegenzusetzen, spielen. Schnelle Erfolge der SADCC-Länder sind dabei freilich nicht zu erwarten.

Auf absehbare Zeit werden Abhängigkeiten von Südafrika deshalb eine wesentliche Rolle als Determinante der zimbabweschen Politik spielen. Inwieweit Zimbabwe im Rahmen einer Verschärfung der politischen Konflikte im Südlichen Afrika auch zum direkten militärischen Angriffsziel für südafrikanische Aktionen werden wird, wie dies Mozambik und Angola schon sind, bleibt abzuwarten; jedoch scheint eine solche Entwicklung wahrscheinlich.

Angesichts dieser Sachlage ist die vorsichtige zimbabwesche Politik gegenüber dem mächtigen Nachbarn im Süden, die politische Gegnerschaft mit ökonomischer Kooperation zu verbinden sucht, nur zu verständlich. Im September 1980 verkündete die zimbabwesche Regierung den Abbruch der diplomatischen Beziehungen zur Republik Südafrika, betonte aber gleichzeitig die Notwendigkeit, die Wirtschaftsbeziehungen fortzuführen (23). Als im Dezember 1980 die UN-Vollversammlung über die Verhängung eines internationalen Handelsboykotts gegen Südafrika abstimmte, enthielt sich der zimbabwesche Delegierte der Stimme und begründete dies damit, daß Zimbabwe selbst einen solchen Boykott nicht verkraften könne (24).

23. **Jeske,** Zimbabwes Eingliederung, S. 267
24. ebd. S. 292; vgl. H 18.12.1980: "Zimbabwe Abstains in Sanctions Vote"

Kapitel 9:
Zwischenergebnis —
Entwicklungsaufgaben und Entwicklungsbedingungen

Wie andere ehemalige afrikanische Kolonien, die in die politische Unabhängigkeit 'entlassen' wurden, begann auch Zimbabwe seine neue Geschichte als unabhängiger Staat nicht auf einer Tabula rasa. Vielmehr übernahm das Land als Erbe aus 90jähriger Kolonial- und Siedlerherrschaft eine durch diese Herrschaft geprägte und in spezifischer Weise deformierte Gesellschafts- und Wirtschaftsstruktur. Sozioökonomische Strukturen und Abhängigkeiten überdauern die politische Befreiung. Die ersten acht Kapitel dieser Arbeit wollten durch eine Analyse der sozioökonomischen Struktur Zimbabwes die wesentlichen Dimensionen der im 'kolonialen Erbe' enthaltenen Entwicklungsaufgaben und Entwicklungsbedingungen sichtbar machen.

Zu den Ausgangsbedingungen, die das unabhängige Zimbabwe aus rhodesischer Zeit übernahm, gehört eine relativ **'entwickelte' Wirtschaft**, d.h. ein moderner Wirtschaftssektor mit einer diversifizierten Produktionsstruktur. Der moderne Sektor umfaßt u.a. eine Verarbeitende Industrie, die mehrere Industrialisierungsphasen durchlaufen hat, einen als Devisenquelle wichtigen Bergbausektor, der von multinationalen Unternehmen dominiert wird und die vielfältigen und reichen mineralischen Ressourcen des Landes ausbeutet; er umfaßt schließlich einen von weißen Farmern und multinationalen Unternehmen beherrschten Großfarmsektor, der rd. vier Fünftel der landwirtschaftlichen Gesamtproduktion herstellt und der, was im afrikanischen Vergleich keineswegs selbstverständlich ist, die Selbstversorgung des Landes mit Nahrungsmitteln sicherstellen kann und darüber hinaus für den Export produziert.

Der 'moderne' Bereich der Wirtschaft stellt ein großes Potential dar, das Zimbabwe den meisten anderen afrikanischen Staaten voraus hat. Entwickelt wurde dieses Potential in der (süd-)rhodesischen Geschichte auf Kosten der Bevölkerungsmehrheit, zugute kam es einer Minderheit. Der weiße Farmsektor wurde auf Kosten der afrikanischen Bauernschaft, deren bestes Land übernommen und deren Lebensweise mit politischem und ökonomischem Zwang in die oben betrachteten Formen einer Reservatswirtschaft umgewandelt wurden, 'entwickelt'. Landnot, Ressourcenverschlechterung, niedrige landwirtschaftliche Einkommen und mangelnde Entwicklungsfähigkeit der afrikanischen Landwirtschaft in den Communal Lands bilden die Kehrseite von Reichtum und 'Fortschritt' des weißen Farmsektors. Schnelles Wachstum und Kapitalbildung im modernen Wirtschaftssektor als Ganzem gingen auf Kosten der afrikanischen Arbeiterschaft, deren Lohnniveaus sich historisch am Mindestbedarf des einzelnen Wanderarbeiters bildeten. Ein großer Teil der Arbeiter wurde so dazu gezwungen, die Familien auf dem Lande zurückzulassen, und dies trug wiederum zu den dargestellten Folgen in bezug auf ländliche

Übervölkerung und Landnutzung bei. Die Spanne zwischen unteren und oberen Einkommen ist weltweit nur in wenigen Ländern (etwa: Peru) so groß wie in Zimbabwe. Europäische Siedler finanzierten sich durch dieses System der Verteilung von Ressourcen und Einkommen in Rhodesien einen Lebensstandard, den sie in ihren Heimatländern kaum erreicht hätten. Auch deshalb kämpften sie so hart um die Erhaltung weißer Herrschaft, verlief der Prozeß der Dekolonisierung Zimbabwes so langwierig und blutig.

Versteht man Entwicklung im Unterschied zu bloßem Wachstum des Sozialprodukts als einen Prozeß, der die breite Bevölkerungsmehrheit in produktive Tätigkeit und Zunahme der Einkommen einbezieht, so sind mit den dargestellten gesellschaftlichen Problembereichen die **Entwicklungsaufgaben** bezeichnet. Die **Situation der in den Communal Lands lebenden Bevölkerungsmehrheit** ist der eine wesentliche Ansatzpunkt von Entwicklungspolitik. Die Guerillaarmeen, die für die Unabhängigkeit Zimbabwes kämpften, rekrutierten sich überwiegend aus den ländlichen Jugendlichen. Die afrikanischen Bauern, die die Guerillakämpfer unterstützten, taten dies, weil diese ihnen versprachen, das von den Weißen geraubte Land ihrer Väter zurückzuholen. Die Durchführung einer tiefgreifenden Landreform, der Umverteilung von Land und die Einleitung von Maßnahmen für ländliche Entwicklung, die Produktivitäts- und Einkommenssteigerungen in den Communal Lands ermöglichen, sind wesentliche Prüfsteine einer Entwicklungsstrategie für Zimbabwe.

Im modernen Sektor steht die Regierung Zimbabwes vor der Aufgabe, durch soziale Reformmaßnahmen die Situation vor allem der ärmsten Gruppen der **afrikanischen Arbeiterklasse**, der Farm- und Bergarbeiter und der Haushaltsangestellten, die zusammen rund die Hälfte der Arbeiter ausmachen, zu verändern. Lohnarbeits- und Bauernsektor sind, wie weiter oben deutlich wurde, durch komplexe Systeme einander ergänzender Einkommen miteinander verbunden. Über ländliche Entwicklung wird insofern nicht nur in der Landpolitik, sondern auch in der Lohnpolitik und mit der Einrichtung von sozialen Sicherheitsnetzen entschieden.

Schließlich zeigte sich, daß durch Tätigkeiten im informellen Sektor und durch die Zersplitterung von Landbesitz in den Communal Lands im Rahmen der erweiterten Familie ein hohes Maß an **Unterbeschäftigung** 'absorbiert', d.h. verdeckt wird. Arbeitslosigkeit wird in Zukunft noch stärker als bisher ein Problem der gesellschaftlichen Entwicklung in Zimbabwe darstellen. Einfache Überschlagsrechnungen zur Entwicklung des Erwerbspersonenpotentials zeigen, daß selbst bei hohen Wachstumsraten der moderne Wirtschaftssektor die Schulabgänger der nächsten Jahre nicht beschäftigen kann. Die Erhaltung und der Ausbau bestehender Beschäftigungsmöglichkeiten im modernen Sektor wie auch die Erschließung zusätzlicher, alternativer Arbeitsplätze im ländlichen Bereich müssen also wesentliche Aufgaben von Entwicklungspolitik in Zimbabwe sein.

Die Regierung des unabhängigen Zimbabwe sieht sich großen Erwartungen der afrikanischen Bevölkerungsmehrheit in bezug auf schnelle und fühlbare materielle Verbesserungen gegenüber. Doch das koloniale Erbe des Landes strukturiert auch die Bedingungen, unter denen Entwicklungsaufgaben definiert und angegangen werden. Der moderne Wirtschaftssektor stellt ein wirtschaftliches Potential dar, das Zimbabwe anderen Ländern voraus hat und das auch die neue Regierung zu erhalten und in die beabsichtigte nationale Entwicklung einzubinden sucht. Die radikalste soziale Reform nützt gerade denjenigen, die sie am dringendsten brauchen, nicht, wenn sie mit einem mittelfristigen starken Rückgang des Sozialprodukts verbunden ist. Will man jedoch die Leistungsfähigkeit der modernen Wirtschaft erhalten und steigern, so hat dies eine Reihe von Implikationen.

Mit dem wirtschaftlichen Potential erbte Zimbabwe verschiedene **Abhängigkeiten**. Zunächst erbte das Land die **kapitalistische Struktur der Wirtschaft**; daran ändert die in Teilen sozialistische Programmatik der neuen Regierung zunächst nichts. Die Bedingungen für die wirtschaftliche Entwicklung des Landes setzen private, nationale und internationale, Kapitalinteressen, auch wenn der Staat über eine vergleichsweise starke Stellung in der Wirtschaft und ein breites wirtschaftspolitisches Instrumentarium verfügt. Für das Wachstum der modernen Wirtschaft wird jede Politik, so sehr sie programmatisch ihre Schwerpunkte auf ländliche Entwicklung und Umverteilung legen mag, ihren Preis zahlen müssen. Über dieses allgemeine Strukturmerkmal hinaus sind es vor allem vier Dimensionen von Abhängigkeit, die die Handlungsmöglichkeiten der Regierung Zimbabwes einengen:

Zimbabwe ist in bezug auf Nahrungsmittelversorgung und Deviseneinnahmen angewiesen auf die **Produktion des weißen Farmsektors**. Das bedeutet nicht, daß weiße Farmer nicht ersetzbar wären; aber für eine kürzere oder längere Übergangszeit stellt zumindest der hochproduktive Kernbereich der weißen Landwirtschaft eine Grenze jeder Landreform dar. Da Bildungs- und Ausbildungsmöglichkeiten für Afrikaner in der Vergangenheit begrenzt, qualifizierte Tätigkeiten in hohem Maße weißen Arbeitskräften vorbehalten waren, war Zimbabwe nach der Unabhängigkeit bei ohnehin schon bestehenden Engpässen im Manpower-Bereich auf den Erhalt eines möglichst großen Teils der **qualifizierten weißen Arbeitskraft** angewiesen. Auch dies kann — stärker noch als die Abhängigkeit vom weißen Farmsektor — als 'bloßes' Übergangsproblem, das durch die Ausbildung afrikanischer Arbeitskräfte gelöst werden kann, betrachtet werden. Es enthält jedoch gleichzeitig eine Tendenz, auch über die Übergangssituation hinaus alte gesellschaftliche Strukturen zu erhalten: Afrikaner, die in die von Weißen besetzten oder in neu geschaffene qualifizierte Positionen nachrücken, tun dies zu 'weissen' Löhnen und Gehältern, übernehmen 'weiße' Lebensstandards. Die Struktur der Einkommensverteilung bleibt erhalten, in alte und neue Positionen steigt schnell eine neue afrikanische Elite auf.

Die Kapitel 1 und 4 zeigten, daß die wirtschaftliche Entwicklung Rhodesiens stark von ausländischen, vor allem britischen und südafrikanischen Investitionen getragen wurde, und daß heute ein zwar nicht exakt angebbarer, aber sehr hoher Anteil des zimbabweschen Kapitalstocks in ausländischer Hand ist. Das bedeutet, daß wesentliche Entscheidungen über die Entwicklung des Landes nicht in Zimbabwe und vor allem nicht nach Kriterien interner Entwicklungserfordernisse getroffen werden. Während der Zeit der Einseitigen Unabhängigkeit kooperierte das **ausländische Kapital** mit Ian Smith's Siedlerregime und reinvestierte nicht transferierbare Gewinne im Land. Von der Unabhängigkeit Zimbabwes erwarteten die multinationalen Unternehmen eine Normalisierung ihrer Arbeitsbedingungen.

Als letztes wurde schließlich deutlich, daß Zimbabwe in wichtigen Bereichen von Südafrika ökonomisch abhängig ist. **Südafrika** ist der größte Handelspartner, stellt einen erheblichen Teil des in Zimbabwe investierten ausländischen Kapitals und verfügt über wichtige und kurzfristig nicht substituierbare Transport- und Außenhandelsverbindungen Zimbabwes. In bezug auf das Verhältnis von Zimbabwe und Südafrika ist über die ökonomische Abhängigkeit hinaus immer auch die Dimension der südafrikanischen Destabilisierungspolitik gegenüber den schwarzafrikanischen Frontstaaten und direkter militärischer Bedrohung und Intervention mitzudenken. Aus dem zentralen Konflikt des Südlichen Afrika, der bis zur Herstellung afrikanischer Mehrheitsherrschaft in Namibia und später in Südafrika selbst nicht zur Ruhe kommen wird, können sich die Frontstaaten kaum heraushalten. Die politische Entwicklung im Südlichen Afrika insgesamt ist insofern langfristig eine entscheidende, aber im Rahmen dieser Arbeit nicht zu behandelnde, Determinante der zimbabweschen Entwicklung.

Die dargestellten Dimensionen von Abhängigkeit, die Bestandteil von Zimbabwes kolonialem Erbe sind, begrenzen die politischen Handlungsspielräume jeder reformistischen, nationalistischen oder revolutionären Regierung des unabhängigen Zimbabwe erheblich. Diese Abhängigkeiten sind nicht unüberwindbar, aber sie setzen Bedingungen, unter denen sich Wandel nur vollziehen kann. In Begriffen der gesellschaftlichen Struktur Zimbabwes sind sie teilweise Ausdruck der Tatsache, daß die von der politischen Herrschaft verdrängten Siedler wichtige ökonomische Trümpfe in der Hand behielten, zum anderen Resultat der Außenabhängigkeit der sozioökonomischen Struktur, die noch bei jeder früheren afrikanischen Kolonie das Datum der politischen Unabhängigkeit überdauert hat. Doch auch die **Klassenstruktur der afrikanischen Gesellschaft** Zimbabwes gehört zu den mit dem kolonialen Erbe verbundenen Entwicklungsbedingungen. Infolge des fortgeschrittenen Industrialisierungsprozesses und der Organisierung der gesamten Wirtschaft und Gesellschaft Zimbabwes nach dem Bedürfnis des modernen kapitalistischen Bereichs ist auch die afrikanische Gesellschaft stark differenziert. Zwar waren die Möglichkeiten sozialen Aufstiegs für Afrikaner in der Vergangenheit sehr begrenzt. Ein starkes afrikanisches Bürgertum im Sinne einer kapitalistischen Unternehmerklasse konnte unter der politischen Herrschaft der weißen Siedler nicht heranwachsen. Von Bedeutung sind jedoch die afrikanischen Mittelklassefarmer in den Purchase Areas wie auch die durch Afrikanisierung von Staatsdienst und Managementposten schnell wachsende neue afrikanische Elite. Eher als die unteren Klassen sind diese gesellschaftlichen Gruppen in der Lage, die materiellen Früchte der Unabhängigkeit zu ernten.

Daneben steht die zimbabwesche Regierung sicher unter starkem Erwartungsdruck seitens ihrer Basis, der afrikanischen Bauern und Arbeiter. Doch deren hohen Erwartungen korrespondieren keine entsprechend wirkungsvollen Organisationsformen. Mit dem Ende des Krieges und der Integration der Guerillaarmeen in die Nationale Armee von Zimbabwe entfiel das Netz von Kontakten und informeller politischer Organisation, das die Guerillaarmeen vor allem über die ländlichen Gebiete gespannt hatten, und damit entfiel auch die Basisorganisation der Befreiungsbewegungen ZANU/PF und ZAPU/PF. ZANU, die Hauptregierungspartei, sucht seit der Unabhängigkeit 1980 eine Parteistruktur überhaupt erst aufzubauen; der oft angekündigte erste nationale Parteikongreß wurde immer wieder verschoben. Die zukünftige politische Rolle von ZAPU ist angesichts der andauernden innenpolitischen Auseinandersetzungen, die nicht Gegenstand dieser Arbeit sind, ungewiß. Die ländliche Bevölkerung Zimbabwes, die die wesentliche soziale Basis des Krieges für die Unabhängigkeit bildete, verfügt also über vergleichsweise wenig wirkungsvolle organisatorische Mittel, ihren Interessen nach der Unabhängigkeit Geltung zu verschaffen. Auch die gewerkschaftlichen Organisationen der afrikanischen Arbeiter bilden keine starke und geschlossene Interessenvertretung. Vielmehr war die Gewerkschaftsbewegung zum Zeitpunkt der Unabhängigkeit Zimbabwes infolge der Spaltung der afrikanischen Nationalistenbewegung, äußerer Einflüsse seit Anfang der 60er Jahre, der Reglementierung und Disziplinierung durch den Industrial Conciliation Act und die rhodesischen Repressionsgesetze wie auch infolge von anderen Faktoren zersplittert und schwach.

Der folgende Hauptteil dieser Arbeit befaßt sich mit der Frage, wie die Regierung des unabhängigen Zimbabwe mit den bisher herausgearbeiteten Entwicklungsaufgaben und Entwicklungsbedingungen umgeht: wie sie Entwicklungsziele und -aufgaben definiert, wie sie sich auf die Grenzen ihrer Handlungsspielräume bezieht und wessen Interessen sich in dem — offenen oder verdeckten — gesellschaftlichen Tauziehen um die begrenzten für die Entwicklung verfügbaren Ressourcen durchsetzen können. Kapitel 10 untersucht die Programmatik vor allem der Regierung Zimbabwes und arbeitet die verschiedenen darin enthaltenen Ebenen,

Zielvorstellungen und Ziel-Mittel-Relationen heraus. In den anschließenden Kapiteln wird verfolgt, wie die Regierung die vorher definierten politischen Ziele in drei zentralen Bereichen während der ersten drei Jahre der Unabhängigkeit Zimbabwes umzusetzen suchte. Kapitel 11 befaßt sich mit dem Beginn einer Landreform und mit Maßnahmen für ländliche Entwicklung; in Kapitel 12 geht es um Einkommenspolitik, die Anfänge einer Reform der Arbeitsgesetzgebung und die Frage der Entstehung einer vereinheitlichten Gewerkschaftsbewegung. Kapitel 13 schließlich wird weitere wesentliche Bereiche der Wirtschaftspolitik Zimbabwes, vor allem die staatliche Haushaltspolitik und die Politik der Staatsbeteiligung in Schlüsselindustrien, betrachten.

Mpudzi Resettlement Scheme, bei Mutare

III. ANSÄTZE DER ENTWICKLUNGSPOLITIK ZIMBABWES SEIT DER UNABHÄNGIGKEIT

Kapitel 10:
Entwicklungspolitische Programmatik, Strategieentwürfe und Planungsansätze nach der Unabhängigkeit

10.1. Kapitalistisches Erbe und Politik der Versöhnung

"Obwohl die ererbte Ökonomie mit ihren Institutionen und ihrer Infrastruktur in der Vergangenheit einer Minderheit gedient hat, wäre es vereinfachend und naiv zu fordern, daß sie deshalb zerstört werden müsse, um einen Neuanfang zu ermöglichen. Die Herausforderung liegt darin, auf dem Ererbten aufzubauen und es weiterzuentwickeln, zu modifizieren, auszubauen und, wo nötig, Strukturen und Institutionen grundlegend zu verändern, um den Nutzen von Wirtschaftswachstum und Entwicklung für alle Zimbabwer zu maximieren." (1)

Als Ende Februar 1980 nach dem Lancaster House Agreement in Rhodesien unter einem britischen Übergangsgouverneur und unter Commonwealth-Aufsicht die Wahlen zum ersten Parlament des unabhängigen Zimbabwe stattfanden und die Zimbabwe African National Union (ZANU/PF) unter Führung von Robert G. Mugabe mit 57 von 80 schwarzen und insgesamt 100 Parlamentssitzen die absolute Mehrheit gewann, kam dies für internationale Beobachter, nationale Konkurrenten und Gegner von ZANU/PF und wohl auch für ZANU/PF selbst unerwartet und wirkte vor allem auf die weiße Bevölkerungsminderheit des Landes wie ein Schock: Für die Weißen schien die schlimmste aller denkbaren Möglichkeiten eingetreten, mit dem erklärten Marxisten Mugabe der radikalste der zur Wahl stehenden politischen Führer höchstens noch durch einen Putsch am Aufstieg zur Macht zu hindern; das Land schien vor einem radikalen Umsturz zu stehen. Doch Mugabe überraschte ein zweites Mal: Den ehemaligen weißen Herren bot er Versöhnung an und forderte sie auf, sich am Wiederaufbau Zimbabwes zu beteiligen; Nationalisierungsängste in- wie ausländischer Kapitaleigner suchte er zu zerstreuen. Die erste Regierung des unabhängigen Zimbabwe unter Mugabe als Premierminister beruhte auf einer Koalition mit Nkomos ZAPU/PF und bezog auch zwei weiße Minister ein. Innerhalb weniger Wochen avancierte Mugabe in der westlichen veröffentlichten Meinung vom Terroristen und dogmatischen Marxisten zum ob seines 'Pragmatismus' gelobten wie beargwöhnten umsichtigen Politiker. Was war geschehen?

Sieht man einmal davon ab, daß in der Tat Revanchebedürfnisse der afrikanischen Bevölkerung Zimbabwes für den Beobachter nicht spürbar sind und daß westliche Medien und politische Akteure in der Regel nicht sonderlich differenzierte Bilder

1. **Republic of Zimbabwe**, TNDP Vol. I, S. 1

von afrikanischen Befreiungsbewegungen und deren Führern entwerfen, so bleibt ein aus politischen und ökonomischen Bedingungen bestehender harter materieller Kern der 'gemäßigten' Politik der zimbabweschen Regierung. Die **politische Macht** lag zum Zeitpunkt der Unabhängigkeit noch nicht real in den Händen der neuen Führung: Verschiedene Armeen standen in prekärem Waffenstillstand auf zimbabweschem Boden; es gab weiße Putschpläne und die Möglichkeit einer südafrikanischen Intervention. Die Sicherung der politischen Macht durch eine Politik der nationalen Einheit und Versöhnung unter Besetzung der Schlüsselpositionen durch ZANU/PF hatte zu Anfang Priorität; die 'Übergangszeit' ist nach drei Jahren Unabhängigkeit keineswegs abgeschlossen (2). Die **wirtschaftlichen Ausgangsbedingungen** der zimbabweschen Regierung sind weiter oben dargestellt worden und lagen darin, daß das Land im Gegensatz zu anderen afrikanischen Staaten über einen relativ entwickelten modernen Wirtschaftssektor verfügt, im Funktionieren dieser wirtschaftlichen Basis jedoch in den dargestellten Bereichen abhängig ist von der Verfügbarkeit (weißer) qualifizierter Arbeitskräfte, von weissen Farmern, von ausländischen Kapitalinteressen sowie von Südafrika. Der Handlungsspielraum der ZANU/PF-Führung war (und ist) also begrenzt; man stand vor der Alternative, die gegebene wirtschaftliche Basis zu erhalten zu suchen und den hochgesteckten Erwartungen der afrikanischen Bevölkerung in bezug auf materielle Verbesserungen ihrer Lebenssituation wenigstens teilweise gerecht werden zu können oder kurzfristig radikale wirtschaftliche Strukturveränderungen durchzuführen und Produktionseinbrüche sowie die Folgen in Hinblick auf die politische Stabilität des Landes in Kauf zu nehmen. Aus Mozambik, von dessen Gebiet aus ZANU/PF den Guerillakampf geführt hatte, kannte man die Auswirkungen des plötzlichen Exodus der Portugiesen; Zimbabwe ist wirtschaftlich wesentlich stärker entwickelt als Mozambik — und hat entsprechend mehr zu verlieren.

Die Entscheidung der ZANU/PF-Führung reflektiert sich in der von Mugabe geprägten und häufig verwendeten Formel, man halte am Ziel des Sozialismus unbeirrbar fest, müsse jedoch in Rechnung stellen, daß das Erbe, das man vom alten Regime übernommen habe, ein kapitalistisches sei; dieses Erbe könne nicht 'über Nacht' transformiert werden.

Mit der **politischen Unabhängigkeit,** so Mugabe, sei ein neues Stadium des Kampfes

2. "The reasoning of the Z.A.N.U.(P.F.) leadership is probably that the consolidation of state power is a prerequisite to substantial intervention in the economy. State power takes primacy precisely because the state is the instrument that Z.A.N.U.(P.F.) is likely to use if the politics of accomodation ever gives way to confrontation with domestic and international capital." (**Bratton, Michael,** Development in Zimbabwe: Strategy and Tactics, S. 454 in: The Journal of Modern African Studies 19 (1981), S. 447 - 475)

erreicht worden, aber nicht dessen Ende. "Was die Realität der Unabhängigkeit bis jetzt für uns bewirkt hat, ist die Veränderung der politischen Machtverhältnisse zugunsten der breiten Mehrheit der Bevölkerung. Was die Unabhängigkeit nicht bewirkt hat und was noch zu tun bleibt, ist, auch die sozio-ökonomischen Verhältnisse zum Nutzen der Mehrheit unseres Volkes zu verändern." (3)

Die politische Freiheit müsse Mittel zum Erreichen der **wirtschaftlichen Befreiung** werden. "Wenn politische Unabhängigkeit zum Selbstzweck wird und ihre sozio-ökonomischen Ziele aus den Augen verliert, werden die Nachfolger der Kolonialregierungen ungewollt (— manchmal sicher auch gewollt —) zu Wachhunden niederträchtiger kolonialer Interessen. Obwohl sie verfassungsmäßig souverän sind, sind solche Nachfolgeregierungen in der Tat neokolonialistisch, weil sie entweder die sozio-ökonomischen Bedürfnisse ihres Volkes außer acht lassen oder bewußt oder unbewußt zulassen, daß die Zwänge der kolonialen Vergangenheit die Richtung ihrer Politik beeinflussen." (4) Mugabe unterscheidet verschiedene Stufen im Prozeß des Befreiungskampfes: Erste Stufe sei die eines reformistischen Nationalismus in den 50er Jahren gewesen, charakterisiert durch den Gebrauch vor allem gewaltloser Mittel. Die zweite Stufe sei der revolutionäre Nationalismus des bewaffneten Kampfes gewesen, der in den 60er Jahren begonnen und zur Unabhängigkeit geführt habe. Diese — das dritte Stadium — bezeichnet Mugabe als die Stufe der politischen Macht oder "das nationaldemokratische Stadium, das die Instrumente der Macht demokratisch in die Hand des Volkes in Form von dessen ordentlich gewählter Regierung legt." (5) "Dieses dritte Stadium, das das Instrument der nationalen Unabhängigkeit gebracht hat, muß uns nun zu dem vierten, ökonomischen Stadium führen, in dem die wirtschaftliche Macht in den Händen des zimbabweschen Volkes liegen soll. ... Meine Regierung hat bereits erklärt, daß ihre ideologische Ausrichtung, auf deren Grundlage sie den sozio-ökonomischen Prozeß des gegenwärtigen Stadiums lenken will, entschieden sozialistisch ist." (6)

Mugabe zitiert weiter den verstorbenen jugoslawischen Präsidenten J.B. Tito

3. **Ministry of Information and Tourism**, Prime Minister addresses Zimbabwe Economic Society, 8.9.1980, S. 4
4. ebd. S. 4
5. ebd. S. 3
6. ebd. S. 3; in einer späteren Rede gebraucht Mugabe eine abweichende Phaseneinteilung, indem er zwischen nationalem bewaffneten Kampf, nationaler Unabhängigkeit, nationaler wirtschaftlicher Unabhängigkeit und schließlich nationalem Sozialismus unterscheidet. Wirtschaftliche Unabhängigkeit und Sozialismus werden dabei als verschiedene Entwicklungsziele differenziert; vgl. **Ministry of Information and Tourism**, Policy Statement No. 2, Prime Minister's New Year Speech to the Nation, 31.12.1980, S. 3

zur Frage einer 'realistischen', graduellen Transformation der alten Gesellschaft und fährt fort: "Es ist die gleiche realistische Überzeugung, die meine Partei und meine Regierung dazu geführt hat, die historische Entwicklung unserer Gesellschaft zur Kenntnis zu nehmen und die Realität des freien Unternehmertums, so entgegengesetzt zu unseren Prinzipien des Sozialismus dies scheinen mag, als ein unvermeidbares ökonomisches Phänomen in den Anfangsphasen des von uns angestrebten sozialen Transformationsprozesses anzuerkennen." (7) "Scharfe Regierungskontrollen, die Ungerechtigkeiten verringern und die private Wirtschaft auf die Ziele des Staates orientieren sollen, ohne Expansion und Entwicklung zu verhindern, sind offenkundig ein notwendiges Instrument, um sicherzustellen, daß individuelles und öffentliches Interesse in Einklang gebracht werden." (8)

Mugabes Argumentation beinhaltet zum einen den Versuch, konzeptionell die Zielvorstellungen eines Abbaus von Ungleichheit und einer sozialistischen Transformation mit der gegebenen Realität — wenn auch abstrakt — zu verbinden. Eine solche Strategie bewegt sich notwendig in dem Widerspruch, daß der kapitalistische Wirtschaftssektor ein Wachstum tragen soll, das Basis von Umverteilung und sektoraler Umstrukturierung der Gesamtwirtschaft wie auch einer letztlich sozialistischen Transformation sein soll. In programmatischen Dokumenten und Plänen der zimbabweschen Regierung ist im weiteren zu untersuchen, wie die Konflikte zwischen Zielen und Realität, zwischen Wachstum und Umverteilung, zwischen Strukturerhaltung und Transformation zu vermitteln gesucht werden. Mugabes Argumentation erfüllt zum anderen praktisch die Funktion eines Formelkompromisses, der verschiedene soziale Kräfte vorübergehend einbinden kann und in Abhängigkeit von der gesellschaftlichen Kräftekonstellation praktisch 'interpretiert' wird. Dabei wirken ohne Zweifel starke gesellschaftliche Kräfte wie der Aufstieg neuer, afrikanischer Eliten, die in der Wirtschaftsstruktur enthaltenen Abhängigkeiten sowie die Stärkung der 'bargaining power' des in- und ausländischen Kapitals, das den vorausgesetzten Wachstumsprozeß tragen soll, in die Richtung, nicht nur 'Sozialismus' zu 'interpretieren' als beschränkte Umverteilung von Einkommen und Ressourcen an die ärmeren Bevölkerungsschichten, sondern möglicherweise selbst eine solche Umstrukturierung der zimbabweschen Wirtschaft im Sinne einer Lenkung von Ressourcen in ländliche Entwicklung zu verhindern bzw. entsprechende Versuche zurückzudrehen (9).

7. **Ministry of Information and Tourism**, Prime Minister addresses Zimbabwe Economic Society, 8.9.1980, S. 6
8. ebd. S. 6
9. "The question is whether the new Government will be able to use accumulated wealth to redress unevenness in the economy, or whether, as in other African

Im folgenden sind die ersten programmatischen Dokumente der zimbabweschen Regierung zu untersuchen. Anfang 1981 wurden das wirtschaftspolitische Statement 'Growth with Equity' sowie die Dokumentation zur Zimbabwe Conference on Reconstruction and Development (ZIMCORD) vorgelegt; die wirtschaftspolitischen Aussagen wurden später durch die Ende 1982 veröffentlichten 'Investment Guidelines' ergänzt. Mitte 1981 legte die Commission of Inquiry into Incomes, Prices and Conditions of Service (Riddell Commission) ihre Empfehlungen vor. Schließlich ist der erste Entwicklungsplan Zimbabwes, der Transitional National Development Plan 1982/83 — 1984/85, zu untersuchen.

10.2. Erste programmatische Dokumente: 'Growth with Equity' und die ZIMCORD-Dokumentation

Die ersten programmatischen Dokumente der zimbabweschen Regierung wurden im Februar 1981 kurz vor der internationalen Geldgeberkonferenz ZIMCORD, die vom 23. - 27. März 1981 in Salisbury stattfand, vorgelegt. Die **Zimbabwe Conference on Reconstruction and Development** hat eine eigene Vorgeschichte. Älteren Versuchen wie den Kissinger-Vorschlägen folgend war im Londoner Lancaster House maßgebliche internationale Finanzhilfe für ein unabhängiges Zimbabwe in Aussicht gestellt worden — als Gegenleistung dafür, daß die Parteien der Patriotischen Front — Nkomos ZAPU/PF und Mugabes ZANU/PF — sich darauf einließen, weißes Farmland nach der Unabhängigkeit nicht entschädigungslos zu enteignen. Die Landfrage war einer der harten Verhandlungspunkte im Lancaster House, und die Patriotische Front akzeptierte die Eigentumsgarantie der Lancaster House-Verfassung auf der Grundlage, daß die britische Regierung während der Verhandlungen Versicherungen westlicher Regierungen bezüglich einer multinationalen Finanzierungsregelung für den Ankauf von Land einholte (1). Die entsprechenden westlichen Zusagen wurden im Lancaster House nicht detailliert ausgearbeitet und sind nicht Bestandteil des schriftlichen Abkommens.

countries, it will be forced to continue to excavate the peasant sector as a source of surplus for public investment." (**Bratton**, Development, S. 459)
1. So heißt es in einem Statement der Patriotischen Front während der Londoner Verhandlungen vom 18.10.1979: "We have now obtained assurances that depending on a successful outcome of the Conference Britain, the United States of America and other countries will participate in a multinational financial donor effort to assist in land, agricultural and economic development programmes. ... These assurances go a long way in allaying the great concern we have over the whole land question arising from the great need our people have for land and our commitment to satisfy that need when in government." Zit. nach dem Vorspann der **ZIMCORD** Documentation.

Die Zimbabwe Conference on Reconstruction and Development stellte dann den außergewöhnlichen Versuch dar, die möglichen Geldgeber nach Salisbury an den Konferenztisch einzuladen und die allgemeinen Hilfszusagen projektgebunden zu konkretisieren. Auf die Tagesordnung von ZIMCORD hatte die zimbabwesche Regierung Programme über insgesamt gut 1,2 Mrd Dollar gesetzt, wobei mit 783 Mio Dollar der Schwerpunkt auf der Landfrage und Maßnahmen zur ländlichen und landwirtschaftlichen Entwicklung lag. Von Geldgebern auf der Konferenz neu zugesagt wurden rd. 900 Mio Dollar (2).

Tabelle 32:
Programme auf der ZIMCORD-Tagesordnung

Zu-Ende-Führen des Flüchtlingsprogramms	12 Mio Dol
Zu-Ende-Führen des Wiederaufbauprogramms	100 Mio Dol
Landbesiedlung und ländliche/landwirtschaftliche Entwicklung	783 Mio Dol
Kapitalinvestitionen in Ausbildungseinrichtungen	228 Mio Dol
Technische Hilfe	100 Mio Dol
Summe	1.223 Mio Dol

Die Zahlen sind gegenüber der zunächst veröffentlichten ZIMCORD − Conference Documentation revidiert.

Quelle: Ministry of Economic Planning and Development, Supplement to the Documentation for ZIMCORD, Salisbury 1981, S. 5.

Zur Vorbereitung der Konferenz wurden zunächst Mitte Februar die **ZIMCORD-Conference Documentation** (3) und wenig später das wirtschaftspolitische Grundsatzpapier **'Growth with Equity'** (4) veröffentlicht. Beide Dokumente sind vor al-

2. vgl. **Baumhögger, Goswin**, Aspekte der wirtschaftspolitischen Ausrichtung und Entwicklungsplanung in Zimbabwe, 1980 - 1981, S. 306 f in: Afrika Spektrum 3 (1981), S. 297 - 330
3. **Ministry of Economic Planning and Development**, Let's Build Zimbabwe Together. Conference Documentation, Zimbabwe Conference on Reconstruction and Development, Salisbury 23. - 27. 3. 1981 (sonst immer: **ZIMCORD** Documentation); vgl. H 12. 2. 1981
4. **Government of the Republic of Zimbabwe**, Growth with Equity. An Economic Policy Statement, Feb. 1981 (im folgenden immer: **Growth with Equity**); FT 26. 2. 1981

lem als an ausländische Geldgeber und Investoren gerichtete Versicherungen eines pragmatischen Regierungskurses zu lesen, setzten aber gleichzeitig Akzente hinsichtlich der Notwendigkeit einer ökonomischen Umstrukturierung zur Lösung der sozioökonomischen Probleme Zimbabwes. Als **Ziel** der zimbabweschen Entwicklungspolitik wird in 'Growth with Equity' festgehalten: "Das übergreifende Ziel ist, in Zimbabwe eine wirklich sozialistische, egalitäre und demokratische Gesellschaft unter den Bedingungen dauerhaften Wachstums mit Gerechtigkeit zu erreichen." (5) Als Grundprobleme der zimbabweschen Gesellschafts- und Wirtschaftsstruktur werden die Ausbeutung der Bevölkerungsmehrheit durch wenige, die einseitige Kontrolle der Produktionsmittel, die Überrepräsentation ausländischen Kapitals, der extreme Dualismus zwischen städtischer und ländlicher Wirtschaft, sektoral unausgeglichene Entwicklung sowie die daraus resultierende ungleiche Einkommensverteilung und Verarmung der Volksmassen thematisiert (6). Daraus gefolgert wird die Notwendigkeit eines "bewußten Programms zur Rekonstruktion und Entwicklung des wirtschaftlichen und sozialen Gefüges, um anhaltendes, ausgewogenes und gerechtes Wachstum und Entwicklung zu erreichen." (7) Das gesamte Volk müsse in den Entwicklungsprozeß einbezogen werden (8). Nicht einfach Wachstum, sondern sozial greifendes Wachstum ist damit als Ziel der zimbabweschen Entwicklungspolitik formuliert. Nicht Sozialismus im Sinne einer grundsätzlichen Veränderung der Eigentumsverhältnisse steht im Vordergrund, sondern es geht primär um 'Equity', eine Umverteilung von Einkommen und Entwicklungspotentialen, für die schnelles Wachstum als Voraussetzung angesehen wird (9). Die allgemeine Zieldefinition wird in 'Growth with Equity' dann weiter ausgeführt in einer Auflistung von sechzehn 'primären' Einzelzielen, die mehr wie eine Wunschliste denn als Ausdruck einer Entwicklungsstrategie anmutet, weil qualitativ sehr verschiedene Ziele meist unverbunden nebeneinanderstehen. Sucht man den Katalog ein wenig zu systematisieren und zusammenzufassen, so strebt die zimbabwesche Politik u.a. an:

— eine anhaltend hohe Wachstumsrate zur Erhöhung der Einkommen und der Ausweitung von Beschäftigungsmöglichkeiten;
— die Entwicklung und Restrukturierung der Wirtschaft im Sinne der Förderung

---

5. **Growth with Equity**, S. 19 § 139; vgl. **ZIMCORD** Documentation, S. 1 Abs. 3
6. **Growth with Equity**, S. 1 § 4
7. ebd. S. 1 § 7
8. ebd. S. 2 § 9
9. vgl. **ZIMCORD** Documentation, S. 1 Abs. 3: "Government's policies are based on socialist, egalitarian and democratic principles. The central objectives are to foster rapid economic growth, full employment, dynamic efficiency in resource allocation, and an equitable distribution of the ensuing benefits. In particular Government intends to re-establish justice and equity in the ownership of land, which should be a common heritage for Zimbabweans of all races."

ländlicher Entwicklung und Veränderung der Strukturen von Konsum, Technologie, Export u.a.; ländliche Entwicklung soll gefördert werden durch Landumverteilung und die Schaffung und Verbesserung ländlicher Infrastruktur, vor allem von landwirtschaftlichen Beratungseinrichtungen, Vermarktungs-, Kredit- und Einkaufseinrichtungen; die ökonomische und soziale Infrastruktur allgemein soll ausgebaut werden.

- die Schaffung von Beschäftigungsmöglichkeiten in allen Sektoren, volle Ausbildung und Mobilisierung der menschlichen Ressourcen des Landes, Demokratisierung des Arbeitsplatzes.

- die Ausdehnung sozialer Dienstleistungen wie Erziehung, Gesundheitsdienste, Wohnungsbau für untere Einkommensgruppen und eine Prüfung der Frage, wie Systeme sozialer Sicherheit finanziert werden könnten.

- die Beendigung imperialistischer Ausbeutung des Landes, das Erreichen von mehr und gleicher verteiltem Eigentum an den Naturressourcen des Landes und mehr inländischer und staatlicher Beteiligung an der Wirtschaft; das System der Haushalts- und Geldpolitik soll reformiert werden und zur Erzielung von mehr Gerechtigkeit, Effizienz, Preisstabilität und einer ausgeglichenen Zahlungsbilanz eingesetzt werden.

- die Substituierung von Öl als Energieträger zur Erreichung von Autarkie in der Energieversorgung sowie Bewahrung von und sparsamer Umgang mit Naturressourcen.

- die Förderung regionaler wie internationaler Kooperation.

- schließlich die Bewältigung der unmittelbaren Kriegsfolgen durch Wiederansiedlung und Rehabilitierung von Flüchtlingen, Entwurzelten und Guerillakämpfern sowie durch Wiederaufbau der zerstörten oder beschädigten wirtschaftlichen und sozialen Infrastruktur (10).

Die zimbabwesche Planung rechnet mit einem jährlichen Wirtschaftswachstum (BIP) von real 8% (11), einer jährlichen Inflationsrate von 15% und einem Anteil der Investitionen am Bruttoinlandsprodukt von 25% (12). Um die hoch angesetzte Wachstumsrate zu erreichen, sei eine nationale Anstrengung zur Mobilisierung aller verfügbaren Ressourcen nötig, die durch ein auszubauendes staatliches Planungs- und Kontrollinstrumentarium organisiert und koordiniert werden müsse (13). Im Juli 1981 sollte ursprünglich der Dreijahres-Übergangs-Entwicklungsplan in Kraft

10. **Growth with Equity**, S. 2 f § 10
11. ebd. S. 3 § 12; **ZIMCORD** Documentation S. 17 Abs. 13
12. ebd. S. 17 §§ 14 und 16
13. "With independence, and the redefinition of objectives and problems facing the country, there is need to institute a system of comprehensive planning. Such planning will result in a re-examination of and adjustment in the levels and range of instruments of economic policy and control." (**Growth with Equity**, S. 3 § 13)

treten und während der Übergangsperiode ein stärker greifendes Planungssystem ausgearbeitet werden; ein Bevölkerungs- und Produktionszensus wird zur Beschaffung der für die Planung erforderlichen Daten angekündigt (14). Bis zur Veröffentlichung des ersten Teils des Dreijahresplans dauerte es faktisch fast eineinhalb Jahre länger als hier angekündigt.

Die Zielvorstellungen von 'Growth with Equity' werden in der weiteren Argumentation des Dokuments konkretisiert für **verschiedene Wirtschaftsbereiche** (Sectoral Policies), die hier nicht im Detail zu behandeln sind. Bratton faßt als die drei Prinzipien einer sich abzeichnenden zimbabweschen 'Entwicklungsstrategie' zusammen, daß 1. die Produktion erhalten und gesteigert werden soll, daß 2. ein Prozeß der Umverteilung von Einkommen und der Verfügbarkeit von sozialen Dienstleistungen wie Erziehung, Gesundheitsversorgung u.a. beabsichtigt und begonnen ist, schließlich daß 3. einige Vermögenswerte, vor allem Land, umverteilt werden sollen (15).

Für den Bereich der **Landwirtschaft** hält 'Growth with Equity' fest, daß die beiden landwirtschaftlichen Sektoren, der kommerzielle und der afrikanische Bauernsektor, 'integriert' werden müßten. Eine 'faire' Verteilung von Landeigentum und -nutzung, schnelle Einkommenssteigerungen in den ländlichen Gebieten und Produktivitätssteigerungen in allen Bereichen der Landwirtschaft müßten erreicht werden. Die Landwirtschaft müsse die nationale Selbstversorgung und regionale Sicherheit in der Nahrungsmittelversorgung garantieren, darüberhinaus eine noch wachsende Rolle als Devisenbeschaffer und Hersteller von Ausgangsprodukten für die lokale Verarbeitung spielen (16).

Die **ländliche Entwicklungspolitik,** deren Umrisse zu dieser Zeit noch kaum eigenen Vorstellungen der neuen Regierung entsprungen waren, sondern erst einmal einfach aus älteren, noch unter Smith mit Blick auf die Machtübernahme einer 'gemäßigten' schwarzen Regierung entstandenen Planungen übernommen wurden (17), ist in der ZIMCORD Documentation ausführlicher behandelt. "Das vorrangige Ziel der Regierung ist, den ländlichen Bauernsektor, in dem die große Mehrheit der Bevölkerung lebt, umzugestalten und zu entwickeln, und diesen Sektor mit dem kommerziellen Farmsektor und den industriellen und städtischen Sektoren zu integrieren." (18) Die Umverteilung von Land sei ein Markstein der

14. ebd. S. 3, §§ 14 und 15
15. **Bratton,** Development, S. 460 ff
16. **Growth with Equity,** S. 4 § 22
17. **Rhodesia. Proposals,** insbesondere auch der als "Anhang" zu diesem Public Sector Development Programme veröffentlichte **Rhodesia. Integrated Plan;** vgl. weiter Kapitel 11
18. **ZIMCORD** Documentation, S. 3 Abs. 14

Entwicklungsstrategie des Landes (19), solle jedoch die kommerzielle Landwirtschaft nicht gefährden. Vielmehr bemühe sich die Regierung, zurückkehrende Flüchtlinge und Bauern aus den früheren Tribal Trust Lands auf Farmland anzusiedeln, das gegenwärtig nicht effektiv genutzt werde (20). Im Widerspruch zu der Zielsetzung, "Gerechtigkeit in bezug auf den Besitz von Land" (21) wiederherzustellen, wird die Umverteilung von Land somit im wesentlichen auf un- oder unterausgenutztes Farmland beschränkt (22). Den weißen Farmern wird explizit versichert: "Land in kommerziellen Gebieten, das produktiv bebaut wird, wird nicht von seiner derzeitigen Nutzung und seinem bisherigen Eigentümer abgezogen werden." (23)

Neben dem **Resettlement**-Programm, also der Umsiedlung afrikanischer Bauern auf ehemals weißes Land, müsse die **Produktivität** in den früheren Tribal Trust Lands kräftig gesteigert werden. Die ZIMCORD-Conference Documentation enthält noch das ältere Konzept der Identifizierung und speziellen Förderung sogenannter Intensive Rural Development Areas (IRDA's) (24). Die Verbesserung der **ländlichen Infrastruktur** und Dienstleistungseinrichtungen wird allgemein als ein Schlüsselfaktor für Produktivitäts- und Einkommenssteigerungen sowie Kapitalbildung in der afrikanischen Landwirtschaft angesehen (25). Zur Versorgung der ländlichen Gebiete mit Dienstleistungen sowie zur Schaffung ländlicher Arbeitsplätze durch Dezentralisierung von industrieller Produktion sollen verschiedene Arten **ländlicher Zentren**, sogenannte 'Growth Points', 'Rural Service Centres' und 'Business Centres' entstehen (26). Daneben will die ZIMCORD-Planung auch ländlichen Bevölkerungsdruck in die Städte kanalisieren, indem die Familien von städtischen Arbeitern mit diesen zusammen in der Stadt wohnen sollen (27). Die

19. ebd. S. 3 Abs. 12
20. ebd.
21. ebd. S. 1 Abs. 3
22. "Government will purchase vacant and underutilized land from its present holders for resettlement by people now living and farming in the traditional areas and by people who were made homeless during the war." (ebd. S. 37 Abs. 6)
23. ebd. S. 37 Abs. 7
24. "Irrigation schemes, improved extension services, the provision of inputs and marketing facilities, social services, and urban development will probably be the components for these areas." (ebd. S. 21 Abs. 28)
25. "To make up for the neglect suffered by tribal areas under previous regimes, priority will be given in the interim plan period to the provision of infrastructure for socio-economic development. The rural areas will have first call on the nation's capability to provide roads, water supplies, electricity, telephone service and postal services." (ebd. S. 42 Abs. 36)
26. ebd. S. 40 Abs. 23 und 24
27. ebd. S. 40 Abs. 25

Schaffung von **Arbeitsplätzen** wird in engem Zusammenhang mit ländlicher Entwicklung gesehen. Steigende Beschäftigung soll durch schnelles Wachstum des modernen, vor allem des industriellen Sektors, durch ländliche Entwicklung und durch Aufhebung der in der Vergangenheit dem informellen Sektor auferlegten Beschränkungen erzielt werden. "Schnelle Industrialisierung allein kann nicht ausreichend Arbeitsplätze für die schnell anwachsende Zahl von Arbeitskräften schaffen. Angesichts dessen betrachtet die Regierung ländliche Entwicklung als den Hauptfaktor bei der Lösung der Probleme von Arbeitslosigkeit und Unterbeschäftigung, deren Ausmaß und Bedeutung in diesem Land stets unterschätzt worden sind." (28)

Mit besonderem Interesse war natürlich der Teil von 'Growth with Equity' erwartet worden, der sich auf das wirtschaftspolitische Kontrollinstrumentarium und die Stellung der Regierung zu **Privatwirtschaft** und insbesondere **ausländischen Investitionen** bezieht. Allgemein wird hierzu gesagt, die neue Planung mache eine Revision der vorhandenen Instrumente der Wirtschaftspolitik erforderlich (29). Geht man davon aus, daß der moderne, im wesentlichen private Wirtschaftssektor des Landes die hochgesteckten Wachstumsziele tragen soll, so erscheint es selbstverständlich, daß private Investitionen Bestandteil der Entwicklungsstrategie sein müssen. Entsprechend heißt es: "Die Politik der Regierung ist, das Potential des landwirtschaftlichen, des Bergbau- und des Industriesektors der Wirtschaft voll und ganz nutzbar zu machen. Zu diesem Ziel wird die Regierung es begrüßen und ermutigen, wenn die private Wirtschaft sich an produktiven Unternehmungen beteiligt, die Beschäftigungsmöglichkeiten für Zimbabwer schaffen und einen Beitrag zur Wirtschaft leisten." (30) Gleichzeitig wird damit jedoch der Anspruch angemeldet, Investitionen staatlich auf die gesetzten Entwicklungsziele hin zu lenken. Absolute Priorität hätten Investitionen im ländlichen Bereich; die Regierung wisse zwar, daß solche Investitionen anfänglich weniger profitabel seien, fordere jedoch die Investoren auf, einen längerfristigen nationalen Blickwinkel einzunehmen (31).

Auch ausländisches Kapital ist zum Investieren in Zimbabwe eingeladen. "Die Regierung anerkennt die vitale Rolle, die ausländische Investitionen beim Aufbau der Industrie im weitesten Sinne des Wortes spielen können und strebt größtmögliche zimbabwesche Teilhaberschaft an allen wirtschaftlichen Aktivitäten im Lande an." (32) Den Investoren wird zugesichert, man erkenne die Notwendigkeit 'fairer Erträge' an, ebenso die Notwendigkeit von Profit- und Kapitalrepatriierung; die

28. **Growth with Equity**, S. 10 § 64
29. ebd. S. 3 § 13
30. ebd. S. 15 § 112
31. ebd. S. 15 f § 113
32. ebd. S. 16 § 114

Repatriierung wolle man zwar erleichtern, aber dies unterliege Beschränkungen infolge der Zahlungsbilanzsituation und des Interesses des Landes an der Reinvestition erwirtschafteter Gewinne (33).

Allgemeine Regel ist es 'Growth with Equity' zufolge, inländische Teilhaberschaft am Unternehmenskapital zu fördern. "Von ausländischen Investoren wird erwartet, daß sie innerhalb eines angemessenen Zeitraums für eine inländische Teilhaberschaft am Kapital sorgen." (34) Darüberhinaus gelte in schon bestehenden Unternehmen die Regel, daß der absolute Betrag inländischer Kapitalanteile nicht durch Verkäufe an ausländische Interessenten verringert werden solle; ebensowenig dürfe ein bestehender kontrollierender inländischer Anteil an ausländische Investoren verlorengehen (35). Die Regierung verfolge eine Politik der Staatsbeteiligung in Schlüsselindustrien (36). Der Staat wolle auch allgemein auf Joint Venture-Basis mit ausländischem Kapital zusammenarbeiten (37). Dies wird gesondert noch einmal für den Bergbau, der am stärksten ausländisch beherrscht ist, hervorgehoben (38). Der Anspruch auf staatliche Investitionslenkung wird formuliert, wenn es heißt, die Regierung werde u.a. ein "System der Lizensierung" einrichten, "um sicherzustellen, daß inländische wie ausländische private Investitionen von einer bestimmten Minimalgröße an mit dem Industrieentwicklungsplan der Regierung in Einklang stehen." (39)

Die später im Oktober 1982 veröffentlichten **Investment Guidelines** (40) gehen in ihren Regelungen nicht über 'Growth with Equity' hinaus. Nachdem die zimbabwesche Regierung zunächst die Formulierung besonderer Garantien für ausländische Unternehmen abgelehnt hatte, fand sie sich später unter Druck zur Herausgabe der 'Guidelines' bereit. Diese enthalten jedoch im wesentlichen nur eine Wiederholung der schon genannten Bestimmungen zu ausländischen Investitionen unter völligem Verzicht auf sozialistische Zielformulierungen. Nach Zitierung der Eigentumsgarantie der zimbabweschen Verfassung folgt eine Darstellung der

33. ebd. S. 16 §§ 117 und 122
34. ebd. S. 16 § 119
35. ebd. S. 16 § 120
36. ebd. S. 17 § 124
37. ebd. S. 16 § 115
38. "Government intends to participate in mining on a joint venture basis and will encourage foreign investors to take on local equity partners. Government desires to achieve the maximum possible Zimbabwean managerial and technical personnel in all spheres of the mining industry." (ebd. S. 7 § 42)
39. ebd. S. 16 § 122
40. **Government of the Republic of Zimbabwe**, Foreign Investment. Policy, Guidelines and Procedures, Sept. 1982, faktisch veröffentlicht im Oktober

geltenden gesetzlichen Regelungen in bezug auf Repatriierungskontrollen und Besteuerung (41). Ein Foreign Investment Committee behandelt Anträge auf Genehmigung ausländischer Investitionen (42).

Die Einrichtung einiger neuer **Institutionen** soll die angestrebte Entwicklung unterstützen. 'Growth with Equity' kündigt die Gründung einer Zimbabwe Development Bank zur Mobilisierung in- und ausländischer Ressourcen für die Finanzierung wichtiger Investitionsprojekte an (43). Träger der Staatsbeteiligungen in der Wirtschaft soll die Zimbabwe Development Corporation als staatliche Holding-Gesellschaft und in allen wirtschaftlichen Bereichen arbeitender 'Arm' der Regierung (44) sein. Staatliche Handelsorganisationen sollen eingerichtet und genossenschaftliche Großhandelsorganisationen gefördert werden (45). Für den Bereich des Bergbaus kündigt die Regierung die Einrichtung eines neuen Marketing-Systems für alle Mineralien und Metalle an (46).

Versucht man **Grundlinien** der bisher dargestellten Programmatik zusammenzufassen, so lassen sich drei verschiedene Ebenen unterscheiden. Die **erste** Ebene ist die der **sozialistischen** Zielformulierungen, die interpretierbar sind und auf die Ebene der konkreteren Programmatik von Entwicklungsplanung kaum durchgreifen. Die **zweite** Ebene scheint mir die der Zielsetzung von **Entwicklung** durch **Restrukturierung** der Wirtschaft und **Umverteilung** von Einkommen und Ressourcen zu sein. Dies sind die Vorstellungen, für die der Begriff 'Equity' in den Dokumenten steht: Der sozio-ökonomische Dualismus muß abgebaut, die gesamte Bevölkerung in den Entwicklungsprozeß einbezogen werden; Einkommen und Ressourcen wie vor allem Land sollen gerechter verteilt werden. Eine Landreform, die Umverteilung von Entwicklungsmöglichkeiten durch staatliche Investitionen in Infrastruktur und Dienstleistungseinrichtungen der unterentwickelten Gebiete sowie staatliche Lenkungs- und Kontrollmaßnahmen im Sinne der Orientierung privatwirtschaftlichen Wachstums im modernen Sektor auf die Ziele der nationalen Entwicklungspolitik sind Bestandteile einer solchen Restrukturierung. **Drittens** schließlich ist Ziel der dargestellten Dokumente ein schneller gesamtwirtschaftlicher **Wachstumsprozeß,** der vor allem vom modernen kapitalistischen Wirtschaftssektor zu tragen ist.

Macht die zweite genannte Ebene das eigentliche 'Profil' der zimbabweschen

41. ebd. S. 2 ff
42. ebd. S. 4 f
43. **Growth with Equity,** S. 17 § 127
44. ebd. S. 17 § 128
45. ebd. S. 18 §§ 134 und 135
46. ebd. S. 7 § 39; vgl. zur institutionellen Entwicklung weiter Kapitel 13

Entwicklungsprogrammatik aus, so erscheint das Wachstum des modernen Sektors jedoch als Bedingung aller Umverteilungs- und Umstrukturierungsprozesse und wird als kapitalistisches Wachstum durch Umverteilung und staatliche Kontrolle gleichzeitig behindert. Es bestehen also Konflikte zwischen Zielen und Voraussetzung des Prozesses, die Bratton bezüglich der Umverteilungsmaßnahmen folgendermaßen zusammenfaßt: "Die Massenbedürfnisse erfordern ein umfangreiches öffentliches Ausgabenprogramm. Gleichzeitig wird die Möglichkeit der Regierung, ihre Einnahmen zu erhöhen, von der Notwendigkeit, das Vertrauen der Investoren in die Wirtschaft aufrechtzuerhalten, begrenzt. Steuerabgaben können von inländischen Einkommen und Einkommen von transnationalen Konzernen nur bis zu einer bestimmten Grenze erhoben werden, ohne einen Kapitalboykott oder einen Exodus von Fachkräften zu provozieren." (47) Man kann hieraus folgern, daß aufgrund einer solchen Programmatik geplante Entwicklungsprozesse eine immanente Tendenz in sich tragen werden, die Ebenen der Restrukturierung und Umverteilung und erst recht der sozialistischen Transformation schrittweise der einfachen Wachstumspolitik zu opfern; damit ist in der Entwicklung auch eine wachsende Kluft zwischen 'populistischer' Regierung und deren politischer Basis, mit Bezug auf Zimbabwe häufig als 'Erwartungskrise' bezeichnet, angelegt — mit allen Folgen für die politische Stabilität der Entwicklung. Schließlich ist der Versuch, durch staatliche Investitionen in soziale Dienstleistungsbereiche wie Erziehung und Gesundheitswesen, hohe Staatsausgaben für Nahrungsmittelsubventionen, Landkauf u.a., also sozial notwendige, aber ökonomisch unmittelbar nicht produktive Bereiche eine solche 'Erwartungskrise' aufzufangen, immer in Gefahr, in eine Überlastung des Staatshaushalts ohne entsprechende Förderung der produktiven Kapazitäten zu führen, damit in Verschuldung und letztlich verstärkte Abhängigkeit (48).

10.3. Die 'Nationale Strategie' der Riddell-Kommission

Der Bericht der Riddell-Kommission bildet — im Unterschied zu bloßen Zielkatalogen — den ersten zusammenhängenden Entwurf einer Entwicklungsstrategie für Zimbabwe unter den veröffentlichten programmatischen Dokumenten. Am 10. September 1980 vereidigte der zimbabwesche Präsident Banana die Mitglieder der **Commission of Inquiry into Incomes, Prices and Conditions of Service** unter Leitung von **Roger Riddell** (1).

47. **Bratton,** Development, S. 463
48. vgl. ebd. S. 402: "The danger is that, like Zambia and Tanzania before, Zimbabwe might invest heavily in the social trappings of modernisation at the expense of projects that are more economically productive."
 1. Kommissionsmitglieder waren neben dem Vorsitzenden, R. Riddell: X.M. Kadhani (damals Volkswirtschaftsdozent an der Universität von Zimbabwe),

Der Vorsitzende der Kommission — Roger Riddell — war in der ersten Hälfte der 70er Jahre Mitarbeiter des Department of Economics der University of Rhodesia gewesen, hatte dann das Land verlassen und von 1977 - 1980 beim Londoner Catholic Institute for International Relations gearbeitet (2). Im Juni 1981 wurde der Kommissionsbericht dem Präsidenten vorgelegt und dann veröffentlicht. Dem folgte ein halbjähriger Prozeß der Rezeption und Diskussion der Kommissionsempfehlungen seitens der Regierung, bis Premierminister Mugabe Anfang Dezember 1981 die offizielle Stellungnahme der Regierung zu den Empfehlungen bekanntgab (3).

Als **Aufgabenfeld** war der Kommission vorgegeben worden, Einkommen, Preise und Arbeitsbedingungen im Lande zu untersuchen und Empfehlungen für die Regierungspolitik zu erarbeiten. Insbesondere sollte die Kommission eingehen auf Bezahlung, Arbeitsbedingungen und Lebensbedingungen der Arbeiterklasse, auf die Vermögens- und Einkommensverteilung, die Sicherung der Realeinkommen und die Frage der Einführung sozialer Sicherheitssysteme. Sie sollte das gegebene Industrial Conciliation System, die Rolle der Gewerkschaften und die Frage verstärkter Partizipation der Arbeiter in der Wirtschaft behandeln. Schließlich sollten die Preisstruktur von Grundnahrungsmitteln, Mieten und öffentlichen Transportmitteln sowie die Frage, wie die armen Bevölkerungsschichten vor Preisveränderungen in diesem Bereich geschützt werden könnten, behandelt werden (4). Die Kommission hat diesen weiten Aufgabenbereich zusätzlich extensiv interpretiert und in

A.J.L. Lewis (über längere Zeit Vorsitzender verschiedener Industrieverbände), E.N. Mapondera, E.M. Nyashanu (damals Sekretär des neu gegründeten Gewerkschaftsdachverbandskomitees (ZCTU Co-ordinating Committee, vgl. Kapitel 12 der Arbeit) und ZANU/PF-Funktionär), M.E. Robinson, M.L. Sidile (Officer beim Stadtrat von Bulawayo, langjähriger Vorsitzender der Bulawayo Municipal Workers' Union), J.M. Sinclair (damaliger Vizepräsident, später Präsident der Commercial Farmers' Union), Dr. A.K.H. Weinrich (Sr. Mary Aquina) (ehemalige University Lecturer in Social Anthropology, zahlreiche sozialwissenschaftliche Veröffentlichungen zu Zimbabe); vgl. **Riddell-Report** S. 293 sowie **Baumhögger, Entwicklunsgsplanung** S. 313

2. vgl. ebd. S. 313 f; Riddell wurde nach Fertigstellung des Kommissionsberichts Chief Economist der Confederation of Zimbabwean Industries, des industriellen Unternehmerverbandes. Er war ausgewiesen durch vielfältige Arbeiten zur sozio-ökonomischen Struktur Zimbabwes. Im Herbst 1983 kündigte Riddell an, er werde aus persönlichen Gründen Zimbabwe verlassen und nach Großbritannien zurückgehen.

3. **Department of Information**, Press Statement 1029/81/DB, Prime Minister on Commission of Inquiry into Incomes, Prices and Conditions of Service

4. **Riddell-Report**, S. 1

die zu behandelnden 'sämtlichen Kategorien von Arbeitern' kurzerhand selbständig Beschäftigte, im informellen Sektor Arbeitende und Arbeitslose sowohl im ländlichen wie im städtischen Bereich einbezogen und ihre Fragestellung damit von Anfang an auch auf die Problematik der ländlichen Armut bezogen (5). Der Kommissionsbericht enthält eine gründliche Analyse der sozioökonomischen Bedingungen Zimbabwes und eine Vielzahl von Einzelempfehlungen, auf die hier nicht alle eingegangen werden kann. Im folgenden kommt es auf die Grundlinien der Argumentation und der vorgeschlagenen 'Nationalen Strategie' an.

Als die ärmsten Gruppen der zimbabweschen Gesellschaft und damit die primären **Zielgruppen** bestimmt die Kommission erstens diejenigen, die keine direkte eigene Einkommensquelle haben, d.h. die Arbeitslosen und einen großen Teil der Alten, Kranken und Behinderten und von deren unmittelbaren Angehörigen (6). Die zweite und größte Gruppe bilden die Subsistenzbauern: "Dieser Bericht stimmt mit anderen Quellen darin überein, daß der Bauernsektor die größte Gruppe von Armen im Lande bildet. In jeder Politik, die das Einkommensniveau der Ärmsten verbessern soll, muß daher der Bauernsektor einen vorrangigen Platz einnehmen." (7) Als dritte Zielgruppe bezeichnet die Kommission die Armen im Bereich lohnabhängiger Beschäftigung, d.h. diejenigen, deren Einkommen weit unterhalb der Poverty Datum Line (PDL) liegen. Diese finden sich vor allem bei den Landarbeitern, den Hausangestellten und den schwarzen Minenarbeitern. Schließlich bilden die selbständig oder abhängig im informellen Sektor Beschäftigten die vierte Zielgruppe (8).

Vor dem Hintergrund dieser Zielgruppenbestimmung und einer Analyse der nationalen Ausgangsbedingungen des Entwicklungsprozesses entwirft die Kommission eine **'Nationale Strategie'** des **"growth with equity through planned change"** (9), die den Kern des gesamten Berichts ausmacht und im Ansatz auf den oben verarbeiteten Analysen der sozio-ökonomischen Situation Zimbabwes beruht, die in den 70er Jahren von Wissenschaftlern wie D.G. Clarke, P.S. Harris, R.C. Riddell u.a. am Department of Economics der Universität erarbeitet wurden. Ein grundlegender Wandel des Musters der Entwicklung, so die Kommission, sei sowohl in innerer als auch in außenwirtschaftlicher Hinsicht nötig. Ein am Status quo haftendes politisches Szenario hätte folgende Konsequenzen:

5. "The approach chosen by the Commission has thus gone beyond a simple reproduction of the evidence received to a judgement of how change might be implemented for the good of the nation and particularly for the benefit of the poor." (ebd. S. 3)
6. ebd. S. 79
7. ebd. S. 80
8. ebd. S. 83
9. ebd. S. 85 (Hervorhebungen von mir, C.R.)

– Ohne eine wesentliche Veränderung der inneren Verteilungsverhältnisse bliebe Fortschritt begrenzt auf eine kleine Klasse, die Zugang zu Bildung und zum höherbezahlten Wirtschaftssektor hätte. Demgegenüber blieben Beschäftigung zu Niedriglöhnen und sich verschlechternde Lebensbedingungen und abnehmende Produktivität im Bauernsektor bestehen. Umsiedlungsprogramme würden den Druck in diesem Bereich nur vorübergehend mildern; solange der Bauernsektor weiter die Folgen der Niedriglöhne und wachsenden Arbeitslosigkeit in anderen Bereichen zu absorbieren hätte, würden sich die gegenwärtigen Probleme hier zwangsläufig erneut einstellen und vertiefen. Durch ein Niedrighalten der Löhne könnte keine Lösung des Arbeitslosenproblems erwartet werden, weil der begrenzte Inlandsmarkt eine breit basierte Entwicklung von Industrie und Dienstleistungssektor nicht zuließe.

– Eine Beibehaltung der Außenwirtschaftspolitik der Vergangenheit würde ebenfalls interne Probleme stabilisieren: Das Primat des Zahlungsbilanzausgleichs und die daraus resultierende Politik der Exportförderung und Importdrosselung hätten binnenwirtschaftliche Konsequenzen, insofern die Orientierung der Preisstruktur an den Außenhandelserfordernissen Lohnsteigerungen verhindere und Exportförderung Entwicklung der Niedriglohnbereiche bedeute; Importdrosselung beschränke gleichzeitig die Entwicklung der inländischen Wirtschaft. Die Betonung des Zahlungsbilanzausgleichs führe auch zu Instabilität der Wirtschaft wegen deren Abhängigkeit von äußeren Fluktuationen und zu wirtschaftlichem Niedergang wegen sich verschlechternder Terms of Trade und der Mündung von Importreduzierungen in Arbeitslosigkeit (10).

"Kurz, ein tragbares Modell der Einkommensverteilung erfordert nicht nur die Reduzierung von internen Ungleichheiten, sondern auch eine Neuorientierung der produktiven Schwerpunkte der Wirtschaft." (11) Die Kommission hat also eine Veränderung der Strukturbeziehung zwischen modernem und Subsistenzsektor und eine auf wachsender Massenkaufkraft begründete binnenmarktorientierte Entwicklung im Auge.

Die 'Nationale Strategie' der Riddell-Kommission kann nun in Abhebung von einer Status-quo-Politik folgendermaßen zusammengefaßt werden: "Die in dem der Kommission vorliegenden Material angesprochenen Probleme, die Wirtschaftsanalyse und die Implikationen einer Status-Quo-Politik zeigen, daß ein nationales Programm des Wandels notwendig ist, um Unregelmäßigkeiten zu beseitigen und Ungleichheiten in oder zwischen den Sektoren zu verringern, um eine ausreichende Ausbildung und Vergütung der so erworbenen Qualifikationen und damit die Stabilität des Arbeitskräfteangebots zu gewährleisten, um das Realeinkommen der unterbezahlten Arbeitskräfte und des unzureichend versorgten Bauernsektors so

10. ebd. S. 84 f
11. ebd. S. 85

216

weit anzuheben, daß Einkommenstransfers nicht mehr länger stattfinden müssen, und um das Problem der Arbeitslosigkeit anzugehen. Es muß betont werden, daß der Kontext des Wandels ein schnelles wirtschaftliches Wachstum sein muß, denn ohne das Wachstum aller Sektoren der Wirtschaft wird die Umverteilung nur Aufteilung eines sinkenden Sozialprodukts sein, was zusätzliche Probleme zu den im vorangegangenen Abschnitt dargestellten schaffen würde. Die folgenden Empfehlungen müssen als 'Wachstum mit Gerechtigkeit durch geplanten Wandel' (growth with equity through planned change) im Gegensatz zum derzeitigen Wachstum mit zunehmender Ungleichheit gesehen werden. Dies erfordert geplantes Investieren des Mehrprodukts, um die reale Gefahr zu vermeiden, eine untragbare Verschuldung einzugehen, um die Ausweitung der Sozialleistungen zu finanzieren." (12) Eine solche Nationale Strategie erfordere die gleichzeitige Durchführung von vier zusammenhängenden Einzelpolitiken:

— Im **Sektor lohnabhängiger Beschäftigung** seien dem Mindestbedarf der Beschäftigten und deren Familien entsprechende Mindestentlohnungssätze und ein 'gerechtes und faires' System von Einkommensabstufungen durchzusetzen.

— Im **(Subsistenz-)Bauernsektor** müßten Maßnahmen ergriffen werden, die Produktivität und Einkommen spürbar erhöhten, so daß alle Familien, die von der Landwirtschaft als einziger Einkommensquelle lebten, hieraus zumindest ihren Mindestbedarf decken könnten.

— Das **Wanderarbeitssystem** müsse abgeschafft werden. Die Löhne müßten hoch genug sein, daß die lohnabhängig Beschäftigten keine 'Subventionen' aus dem Bauernsektor mehr brauchten; dies würde umgekehrt den bäuerlichen Sektor entlasten. Land solle dann nur noch von den Familien genutzt werden, die ausschließlich von der Landwirtschaft lebten.

— Die Einführung von **Einkommenssicherungssystemen** (soziale Sicherheit) sei erforderlich, um die Familien der Arbeitslosen, Alten, Behinderten und Armen außerhalb des Lohnarbeitssektors mit einem Einkommen zu versorgen, das den Mindesterfordernissen entspreche. (13)

Der systematische Zusammenhang dieser Einzelstrategien besteht darin, daß ausgehend von dem sozialen Ziel der Grundbedürfnisbefriedigung für alle Kaufkraft für eine binnenmarktorientierte wirtschaftliche Entwicklung geschaffen werden soll und mit der Aufhebung der 'traditionellen' Verkettung zwischen Subsistenz- und modernem Sektor Voraussetzungen für die Entwicklung des Bauernsektors geschaffen werden sollen. Der Poverty Datum Line entsprechende Mindestlöhne und soziale Sicherungssysteme sind die Voraussetzung dafür, daß der Bauernsektor partiell entlastet werden kann, indem Wanderarbeiter und deren Familien zu einer ständigen städtischen Arbeiterklasse werden. So wird die ständige Subventionierung des modernen durch den Subsistenzsektor unterbunden; zusätzliche

12. ebd. S. 85 f
13. ebd. S. 86

Maßnahmen wie Landumverteilung und ländliche Investitionen können dann Entwicklungsmöglichkeiten für die afrikanischen ländlichen Gebiete schaffen. Insgesamt angestrebt ist so ein Prozeß der Umverteilung zum einen von Kapital auf Arbeit, zum anderen vom modernen auf den Subsistenzsektor, der zusammengenommen erst Produktivitätssteigerungen in der Subsistenzlandwirtschaft und eine binnenmarktorientierte wirtschaftliche Entwicklung ermöglicht. In der Regierungsstellungnahme zum Bericht der Riddell-Kommission faßte Premierminister Mugabe die vier dargestellten Einzelbestandteile der Nationalen Strategie zusammen, unterstrich die auch von der Kommission ausgeführte Notwendigkeit schnellen Wirtschaftswachstums als Bedingung des Prozesses und drückte grundsätzliche Übereinstimmung der Regierung mit den Vorschlägen aus (14).

Die **lohn- und einkommenspolitischen Empfehlungen** der Kommission für den Sektor abhängiger Beschäftigung befassen sich mit der Einführung von Mindestlöhnen, der Verringerung von Einkommensdifferenzen sowie der Sicherung der Einkommen gegen Kaufkraftverluste. Im allgemeinen, so empfiehlt die Kommission, sollen die Löhne bestimmt werden durch freie Tarifverhandlungen im Rahmen einer national festgelegten Politik der Lohnanpassung (15). **Mindestlöhne** sollen staatlich festgesetzt werden. Das einzige Prinzip, aufgrund dessen die Bestimmung der Mindestlöhne vorgenommen werden könne, sei "der Bedarf der Arbeiter und ihrer Familien" (16); als Maß wird hier die Poverty Datum Line benutzt. Die Kommission empfiehlt eine stufenweise Heraufsetzung der Mindestlöhne bis zum Erreichen von 90% der PDL am Ende eines Zeitraums von 3 1/2 Jahren (17). Löhne sollen grundsätzlich in Geldform gezahlt werden; damit würde der Praxis undurchsichtiger 'Natural'-Lohnbestandteile, die vor allem in Bergbau, Landwirtschaft und Häuslichen Diensten verbreitet war, ein Riegel vorgeschoben. Gesondert setzt sich die Kommission mit den möglichen ökonomischen Auswirkungen ihrer lohnpolitischen Empfehlungen hinsichtlich Zahlungsfähigkeit der Unternehmen, Beschäftigungseffekten und Nachfragesteigerung auseinander (18). Sie bejaht prinzipiell die Fähigkeit der Unternehmen, höhere Mindestlöhne zu zahlen, will die Durchführung der Mindestlohngesetzgebung jedoch flexibel gehandhabt wissen und geht von gesamtwirtschaftlichem Wachstum als Voraussetzung der Zahlungsfähigkeit aus. Probleme sieht sie im Bereich der Produktion für den Weltmarkt und empfiehlt Kompromißlösungen für eine Übergangszeit (19).

14. **Department of Information,** Press Statement 1029/81/DB, S. 2 f
15. **Riddell-Report,** S. 86
16. ebd. S. 105
17. Gleichzeitig sollen Veränderungen in der Ausbildung und bei der Bewertung von Qualifikationen und Betriebszugehörigkeitsdauer bewirken, daß ein Arbeiter, der mit dem Mindestlohn beginnt, in 5 Jahren die volle PDL-Höhe erreicht.
18. ebd. S. 106 - 113
19. ebd. S. 87 f

In der Regierungsstellungnahme zum Kommissionsbericht akzeptierte Mugabe die dargestellten Empfehlungen im allgemeinen, drückte aber eine abweichende Haltung in der Frage der Ausrichtung der Mindestlöhne an der Poverty Datum Line aus: "Die Frage ist, wie die Mindestlöhne festgesetzt werden sollen. Die Kommission entschied sich für ein an der Poverty Datum Line orientiertes Konzept... Die Regierung sieht einige Schwierigkeiten, wenn dieses Konzept streng angewendet werden soll. Es kann sicherlich als ein Faktor berücksichtigt werden, aber die Regierung glaubt, daß ein praktischerer und weniger kontroverser – wenn auch nicht perfekter – Ansatz sein könnte, von Zeit zu Zeit Mindestlöhne für die verschiedenen Sektoren unter Berücksichtigung von Wirtschafts- und Beschäftigungslage, Produktivität u.a. festzusetzen." (20) Damit ist nun freilich trotz 'prinzipieller Zustimmung' die Funktion der Mindestlöhne innerhalb der Nationalen Strategie der Riddell-Kommission, nämlich einen sozioökonomischen Restrukturierungsprozeß mitzutragen, in Frage gestellt; die Restrukturierung konfligiert wieder mit den Notwendigkeiten gesamtwirtschaftlichen Wachstums. Die 'Aufopferung' der PDL als Maßstab ist allerdings schon im Vorschlag der Kommission selbst angelegt (21).

In ihren Vorschlägen zur **Verringerung der Einkommensdifferenzen** geht es der Riddell-Kommission um einen Abbau der Spanne zwischen Mindestlöhnen und Spitzengehältern, um Beendigung rassischer Diskriminierung, Arbeitsbewertung und das Erreichen fließender Übergänge zwischen den verschiedenen innerbetrieblichen Lohn- und Gehaltsstufen. Die Diskussion der Widerstände gegen einen Abbau von Ungleichheit, insbesondere der Gefahr des Verlustes qualifizierter Arbeitskraft durch Emigration, führt die Kommission zu dem Schluß, daß kurzfristig für einen Abbau bestehender Ungleichheiten wenig Raum sei, wenn man nicht schäd-

20. **Department of Information**, Press Statement 1029/81/DB, S. 4
21. vgl. Riddells Ausführungen ein gutes Jahr später in einer verschlechterten ökonomischen Lage: "We have been experiencing as I have emphasized, difficulties of the economy not growing and therefore it would not surprise me if the recommendations without the qualifications (– d.h. bezüglich der Notwendigkeit flexibler Anwendung – C.R.) were turned down in the next year or 18 months because of the economic difficulties that we have had. This would neither be a contradiction of what we have recommended nor a contradiction of what the Government said it would do, it would be a realization of both what we and the Government had said." Riddell fährt fort, daß "when the economy is not growing as much as it has, then there must be links of wages to increases of productivity or else the situation is likely to be inflationary." (**Riddell, Roger C.**, The Recommendations of the Commission of Inquiry into Incomes, Prices and Conditions of Service in the Light of Recent Developments, Paper at the Leadership Seminar for Public Service Unions, Harare 4.-8.10.1982, S. 5)

liche ökonomische Folgewirkungen provozieren wolle. Trotzdem empfiehlt die Kommission eine Reihe von Sofortmaßnahmen zur Schaffung einer 'fairen' betrieblichen Lohnstruktur wie Arbeitsbewertung, intensive Ausbildungsprogramme und Hochstufung von 'on the job' erworbenen Qualifikationen. Gehälter von über 20.000 Dollar jährlich sollen real eingefroren werden; zusätzlich könne die Einkommensbesteuerung zum Abbau von Ungleichheit eingesetzt werden (22).

Dritter und letzter Bestandteil der lohnpolitischen Empfehlungen der Riddell-Kommission ist die Bestimmung eines Kriteriums und eines Mechanismus zur **Sicherung der Einkommen gegen Kaufkraftverluste**. Die Kommission schlägt hier die Einrichtung einer Lohnkommission (Wages Commission), die die Einhaltung der Regierungsrichtlinien in den Tarifverhandlungen zu prüfen hätte, vor; Untereinheit dieser Lohnkommission soll ein Wage Review Tribunal sein, das über die laufende Anpassung der Löhne an die Lebenshaltungskosten unter Berücksichtigung der Konsumentenpreise, der vorgegebenen lohnpolitischen Ziele, gesamtwirtschaftlicher Faktoren und der Notwendigkeit, den Arbeitsfrieden zu erhalten, entscheiden soll (23).

Bezüglich der Veränderung der Verhältnisse im **afrikanischen Bauernsektor** fordert die 'Nationale Strategie' kräftige **Produktivitäts- und Einkommenssteigerungen**. Dafür nennt die Riddell-Kommission drei Bedingungen: Erstens sei sofortiger Zugang der afrikanischen Landbevölkerung zu mehr und besserem Land, also eine Umverteilung von Land, erforderlich. Zweitens müsse die Produktion umstrukturiert werden. Drittens schließlich müßten Infrastruktur und andere Hilfen wie Marketingeinrichtungen, Kreditzugang und landwirtschaftliche Beratung bereitgestellt werden (24).

Die **Landumverteilung**, so heißt es weiter, müsse in prinzipiell anderen Größenordnungen stattfinden als die bis dahin vorgelegten Regierungspläne es vorgesehen hätten. Bis Anfang 1981 waren offiziellen Angaben zufolge rund 1.500 Familien umgesiedelt worden, und die Regierung plante den Erwerb von 2 Mio ha und die Umsiedlung weiterer 33.000 Familien bis 1984. Die Riddell-Kommission sucht mittels einer Modellrechnung zu bestimmen, in welchem Ausmaß der Resettlement-Prozeß stattfinden muß, damit die afrikanische Landwirtschaft lebensfähig werden kann: 1980 lebten in den Communal Lands rund 780.000 Familien. Schätzungen der 'Carrying Capacity' der Communal Lands zufolge können diese Gebiete 325.000 Familien eine Lebensgrundlage bieten. Es bleibt also ein Überschuß von 455.000 Familien. Schätzungsweise 235.000 davon, so die Kommission, seien so-

22. **Riddell-Report**, S. 131
23. ebd. S. 199 - 206
24. ebd. S. 148

genannte 'gespaltene' Familien, bei denen meist der Mann in der Stadt lohnabhängiger Beschäftigung nachgehe; der Nationalen Strategie zufolge sollen diese Familien ganz urbanisiert werden. Schließlich betrage die Anzahl der schon umgesiedelten und der Regierungsplänen zufolge bis 1984 umzusiedelnden Familien insgesamt 34.500. Dieser Rechnung zufolge blieben immer noch 185.000 Familien, die zusätzlich zu den vorhandenen Plänen neues Land erhalten müßten, wenn die Communal Lands nicht mehr Menschen als ihrer Kapazität entsprechend aufnehmen sollten. Die Kommission hält es für unrealistisch, daß diese Familien in den von der Regierung geplanten ländlichen Growth Points absorbiert werden und Arbeitsplätze erhalten könnten. Würden diese Familien nicht umgesiedelt, so müßten die Communal Lands — noch ohne Berücksichtigung des Bevölkerungswachstums — eine Bevölkerungszahl tragen, die 57% über ihrer Kapazität läge; dies würde die gegenwärtigen Probleme nur fortschreiben (25). "Also muß die Kommission zu dem Schluß kommen, daß viel mehr Land gebraucht wird, wenn die Regierung die Armut im Bauernsektor beseitigen, den Bauernfamilien innerhalb einer realistischen Zeitspanne zu ihrem minimalen Einkommensbedarf verhelfen und das Problem der Arbeitslosigkeit grundlegend angehen will." (26)

Die zimbabwesche Regierung hat später in ihrer Stellungnahme den Vorschlägen der Riddell-Kommission in bezug auf die ländliche Entwicklung prinzipiell zugestimmt und in ihrer Planung die Zahl der Umzusiedelnden beträchtlich auf 162.000 Familien erhöht; freilich hat eine solche Planung solange begrenzte Bedeutung, wie sie nicht auch Schritte enthält, die praktischen Schranken der Landreform, die bisher den Resettlement-Prozeß aufgehalten haben, zu überwinden (27).

Von den bisher dargestellten Teilstrategien der Riddell-Kommission nicht erfaßt sind diejenigen gesellschaftlichen Gruppen, die sowohl aus formeller Lohnarbeit als auch aus der landwirtschaftlichen Beschäftigung herausfallen, also vor allem Arbeitslose, Arbeitsunfähige und Alte. Für diese Gruppen, so folgert die Kommission, müßten entweder Arbeitsbeschaffungsstrategien entworfen werden, oder sie müßten von verschiedenen sozialen Sicherungssystemen aufgefangen werden.

Den Kern aller Strategien gegen **Arbeitslosigkeit** sieht die Kommission in der Schaffung ländlicher Beschäftigungsmöglichkeiten. Die in der Vergangenheit verfolgten 'Strategien' des Vertrauens auf schnelles Wachstum im modernen Wirtschaftssektor und der Wachstumsförderung durch Niedriglöhne hätten nur zum Anwachsen struktureller Arbeitslosigkeit geführt. Erforderlich sei demgegenüber ein qualitativ anderer Weg, der bei der ländlichen Entwicklung ansetze: "Die Empfehlungen,

25. ebd. S. 147 f
26. ebd. S. 147
27. **Department of Information**, Press Statement 1029/81/DB, S. 6; vgl. Kapitel 11

die darauf zielen, die Löhne im Lohnarbeitssektor zu erhöhen, produktive Beschäftigung für die ländlichen Armen durch Landreform, landwirtschaftliche und ländliche Entwicklung, durch die Zusammenführung von Familien und die Beendigung des Systems der Wanderarbeit zu schaffen, sind alle Teil des Prozesses, der die zusammenhängenden Probleme von Armut, Unsicherheit und struktureller Arbeitslosigkeit beseitigen soll." (28) Diese politischen Maßnahmen müßten den Kern des Problems der Arbeitslosigkeit erreichen. Da sie jedoch nur langfristig wirksam seien, müßten zusätzliche Maßnahmen gegen Arbeitslosigkeit wie die Verringerung der Unterausnutzung von Produktivkapital durch Schichtarbeit und Beseitigung von Qualifikationsengpässen, Förderung arbeitsintensiver Technologien bei Steuerpolitik und Zuteilung von Importgenehmigungen, Achten auf die Beschäftigungswirkung bei öffentlichen Investitionen sowie schließlich öffentliche Arbeitsbeschaffungsprojekte vor allem in den ländlichen Gebieten ergriffen werden (29). Eine bedeutende Rolle bei der Arbeitsbeschaffung habe der informelle Wirtschaftssektor zu spielen. Die Kommission empfiehlt, wirtschaftliche Aktivitäten im informellen Sektor in Produzenten- und Dienstleistungsgenossenschaften zu organisieren; damit schaffe man auch die Möglichkeit, staatliche Leistungen zu den Empfängern in diesem Bereich zu kanalisieren (30).

Große Bedeutung mißt die Kommission der Einführung eines **nationalen Systems sozialer Sicherheit** bei; dies macht den vierten und letzten Einzelbestandteil der Nationalen Strategie aus. Bisher geltende Sozialversicherungssysteme in Zimbabwe deckten nur eine Minderheit der Bevölkerung ab. Die Riddell-Kommission denkt dagegen an ein System, das prinzipiell alle Bedürftigen — auch auf dem Lande und im informellen Sektor — im Falle von Alter, Arbeitsunfähigkeit, Arbeitslosigkeit oder zu geringem Einkommen erfaßt (31). Sie sieht selbst das Problem der Finanzierung solcher Pläne und schlägt die Erhebung einer allgemeinen Abgabe für soziale Sicherheit vor (32). Insgesamt läßt die Kommission in diesem Bereich jedoch das meiste offen und empfiehlt der Regierung, internationale Expertise zum Entwerfen eines Systems sozialer Sicherheit einzuholen.

Während die zimbabwesche Regierung die Vorstellungen der Kommission in bezug auf Arbeitslosigkeit und informellen Sektor teilt und insbesondere hervorhebt, daß soziale Sicherheitsleistungen für die strukturell Arbeitslosen im ländlichen Bereich

28. ebd. S. 158
29. ebd. S. 159 ff
30. ebd. S. 182
31. ebd. S. 177
32. ebd. S. 189

an Arbeitsleistungen in staatlichen Programmen geknüpft werden müßten (33), nimmt sie in bezug auf die Frage der Einführung eines nationalen Systems sozialer Sicherheit eine abweichende Position ein, weil sie die Vorstellungen der Riddell-Kommission für nicht finanzierbar hält: "Da soziale Sicherheit einschließlich Renten für die gesamte Bevölkerung ungeheure Ausgaben erfordern würde, glaubt die Regierung, daß für eine Nation, die sich auf einer Entwicklungsstufe mit stark dualistischer Ökonomie und mit einem hohen Grad an struktureller Arbeitslosigkeit befindet, die schnelle Einführung eines Systems der sozialen Sicherheit nicht in Erwägung gezogen werden kann. An erster Stelle sollte eher das Bemühen um Produktion, Entwicklung und Wachstum im modernen und Subsistenzsektor stehen." (34) Trotzdem könne man in Teilbereichen wie Renten für lohnabhängig Beschäftigte und Sozialhilfe beginnen.

Auf weitere Bereiche staatlicher Wirtschaftspolitik geht die Riddell-Kommission in den Kapiteln über Besteuerung, Preispolitik und Außenhandel ein. Die **steuerpolitischen** Empfehlungen sind nicht sehr detailliert. Ausgegangen wird von der Notwendigkeit, die Steuereinnahmen des Staats stark zu erhöhen, um Entwicklungsprogramme finanzieren zu können (35). Eine allgemeine Revision des Steuersystems sowie die Ausarbeitung von Details sollten von einer einzurichtenden Steuerkommission unternommen werden (36). In der **Preispolitik** empfiehlt die Kommission die Beibehaltung und möglicherweise Überarbeitung des bestehenden Preiskontrollmechanismus, der als Gegenkraft gegen die hochgradige Monopolisierung der zimbabweschen Wirtschaft sowie zur Sicherung größtmöglicher Preisstabilität während der Durchführung des anvisierten Prozesses geplanter gesamtgesellschaftlicher Einkommensumverteilung notwendig sei (37). Die Nahrungsmittelsubventionen müßten durch Erhöhung der Konsumentenpreise abgebaut werden (37a).

Wesentlich sind an dieser Stelle noch die Überlegungen zur **Außenwirtschaftspolitik**, da die Kommission Veränderungen in diesem Bereich als Bestandteil einer

33. **Department of Information**, Press Statement 1029/81/DB, S. 6
34. ebd. S. 8
35. **Riddell-Report**, S. 134; die Kommission empfiehlt die Abschaffung bestehender Umgehungs- und Abzugsmöglichkeiten bei der Besteuerung von Unternehmen und Selbständigen sowie die Einführung einer höheren Progression bei der Personen-Einkommenssteuer und erwägt die Einführung von Vermögensbesteuerung. (Ebd. S. 145)
36. ebd. S. 134
37. ebd. S. 196 ff; vgl. zur Darstellung des Preiskontrollsystems Kapitel 12 der Arbeit
37a. ebd. S. 69, S. 190 f

Umorientierung des 'produktiven Fokus der Wirtschaft' (38) fordert. Infolge der Tradition staatlicher Devisenbewirtschaftung nach der Einseitigen Unabhängigkeitserklärung existiert heute in Zimbabwe ein differenziertes System der Zuteilung knapper Devisen an Importeure nach einer staatlichen Prioritätenliste (39). Wegen der Wirtschaftssanktionen gegen Rhodesien in der Vergangenheit lag das Schwergewicht dieser Politik auf dem Zahlungsbilanzausgleich; beschäftigungspolitische Kriterien spielten keine besondere Rolle. Die Riddell-Kommission hält eine Beibehaltung der staatlichen Devisenbewirtschaftung bei gleichzeitiger Neudefinition der Verteilungskriterien im Sinne neuer politischer Ziele für erforderlich (40).

Die Kommission betrachtet Außenhandel und Zahlungsbilanz vor allem unter dem Gesichtspunkt ihres Spannungsverhältnisses zu der Zielsetzung einer internen Einkommensumverteilung; letztere führe in der Tendenz zur Erhöhung von Importen und Verringerung von Exporten, könne also Zahlungsbilanzprobleme verschärfen. Die 'Offenheit' der zimbabweschen Wirtschaft, d.h. ihre recht starke Abhängigkeit vom Außenhandel, erscheint als Schranke der internen Umverteilung, weil sie dazu führe, daß interne Entwicklungen durch Schwankungen und langfristige Abnahme der Außenhandelserlöse verletzbar seien (41). Erforderlich seien daher Maßnahmen zur Anpassung der Außenhandelsbeziehungen. "Dies impliziert unter anderem für die absehbare Zukunft die Beibehaltung von Importkontrollen nach allerdings sorgfältig revidierten Kriterien, um einen Bias zugunsten a) einer verbesserten Versorgung mit Konsumgütern für untere Einkommensgruppen, b) der Förderung weiterer Importsubstitution und c) der Arbeitsbeschaffung einzuführen." (42)

Um der 'Devisenfalle' zu entgehen, seien vor allem drei Maßnahmen notwendig: eine Reduzierung der 'Offenheit' der Wirtschaft, die Diversifizierung der Exporte sowie das Schließen von 'Lecks', über die Sozialprodukt ins Ausland abfließt. **Reduzierung der 'Offenheit' der Wirtschaft** soll bedeuten, daß der Importanteil an der inländischen Produktion und die Bedeutung des Außenhandels für die Wirtschaft allgemein verringert werden. Wachstum könne auf die am wenigsten importabhängigen Bereiche konzentriert werden (43); die Importsubstitution könne vorangetrieben werden durch strikte Zuteilung von Devisen, die die lokale Produktion vor ausländischer Konkurrenz schütze, durch Förderung von Produktionstechniken, die die inländischen Ressourcen ausschöpften, sowie durch eine

38. vgl. ebd. S. 85
39. ebd. S. 69 f
40. ebd. S. 73
41. ebd. S. 164 f
42. ebd. S. 165
43. ebd. S. 166

volle Ausnutzung der vorhandenen Kapitalgüter und Vermeidung von 'Über-Importen' auch durch kooperative Produktionsweisen (44).

Dem Zahlungsbilanzdefizit will die Riddell-Kommission nicht durch eine allgemeine Politik der Exportförderung entgegenarbeiten; sie behandelt die nachteiligen Wirkungen von Abwertung, Exportanreizen und Lohnkontrollen zur Exportförderung auf Staatseinnahmen und Einkommensverteilung und kommt zu dem Schluß, daß der effektivste Weg, sich verschlechternden Terms of Trade zu begegnen, die **Exportdiversifizierung** in bezug auf Produkte wie auch auf Märkte sei. Da ein solches Vorhaben unter der gegebenen Bedingung starker Abhängigkeit von ausländischem Kapital schwierig zu verwirklichen sei, seien mehr staatliche Initiativen nötig (45).

Mit der 'Reduzierung von Lecks', über die Sozialprodukt ins Ausland abfließt, ist ein Vorgehen gegen die Praxis von **Transferpreisen** angesprochen. ''Es wird eine der größten Herausforderungen an zukünftige Politik sein, Devisenverluste durch Unterbewertung von Exporten und Überbewertung von Importen bei Transaktionen zwischen Zweigen eines transnationalen Konzerns zu verhindern.'' (46) Durch die Preispolitik multinationaler Unternehmen könne eine Hauptquelle für inländische Einkommenssteigerungen ins Ausland 'wegkanalisiert' werden, indem dem Land Devisen, Sozialprodukt und Steuereinnahmen verlorengingen. Als Gegenmittel gegen die Überbewertung von Importen hilft nach Ansicht der Kommission die strikte Zuteilung von Devisen an den billigsten Importeur; die Unterbewertung von Exporten könne nur bekämpft werden durch Einrichtung einer staatlichen Marketing-Behörde für Exporte, die das Recht hätte, Exportgüter zu demselben Preis, zu dem der Exporteur sie ausführen will, aufzukaufen, und damit den möglichen Verlust durch Unterbewertung der geplanten Exporte voll abschöpfen könnte (47).

Die zimbabwesche Regierung stimmte den steuer- und preispolitischen Empfehlungen der Riddell-Kommission im wesentlichen zu, setzte sich jedoch von deren Vorstellungen, die Offenheit der Wirtschaft müsse reduziert werden, deutlich ab. In ihrer Stellungnahme heißt es: ''Nach einer Analyse der sogenannten Außenhandelsschranke für Umverteilung befürwortet die Kommission Strategien, die die Offenheit der Wirtschaft reduzieren sollen. Die Regierung ist der Meinung, daß eine Wirtschaft wie die unsere, obwohl sie durch Veränderungen in Umfang und Ertrag des Außenhandels verletzlich ist, ohne eine außenorientierte Produktionspolitik

44. ebd. S. 168 f
45. ebd. S. 169 f
46. ebd. S. 170
47. ebd. S. 171

kein maximales Wachstum erreichen kann, und es ist kein Widerspruch, gleichzeitig zu einer Politik der Selbständigkeit und Unabhängigkeit von Importen zu raten." (48) Die Regierung ist der Ansicht, "daß Zimbabwe eine energische Politik der Exportförderung und Autarkie verfolgen und gleichzeitig alles tun sollte, um 'Lecks', die durch Mißbräuche wie z.B. Transferpreise auftreten können, zu reduzieren." (49)

Sucht man den Bericht der Riddell-Kommission, der hier nur in seinen grundlegenden Bestandteilen dargestellt wurde, **zusammenfassend** zu bewerten, so scheint mir der Kern darin zu bestehen, daß die Kommission unter völligem Verzicht auf sozialistische Programmatik und Rhetorik ein zusammenhängendes Konzept einer auf innere Umverteilung und 'autozentrierte' Entwicklung gerichteten Umstrukturierung der Wirtschaft vorlegt. Die Nationale Strategie gibt aufeinander bezogene theoretische Bedingungen für den Abbau des Dualismus von Wirtschaft und Gesellschaft Zimbabwes an: die Umverteilung von Einkommen und Einkommensquellen, damit zusammenhängend eine Neuausrichtung der produktiven Schwerpunkte der Wirtschaft sowie mehr Unabhängigkeit vom Weltmarkt. Das Konzept der Umstrukturierung ist auf dieser Ebene schlüssig; es entgeht freilich nicht der schon angesprochenen Spannung zwischen Wachstum der modernen, kapitalistisch organisierten Wirtschaft und Umverteilung.

Da die Kommission Wirtschaftswachstum als conditio sine qua non der von ihr angestrebten Restrukturierung anerkennt, baut sie folgerichtig in ihre Vorschläge die Möglichkeit ein, Umverteilungsmaßnahmen am wachstumspolitisch Möglichen zu begrenzen — und entzieht damit der Veränderung der Wirtschaftsstruktur eine der zentralen Voraussetzungen. Zusätzlich ergeben sich praktische Schwierigkeiten bei der Umsetzung der einzelnen Strategiebestandteile. Ich gehe die Elemente der Nationalen Strategie nun noch einmal — diesmal unter kritischem Blickwinkel — durch:

An erster Stelle stehen bei der Riddell-Kommission die Mindestlohnpolitik und die Erzielung einer 'gerechteren' Lohnstruktur durch betriebliche Einstufungsveränderungen. Diese Lohnpolitik ist angebunden an die Voraussetzung schnellen gesamtwirtschaftlichen Wachstums, die nach dem kurzen Nachkriegsboom schon 1982 nicht mehr gegeben war. Nun hat die Lohnpolitik im Gesamtkonzept aber nicht nur die soziale Funktion einer Besserstellung der afrikanischen Arbeiterschaft, sondern sie zielt durch diese Besserstellung hindurch gerade auf eine Entlastung der ländlichen afrikanischen Subsistenzwirtschaft und will ländli-

48. **Department of Information**, Press Statement 1029/81/DB, S. 7
49. ebd.

che Kapitalbildung erst ermöglichen. Was ist die Folge, wenn Einkommensumverteilung nicht im erstrebten Umfang stattfindet und infolgedessen die Subventionierung des modernen durch den Subsistenzsektor nicht wie vorgesehen aufgehoben wird?

Ohnehin verbirgt die Modellrechnung der Kommission mit ländlichen 'Familieneinheiten', die die Kleinfamilie meinen, wichtige Probleme der Umsetzung der Strategie. Die Empfehlung, die ländlichen Gebiete durch Überführung der Familien städtischer Arbeiter in die Stadt zu entlasten, ist vor allem von Arbeitsminister K. Kangai scharf kritisiert und als Versuch, die Großfamilienstruktur aufzulösen, mißverstanden worden (50). Riddell hat später klargestellt, daß es der Kommission nicht darum ging, städtischen Familien ihr traditionelles ländliches **Heim** zu nehmen, sondern daß **Land** nur von denen genutzt werden solle, für die die Landwirtschaft die einzige Einkommensquelle sei (51). Abgesehen von den mit dieser Strategie verbundenen Verstädterungsproblemen ist damit streng genommen der Entzug von traditionellen Landrechten verbunden; in den 50er Jahren wurde genau dies mit dem Native Land Husbandry Act (52) versucht. Ein solcher Eingriff in die afrikanische Sozialstruktur ist auch heute nicht einfach durchsetzbar. Auch hier stellt sich wieder die Frage, welche Folgen es hat, wenn die Communal Lands auch aus dieser Richtung her nicht wie vorgesehen entlastet werden können.

50. vgl. **Department of Information**, Press Statement 546/81/RH, 22.7.1981, S. 3 "Minister of Labour speaks on Riddell Report": "The Commission correctly observed that nearly all of the African urban workers have retained strong family and economic ties with their traditional rural areas, where many members of their families are quartered for a part of the year. It proceeded to recommend that these ties be severed forthwith, with government financial help, so that all their dependants may permanently reside in the cities. ... We have two reservations about such a proposal. In the first place, we are far from certain that a worker's ties with the rural areas are harmful to him or to his rural kinsmen. The Commission merely assumed but did not prove that. Second, we do not believe that the social security and pensions programme, to which we subscribe, would necessarily provide better security than a worker's traditional home in the rural area. But why not both — the pension and the option to quit the urban area?" Vgl. hierzu auch **Baumhögger**, Entwicklungsplanung, S. 319
51. vgl. **Riddell**, Recent Developments, S. 3: "We are not saying that people should not have access to land for homes in the rural areas, what we are saying is that in a situation of acute shortage of land where there is no free access to land, the first choice of who should have agricultural land are those who have no other source of income."
52. vgl. Kapitel 3.2.2. der Arbeit

Dies führt zur Frage der Landreform, die die Riddell-Kommission vor allem durch die Ermittlung der Zahl umzusiedelnder Familien in einer Modellrechnung zu beantworten suchte. Mit ihrem Hinweis auf den notwendigen Umfang des Resettlement-Prozesses hat die Kommission wieder eine theoretische Bedingung für ländliche Entwicklung formuliert; sie hat aber offengelassen, wie eine solche Landreform eingekeilt zwischen die verschiedensten 'Sachzwänge' wie Finanzierungsprobleme, Bedeutung des weißen Farmsektors, Produktivitätsverluste u.a. zu bewältigen ist. In dem Maße wie der Resettlement-Prozeß aus verschiedenen, später genauer zu betrachtenden Gründen (53) nicht schnell genug und nicht im erforderlichen Umfang durchgeführt werden kann, stellt sich das Problem, daß Resettlement sich in einem vorübergehenden, auf 5 bis 10 Jahre angelegten Abschöpfen des Bevölkerungszuwachses der Communal Lands erschöpfen könnte, statt eine Veränderung der Strukturbeziehung zwischen den dualistischen Wirtschaftssektoren zu ermöglichen. Daß auch das von der Riddell-Kommission vorgeschlagene umfassende System sozialer Sicherheit in dieser Form als kaum finanzierbar erscheint und von der Regierung zurückgestellt worden ist, stellt noch einmal die Entlastung der ländlichen Subsistenzwirtschaft in Frage.

Im Bereich des Außenhandels, für den die Riddell-Kommission eine Reduzierung der Offenheit der zimbabweschen Wirtschaft zum Weltmarkt hin empfiehlt, steht sie in Gegensatz zur Regierungspolitik. Zwar stimmen Kommission und Regierung in den konkret vorgeschlagenen Maßnahmen — Importsubstitution, Exportdiversifizierung und Schließen der 'Lecks', über die Sozialprodukt ins Ausland abfließt — überein, aber die Stoßrichtung der Argumentation geht bei der Riddell-Kommission auf eine stärker binnenmarktorientierte, 'autozentrierte' Entwicklung, für deren Bedürfnisse der Außenhandel gezielt einzusetzen wäre, während die Regierungsstellungnahme aus dem Ziel schnellen Wachstums die Notwendigkeit einer 'außenorientierten Produktionspolitik' ableitet. Während die Kommission die mit einer 'Reduzierung der Offenheit' verbundenen Probleme nicht anspricht, setzt die Regierung auf eine wachsende Weltmarktabhängigkeit, die in ihren innergesellschaftlichen Folgewirkungen den Restrukturierungszielen entgegengesetzt ist (54).

Die Diskussion der Kommissionsvorschläge sollte zeigen, mit welchen Schwierigkeiten und Widersprüchen eine Strategie behaftet ist, die auf eine grundsätzliche Veränderung des Verhältnisses zwischen modernem und Subsistenzsektor zielt und gleichzeitig den modernen Sektor in seiner volkswirtschaftlichen Leistungsfähigkeit erhalten will. Die Nationale Strategie ist m.E. damit nicht einfach als illusorisch abzutun; sondern praktisch hängt viel davon ab, wie konsequent die vorhandenen Möglichkeiten ausgeschöpft und erweitert werden. Dies ist im fol-

53. vgl. Kapitel 11.4 der Arbeit
54. vgl. hierzu weiter Kapitel 13

genden am zimbabweschen Dreijahres-Entwicklungsplan weiter zu untersuchen. Meine These ist dabei, daß die Vorschläge der Riddell-Kommission sowohl realistischer als auch radikaler sind als die staatliche Planung, die hinter einiger sozialistischer Rhetorik eine Reihe von Weichen in Richtung der Beibehaltung der alten Wirtschaftsstruktur stellt.

10.4. Der Transitional National Development Plan 1982/83 - 1984/85

Schon die auf der ZIMCORD-Konferenz verhandelten Programme und Projekte waren in der Konferenz-Dokumentation als Teil eines Public Sector Development Programme, das seinerseits Bestandteil des ursprünglich für den Juli 1981 angekündigten Dreijahres-Entwicklungsplans sein sollte, bezeichnet worden (1). Die Veröffentlichung des Entwicklungsplans wurde dann immer wieder verschoben, bis schließlich im November 1982 der erste Band des Plans, der nur wenig detailliertere Ziel- und Mittelformulierungen als 'Growth with Equity' sowie die Zielprojektionen der wesentlichen volkswirtschaftlichen Daten enthält, vorgelegt wurde. Band 2, der die Projekte des Public Sector Investment Programme enthält, wurde erneut verschoben (2).

Die Verzögerungen können sicher zum Teil damit erklärt werden, daß eine neu ins Amt gekommene Regierung Zeit braucht, ihre zunächst recht allgemeinen politischen Zielvorstellungen in konkrete Planung umzusetzen, und daß viele der zur Planung erforderlichen Daten nicht vorhanden waren (3). Zum anderen Teil ist die Verzögerung des Entwicklungsplans sicher auch als Resultat politischer Auseinandersetzungen in Kabinett und ZANU/PF-Zentralkomitee zu verstehen. Die 'technokratischen' wachstumspolitischen Vorstellungen des Planungsministers B. Chidzero sind im Dreijahresplan weniger denn je mit der sozialistischen Programmatik versöhnt. Vielmehr fallen hier die schon in 'Growth with Equity' herausgearbeiteten verschiedenen Ebenen der Programmatik wesentlich schärfer auseinander. Die Verzögerung des Plans hat auch dazu geführt, daß die aus 'Growth with Equity' übernommenen wirtschaftlichen Zieldaten wie das reale jährliche Wirtschaftswachstum von 8% zum Zeitpunkt der Veröffentlichung des Plans als völlig unrealistisch erkennbar waren. Von Interesse bei der Betrachtung des ersten Bandes sind

1. **ZIMCORD** Documentation, S. 2 Abs. 7 und S. 16 Abs. 7
2. Der zweite Band des Transitional National Development Plan wurde im September 1983 kurz vor Fertigstellung dieser Arbeit vorgelegt und konnte nicht mehr berücksichtigt werden.
3. Allerdings hat man dann doch nicht die Auswertung der Volkszählung und den Manpower Survey abgewartet, die der Planung in manchen Bereichen eine solidere Basis verschafft hätten.

insofern weniger die quantitativen Daten selbst als vielmehr die in diesen Projektionen sich ausdrückenden entwicklungspolitischen Schwerpunkte und Strategien. Anschließend ist zu überlegen, zu welchen Folgen die eingeschlagene Politikrichtung unter der Voraussetzung führt, daß die angestrebten Wachstumsziele nicht erreicht werden können.

"Der Dreijahres-Entwicklungsplan will gleichzeitig:
a) die Wirtschaft im Übergang von den Auswirkungen des Krieges und der Wirtschaftssanktionen zu normalen wirtschaftlichen Bedingungen führen; b) schnelle Wachstumsraten erreichen; c) Einkommen und Besitz in Richtung einer egalitären Gesellschaft umverteilen; und d) erste grundlegende Schritte zur Transformation des ererbten sozioökonomischen Systems in Richtung einer sozialistischen und egalitären Gesellschaft machen." (4) Während eine Politik der Umverteilung ohne Wachstum und Entwicklung zu fallendem Lebensstandard führe, sei die Folge von Wachstum und ungleicher Verteilung politische Instabilität. "Aus diesen und anderen Gründen hat die Regierung **'Growth with Equity and Transformation'** als ihre Entwicklungsstrategie bestimmt. Es ist eine Strategie, bei der alles der Maximierung des Wohlergehens unseres gesamten Volkes untergeordnet ist." (5)

Die einzelnen wirtschaftlichen Entwicklungsziele und Prioritäten der Planperiode, so heißt es, seien eingebettet in den Rahmen einer längerfristigen Strategie zum Erreichen einer 'neuen zimbabweschen Gesellschaft' (6). Die nähere Analyse zeigt jedoch ein weitgehendes Auseinanderfallen des Plans in zwei unverbundene Teile: zum einen das Vorwort des Premierministers Mugabe und Kapitel 3 über die 'neue soziale Ordnung', die die gesellschaftspolitischen Zielvorstellungen formulieren, zum anderen die konkrete Wirtschaftsplanung, die weder etwas mit der als Ziel vorgestellten sozialistischen Transformation noch viel mit einer 'Restrukturierung' der Wirtschaft zu tun hat. Hier setzen sich vielmehr die 'Sachzwänge' des modernen Wirtschaftssektors in eine recht konventionelle Wachstumspolitik um (7).

Mugabe stellt in seinem Vorwort den Wirtschaftsplan vor als seiner Regierung

4. **Republic of Zimbabwe**, TNDP Vol. I, S. 100
5. ebd. S. 29
6. ebd. S. 22
7. Die beiden einander entgegengesetzten Teile des Plans stammen offenbar auch aus unterschiedlichen Quellen: Während die ökonomische Planung hauptsächlich im Ministry of Finance, Economic Planning and Development unter Minister Chidzero erstellt wurde, weichen Kapitel 3 wie auch das Mugabe-Vorwort davon auch in Terminologie und Duktus der Argumentation stark ab und nehmen Argumentationen aus älteren Reden des Premierministers wieder auf — vgl. etwa **Ministry of Information**, Policy Statement No. 7 "Prime Minister addresses Justice and Peace Commission", 6.2.1982 —, stammen also wohl aus der Feder des Premierministers bzw. aus dessen Umgebung.

"erstes Bemühen um sozialistische Transformation. Der Plan anerkennt jedoch das bestehende Phänomen des Kapitalismus als eine historische Realität, die, weil sie nicht umgangen werden kann, wohlüberlegt als Partner in der umfassenden nationalen Anstrengung zur Erreichung der Planziele nutzbar gemacht, gelenkt und transformiert werden muß. Während die Hauptstoßrichtung des Plans sozialistisch ist und eine Ausdehnung der Rolle des Staates durch das Instrumentarium von Staatsunternehmen, Arbeitermitbestimmung und sozialistischer Kooperation fordert, ist genügend Raum für privates Unternehmertum reserviert worden." (8) Als Basis einer sozialistischen Umgestaltung, so heißt es in dem Kapitel über die **'Neue soziale Ordnung'**, müsse die "Struktur der Eigentumsverhältnisse" (9) verändert werden, denn die Probleme der zimbabweschen Gesellschaft seien "geschaffen durch das ererbte System kapitalistischer Ausbeutung, das in den Ländern der Dritten Welt unweigerlich eine neokolonialistische Form annimmt." (10) Zur Veränderung des Eigentums an den Produktionsmitteln wird festgehalten: "Dies ist ein langfristiges Ziel, aber die Aufgabe ist dringend und Fortschritte in diese Richtung müssen jetzt beginnen." (11)
Schritte zur sozialistischen Umgestaltung seien schon innerhalb der Dreijahres-Periode zu unternehmen, gleichzeitig spiele jedoch privates Kapital weiter eine bedeutende Rolle. **Öffentliche Investitionen,** das Public Sector Investment Programme (PSIP), erscheinen als wesentliches Mittel staatlichen Eingriffs zur Veränderung der Eigentumsverhältnisse (12). Durch Staatsbeteiligung in der Wirtschaft

8. **Republic of Zimbabwe**, TNDP Vol. I, S. i
9. ebd. S. 17
10. ebd. S. 17
11. ebd. S. 20
12. "The Transitional National Development Plan, whilst it seeks vigorously to effect a great measure of socialist transformation within a three-year period, recognises that the process of establishing a socialist state is bound to cover several stages. The first stage, which is sought to be covered by the current plan accepts the role of private enterprise in those areas and sectors which will not be affected by public sector programmes and these cover several sectoral areas in farming, mining, manufacturing and commerce." (ebd. S. 19) Daß die staatlichen Investitionen keineswegs eine Strategie der Sozialisierung darstellen, wird daran deutlich, daß sie zum großen Teil in die Infrastruktur fließen. Vgl. ebd. S. 25: "The existence of an adequate social, economic and physical infrastructure is essential for overall balanced and efficient growth and development of the economy. During the plan period priority will be given to the repair and enhancement and expansion of the rural infrastructure, including roads, bridges, water supplies, schools, health clinics and agricultural extension services. In addition, the urban industrial infrastructure, including transport, power, posts and telecommunications, and the social infrastructure will be given due attention. The large public sector investment programme which is described in

soll die ausländische Kontrolle reduziert werden (13). Als Mittel der Umgestaltung wird daneben die Förderung **'ko-operativer Unternehmen'**, d.h. als Produktionsgenossenschaften geführter Unternehmen, gerade auch, aber nicht nur im ländlichen Bereich genannt; diese sollen zusammen mit dem Staatseigentum die "beiden Formen sozialistischer Eigentumsverhältnisse" (14) ausmachen, die während der Planperiode einzuführen seien. Schließlich wird als drittes Mittel der Transformation die Einführung einer **Arbeiterselbstverwaltung** oder -mitbestimmung genannt (15).

Nach Kapitel 3 des Plans über die 'Neue soziale Ordnung' erfolgt nun der Bruch und Übergang zur konkreten Planung bzw. **Prognose der Makrodaten** wirtschaftlicher Entwicklung. Der Plan rechnet mit einem jährlichen Wachstum des Bruttoinlandsprodukts von real 8% (16). Dabei soll die materielle Produktion mit 8,4% schneller als die Sektoren der nicht-materiellen Produktion (6,4%) wachsen (17). Am schnellsten sollen Bauwesen (15%) und Verarbeitende Industrie (11%) wachsen. Der Anteil der Verarbeitenden Industrie als Leading Sector am Bruttoinlandsprodukt soll von 26,9% (1981/82) auf 28,5% im Durchschnitt des Planungszeitraums ansteigen, der Anteil der Landwirtschaft dagegen abnehmen von 17,2% auf 16,2%. Die projizierte Wachstumsrate soll zu einem Wachstum der abhängigen Beschäftigung von 3,16% jährlich führen (18). Nicht einmal die unrealistisch hoch angesetzte Wachstumsrate des Plans schüfe genügend Arbeitsplätze, um die jährlich neu hinzukommenden Arbeitssuchenden zu beschäftigen, von einem Abbau bestehender Arbeitslosigkeit und Unterbeschäftigung ganz zu schweigen. Die Inflationsrate wird für den Planungszeitraum auf 15% jährlich kalkuliert (19).

Volume II of the Plan is designed to meet the infrastructural requirements of the economy in a balanced and co-ordinated manner."

13. ebd. S. 17
14. ebd. S. 21
15. "Workers' committees will be developed into self-management committees in urban and rural areas. Steps will be taken to facilitate the participation of workers in production management through committees at the work-place and the shop-floor in all government and parastatal operations, and in private activities. Self-management will be encouraged through the implementation of a programme of promotion and financing of co-operatives, self-managed enterprises and other forms of self-management in both urban and rural areas." (ebd. S. 20)
16. ebd. S. 29
17. vgl. Tabelle 33 sowie **Republic of Zimbabwe**, TNDP Vol. I, S. 30: "There is a deliberate shift in production in favour of material production although priority sectors such as education and health within nonmaterial production are expected to grow at the same rate as the overall rate of growth of GDP."
18. vgl. Kapitel 6 der Arbeit
19. **Republic of Zimbabwe**, TNDP Vol. I, S. 29

Bruttoinlandsprodukt und Bruttoanlagekapitalbildung
nach Wirtschaftssektoren im Transitional National Development Plan 1982/83 - 1984/85

	Bruttoinlandsprodukt (BIP) zu Faktorkosten		Sektorenanteile % (BIP Faktork. = 100%)		Bruttoanlagekapitalbildung	Anteile
	1982/3 - 84/5 insg. (Mio $, konst. Preise v. 1981)	durchschn. jährl. Zuwachsrate % (real)	1981/2	82/3-84/5	1982/3 - 84/5 insg. (Mio $, konst. Preise v. 1981)	(%)
Landwirtschaft[1]	2 443	5	17,2	16,2	494	13
Bergbau	672	0	5,2	4,5	282	7,4
Verarbeitende Industrie	4 303	11	26,9	28,5	861	22,7
Elektrizität und Wasser	312	7	2,1	2,1	280	7,4
Bauwesen	555	15	3,3	3,7	95	2,5
Handel, Restaur., Hotels	2 323	9	15,1	15,4	224	5,9
Transport und Kommunikation	976	9	6,3	6,5	540	14,2
Materielle Produktion insg.	11 584	8,4	76,1	76,8	2 776	73,1
Wohnungsbau[2]	—	—	—	—	543	14,3
Erziehung	922	8	6,1	6,1	148	3,9
Gesundheit	231	8	1,5	1,5	61	1,6
Öffentl. Verwaltung	1 241	6,5	8,5	8,2	168	4,4
Banken und Versicherungen	658	6	4,5	4,4	66	1,7
Sonst. Dienstleistungen und Aktivitäten (incl. nicht Zuzuordnendes)[4]	455	3,0	3,3	3,0	38	1,0
Nichtmaterielle Produktion insg.	3 507	6,4	23,9	23,2	1 024	26,9
Insgesamt	15 091	8	100,0	100,0	3 800	100,0

1. Die Werte der Kapitalbildung schließen ländliche Entwicklung, Nationalparks und Wildpflege ein.
2. Einschließlich staatlicher General-Purpose-Investitionen und Stadtentwicklung.
3. Die Werte der Kapitalbildung schließen ein soziale Dienstleistungen und Jugend, Sport, Erholung.
4. Die Kategorie umfaßt 'Sonstige Dienstleistungen' und 'nicht Zuzuordnendes' bei der Kapitalbildung sowie 'Häusliche Dienste' und 'Sonstige Aktivitäten' beim Sozialprodukt.

Quelle:
Republic of Zimbabwe, TNDP Vol. I, S. 31, 35 und 36, Tab. 5.2, 5.7, 5.8

Betrachtet man nun die Verwendung des Sozialprodukts, so soll der Planung zufolge der gesamte (private und öffentliche) Konsum mit real 6,1% jährlich langsamer wachsen als das Sozialprodukt und so einen höheren Anteil der Kapitalbildung ermöglichen (20). Die Bruttokapitalbildung soll demnach im Durchschnitt 26% des Bruttoinlandsprodukts betragen (21). Fragt man, wozu die Investitionen vor allem verwendet werden, so zeigt sich, daß der größte Teil aus Ersatz- und Rationalisierungsinvestitionen bestehen soll (22). Das öffentliche Investitionsprogramm ist auf 59% der gesamten Kapitalbildung angesetzt, die restlichen 41% soll die Privatwirtschaft aufbringen (23).

Tabelle 34:
Kapitalbildung im Transitional National Development Plan 1982/83 - 1984/85

	Mio Dollar laufende Preise	Anteil (%)
Bruttoanlagekapitalbildung		
Öffentl. Sektor (= Public Sector Investment Progr.)	3 618	66
Privatsektor	1 858	34
Insgesamt	5 476	100
Lagerinvestitionen		
Öffentlicher Sektor	–	–
Privatsektor	620	100
Insgesamt	620	100
Bruttokapitalbildung		
Öffentlicher Sektor	3 618	59
Privatsektor	2 478	41
Insgesamt	**6 096**	**100**

Quelle: Republic of Zimbabwe, TNDP Vol. I, S. 34 Tab. 5.6: "Gross and Gross Fixed Capital Formation by Sector".

20. ebd. S. 33 Tab. 5.5: "Expenditure on the Gross National Product"
21. ebd. S. 39
22. "In view of the current state of the economy's capital stock it is intended that repair, maintenance, modernisation and refurbishing will absorb roughly two-thirds of total investment while new capacity will absorb the remainder. Both types of investment are needed to improve labour productivity and realise greater efficiency in production." (ebd. S. 34)
23. vgl. Tabelle 34

Die Verteilung der Bruttoanlagekapitalbildung auf die einzelnen Wirtschaftssektoren zeigt im Groben folgendes Muster: Die höchsten Wachstumsraten der Kapitalbildung sollen (in dieser Reihenfolge) die Bereiche Handel/Restaurants/Hotels, Transport und Kommunikation, Bauwesen und Erziehung erzielen (24). Die größten Anteile an der Bruttoanlagekapitalbildung haben jedoch die Verarbeitende Industrie (22,7%), der Wohnungsbau (14,3%), Transport und Kommunikation (14,2%) sowie schließlich die Landwirtschaft (13%), in der die Kapitalausgaben für ländliche Entwicklung enthalten sind (25).

In Anschluß an die dargestellten Projektionen wenden sich die Autoren des Plans der Frage der **Finanzierung des Plans** zu. Sie stellen fest, daß eine Bruttokapitalbildung in Höhe von 26% des Bruttoinlandsprodukts auch in der Vergangenheit schon erreicht, aufrechterhalten und weitgehend inländisch finanziert worden sei. "Aber die ökonomischen Umstände waren ganz anders. Die zunehmende Wirkung des Krieges auf die Wirtschaft, die Verstärkung von Sanktionen und strukturelle Veränderungen besonders in bezug auf Sparverhalten und öffentliche Ausgaben haben zusammengenommen die wirtschaftlichen Bedingungen so grundlegend geändert, daß das geplante Investitionsprogramm als außergewöhnlich ehrgeizig erscheint." (26) Vor allem "da das Sparverhalten der Wirtschaft sich signifikant geändert hat" (27), sei eine inländische Finanzierung des Plans nicht mehr möglich. Mit dem veränderten Sparverhalten haben die Planer vor allem die Staatsausgaben im Auge (28). Die staatlichen Haushaltsdefizite sowie eine Verlagerung der

24. **Republic of Zimbabwe**, TNDP Vol. I, S. 35 Tab. 5.7: "Gross Fixed Capital Formation by Industrial Sector"
25. vgl. Tabelle 33 sowie **Republic of Zimbabwe**, TNDP Vol. I, S. 35: "Gross fixed capital formation in agriculture (and rural development) will be ... 13 per cent of the total for all sectors. This relatively high level of investment reflects the high priority assigned to this sector, particularly rural development and the resettlement programme." Die im Plan angegebenen Zahlen beantworten jedoch nicht die Frage, welche Teile der landwirtschaftlichen Investitionen in den modernen Farmsektor und welche in die ländliche Entwicklung der afrikanischen Gebiete und das Resettlement-Programm fließen sollen.
26. ebd. S. 39
27. ebd. S. 101
28. "The level of Government dissavings is a consequence of the imbalance between Government expenditures and revenues. ... Since 1975 there has been a notable shift in public expenditures away from capital formation and economic services towards social services and public administration." (ebd. S. 6); vgl. auch ebd. S. 57: "Population growth will result in the continued increase of the proportion of the non-active population from about 51 per cent in 1980 to

Staatsausgaben auf wirtschaftlich unproduktive Bereiche wie Soziales und Verwaltung werden vor allem als Begründung für die Notwendigkeit von "umfangreichen ausländischen Kapitalzuflüssen" (29) verwendet, wenn auch andererseits ein "Gesamtrückgang bei der relativen Höhe der inländischen Ersparnisse" (30) genannt wird. Die Frage des privaten Sparverhaltens wird jedoch nicht weiter ausgeführt (31).

Der Dreijahresplan geht also von der Notwendigkeit erheblicher **ausländischer Kapitalzuflüsse** aus. 63% der Bruttokapitalbildung sollen aus inländischen Ersparnissen, die restlichen 37% durch ausländische Quellen finanziert werden (32). Ausländische Kapitalzuflüsse können zum einen die Form von privatem Kapital haben: Die Regierung will diesem "ein günstiges Investitionsklima schaffen und aufrechterhalten" (33). Gleichzeitig solle jedoch der Privatsektor "im Rahmen der Ziele und Prioritäten der Regierung" (34) arbeiten. Zum anderen kann Kapital

about 57 per cent in 1984/85. This means that Government has to allocate more funds to social consumption and human investment such as education, health and other social services at a time when funds are urgently required for expansion of productive capacity, which is the only sustainable basis for the future expansion of social consumption."

29. ebd. S. 39
30. ebd. S. 6
31. An diesem Punkt kann die Kritik am Dreijahres-Plan, die sich gegen die vorgesehene hohe externe Finanzierung richtet, ansetzen. So heißt es in MOTO-Magazine Dez. 1982/Jan. 1983, unter der Überschrift "Politicians versus the Planners", S. 22: Die Planer "admit that, during UDI, the state and private sector collaborated to mobilise local savings to finance the second most developed industry in Sub-Saharan Africa. But they simply assert — without analysis — that it can no longer do so. They ignore the fact that, after independence, Gross Operating Profit rose from Dol 1 063 million in 1979 to Dol 1 754 million in 1981. This is almost double the amount reported in 1975 when capital formation last reached the 25% of Gross Domestic Product necessary to achieve an 8% growth rate." Nun sagt der Vergleich absoluter Gewinnmengen nichts darüber aus, ein wie großer Anteil von Investitionen am Sozialprodukt daraus finanzierbar wäre; aber der ungenannte MOTO-Autor hat das Argument auf seiner Seite, daß die Planer ohne Diskussion Möglichkeiten inländischer Kapitalbildung, die in rhodesischer Zeit offenbar gegeben waren, abschreiben.
32. **Republic of Zimbabwe**, TNDP Vol. I, S. 39 Tab. 6.1: "Gross Capital Formation and its Financing"
33. ebd. S. 37
34. ebd.

durch öffentliche Inanspruchnahme ausländischer Quellen, d.h. durch Entwick-lungshilfezuschüsse, -darlehen und kommerzielle Kredite ins Land fließen. Der Plan sieht dementsprechend eine absolut wachsende Gesamtverschuldung der Öffentli-chen Hand, die aber in Relation zum Bruttoinlandsprodukt abnehmen soll, vor. Gleichzeitig soll der Staat durch Beschränkung der laufenden Ausgaben in zuneh-mendem Maße aus den eigenen Einnahmen zur Kapitalbildung beitragen (35). Trotz-dem steigt der Anteil der öffentlichen Auslandsverschuldung am Bruttoinlandspro-dukt von 11,4% 1981 auf 15,3% 1985. Der Schuldendienst in Relation zum BIP soll von 7,9 % 1981/82 auf durchschnittlich 6,5% im Planungszeitraum fallen. Der Auslandsschuldendienst in Relation zu den Exporteinnahmen ist auf 10% für 1981/82 und 12% für 1982/83 kalkuliert und soll danach wieder auf 10% fallen (36).

Damit ist die Planung nun bei **Außenhandel und Zahlungsbilanz** angelangt. Die schon in 'Growth with Equity' und in der Stellungnahme zu den Riddell-Empfeh-lungen erkennbare Richtung der Regierungsplanung, nicht auf eine Reduzierung der Offenheit der Wirtschaft, sondern auf verstärkte Weltmarktintegration zu set-zen, setzt sich fort im Dreijahresplan. Eine Analyse der Wirtschaftsentwicklung in der Vergangenheit sowie des zukünftigen Potentials der Wirtschaft zeige, so heißt es, "eine sehr enge Beziehung zwischen deren Wachstum und Entwicklung und dem Gedeihen des Außenhandels." (37) Hier hätte man eine Diskussion der Tatsache erwartet, daß die rhodesische Wirtschaft nach 1965 gerade unter dem Schutz, den die Wirtschaftssanktionen ihr vor dem Weltmarkt schufen, ein schnelles, von Im-portsubstitution getragenes Wachstum erreichte, dessen Kehrseite sich heute frei-lich in der Überalterung des Kapitalstocks und darin, daß die zimbabwesche Wirt-schaft auf dem Weltmarkt zum Teil nicht konkurrenzfähig ist, zeigt. Ohne eine solche Diskussion heißt es weiter, Wachstum und Entwicklung der Wirtschaft er-forderten "umfangreiche Importe von Maschinerie, Ausrüstungsgütern und Zwi-schenprodukten, die nicht im Land hergestellt werden. Um diese Importe zu be-zahlen, muß die Wirtschaft ausreichende Mengen an Devisen einbringen, nicht nur um den normalen Importbedarf, sondern unter den gegebenen Umständen auch, um den zusätzlichen Bedarf zur Rehabilitierung des Kapitalstocks zu decken, das Produktionsniveau aufrechtzuerhalten und zu steigern." (38)

35. ebd. S. 42 Tab. 6.5: "Central Government Budget Account"
36. vgl. Tabelle 35
37. **Republic of Zimbabwe,** TNDP Vol. I, S. 47
38. ebd. S. 47; gleichzeitig wollen die Planer sich jedoch von einer Entwicklungs-strategie, die den Export als Motor der Entwicklung versteht, absetzen: "The importance of export earnings to the economy lies in the fact that these earnings are needed to finance necessary imports to support self-reliant de-velopment rather than merely as an element of aggregate demand in an ex-port-led development strategy." (ebd. 47)

Tabelle 35
Verschuldung der Öffentlichen Hand
und Schuldendienst 1981 - 85
nach dem Transitional National Development Plan

1. Verschuldung der Öffentlichen Hand (jeweils zum 30. Juni)

	1981	1982	1983	1984	1985
Öffentliche Schulden insg.					
(in Mio $)	2 477,1	2 694,1	2 978	3 395	3 864
— davon: Zentralregierung	2 098,6	2 250,4	2 483	2 843	3 254
— davon: ausl. Schulden	514,2	682,3	890	1 150	1 480
Öffentliche Schulden als Anteil am BIP (%)	54,7	53,2	47,4	43,5	39,8
Auslandsschulden als Anteil des BIP (%)	11,4	13,5	14,2	14,7	15,3

2. Schuldendienst

	1981/2	1982/3	1983/4	1984/5
Schuldendienst als Anteil des BIP (%)	7,9	7,5	6,5	5,8
Auslandsschuldendienst als Anteil an den Exporterlösen	10,0	12,0	10,0	10,0

Quelle:
Republic of Zimbabwe, TNDP, Vol. I, S. 44 f Tab. 6.8 und 6.9

Der Plan erwartet eine knappe Verdoppelung der Exporte von 1085 Mio Dollar 1981/82 auf 2094 Mio Dollar 1984/85 bei einem von 32% auf 40% stark steigenden Anteil der landwirtschaftlichen Ausfuhr. Während der Planperiode sollen jedoch Maßnahmen eingeleitet werden, um den sinkenden Anteil der Verarbeitenden Industrie an der Ausfuhr in Zukunft kräftig zu erhöhen (39). Ebenfalls stark steigen sollen die Importe von 1249 Mio Dollar 1981/82 auf 2314 Mio Dollar 1984/85 (40). Das Verhältnis von Exporten und Importen, das 1980 noch 26% zu 23% des BIP betrug (41), soll sich umkehren auf 23% zu 26% des BIP (42) im Durchschnitt des Planungszeitraums. Die Beibehaltung der für Zimbabwe neuen negativen Handelsbilanz ist also einkalkuliert; zusätzliche Verluste bei den Dienstleistungen und anderen 'Invisibles' sollen der Planung zufolge zu einem steigenden Defizit der Leistungsbilanz führen, das durch die erwarteten zunehmenden Kapitalzuflüsse ausgeglichen werden soll (43).

Soweit die Betrachtung der gesamtwirtschaftlichen Entwicklungsprojektionen. Auf die einzelnen Wirtschaftssektoren wie auch auf die Ausführungen zu staatlichen Institutionen braucht hier nicht weiter eingegangen zu werden, weil die entsprechenden Abschnitte gegenüber 'Growth with Equity' nichts grundsätzlich Neues enthalten. Einige bemerkenswerte Abweichungen des Dreijahresplanes von vorherigen Formulierungen sollen jedoch erwähnt, wenn auch nicht detailliert behandelt werden.

Nach der Kritik der Riddell-Kommission an dem von der Regierung zu niedrig geplanten Umfang des **Resettlement**-Prozesses hatte sich in Regierungsverlautbarungen die Ankündigung durchgesetzt, man wolle im Planungszeitraum von 3 Jahren 162 000 Familien umsiedeln. Daß diese Zahl nicht realistisch ist, war zwar bekannt, trotzdem wurde in der Öffentlichkeit daran festgehalten. Der Dreijahresplan enthält nun erstmals das etwas versteckte Eingeständnis, daß auch die offizielle Planung mit dem genannten Ziel nicht rechnet: "In Abhängigkeit von praktischen finanziellen und ökonomischen Einschränkungen ist geplant, mindestens 162 000 Bauernfamilien umzusiedeln, von denen eine große Zahl während der Planperiode umgesiedelt werden wird." (44) Die Kapitalausgaben für Resettlement sind mit 260 Mio Dollar (in konstanten Preisen v. 1981) auf 10,4% des PSIP ange-

39. ebd. S. 50 f Tab. 7.3: "Export Projections"
40. ebd. S. 50 Tab. 7.2: "Import Requirements of the Plan"
41. ebd. S. 47
42. ebd. S. 29
43. vgl. ebd. S. 51 Tab. 7.4: "Balance of Payments Projections"
44. ebd. S. 66

setzt (45). Genauere Ausführungen zur Landreform enthält der Plan jedoch nicht (46).

Im Bereich der **sozialen Dienstleistungen** tritt im Dreijahresplan deutlicher als vorher das Kostenproblem hervor. "Legitime Erhöhungen der Ausgaben für soziale Dienste werden erfolgen, aber diese und andere Dienstleistungen wie auch Subventionen werden strikt begrenzt werden. Die gegenwärtigen eher grenzenlosen finanziellen Verpflichtungen gegenüber einigen Bereichen der sozialen Dienstleistungen werden überprüft und zusätzliche laufende Ausgaben müssen bezüglich ihrer Effizienz beim Erreichen der angestrebten Ziele gerechtfertigt werden." (47) Damit angesprochen ist vor allem die Explosion im Erziehungswesen, das durch die Einführung von Schulgeldfreiheit in der Primarbildung 1980 stark expandiert hat, ohne daß durch qualitative Veränderungen eine den Entwicklungserfordernissen entsprechende Verwendbarkeit der geschaffenen Qualifikationen sichergestellt worden wäre (48).

Abschließend sollen einige kritische Überlegungen zu der mit dem Dreijahresplan eingeschlagenen Entwicklungsrichtung und zu deren möglichen Folgen angestellt werden. Zum einen ist festzuhalten, daß die Lücke, die in zimbabweschen Regierungsstatements zwischen sozialistischem Ziel und kapitalistischer Wirklichkeit klafft, im Dreijahresplan stärker als vorher hervortritt. Die entsprechenden Teile des Plans stammen offensichtlich von verschiedenen Autoren und sind kaum miteinander vermittelt.

45. vgl. ebd.
46. Nicht exakt ist hier die in MOTO, Dez. 1982/Jan. 1983 ("Politicians versus the Planners"), S. 23 geführte Kritik: "In agriculture, the plan proposes resettlement on unutilized commercial farmlands of about 162 000 families — only a third the number the document itself declares as essential to render communal areas viable." Letzteres steht im Plan an keiner Stelle. Wohl scheinen die Planer sich nicht klar über die Zahl der afrikanischen Bauernbevölkerung zu sein: Sie rechnen einmal mit 700 000 (Republic of Zimbabwe, TNDP Vol. I, S. 64), dann mit 1,1 Mio Bauernfamilien (ebd. S. 95), die einmal um 30 000 bis 35 000 Familien jährlich (ebd. S. 64), das andere Mal um 45 000 Personen jährlich zunehmen sollen (ebd. S. 95). Dabei hatte man doch einen Zensus durchgeführt.
47. ebd. S. 24 f
48. So wird in bezug auf den Erziehungssektor die Einführung bedeutender qualitativer Reformen angekündigt sowie die Absicht geäußert, sicherzustellen, "that investment in education and training and the financing thereof is rationally planned and is fully integrated with the investment in other activities in the public and private sectors." (ebd. S. 90)

Bedeutender vielleicht ist die Frage, wie sich das Verhältnis von Wachstum und Umverteilung von Ressourcen im Dreijahresplan weiterentwickelt hat. Die Aussagen des ersten Bandes geben Anlaß zu der Annahme, daß der Großteil der Investitionen der Modernisierung des modernen Wirtschaftssektors zugutekommen wird. Akzeptiert man die Grundannahme, daß schnelles Wachstum des modernen Wirtschaftssektors Voraussetzung für alle Umverteilungs- und Entwicklungsmaßnahmen ist, so fragt sich, was passiert, wenn die quantitativen Voraussetzungen des Dreijahresplans, vor allem das völlig unrealistische 8%ige Wirtschaftswachstum, nicht eintreffen. Daß bei einem realen Wirtschaftswachstum von rd. 3% 1982 und für 1983 erwarteter Abnahme des Sozialprodukts im Planungszeitraum keine 8% erreichbar sind, war zum Zeitpunkt der Veröffentlichung des Dreijahresplans allen Beteiligten klar. Ebenso ist eine Verdoppelung der Exporte mitten in der Weltwirtschaftskrise nicht zu erwarten, und der Plan konkretisiert auch nicht, wie dies zu erreichen sein könnte (49). Dies hat aber vor allem zwei wichtige Konsequenzen. Erstens ist ein Schwinden der Finanzierungsmöglichkeiten für die geplanten Entwicklungsprogramme und sozialen Dienste (Erziehung, Gesundheit, Wohnungsbau u.a.) abzusehen. Zweitens schnellt die vorgesehene Verschuldung in Relation zum BIP, die der Plan in erträglichen Grenzen hält, natürlich hoch, ebenso der Auslandsschuldendienst im Vergleich zu den Exporterlösen. Intern ist die zimbabwesche Regierung insofern vor die Alternative gestellt, entweder vorgesehene Entwicklungs- und soziale Programme zu streichen oder sich noch höher zu verschulden. International führt der eingeschlagene Weg einer stärkeren Öffnung zum Weltmarkt zum einen dazu, daß die zimbabwesche Entwicklungsdynamik noch stärker als ohnehin von ausländischen Investoren und Geldgebern, die ein günstiges Investitionsklima fordern, bestimmt wird; zum anderen müssen die Kennziffern der Auslandsverschuldung sehr viel ungünstiger aussehen als im Plan erwartet, wenn nicht vieles davon aufgegeben wird. Die wirkliche Entwicklung 1982/83, die von der prognostizierten erheblich abweicht, ist in Kapitel 13 weiter behandelt.

Ohne damit die Frage nach den Möglichkeiten einer Alternative durch inländische Kapitalbildung schon beantwortet zu haben, kann man mit der MOTO-Kritik am zimbabweschen Entwicklungsplan eine Prognose wagen, die wohl realistischer ist als die Prognosen des Plans: "Folgt Zimbabwe dem von diesen 'Experten' abgesteckten Kurs, so wird es sich noch schneller als seine Nachbarn, nachdem diese in den prosperierenden 60er Jahren die Unabhängigkeit erreicht hatten, 'Bedingungen' unterworfen finden, die der International Monetary Fund als Schuldeneintreiber und Polizist des internationalen Finanzkapitals setzt. IMF-'Berater' werden die Regierung zwingen, soziale Dienstleistungen zusammenzustreichen und institutionelle Veränderungen, die die Staatsbeteiligung in lebenswichtigen Sektoren vergrößern sollen, um eine sozialistische Wirtschaft, die die Bedürfnisse des Volkes be-

49. vgl. MOTO, Dez. 1982/Jan. 1983, "Politicians versus the Planners", S. 21

friedigen kann, aufzubauen, zu stoppen." (50) So klar die quantitativen Annahmen des Dreijahresplanes zum Zeitpunkt der Veröffentlichung des 1. Bandes als völlig unrealistisch erkennbar waren, so einfach war die zitierte Voraussage der MOTO-Kritik zu formulieren: Die Verhandlungen Zimbabwes mit dem IMF hatten zu dieser Zeit längst begonnen (51).

50. ebd. S. 23
51. vgl. Kapitel 12 der Arbeit

Kapitel 11:
Landreform und ländliche Entwicklung

Im letzten Kapitel zeigte sich, daß ein Schwerpunkt der Entwicklungspolitik in Zimbabwe auf dem unterprivilegierten Bauernsektor liegen soll. Im folgenden ist genauer zu untersuchen, wie die postulierte 'Priorität' der Regierungspolitik auf der ländlichen Entwicklung der afrikanischen Gebiete in der Programmatik weiter konkretisiert und in die Realität umgesetzt wird. Als **Bereiche ländlicher Entwicklungspolitik** und -aufgaben in Zimbabwe sind dabei zum einen die unmittelbaren Aufgaben, die sich kurzfristig nach dem Ende des Krieges und dem Erreichen der Unabhängigkeit stellten, zu betrachten: die Rücksiedlung der Kriegsflüchtlinge, Entwurzelten und Zwangsumgesiedelten und der Wiederaufbau der im Krieg zerstörten vor allem ländlichen Infrastruktur. Zu denken ist auch an die in der Übergangsphase wichtige Problematik der Sicherung der Nahrungsmittelversorgung; zum Zeitpunkt der Unabhängigkeit war keineswegs klar, ob es zu einem Exodus der weißen Bevölkerung kommen werde und ob mit dem weißen Farmsektor die Nahrungsmittelversorgung Zimbabwes zusammenbrechen werde. Neben diesen kurzfristig drängenden Aufgaben stehen die langfristigen Kernbereiche ländlicher Entwicklung. Der Resettlement-Prozeß soll durch Umverteilung von Land von weißen Farmern zu schwarzen Bauern die Communal Lands vom Bevölkerungsdruck entlasten. Es ist zu untersuchen, wie das Resettlement in den ersten drei Jahren der Unabhängigkeit organisiert wurde, wie der Prozeß vorankommt, welche Schwierigkeiten und Schranken bestehen. Weiter fragt sich, welche Strategien ländlicher Entwicklung für die Communal Lands, also für die nicht durch den Resettlement-Prozeß erfaßte Bauernbevölkerung, entworfen und durchgeführt werden. Können der Bevölkerungsdruck in diesen Gebieten nachhaltig reduziert, die Produktivität gesteigert und die Einkommen erhöht werden? Dabei sind auch das Problem der Unterbeschäftigung und Strategien der Arbeitsbeschaffung durch ländliche Gewerbeförderung zu betrachten.

Die **Erwartungen der afrikanischen Bevölkerung** in bezug auf die Landreformpolitik der Regierung sind hochgesteckt. Die Bauern haben die Guerillakämpfer in den Kriegsjahren unterstützt, weil diese ihnen versprachen, das Land, das die weißen Herren ihnen genommen hatten, zurückzugeben. Auch innerhalb der Befreiungsbewegungen ging man weithin davon aus, daß mit siegreichem Ausgang des Krieges das Land der weißen Farmer automatisch und ohne Entschädigung dem Volk, dem es weggenommen worden war, wieder gehöre. Noch während der Lancaster House-Konferenz in London Ende 1979, auf der über die Regelung der Landfrage hart verhandelt wurde, sagte der für markige Aussprüche bekannte heutige Minister of Legal and Parliamentary Affairs, Dr. E. Zvobgo, öffentlich: "Wir haben vor, Land zu enteignen und niemandem einen Pfennig zu bezahlen ..." (1)

1. **Chronicle** (im folgenden immer: **C**), 20.10.79; vgl. die UN-Studie **Zimbabwe,**

Die **Verfassung** von Zimbabwe, auf deren Grundzüge sich die verhandelnden Parteien im Londoner Lancaster House einigten und die Großbritannien durch die Zimbabwe Constitution Order (Statutory Instrument 1979/1600) in Anwendung des (britischen) Southern Rhodesia Act 1979 Zimbabwe gab, enthält in der Grundrechtsdeklaration auch den Schutz des Eigentums (2). Entschädigungslose Enteignung von Land ist durch die Verfassungsregelungen ausgeschlossen, Enteignung zum allgemeinen Wohl oder zur Besiedlung unzureichend genutzten Agrarlandes

Towards a New Order, S. 63: "The acquisition of freehold title to land from those owners who had acquired it under the previous system would not give rise to compensation since the effect of the new measures would consist, in effect, in a reversion to the new state of what belonged to the people of Zimbabwe as a whole." Ebd. S. 64: "The Kenyan model of purchasing land from European farmers through the use of externally borrowed funds, and redistributing it would postpone the solution of the problem in Zimbabwe, since the loan would have to be repaid ultimately by the government out of the resources of the population."

2. So heißt es unter Punkt V.: "Freiheit von Eigentumsentziehung: 1. Jeder wird vor zwangsweisem Eigentumsverlust geschützt werden, es sei denn, die Aneignung erfolgt aus Gründen der Landesverteidigung, der öffentlichen Sicherheit und Ordnung, der Sittlichkeit, der öffentlichen Gesundheit, der Stadt- oder Landesplanung, der Entwicklung oder Nutzung dieses oder anderen Eigentums, wenn diese in einer Weise erfolgt, daß damit das allgemeine Wohl gefördert wird, oder, im Falle von nicht ausreichend genutztem Agrarland, aus Gründen der Besiedlung zu landwirtschaftlichen Zwecken. Besteht ein Bedürfnis an diesem Eigentum aus einem dieser Gründe, so wird der Erwerb nur rechtens sein unter der Bedingung, daß das Gesetz eine prompte und angemessene Ersatzleistung beinhaltet und daß, wo die Aneignung angefochten wird, eine gerichtliche Entscheidung ergangen ist. Ist jemand auf diesem Wege seines Eigentums verlustig gegangen, so wird ihm der Rechtsweg zum Gerichtshof zugesichert, um die Höhe der Entschädigung festzulegen. 2. Es wird eine Ausnahme getroffen für die Besitzübernahme von Eigentum während einer Periode allgemeinen Notstandes. 3. Die Entschädigung, die jemand wegen der Entziehung seiner Liegenschaften erhalten hat, wird innerhalb einer angemessenen Frist in jedes beliebige Land außerhalb Simbabwes ohne Abzüge und frei von Steuern und Belastungen, soweit diese sich auf die Ausfuhr beziehen, transferierbar sein, wenn der Begünstigte Bürger von Simbabwe ist oder er dort seinen gewöhnlichen Aufenthalt hat (oder wenn es sich um eine Gesellschaft handelt, deren Kapitaleigner in der Mehrheit diesen Personenkreisen angehören) ..." Aus: Vereinbarungen der Verfassungskonferenz für den Übergang Rhodesiens zur Unabhängigkeit, unterzeichnet in London am 21. Dezember 1979, in: Europa-Archiv 5 (1980) S. D 111.

jedoch prinzipiell möglich. Vorstellungen einer radikalen Landreform durch einfache Wiederinbesitznahme weißen Landes ist durch die Verfassung aber ein
klarer Riegel vorgeschoben.

Von größerer Bedeutung als die Verfassung, die ihrerseits als Ausdruck eines gegebenen militärischen und wirtschaftlichen Kräfteverhältnisses interpretiert werden kann, ist die **ökonomische Bedeutung des weißen Farmsektors** als Rahmenbedingung der zimbabweschen Landpolitik. Weiter oben ist herausgearbeitet worden,
daß der kommerzielle Sektor der Landwirtschaft mit starken saisonbedingten
Schwankungen um die 80% der landwirtschaftlichen Erzeugnisse Zimbabwes herstellt. Die afrikanische Bevölkerung in den Communal Lands ist teilweise, die städtische Bevölkerung und die Landarbeiter sind weitgehend abhängig von der Versorgung mit Nahrungsmitteln, die im kommerziellen Agrarsektor hergestellt werden. Schließlich ist gezeigt worden, daß die Landwirtschaft größter Arbeitgeber
und eine wesentliche Devisenquelle des Landes ist (3). Der kommerzielle, d.h.
zum großen Teil weiße Landwirtschaftssektor ist also ein Machtfaktor von nicht
zu unterschätzender Bedeutung in Zimbabwe und begrenzt somit die Möglichkeit einer radikalen Umstrukturierung von ländlicher Wirtschaft und Gesellschaft
erheblich. Wenn 'Growth with Equity' als Ziele der Landwirtschaftspolitik u.a.
eine 'faire' Landverteilung, Produktivitätssteigerungen in allen Bereichen und die
Sicherstellung der nationalen und regionalen (d.h. im Bereich der Southern African Development Co-ordination Conference (SADCC)) Nahrungsmittelversorgung formuliert (4), so liegen darin Zielkonflikte, die im weiteren genauer zu
betrachten sein werden. "Der landwirtschaftliche Output muß ... aufrechterhalten
werden ..., wenn irgendeine Form nationaler Entwicklung über das derzeitige Niveau hinaus stattfinden soll. Also besteht ein struktureller Konflikt zwischen den
nationalen ökonomischen Interessen, die letztlich von der Regierung kontrolliert
werden, und einer schnellen Entwicklung für die Bevölkerung allgemein, besonders
in den unterentwickelten ländlichen Gebieten, die ebenfalls ein Interesse der
Regierung ist." (5)

3. Dem Dreijahresplan zufolge, der auf eine rigorose Exportoffensive zur Finanzierung der Entwicklung setzt, soll dieser Anteil der Landwirtschaft an den Exporterlösen von projizierten 36% 1982/83 auf 40% 1984/85 ansteigen, damit
   die Verarbeitende Industrie überholen und größter Einzelanteil werden. (**Republic of Zimbabwe**, TNDP Vol. I, S. 50 Tab. 7.3)
4. vgl. Kapitel 10.2 der Arbeit
5. **Cheater**, Rural Development Policy, S. 5; vgl. auch **Zimbabwe. Towards a New
   Order**, S. 61 zu den Erfordernissen einer Landreform in Zimbabwe: "Both
   productivity and equity should be major objectives, and one of the critical
   problems of future land policy will be how to avoid a conflict between the two
   desirable objectives."

11.1. Die unmittelbaren Aufgaben nach der Unabhängigkeit: Nahrungsmittelversorgung, Wiederansiedlung der Flüchtlinge, Wiederaufbau

Zum Zeitpunkt des Übergangs zur Unabhängigkeit und unmittelbar danach sah sich die neu an die Macht gekommene Regierung einer Reihe kurzfristig drängender Aufgaben im Bereich der Nahrungsmittelversorgung und der Bewältigung unmittelbarer Kriegsfolgen auf dem Lande gegenüber. Offiziellen Angaben zufolge waren aus der Gesamtbevölkerung von rund 7,5 Mio Menschen während des Krieges 1 - 1,5 Mio, d.h. bis zu 20% der Bevölkerung, geflohen, vertrieben oder zwangsumgesiedelt worden. Aus den ländlichen Gebieten Zimbabwes, in denen der Krieg geführt wurde, waren rund 250 000 Menschen in die Nachbarländer Mozambik, Zambia und Botswana geflohen, rund 400 000 vom Land in die relativ sichereren Städte. Um die 750 000 Menschen schließlich waren in sogenannte 'Schutzdörfer' ('Protected Villages') unter Aufsicht des rhodesischen Militärs zwangsumgesiedelt worden, um sie von den Guerillakämpfern der PF zu isolieren (1).

Mit Abschluß des Waffenstillstandes kehrten seit Anfang 1980 die **Flüchtlinge** in ihre Heimatgebiete zurück, die meisten nicht auf neu zugewiesenes, sondern auf ihr altes Land. Die Repatriierung der Auslandsflüchtlinge fand zwischen Januar und November 1980 statt. Ein staatliches, in Zusammenarbeit mit dem United Nations High Commissioner for Refugees (UNHCR) organisiertes Hilfsprogramm unterstützte die Rückkehrer; die große Mehrzahl der Menschen bewältigte den Heimweg jedoch auf eigene Faust (2). Dies gilt auch für die innerhalb des Landes Entwurzelten (3). Wichtiger als die Transporthilfen waren Hilfen zur Wiederaufnahme der landwirtschaftlichen Produktion in den Communal Lands. Ausgehend von der Annahme, daß während der Kriegsjahre "die meisten Bauern in Zimbabwe unter einer Unterbrechung ihrer Anbautätigkeit litten" (4), suchte ein umfangreiches, vom UNHCR finanziertes und vom staatlichen Beratungsdienst DEVAG

1. ZIMCORD Documentation, S. 25 Abs. 5
2. "The spontaneous return of many refugees who did not wait for official assistance reduced the number of people repatriated under the programme to about 60 000." ebd. S. 25 Abs. 6
3. "Between May and September, 1980, about 48 000 of these displaced persons were returned to their homes from 29 'protected villages' and various urban squatter camps. It appears that a much larger number of people from 'protected villages' found their way home without official help." ebd. S. 26 Abs. 8
4. **Department of Agricultural Development**, Proposals for the Relief of Distress and Rehabilitation in the Peasant Farming Areas through Agriculture, Salisbury 1980 (im folgenden immer: DEVAG Agplan 2/1980), Projektbeschreibung "The Relief of Distress and Rehabilitation in the Peasant Areas through Vegetable Packs", S. 1

(Department of Agricultural Development) schon vor der Unabhängigkeit entworfenes Hilfsprogramm bei der Wiederaufnahme der landwirtschaftlichen Produktion Unterstützung zu leisten. Man verteilte Saatgut für Sommergetreide und Wintergemüse, Dünger, Geräte und Insektizide. Staatliche Traktoreneinheiten halfen pflügen, weil den Bauern infolge des Verlustes von Vieh während der Kriegsjahre häufig die Zugkraft fehlte (5). Nach Regierungsangaben wurde außerdem an rund 600 000 Menschen Nahrungsmittelhilfe, vor allem Maismehl, bis ins Jahr 1981 hinein verteilt, daneben zusätzliche Nahrung für rund 45 000 unterernährte Kinder (6).

Die **Sicherstellung der Nahrungsmittelversorgung** unmittelbar nach der Unabhängigkeit Zimbabwes war eine der drängendsten Aufgaben in der Übergangszeit und konfrontierte die neu ins Amt gekommene Regierung auch sogleich drastisch mit der Struktur der Landwirtschaft als wesentlicher Rahmenbedingung für künftige Politik. Allgemein betrachtet hat Zimbabwe den meisten afrikanischen Staaten die Selbstversorgung des Landes mit Nahrungsmitteln voraus. Neben der Abhängigkeit von klimatischen Faktoren ist die Nahrungsmittelproduktion jedoch von der Preis- und Produktstruktur vor allem im kommerziellen Landwirtschaftssektor abhängig. Infolge einer langfristigen Abnahme der kommerziellen Maisproduktion in den 70er Jahren sowie infolge der Auswirkungen des Krieges und zweier Dürrejahre war die über die Marketing-Behörden vermarktete Maisernte in der Saison 1979/80 auf einem Tiefpunkt angelangt (7), und für 1980/81 erwartete man wieder eine kommerzielle Maisernte von nur 600 000 Tonnen (8). Gleichzeitig brachten die weißen Farmer die größte Tabakernte seit 1965 ein, die auf dem Weltmarkt zunächst nur zögernd und zu niedrigen Preisen absetzbar war. Die Farmerverbände sprachen von einer Krise der kommerziellen Landwirtschaft und rechneten vor, welche Auswirkungen der Zusammenbruch der Tabakfarmer auch für die Nahrungsmittelproduktion haben werde (9). Die zimbabwesche Regierung, die damals von der Gefahr einer akuten Hungersnot ausging und die Möglichkeit eines Exodus weißer Farmer einkalkulierte, sicherte zum einen für 1980 und 1981

5. ebd.; **ZIMCORD Documentation** S. 26; **Moyo, Nelson P.**, The Summer Seed Pack Programme, Resettlement Schemes, and Rural Development in Zimbabwe: Preliminary Observations, Paper presented at ZES conference on Rural Development, Harare 8.10. - 10.6.1981 wie auch **Brand,** Land Tenure, S. 3 f beobachteten, daß die Verteilungen keineswegs immer die wirklich Bedürftigsten erreichten.
6. **ZIMCORD Documentation,** S. 27 Abs. 17
7. vgl. Tabelle 36
8. Times 12.6.1980
9. vgl. hierzu und zum Folgenden meinen Artikel: Mais — Grundnahrungsmittel und Waffe. Zur landwirtschaftlichen Entwicklung in Zimbabwe. In: Informationsdienst Südliches Afrika 8/9 (1981), S. 13 - 16

Tabelle 36:
Umfang der Ernteverkäufe an/durch Marketing Authorities
(Ausgewählte Anbauprodukte) 1970/71 - 1982/83 (in to)

Jahr[1]	Mais	Weizen	Baumwolle	Tabak
1970 - 71	610 686	56 235	99 039	54 518
1971 - 72	1 113 709	89 455	140 427	65 181
1972 - 73	1 420 725	81 626	170 727	66 224
1973 - 74	550 363	85 975	135 796	73 818
1974 - 75	1 336 855	90 449	164 722	75 418
1975 - 76	1 006 922	128 752	163 066	86 695
1976 - 77	958 532	147 854	131 566	112 715
1977 - 78	941 065	171 134	148 006	85 072
1978 - 79	877 026	207 997	173 914	85 109
1979 - 80	511 921	158 940	166 830	114 464
1980 - 81	819 168	163 040	182 037	125 038
1981 - 82	2 013 758	200 804	200 812	71 811
1982 - 83	1 391 265	212 945	157 673	90 602

1. Gerechnet vom April bis März folgenden Jahres.

Quelle: CSO, Monthly Digest, Sept. 1982, S. 31, Tab. 11.5: "Volume of Crop Sales to/through Marketing Authorities"; CSO, Monthly Suppl. to the Digest of Statistics, Aug. 1983, Tab. 11.6

Maisimporte aus Südafrika ab, die gegen Ende 1980, als erkennbar wurde, daß die eigene kommerzielle Maisernte mit 819 168 to in der Saison 1980/81 (10) wesentlich höher als prognostiziert ausgefallen war, gestoppt wurden. Zum anderen folgte sie unter dem Druck der Situation der Forderung der weißen Farmer nach einer starken Erhöhung des staatlich garantierten Produzentenpreises für Mais auf 120 Dollar/to, d.h. um rund 40% – eine Steigerung, die die Farmer zwar gefordert, aber selbst nicht erwartet hatten. Diese Erhöhung des 'Preplanting'-, d.h. im Juni 1980 vor der Aussaat angekündigten, Produzentenpreises mit Wirkung vom April 1981 führte zu einer starken Ausdehnung der Maisanbaufläche und – zusammen mit günstigen klimatischen Faktoren und der Wiederansiedlungspolitik und Saatgutverteilung an afrikanische Bauern – zu der Rekordernte des Jahres 1981, die auch den afrikanischen Bauern eine deutliche kurzfristige Einkommenssteigerung brachte (11).

10. vgl. Tabelle 36
11. vgl. Tabellen 36 und 37 sowie **Cross, E.G.**, The Stability of Food Crop Produc-

Tabelle 37:
Verkäufe[1] von Hauptanbauprodukten und Vieh 1975 - 1982
(in Mio Dollar)

| Jahr | Anbauprodukte | | | Vieh[2] | | |
	aus CLs	aus kommerz. Gebieten	Insg.	aus CLs	aus kommerz. Gebieten	Insg.
1975	14,2	224,2	238,4	7,2	73,2	80,4
1976	18,2	225,4	243,6	8,5	84,9	93,4
1977	15,6	228,6	244,2	6,9	102,0	108,9
1978	17,1	237,0	254,1	4,9	99,9	104,8
1979	12,2	249,2	261,4	3,2	111,8	115,0
1980	22,0	350,1	372,2	5,2	115,5	120,7
1981	63,7	518,2	581,9	7,6	124,8	132,4
1982	65,0	484,6	549,6	8,1	195,1	203,2

1. Erfaßt sind die Verkäufe in den Statistiken von Grain Marketing Board, Cotton Marketing Board, Tobacco Marketing Board, Sugar Sales Ltd., Cold Storage Commission, Colcom, Government Grading Center, Quarterly Butcher Census of Slaughterings, Dairy Marketing Board.
2. Einschl. Wert von Milch und tierischen Fetten.

Quelle: CSO, Monthly Digest, March 1983, S. 30, Tab. 11.4: "Summary of Sales of Principal Crops and Livestock"

Die Preispolitik für Mais unmittelbar nach der Unabhängigkeit hat so einerseits schnell und effektiv die eigene Nahrungsmittelversorgung Zimbabwes in den ersten Jahren der Unabhängigkeit gesichert, eine Überschußproduktion für Export und Lagerhaltung ermöglicht und Farmern und Bauern eine starke Einkommenssteigerung, deren Bedeutung auch für den politischen Start Zimbabwes nicht zu unterschätzen ist, beschert. Sie hat andererseits die Subventionslast im Staatshaushalt, deren Abbau Ziel der Regierungspolitik war, entsprechend erhöht (12). Da

tion through Pricing Policies, S. 4 in: Zimbabwe Science News 1982, S. 3 ff: "Those of us who have been involved in peasant agriculture have been impressed by the speed with which peasant farmers have also responded to the new economic environment."
12. vgl. ders., Economic Policy and Nutrition in Zimbabwe in: Zimbabwe Science News Juni 1982, S. 130 f

Zimbabwe wie auch andere Staaten des Südlichen Afrika in den Jahren 1982 und vor allem 1983 von zwei aufeinanderfolgenden Dürreperioden getroffen wurde, hat sich die Nahrungsmittelversorgung wieder verschlechtert. Jedoch konnten Hilfsmaßnahmen für die ländliche Bevölkerung aus eigenen Vorräten durchgeführt werden. Langfristig sucht die Regierung die Nahrungsmittelsituation auch durch den Auf- und Ausbau von Staatsfarmen zu stabilisieren, die von der dem Ministry of Lands, Resettlement and Rural Development unterstehenden parastaatlichen Agricultural and Rural Development Authority (ARDA) betrieben werden. Diese Staatsbetriebe haben Aufgaben vor allem in Hinblick auf die Zimbabwe innerhalb der SADCC zugedachte 'Brotkorbfunktion' im Südlichen Afrika, die Lösung der Frontstaaten aus der Abhängigkeit von südafrikanischen Agrarimporten sowie in Hinblick auf die Schließung von Lücken in der eigenen zimbabweschen Nahrungsmittelversorgung (13).

Als letzter Bestandteil der kurzfristigen, unmittelbaren Aufgaben nach der Unabhängigkeit im Bereich ländlicher Entwicklung ist das **Reconstruction Programme**, d.h. die Beseitigung von Kriegsschäden, die Instandsetzung zerstörter Infrastruktur vor allem in den ländlichen Gebieten, anzusprechen. Zur Zeit der ZIMCORD-Konferenz Anfang 1981 wurde das Wiederaufbauprogramm auf 146 Mio Dollar veranschlagt, von denen Projekte über 100 Mio Dollar, für die eine Finanzierung noch zu finden sei, auf die ZIMCORD-Tagesordnung gesetzt wurden. Zeitlich wurde das Wiederaufbauprogramm auf 3 Jahre angesetzt. Die Statistik zeigt, daß die größten Einzelposten für den Wiederaufbau ländlicher Infrastruktur und für das Erziehungswesen vorgesehen wurden. Letzteres umfaßt die Reparatur und die Wiedereröffnung der vielen im Krieg zerstörten oder beschädigten, unter militärischer Bedrohung und mangels Schülern und Personal geschlossenen Schulen. Nach Angaben der ZIMCORD-Dokumentation waren bei Kriegsende von 2.500 Primarschulen in den Communal Lands 2.000 schwer beschädigt oder zerstört (14). Die geschlossenen Schulen wurden in den Jahren nach der Unabhängigkeit von der ländlichen Bevölkerung schnell wieder instandgesetzt, und viele neue Schulen entstanden — eine Entwicklung, die sich in der starken

13. ARDA expandiert derzeit in Mangelbereichen wie Reis-, Weizen-, Soja- und Sonnenblumenproduktion (vgl. H 27.10.1982). Dem Dreijahresplan zufolge sollen in jeder Provinz Zimbabwes Staatsfarmen entstehen (vgl. **Republic of Zimbabwe**, TNDP Vol. I, S. 20).
14. "Many of the schools that were only partially damaged were abandoned and later vandalized and looted of all salvageable materials and equipment. Because of the situation at the end of the war hundreds of thousands of school children could receive only minimal schooling in the open air during dry weather." (**ZIMCORD Documentation**, S. 30 Abs. 42)

Tabelle 38:
Wiederaufbauprogramm 1980/81 - 1982/83
(in tsd. Dollar)

	1980/81	1981/82	1982/83	Insgesamt	davon auf der ZIMCORD- Tagesordnung
Ländl. Infrastruktur	30 124	23 481	12 296	65 901	36 953
Landwirtschaft	789	1 132	550	2 471	1 482
Kontrolle v. Tier- krankheiten	1 063	3 282	3 660	8 005	6 942
Erziehung	13 349	20 000	17 143	50 492	40 544
Gesundheitswesen	2 044	1 163	—	3 207	—
Wälder und Parks	201	1 669	711	2 581	2 380
Regierungsgebäude	728	2 100	1 417	4 245	3 037
Räumung von Minen- feldern	146	5 835	3 130	9 111	8 965
Ingesamt	48 444	58 662	38 907	146 013	100 303

Quelle: Supplement to the Documentation for Zimcord, S. 12. (Die Zahlen sind gegenüber der ursprünglichen ZIMCORD Documentation revidiert.)

Steigerung von Schul- und Schülerzahlen zwischen 1979 und 1983 widerspiegelt (15).

Den größten einzelnen Ausgabeposten des Wiederaufbauprogramms bilden die Ausgaben für die Reparatur ländlicher Infrastruktur. Nicht nur Schulen und Krankenstationen, auch Wasserstellen, Desinfektionsstellen für Vieh, Einzäunungen, Strassen, Brücken u.a. waren im Krieg zerstört oder durch Mangel an Instandhaltungsarbeiten unbenutzbar geworden (16). Mit dem Zusammenbruch der Prävention von Viehkrankheiten hatten diese sich in vorher nicht betroffene Gebiete verbrei-

15. vgl. Kapitel 13 der Arbeit; vgl. auch **Mehnert, Klaus**, Ausbau oder Umbau? Entwicklungen im Erziehungswesen nach der Unabhängigkeit in: Informationsdienst Südliches Afrika 4/5 (1983), S. 25 - 27
16. vgl. **ZIMCORD Documentation**, S. 28 Abs. 25; den Aspekt fehlender Instandhaltung betont insbesondere der für Entwicklungsarbeiten in den Communal Lands zuständige District Development Fund (DDF): "... it is important to realise that the enormous damage to roads and other infrastructure which

251

tet. Viele Rinder – die Hauptquelle von Zugkraft für die afrikanischen Bauern – waren verendet, die Tsetse-verseuchten Gebiete hatten sich ausgedehnt (17). Betraut mit dem Wiederaufbau von Infrastruktur in den Communal Lands ist der District Development Fund (DDF), der neben dem Wiederaufbau neue Entwicklungsarbeiten und Instandhaltung im Bereich der Infrastruktur von District Council Areas, d.h. im wesentlichen in den Communal Lands, zu leisten hat (18). Die Statistik des DDF zeigt die enormen Anstrengungen, die in diesem Bereich in den letzten Jahren unternommen worden sind und die zum größten Teil aus ausländischen, darunter vor allem auch westdeutschen Hilfsgeldern finanziert worden sind (19). Mit dem Wiederaufbauprogramm ist für die Communal Lands ohne Zweifel viel geleistet worden. Fragt man jedoch unter dem Blickwinkel, was das Erreichte für die Entwicklung der ländlichen Gebiete bedeutet, so bleibt festzuhalten, daß durch den Wiederaufbau zunächst nur der Vorkriegsstand der infrastrukturellen Unterversorgung der Communal Lands wiederhergestellt wurde. Die wesentlichen noch zu behandelnden Aufgaben liegen in der Entwicklung über diesen Stand hinaus.

11.2. Konzepte ländlicher Entwicklung im Übergang – Kontinuitäten und Diskontinuitäten

Die ländliche Entwicklungsplanung nach der Unabhängigkeit Zimbabwes gewinnt nur schrittweise eigenes Profil: sie knüpft in vielen Punkten an Planungen aus rhodesischer Zeit an, hebt sich aber auch – vor allem durch Stellenwert und Anlage des Resettlement-Programms – von diesen ab. Weiter oben sind die unzureichenden Ansätze einer Entwicklungspolitik für die Tribal Trust Lands in den 60er Jahren dargestellt worden (1): Die staatliche Landwirtschaftsberatung förderte die Integration der TTL-Bauern in die Geldwirtschaft durch Anbau von Cash Crops; Bewässerungsprojekte für afrikanische Bauern wurden ausgebaut; die para-

occurred during the war was the result of lack of maintenance rather than physical acts of war..." in: **District Development Fund** (im folgenden immer: **DDF**), Functions of the District Development Fund, Report to the Prime Minister by Mr. M.P. Bowen-Davies, Harare 29.6.1982 (hektographiert), S. 4
17. **ZIMCORD Documentation**, S. 28 Abs. 25
18. Der DDF wurde durch den District Development Fund Act (No. 58 of 1981, in Kraft seit 1982) als Nachfolger des ursprünglich 1949 gegründeten Native Development Fund, der später in African Development Fund umbenannt wurde, eingerichtet. Vgl. **DDF**, Functions, und **ders.**, Annual Report for the Year ending 30th June 1982
19. vgl. Tabelle 39
1. vgl. Kapitel 3.3.2.

Tabelle 39
Stand der Wiederaufbauarbeiten in Communal Lands Ende Juli 1982 nach Provinzen

Provinz	Verkaufs-verschläge für Vieh	Bohr-löcher	Dämme	Wasser-leitungs-anlagen	Straßen-kilo-meter	Kanäle	Brücken/Über-gänge	Viehdesin-fektions-bäder
Matabeleland North	12	1 121	71	1	912	239	10	119
Matabeleland South	23	1 132	20	7	2 459	431	17	214
Mashonaland Central	1	262	14	–	728	484	49	90
Mashonaland East	3	80	5	–	1 382	332	22	153
Mashonaland West	4	553	30	–	1 371	258	41	86
Midlands	15	1 529	35	3	3 255	311	39	258
Masvingo	18	488	44	3	3 361	640	70	292
Manicaland	9	519	5	–	2 117	907	73	222
Insgesamt	85	5 684	224	14	15 585	3 602	321	1 434

(Kopfzeile über den Spalten: Anzahl der reparierten, wiederhergestellten, wieder benutzbaren)

Quelle:
DDF, Provincial Summary of Reconstruction Progress in Communal Lands. Progressive Totals as at the End of July 1982, Ref: DDF 7/2. Extract from Annexure 'B' (DDF C/M 4/82).

staatliche Tribal Trust Land Development Corporation (TILCOR) wurde eingerichtet mit dem Auftrag, eigene Unternehmen in den TTLs, die zum Ausgangspunkt ländlicher 'Growth Points' werden sollten, zu betreiben. Während in der zweiten Hälfte der 70er Jahre infolge des Krieges landwirtschaftliche Entwicklungsarbeiten in den afrikanischen Gebieten weitgehend undurchführbar wurden, entstand gleichzeitig im Rahmen der 'Internen Lösung' ein neues, umfassenderes Konzept für ländliche Entwicklung. Wollte man eine politische Stabilität der 'Internen Lösung' erreichen, so mußte der afrikanische Premierminister 'Zimbabwe-Rhodesiens' — Bischof A. Muzorewa — an Landreformmaßnahmen mehr als die vorangegangenen rhodesischen Regierungen zu bieten haben.

Seit Ende 1977 arbeitete die alte Administration an einem Entwicklungsplan für eine kommende, nicht mehr aufzuhaltende schwarze Mehrheitsregierung, "um die politischen Parteien, die an einer zukünftigen Wahl teilnehmen werden, mit einem differenzierten Hintergrundwissen über den Bedarf im öffentlichen Sektor auszustatten." (2) Das Ergebnis dieser Planungen bildeten die im Januar 1979 veröffentlichten **'Proposals for a Five-Year Programme of Development in the Public Sector'** sowie der als 'Anhang' dazu, aber schon im Juli 1978 veröffentlichte **'Integrated Plan for Rural Development'** (3). Gleichzeitig suchte man durch eine Reihe von institutionellen Veränderungen die Voraussetzungen für die Umsetzung der neuen Planung zu schaffen. 1978 wurde das neue Ministry of Lands, Natural Resources and Rural Development — der Vorgänger des heutigen Ministry of Lands, Resettlement and Rural Development — eingerichtet. TILCOR wurde aus dem Innenministerium aus- und dem Ministry of Lands eingegliedert; ebenso verlor das Innenministerium sein Department of Tribal Agriculture, das als Department of Agricultural Development (DEVAG) ins Ministry of Lands kam. Die 1964 gegründete, für die Entwicklung von Bewässerung im Sabi-Limpopo-Flußgebiet zuständige Sabi Limpopo Authority (SLA) und die 1971 für ländliche Entwicklung im kommerziellen Agrarsektor eingerichtete Agricultural Development Authority (ADA) kamen aus dem Ministry of Agriculture in das neue Ministerium. ADA wurde gleichzeitig umgewandelt zur Agricultural and Rural Development Authority (ARDA) mit Zuständigkeit für die Koordinierung der ländlichen Entwicklungsplanung (4).

Was ist nun das Konzept der angesprochenen Entwicklungsplanung für die 'Interne Lösung'? Als Hauptbestandteile der ländlichen Entwicklung werden angesprochen die Weiterentwicklung von Bewässerung, zweitens ein Siedlungsprogramm,

2. **Rhodesia.** Proposals, Vorwort
3. ebd.; **Rhodesia.** Integrated Plan
4. vgl. **Kennan**, Agricultural Extension, S. 185 und **Tillett**, Rural Development Needs, S. 2 f

demzufolge auf rd. 4 Mio ha 'unterausgenutzten' Farmlandes rd. 10 000 afrikanische Bauern neu angesiedelt werden sollten, drittens zur landwirtschaftlichen Entwicklung in den Tribal Trust Lands die besondere Förderung von fünf 'Intensive Rural Development Areas' (IRDAs) sowie schließlich die Entwicklung ländlicher Zentren — eine Fortschreibung der Growth Point-Strategie (5). Besonderen Stellenwert hat die Empfehlung, "beschleunigte Bewässerungsentwicklung als erste Priorität in der ländlichen Entwicklung" (6) voranzutreiben. Im Bereich der **Bewässerung** sollen sowohl kommerzielle Großprojekte von Privatunternehmen und Staat weiterentwickelt, auf einem Teil des so entwickelten Landes Bauern angesiedelt als auch Kleinprojekte in den TTLs und in bestehenden Growth Points ausgebaut werden (7).

Neu ist im 'Integrated Plan for Rural Development' ein begrenztes **Resettlement-Programm.** Damit wird unter dem Druck der politischen Entwicklung erstmals die Notwendigkeit anerkannt, weißes Farmland partiell umzuverteilen. Die Planer gehen davon aus, daß im weißen Farmsektor 4,1 Mio ha Land 'unterausgenutzt' seien; diese Flächen stünden für die Umverteilung zur Verfügung. Das Resettlement-Programm soll auf diesen rd. 4 Mio ha innerhalb von 10 Jahren 10 000 'aufstrebende' afrikanische Farmer (emergent African farmers) ansiedeln (8). Der Ansatz dieses Siedlungsprogramms ist nicht darauf gerichtet, den Landhunger der afrikanischen Bevölkerung zu befriedigen. Genauere Überlegungen dazu, daß nach der eigenen Grundannahme der Planer die TTLs 2,5 Mio Menschen über ihre 'Carrying Capacity' hinaus beherbergen, werden nicht angestellt. Statt dessen verfolgen die Planer das Ziel, die qualifiziertesten afrikanischen Bauern umzusiedeln, eine kleine afrikanische Mittelklasse zu fördern: Die Farmgrößen des Resettlement-Programms sind so kalkuliert, daß die zu erzielenden jährlichen Nettoeinkommen über denen der Purchase Areas und unter denen der weißen kommerziellen Farmer liegen sollen (9). "Bei der Planung für die Besiedlung von unterausgenutztem Land wird eine Politik der Stratifizierung (**policy of stratification**) empfohlen. Dazu ist es erforderlich, Farmeinheiten zu schaffen, deren Nettoeinkommen irgendwo zwischen denen der Farmer in den African Purchase Lands und denen der voll etablierten kommerziellen Farmer liegen. Dadurch würde ein vollständiges Spektrum zwischen den Subsistenzbauern in den Tribal Trust Lands auf der einen und dem kommerziellen Unternehmer auf der anderen Seite existieren." (10)

5. **Rhodesia**. Proposals, S. 50 ff
6. **Rhodesia**. Integrated Plan, S. 17
7. ebd. S. 18
8. ebd. S. 21 f; vgl. auch **Rhodesia**. Proposals, S. 51
9. **Rhodesia**. Integrated Plan, S. 20
10. ebd. S. 21 (Hervorhebung von mir — C.R.)

Das Resettlement-Programm wurde in dieser Form auch vom Verband der weißen Farmer, der Rhodesian National Farmers' Union (RNFU), mitgetragen (11). Mitte 1978 wurde es auch öffentlich angekündigt (12). Wegen des Kriegszustandes war die praktische Umsetzung aber noch nicht zu leisten (13). Gegen Ende 1979, zur Zeit der Lancaster House-Konferenz, als sich abzeichnete, daß die Internal Settlement-Regierung unter Muzorewa sich in Wahlen den Parteien der Patriotischen Front werde stellen müssen, suchte man das eigene Resettlement-Programm propagandistisch in ein gutes Licht zu stellen und gleichzeitig von dem prognostizierten Chaos, das die Verwirklichung der Pläne der Patriotischen Front bringen werde, abzuheben. Der Stellvertretende Premierminister Dr. S. Mundawarara stockte das Programm quantitativ auf, indem er ankündigte, man wolle bis zu 100 000 Familien umsiedeln. Die Neuansiedlung habe nun in Chisumbanje und im Middle Sabi-Gebiet begonnen (14). Dr. Mundawarara suchte die Konzeption der Übergangsregierung auch von der der 'Terroristen' der Patriotischen Front (ZANU/PF und ZAPU/PF) abzuheben; im Gegensatz zu diesen wolle man die landwirtschaftliche Produktion aufrechterhalten: "Wann immer Land zwangsweise vom Staat übernommen wurde, sahen sich Länder, die vorher landwirtschaftliche Produkte exportiert hatten, bald dazu gezwungen, Nahrungsmittel zu importieren, um ihre hungernde Bevölkerung zu ernähren. ... Unsere Regierung vertritt eine von der der PF sehr verschiedene Ansicht. Wir vertrauen auf eine Politik, die aufstrebende Farmer in die Geldwirtschaft integrieren will, indem sie das landwirtschaftliche Potential nach gesunden kommerziellen Grundsätzen und ohne ungerechtfertigte Störung des bestehenden ökonomischen Systems entwickelt." (15) Nur wenige Monate später sollte man ähnlich gemäßigte Töne aus dem Mund der hier noch als 'Terroristen' firmierenden Politiker hören: Den Abschluß der bisherigen Entwicklung der Resettlement-Konzeption bildet der Wahlsieg der Parteien der Patriotischen Front 1980 mit der absoluten Mehrheit für Mugabes ZANU/PF. Dies stellt den Übergang zu dem heutigen Resettlement-Programm dar.

11. vgl. die Ankündigungen des damaligen RNFU-Präsidenten und heutigen Landwirtschaftsministers D. Norman in H 22.6.1979 und H 27.11.1979
12. vgl. die Ankündigungen des Co-Ministers of Lands, Natural Resources and Rural Development, Jack Mussett, in RH 11.8.1978
13. vgl. die Ausführungen des Deputy Ministers of Lands, R. Cronje, in H 11.8.1979 und H 29.11.1979
14. H 23.10.1979; Chisumbanje und Middle Sabi waren freilich schon bestehende und im Ausbau begriffene, staatlich erschlossene Bewässerungsgebiete; bei der Ansiedlung von Bauern in diesen Projekten handelte es sich nicht um die mit dem Resettlement im allgemeinen assoziierte Umverteilung von weißem Farmland.
15. H 23.10.1979

An dritter Stelle steht im 'Integrated Plan for Rural Development' die Förderung der TTLs insbesondere durch **'Intensive Rural Development Areas' (IRDAs)**. Die Planer gehen — wie später auch die Riddell-Kommission — davon aus, daß ein — hier nicht näher spezifizierter — Teil der ländlichen Überbevölkerung durch Urbanisierung absorbiert werden könne. Daneben will man — wie in den 50er Jahren durch den Native Land Husbandry Act — im Bereich der Agrarverfassung einen allmählichen Übergang vom System kommunalen Landbesitzes (communal land tenure) zu individuellem Landeigentum organisieren (16). Die Macht des Marktes ist eingeplant beim Prozeß der Selektion derjenigen, die in den TTLs 'zuviel' sind. Sollen durch Resettlement die 'emergent farmers' zu einer ländlichen Mittelschicht aufsteigen, so soll in den TTLs eine Konsolidierung der 'effizienten' und eine Verdrängung der 'ineffizienten' Bauern stattfinden. Klar ausgesprochen ist dies in der Interpretation der von den Planern verfolgten Politik durch T.W.F. Jordan: "Bei einer sinkenden Bevölkerung auf dem Land könnte eine Periode der Konsolidierung zu wirtschaftlichen Farmeinheiten durch einen natürlichen Prozeß erwartet werden, indem die effizienten Farmer größere Einheiten erwerben und die ineffizienten das Land verlassen würden. Privatbesitz der Farmeinheit ist langfristig vorgesehen." (17) Vorläufiges Ziel in dem ersten in Angriff genommen IRDA in der Victoria- (heute: Masvingo-)Provinz, so schreibt Jordan, seien Farmgrößen von 40 ha. "Die endgültige Farmgröße wird von den ökonomischen Zwängen eines freien Marktes abhängen." (18) Setzt man nicht voraus, daß die vom Land 'befreite' Überbevölkerung der TTLs problemlos vom modernen Wirtschaftssektor absorbiert werden kann, so ist die unausgesprochene, aber einkalkulierte Folge eines solchen Entwicklungsprozesses die weitere Verelendung eines großen Teils der TTL-Bevölkerung: eine 'Politik der Stratifizierung' wird durchaus konsequent auch nach unten hin verfolgt. Die Entwicklungsanstrengungen für die TTLs wollen die Planer konzentrieren auf 5 IRDAs, die nach dem Kriterium besonderen Bevölkerungsdrucks, niedriger Pro-Kopf-Einkommen und besonders starker Verschlechterung der vorhandenen Ressourcen bestimmt werden. Die fünf identifizierten IRDAs umfassen flächenmäßig 31% der TTLs, beherbergen aber 47% der TTL-Bevölkerung und sogar 52% der bäuerlichen Betriebseinheiten (19). Vor allem, aber nicht nur in diesen IRDAs soll die Entwicklung durch den Ausbau landwirtschaftlicher Beratungsdienste, die Schaffung

16. "The programme also recommends that a phased policy of individual ownership of at least part of the available agricultural land should replace the present system of communal holding to provide the essential security of tenure and negotiability." (Rhodesia, Proposals, S. 52)
17. **Jordan, T.W.F.**, Intensive Rural Development Area Number One, S. 12 in: Zimbabwe Rhodesia Science News 1980, S. 10 - 14
18. ebd. S. 12
19. **Rhodesia**. Integrated Plan, S. 23

von Infrastruktur wie Vermarktungs- und Einkaufsmöglichkeiten, Kommunikationsnetz, Entstehung von ländlichen Service Centres mit gesicherter Wasserversorgung u.a. vorangetrieben werden.

Der vierte wesentliche Bestandteil der ländlichen Entwicklungsplanung von 1978/79 ist schließlich die **'Stadtentwicklung in ländlichen Gebieten'**, also eine Fortschreibung der Growth Point-Strategie. Zur teilweisen Absorbierung der Land-Stadt-Migration und um Brennpunkte für Wachstum und Entwicklung des ländlichen Sektors zu schaffen, geht die Planung von der Weiterentwicklung bestehender ländlicher Zentren und der Förderung zusätzlicher 'städtischer' Siedlungen in den TTLs aus, die Infrastruktur und Dienstleistungen bereitstellen und Industrie anziehen sollen (20). Diese Growth Points sind durch ein höheres Entwicklungsniveau als die genannten Rural Service Centres definiert. Der Plan sieht vor, in der ersten Fünfjahresperiode 10 solche schon bestehenden Zentren weiterzuentwickeln.

Vergleicht man diese ländliche Entwicklungsplanung mit den ersten Dokumenten der Regierungspolitik nach der Unabhängigkeit, so zeigen sich zunächst überraschende Kontinuitäten. In den Unterlagen für die **ZIMCORD**-Konferenz sind die Konzeptionen des alten Plans im wesentlichen übernommen: Die IRDAs sind in der ZIMCORD Conference Documentation unverändert enthalten, ebenso die Schaffung lokaler ländlicher Zentren und die 'Kanalisierung' ländlicher Überbevölkerung in den städtischen Bereich (21). Eine Überprüfung der Agrarverfassung in den Communal Lands wird angekündigt: "Unter dem traditionellen System des Landbesitzes gibt es keinen Anreiz, sein Land zu verlassen, egal ob es produktiv genutzt wird oder nicht. Die Regierung hat vor, in Konsultation mit der betroffenen Bevölkerung dieses System zu überprüfen und Reformen einzuführen, die mit den Entwicklungszielen in Einklang stehen." (22) Auch hier ist das Ziel, Land zu reservieren für diejenigen, die es wirklich als Haupterwerbsquelle benutzen. Jedoch sucht die heutige Regierung aufgrund ihrer in Teilen sozialistischen Programmatik nach anderen Lösungen als der Ausweitung des Systems individuellen Landbesitzes auf die Communal Lands. Auch Bewässerung spielt in der ZIMCORD Conference Documentation eine Rolle, steht jedoch nicht wie in der alten Planung an vorderster Stelle. Das Dokument hält fest, daß das Potential des Landes für Bewässerung nicht voll entwickelt sei und daß man beabsichtige, "eine Anzahl bestehender Projekte zu erweitern und andere einzu-

20. **Rhodesia**. Proposals, S. 53
21. **ZIMCORD Documentation** S. 40 f
22. ebd. S. 39 Abs. 18

richten, wo genügend Wasser verfügbar oder der Bau neuer Staudämme ökonomisch durchführbar ist." (23)

Nur allmählich gewannen seit 1980 eigene Konzepte und Vorstellungen der neuen Regierung Kontur: Das Konzept der IRDAs ist inzwischen aus der Diskussion herausgefallen, weil man durch ein umfassendes 'Replanning' der Communal Lands insgesamt eine einheitliche Neuplanung ohne Ausgrenzung einzelner Gebiete will. Was den Ansatz der neuen Regierung Zimbabwes von Anfang an von der alten Planung unterschied, war die Gewichtung, die den einzelnen Komponenten ländlicher Entwicklung beigemessen wurde, insbesondere die Bedeutung des Resettlement-Programms als 'Eckstein' der ländlichen Entwicklungspolitik. Umverteilung von Land in großem Maßstab steht programmatisch am Anfang der Entwicklungsstrategie Zimbabwes nach der Unabhängigkeit (24). Das Resettlement-Programm ist quantitativ und qualitativ anders konzipiert als in der Planung von 1978/79: Nicht wenige 'emergent farmers' sollen gefördert werden, sondern diejenigen, die materiell am schlechtesten gestellt sind, sollen Land erhalten. Von der Organisationsform her möchte man nicht einen Ausbau des kapitalistischen Landwirtschaftssektors, sondern die Durchsetzung kooperativer und kollektiver Formen in der Landwirtschaft induzieren.

Im folgenden wird sich zeigen, daß auch eine solche programmatische Konzeption ihre spezifischen Probleme aufwirft. In der Darstellung und Analyse von Theorie und Praxis des zimbabweschen Resettlement-Programms ist zu fragen, inwieweit die Regierung die selbstformulierten Ansprüche an eine grundlegende Landreform einzulösen imstande ist.

11.3. Landgesetze und ländliche Lokalvertretung — Veränderungen der rechtlichen Bestimmungen 1977 - 1983

Schon bevor Zimbabwe unabhängig wurde, waren die alten Landgesetze verändert worden. Der Land Tenure Act, das Kernstück der rhodesischen Landgesetzgebung, das die Aufteilung des Landes nach dem Kriterium der 'Rasse' festlegte, war zunächst modifiziert und dann ganz zurückgezogen worden. Der **Land Tenure Amendment Act** (No. 22 of **1977**) hob die Landverteilung nach 'Rasse' weitgehend auf und stellte damit die rechtliche Situation von vor 1930, als noch jedermann unabhängig von der Hautfarbe Land außerhalb der Reservate käuflich erwerben konnte, wieder her. Die Tribal Trust Lands (TTLs) blieben unter dem Land Tenure Amendment Act von 1977 reserviert für die 'Tribesmen'; alles andere Land — außer

23. ebd. S. 39 Abs. 17
24. vgl. **ZIMCORD Documentation** S. 37 ff

städtischem Wohngebiet — wurde als Industrial and Commercial Land bezeichnet und konnte seitdem von allen gekauft werden (1). Ganz aufgehoben wurde das alte rhodesische Landgesetz durch den **Land Tenure (Repeal) Act** (No. 5 of **1979**), der am 2.2.1979 in Kraft trat. Zum Zeitpunkt der Unabhängigkeit Zimbabwes gab es also eine rechtliche Landverteilung nach 'Rassen' schon nicht mehr. Faktisch hat die rechtliche Aufhebung der Landverteilung für die afrikanischen Bauern nichts verändert; sie schuf aber die Voraussetzung dafür, daß die wachsenden afrikanischen bürgerlichen Gruppen in Landbesitz investieren konnten.

Im Kontext der 'Internen Lösung' steht auch der novellierte **Tribal Trust Land Act** (No. 6 of **1979**), der die Verhältnisse innerhalb der TTLs regelte und gleichzeitig mit dem Land Tenure (Repeal) Act in Kraft trat. Das Gesetz beließ die Landzuteilung in der Hand des Chiefs. Eine 'Tribal Authority', die in der Regel aus dem Chief des jeweiligen Gebietes besteht, soll die Landverwendung in den TTLs kontrollieren (2). Die oberste Gewalt über die TTLs liegt formell beim Präsidenten des Landes (— Tribal Trust Land ist 'vested in the President' —), der auf Empfehlung eines Tribal Trust Land Board den TTL-Status von Gebieten aufheben und Land in Privateigentum überführen kann, wenn die Bewohner des Gebietes eine Präferenz für privates Landeigentum ausdrücken oder der Board befindet, daß dies zum Besten der Bewohner sei (3).

Dies war die rechtliche Situation zu dem Zeitpunkt, als Zimbabwe unabhängig wurde. Danach wurden gesetzlich vor allem drei wichtige Veränderungen eingeführt: Mit den District Councils wurde erstmals eine selbständige und demokratisch zu wählende Lokalvertretung in den afrikanischen Gebieten geschaffen. Mit der Abschaffung des Tribal Trust Land Act wurde die Landzuteilung den Chiefs aus der Hand genommen. Schließlich wurden die Chiefs auch anderer politisch-rechtlicher Funktionen beraubt und ihre Rolle auf die einer traditionellen Autorität und eines Wächters der Tradition beschränkt.

Die zimbabwesche Lokalvertretung besteht heute aus Stadträten in den städtischen Gebieten, aus — nach wie vor ohne Beteiligung der Landarbeiterbevölkerung gewählten — 'Rural Councils' im weißen Farmgebiet und aus den 'District Councils' in den früheren Tribal Trust Lands und in einigen der früheren Purchase Areas. Durch den **District Councils Amendment Act** (No. 18 of **1980**) wurde das System der Lokalverwaltung reformiert.

1. **Riddell**, Land Problem, S. 12
2. Tribal Trust Land Act, No. 6 of 1979, Sections 17, 18; in Sect. 13. (1) heißt es: "A tribesman may occupy or use land for agricultural or residential purposes in the tribal area of an authority with the consent of that authority."
3. ebd. Sect. 10

District Councils lösten die alten African Councils ab. Zwischen September 1980 und Anfang 1981 wurden 53 der insgesamt 55 Distrikträte Zimbabwes gewählt; im November 1980 — nur in Salisbury und Bulawayo wegen Sicherheitsproblemen verschoben — wurden die Stadträte im ganzen Land neu gewählt und die Spitzen der Stadtverwaltungen 'afrikanisiert' (4). Die Kandidaten für die Distrikträte kamen von Parteilisten und wurden, wo eine Liste im eindeutigen Einflußbereich der beiden großen Parteien ZANU/PF und ZAPU/PF ohne Konkurrenz der jeweils anderen Partei blieb, ohne Wahlgang zu Ratsmitgliedern (5). Die Lokalwahlen waren mit vielfältigen Auseinandersetzungen zwischen den beiden großen Parteien bis hin zu Nkomos Vorwurf des Wahlbetruges verbunden (6); das Ergebnis bestätigte im wesentlichen die aus den Parlamentswahlen Anfang 1980 bekannten Einflußzonen von ZANU und ZAPU (7). Das Ziel der Regierung, eine einheitliche Lokalverwaltung zunächst für die afrikanischen Gebiete zu schaffen, stieß zum Teil auf den Widerstand von Farmern in den früheren Purchase Areas, die sich von ihrer Interessenlage her in den 'weißen' Rural Councils besser aufgehoben sahen (8). Mit den Distrikträten hat die afrikanische Bevölkerung der früheren TTLs nun erstmals eine selbständige und — jedenfalls im Ansatz — repräsentative Vertretung lokaler Entwicklungsinteressen, die freilich nach wie vor gewisse Reibungspunkte mit dem neuen District Administrator, der der Zentralregierung untersteht und den alten, mit dem Odium kolonialer bzw. weißer Machtausübung behafteten District Commissioner ersetzte, hat.

Durch den **Communal Land Act** (No. 20 of **1982**), der den Tribal Trust Land Act von 1979 aufhob und die TTLs in Communal Lands umbenannte (9), ging die Landzuteilung vom Chief auf den neuen District Council über. Der gewählte District Council ersetzt die Tribal Authority. Er kontrolliert die Landnutzung für Wohnen und landwirtschaftliche Zwecke und soll dabei Landrechte nur an Leute vergeben, die nach dem Gewohnheitsrecht zu einer im jeweiligen Gebiet lebenden Gemeinschaft gehören und einen gewohnheitsrechtlichen Anspruch auf Land haben (10). Der District Council kann jedoch jedem beliebigen Bewerber die Landverwendung in Zusammenhang mit Verwaltung, Erziehung, Gesundheits-

4. vgl. H 21.11.1980, Sunday Mail (im folgenden immer: SM) 23.11.1980, H 24.11.1980, H 25.11.1980, H 26.11.1980
5. vgl. die veröffentlichten Wahlergebnisse in SM 8.3.1981
6. vgl. FT 21.9.1980, H 21.10.1980, H 12.12.1980, MOTO 20.12.1980, S. 4
7. SM 8.3.1981
8. "All former African Purchase Lands have not yet decided whether to join a District Council or a Rural Council." (**CSO**, Social Conditions in District Council Areas 1982 (Preliminary Tables), Harare 1982, Einleitung)
9. Communal Land Act, No. 20 of 1982, Sections 17, 3, 4
10. ebd. Sect. 8

versorgung, dem Betreiben von Hotels, Läden und anderen Geschäften genehmigen; ebenso ist der zuständige Minister berechtigt, Land für Entwicklungsprojekte zu verwenden (11). Im Unterschied zum Tribal Trust Land Act enthält der Communal Land Act keinen Hinweis auf die Umwandlung von Communal Land in individuelles Eigentum. Eine genauere Regelung der zukünftigen Agrarverfassung bleibt hier weiter offen.

Nahm der Communal Land Act den Chiefs die Landzuteilung in den afrikanischen Gebieten aus der Hand, so wurden deren Funktionen im Bereich der Rechtsprechung nach dem **Customary Law and Primary Courts Act** (No. 6 of **1981**) in die neu einzurichtenden Primary Courts verlagert. Der **Chief and Headmen Act** (No. 29 of **1982**) beschränkte schließlich die traditionellen Autoritäten explizit auf ihre Rolle als geistliche Führer und Wächter der afrikanischen Tradition und Kultur (12). Die Chiefs sollen in Anlehnung an überlieferte Nachfolgeprinzipien vom Präsidenten, die Headmen vom Minister of Local Government and Town Planning ernannt werden. Ihre vorherigen politischen Funktionen fallen weg, allerdings bleibt die Rolle, die sie laut der zimbabweschen Verfassung in der zweiten Parlamentskammer, dem Senat, spielen, bestehen. Dies wird sich ändern, falls Ankündigungen, durch Verfassungsänderung die zweite Kammer als 'unafrikanisch' abzuschaffen, wahrgemacht werden (13).

Mitte 1983 wurde mit einer neuen **Land Tenure Bill** eine Neuregelung der Landbesitzverhältnisse angekündigt. Der Gesetzentwurf, so hieß es, wolle langfristig ein einheitliches System der Agrarverfassung einführen. Privatbesitz solle mit gewissen Einschränkungen weiterbestehen, Pachtverhältnisse sollten — vor allem in den Resettlement-Gebieten, wo die Siedler vom Staat langfristige, nicht übertragbare Pachtrechte erhalten würden — weiter verbreitet werden. Einige Farmen würden als Staatsbetriebe geführt werden. Der Gesetzentwurf werde auch vorschlagen, ausländisches Eigentum an Agrarland von über 25% der Kapitalanteile zu verbieten und ein Fortschreiten der Konzentration von Landbesitz in privater Hand zu verhindern: Wer mehr als 500 acres (rd. 200 ha) Farmland besitze, solle kein weiteres Land kaufen dürfen (14).

11. ebd. Sect. 9 und 10
12. H 18.8.1982, S. 5
13. vgl. H 29.9.1982, S. 4
14. Ankündigungen des Stellvertretenden Minister of Lands, M. Dube, vgl. H 19.5.83; des Minister of Lands, M. Mahachi, vgl. H 28.7.83: Die Regierung müsse "convert land ownership and tenure system from private ownership and uncontrolled land use permitting a high degree of exploitation of man by man, to either producer co-operatives or State farms spread over an substantial proportion of all rural land available in Zimbabwe and introduce reduced sizes

Zusammenfassend kann festgehalten werden, daß die Landverteilung nach 'Rassen' rechtlich bereits vor der Unabhängigkeit Zimbabwes im Rahmen der 'Internen Lösung' aufgehoben worden war. Nach der Unabhängigkeit wurden die District Councils als demokratisch zu wählende Lokalvertretungen der Communal Lands eingerichtet. Die afrikanischen Stammesautoritäten, die in das rhodesische Herrschaftssystem eingebunden gewesen waren, wurden in der Tendenz auf ihre kulturellen Funktionen beschränkt. Die Frage der zukünftigen Agrarverfassung blieb noch offen; jedoch wurde die im Tribal Trust Land Act von 1979 enthaltene Option auf privates Landeigentum in den Communal Lands durch Abschaffung dieses Gesetzes revidiert, wie auch andererseits die Tatsache des Privateigentums an Land im kommerziellen Sektor von dem angekündigten neuen Land Tenure-Gesetzentwurf anerkannt wird.

11.4. Das Resettlement-Programm

Wie weiter oben herausgearbeitet ist die Umverteilung von Land aus politischen und wirtschaftlichen Gründen ein empfindlicher Politikbereich in Zimbabwe. Das Resettlement-Programm bewegt sich in einem Spannungsfeld zwischen den Zielen einer 'fairen' Landverteilung, der Entwicklung des afrikanischen Bauernsektors, der Schaffung von Einkommen für eine wachsende Zahl Land- und Arbeitsloser und dem Erhalt der politischen Legitimation der zimbabweschen Regierung einerseits und gesamtwirtschaftlichen Notwendigkeiten wie Erhaltung und Steigerung der Nahrungsmittel- und der landwirtschaftlichen Exportproduktion, die ihrerseits nicht unwesentliche Bedingungen der Gesamtentwicklung sind, andererseits. Das Programm der heutigen Regierung von Zimbabwe hebt sich der Intention nach ab von dem quantitativ beschränkten Siedlungsplan von 1978/79, der auf die Schaffung und Stärkung einer afrikanischen Farmerelite gerichtet war und für die Communal Lands die Option eines allmählichen Übergangs zu privatem Landeigentum bereithielt. Das heutige Resettlement-Programm soll nicht einer kleinen Mittelschicht dienen, sondern wird im Rahmen einer Entwicklungsstrategie, die die breite Masse der ländlichen Bevölkerung in den Entwicklungsprozeß integrieren will, gesehen. Dies impliziert auch quantitativ eine neue Dimension. Im folgenden ist zu untersuchen, inwieweit das Resettlement diesen Anspruch einlösen kann.

11.4.1. Zum notwendigen Umfang des Resettlement — Planung und Wirklichkeit

Die ersten Planungen der zimbabweschen Regierung gingen davon aus, daß man

of private holdings in the remaining portion of rural land. Those changes will have to be accompanied by increased production".

zunächst einmal 18 000 Familien umsiedeln wolle. Dabei war klar, daß dies nur ein Anfang sein könne (1). Die Riddell-Kommission zitierte dann eine aufgestockte Planung der Regierung, innerhalb eines Dreijahreszeitraums ingesamt bis zu 33 000 Familien neu anzusiedeln (2). Inzwischen ist das offizielle Planziel verfünffacht worden. Wie läßt sich der Umfang des Resettlement begründen?

In Kapitel 10 habe ich die Modellrechnung der Riddell-Kommission dargestellt. Geht man aus von der Notwendigkeit, die Communal Lands von Bevölkerungsdruck zu entlasten, so kann sinnvollerweise das Kriterium zur Bestimmung des Umfangs des Resettlement nur die 'Carrying Capacity' der Communal Lands sein. Bei einer unterstellten Carrying Capacity der CLs von 325 000 Familien will die Kommission von den wirklich dort lebenden rd. 780 000 Familien 235 000 'gespaltene' Familien urbanisieren. Diese Vorstellungen stimmen überein mit denen das Plans von 1978, in dem dieser Vorgang unter 'Transfer Development' gefaßt war (3). Im Unterschied zu diesem Plan befaßt sich die Riddell-Kommission allerdings ausführlich mit den Voraussetzungen eines solchen Transfers: sozialer Sicherheit und entsprechenden Mindestlöhnen im städtischen Sektor. Übrig bleiben bei dieser Rechnung 220 000 Familien, die in den Communal Lands 'überzählig' sind. Diese, so folgert die Kommission, müßten umgesiedelt werden auf weißes Land, wenn nicht die bestehende Arbeitslosigkeit, Landlosigkeit und Unterbeschäftigung perpetuiert werden sollten (4).

Natürlich ist eine solche einfache Modellrechnung in einer Reihe von Punkten angreifbar. So ist die Carrying Capacity, die hier als Konstante behandelt wird, in Wirklichkeit abhängig von Annahmen über Produktivität, Techniken der Bodennutzung und -konservierung u.a. (5). Weiter enthält die Rechnung der Riddell-Kommission keinen Raum für Bevölkerungswachstum. Schließlich ist der vorgeschlagene Verstädterungsprozeß für die Entwicklung der CLs ohne Zweifel sinnvoll unter dem Aspekt, daß landwirtschaftlich nutzbarer Boden reserviert wird für diejenigen, die ihn regelmäßig und intensiv verwenden, weil er ihre einzige Einkommensquelle ist. Der Verstädterungsprozeß wirft jedoch eigene Probleme auf, die hier nicht ausführlich zu behandeln sind, und ist insofern Gegenstand einer politischen Entscheidung (6). Abgesehen davon, daß die Voraussetzungen in sozialer

1. **Government of Zimbabwe**, Intensive Resettlement. Policies and Procedures, Salisbury o.J. (1981), S. 1
2. **Riddell-Report**, S. 147
3. **Rhodesia**. Integrated Plan, S. 23
4. **Riddell-Report**, S. 148
5. vgl. **Harbeson**, Land and Rural Development, S. 18: "It is, therefore, unclear to what extent the carrying capacity of both European-held lands and African TTLs could be substantially increased."
6. vgl. ebd. S. 16

Sicherung und Einkommensentwicklungen erst einmal einzulösen wären, trifft ein solches Konzept auf eine ganze Reihe von Widerständen in der afrikanischen Sozialstruktur wie z.B. die Bindung an Land (7). Mit solchen Einschränkungen muß jedoch die Modellrechnung der Riddell-Kommission als der einzige ernsthafte Versuch, die quantitative Dimension des Resettlement-Prozesses zu diskutieren, behandelt werden. Sie umreißt den Umfang des Problemfeldes.

Die zimbabwesche Regierung hat die implizite Kritik der Riddell-Kommission, daß die vorherigen Planungen völlig unzureichend gewesen seien, aufgegriffen und spricht seit Anfang 1982 davon, man wolle innerhalb von 3 Jahren 162 000 Familien umsiedeln (8). Nicht begründet ist dabei, wie diese Zahl zustandekommt. Die Verfünffachung der nach außen vertretenen Zielvorgabe ist ein Zeichen dafür, unter wie starkem politischen Druck die Regierung in der Landfrage steht. Die Zahl hat jedoch eher politischen Demonstrationscharakter; alle Beteiligten wissen, daß das Ziel nicht zu erreichen ist: daß man weder in näherer Zukunft genügend Land und Geld dafür verfügbar hat noch die technischen Kapazitäten besitzt, einen solchen Umsiedlungsprozeß innerhalb von 3 Jahren zu bewältigen (9).

Ein Vergleich von offiziellen **Zielangaben und Wirklichkeit** ist ernüchternd: Im März 1981, also ein knappes Jahr nach der Unabhängigkeit, hatte man 1 500 Familien umgesiedelt; dabei sind wiederangesiedelte Flüchtlinge nicht mitgerechnet. Der eigentliche Resettlement-Prozeß hatte gerade erst angefangen (10). Im Juni 1982 waren 9 757 Familien umgesiedelt worden, davon 7 394 in den normalen 'Intensive Resettlement'-Projekten und 2 363 in sogenannten 'Accelerated Resettlement'-Projekten, die konzipiert worden waren, weil das Programm insgesamt nicht den Erwartungen entsprechend voranschritt. 'Beschleunigtes' Resettlement bedeutet, daß die staatliche infrastrukturelle Erschließung auf später verschoben wird (11). Im September 1982 schließlich waren offiziellen Angaben zufolge 14 000 Familien, im August 1983 27 120 Familien umgesiedelt worden (12). Der Staat hatte bis März 1983 1,9 Mio ha Land gekauft (13).

7. vgl. auch **Baumhögger,** Entwicklungsplanung, S. 316
8. H 18.1.82
9. Persönliche Mitteilung von Dr. M.G. Paraiwa, Undersecretary im Ministry of Lands, Resettlement and Rural Development am 13.10.1982
10. H 11.6.1981; SM 2.8.1981
11. **Department of Rural Development** — Planning Section: Intensive Resettlement. Progress Report, 12.6.1982; **dass.,** Accelerated Resettlement: Summary Progress Chart, 12.6.1982
12. H 20.9.1982, S. 1, H 19.8.1983
13. H 24.3.1983

11.4.2. Landkauf und Finanzierung

Das Land, das an afrikanische Bauern umverteilt wird, erwirbt der Staat auf der Basis freiwilligen Verkaufs durch den Anbieter. Enteignungen, die die Verfassung unter der Voraussetzung angemessener Entschädigung durchaus zuließe, sind bisher nicht durchgeführt worden. Die Mittel zur Finanzierung des Landkaufs stammen aus einem britischen Fonds, der Zimbabwe als nicht rückzahlbarer Zuschuß zur Verfügung steht, einerseits, aus dem zimbabweschen Staatshaushalt andererseits. Großbritannien stellte 1981 einen Zuschuß von 30 Mio Pfund für Landkauf und Entwicklungsarbeiten in den Resettlementgebieten bereit. Die zimbabwesche Regierung klagte mehrfach, daß diese Summe nicht ausreiche und daß komplizierte Verfahrensregelungen die Abrufung eines großen Teils dieses Geldes bisher verhindert hätten (1). Im September 1982 machte der Minister of Lands, Resettlement and Rural Development, M. Mahachi, Mangel an Finanzierungsmitteln für das langsame Vorankommen des Resettlement verantwortlich: man habe mehr Land zum Kauf angeboten bekommen als man bezahlen könne (2). Die britische Botschaft in Harare teilte dagegen mit, von den 30 Mio Pfund seien erst 13 Mio abgerufen; der Rest werde wahrscheinlich im Laufe des Jahres 1983 ausgegeben werden (3).

Im zimbabweschen Haushalt wurden die Mittel für den Landerwerb von 14 Mio Dollar 1981/2 auf 25,1 Mio Dollar 1982/3 erhöht, dann im Zusammenhang der Kürzungen des Haushalts 1983/4 auf 6,5 Mio Dollar zusammengestrichen (4). Die finanzielle Belastung durch das Resettlement liegt in Zimbabwe vor allem beim Staat, nicht — im Unterschied zu Kenia — bei den Siedlern selbst, die für das ihnen zugeteilte Land nichts bezahlen und so nur eine geringe Verschuldung in Form kleiner Kredite für die landwirtschaftliche Produktion, die sie aus einem Ende 1981 innerhalb der Agricultural Finance Corporation (AFC) eingerichteten Resettlement Loan Fund (5) erhalten, eingehen müssen (6).

11.4.3. Die Auswahl der Siedler

Kriterium bei der Auswahl der Anzusiedelnden ist deren Bedürftigkeit. Flüchtlin-

1. H 26.2.1982, SM 28.2.1982, H 16.3.1982
2. H 23.9.1982, H 30.9.1982
3. SM 30.1.1983
4. H 30.7.1982, S. 7; **Zimbabwe**, Estimates of Expenditure for the Year Ending June 30, 1984, Government Printer, Harare 1983, S. 73
5. H 5.12.1981
6. vgl. **Harbeson**, Land and Rural Development, S. 25 und S. 29

ge und Leute, die im Krieg entwurzelt worden sind, sollen primär berücksichtigt werden, dann Landlose und solche, die zuwenig Land haben, um die Familie zu ernähren. Die Siedler dürfen keiner anderen Beschäftigung nachgehen. Squatter, d.h. nach geltendem Recht illegale Siedler, die sich schon selbständig auf den vom Staat gekauften Farmen niedergelassen haben, zum Teil auch frühere Farmarbeiter des weißen Farmers, die noch auf der Farm leben, sollen bei der Auswahl mitberücksichtigt werden, sofern sie die genannten Kriterien erfüllen: "... viele dieser Bewohner erfüllen tatsächlich die Bedingungen für eine Umsiedlung, weil sie kein oder nicht ausreichend Land besitzen, um sich selbst in ihrem Tribal Area erhalten zu können." (1) Formell verläuft die Auswahl so, daß in den jeweiligen CLs Bewerbungsformulare von Regierungsbeamten und/oder lokalen Parteifunktionären, Distrikträten und Stammesautoritäten ausgeteilt werden (2). Praktisch bedeutet dieses Vorgehen teilweise, daß durch Protektion lokaler Parteigremien nicht nur die Bedürftigsten in die Resettlement-Projekte gelangen (3). Ein Implikat der Auswahl nach Bedürftigkeit ist im übrigen, daß vor allem Leute mit geringer landwirtschaftlicher Qualifikation umgesiedelt werden; dies verursacht mit die noch zu behandelnden Produktivitätsprobleme (4).

11.4.4. Siedlungsmodelle, Agrarverfassung und die Präferenzen der Siedler

Das Resettlement-Programm sah zunächst drei verschiedene Modelle der Siedlungsform vor. Die weitaus meisten Bauern wurden bisher nach **Modell A** (1) angesiedelt. Diesem Modell zufolge erhält jede Familie individuell 5 ha bebaubares Land zugeteilt sowie ein Wohngrundstück im gemeinsamen, zentralisierten Dorf. Daneben erhält sie Weiderechte für eine bestimmte Anzahl Vieh — berechnet als Livestock Units (LUs) — auf einer kommunalen Weide. Voraussetzung für die Aufnahme in das Programm ist der Verzicht auf alle älteren Landrechte in den CLs (2). Abgesehen von der dörflichen Siedlungsform, die von der in den CLs üblichen Streusiedlung abweicht, stimmt diese Form der Ansiedlung mit dem Muster der Landnutzung in den CLs überein (3). Das von der Regierung politisch

1. **Government of Zimbabwe**, Intensive Resettlement, S. 10
2. ebd. S. 10; vgl. ebd. S. 24, Appendix D, Resettlement Registration Form
3. **Harbeson**, Land and Rural Development, S. 32
4. **Cheater**, Rural Development Policy, S. 6
1. "Intensive Settlement with Individual Arable Allocations and Communal Grazing Areas"
2. **Government of Zimbabwe**, Intensive Resettlement, S. 20f
3. vgl. **Cheater**, Rural Development Policy, S. 14, die auch darauf hinweist, daß die Anordnung der individuellen Felder, die ohne Einzäunung ineinander über-

favorisierte, aber praktisch bisher in geringerem Umfang realisierte Modell ist das **Modell B** (4). Eine rechtlich registrierte Produktionsgenossenschaft (Co-operative) soll dabei Land und Ausrüstungsgegenstände gemeinsam besitzen und bewirtschaften; Vieh kann Privatbesitz sein. Die Mitglieder leben nicht zerstreut, sondern gemeinsam auf der Farm. Gewinne sollen verteilt werden "nach einem von ihnen selbst vereinbarten Schlüssel." (5) Bei der Auswahl der Siedler werden besonders deren Motivation zur Kooperation und — wo möglich — das Einbringen der notwendigen Qualifikationen betont. Solche Kooperativen wurden zunächst vor allem von politisch dazu motivierten ehemaligen Guerillakämpfern gebildet und scheinen 1983 dann etwas stärker verbreitet worden zu sein. Das bisher nicht bedeutende **Modell C** (6) besteht aus einer Kombination von zunächst staatlich zu finanzierender zentraler Farm und um diese herum angeordneten Bauernsiedlungen, in denen Land individuell zugeteilt wird. Die zentrale Staats- oder Genossenschaftsfarm soll für die Bauern verschiedene Dienstleistungen anbieten und so eine die Entwicklung vorantreibende Funktion erfüllen (7). Mitte 1983 waren von den 21 200 Familien, die offiziellen Angaben zufolge in Intensive Resettlement-Projekten angesiedelt worden waren, 18 400 Familien in 31 Modell A-Projekten und 2 800 Familien in 30 Modell B-Projekten. Ein Projekt nach Modell C war am Entstehen. Daneben befanden sich 5 920 Familien in 125 sogenannten Accelerated Resettlement-Projekten (8).

Das Bestehen verschiedener Siedlungsmodelle nebeneinander, wobei Modell B seitens der Regierung programmatisch bevorzugt wird, Modell A aber eher der Tradition und den Vorstellungen der Bauern entspricht, weist schon darauf hin, daß die Frage der **Agrarverfassung** auch in den Resettlement-Gebieten noch nicht entschieden ist: "Die Regierung hat noch nicht entschieden, welche Form des Landbesitzes langfristig für die Farmeinheiten in den Resettlement-Gebieten gelten soll." (9) Resettlement-Land bleibt bisher Eigentum des Staats; die Bauern werden angesiedelt auf Grundlage einer einfachen ministeriellen Genehmigung, die dem Minister of Lands viele Rechte, den Bauern aber wenig Sicherheiten gibt. In Projekten nach Modell A erhalten die Siedler vier verschiedene Genehmigungszertifikate ausgestellt: genehmigt werden das Wohnen auf dem dafür vorgesehenen Grundstück, die Bebauung der 5 ha Land und das Weiden einer fest-

gehen, auf die Möglichkeit späterer Kollektivierung hin geplant sei, ohne daß dies derzeit an die große Glocke gehängt würde.
4. "Intensive Settlement with Communal Living and Co-operative Farming"
5. **Government of Zimbabwe**, Intensive Resettlement, S. 21
6. "Intensive Settlement Combined with a Centralized Estate Farm"
7. ebd. S. 22 f
8. H 19.8.1983
9. **Government of Zimbabwe**, Intensive Resettlement, S. 16

gelegten Zahl von LUs; schließlich erhalten die Siedler eine 'zeitweilige Genehmigung' zum Anbau auf dem ersten halben Hektar Land, der vom Staat gepflügt und den Neuankömmlingen zur Verfügung gestellt wird (10).

Die Bauern verpflichten sich insbesondere, alle Landrechte in den CLs aufzugeben, keiner anderen Beschäftigung ohne Genehmigung des Ministers nachzugehen, persönlich permanent auf dem Land zu wohnen und gesetzliche und sonstige Vorschriften des Ministers in bezug auf Bodenkonservierung, Kontrolle von Pflanzen- und Tierkrankheiten u.a. einzuhalten. Sie unterschreiben auch, daß sie "persönlich, aktiv und kontinuierlich landwirtschaftliche Tätigkeiten auf dem Land zur Zufriedenheit des Ministers durchführen werden." (11) Wenn der Siedler irgendeiner der Bedingungen nicht genügt, kann der Minister "nach seinem alleinigen Belieben" (12) die Genehmigung widerrufen. Schließlich obliegt es auch dem Minister, diese Genehmigung zu erneuern oder "sie jederzeit ... ohne Ankündigung durch eine andere Vereinbarung zu ersetzen, über deren Bedingungen er entscheidet." (13) Kooperativen nach Modell B werden ähnliche Zertifikate ausgestellt (14). Die genannten Bestimmungen dienen einem doppelten Zweck: Zum einen behält sich der Staat die Möglichkeit kontrollierender und organisierender Eingriffe bis hin zur Ausweisung von Siedlern zum Schutz der natürlichen Ressourcen und zum Erreichen der gewünschten Produktivität vor. Solche staatliche Kontrolle, in der ein beträchtliches Konfliktpotential liegt, wird wahrscheinlich um so stärker werden, je größer volkswirtschaftliche Verluste infolge von mangelnder Produktivität und Zerstörungen von Boden und Waldbeständen durch Übertragung alter Anbaumethoden sein werden. Zum anderen hält sich der Staat die Möglichkeit offen, den Rechtsstatus der Siedler in Abhängigkeit von späteren Entscheidungen über das System der Agrarverfassung in Zukunft neu zu bestimmen.

Angst vor Kollektivierungen, Unmut über das hohe Ausmaß an Planung und das Gefühl geringer Sicherheit gehören zu den Faktoren, die anfangs manchmal zu Skepsis und einer abwartenden Haltung der Bauern gegenüber dem Resettlement führten (15). Daß bisher vor allem nach der Form des Modell A umgesiedelt wurde, ist Ausdruck der **Präferenzen der afrikanischen Bevölkerung.** Ohne Zweifel wirkt hier auch das Konzept einer auf individuellem Landeigentum gegründeten

10. ebd. S. 16
11. ebd. S. 34 f, Appendix H(2): Ministry of Lands, Resettlement and Rural Development, Permit to Cultivate, Formblatt
12. ebd.
13. ebd.
14. vgl. ebd. S. 40f, Appendix H(5), Formblatt
15. **Harbeson**, Land and Rural Development, S. 31

Landreform, wie es in der oben dargestellten älteren Planung zugrundegelegt war, nach; die Beamtenschaft, die Landwirtschaftsberater von damals drückten auch den Aktivitäten nach der Unabhängigkeit noch ihren Stempel auf (16). Bevor man jedoch die 'individualistische' Richtung des Resettlement-Prozesses der 'Illoyalität' der weißen Beamtenschaft in die Schuhe schiebt (17), sollte man fragen, was die Bauern selbst wollen. Hier trifft die Riddell-Kommission auf Grundlage ihrer Gespräche eine klare Feststellung: "Es gab bei den von der Kommission Befragten wenig Anzeichen dafür, daß eine grundlegende Diskussion über größere strukturelle Veränderungen in der ländlichen Wirtschaft stattfand. Die meisten schienen an alten Auffassungen festzuhalten und eher an eine Vergrößerung ihrer kleinen Grundstücke und der kommunalen Weiden zu denken. Auf direkte Fragen nach ihrer Meinung über kooperative und kommunale Bewirtschaftung drückte die Mehrheit der Bauern Unkenntnis aus, was diese organisatorischen Formen mit sich brächten, befürwortete, der Jugend das Experimentieren mit neuen, gewagten Unternehmungen zu überlassen, und zeigte großes Mißtrauen gegenüber solchen Veränderungen." (18) Die Bauern haben dies auch gegenüber dem Minister of Lands gleich zu Beginn des Resettlement-Prozesses kurz nach der Unabhängigkeit sehr deutlich gemacht. Als Mitte 1980 das erste Resettlement-Projekt, Soti Source bei Gutu CL, eingeleitet wurde, diskutierten die betroffenen Siedler in einem als stürmisch beschriebenen Treffen mit dem damaligen Minister of Lands, S. Sekeramayi, das Konzept der drei Resettlement-Modelle und brachten ihre Abneigung gegenüber kollektiver Landwirtschaft zum Ausdruck (19). Damit begann die Serie der Projekte nach Modell A.

Wenn die zimbabwesche Regierung zugunsten ihrer politischen Präferenz für

16. So hielt die Riddell-Kommission als Ergebnis ihrer Gespräche fest: "Civil servants, both those in district administration and Devag, as well as Tilcor personnel, who submitted written evidence to the Commission, emphasized the advantages of individualism, private ownership of land and title deeds, and in general rejected communal production as unworkable. Yet there were some notable exceptions among the African staff. Several African agricultural assistants stressed that communal farming was the only way in which peasants could improve their output and raise their living standards." **Riddell-Report**, S. 34
17. vgl. **Melchers**, Zimbabwe, S. 68: "Die von Conex durchgeführten aufwendigen Vermessungsarbeiten für individuelle Felder zeigen auch eine von dieser Organisation vertretene Entwicklungskonzeption, die sich nicht an den gesellschaftspolitischen Zielen der Regierung orientiert, sondern eher versucht, Fakten zugunsten des individuellen Mittel- und Großbauerntums zu schaffen."
18. **Riddell-Report** S. 34
19. H 3.7.1980

Kooperativen gerne den "traditionellen kooperativen Ansatz in Zimbabwes Kultur" (20) zitiert, so enthält dies einen guten Schuß Zweckoptimismus, denn die Kooperation in der zimbabweschen Kultur besteht — wie auch in anderen afrikanischen Staaten — eben nicht in gemeinsamem Landbesitz, wohl in Formen wechselseitiger Hilfe bei der Landbewirtschaftung. Die Regierung schließt programmatisch jeden Versuch, den Bauern kollektive Formen aufzuzwingen, aus (21). Ob man den Bauern die erhofften Vorteile von Produktionskooperativen wird aufweisen können, bleibt abzuwarten. A. Cheater hält gegen eine rigorose Durchsetzung ideologischer Konzepte fest: "Eine flexible, verständnisvolle Sensibilität dafür, was das Volk an Wünschen äußert, wird viel eher die erforderliche Entwicklung mit der erwünschten Beteiligung bringen. Nichtsdestoweniger könnte eine solche Anpassung an die Wünsche des Volkes sehr wohl unvereinbar mit langfristig zunehmender Gleichheit in Zimbabwe als Ganzem sein." (22)

Noch aus einer anderen Richtung regte sich Widerstand gegen das Resettlement-Programm der Regierung. Die Planung der Resettlement-Formen erwies sich als stärker an den Bedürfnissen der Shona-Bevölkerung orientiert als an denen der **Ndebele**. Erschwerend kamen bei der Durchführung in Matabeleland die Rivalität zwischen den beiden großen afrikanischen Parteien Zimbabwes, ZANU/PF und ZAPU/PF, und die sich hier 1982, nachdem J. Nkomo aus der Regierung entlassen worden war und eine nicht unbeträchtliche Zahl von dessen ehemaligen Guerilla-kämpfern aus der Armee desertiert war, verschlechternde Sicherheitssituation hinzu. Wesentliche Gründe für die Schwierigkeiten des Umsiedlungsprogramms in den westlichen und südlichen Landesteilen sind klimatische Faktoren und die Struktur der Landwirtschaft in Matabeleland und die damit zusammenhängende Tatsache, daß die Bevölkerung Matabelelands auf das — hier anscheinend verspätet beginnende — Resettlement nicht sehr positiv reagierte. Im Oktober 1981 häuften sich Nachrichten, daß die verteilten Bewerbungsformulare in manchen Distrikten Matabelelands nur in Ausnahmefällen ausgefüllt zurückgegeben würden (23). Dies führte zu scharfen Vorwürfen von Regierungsseite gegenüber lokalen ZAPU-Funktionären, diese sabotierten die Regierungspolitik. Der Provinz-Chairman für Mata--

20. **Growth with Equity**, S. 5 Abs. 24
21. "Voluntary popular participation and democratic procedures, it bears emphasis, will be essential criteria for Government support of co-operatives." (ebd. S. 5 Abs. 25)
22. **Cheater**, Rural Development Policy, S. 18; vgl. auch **dies.**, Idioms of Accumulation, S. 218: "On the one hand, it is difficult to see how successful development might be divorced from class formation in the peasant areas in the future, particularly where peasants demand individual control of the means of production."
23. vgl. etwa C 1.10.1981, SM 25.10.1981

beleland South erklärte die zögernde Reaktion der Bevölkerung anders: Auch hier gebe es großen Landhunger, aber man wolle eher zusätzliches Weideland haben als umgesiedelt werden (24). Im Ministry of Lands akzeptierte man daraufhin prinzipiell, daß das auf Ackerbau ausgerichtete Resettlement-Programm für das stärker auf Viehzucht orientierte Matabeleland möglicherweise nicht geeignet sei, und versprach, das Konzept zu überdenken (25).

Das Überdenken brauchte Zeit. Zunächst suchte man doch Projekte im alten Stil durchzuführen. Das erste größere Resettlement-Projekt in Matabeleland wurde Anfang 1982 Dombodema (54 000 ha) im B-Mangwe Distrikt (26). Dann verschlechterte sich die Sicherheitssituation. Minister Mahachi klagte, man habe aus einigen Gebieten die Entwicklungsteams abziehen müssen, weil bewaffnete 'Dissidenten' die Resettlement-Farmen bedrohten (27). Dies hat sich später noch verschlimmert und Entwicklungsarbeiten in großen Teilen Matabelelands zum Stillstand gebracht. Der Konflikt um die Umsiedlung schwelte weiter. Der stellvertretende Minister of Lands, M. Dube, führte in Bulawayo, der Hauptstadt Matabelelands, aus, die Regierung sei mehr an eigentlichem Resettlement interessiert als am Kauf von Weideland (28). Im September 1982 gestand Minister Mahachi zu, daß in den niederschlagsarmen südlichen Gebieten das Resettlement auch ökologische Probleme aufwerfe, und erwähnte laufende Untersuchungen von Consulting-Experten zur Anpassung des Resettlement-Musters an diese Bedingungen (29). Im Gwanda Distrikt wehrten sich Bauern, denen wegen der Dürre vorübergehend das Weiden auf Farmen in Staatseigentum erlaubt worden war, dagegen, das Land im Oktober zum Beginn der Ansiedlung freizumachen. Die Distrikträte von Gwanda bestanden darauf, die Leute wollten nicht umgesiedelt werden: "Was sie wollen, ist Land, um ihr Vieh zu weiden, das in großer Zahl stirbt." (30) Anfang 1983 gab das Ministry of Lands dann bekannt, daß man ein neues Resettlement-Modell für die Bedingungen von Matabeleland erprobe, das auf Viehzucht und Wildhaltung beruhe (31).

11.4.5. Infrastrukturelle Erschließung der Resettlement-Projekte und Einkommensplanung

Eine der in Zusammenhang mit dem Resettlement-Programm am häufigsten ge-

24. C 2.10.1981
25. H 22.10.1981, H 5.11.1981
26. H 28.1.1982
27. H 4.5.1982
28. H 4.6.1982
29. H 1.9.1982, S. 4
30. H 20.9.1982, S. 3
31. H 18.2.1983

brauchten politischen Formeln ist die, daß die Umsiedlung **'on a properly planned basis'** stattfinden müsse. Suchte damit vor der Unabhängigkeit Zimbabwes die Muzorewa-Regierung ihr Umsiedlungsprogramm von den angeblich Chaos stiftenden Plänen der PF abzuheben (1), so betonten auch die zimbabweschen Politiker nach der Unabhängigkeit immer wieder die Notwendigkeit von Landverteilung "auf einer organisierten, geordneten und geplanten Basis, um sicherzustellen, daß das Land seiner vollen Produktivität zugeführt wird." (2) Die Regierung will die Resettlement-Gebiete als Teil der kommerziellen Landwirtschaft entwickeln. 'Intensive Resettlement' bedeutet nicht nur die Ansiedlung von Bauernfamilien, sondern die gleichzeitige infrastrukturelle Erschließung der betreffenden Gebiete. Dazu gehören u.a. Reparatur und Bau von Straßen, Viehdesinfektionsstellen, der Bau eines Verwaltungszentrums und von Personalwohngebäuden. Die Planung von Modell A-Projekten sieht vor, daß ein Resettlement-Team und ein Veterinärassistent auf je 500 Familien entfallen, ein Landwirtschaftsberater auf je 200 Familien, ein Genossenschaftsberater auf 600 Familien. Schuleinrichtungen werden geplant im Verhältnis von einer Primarschulklasse und einem Lehrerwohnhaus zu 20 Familien, wobei gerade beim Schulbau sehr viel Eigenarbeit der Siedler eingeht. Auf 300 bis 500 Familien ist schließlich eine Krankenstation geplant. Die Wasserversorgung muß durch Bohrlöcher mit Handpumpen sichergestellt werden. Weil den Neuangesiedelten meist genügend Vieh als wichtigste Zugkraft fehlt, muß staatliche Vorsorge für die erste Landvorbereitung durch Traktoreneinheiten getroffen werden (3). Es ist angesichts des Ausmaßes dieser Aufgaben nicht verwunderlich, daß die vorhandenen personellen und sachlichen Kapazitäten der staatlichen Landwirtschaftsberatung und -planung hoffnungslos überfordert sind. Der Bau von Infrastruktur erfordert Zeit. Solche technischen Engpässe bilden einen der wichtigen Faktoren bei der Verzögerung des Resettlement-Programms, verstärkt noch durch die Auswirkungen der Dürre. Land- und Weiderechte, die der Staat an die Siedler vergibt, sind quantitativ bezogen auf ein geplantes **Mindestnettoeinkommen** von 400 Dollar jährlich pro Familie, "und es müssen alle Anstrengungen unternommen werden, nicht mehr Menschen auf dem Land anzusiedeln, als dort untergebracht werden und dieses Einkommen errei-

1. vgl. die Ausführungen des damaligen Ministers of Lands, Natural Resources and Rural Development, G. Nyandoro, in H 11.12.1979
2. **Department of Information**, Press Statement 668/82/TM vom 28.7.1982: "Planned Resettlement Very Vital — Mahachi", S. 2. Die ZIMCORD Documentation hält fest: "Government is determined to ensure that the resettlement programme will not be a transfer or extension of the subsistence farming practices to new areas. Government will provide extension services, infrastructure, and other services needed to assure higher productivity and a better standard of living for the settler families." (ZIMCORD Documentation, S. 3, Abs. 12)
3. **Government of Zimbabwe**, Intensive Resettlement, S. 6 - 9

chen können." (4) Ein solches Einkommen ist nicht hoch, aber es liegt über dem geschätzten Haushaltseinkommen aus bäuerlicher Produktion in den CLs von rund 250 Dollar jährlich (in Preisen von 1980) (5). Die Durchschnittsgröße der nach Modell A zugeteilten Landstücke, die notwendig sind, um ein solches Familieneinkommen zu erreichen, beträgt 50 ha pro Familie. Dabei sind die 5 ha Ackerland konstant und die zugeteilten Livestock Units variabel in Abhängigkeit von Landkategorie und Verfügbarkeit von Weideland (6). Freilich verdeckt das Einkommensziel von mindestens 400 Dollar ein beträchtliches Potential von sozialer und ökonomischer Differenzierung innerhalb der Resettlement-Gebiete. Die Familieneinkommen werden sehr stark abhängen von erreichter Produktivität, Landqualität und Klimafaktoren. Sind die 5 ha Ackerland etwa benutzbar für Baumwollproduktion, so kann dies schon die Familienarbeitskraft überfordern und zur Einführung von temporären Lohnarbeitsverhältnissen in den Resettlement-Gebieten führen (7). Probleme entstehen den Bauern umgekehrt etwa daraus, daß auch in Natural Regions, die nach den Kategorien von Vincent und Thomas (8) nicht für den Ackerbau geeignet sind, 5 ha-Äcker ausgegeben werden. Bei schlechten Böden, wenig Niederschlag und geringer Produktivität ist auch in den Resettlement-Gebieten der Bauer in Gefahr, sich wie in den CLs am Rande der Subsistenzproduktion zu bewegen.

11.4.6. Landknappheit als Hindernis des Resettlement-Programms?

Mitte September 1982 beklagte der Unterstaatssekretär im Ministry of Lands, Dr. M. Paraiwa, in einem recht spektakulären Statement, der Resettlement-Prozeß werde durch die Knappheit an Land, fehlende finanzielle Mittel und eine wachsende Squatter-Krise aufgehalten (1). Der Präsident der CFU, J. Sinclair, reagierte schnell und wies — mit Recht — darauf hin, daß die Regierung bisher mehr Land gekauft als besiedelt habe (2). Der Minister of Lands, Resettlement

4. ebd. S. 20; vgl. auch M. Paraiwa in H 20.9.1982, S. 1
5. vgl. **Riddell-Report**, S. 59
6. **Government of Zimbabwe**, Intensive Resettlement, S. 20; Gespräch mit Undersecretary Dr. E. Chengu vom 18.10.1982
7. Gespräch mit G. Fichtner, Fachmann für Genossenschaftswesen, Friedrich-Ebert-Stiftung, Harare, am 13.9.1982
8. vgl. Kap. 3.1. der Arbeit; **Vincent/Thomas**, Agro-Ecological Survey
1. H 20.9.1982, S. 1. Squatter sind rechtlich illegale Landbesetzer.
2. "The union does not accept that land redistribution plans are being held up by a shortage of land on offer. The union knows of some farms on offer to the Government which have not yet been bought. In addition many farms bought by Government are not yet resettled." (H 21.9.1982, S. 1)

and Rural Development, M. Mahachi, korrigierte Paraiwa öffentlich: Nicht Landknappheit, sondern die Finanzierung sei das Problem; man habe mehr Land angeboten bekommen als man bezahlen könne (3). Die Kontroverse führt direkt auf
einen Widerspruch des Resettlement-Konzepts. Rechnet man mit dem bisherigen
Durchschnittswert von 50 ha Land pro Familie, so wären für die Umsiedlung von
162.000 (Regierungsplanung) bzw. 220.000 (Riddell-Kommission) Familien
8,1 Mio ha bzw. 11 Mio ha Land erforderlich, d.h. die Hälfte bis zwei Drittel der
Fläche des weißen Landwirtschaftssektors. In dieser Größenordnung liegen auch
die offiziellen Angaben darüber, wieviel Land man aufkaufen wolle: Mitte 1982
teilte Minister Mahachi mit, man wolle bis zu 10 Mio ha weißes Farmland kaufen.
CFU-Präsident J. Sinclair drückte daraufhin seine Besorgnis aus, daß das Resettlement-Programm die Aufrechterhaltung der Nahrungsmittelproduktion nicht be-
rücksichtige (4). Der Minister bestand darauf, daß Umverteilung in großem Stil
notwendig sei, versicherte aber, daß die Regierung die bisherige Politik, un- oder
unterausgenutztes Farmland aufzukaufen, fortsetzen werde (5). Sind zwei Drittel
des weißen Farmsektors ungenutzt?

Die Formel des 'un- und unterausgenutzten Farmlandes', das "eine Möglichkeit,
das Ziel der Gleichheit erfolgreich zu erreichen, ohne Wachstum und Entwicklung
des Sektors zu opfern" (6), biete, ist ebenso wie die '162.000 Familien in 3 Jahren'
eine Sprachregelung mit politischer Funktion: Sie demonstriert nach der Seite
der afrikanischen Bevölkerung hin, daß man ihr Land beschaffen wird, nach der
Seite der weißen Farmer, daß man ihnen nicht schaden will. Das Konzept einer
Landreform auf un- oder unterausgenutztem Land wurde zuerst vertreten von der
Whitsun Foundation (7), wurde übernommen von Muzorewas United African
National Council (UANC) (8) und fand Eingang in die Entwicklungsplanung von
1978/79. Es wurde von der heutigen Regierung übernommen (9).

Ohne Zweifel gibt es eine beträchtliche Menge nicht oder nicht seinem Potential
entsprechend genutzten weißen Farmlandes in Zimbabwe. Sieht man einmal davon ab, daß die Definition von 'unterausgenutzt' partiell eine politische Frage ist,
so zeigte sich in Kapitel 3.2.1., daß es verschiedene Schätzungen der Menge un-

3. H 23.9.1982, S. 1; H 30.9.1982, S. 1
4. MOTO, Juli 1982, S. 5
5. "All farmers who are active on their farms and are contributing to the economy
   of the nation have nothing to fear." (ebd. S. 6)
6. **Republic of Zimbabwe**, TNDP Vol. I, S. 65
7. **Whitsun Foundation**, An Appraisal of Rhodesia's Present and Future Development Needs, Salisbury 1976
8. vgl. **Riddell**, Land Problem, S. 82 f
9. **ZIMCORD Documentation**, S. 37 Abs. 6,7; vgl. Kapitel 10.2. der Arbeit

und unterausgenutzten Farmlandes gibt. Aber auch die optimistischste Schätzung des Dreijahresplanes, die von 7,2 Mio ha un- und unterausgenutztem Land im Large Scale und Small Scale Commercial Sector der Landwirtschaft ausgeht (10), reicht nicht an die rd. 10 Mio ha heran, die aufzukaufen Minister Mahachi ankündigte. Eine britisch-zimbabwesche Untersuchungskommission, die im September 1982 einen — als Ganzes unveröffentlichten — Zwischenbericht über das Resettlement-Programm vorlegte, stellte fest, sie habe wegen eines unzureichenden Informationssystems nicht herausfinden können, wieviel Land jetzt noch für Resettlement zur Verfügung stünde. Die meisten Farmer wollten wegen der Erholung der Landwirtschaft ihr Land nicht mehr verkaufen. Die Kommission schloß, daß "der größte Teil des ungenutzten oder unbewohnten Landes nun besiedelt worden ist" (11).

Auch unter Voraussetzung der optimistischsten Schätzung reicht das un- und unterausgenutzte Land nicht aus, um bei einem Durchschnitt von 50 ha pro Familie die von der Regierung geplanten 162.000 Familien umzusiedeln. Dabei ist in einer solchen Rechnung noch keinerlei Raum für **Bevölkerungswachstum** enthalten. Dr. Paraiwa weist also zurecht auf das Problem der Landknappheit hin, auch wenn z.Zt. der Staat noch mehr Land gekauft als besiedelt hat. Niemand in Zimbabwe weiß zur Zeit, wo man das Land für die 162.000 Familien hernehmen soll. Das Problem wächst noch, wenn man die in den offiziellen Zahlenangaben selten berücksichtigte Tatsache einbezieht, daß die gekauften Farmen nicht unbesiedelt sind. Abgesehen von Squattern, Landbesetzern, leben hier die **Landarbeiter** des früheren Farmers, die in das Resettlement-Programm einbezogen werden, da sie sonst arbeits- und einkommenslos würden. Jede einbezogene Farmarbeiterfamilie aber geht ab von den 162.000, um die dem Konzept nach die CLs entlastet werden sollten.

Das Konzept des unterausgenutzten Landes hat zwei weitere Schwachstellen. Erstens ist, wenn die Regierung un- oder unterausgenutztes Land aufkauft, oft impliziert, daß afrikanische Bauern auf **qualitativ schlechterem Land** und in den ungünstigeren Natural Regions angesiedelt werden, denn die hochwertigen Böden des weißen Farmsektors werden seltener zum Verkauf angeboten. "Die Resettlement-Gebiete, die von der zimbabweschen Regierung aufgekauft werden, liegen hauptsächlich in den unteren drei Natural Regions, während in den Natural Regions I und II wenig Land zum Verkauf angeboten wird oder für Resettlement zur Verfügung steht." (12) Minister Mahachi sah sich veranlaßt, der Kritik entge-

10. **Republic of Zimbabwe,** TNDP Vol. I, S. 65
11. SM 12.9.1982; ebenso persönliche Mitteilung von D. Dron, Assistant Chief Planning Officer bei AGRITEX, Ministry of Agriculture, vom 18.10.1982
12. **Bannerman,** Land Apportionment Act, S. 105; vgl. zur Verteilung der ersten Mio ha Resettlement-Land auf Natural Regions: **Harbeson,** Land and Rural Development, S. 27 Tab. 13

genzutreten, die Regierung siedele auf schlechtem Boden an: Land in den besseren Qualitätsklassen sei begrenzt und meistens schon genutzt. Man müsse Resettlement auf Viehzuchtland akzeptieren, wenn das Land ausreichen solle (13). Prinzipiell gab er zu, das meiste von der Regierung gekaufte Land liege in sehr trockenen Regionen (14). In den Gebieten des Südens mit wenig Niederschlag könne man intensiven Anbau nicht ohne das Risiko der Landzerstörung betreiben (15). Abgesehen davon, daß die Resettlement-Kosten pro Familie mit abnehmender Landqualität sprunghaft ansteigen (16), bedeutet dies, daß die afrikanischen Bauern, die neu angesiedelt werden, häufig von Anfang an unter schlechten Ausgangsbedingungen arbeiten und die Risiken von ökologischen Schäden und des Rückfalls von Resettlement-Projekten auf das Niveau von Subsistenzproduktion steigen.

Zweitens steht Land dadurch, daß der weiße Farmer es nicht optimal nutzt, noch nicht für das Resettlement zur Verfügung. Solange der Staat nicht zum Mittel der Enteignung greift, hat er keine Möglichkeit, gegen den Willen des Farmers über dessen Land zu verfügen. Selbst wenn dieser Teile seines Landes abgeben will, sind diese doch noch nicht unbedingt für Resettlement nutzbar, weil Organisation und infrastrukturelle Erschließung von Modell A-Resettlement-Projekten kostenmäßig nur für große zusammenhängende Komplexe durchführbar sind.

Die Tatsache, daß das un- und unterausgenutzte Land sowohl quantitativ als auch qualitativ den erforderlichen Umsiedlungsprozeß nicht tragen kann, führte Unterstaatssekretär M. Paraiwa dazu, die unangenehme Wahrheit auszusprechen, die Regierung werde möglicherweise nicht fähig sein, alle umzusiedeln, die Land brauchten. "Im Moment kann gar nicht die Rede davon sein, daß die Regierung das Landproblem vollständig lösen könnte. Unsere Priorität liegt auf der Wiederansiedlung von Menschen, die wirklich verzweifelt sind, wie Kriegsflüchtlingen, -verschleppten und Arbeitslosen" (17), sagte Paraiwa. Damit setzte auch die Suche nach Auswegen und Alternativen ein. Zum einen wird verwiesen auf die Rolle anderer Wirtschaftssektoren; so Paraiwa: "Wir sind uns infolgedessen darüber klar geworden, daß die Landverteilung nicht das Allheilmittel für alle ökonomischen Probleme Zimbabwes ist. Wir müssen ebenso Möglichkeiten in anderen Sektoren der Wirtschaft prüfen." (18) Daß freilich der moderne Wirtschaftssektor nicht genügend Arbeitsplätze schafft, um nur die neu auf den Arbeitsmarkt strömenden Jugendlichen zu absorbieren, ist bekannt.

13. H 30.3.1982
14. H 23.11.1982
15. H 1.9.1982, S. 4
16. vgl. **Harbeson**, Land and Rural Development, S. 27 Tab. 13
17. H 20.9.1982, S. 1
18. ebd.

Denkt man weiter innerhalb des Rahmens des Siedlungsprogramms, so muß man entweder Möglichkeiten finden, zu mehr Land zu kommen, oder man muß das verfügbare Land intensiver nutzen als bisher geschehen, oder man muß die beiden genannten Möglichkeiten kombinieren. Ein Ansatz zur **Erschließung von mehr Land** für das Umsiedlungsprogramm war die Freigabe von Staatsland für Resettlement (19). Darüber hinaus ist in wachsendem Maße der Aufkauf auch von genutztem weißen Farmland unvermeidlich, vor allem wohl solcher Farmen, die sich am unteren Ende des Produktivitätsgefälles innerhalb des weißen Farmsektors befinden. Seit Anfang 1983 wurde — als Reaktion auf die dargestellten Schwierigkeiten des Landerwerbs — eine "neue und umfassende Politik der Landbeschaffung" (20) angekündigt. Neben der schon genannten Land Tenure Bill sollte noch im Laufe des Jahres 1983 eine **Land Acquisition Bill** vom Parlament beraten werden (21). Minister Mahachi führte vor dem CFU-Jahreskongreß Ende Juli 1983 die Perspektiven der staatlichen Landpolitik aus und sagte, das Gesetz über den Landerwerb werde den Präsidenten mit der Vollmacht, Land auch zwangsweise zu erwerben, ausstatten. Man werde in Zukunft dazu übergehen, größere Gebiete (designated areas) für den Resettlement-Prozeß zu markieren, innerhalb deren dann alles Land auf freiwilliger Basis oder durch Enteignung erworben werde (22). Das Gesetz soll außerdem ein Vorkaufsrecht des Staates und die Möglichkeit von entschädigungsloser Enteignung 'unterausgenutzten' Landes schaffen (23).

Die zweite Alternative ist die Suche nach Möglichkeiten **intensiverer Besiedlung** und Bewirtschaftung. Eine solche Möglichkeit bietet das kooperative Resettlement-Modell B, bei dem eine Parzellierung der Farm in kleine 5 ha-Einheiten verhindert wird, die Aufspaltung in Acker- und Weideland nach einem festen Schlüssel unnötig wird und die produktivere Bewirtschaftungsform des weißen Farmers weitergeführt werden kann, daher höhere Produktivität und entsprechend höhere Siedlerdichte erreicht werden können. Minister Mahachi zählte als Vorzüge des Modell B auf, dieses sei billiger zu implementieren, absorbiere mehr Menschen, komme dem politischen Ziel einer sozialistischen Transformation der zimbabweschen Gesellschaft näher und mache auch dadurch mehr Land verfügbar, daß man hierzu auch einzelne Farmen im Gegensatz zu den für Modell A erforderlichen großen Komplexen kaufen könne (24). Der Minister zitierte das Beispiel einer Farm, die nach

19. H 15.2.1982
20. H 24.3.1983
21. H 29.5.1983
22. H 28.7.1983
23. H 26.8.1983
24. "We can establish economically viable co-operative settlement schemes on single average sized farms as opposed to model A resettlement that can only be viable in large blocks of land." (**Department of Information**, Press Statement 668/82/TM, S. 3)

Modell A 32 Siedler aufnehmen könnte, aber eine Kooperative von 100 Siedlern.

Dies impliziert freilich eine starke 'Unterausnutzung' des Farmlandes in den Modell A-Projekten. In der Tat kann man aus Planungsunterlagen für einzelne Resettlement-Projekte ersehen, daß erhebliche Unterschiede in der Intensität der Landnutzung zwischen Modell A und Modell B existieren. Zwei Beispiele seien hier aufgeführt. Das **Murare** Intensive Resettlement Scheme (Modell A) liegt größtenteils in NR III und zum Teil in NR II b; es verfügt über 7.693 ha landwirtschaftliche Nutzfläche, davon 1.335 ha bebaubares Land. In dem Projekt angesiedelt werden 130 Familien, die insgesamt 5 x 130 = 650 ha Ackerland bewirtschaften. Das bebaubare Potential der Farm ist also um 50% unterausgenutzt. Der Grund dafür scheint zu sein, daß für mehr Familien bei einem Schlüssel von 5 LUs/Familie in NR II und 8 LUs/Familie in NR III kein Weideland verfügbar wäre; die LUs ihrerseits sind aber u.a. kalkuliert nach dem Bedarf an Zugkraft, die die Familie für die Bewirtschaftung des Ackerlandes braucht (25). Die **Ruponeso Co-operative** (Model B) besteht aus 65 Siedlern, die die 1570 ha große, in NR II b gelegene California A-Farm übernehmen. Die Farm hat nur 200 ha bebaubares Land und ist vor allem geeignet zu intensiver Viehzucht. Vom Umfang des bebaubaren Landes her hätten hier nach Modell A höchstens 40 Familien angesiedelt werden können. Durch die Bewirtschaftung nach Modell B wird eine solche Parzellierung verhindert und die hohe Carrying Capacity des Landes für Vieh zur Grundlage der Bewirtschaftung gemacht und ergänzt durch Getreideproduktion (26). Die zimbabwesche Regierung hat wiederholt angekündigt, man wolle sich in Zukunft auf das Resettlement-Modell B konzentrieren (27). Auch der Dreijahresplan kündigt noch einmal die Einführung von Kooperativen als 'Form sozialistischer Eigentumsverhältnisse' an (28). Allerdings erscheinen Qualifikationsbedingungen und Freiwilligkeit als wesentliche Voraussetzungen dafür, daß die Produktivitätsvorteile des Modell B auch real umgesetzt werden können. Ob dieser Durchbruch gelingt und ob er die erhofften Effekte hervorbringt, bleibt abzuwarten.

11.4.7. Produktivität in den Resettlement-Projekten und volkswirtschaftliche Kosten

Ein großes Problem des Resettlement-Programms bilden die volkswirtschaftlichen

25. **AGRITEX**, Manicaland Province. Murare Intensive Resettlement Scheme, Mutare Feb. 1982 (unveröffentlicht)
26. ders., Report: Manicaland Province Intensive Resettlement — Model B: Headlands I.C.A. Ruponeso Co-operative (California A), Mutare 1982 (unveröffentlicht)
27. vgl. etwa H 31.7.1982, S. 9
28. **Republic of Zimbabwe**, TNDP Vol. I, S. 21

Kosten. Damit ist zum einen die Frage angesprochen, inwieweit die hohen staatlichen Investitionen in die Siedlungsprojekte durch deren Produktionsleistung in absehbarer Zeit 'rentabel' werden können, zum anderen die Frage, inwieweit die Produktion der afrikanischen Siedler die des weißen Farmers aufwiegen kann.

Die Auswahl der Siedler nach dem Kriterium der Bedürftigkeit impliziert, "daß das von Natur aus weniger produktive Land von den schlechter ausgebildeten Leuten bebaut werden wird" (1). Die Siedler haben zum Teil wenig landwirtschaftliche Erfahrung und sind mit den 5 ha Ackerland, die sie erhalten, überfordert, weil sie im CL vorher — wenn überhaupt — viel weniger Land, 0,5, 1 oder 2 ha, hatten. Zur Aufnahme kommerzieller Produktion sind sie nicht unmittelbar fähig. An Kapitalausstattung (Ochsen als Zugkraft, Geräte u.a.) bringen die Siedler oft nicht einmal das Nötigste mit. Staatliche Planung, Beratungsdienste und sonstige Dienstleistungen stehen unter extremem Druck und können den Bedarf nicht befriedigen. Die unkontrollierte Übertragung alter Anbau- und Besiedlungsmethoden ist mit ökologischen Zerstörungen verbunden. So klagten weiße Farmer im Gebiet von Kwekwe: "Die Leute kommen dorthin, fällen Bäume und lassen ihr Vieh überall weiden. Machen wir uns kein falsches Bild davon, was sich dort abspielt. Wir zerstören nahrungsmittelproduzierendes kommerzielles Land und werden in ein paar Jahren dafür bezahlen müssen." (2) Der scheidende Vorsitzende des Natural Resources Board von Gweru, L. Smith, sagte, er sehe nicht, wie bei der bisherigen Art des Resettlement die Siedler auf ihrem Land überleben sollten. Man werde in wenigen Jahren viele unzufriedene und halbkommerzielle Farmer auf dem Resettlement-Land haben; in 20 Jahren könnten das Land zerstört und der 'Brotkorb Zimbabwe' am Ende sein. Die zugeteilten Landstücke müßten zu größeren, kommerziellen Einheiten konsolidiert werden (3). Auch wenn in solchen Statements die Haltung der weißen Farmer, es schon immer gewußt zu haben, daß die Afrikaner zu produktiver Landwirtschaft nicht fähig seien, mitschwingt oder die 'Philosophie', 'emergent farmers' auf größeren Einheiten anzusiedeln, zugrundeliegen may, so bleibt doch das angesprochene Problem ein reales.

Die genannten Produktivitätsprobleme führten dazu, daß Minister Mahachi im September 1982 vor dem Jahreskongreß der National Farmers' Association of Zimbabwe, der Vereinigung der Master Farmer, erklärte, man wolle nun auch Master Farmer in das Resettlement-Programm einbeziehen. "Beim Resettlement haben wir 15.000 Menschen Land gegeben, aber die meisten von ihnen wissen nicht, wie man es bebaut." (4) Zwar widersprach die britisch-zimbabwsche Untersuchungskom-

1. **Cheater**, Rural Development Policy, S. 6
2. SM 6.6.1982
3. H 6.11.1982
4. H 7.9.1982, S. 1

mission der Darstellung Mahachis, die Siedler seien nicht fähig, das Land zu nutzen, und wies auf den Mangel an Zugkraft (Ochsen), Knappheit an ausgebildetem Personal und auf organisatorische Mängel in der Durchführung des Programms hin (5). Die zweijährige Dürreperiode tat ein übriges. Insgesamt ist jedoch klar, daß mangelnde Kapitalausstattung der Siedler, organisatorische und technische Engpässe, die ungünstigeren Klima- und Bodenbedingungen in vielen Resettlementgebieten und die Qualifikationsvoraussetzungen, die die Siedler mitbringen, zusammenwirken in der Verursachung der Produktivitätsprobleme. Zu einer grundsätzlichen Veränderung der Auswahl scheint Mahachis Vorstoß jedoch nicht geführt zu haben. Der stellvertretende Minister of Lands M. Dube sagte Anfang 1983 vor dem zimbabweschen Parlament, das Kriterium der Bedürftigkeit sei richtig und flexibel genug, um an die Probleme der Situation angepaßt zu werden (6).

Was bedeuten die genannten Probleme für den weiteren Verlauf des Resettlement-Prozesses? Zunächst ist festzuhalten, daß der Staat hohe Investitionen in Projekten tätigen muß, die sozial und politisch notwendig sind, aber volkswirtschaftlich kurzfristig wenig Ertrag im Sinne von Produktionswachstum bringen. Verschärft wird das Kosten- und Finanzierungsproblem durch die Lancaster House-Verfassung, die entschädigungslose Enteignung verbietet. Ob die zimbabwesche Regierung sich darüber wirklich hinwegsetzen wird, bleibt abzuwarten. Man mag einwenden, daß das Kriterium gesamtwirtschaftlichen Ertrages als Maßstab inadäquat sei, da es bei der Umverteilung von Land von Anfang an um soziale Belange ging. Das ist richtig; und am Ausgangspunkt einer Programmatik, die die Priorität auf ländliche Entwicklung legen will, steht ja gerade die Erkenntnis, daß schnelles Wachstum des modernen Wirtschaftssektors alleine eben nicht Entwicklung im Sinne einer Verbesserung der Lebenssituation von drei Vierteln der Bevölkerung mit sich bringt. Doch würde umgekehrt die Vernachlässigung des Kriteriums gesamtwirtschaftlichen Ertrages nur dazu führen, daß in relativ kurzer Zeit weitere Entwicklungsprojekte nicht mehr finanzierbar wären.

Mißt man die Produktivität der Resettlement-Gebiete an der des weißen Farmsektors, so erweist sich die Tatsache, daß die neuangesiedelten Bauern zunächst die Produktion des weißen Farmers nicht halten können, als eine wichtige Schranke des Resettlement-Prozesses. Nicht ins Gewicht fällt dieses Argument, solange die Landreform sich auf ungenutztem Land abspielt; auch innerhalb der problematischen Kategorie des 'unterausgenutzten Landes' und im Bereich der weniger produktiv arbeitenden weißen Farmen bestehen Chancen, Produktionsausfälle in Grenzen zu halten. Doch eine kurzfristige Umverteilung von zwei Dritteln

5. SM 12.9.1982, S. 5
6. H 22.1.1983

des weißen Farmsektors ist ohne drastische Einschnitte in die landwirtschaftliche Produktion nicht denkbar.

Diese Probleme sollen hier nicht als unlösbar dargestellt werden. So kann der weiter oben erwähnte Ausbau großer Staatsfarmen, die von der parastaatlichen ARDA betrieben werden, auch als Versuch interpretiert werden, die Abhängigkeit vom weißen Landwirtschaftssektor zu verringern. Ausbau der staatlichen Beratung und Leitung, Integration von Master Farmers mit Multiplikatorenfunktion in die Resettlement-Gebiete, genossenschaftliche Organisationsformen und kooperative Landbewirtschaftung, sofern diese von den Bauern freiwillig eingegangen wird, können Schlüssel zur Überwindung der bestehenden Produktivitätsprobleme sein. Aber all dies braucht Zeit. Mittelfristig scheint deshalb eine radikalere Umverteilung von Land unter den gegenwärtigen politischen Rahmenbedingungen außerordentlich unwahrscheinlich.

11.4.8. Der stille Klassenkampf um Land

Das Resettlement-Programm ist nicht nur — wie bisher geschehen — unter eher technologischem Blickwinkel zu behandeln. Hinter der Ebene der organisatorisch-technischen Schwierigkeiten des Programms kämpfen soziale Kräfte um ihren Anteil an Zimbabwes Land. Die größte, aber nicht unbedingt stärkste Gruppe bilden die **afrikanischen Bauern** und die **landlose Bevölkerung** Zimbabwes, die sich Land, wo sie es durch Resettlement nicht schnell genug bekommen, selbst nehmen. Unübersehbar sind diese **'Squatter'**, d.h. rechtlich illegale Siedler auf kommerziellem Farmland oder Staatsland, die die Versprechen aus der Zeit des Befreiungskampfes, das Land werde dem Volk gehören, beim Wort nehmen. "Dies ist Zimbabwe, nicht Rhodesien — man braucht Land nicht zu kaufen" (1), faßte ein Squatter die verbreitete Ansicht der Bauern zum zukünftigen System des Landbesitzes zusammen. Genaue Zahlen sind nicht bekannt; klar ist aber, daß die Anzahl der Squatter ein Mehrfaches der von der Regierung Umgesiedelten beträgt. Verschiedene Gruppen, und nicht nur solche, die das Land dringend brauchen, gehören zu ihnen: Manche haben Arbeit in der Stadt und wollen zusätzlich Land oder vermieten ihre städtischen Unterkünfte weiter, manche machen Geschäfte mit dem Fällen von Bäumen. Sie richten ökologische Schäden an und zwingen den staatlich organisierten Resettlement-Prozeß dazu, dauernd schon geschaffenen Tatsachen hinterherzulaufen (2).

Schon bald nach der Unabhängigkeit Zimbabwes beschrieben die Zeitungen eine

1. SM 28.9.1980, S. 13; zit. nach **Cheater**, Rural Development Policy, S. 17
2. MOTO, Juli 1982, S. 6ff

'grass-roots rebellion' gegen die Regierung durch Squatting vor allem in der Manicaland Province. Lokale Aktivisten der Regierungspartei ZANU/PF weigerten sich,
die Leute aufzufordern, das besetzte Land zu verlassen (3). Seitdem wuchs die
Zahl der Squatter weiter. Unterstaatssekretär Paraiwa sprach Ende 1982 von
einer im ganzen Land, besonders aber in Manicaland wachsenden Squatter-Krise (4).
Der District Administrator von Mutare, der Hauptstadt Manicalands, schloß sich
an: Allein in der Umgebung von Mutare gebe es 90.000 Squatter, die gut organisiert seien: "Wenn man sie treffen will, muß man Parteistrukturen durchlaufen,
bevor man mit ihnen sprechen kann", sagte er. Vertreter der Squatter kämen in
sein Büro und forderten Schulen und Krankenstationen. "Mittlerweile bin ich
daran gewöhnt, Delegationen aus verschiedenen Gebieten, die ihre Anliegen vor-
tragen, zu treffen. Einige von ihnen übergeben mir sogar ihre Spenden für das
neue ZANU(PF)-Headquarter" (5), sagte der Distriktverwalter.

Die **Reaktion der Regierung** war insgesamt inkonsistent. Ende 1980 stoppte man
das polizeiliche Vorgehen gegen Squatter (6), akzeptierte damit zunächst die Tatsachen und suchte weitgehend, die Situation durch den Aufkauf betroffener Farmen zu entschärfen und Squatter in das Resettlement-Programm zu integrieren.
Der frühere Minister of Lands, S. Sekeramayi, stellte fest: "Das Squatter-Problem
ist ein Ausdruck und ein Symptom der Landlosigkeit. ... Landlosigkeit ist die
Krankheit, die geheilt werden muß." (7) Später setzte man einen Stichtag: Wer
vor dem Juli 1981 illegal Land besetzt habe, solle beim Resettlement berücksichtigt werden, später gekommene Squatter sollten das Land verlassen (8). Mitte
1982 autorisierte man wieder die Polizei, Squatter, die sich nach dem Juli 1981
auf Privatbesitz niedergelassen hatten, zu vertreiben (9). Ende 1982 schließlich
bildete man eine aus Vertretern verschiedener Ministerien, der Armee und lokalen politischen Führungspersönlichkeiten zusammengesetzte Kommission, die
zunächst Manicaland und Mashonaland West bereiste und Squattern die Einigkeit
der staatlichen Stellen demonstrieren und die Differenzierung der 'echten', 'bedürftigen' Squatter von denen, die sich nicht für Resettlement qualifizierten, erläutern sollten. Die Squatter-Krise ist einerseits ein Hindernis auch für das Voran-

3. SM 28.9.1980
4. H 20.9.1982, S. 1
5. H 20.9.1982, S. 3
6. H 16.11.1980, S. 3
7. H 18.1.1982
8. H 15.2.1982, H 5.3.1982
9. H 20.8.1982, S. 5; während das Ministry of Lands gegen Squatter vorgehen
   wollte, scheint der Innenminister gebremst zu haben; er behielt sich die Entscheidung über polizeiliches Vorgehen gegen Squatter in jedem Fall selbst vor
   (vgl. H 20.9.1982, S. 1).

kommen des Resettlement-Programms. Sie ist andererseits Ausdruck der großen Kluft zwischen den Erwartungen der afrikanischen Bevölkerung und der eingeschränkten Landumverteilung, und die 'grass-roots rebellion' der Squatter ist die einzige soziale Kraft, die die Landreformpolitik der Regierung durch wirklichen Druck vorantreibt. Afrikanischen Bauern und Squattern gegenüber stehen Gruppen, die in die Gegenrichtung arbeiten: **weiße und schwarze Besitzer von kommerziellem Farmland.** Diese sind in sich differenziert.

Daß die weiße **Commercial Farmers' Union (CFU)** die Umverteilung von 'un- und unterausgenutztem Land' seit 1978/79 — damals noch unter dem Namen Rhodesia National Farmers' Union (RNFU) — unterstützt, aber direkt reagiert, wenn von der Umverteilung von 10 Mio ha die Rede ist, kann in Begriffen der sozialen Differenzierung weißer Farmer so interpretiert werden, daß die reichen weißen Großfarmer und Agrarunternehmen unter dem Druck unaufhaltsamer politischer Veränderungen dazu kamen, die Gruppe der kleineren, weniger produktiven weißen Farmer zu opfern, um ihre eigene Position zu erhalten (10). Man kann davon ausgehen, daß die CFU der Umverteilung von 4 Mio ha oder auch etwas mehr keinen starken Widerstand entgegensetzt, solange der hochproduktive Kernbereich der weißen Landwirtschaft nicht angetastet und deren privatwirtschaftliche Struktur erhalten werden.

Doch nicht alles Land, das von weißen Farmern aufgegeben wird, kann staatlich umverteilt werden, denn schwarze Farmer und Geschäftsleute und Mitglieder der neuen schwarzen Elite stoßen in die Lücke. Hier sind zunächst die schwarzen Farmer im 'Small Scale Commercial Sector', den früheren African Purchase Areas, zu nennen, die durchaus selbständige Vorstellungen über Resettlement haben. Kurz nach den Wahlen 1980 und noch vor der Unabhängigkeit Zimbabwes meldete G. Magadzire, Präsident der **Zimbabwe National Farmers' Union (ZNFU)**, des Verbands der PA-Farmer, die Ansprüche dieser Gruppe an: Die Regierung solle 1.000 ungenutzte weiße Farmen für 1.000 PA-Farmer verfügbar machen, auf deren Land dann 1.000 Bauern aus den CLs nachrücken könnten (11). Vor und auf dem ZNFU-Kongreß 1982 forderten die PA-Farmer vom Minister of Lands, der kurz zuvor die Master Farmer in den CLs zum Resettlement eingeladen hatte, eine Erklärung dafür, warum sie ausgeschlossen seien; der Small Scale Commercial Sector könne viel gewinnen, wenn PA-Farmer größere Landflächen bekämen, sagte Magadzire (12). Der Minister ließ auf dem Kongreß klarstellen, das Resettlement werde

10. Gespräch mit **Dr. E. Chengu**, Undersecretary im Ministry of Lands, Resettlement and Rural Development, am 18.10.1982
11. H 14.3.1980; vgl. zur Stellung der ZNFU — damals noch unter dem Namen African Farmers' Union of Rhodesia — auch **Riddell**, Land Problem, S. 81
12. H 20.9.1982, H 23.9.1982, S. 11

für Leute, die zuwenig Land hätten, für Arbeitslose und Landlose durchgeführt (13). Die rd. 8.500 PA-Farmer sind eine nicht zu unterschätzende soziale Kraft in Zimbabwe. Ihr Interesse ist die Verbesserung ihrer Konkurrenzsituation gegenüber den weißen Farmern innerhalb eines privatwirtschaftlich organisierten kommerziellen Landwirtschaftssektors. Dabei haben sie mehr Interessengemeinsamkeiten mit den weißen Farmern als mit den CL-Bauern und setzten deshalb nach der Unabhängigkeit dem staatlichen Versuch, sie in ein einheitliches Distrikträtesystem einzubeziehen, erheblichen Widerstand entgegen. Viele Purchase Areas wollen statt dessen in den Rural Councils des weißen Farmsektors vertreten werden (14).

Wenn noch zum Zeitpunkt der Modifikation des Land Tenure Act 1977 galt, daß relativ wenige Afrikaner die finanziellen Mittel hatten, weißes Land zu kaufen, so ist dies heute längst anders. Neben der alten afrikanischen Mittelklasse der PA-Farmer ist es die — finanzstärkere — **neue schwarze Führungsschicht** Zimbabwes, die sich mit Land einzudecken sucht. Weißes Farmland wird gekauft "von hohen Angehörigen des Staatsdienstes, der Regierungs- und anderer Parteien, des Kabinetts und des Militärs" (15); Minister Mahachi sah sich veranlaßt, 'einige schwarze Landbesitzer' anzugreifen, die ihn durch einflußreiche Freunde in hohen Positionen daran zu hindern gesucht hätten, ihr Land für das Resettlement zu kaufen. Der Minister forderte, daß "auf keinen Fall die Führer der Gemeinschaft vor deren Mitgliedern Land erwerben sollten ..." (16). Lautstarkes Rufen nach sozialistischer Umgestaltung und privater Landerwerb schließen sich in der politischen Führungsschicht Zimbabwes keineswegs aus. Man kann hieraus schließen, daß es zunehmend nicht mehr nur die aus der Struktur des Landwirtschaftssektors resultierenden wirtschaftlichen Gründe sein werden, die eine radikalere Landumverteilung verhindern, sondern daß sich darüberhinaus die Interessen der afrikanischen Mittel- und Oberschicht mit der überkommenen Struktur verbinden. Ob die angekündigten neuen Landgesetze durch staatliches Vorkaufsrecht und Setzung einer Obergrenze für privaten Landerwerb verhindern werden, daß eine neue Mittel- und Oberschicht das Land für Resettlement wegkauft, bleibt abzuwarten.

11.4.9. Perspektiven des Resettlement-Programms

In dem Ende Juli 1983 vom Minister of Finance, Economic Planning and Development, Dr. B. Chidzero, vorgelegten 'Sparhaushalt' für 1983/84 wurde der Etat

13. H 23.9.1982, S. 1
14. **Cheater**, Rural Development Policy, S. 18; vgl. auch **dies.**, Idioms of Accumulation, S. 167 ff
15. **Cheater**, Rural Development Policy, S. 17
16. H 31.5.1982

des Ministry of Lands, Resettlement and Rural Development gegenüber dem Vorjahr um 51,8% gekürzt (1). Daraufhin teilte der Staatssekretär im Ministry of Lands, Dr. L. Chitsike, mit, man habe angesichts des Fehlens finanzieller Mittel entschieden, im laufenden Haushaltsjahr keine neuen Resettlement-Projekte zu beginnen, sondern nur die bestehenden Projekte weiterzuführen. Minister Mahachi dementierte wenige Tage später etwas mehrdeutig, die Regierung beabsichtige nicht, das Resettlement-Programm zu unterbrechen (2). Die starken Haushaltskürzungen gerade in dem politisch so wichtigen Bereich der ländlichen Entwicklung zeigen, daß der Minister of Lands, Resettlement and Rural Development — auch wegen der Probleme des Resettlement-Programms — im Kabinett offenbar keinen starken Stand hat. Anfang August geriet das Umsiedlungsprogramm im Parlament von allen Seiten unter Beschuß: Wenn der Prozeß erfolgreich verlaufen solle, müßten drastische Änderungen stattfinden; es gebe Berichte, daß viele umgesiedelte Familien in die Communal Lands zurückkehrten; produktives Farmland werde zerstört und die staatliche Organisation des Prozesses habe große Mängel (3). Steckt das Resettlement-Programm nach drei Jahren in einer Sackgasse?

Sicher konnten hochgesteckte Erwartungen in die Landreform nach der Unabhängigkeit Zimbabwes nicht erfüllt werden. Die Umverteilung von Land schreitet nur sehr langsam voran. Daß die offizielle Zahl von 162.000 Familien in 3 Jahren umgesiedelt werden kann, glaubt auch im Ministry of Lands niemand ernsthaft. Die Dürre der letzten beiden Jahre hat die Situation beträchtlich erschwert. Nach Ablauf der drei Jahre — wobei dunkel gelassen wird, ab welchem Jahr genau diese Periode gerechnet wird — wird das Programm infolgedessen wohl verlängert werden. Das langsame Tempo der Umverteilung ist an sich kein Mangel: Landreformen sind keine einfach zu lösenden Aufgaben, und eine unorganisierte schnelle Umverteilung von Land alleine wäre die sicherste Gewähr dafür, daß sich die Situation der Siedler nicht dauerhaft verbessert. Was freilich das langsame Tempo des Resettlement zum Problem macht, ist die Tatsache, daß die intendierte Entlastung der CLs von Bevölkerungsdruck so nicht zu leisten ist; bisher wurde durch Resettlement kaum der laufende Bevölkerungszuwachs absorbiert.

Große Probleme wirft in den Resettlement-Gebieten die anfänglich geringe Produktivität der Landwirtschaft auf. Dies hängt zusammen mit mangelnder Kapitalausstattung der Siedler, mit dem Fehlen landwirtschaftlicher Qualifikationen, mit der häufig geringeren Bodenqualität und ungünstigen klimatischen Bedingungen, schließlich auch mit den technischen und organisatorischen Engpässen bei den staatlichen Stellen. Die Kategorie des 'un- und unterausgenutzten Landes' kann

1. Vgl. Kapitel 13.1. der Arbeit
2. H 12.8.1983, H 16.8.1983
3. H 3.8.1983

den Resettlementprozeß in dem erforderlichen Umfang sowohl quantitativ als auch unter qualitativen Gesichtspunkten nicht tragen. Es ist erkennbar, daß die Regierung nach Wegen sucht, den Erwerb von Land effektiver zu gestalten; scharfe Einschnitte in den weißen Farmsektor scheinen allerdings trotzdem kurzfristig unwahrscheinlich. Die Kosten des Resettlement sind sowohl infolge der Verfassungsregelung, daß nicht entschädigungslos enteignet werden darf, als auch infolge der umfangreichen infrastrukturellen Erschließungsmaßnahmen hoch. Es bleibt abzuwarten, inwieweit die zimbabwesche Regierung in Zukunft die erforderlichen Mittel aufbringen kann und will.

Gelingt es, die anfänglichen Produktivitätsprobleme zu überwinden, so können sich die Resettlement-Projekte zu einem lebensfähigen Bestandteil des Small Scale Commercial Sector der Landwirtschaft entwickeln. Es wird sich dann eine **relativ breite Kleinbauernschicht** unterhalb des Niveaus der PAs und oberhalb der CLs bilden. Dabei besteht auch innerhalb der Resettlement-Gebiete ein beträchtliches Differenzierungspotential in Abhängigkeit von Bodenbeschaffenheit, Klima, Anbauprodukten und landwirtschaftlichen Qualifikationen der Bauern. Sicher werden verstärkte Anstrengungen unternommen werden, **kollektive Organisationsformen** in den Resettlement-Sektor einzuführen. Zu welchen Ergebnissen dies führen wird, wird m.E. stark davon abhängen, inwieweit den Bauern die erwarteten Vorteile einsichtig gemacht werden können und inwieweit es gelingt, durch Verfügbarmachung von genügend Know how und Ausrüstung für Kooperativen die Produktivität der früher weißen Farm aufrechtzuerhalten.

Sozial und wirtschaftlich abheben werden sich unter diesen Voraussetzungen die Resettlement-Gebiete von den **Communal Lands**, denen der gesamte Umsiedlungsprozeß nicht viel nützt, weil die ursprünglich intendierte Entlastung von Überbevölkerung nicht stattfindet; die Umsiedlung findet in geringerem Umfang und langsamer statt als erforderlich und wird so durch das Bevölkerungswachstum aufgezehrt werden (4). Außerdem ist es schwer durchzusetzen und zu kontrollieren, daß die umgesiedelten Familien wirklich alle Landrechte in den CLs aufgeben. Der Dreijahresplan hält die wohl begrenzten Auswirkungen des Resettlement auf den Bevölkerungsdruck in den CLs erstmals klar fest: "Das Resettlement-Programm wird ein Stück weit dazu beitragen, die Ungleichheiten bei der Landverteilung zu beheben und den Bevölkerungsdruck in den Communal Lands zu mildern. Allerdings wird dieses Programm alleine keine dauerhafte Lösung für

4. vgl. auch **United States Agency for International Development** (im folgenden immer: **USAID**), An Assessment of the Agricultural Sector in Zimbabwe and Proposed Assistance Strategy for USAID, Salisbury April 1982, B-6

das Problem einer schnell wachsenden Bevölkerung bei begrenzter verfügbarer Landmenge bringen." (5) Dabei ist freilich die Grenze des verfügbaren Landes zunächst keine natürliche, sondern eine sozioökonomische. Ist der Ansatz des Resettlement-Programms im Ausgangspunkt egalitär — man will allen, die Land brauchen, dazu verhelfen —, so entwickelt das Programm aufgrund von 'Sachzwängen' der vorausgesetzten Wirtschafts- und Gesellschaftsstruktur und auf dieser Grundlage getroffenen politischen Entscheidungen eine starke Tendenz zurück zu der ursprünglich abgelehnten 'policy of stratification'. Eine Gegenkraft zu dieser Entwicklung bildet nur der beachtliche Druck, unter dem die Regierung gerade in der Landfrage seitens der eigenen Basis steht. Wenn T.R. Muzondo, Wirtschaftswissenschaftler im Ministry of Finance, Economic Planning and Development, schreibt: "Es ist offensichtlich, daß es im Agrarsektor der Zukunft weder ein einziges unimodales, bimodales oder sozialistisches landwirtschaftliches Entwicklungsmodell geben wird. Stattdessen wird es eine Kombination all dieser Modelle geben. Vielleicht ist es diese Verpflichtung, die Koexistenz einer solchen Vielfalt landwirtschaftlicher Modelle zuzulassen und sogar zu fördern, um dadurch den objektiven lokalen Bedingungen und den Erfordernissen von u.a. Wachstum mit Gerechtigkeit zu genügen, die die landwirtschaftliche Entwicklungsstrategie in Zimbabwe charakterisiert." (6), so kann man dies als sinnvollen Pragmatismus oder als den Versuch, Konzeptionslosigkeit als Strategie zu verkaufen, interpretieren. Das eigentliche Problem scheint mir jedoch zu sein, daß hinter einem solchen 'multimodalen' Landwirtschaftssystem die alte 'policy of stratification' sich durchsetzt und der hochgehaltene Anspruch auf 'Equity' nicht eingelöst werden kann, weil sich die Situation der meisten Menschen, die vorher am unteren Ende der sozialen Skala plaziert waren, nicht wesentlich verändert.

Riddell hat die Folgen einer privatwirtschaftlich orientierten Landreform mit begrenzter und ungleicher Umverteilung weißen Farmlandes in Kenia dargestellt: "Von insgesamt etwa 1,2 Mio Bauern in Kenia waren 1969 225 000 entweder Farmer oder erfolgreiche Kleinbauern, die von der Landpolitik des Settlement und der Registrierung profitiert hatten. Die nächsten 250 000 waren weniger erfolgreich, wurden aber nicht als arm eingestuft. Die restlichen 620 000 Bauern, über die Hälfte der Gesamtzahl, waren, was die ILO-Mission als die ländlichen Armen bezeichnete. Sie haben nicht von der Landpolitik profitiert und es fehlt ihnen im allgemeinen an Mitteln, die Produktivität ihres Landes mehr als nur geringfügig zu steigern." (7) Die kenianische Landpolitik zitierte Riddell als " die Art von

5. **Republic of Zimbabwe**, TNDP Vol. I, S. 61
6. **Muzondo, Timothy R.**, Planning Economic Growth with Equity. The Relevance of Rural Development, Paper to the ZES Conference on Rural Development, Harare 8. - 10.6.1981, S. 11
7. **Riddell**, Land Problem, S. 90

Politik, die eine Landreformstrategie für Zimbabwe vermeiden sollte." (8)

Wenn das Resettlement-Programm die beabsichtigte Entlastung der CLs nicht leisten wird, so stellt sich um so dringlicher die Frage, welche Konzepte ländlicher Entwicklung für die Communal Lands es in Zimbabwe gibt (9). Die Untersuchung kann kurz gehalten werden, weil die Entwicklung eigener Vorstellungen der zimbabweschen Regierung in Abhebung von den Programmen von 1978/79 nur langsam anlief.

11.5. Entwicklung in den Communal Lands

Das erste große auf ländliche Entwicklung bezogene Programm war in Zimbabwe nach der Unabhängigkeit der Wiederaufbau, das Reconstruction Programme. Als zweites, obwohl gleichzeitig, konzentrierte die Regierung sich auf das Resettlement. Programme zur Entwicklung der CLs standen demgegenüber zunächst zurück. Ende 1982 kündigte Minister Mahachi dann "die Neuplanung und Neuentwicklung aller Communal Areas" (1) als drittes Programm für ländliche Entwicklung an. In dieser Phase, so Mahachi, werde auch das System der Agrarverfassung reformiert werden. Unterstaatssekretär Paraiwa teilte mit, dieses Replanning werde insgesamt mehr Mittel erfordern als das Resettlement (2).

Bekannt sind die großen Anstrengungen, die im Bereich des Schulwesens und der Gesundheitsversorgung auch in den CLs unternommen werden. Die Bereitstellung dieser 'sozialen Dienstleistungen' ist ein wesentlicher Bereich, der zu ländlicher Entwicklung gehört, muß aber untermauert sein von einer entsprechenden Verbesserung der produktiven Kapazitäten. Weiter oben habe ich dargestellt, wie einzelne Konzepte für ländliche und landwirtschaftliche Entwicklung aus älteren Strategien und Entwicklungsplänen stammen, die nach der Unabhängigkeit Zimbabwes zunächst in wesentlichen Bestandteilen übernommen wurden. Diese verschiedenen Konzepte brauchen hier nicht ausführlich wiederholt zu werden. Die Förderung von Growth Points wird von der zimbabweschen Planung weiterverfolgt; man arbeitet an Plänen für ländliche Gewerbeförderung und Dezentrali-

8. ebd. S. 91
9. vgl. **IFAD 1981**, S. 124: "Population increase and the constraints on land available for resettlement will mean, however, that the major effort in rural development will need to be made in the communal areas, both to achieve production increases and to conserve existing resources."
1. H 9.11.1982
2. H 20.9.1982, S. 1

sierung von Industrie (3). Eine Small Enterprise Development Corporation (SEDCO) wurde im Ministry of Trade and Commerce eingerichtet und soll den Aufbau kleiner, privater oder kooperativ organisierter ländlicher Handels- und Gewerbebetriebe unterstützen (4). Das Ministry of Construction setzt auf die Ausbreitung von Baugewerbe in den ländlichen Gebieten durch die Förderung des Zusammenschlusses von Bauhandwerkern in Bau-Kooperativen und die Vergabe öffentlicher Aufträge an ländliche 'Baubrigaden', die die vorhandenen Qualifikationen der ländlichen Bevölkerung in diesem Bereich nutzen, Bauarbeiten verbilligen und Arbeitsplätze schaffen sollen (5). All dies sind nicht mehr als einzelne Ansätze, und die Strategie ländlicher Gewerbeförderung und Dezentralisierung von Industrie wird Konzepte entwickeln müssen, wie sie das Hindernis, daß "Erfolge bei der ländlichen Entwicklung oft sehr langsam eintreten und diese deshalb nicht sehr attraktiv für Investitionen ist" (6), überwinden kann.

Eine wesentliche Voraussetzung für Produktivitätssteigerungen in der afrikanischen Landwirtschaft Zimbabwes ist, daß Kreditmittel für die afrikanischen Bauern verfügbar gemacht werden. Die Entwicklung des weißen Farmsektors in der Vergangenheit beruhte u.a. auf reichlicher staatlicher Förderung, von der die afrikanischen Bauern ausgeschlossen waren. In den vergangenen Jahren wurden erstmals ernsthafte Anstrengungen gemacht, den Bauern Kredite aus öffentlichen Mitteln verfügbar zu machen. Freilich sind die bereitgestellten Mittel bisher ein Tropfen auf den heißen Stein; in Zusammenhang mit dem Replanning der CLs wird auch ein entsprechendes umfangreicheres Kreditprogramm geplant werden müssen. Die 1971 gegründete Agricultural Finance Corporation (AFC), deren Funktion zunächst ausschließlich war, dem weißen Farmsektor öffentlich organisierten Kredit zu beschaffen, betrieb seit 1978 ein Small Farm Credit Scheme, das im ersten Jahr nur Purchase Area-Farmern zugute kam und dann seit 1979 auch auf Communal Land-Farmer ausgedehnt wurde. Die Zahl der Bauern in den CLs, die Mittel aus diesem Projekt erhielten, stieg seit der Unabhängigkeit schnell: Waren es 1979/80 noch 2 800 gewesen, so erhielten 1980/81 schon 18 000, 1981/82 30 500 CL-Bauern AFC-Kredite. Für 1982/83 sollten es 40 000 sein.

3. vgl. **Ministry of Trade and Commerce**, Pilot Survey: Small Business Development — Final Report, Harare 26.1.1982 (unveröffentlicht); **dass.**, Project for the Development of Small Scale Commercial and Industrial Enterprises in Zimbabwe, Harare 17.5.1982 (unveröffentlicht); **Nyambuya, M.M.**, Industrial Decentralization in Zimbabwe. Past und Future Policy. Paper to the UN Interregional Seminar on Decentralization for Development, Khartoum 14. - 18.9.1981
4. H 7.9.1982, S. 3; H 8.10.1982, S. 1
5. H 19.8.1982, S. 9
6. **Beaumont, C.**, The Human Factor in Rural Development, S. 9 in: Zimbabwe Rhodesia Science News 1980, S. 7ff

Während aus dem Small Farm Credit Scheme 1979/80 1 600 PA-Farmer insgesamt 1,2 Mio Dollar und 2 800 CL-Bauern insgesamt 0,5 Mio Dollar erhielten, sah die Planung für 1982/83 vor, 4 000 PA-Farmern 5,0 Mio Dollar und 40 000 CL-Bauern 15,7 Mio Dollar Kredit zu geben (7). Die 40 000 CL-Bauern sind freilich nur gut 5% der Farmer in den Communal Lands, und die Kreditvergabe durch die AFC richtet sich vor allem an die wenigen als kreditwürdig angesehenen Bauern, rund 8 - 10% der CL-Bauern, meist wohl Master Farmer. Inwieweit die restlichen erreicht werden können, wird in Zukunft stark von der Organisation von Genossenschaften abhängen (8).

Die Intensive Rural Development Areas (IRDAs), die die ZIMCORD-Dokumentation noch aus alten Plänen übernahm, sind inzwischen aus der Diskussion. Das Replanning soll demgegenüber eine einheitliche Gesamtplanung der ländlichen Entwicklung in den CLs leisten. Die Bausteine einer solchen Strategie werden jedoch notwendigerweise dieselben sein wie die im IRDA-Konzept vorgeschlagenen. Voraussetzung für eine solche einheitliche Gesamtplanung ist die Schaffung einer zentralen Rahmenkompetenz für ländliche Entwicklung. Vielfältige Umstrukturierungen der Institutionen, die mit ländlicher Entwicklung zu tun haben, nach der Unabhängigkeit waren mit einem längeren Gerangel um Kompetenzen verbunden, das sich für die Planung als sehr hinderlich erwies. Inzwischen wurde eine Rahmenkompetenz im Ministry of Lands, Resettlement and Rural Development angesiedelt; hier wird auch an einem Konzept des Replanning gearbeitet.

7. **Mombeshora**, Agricultural Policy, S. 127
8. **IFAD 1981**, S. 84; vgl. ebd.: "In order to keep costs low, it is intended that the AFC should endeavour to become a wholesaler rather than a retailer, by lending to farmer groups, cooperatives and on a project basis, rather than directly to individual farmers."

Kapitel 12:
Staat und Arbeiterklasse —
Einkommenspolitik und die staatliche Organisierung der Arbeitsbeziehungen

Die Situation der afrikanischen Arbeiter, vor allem der ärmsten Gruppen unter ihnen, der Farm-, Haushalts- und Bergarbeiter, ist ein Ansatzpunkt einer Politik,
die die Befriedigung von Grundbedürfnissen für alle sicherstellen will. In Kapitel
10 ist das von der Riddell-Kommission entworfene Modell einer geplanten, stufen-
weisen gesellschaftlichen Einkommensumverteilung durch Anhebung der unteren
Lohneinkommen auf das Niveau der Poverty Datum Line dargestellt worden. Dabei ging es in diesem Modell nicht nur um Einkommen und soziale Sicherheit der
Arbeiterfamilien als solche, sondern mitgedacht war immer eine Veränderung der
Strukturbeziehung zwischen modernem Sektor und Bauernsektor, ein Abbau der
'Subventionierung' von Lohnarbeit durch den Bauernsektor als Voraussetzung für
ländliche Entwicklung. Die Einkommenspolitik der zimbabweschen Regierung
nach der Unabhängigkeit ist im folgenden zu untersuchen. Weitergehend ist zu
fragen, inwieweit die afrikanische Arbeiterklasse, die in der Vergangenheit nur
schwach gewerkschaftlich organisiert war und einer repressiven Arbeitsgesetzgebung unterlag, sich zu einer gesellschaftlichen Kraft entwickelt, die politischen
Absichtserklärungen in bezug auf grundlegende soziale Reformen das nötige Gewicht zu verleihen imstande ist, und inwieweit die Regierung Zimbabwes eine
solche Entwicklung der Gewerkschaften nach der Unabhängigkeit zu fördern suchte.

12.1. Die Entwicklung der staatlichen Einkommenspolitik

Im Sektor lohnabhängiger Beschäftigung wurden nach der Unabhängigkeit Zimbabwes einige Anstrengungen unternommen, die Einkommen vor allem der unteren Einkommensgruppen zu erhöhen. Dabei wurden sicher Verbesserungen für
die ärmsten Teile der Arbeiterklasse erreicht; gleichzeitig zeigte sich jedoch auch,
daß die Spielräume für Umverteilung im Rahmen des zimbabweschen Entwick-
lungsmodells begrenzt sind: Wachstums- und Umverteilungspolitik gerieten schnell
in Konflikt miteinander. Die wichtigsten Instrumente staatlicher Einkommenspolitik waren die Setzung von Mindestlöhnen und ein eineinhalbjähriger Lohnstop,
die direkte und indirekte Besteuerung und schließlich die Beeinflussung der Preise
durch Preiskontrollen und Preisstop. Dabei suchte die Regierung die Realeinkommen gerade der unteren Gruppen der afrikanischen Arbeiterschaft durch die Einführung gesetzlicher Mindestlöhne, anfängliche Erleichterungen bei den indirekten Steuern, Preiskontrollen und wachsende Subventionen im Grundnahrungsmittelbereich spürbar zu steigern. Schon im Jahr nach der Unabhängigkeit begannen dann freilich mit der Suche nach höheren Staatseinnahmen die Politik stärkerer Besteuerung auch der unteren Einkommensgruppen und der Abbau der

Subventionen. Daß Zimbabwe nach zwei Jahren schnellen Wachstums in die Welt-rezession hineingezogen wurde, verengte zusätzlich die Spielräume der Lohnpoli-tik: starken Preiserhöhungen stand ein von der Regierung verfügter Lohnstop von Anfang 1982 bis Mitte 1983 gegenüber. Die wesentlichen politischen Maßnahmen seit der Unabhängigkeit werden im folgenden chronologisch dargestellt.

Kurz nach der Unabhängigkeit Zimbabwes traf die neu ins Amt gekommene Re-gierung eine Reihe von Sofortmaßnahmen, mit denen sie auf die hochgesteckten Erwartungen ihrer afrikanischen Basis, die sich in einer das ganze Land erfassen-den Streikwelle ausdrückten, reagierte. Der neue Finanzminister E. Nkala stellte noch im April 1980 ein sogenanntes 'Mini-Budget', das die Situation der Ein-kommensschwachen unmittelbar verbessern und damit ein Signal setzen sollte, vor. Die Umsatzsteuer wurde von 15% auf 10% verringert; für Margarine, Kochöl, Zucker und Tee wurde sie ganz abgeschafft. Die damit verbundenen Einnahme-verluste (1) suchte Nkala durch Verbrauchssteuererhöhungen für Bier, verschiede-ne andere Alkoholika und Tabakwaren, sowie durch die Anhebung des Einkom-menssteuerzuschlags von 5% auf 10% auszugleichen (2). Der Höchstsatz der die oberen Einkommensgruppen betreffenden Personen- wie auch der Unterneh-mens-Einkommenssteuer wurde damit von 45% auf 49,5% angehoben (3).

Den nächsten Schritt der staatlichen Einkommenspolitik bildete die Einführung all-gemein geltender **Mindestlöhne** durch den Minimum Wages Act und die Minimum Wages (Specification of Minimum Wages) Notice. Der **Minimum Wages Act** (No. 4 of **1980**), der zum 1. Juli 1980 in Kraft trat, ermächtigte den Arbeitsminister, durch Bekanntmachung in der Regierungs-Gazette die Zahlung von Mindestlöh-nen für zu definierende Beschäftigtengruppen ohne Diskriminierung nach Rasse, Geschlecht und Alter anzuordnen (4); das Gesetz verbietet, Arbeiter wegen der Einführung von Mindestlöhnen zu entlassen (5). Daneben enthält es ein allge-

---

1. Die **indirekte Besteuerung** ist eine wichtige Einnahmequelle des Staates: Die Umsatzsteuer machte im Haushaltsjahr 1979/80 rd. 25%, 1980/81 rd. 19% der laufenden Einnahmen aus. Insgesamt zahlten zahlenmäßig wenig Personen überhaupt Einkommenssteuer: Im Steuerjahr 1978/79 zahlten 87 718 Einzel-personen Einkommenssteuer, 1980/81 waren es 90 042. Vgl. **Baumhögger**, Ent-wicklungsplanung, S. 310 sowie Zimbabwe, Income Tax Statistics Fiscal Year 1980/81, Harare April 1982. Die **Einkommenssteuer** zerfällt in Zimbabwe in die Personen-Einkommenssteuer (personal income tax) und die Unternehmenssteuer (company income tax).
2. Guardian 24.4.1980; **Baumhögger**, Entwicklungsplanung, S. 310 f
3. Financial Mail 4.7.1980, S. 34
4. Minimum Wages Act. No. 4 of 1980, Section 3
5. Vgl. ebd.: "7. (1) No employer shall, otherwise than in terms of an exemption

meines Verbot, bei der Lohnhöhe nach Alter, Geschlecht und Rasse zu diskriminieren (6). In die Praxis umgesetzt wurde die Mindestlohngesetzgebung durch die **Minimum Wages (Specification of Minimum Wages) Notice** (S.I. 367 of 1980), die ebenfalls zum 1. Juli 1980 in Kraft trat. Diese schreibt vor, daß Haushaltsarbeitern und Landarbeitern ein Mindestlohn von 30 Dollar monatlich zu zahlen ist, Bergarbeitern 43 Dollar — wobei hier zusätzliche 27 Dollar für die Bereitstellung von Wohnraum, Verpflegung u.a. schon angerechnet sind — ; schließlich soll der Mindestlohn in den anderen Wirtschaftsbereichen, also vor allem in Handel und Industrie, 70 Dollar monatlich betragen. Die Sätze in Bergbau, Handel und Industrie sollen zum 1. Januar 1981 um 15 Dollar auf 58 Dollar bzw. 85 Dollar erhöht werden (7). Nach Inkrafttreten der Erhöhung zum 1.1.1981 wurde der Mindestlohn im Bergbau noch einmal zum 1. Mai 1981 von 58 Dollar auf 85 Dollar heraufgesetzt (8).

Das Neue an diesen Maßnahmen war nicht der Mindestlohn als solcher, sondern daß durch Gesetz für alle Wirtschaftsbereiche geltende Mindestlöhne eingeführt wurden. Im Geltungsbereich des Industrial Conciliation Act waren schon vorher industriespezifische Mindestlöhne in den Industrial Councils vereinbart oder aufgrund von Industrial Board-Empfehlungen vom Arbeitsminister festgesetzt worden. Land- und Haushaltsarbeiter, d.h. knapp die Hälfte der afrikanischen Arbeiterklasse, waren jedoch in diesen Bereich nicht einbezogen worden (9). Landarbeiter waren kurz vor der Unabhängigkeit Zimbabwes unter Muzorewa zum 1.1.1980 durch die Agricultural Industry Employment Regulations (S.I. 917 of 1979) einbezogen worden, und es war erstmals ein landwirtschaftlicher Mindestlohn von 20 Dollar für erwachsene männliche Arbeiter, 10 Dollar für Frauen und Jugendliche von 16 bis 19 Jahren und 5 Dollar monatlich für Jugendliche unter 16 Jahren festgelegt worden (10). Der nun neu eingeführte einheitliche Mindestlohn für Landarbeiter

granted to him in terms of subsection (2), terminate the services of an employee solely on the ground of a requirement to pay him a minimum wage in terms of a minimum wage notice."
6. ebd. Sect. 8
7. Minimum Wages (Specification of Minimum Wages) Notice, S. I. 367 of 1980, Section 4
8. Wegen Mißbräuchen erfolgte der vorherige Abzug von 27 Dollar für Sachleistungen dann nicht mehr automatisch, sondern Abzüge wurden zum Gegenstand von Verhandlungen (vgl. Minimum Wages (Specification of Minimim Wages) (Amendment) Notice, 1981 (No. 6) (S.I. 169 of 1981); sowie Department of Information, Press Statement 222/81/SFS vom 24.3.1981, "Minimum Wage Amendments").
9. vgl. zur Arbeitsgesetzgebung Kapitel 5.1. der Arbeit
10. vgl. **Riddell-Report** S. 55, Fußnote 11

von 30 Dollar bildete demgegenüber eine starke Verbesserung (11). Erstmals wurden im Juli 1980 Mindestlöhne eingeführt für Haushaltsarbeiter. Auch hier bildeten die 30 Dollar monatlich eine Verbesserung, wenn auch sicher nicht für alle Arbeiter (12).

Geringere Bedeutung als in diesen traditionellen Niedrigstlohnbereichen kommt der Gesetzgebung im industriellen und Handelssektor zu, wo die meisten Arbeiter schon vorher mehr als den Mindestlohn verdienten. Aber auch hier sind die gesetzlichen Mindestlöhne als Schutz für die am niedrigsten bezahlten Gruppen und als Untergrenze der auszuhandelnden Lohnstruktur relevant (13). Das Verbot, Arbeiter wegen der neuen Mindestlöhne zu entlassen, griff natürlich nicht. Vielmehr gab es viele Entlassungen kurz vor Inkrafttreten des Gesetzes (14), aber auch später; hiervon waren vor allem Land- und Haushaltsarbeiter betroffen, was noch einmal darauf verweist, daß in diesen Bereichen die Gesetzgebung die stärksten Veränderungen zur Folge hatte (15).

Ende Juli 1980 stellte Finanzminister E. Nkala den ersten regulären **Haushalt** Zimbabwes für das Haushaltsjahr **1980/81** vor (16). Zusätzlich zu den Maßnahmen des 'Mini-Budgets' vom April schaffte er die Umsatzsteuer nun auch für

11. Die Riddell-Kommission urteilte: "There can be little doubt that the Minimum Wages Order (S.I. 367 of 1980) had a direct bearing on the conditions of pay for most workers in the agricultural sector." (ebd. S. 55)
12. vgl. Kapitel 5, Tabelle 26 zur Entwicklung der Reallöhne
13. Zur Bedeutung der Mindestlöhne in Handel und Industrie vgl. Arbeitsminister Kangai: "An analysis of the minimum wages fixed by industrial agreements and regulations shows a range from Dol 30 a month to over Dol 100 a month for the labourer grade with 55 of the 68 industrial boards having a minimum of less than Dol 70 a month." "Although many firms are paying in excess of the statutory minimum fixed for the particular industry or undertaking there are some who pay the bare minimum. It is in this area, therefore, that steps must be taken to ensure that the labourer grade receives a reasonable wage." (H 14.6.1980)
14. Guardian 7.7. 1980
15. ebd.; zur Beschäftigungswirkung der Mindestlohngesetzgebung im Bereich der Farmarbeit vgl. auch: **Muir, Kay A.**, Minimum Wages in Zimbabwe. Case Study of Family Earnings on a Flue-cured Tobacco Farm; in: Zimbabwe Agricultural Journal Vol. 79,4 (1982), S. 115 - 117; sowie **Muir, Kay A./ Blackie M.J. u.a.**, The Employment Effects of 1980 Price and Wage Policy in the Zimbabwe Maize and Tobacco Industries, in: African Affairs 1982.
16. FT 25.7.1980; das zimbabwesche Haushaltsjahr (financial year) beginnt am 1. August, im Unterschied dazu das Steuerjahr (tax year) am 1. April.

Frischfisch, Milchprodukte und Paraffin ab (17). Längerfristig war jedoch eine Verbilligung von Konsumgütern durch staatlichen Verzicht auf Umsatzsteuereinnahmen nicht durchzuhalten; im Gegenteil mußten die schnell anwachsenden Staatsausgaben gerade im sozialen Bereich und das ebenso wachsende Haushaltsdefizit zur Suche nach alten und neuen Quellen staatlicher Einnahmesteigerung führen. Anfang 1981 wurde so der obere Einkommensgruppen betreffende Einkommenssteuerzuschlag zum April 1981 erneut, diesmal von 10% auf 15%, erhöht, was die steuerliche Spitzenbelastung auf 51,75% brachte. Ebenfalls wurden die Verbrauchssteuern auf Bier, Alkoholika und Tabakprodukte noch einmal heraufgesetzt (18).

Stärkere Steuererhöhungen, die nun auch untere Einkommensgruppen wieder betrafen, brachte der **Haushalt 1981/82**, der Ende Juli 1981 vorgestellt wurde. Die Umsatzsteuer stieg wieder allgemein von 10% auf 12%, bei Motorfahrzeugen, Möbeln und einigen anderen langlebigen Gebrauchsgütern auf 15%; die von der Umsatzsteuer befreiten Produkte blieben jedoch ausgenommen. Abgaben auf Benzin stiegen an, eine Kapitalgewinnsteuer auf Immobilien u.a. sowie eine 20%ige Besteuerung von an inländische Anteilseigner gezahlten Dividenden wurden eingeführt. Dem Einsparen von Devisen dienten die Kürzung der Devisenzuteilungen für Auslandsurlaube sowie die Erhebung einer Importzusatzabgabe von 5% (19).

Ende 1981 tat die zimbabwesche Regierung weitere wichtige Schritte in der Lohn- und Preispolitik. Daß die eingeführten Mindestlöhne schrittweise weiter erhöht würden, wurde allgemein erwartet und war auch von Premierminister Mugabe schon angekündigt worden. Im Juni 1981 hatte die Riddell-Kommission ihren Bericht dem Präsidenten übergeben; bezüglich der Lohnpolitik hatte sie empfohlen, daß die Löhne prinzipiell in freien Tarifverhandlungen im Rahmen einer staatlichen Einkommenspolitik bestimmt werden sollten (20). Anfang Dezember veröffentlichte Mugabe nach längerem regierungsinternen Diskussionsprozeß die offizielle Reaktion auf die Riddell-Empfehlungen; er stimmte der allgemeinen lohnpolitischen Empfehlung der Kommission zu, unterstrich jedoch die Rolle, die die staatliche Lohnpolitik als Rahmen der Tarifverhandlungen spielen solle (21). Dissens äußerte Mugabe in bezug auf das von der Kommission entworfene Modell stufenweiser Erhöhung der Mindestlöhne auf die Poverty Datum Line,

17. **Baumhögger**, Entwicklungsplanung, S. 310
18. H. 31.1.1981; **Baumhögger**, Entwicklungsplanung, S. 310 f
19. H. 31.7.1981; **Baumhögger**, Entwicklungsplanung, S. 310 f
20. **Riddell-Report** S. 86
21. **Department of Information**, Press Statement 1029/81/DB vom 3.12.1981, "Prime Minister on Commission of Inquiry into Incomes, Prices and Conditions of Service", S. 4

indem er sich gegen die Orientierung an der PDL als alleinigem Maßstab wandte (22). Hatte noch im Juli 1981 der Arbeitsminister die von der Riddell-Kommission empfohlenen Mindestlohnerhöhungen als zu niedrig kritisiert und den Gewerkschaften eine schnellere Erhöhung versprochen (23), so bedeutete die nun von Mugabe veröffentlichte Regierungslinie eine Aufweichung des Kommissions-Modells. Die Grenze von Einkommensumverteilung an gesamtwirtschaftlichen Wachstumsdaten, die die kapitalistische Entwicklung des modernen Wirtschaftssektors setzt, wird in solchen Formulierungen der Regierungsprogrammatik deutlich.

Mit dem lohn- und preispolitischen Maßnahmenbündel der zimbabweschen Regierung vom Dezember 1981 wurden die Mindestlöhne zum Januar 1982 angehoben und gleichzeitig eine Beschränkung für die allgemeine Lohn- und Gehaltsentwicklung eingeführt. Die Preise — und später dann auch die Wohnungsmieten — wurden vorübergehend eingefroren. Die **Minimum Wages (Specification of Minimum Wages) Notice, 1981** (S. I. 925B of 1981), die der Premierminister am 3. Dezember bekanntmachte, setzte die gesetzlichen Mindestlöhne zum Januar neu fest auf 50 Dollar für Land- und Haushaltsarbeiter und 105 Dollar für Arbeiter in Handel und Industrie einschließlich Bergbau; die Löhne stiegen damit um nominell 66% bzw. 23,5%. Mugabe hielt jedoch trotz dieser Steigerungsrate fest: "Das hebt das Einkommen des Arbeiters allerdings nicht bis zur oder über die Poverty Datum Line, was die Intention der Regierung ist." (24) Er forderte gleichzeitig von den Arbeitern, die Lohnsteigerungen mit erhöhter Arbeitsproduktivität zu beantworten (25). Die Reaktionen der Wirtschaft auf die Mindestlohnerhöhungen waren kritisch; vor allem CFU-Präsident J. Sinclair beklagte, daß die Regierung nicht dem Riddell-Vorschlag einer geplanten und vorab bekanntgegebenen zeitlichen Staffelung der Erhöhungen gefolgt sei. Ebenso ablehnend äußerte sich der Handelsverband Associated Chambers of Commerce of Zimbabwe (ACCOZ), der anmeldete, man müsse die zusätzlichen Belastungen auf die Preise abwälzen und damit implizit eine Lockerung der Preiskontrollen, die gerade nicht Absicht der Regierung war, forderte (26).

Die **Emergency Powers (Control of Salary and Wage Increases) Regulations, 1981** (S.I. 925A of 1981), die der Premierminister gleichzeitig mit den Mindestlohner-

22. vgl. Kapitel 10.3. der Arbeit
23. **Department of Information**, Press Statement 546/81/RH vom 22.7.1981, "Minister of Labour speaks on Riddell Report", S. 3 f
24. **dass.**, Press Statement 1030/81/WF vom 3.12.1981, "Statement by Prime Minister on Minimum Wages and Pay Restraints", S. 2
25. ebd. S. 2
26. vgl. T 5.12.1981, S. 4

höhungen ankündigte und die zum 25. Dezember in Kraft traten, benutzten Vollmachten aufgrund des Ausnahmerechts, um den allgemeinen Lohn- und Gehaltszuwachs zu kontrollieren. Privaten und öffentlichen Arbeitgebern wird verboten, Lohnerhöhungen über ein bestimmtes Maximum hinweg vorzunehmen. Die Maxima sind nach Einkommensgruppen gestaffelt und reichen von 23,5% in der Gruppe bis zu 1 200 Dollar Jahreseinkommen bis zu 1% bei 18 000 bis 20 000 Dollar; bei Einkommen von mehr als 20 000 Dollar jährlich darf keine Steigerung stattfinden (27). Nach einer in diesem Rahmen Anfang 1982 durchzuführenden Lohnerhöhung darf bis auf weiteres keine zusätzliche vorgenommen werden (28). Mugabe begründete die Maßnahmen zum einen mit dem politischen Ziel der Verringerung der Einkommensdifferentiale, die auch die Riddell-Kommission empfohlen hatte. Über den Vorschlag der Kommission, die den Spitzenverdienern wenigstens noch einen Inflationsausgleich geben wollte, geht die Verordnung jedoch hinaus. Zum anderen argumentierte Mugabe vom Erfordernis der Inflationsbekämpfung her, daß "unter den gegenwärtigen ökonomischen Umständen eine gewisse Beschränkung des allgemeinen Einkommensanstiegs notwendig ist" (29). Während die Staffelung der Lohnerhöhung reale Verluste für die oberen Einkommensgruppen mit sich brachte, betraf der dann seit Anfang 1982 bestehende und erst Mitte 1983 partiell durchbrochene Lohnstop alle Gruppen und war mit einem beträchtlichen Wertverlust auch der Mindestlöhne verbunden.

Dem Problem des Kaufkraftverlustes der erhöhten Löhne suchte die zimbabwesche Regierung mit einem befristeten allgemeinen Preisstop, der Zeit für die Überholung des Preiskontrollsystems schaffen sollte, entgegenzutreten. Wieder aufgrund von Ausnahmerechts-Vollmachten wurden mit der **Emergency Powers (Prices Stabilization) Order, 1981** (S.I. 925 of 1981) alle Fabrik-, Großhandels- und Einzelhandelspreise bis Ende März 1982 auf dem Stand vom 17. Dezember 1981 eingefroren; der Stop wurde dann noch einmal um einen Monat verlängert (30) bis zum Inkrafttreten eines neuen, verstärkten Preiskontrollsystems.

Neben einem Bereich indirekten, aber wirksamen staatlichen Einflusses auf die Konsumentenpreise durch die Setzung landwirtschaftlicher Produzentenpreise seitens der parastaatlichen Marketing Boards sowie die staatliche Beeinflussung von Eisenbahn- und Stromtarifen und Kohlepreis gehörte ein System direkter staatlicher Preiskontrollen zu dem Erbe, das Zimbabwe von der weißen Siedlerherrschaft

---

27. Emergency Powers (Control of Salary and Wage Increases) Regulations (S.I. 925A of 1981), Sect. 4, Schedule 2 sowie Sect. 7
28. ebd. Sect. 6 und 9
29. **Department of Information,** Press Statement 1030/81/WF, S. 1
30. vgl. Emergency Powers (Prices Stabilization) (Amendment) Order (No. 1) (S.I. 207A of 1982)

übernahm. Dieses **alte Preiskontrollsystem** differenzierte zwischen unkontrollierten Waren, 'spezifischen' und 'allgemeinen' Preiskontrollen. Unkontrolliert waren der Second Hand-Verkauf, zubereitete Speisen und Getränke sowie andere Dienstleistungen. Eine Reihe von Preisen unterlag 'spezifischer' staatlicher Kontrolle, so u.a. die Einzelhandelspreise von Zucker, Brot, später auch von Rindfleisch und Benzin, die Großhandelspreise von Maismehl und klarem (d.h. 'europäischem') Bier (31). Die Preise dieser und einiger weiterer Waren wurden direkt durch staatliche Verordnungen festgesetzt. Alle Waren, die nicht unkontrolliert oder spezifisch kontrolliert waren, unterlagen einer 'allgemeinen' Preiskontrolle, die bestimmte, daß die prozentualen Aufschläge auf die Fabrikausgangs- bzw. Ladeneingangspreise nicht höher als zu einem Stichtag (zuletzt: 1. September 1975) sein durften (32).

Das Preiskontrollsystem arbeitete also im wesentlichen durch die Begrenzung von Aufschlägen; dies bezeichnete der zu dieser Zeit das Handelsressort mitverwaltende Minister B. Chidzero als inadäquat und überholungsbedürftig. Er kündigte gleichzeitig mit dem Preisstop die Verstärkung der Preiskontrollbehörde im Handelsministerium zur praktischen Durchsetzung der Kontrollen (33) und die Einrichtung eines Prices Board als Beratungsorgan für den Minister of Trade and Commerce an (34). Mit der Überarbeitung des Preiskontrollsystems folgte die Regierung wieder in der Tendenz der Riddell-Kommission, die — entgegen der Auffassung der Confederation of Zimbabwean Industries (CZI) und der Associated Chambers of Commerce of Zimbabwe (ACCOZ) — gesagt hatte, Preiskontrollen seien als Gegenkraft gegen den hohen Monopolisierungsgrad der zimbabweschen Wirtschaft notwendig, und während einer Übergangsperiode der Einkommensumverteilung müsse größtmögliche Preisstabilität gesichert werden. Die Kommission hatte daher eine Verstärkung der Preiskontrollbehörde und falls nötig Korrekturen am System empfohlen (35).

Das neue System 'allgemeiner' Preiskontrollen wurde zum Mai 1982 durch die **Control of Goods (Price Control) Order, 1982** (S.I. 263 of 1982) eingeführt. Ausgenommen aus dem Geltungsbereich der Verordnung sind die vorher unkon-

---

31. **Riddell-Report** S. 63
32. ebd. S. 64; vgl. auch H 18.12.1981
33. Eine Voraussetzung verbesserter praktischer Durchsetzung der Preiskontrollen wurde schon Ende 1980 mit der Verpflichtung der Einzelhändler, Warenpreise auszuzeichnen, durch die Control of Goods (Display of Prices) Order, 1980 (S.I. 743 of 1980) geschaffen.
34. **Department of Information**, Press Statement 1093/81/RH vom 17.12.1981, "Prizes frozen until March", S. 1 f; vgl. auch H 18.12.1981
35. **Riddell-Report** S. 196 und 198

trollierten und die 'spezifisch' kontrollierten (36) Waren; hier bleiben die alten Regelungen bestehen. Verstärkt werden die 'allgemeinen' Preiskontrollen: die Aufschläge auf Produktions- oder Einkaufspreise bleiben zu einem Stichtag (nun dem 1.12.1981) fixiert (37). Darüber hinaus gelten Sonderregelungen für verschiedene Produktgruppen: für einige als lebenswichtig bezeichnete Produkte besteht ein faktischer Preisstop bei Produzenten- und Handelspreisen (38). Andere Produzentenpreise dürfen nur mit ministerieller Genehmigung angehoben werden (39); für eine letzte Gruppe schließlich werden maximale, aber vom Stichtag unabhängige, prozentuale Aufschläge der Groß- und Einzelhändler fixiert (40). Insgesamt gesehen wurden so in das allgemeine Preiskontrollsystem eine Reihe direkterer Kontrollmechanismen eingebaut, ohne daß das System grundsätzlich verändert worden wäre. Ergänzend zu den genannten Warenpreisen wurden im März 1982 die Wohnungsmieten durch die **Emergency Powers (Control of Residential Rent) Regulations** (S. I. 160 of 1982) rückwirkend zum 1. Januar eingefroren. Ende September lösten dann Mietkontrollregelungen, denen zufolge vier regionale Rent Control Boards über alle Anträge auf Mieterhöhungen entscheiden und gleichzeitig Wohnungskündigungen kontrollieren, den Stop ab (41).

Der erstmals von dem zum Doppelminister of Finance, Economic Planning and Development avancierten B. Chidzero vorgelegte **Haushalt für 1982/83** fuhr auf dem einmal eingeschlagenen Weg der Suche nach höheren Staatseinnahmen fort. Die Umsatzsteuer wurde von 12% auf 15% erhöht und erreichte damit wieder den zunächst abgebauten Stand vom April 1980; langlebige Konsumgüter wurden sogar auf 18% heraufgesetzt. Ausgenommen von der Umsatzsteuerpflicht blieben jedoch die nicht besteuerten Grundnahrungsmittel. Die Personen-Einkommensteuer stieg nur in der obersten Einkommensgruppe von 51% auf nun 60%; die Unternehmensbesteuerung blieb unverändert. Erhöht wurde auch die Importzusatzabgabe von 5% auf 15%; weiter stiegen die Preise von Benzin, klarem Bier und Zigaretten (42). Der Haushalt leitete Schritte zur Verringerung der staatlichen Subventionierung der

36. Kraftfahrzeuge, Motortreibstoff, Rindfleisch, Zucker, Maismehl im Großhandel, Brot und Weizenmehl, Milchprodukte
37. S. I. 263 of 1982, Sect. 3 bis 6
38. ebd. Sect. 7; aufgezählt werden Maismehl im Einzelhandel, pflanzliche Öle und Fette, Petroleumbrennstoffe, Kunstdünger, Zement und Kapenta
39. Genannt werden Alkoholika, Saatgut, Zigaretten, Streichhölzer, Zeitungen, Eisen, Stahl, Papier, Batterien (ebd. Sect. 8)
40. U.a. für verschiedene Textilprodukte, Kühlschränke, Radios, Fernsehgeräte, Heizöfen, Batterien, Armbanduhren, Schreibmaterial, Fahrräder, Tee, Geflügel, Salz, Reis, Milchpulver, Seife, Kerzen, Toilettenpapier (vgl. ebd. Sect. 9)
41. H 30.9.1982, S. 1; H 1.10.1982, S. 1
42. H 30.7.1982, S. 1

Nahrungsmittelpreise ein. Schon in rhodesischer Zeit war die Nahrungsmittelpreis-politik darauf gerichtet gewesen, zum einen die Preise von Grundnahrungsmitteln für den städtischen Konsumenten niedrig zu halten, zum anderen aber die Produzentenpreise so hoch anzusetzen, daß die Produktion sowohl für den inländischen Bedarf als auch für den Export ausreichte. Dies hatte zu wachsenden Subventionen zur Überbrückung der Kluft zwischen den kontrollierten Konsumentenpreisen und den über die parastaatlichen landwirtschaftlichen Marketing Boards garantierten Produzentenpreisen geführt (43). Nach der Unabhängigkeit Zimbabwes stiegen die Agrarsubventionen noch einmal drastisch an, weil die Regierung zur Verhinderung befürchteter Engpässe in der Nahrungsmittelversorgung während der Übergangszeit einige Produzentenpreise kräftig anhob (44). Die **Agrarsubventionen**, die in Form von Konsumenten- wie von Produzentensubventionen gezahlt werden, erreichten 1980/81 120 Mio Dollar (45) und 1981/82 noch einmal 122 Mio Dollar (46). Die Riddell-Kommission hatte einen Abbau und ein allmähliches Auslaufen der Subventionierung für notwendig gehalten, hatte aber festgestellt, daß dies nicht über die Senkung der Produzentenpreise angestrebt werden dürfe, weil eine solche Politik zu Lasten von zwei Hauptzielgruppen der 'Nationalen Strategie', der afrikanischen Bauern und — vermittelt über sinkende Fähigkeit der weißen Farmer, steigende Mindestlöhne zu zahlen — der Landarbeiter ginge. Die Agrarsubventionen müßten vielmehr durch steigende städtische Nahrungsmittelpreise abgebaut werden. Die Konsumenten sollten durch Einkommenssteigerungen in die Lage versetzt werden, die höheren Nahrungsmittelpreise zu zahlen (47). "Theoretisch ist dieser Ansatz sicherlich richtig, praktisch aber aller Voraussicht nach außerordentlich schwer durchzuführen. Die Kommission betont zwar die Notwendigkeit zu sorgfältigster Planung und Erklärung dieser Maßnahmen, doch wird das Problem ausgeklammert, daß der Abbau der Subventionen die möglicherweise gerade in Gang gekommenen Einkommenssteigerungen der Lohnbeschäftigten zum großen Teil zurücknehmen würde, ein Experiment, das schon in vielen anderen Ländern schiefgelaufen ist." (48)

43. **Riddell-Report** S. 190
44. vgl. Kapitel 11.1.
45. H 10.4.1981
46. H 30.7.1982, S. 7
47. "The Commission believes that the most effective, permanent and least costly method of protecting consumers from rising food prices is to ensure that their incomes are sufficiently high to allow these prices to be paid. Where particular groups are not able to pay higher prices for basic foodstuffs, then specific policies directed at those groups should be implemented. This approach ensures that where subsidies are needed, they are targetted at the poor consumers." (**Riddell-Report** S. 193)
48. **Baumhögger**, Entwicklungsplanung, S. 317

Im Haushalt 1982/83 wurden die Konsumentensubventionen für Speiseöl und 'Opak-Bier', d.h. das afrikanische Bier, ganz abgeschafft. Gegenüber 1981/82 wurden damit 43,9 Mio Dollar an Konsumentensubventionen eingespart; dagegen stiegen die Produzentensubventionen für Rindfleisch, Milchprodukte und Mais um insgesamt 33,3 Mio Dollar an, die für Sojabohnen wurden abgeschafft (49). Anfang Oktober folgte der nächste Schritt: die Preise für Brot, Speiseöl und Margarine wurden erhöht, die im Budget noch vorgesehenen Konsumentensubventionen an die Weizenmüller abgeschafft und die Produzentensubventionen an den Grain Marketing Board reduziert. Nicht erhöht wurde zunächst der Preis für Maismehl. Die Preiserhöhungen, so begründete die Regierung, stünden in Einklang mit der Entscheidung, die Subventionen auslaufen zu lassen (50). Zu diesem Zeitpunkt hatte schon Zimbabwes Bemühen um einen IMF-Beistandskredit zum Ausgleich der Zahlungsbilanz begonnen, und die Wirtschaftspolitik der Regierung schwenkte zunehmend auf eine Reihe typischer IMF-Anpassungsmaßnahmen ein (51). Hierzu gehörten auch der fast völlige Subventionsabbau in der Folgezeit und weitere kräftige Preis- und Steuererhöhungen.

Im Dezember 1982 wurde der Preis für Maismehl, das Grundnahrungsmittel der afrikanischen Bevölkerung, je nach Qualitätsklasse um bis zu 38% erhöht (52). Es folgten Anfang 1983 erneute Erhöhungen der Verbrauchssteuern und der Umsatzsteuer, um das wachsende Haushaltsdefizit des Staats zu begrenzen: die Verbrauchssteuer wurde bei Bier (beide Sorten), Wein, Spirituosen, Zigaretten, Tabak und verschiedenen Getränken um 25% angehoben. Mit Wirkung vom März 1983 wurde auch die Umsatzsteuer um einen weiteren Prozentpunkt auf 16% bzw. 19% (für die Sonderliste ausgewählter Konsumgüter) angehoben (53). Mitte 1983 stiegen die Stromtarife um 33,7% bis 53% an (54).

Der **Haushalt für 1983/84**, den Minister Chidzero Ende Juli 1983 vorstellte, bildete dann den vorläufigen Höhepunkt einer an IMF-Kriterien orientierten Anpassungspolitik. Der Haushaltsansatz wurde gegenüber dem für 1982/83 von rd. 2,9 Mrd Dollar auf rd. 2,7 Mrd Dollar reduziert. Gleichzeitig suchte der Finanzminister nach Einnahmesteigerungen und verschob dabei den Schwerpunkt des **Steuer**aufkommens weiter hin zu den indirekten Steuern, die vor allem die unteren Einkommensgruppen belasten. Die bedeutendste steuerliche Maßnahme des Haushaltsentwurfs ist die weitere Erhöhung der Umsatzsteuer von 16% auf 18% und

49. H 30.7.1982, S. 7
50. H 8.10.1982, S. 1
51. vgl. Kapitel 13.1. der Arbeit
52. H 17.12.1982
53. H 9.2.1983
54. H 8.7.1983

für die Güter in der höher eingestuften Gruppe von 19% auf 23% (55). Weiter wurden eine 15%ige Verbrauchssteuer auf inländisch montierte Autos und eine 15%ige Importabgabe auf eingeführte Lastwagen eingeführt. Die allgemeine Importzusatzabgabe wurde von 15% auf 20% erhöht. Bei der Einkommensbesteuerung stiegen der gleitende Einkommenssteuerzuschlag um 5 bis 6,6%, was die Spitzenbelastung in der Progression von 60% auf 63% brachte. Für Unternehmen stieg der Einkommenssteuerzuschlag um 5% und erhöhte so die Gesamtrate auf 54%. Aufsehen erregte die Einführung einer **Low-Level Income Tax**: Arbeitnehmer mit einem Monatseinkommen ab 100 Dollar sollen in Zukunft 2% Einkommenssteuer bezahlen. Das bedeutet, daß die Regierung den industriellen Mindestlohn besteuern will (56). Da die Einführung dieser Einkommenssteuer für die unteren Einkommensgruppen sich quantitativ nicht lohnt, sondern erhöhten Verwaltungsaufwand notwendig macht und nur rd. 9 Mio Dollar 1983/84 einbringen soll, kann hierin nur eine politische Initiative gesehen werden. Wohl aufgrund der Unruhe an der Basis kündigte Minister Chidzero Mitte August an, die Low-Level Income Tax werde nicht vor Anfang 1984 in Kraft treten, da man erst eine entsprechende Gesetzgebung vorbereiten müsse (57).

Da der Haushaltsentwurf für 1983/84 auf der Ausgabenseite neben anderen drastischen Kürzungen die **Subventionen** auf Milchprodukte, Weizen, Mais und andere Grundnahrungsmittel ganz oder weitgehend abschaffte, war schon bei seiner Vorstellung klar, daß zusätzlich zu den steuerlichen Belastungen erneute starke Preiserhöhungen auf die zimbabwesche Bevölkerung zukamen. Die neuen Preise wurden Anfang September bekanntgegeben: Milch wurde um 50%, Speiseöl und Margarine um 25%, Brot um rd. 25%, verschiedene Sorten Maismehl um 14% bis 43% und Rindfleisch um rd. 50% teurer (58). Man schätzte, daß alleine dadurch die Lebenshaltungskosten in den unteren Einkommensgruppen um bis zu 10% steigen würden (59). Als — allerdings sehr unvollständige — Kompensation sah sich die Regierung, nachdem eine Anpassung der Mindestlöhne immer wieder verschoben worden war, Anfang September unter dem Druck ihrer Basis genötigt, **Lohnerhöhungen** für alle Arbeitnehmer mit Einkommen unter 300 Dollar monatlich um 5 Dollar in Landwirtschaft, Bergbau und Häuslichen Diensten und um 10 Dollar monatlich in den anderen Sektoren vorzuschreiben (60).

55. Indem einige Waren wie Alkohol, Zigaretten, Kosmetikartikel, Juwelen, Feuerwaffen und Munition neu in die Luxusgüterliste eingestuft wurden, erhöhte sich für sie die Umsatzsteuer sogar von 16% auf 23%.
56. H 29.7.1983, Financial Mail 5.8.1983
57. H 18.8.1983
58. SM 4.9.1983
59. ebd.
60. H 3.9.1983

Auf harte Kritik von links, die die Wirtschaftspolitik der zimbabweschen Regierung unter dem Druck des IMF an deren immer wieder geäußerten sozialistischen Zielvorstellungen mißt, traf das Budget vor allem am Department of Economics der Universität in Harare. Auf einem Seminar, das das Department kurz nach Vorstellung des Haushalts veranstaltete, bezeichnete Prof. N. Moyo, der Direktor des Department, den Haushalt als 'IMF-inspired Budget' im Gegensatz zu einigen Maßnahmen direkt nach der Unabhängigkeit Zimbabwes, die man als 'People's Budget' habe kennzeichnen können. Moyo wies darauf hin, daß die Last der 'Sanierung' der Staatsfinanzen durch Umsatz- und Einkommenssteuer, Streichung von Subventionen und Ausgabenbeschneidungen beim Bau von Billigwohnungen, Resettlement u.a. weitgehend auf die Kleinverdiener abgewälzt werde; die Unternehmen seien demgegenüber gut davongekommen. Daß auch an einem 'Austeritätshaushalt' noch gesellschaftliche Gruppen verdienen können, zeigte Moyo anhand der veranschlagten Gehälter für Regierung und Öffentlichen Dienst: diese seien einschließlich aller Zulagen von 346,7 Mio Dollar 1980/81 auf 828,4 Mio Dollar 1983/84, der Personalbestand gleichzeitig von 62 000 auf 86 000 gestiegen. Die Lohnkosten machten 1980/81 30,5%, 1983/84 40,8% der laufenden Staatsausgaben aus (61).

Die Betrachtung der Einkommenspolitik der zimbabweschen Regierung seit 1980 zeigte eine recht widersprüchliche Entwicklung. Die Regierung suchte die Situation der afrikanischen Arbeiter zu verbessern, stieß dabei aber relativ schnell an Grenzen; die Weltrezession verengte die Spielräume der Verteilungspolitik zusätzlich. Die Mindestlohnpolitik wurde so Anfang 1982 zunächst von einer 'Lohnpause' abgelöst. Die starke Ausdehnung des Staatshaushalts und das damit verbundene wachsende Defizit führten dazu, daß der anfängliche Versuch, durch Umsatzsteuersenkung und steigende Subventionen die Realeinkommen der unteren Gruppen zu verbessern, sich umkehrte in eine Politik, die vor allem die Staatseinnahmen zu steigern suchte und dabei neben der Einkommenssteuer für Unternehmen und Einzelpersonen auch die Umsatzsteuer wieder anhob, und zwar über das 1980 zunächst abgebaute Niveau. Mit dem Abbau der Agrarsubventionen, scharfen Preissteigerungen auch im Grundnahrungsmittelbereich und schließlich der Ankündigung einer Low-Level Income Tax zeigte die Regierung, daß sie nun auch die unteren Einkommensgruppen stark zu belasten gewillt ist. Trotzdem brachte die Mindestlohngesetzgebung in den ersten drei Jahren der Unabhängigkeit Zimbabwes reale Verbesserungen zumindest für Landarbeiter und Haushaltsangestellte. Tabelle 40 zeigt, daß die Inflation die Steigerung der Mindestlöhne nach dem Juli 1980 weitgehend aufgefressen hat; die Verbesserung, die die Einführung des Mindestlohns gegenüber der vorherigen Situation bedeutete, blieb jedoch — jedenfalls bis Juli 1983 — erhalten.

Da das Central Statistical Office Einkommensdaten nicht mehr nach den alten

61. **Ruth Weiss,** Poll Tax Budget in: SM 7.8.1983

Tabelle 40:
Entwicklung der gesetzlichen Mindestlöhne 1980 - 1983
(in Dollar monatl.)

	Landwirtschaft Häusl. Dienste		Bergbau		Industrie Handel		Konsumentenpreisindex
	nominal	real[1]	nominal	real[1]	nominal	real[1]	
Juli 1980	30	30	43	43	70	70	100
Dez. 1980		29,0		41,5		67,6	103,6
Jan. 1981			58		85		
März 1981		26,9		52,0		76,2	111,5
Mai 1981			85				
Juni 1981		26,5		75,2		75,2	113,0
Jan. 1982	50	42,2	105	88,7	105	88,7	118,4
Juli 1983		33,8		70,9		70,9	148,0
Sept. 1983	55		110		115		

1. in Preisen vom Juli 1980

Quellen: Zur Entwicklung der Mindestlöhne siehe vorangegangenen Text. Deflationierung mit dem Consumer Price Index for Lower Income Urban Families, in: **CSO**, Monthly Digest, Feb. 1982, Tab. 7.2. und **CSO**, Monthly Supplement to the Digest of Statistics, Aug. 1983, Tab. 7.2.

'rassischen' Kategorien getrennt veröffentlicht, ist eine differenzierte Betrachtung der Reallohnentwicklung nicht möglich. Tabelle 26 (62) zeigt, daß die durchschnittlichen Realeinkommen der abhängig Beschäftigten 1979 bis 1981 in fast allen Wirtschaftsbereichen kräftig gestiegen sind; Ausnahmen sind Öffentliche Verwaltung, Erziehungs- und Gesundheitswesen, wo die Durchschnittswerte anscheinend in Verbindung mit der starken Ausdehnung des Personalbestandes nach der Unabhängigkeit gesunken sind. Tabelle 26 zeigt auch relativ kräftige Reallohnsteigerungen im Bereich der Landwirtschaft und der Häuslichen Dienste, die unmittelbar mit der Mindestlohngesetzgebung zusammenhängen.

Für einen gesamtgesellschaftlichen Umverteilungsprozeß in dem Sinne, daß der Anteil von Kapitaleinkommen am Sozialprodukt zugunsten der Lohneinkommen zurückgegangen wäre, zeigt die zimbabwesche Statistik bis 1981 allerdings keine Anzeichen. Der Anteil der Löhne und Gehälter am Bruttoinlandsprodukt zu

62. siehe Kapitel 5

Faktorkosten stieg von einem Tiefpunkt von 50,5% 1974 auf 59,8% 1977 und fiel dann wieder langsam auf 59,6% 1978, 57,6% 1979, 56,7% 1980 und 56,6% 1981. Der Anteil der Gewinne (63) am BIP zu Faktorkosten fiel von 47,5% 1974 auf 38,0% 1977 und stieg danach auf 42,0% 1980 und 42,3% 1981 (64). Doch solche Daten sind nur begrenzt aussagekräftig, da zu wenig differenziert.

12.2. Arbeitsgesetze und Soziale Sicherheit — Anfänge einer Reform

Die Kernstücke der rhodesischen Arbeitsgesetzgebung, der Master and Servants Act und der Industrial Conciliation Act, sind weiter oben dargestellt worden (1). Während der MSA kurz nach der Unabhängigkeit Zimbabwes aufgehoben wurde, war der ICA bei Fertigstellung dieser Arbeit noch in Kraft, die Neuregelung der Arbeitsverhältnisse durch einen Labour Relations Act noch nicht vom Parlament verabschiedet. Die bis 1982 vorgenommenen Veränderungen im Bereich der Arbeitsgesetzgebung erstreckten sich weniger auf das Gebiet der Industrial Relations als auf Arbeitsschutz und einige Eingriffe in den Arbeitsmarkt.

Der als 'Workers' Charter' zum Schutz der Arbeiter angekündigte (2) und im November 1980 in Kraft getretene **Employment Act** (Act No. 13 of **1980**) hob neben dem Master and Servants Act den African Juveniles Employment Act, den African Labour Regulations Act sowie den Foreign Migratory Labour Act auf (3). Daneben enthält das Gesetz keine positiven Neuregelungen von Arbeitsbeziehungen, sondern räumt dem Arbeitsminister umfassende Vollmachten ein, durch 'Employment Regulations', also auf dem Verordnungswege, regelnd in die Arbeitsverhältnisse einzugreifen. Allgemein kann der Arbeitsminister Regulations erlassen "in bezug auf oder in Verbindung mit der Beschäftigung von Arbeitnehmern oder einzelnen Gruppen von Arbeitnehmern" (4). Insbesondere kann er die Rechte der Arbeitnehmer, Arbeitsbedingungen wie Arbeitszeit, Freizeit, besondere Bedingungen für Frauen und Jugendliche, Leistungen des Arbeitgebers wie Unterkunft, Nahrung, Kleidung, Transport und dementsprechende Lohnabzüge, die Beschäftigung von Behinderten, die Einrichtung betrieblicher Kassen für Renten, medizinische Versorgung u.a. sowie die Beilegung von Arbeitskonflikten durch Beamte oder Tribunale regeln (5). Die wichtigsten Bereiche, in denen der Minister von dieser Kompetenz Gebrauch machte, werden im folgenden noch behandelt.

63. Gross Operating Profits
64. **CSO**, Monthly Digest, Feb. 1983, Tab. 8.1: "National Income"
   1. vgl. Kapitel 3.2.2. und 5.1.
   2. H 23.8.1980
   3. Employment Act, No. 13 of 1980, Sect. 25
   4. ebd. Sect. 5. (1)
   5. ebd. Sect. 5. (3)

Der nächste Schritt in der Veränderung der Arbeitsgesetzgebung war der **Industrial Conciliation (Amendment) Act** (Act No. 23 of **1981**), der Ende April 1981 im Parlament eingebracht wurde. Gegenstand des Gesetzes ist die Regelung gewisser Mindestarbeitsbedingungen und die Einführung einiger Arbeitsschutzbestimmungen. So erhalten Landarbeiter ein Anrecht auf mindestens einen Tag bezahlten Jahresurlaub pro Monat und auf mindestens sechs bezahlte arbeitsfreie öffentliche Feiertage, die auf einen Arbeitstag fallen, jährlich. Bessere Urlaubsregelungen werden für andere Beschäftigtengruppen, die dem ICA unterliegen, eingeführt (6). Weibliche Beschäftigte haben ein Recht auf je 42 Tage unbezahlten Schwangerschaftsurlaub vor und nach der Geburt und müssen anschließend wieder auf einem gleichwertigen Arbeitsplatz eingestellt werden (7). Stillenden Müttern muß während der Arbeitszeit mindestens zweimal täglich eine halbe Stunde Zeit gegeben werden, um ihre Kinder zu versorgen (8).

Im Bereich der Beschäftigung in privaten Haushalten entstand durch die Abschaffung des Master and Servants Act, dem Haushaltsarbeiter unterlagen, eine Regelungslücke. Der Bericht einer 1980 eingesetzten Untersuchungskommission unter Mrs. D. Masaya, die sich besonders mit den Arbeitsbedingungen von Haushaltsarbeitern befassen sollte (9), wurde zwar der Regierung vorgelegt, von dieser aber wegen angeblich zwar sozial engagierten aber 'unrealistischen' Charakters der von der Kommission ausgesprochenen Empfehlungen nicht veröffentlicht. Ende 1981 nutzte der Arbeitsminister dann seine Regelungskompetenz aufgrund des Employment Act, um den Bereich der Häuslichen Dienste durch die **Employment (Domestic Workers) Regulations, 1981** (S. I. 925C of 1981), die zum Januar 1982 in Kraft traten (10), neu zu regeln. Die Verordnung legt fest, daß ein Haushaltsarbeiter eine normale Wochenarbeitszeit von 54 Stunden, nicht mehr als 9 1/2 Stunden täglich, und dabei wenigstens einen Tag wöchentlich frei haben soll. An öffentlichen Feiertagen sollen Haushaltsangestellte frei und daneben wenigstens 12 Tage bezahlten Jahresurlaub haben. Mit dieser letzten Regelung werden sie anderen Beschäftigten gleichgestellt. Überstunden müssen zu höheren Stundenlöhnen bezahlt werden (11). Der unbezahlte Mutterschaftsurlaub wird auf die gleiche Art geregelt wie im Industrial Conciliation (Amendment) Act für andere Beschäftigte. Bei Krankheit hat der Beschäftigte nach einem Jahr Dienst Anspruch auf wenigstens zwei Monate unbezahlten Krankenurlaub (12). Mit diesen Arbeits- und Freizeit-

6. Industrial Conciliation (Amendment) Act 1981, Sect. 126B und C
7. ebd. Sect. 126D
8. ebd. Sect. 126E
9. vgl. H 8.12.1980
10. H 25.12.1981
11. Employment (Domestic Workers) Regulations, 1981 (S. I. 925C of 1981), Sect. 5 bis 8
12. ebd. Sect. 10 und 11

regelungen wurde der Haushaltsangestellte erstmals aus einer faktisch völligen Verfügbarkeit für die Bedürfnisse des Arbeitgebers herausgelöst.

Der Arbeitgeber muß für Transport von und zur Arbeit sorgen und dem Arbeiter freie Unterkunft, Licht und Brennstoffe zum Kochen stellen oder ersatzweise festgelegte Geldzahlungen leisten. Die üblichen 'Rations', also Lebensmittelsach- leistungen des Arbeitgebers, können zwar weiter vereinbart werden und auch bei Einverständnis des Arbeiters vom Geldlohn abgezogen werden; dies darf aber nicht zu einer Senkung des Geldlohns unter den gesetzlich vorgeschriebenen Mindestlohn führen (13). Weitere Regelungen zielen auf eine Formalisierung des Arbeitsverhältnisses: Ein wöchentlicher oder monatlicher Zahltag muß fest- gelegt werden, für beide Seiten gilt eine einmonatige Kündigungsfrist; die Vertrags- bedingungen müssen schriftlich festgehalten werden, und die Abrechnung des Lohns muß zu jedem Zahltag schriftlich erfolgen; sowohl der Arbeitgeber als auch der Arbeiter müssen die entsprechenden Unterlagen aufbewahren und auf Anfrage einem Beamten des Arbeitsministeriums zur Untersuchung vorlegen (14). Die Employment (Domestic Workers) Regulations zielen auf die Herauslösung der Arbeiter aus dem persönlichen Abhängigkeitsverhältnis, in dem diese vielfach stan- den, und auf die Überführung des Arbeitsverhältnisses durch Formalisierung und Monetarisierung in ein sachliches Lohnarbeitsverhältnis (15). Weitergehende Überlegungen im Arbeitsministerium betreffen die Einrichtung einer Arbeits- unfallversicherung für Haushaltsarbeiter; dies wurde im Oktober 1982 angekün- digt (16). Bisher sind Haushaltsarbeiter und alle nur auf Zeit eingestellten Ar-

13. ebd. Sect. 3 und 4
14. ebd. Sect. 12, 13 und 14; die Bestimmungen in Section 9 der Regulations, die Teilzeitarbeitsverhältnisse erschweren wollten, führten zu vielfältigem Protest (vgl. H 28.12.1981) und wurden schon Anfang 1982 zurückgezogen und modifiziert (vgl. H 22.1.1982 und Employment (Domestic Workers) (Amendment) Regulations (No. 1) (S.I. 136 of 1982)).
15. Sicher hat dies in manchen Fällen, wo der Arbeitgeber als Reaktion auf die Mindestlohngesetzgebung vorher patriarchalisch "gewährte" Sachleistungen einstellte, auch zu materiellen Verschlechterungen für die Arbeiter geführt, die nun in viel stärkerem Maße zur Eigenversorgung auf den Markt angewiesen sind.
16. H 6.10.1982, S. 1; der "Herald" fragte daraufhin nach der Reaktion von Arbeitgebern und -nehmern, die anscheinend durchweg positiv war, und zi- tierte einen Gärtner: "I would feel very secure if the compensation fund were set up. I have a friend whose toes were mown off while he was working in his employer's garden. They gave him two months' wages, then sacked him." (H 11.10.1982, S.1)

beiter aus der Absicherung bei Arbeitsunfällen und Berufskrankheiten durch den Workmen's Compensation Act ausgeschlossen (17).

Zwei weitere Verordnungen auf Grundlage des Employment Act zielen weniger auf die Arbeitsbedingungen selbst als auf arbeitsmarktpolitische Effekte. Zum einen wurde durch die **Employment (Hours of Work) Regulations** (S.I. 818 of **1981**) Mitte November 1981 Überstundenarbeit verboten. Ausgenommen von dem Verbot sind Haushaltsarbeiter, Staatsbedienstete, Beschäftigte in wirtschaftlich lebenswichtigen Bereichen sowie Notfallarbeiten. Ferner erlaubt die Verordnung Ausnahmegenehmigungen durch den Arbeitsminister in Fällen, in denen ein Unternehmen nachweisen kann, daß bestimmte qualifizierte Arbeitskräfte nicht durch Neueinstellung zu beschaffen sind (18). Das Überstundenverbot wurde damit begründet, daß man durch Zwang zu Neueinstellungen mehr Arbeitsplätze schaffen wolle (19).

Einen Versuch, den Arbeitsmarkt zu beeinflussen, stellen auch die Mitte Dezember 1981 veröffentlichten **Employment (Conditions of Service) Regulations** (S.I. 894 of **1981**) dar, die Entlassungen allgemein an die Zustimmung des Arbeitsministers binden. Anlaß der Verordnung waren vor allem die Entlassungen infolge der Mindestlohngesetzgebung, die alleine mit dem im Minimum Wages Act enthaltenen Verbot nicht zu kontrollieren waren. Die Employment (Conditions of Service) Regulations unterscheiden zeitweilige oder völlige Entlassung zur Reduzierung der Beschäftigtenzahl (lay off, retrenchment), Entlassung im allgemeinen (dismissal) und Suspendierung von Arbeitskräften (suspension). Alle diese Formen sind nur mit Zustimmung des Arbeitsministers erlaubt und rechtskräftig (20). Einer Reduzierung des Personalbestandes stimmt der Arbeitsminister dann zu, wenn er überzeugt ist, daß die Entlassung aus ökonomischen oder sonstigen Gründen unter Berücksichtigung der Interessen von Unternehmen, Industriezweig und Arbeitnehmern erforderlich ist (21). Weiter wird insbesondere noch die Entlassung

17. **Riddell-Report**, S. 173
18. S.I. 818 of 1981; nur leichte Veränderungen an der Verordnung wurden vorgenommen in den Employment (Hours of Work) (Amendment) Regulations, 1981 (No. 1). Eine Reihe schon kurz nach der Veröffentlichung von Employment Regulations vorgenommener Veränderungen waren Resultat der Tatsache, daß die Verordnungen des Arbeitsministers häufig wenig sorgfältig gearbeitet waren und schnell Definitionsunklarheiten und unvorhergesehene Folgen auftraten, die dann durch Amendments zu korrigieren waren.
19. **Department of Information**, Press Statement 969/81/GN vom 13.11.1981, "Overtime Banned"
20. S.I. 894 of 1981, Sect. 4 und 5
21. ebd. Sect. 4(1)(a)

wegen der Arbeit im Workers' Committee oder in einer Gewerkschaft und wegen Schwangerschaft ausgeschlossen (22). Die Verordnung wurde von den Gewerkschaften begrüßt (23); seitens der Arbeitgeber wurde sie Zielscheibe heftiger Angriffe. Arbeitsminister Kangai sah sich zu defensiven Interpretationen und Zugeständnissen gezwungen: Schon Mitte Januar 1982 meldete die Commercial Farmers' Union, daß der Arbeitsminister das Erfordernis schriftlicher Genehmigung auf die permanenten Farmarbeiter beschränkt und temporäre oder Saisonarbeiter ausgenommen habe (24). Damit war für die Farmer ihr Hauptinstrument der Personalanpassung — Zeitarbeit — wieder gesichert. Der Arbeitsminister wendete sich häufig öffentlich gegen das Mißverständnis, die Verordnung lasse Entlassungen überhaupt nicht mehr zu. Sie schütze, so sagte er, vor allem nicht Disziplinlosigkeit von Arbeitern; vielmehr werde er in solchen Fällen der Entlassung zustimmen (25). Industrial Relations-Beamte wurden für die Zeit der Prüfung eines Falles zur bezahlten oder unbezahlten Suspendierung des Arbeiters autorisiert (26).

Während die Verordnung für einzelne Entlassungen und Einzelfallprüfungen einen hohen bürokratischen Aufwand institutionalisiert und ein Beispiel für das Einspringen der staatlichen Exekutive in einem Bereich, wo es zwar einen großen Schutzbedarf aber bisher weder einen starken Selbstschutz der Arbeiter durch Gewerkschaften und z.B. Formen betrieblicher Mitbestimmung noch Schutz durch eine Arbeitsgerichtsbarkeit gibt, darstellt, kann sie allgemeiner gesehen als bedeutendes Instrument staatlichen Einflusses auf die betriebliche Personalplanung verwendet bzw. dazu ausgebaut werden. Als solches wurde sie in der Wirtschaftskrise, die seit 1981 auf das schnelle Wachstum der ersten beiden Jahre nach der Unabhängigkeit folgte, sehr zum Unwillen der Unternehmen benutzt und hat Entlassungen zwar nicht verhindert, aber eingeschränkt. Arbeitsminister Kangai teilte im März 1983 mit, man habe im Ministerium ein Komitee zur Bearbeitung der wegen der Wirtschaftskrise zahlreich eingehenden Anträge auf Entlassungen eingerichtet. Die Regierung werde, wenn ein Unternehmen in großen finanziellen Schwierigkeiten sei, Entlassungen als letztem Mittel zustimmen; sie habe auch schon Entlassungen genehmigt, wo es keine Alternative gab; in anderen Fällen habe man unbezahltem Urlaub auf Zeit zugestimmt. Als Alternative zu

22. ebd. Sect. 6
23. vgl. H 12.12.1981
24. H 14.1.1982
25. H 26.7.1982, S. 1
26. H 18.8.1982, S. 5; als ein weißer Parlamentarier aus dem Block der Unabhängigen die Verordnung als Hindernis für ausländische Investitionen angriff, antwortete Kangai recht defensiv: "All we are saying is that if an employer feels the need to retrench labour, he should come forward with evidence to support his action..." (H 17.9.1982, S. 1)

Entlassungen erwog Kangai auch Kurzarbeit (27). Die Verordnung ist also einerseits als arbeitsmarktpolitisches Instrument wirkungsvoll einsetzbar, bringt andererseits freilich auch die Regierung in eine sicher prekäre Lage, wo diese dem von den Unternehmen ausgehenden Druck nicht mehr widerstehen kann und dann selbst als Initiator von Entlassungen erscheint.

Im Bereich der **sozialen Sicherheit** ist die faktische Situation der afrikanischen Bevölkerung dadurch gekennzeichnet, daß diese, obwohl es eine Reihe von Institutionen sozialer Sicherheit in Zimbabwe gibt, vor allem in bezug auf Alter und Arbeitslosigkeit weitgehend ungesichert ist und die Communal Lands die Funktion des Rückzugsortes erfüllen. Betrachtet man die 'klassischen' sozialen Sicherungssysteme, so stellt man fest, daß eine verbesserte **Krankenversorgung** für den Großteil der afrikanischen Bevölkerung im September 1980 durch Einführung freier medizinischer Versorgung für alle, die weniger als 150 Dollar monatlich verdienen, geschaffen wurde. Damit ist jedoch noch nichts über die faktische Verfügbarkeit von medizinischer Behandlung in den ländlichen Gebieten gesagt. Eine Versicherung bei **Arbeitsunfällen** und Berufskrankheiten besteht für alle abhängig Beschäftigten außer Haushalts- und Zeitarbeitern durch den älteren Workmen's Compensation Act (28). Eine **Arbeitslosenversicherung** gibt es nicht. Jedoch existiert eine staatliche **Sozialhilfe**, die dann in Kraft tritt, wenn Familienhilfe nicht möglich ist, infolgedessen im Bereich der afrikanischen Gesellschaft wegen des Großfamiliensystems kaum greift (29). Eine allgemeine **Rentenversicherung** gibt es ebenfalls nicht. Bis April 1980 war ein staatliches Rentenversicherungssystem in Kraft, das nur für Weiße, Asiaten und Coloureds galt. Aus diesem Fonds werden nur noch Zahlungen infolge alter Ansprüche geleistet (30). Eine Vielzahl einzelner Rentenfonds in Privatsektor und Öffentlichem Dienst erfassen insgesamt rd. 50% der abhängig Beschäftigten. Wegen inadäquater Transferregelungen können faktisch jedoch nach Angaben der Whitsun Foundation nur 8% der afrikanischen Beschäftigten (außer Landarbeitern) (31) mit der Zahlung von Altersrenten rechnen. Die Riddell-Kommission kommt zu dem Ergebnis: "Daraus muß man schließen, daß, wie effektiv die existierenden Rentenfonds, seien sie privat, staatlich oder

27. H 15.3.1983
28. **Riddell-Report** S. 173
29. ebd. S. 173
30. "At present, any person applying for assistance on the grounds of old age would fall into the general destitution scheme that applies to those who are unemployed, ill, or unable to work." (ebd. S. 173)
31. Die Zahl gilt für 1976 und für die afrikanischen Beschäftigten **außer** Landarbeitern, deren Situation schlechter ist als die der übrigen Beschäftigten (vgl. ebd. S. 174 und **Whitsun Foundation**, Social Security Study, Salisbury 1979, S. 37)

vom Staat unterstützt, auch geführt werden, die Bezieher höherer Einkommen den größten Nutzen aus ihnen ziehen. Die Mehrheit der armen Bevölkerungsgruppen wird von den privaten Fonds nicht abgedeckt, und die meisten Afrikaner, die von Rentenfonds erfaßt werden, haben nur die Aussicht, entweder letztlich doch keine Rente oder eine, die für die Befriedigung der Grundbedürfnisse nicht ausreicht, zu erhalten." (32)

Während ein umfassendes System sozialer Sicherheit für alle wohl auf längere Zeit außerhalb der Finanzierungsmöglichkeiten Zimbabwes liegen wird, ist die Einführung einer nationalen Rentenversicherung für den Bereich der lohnabhängigen Beschäftigung beabsichtigt (33). Dies hob auch Premierminister Mugabe in Abgrenzung von den weiterreichenden Empfehlungen der Riddell-Kommission hervor (34). Die Ankündigung wurde später wiederholt vom Staatssekretär im Ministerium für Arbeit und Soziales, H. Murerwa, der mitteilte, in seinem Ministerium werde an einer Studie über die gesamten Implikationen eines nationalen Rentenversicherungssystems für alle lohnabhängig Beschäftigten gearbeitet (35).

Nach der Unabhängigkeit Zimbabwes bestanden die **Industrial Relations**, wie sie durch den Industrial Conciliation Act von 1959 geregelt waren, zunächst weiter. Employment Act und Minimum Wages Act von 1980 sind im wesentlichen als Übergangsmaßnahmen bis zu einer grundsätzlicheren Reform des Systems der Arbeitsbeziehungen zu sehen. Die Abschaffung des ICA ist eine alte Forderung der afrikanischen Gewerkschaften. Ebenso schlug die Riddell-Kommission die Ersetzung des ICA durch einen Industrial Relations Act vor, in dem rassistische Bestandteile des ICA wegzufallen hätten und der ein einheitliches Vertretungssystem für alle Arbeiter auf der Basis des Industrieverbandsprinzips sowie freie Tarifverhandlungen im Rahmen staatlicher Einkommenspolitik einführen solle (36). Auch Arbeitsminister Kangai äußerte bald nach der Unabhängigkeit Zimbabwes die Absicht, den ICA durch ein neues Arbeitsgesetz zu ersetzen (37). Er machte allerdings auch schon früh deutlich, daß er das "System regulierter Arbeitsbeziehungen, das wir in Zimbabwe haben" (38), im Prinzip für angemessen halte.

32. **Riddell-Report** S. 174
33. vgl. Kangai in H 17.7.1981
34. vgl. Kapitel 10.3.
35. H 21.9.1982, S. 1
36. vgl. **Riddell-Report** S. 86, S. 261 ff und S. 280
37. Financial Gazette 14.11.1980, H 12.6.1981
38. Kangai während des Silveira House-Gewerkschaftsseminars zum wirtschaftlichen und sozialen Wiederaufbau Zimbabwes im Mai 1980 (**Department of Information**, Press Statement 305/80/SFS, "Minister Addresses Trade Union Seminar", S. 2)

Nach längerer Vorarbeit im Ministry of Labour and Social Services wurden dann im Oktober und November 1982 der erste und zweite Entwurf einer **Labour Relations Bill** vorgelegt, denen Anfang Februar 1983 der dritte, 'endgültige' Gesetzentwurf folgte. Das Gesetzesvorhaben war sehr kontrovers und löste eine größere öffentliche Diskussion in Zimbabwe aus. Die Labour Relations Bill, die noch 1983 verabschiedet werden sollte, will den Industrial Conciliation Act, den Employment Act und den Minimum Wages Act ersetzen. Die Vollmachten des Ministers, Mindestlöhne anzuordnen und Arbeitsbedingungen zu regeln, werden aus den beiden Gesetzen von 1980 in den neuen Entwurf hereingenommen (39). Hauptanliegen der Autoren des Entwurfs im Arbeitsministerium war offensichtlich nicht die Einrichtung eines Systems der Tarifautonomie in Abhebung von dem alten ICA, sondern die Sicherung möglichst umfassender staatlicher Kontrolle über die Arbeitsbeziehungen. Kritik sowohl von Arbeitgeberseite als auch von den Gewerkschaften richtete sich gegen die umfassenden Vollmachten des Arbeitsministers, durch Verordnungen in alle Bereiche der Arbeitsbeziehungen einzugreifen. Arbeitgebervertreter sprachen sich darüber hinaus u.a. gegen die vorgesehene zwangsweise Abführung von Gewerkschaftsbeiträgen durch alle Arbeiter aus und wandten sich gegen die 'Diskriminierung', daß der Gesetzentwurf zwar ein Streikrecht vorsehe, aber die Aussperrung nicht zulasse (40). Auf einem im März 1983 vom Law Department und dem Department of Economics der Universität gemeinsam veranstalteten Seminar zur Diskussion des Gesetzentwurfs forderten alle Seiten vom Arbeitsminister die Einrichtung eines Komitees unter Beteiligung von Arbeitgebern und Gewerkschaften zur Überarbeitung des Entwurfs (41). Doch der Arbeitsminister schien entschlossen, seinen Entwurf durch das Parlament zu bringen, und die Gewerkschaften, die nach der beabsichtigten Neuregelung Kontrollen unterliegen, die denen unter rhodesischer Herrschaft in nichts nachstehen, zeigten sich weder fähig noch willens, auf Konfliktkurs zu gehen. Zwar erarbeitete die National Executive des Zimbabwe Congress of Trade Unions (ZCTU) im März einen Kommentar zu der Labour Relations Bill, in dem sie einen Neuentwurf forderte. Der Gewerkschaftsverband kritisierte den 'legalistischen', punitiven Ansatz des Entwurfs, der Arbeitsbeziehungen durch strafrechtliche Regelungen zu gestalten suche (42), und den 'interventionistischen' Ansatz: Der Arbeitsminister erhält nach dem Entwurf vielfältige Möglichkeiten, in die inneren Angelegenheiten der Gewerkschaften einzugreifen (43). Die Koalitionsfreiheit ist so wie auch unter dem ICA beschränkt. Schließlich kritisiert der ZCTU-Kommentar, daß der

39. Ministry of Labour and Social Services, Memorandum: Labour Relations Bill, 1983, ARMcM/VC, 9.2.1983, S. IV
40. H 26.3.1983 und H 7.4.1983
41. SM 13.3.1983
42. ZCTU Comments on the New Labour Relations Bill, März 1983, S. 2
43. ebd. S. 3 f

Minister das Recht erhält, die Ergebnisse von Tarifverhandlungen zu verändern oder zu annullieren und daß das Streikrecht zwar formell garantiert, durch vielfältige Schlichtungsverfahren und Einschränkungen aber praktisch bedeutungslos werde: "Die Bestimmungen des Gesetzentwurfes beschränken jedoch das Streikrecht so stark, daß es fast nicht mehr existent ist." (44) Im Widerspruch zu diesem Kommentar der ZCTU-Exekutive begrüßte wenig später der ZCTU Publicity Secretary, E. Soko, den Gesetzentwurf: "Der neue Gesetzentwurf ist der bisher fairste und ist von allen zu unterstützen, die gute Arbeitsbeziehungen zwischen Arbeitgebern und Arbeitnehmern in Zimbabwe wünschen." (45) Ebenso drückte im Juli Generalsekretär A. Kupfuma die Unterstützung des ZCTU für den Entwurf aus (46). Die innere Spaltung des ZCTU, der 1981 unter staatlichem Druck als Dachverband zustande kam (47), trat in diesem Widerspruch zwischen verabschiedetem ZCTU-Kommentar und öffentlichen Äußerungen eines Teils der ZCTU-Vertreter erneut zutage; die auf Regierungskurs eingeschworenen Gewerkschafter tragen die Labour Relations Bill, die die Handlungsfreiheit der Gewerkschaften stark beschränkt hält, mit. Die schärfste Kritik an dem Gesetzentwurf formulierte unter dem Titel "An Anti-Labour Labour Bill" ein ungenannter Autor im MOTO Magazine, der zu dem Ergebnis kam, daß der Entwurf u.a. durch Eingriffe in die Koalitionsfreiheit, faktische Aufhebung des Streikrechts, Eingreifen in die Ergebnisse von Tarifverhandlungen, die Beibehaltung des alten Industrial Council- und Industrial Board-Systems unter neuem Namen und durch Kriminalisierung von Verstößen gegen Bestimmungen des Gesetzes "nicht den Interessen der Arbeiter, sondern denen der Arbeitgeber dient." (48) Die Verabschiedung des Entwurfs werde "der Regierung unvermeidlich die Rolle des Gegners der Arbeiter, nicht die ihres Verbündeten, zuweisen." (49)

12.3. Staatliche Gewerkschaftspolitik
und die Entwicklung der Gewerkschaften seit 1980

In Kapitel 5 habe ich die Entwicklung der Gewerkschaftsbewegung in Rhodesien bis Anfang 1980 verfolgt. Es zeigte sich, daß die Gewerkschaften insgesamt gespalten waren in weiße und 'multirassische' Organisationen, die die Interessen vor allem der ausgebildeten und halbqualifizierten Arbeiter vertraten, einerseits und die in

44. ebd. S. 6
45. H 6.4.1983
46. H 14.7.1983
47. vgl. zur Entwicklung der Gewerkschaftsbewegung seit 1980 den folgenden Abschnitt 12.3.
48. "An Anti-Labour Labour Bill" in: MOTO, Dez. 1982/Jan. 1983, S. 19
49. ebd. S. 21

sich zersplitterte und — abgesehen von einigen wenigen starken Organisationen — schwache afrikanische Gewerkschaftsbewegung andererseits. Von einer afrikanischen Arbeiterklasse als organisierter Gegenmacht konnte also zum Zeitpunkt der Unabhängigkeit Zimbabwes keine Rede sein. Diese wäre freilich die einzige bedeutende soziale Kraft, die in der kapitalistisch organisierten und von ausländischem Kapital dominierten Wirtschaft und Gesellschaft Zimbabwes wirklich für 'Growth with Equity' und eine Restrukturierung der Wirtschaft ins Gewicht fiele. Unter diesem Gesichtspunkt sind im folgenden die Entwicklung der Gewerkschaften nach der Unabhängigkeit und die staatliche Gewerkschaftspolitik zu verfolgen.

Zur Zeit des Übergangs Zimbabwes in die Unabhängigkeit — eines Übergangs, der keineswegs schon politisch gesichert, sondern von Anschlägen, Attentatsversuchen auf führende nationalistische Politiker sowie Putschgerüchten begleitet war — überzog eine landesweite Welle spontaner Streiks das Land (1). Alle Wirtschaftsbereiche, besonders aber die Bergwerke waren betroffen. Die Arbeiter stellten hohe Lohnforderungen. Die Streiks waren Ausdruck der hochgesteckten Erwartungen der afrikanischen Arbeiter, die meinten, die neugewonnene politische Freiheit müsse sich nun unmittelbar materiell auswirken und auch die Verhältnisse am Arbeitsplatz umkrempeln. Die designierten bzw. gerade neu an die Macht kommenden Arbeitspolitiker sahen sich so zunächst mit der Aufgabe konfrontiert, zur Stabilisierung der Übergangsbedingungen die Streikwellen zu glätten. Sie verbrachten ihre ersten Wochen im Amt damit, über Land zu reisen und Arbeitskonflikte zu schlichten. Die Art, wie sie dies taten und gleichzeitig den politischen Einfluß der wichtigsten Regierungspartei ZANU/PF auf die Arbeiterbewegung zu verankern suchten, hängt zusammen mit dem Zustand der Gewerkschaftsbewegung und dem Verhältnis von Arbeiterorganisationen und Befreiungsbewegungen.

An den bestehenden Gewerkschaften ging die Streikbewegung weitgehend vorbei. Die entlang der Linien der politischen Auseinandersetzungen der zweiten Hälfte der 70er Jahre zersplitterten und unter dem Blickwinkel der aktuellen politischen Entwicklung, des überwältigenden Wahlsiegs von ZANU/PF politisch zum Teil stark kompromittierten Organisationen unternahmen zur Zeit der Unabhängigkeit gerade einen neuen Anlauf zur Vereinheitlichung in einem neuen Dachverband, den United Trade Unions of Zimbabwe (UTUZ), um so ein Abwehrbündnis gegen antizipierte Eingriffe in die Gewerkschaftsstruktur seitens der neuen, ZANU/

---

1. vgl. **Foley, Griff**, The Zimbabwean Political Economy and Education, 1980 - 1982, Department of History, University of Zimbabwe, Harare 1982, S. 5f; einen Überblick über Ausmaß und Verlauf der Streikwelle geben die vom Department of Information im März, April und Mai herausgegebenen Press Statements.

PF-dominierten Regierung zustandezubekommen. Aus der Sicht der ZANU/PF-Arbeitspolitiker ging ebenfalls ein spezifisches Interesse in diesen Prozeß ein: Der von ZANU/PF organisierte Guerillakampf war vor allem von Bauern getragen worden und hatte in den ländlichen Gebieten stattgefunden. Die Befreiungsbewegung hatte ihre traditionelle Basis gerade nicht überwiegend in der städtischen afrikanischen Arbeiterklasse, daher in diesem Bereich einen Nachholbedarf an Organisierung. Zu den existierenden Gewerkschaften stand sie eher in einem Verhältnis der Konkurrenz; der ZANU/PF-nahe Gewerkschaftsverband Zimbabwe Trade Union Congress (ZTUC) war einer der schwächsten Dachverbände, wenn nicht der schwächste. Die Tatsache, daß ZAPU-, UANC- und ZANU-S- Einfluß in den bestehenden Organisationen nicht unbeträchtlich war, ließ diese Gewerkschaften aus ZANU/PF-Sicht als 'Sicherheitsrisiko' und Destabilisierungspotential erscheinen.

Vor dem Hintergrund dieses Spannungsverhältnisses von Hauptregierungspartei und Gewerkschaften und eines basisfernen Charakters der meisten Gewerkschaftsorganisationen wurden die Streikwellen in der instabilen Übergangssituation 1980 zum Ausgangspunkt einer Entwicklung, in der ZANU/PF-Funktionäre und ZANU/PF-orientierte Gewerkschafter die Schlichtung von Streiks mit der Herstellung einer neuen parteinahen Arbeiterbasisstruktur in Form von Arbeiterräten und dann auch einer neuen Gewerkschaftsstruktur zu verbinden suchten. Folgende Entwicklungsstränge sind vor allem zu verfolgen: a) das Aufgreifen der spontanen Organisierungsbereitschaft der afrikanischen Arbeiter in den Streiks und die Entwicklung von Workers' Committees; b) die Politik der Vereinheitlichung der Gewerkschaften nach dem Industrieverbandsprinzip, der eine Periode der Gründung neuer, meist ZANU/PF-orientierter Splittergewerkschaften im ersten Halbjahr nach der Unabhängigkeit vorausging; c) die Vereinheitlichung auf der Dachverbandsebene im neuen Zimbabwe Congress of Trade Unions (ZCTU), die mit staatlichem Druck gegen die United Trade Unions of Zimbabwe (UTUZ) als Abwehrverband durchgesetzt wurde.

12.3.1. Workers' Committees und Works Councils

Die neu ins Amt kommende ZANU/PF-Führungsgruppe im Arbeitsministerium um den Minister für Arbeit und Soziales K. Kangai, dessen Stellvertreter R. Manyika und den späteren Chief Industrial Relations Officer im Arbeitsministerium I. Chigwendere reagierte auf die spontanen Streiks mit Reisen durch das Land und Vermittlungsversuchen, die typischerweise nach folgendem Muster abliefen: "Der Streik bei Risco ist nun nach der Intervention des Ministers für Arbeit und Soziales, K. Kangai, der Treffen mit dem Management und danach mit Management und allen Streikenden hatte und ein Workers' Committee gründete, vorüber. Das Komitee, der Minister und seine Mitarbeiter und das Management fanden eine Lösung für die meisten Beschwerden, und man kam überein, daß die Arbeiter mit der 23 Uhr-Schicht der vergangenen Nacht (22. Mai) die Arbeit wieder aufnehmen würden." (1) Die Workers' Committees werden von ihren Initiatoren dargestellt als Antwort auf das Fehlen geordneter Kommunikationskanäle zwischen Arbeitern und Management sowie von gewerkschaftlichen Basisstrukturen (2). War so in bezug auf die Auseinandersetzung mit der Unternehmensleitung und die Beruhigung der Streiks die **Funktion** der Workers' Committees einerseits, auf der betrieblichen Ebene überhaupt erst einmal Kommunikationskanäle zu installieren, so war diese Einrichtung andererseits verbunden mit dem Bemühen von ZANU/PF, sich als Partei in Form von Basisorganisationen der Arbeiterschaft zu verankern. Workers' Committees fielen oft zusammen mit einer rudimentären ZANU-Parteistruktur auf Betriebsebene, andere Parteien folgten dem Beispiel (3). Die Partei, so teilte das ZANU/PF-Headquarter Mitte Juli 1980 mit, organisiere Seminare für Workers' Committees überall im Land. Der 'Herald' meldete, das erste solche Seminar habe die gegenwärtige Gewerkschaftsführung verurteilt, weil sie keinen Kontakt zu den Problemen der Arbeiter habe, und den Arbeitsminister aufgefordert, die Gewerkschaftsbewegung zu restrukturieren (4).

Um diese Zeit, im Juni und Juli 1980, leuchtete kurz die Möglichkeit einer grundsätzlich weitergehenden Funktion der Workers' Committees auf, als aus dem Arbeitsministerium verlautete, der Minister habe nun genug von der Uneinigkeit der Gewerkschaften und wolle sich zum Aufbau neuer Organisationen auf die Workers' Committees stützen (5). In der Folge wuchsen Spekulationen, die Workers' Committees sollten an den bestehenden Gewerkschaften vorbei die Basis einer neuen Struktur werden (6). Die etablierten Gewerkschaften fürchteten eine Zeitlang, ersetzt zu werden (7). Ob etwas derartiges wirklich überlegt wurde oder ob es sich nur um Drohgebärden den Gewerkschaften gegenüber handelte, ist schwer zu sagen. Wenig später intervenierte der Minister jedoch in den Vereinigungsprozeß der Gewerkschaftsverbände und schuf den ZCTU als neuen Dachverband (8). Damit war

1. **Department of Information**, Press Statement 321/80/JEP, 23.5.1980
2. "The situation inherited by the Government after independence was one of chaos. There was an obvious absence of a real trade union platform and this resulted in wildcat strikes throughout the country", erklärte später I. Chigwendere (H 27.1.1981).
3. Gespräch mit J. Mutandare und J. Roberts, Associated Mineworkers' Union of Zimbabwe, am 15.10.1982
4. H 16.7.1980
5. H 25.6.1980
6. H 9.7.1980
7. Gespräch mit J. Mutandare und J. Roberts am 15.10.1982
8. H 26.7.1980

eine wichtige Entscheidung über die Form der zukünftigen Gewerkschaftsbewegung gefallen und ein Schritt zur Limitierung der Rolle der Workers' Committees auf die betriebliche Ebene getan.

Trotzdem fühlten sich auch weiter die etablierten Gewerkschaften betroffen von den Workers' Committees und empfanden diese als Konkurrenz. Vor allem Ph. Sithole, der Führer der Textilarbeitergewerkschaft United Textile Workers' Union (UTWU), griff ZANU/PF und deren Versuche, durch Workers' Committees die Arbeiterorganisationen zu 'übernehmen', scharf an. Die Komitees seien verantwortlich für Konfusion unter den Arbeitern darüber, welche Arbeiterbewegung nun für ihre Vertretung verantwortlich sei (9). Das neue, auf Workers' Committees aufbauende, 'informelle' System von Arbeitsbeziehungen unterminiere das offizielle System (10). Jedoch nicht nur die politisch in Gegnerschaft zu ZANU/PF stehenden Gewerkschaften scheinen sich getroffen gefühlt zu haben: Der Riddell-Kommission gegenüber schlug das Co-ordinating Committee des neuen (ZANU/PF-dominierten) ZCTU vor, die Workers' Committees mit der Zeit wieder auslaufen zu lassen (11). Der Vorsitzende des Co-ordinating Committee und ZANU/PF-Gewerkschafter A. Makwarimba überlegte in einem anderen Gespräch, ein ordentlich aufgebautes Shop Steward-System könne die Workers' Committees früher oder später ersetzen (12).

Der Arbeitsminister suchte später, nachdem die Entscheidungen über die Form der neuen Gewerkschaftsstruktur gefallen waren, die Kompetenzprobleme und Unklarheiten über die Rolle der Workers' Committees zu beseitigen, indem er Anfang Februar 1981 eine Broschüre mit dem Titel **Workers' Committees Guide Lines** veröffentlichte. Die Rolle der Komitees ist in diesen Richtlinien beschränkt auf die betriebliche Vertretung der Arbeiter, eine Institutionalisierung geregelter Kommu-

9. H 24.10.1980
10. H 26.11.1980; bei dieser Abneigung der Gewerkschaften gegenüber den Workers' Committees ging es neben der Befürchtung, ersetzt zu werden, vor allem um die Konkurrenz parteipolitisch organisierter Arbeiterbasisorganisationen. So beschwerte sich UTUZ in einem nicht datierten, aber offenbar in Anschluß an ein UTUZ Interim Executive Meeting vom 23.11.80 herausgegebenen Press Statement: "In some instances, we have evidence of political party's officials playing a major part in forming works committees, even though many of them do not work in that particular industry, and of Members of Parliament, and even persons of Deputy Minister rank, taking part in the selection of a works committee, held during, or after, a political meeting. There are instances of (party political) MPs assisting actively in these operations." (UTUZ Press Statement, S. 3)
11. **Riddell-Report** S. 267
12. **Ure**, Trade Unions, S. 5

nikation zwischen Arbeitern und Management zur Verhinderung von Arbeitskämpfen. Bemerkenswert ist, daß all dies ohne eine rechtliche Grundlage geschah. Erst die Labour Relations Bill enthält Bestimmungen, die die Workers' Committees rechtlich sanktionieren.

Die Guide Lines (13) sehen die Einrichtung gewählter **Workers' Committees**, die die Interessen der Arbeiter gegenüber der Betriebsleitung artikulieren, vor. Regelmäßige Treffen von Komiteemitgliedern und Management konstituieren einen Works Council, nach südafrikanischem Vorbild auch Liaison Committee genannt, in dem innerbetriebliche Verhandlungen stattfinden. Als Ziele der Workers' Committees werden in den 'Leitlinien' genannt, die Interessen und Klagen der Arbeiter dem Management gegenüber zum Ausdruck zu bringen, somit Kommunikationsverbindungen herzustellen und zu Stabilität und friedlicher Konfliktlösung beizutragen, schließlich durch Schaffung eines guten Arbeitsklimas die Produktivität zu fördern. Die Komitees sollen mit den etablierten Gewerkschaften zusammenarbeiten, um die Einhaltung geltender Industrial Agreements oder Regulations zu sichern (14). In den Zuständigkeitsbereich der Workers' Committees sollen alle Fragen fallen, die von gegenseitigem Interesse für Beschäftigte und Management sind. Insbesondere werden Arbeitsschutz, betriebliche Sozialeinrichtungen, Arbeiterwohnungen, Arbeits- und Lebensbedingungen, die Verhinderung von Konflikten oder deren Beilegung auf niedrigstmöglicher Ebene sowie die Aufgabe, den Beschäftigten gegenüber die im Betrieb geltenden Arbeitsregeln zu erläutern, also eine Art 'betriebspolizeiliche' Aufgabe, genannt (15).

Workers' Committees sollen regelmäßig gemeinsam mit Managementvertretern beraten in Form des paritätisch besetzten **Works Council**; dessen Aufgaben und der zu behandelnde Problembereich werden in der als 'Annexure B' beigefügten Mustersatzung für einen Works Council analog zu denen der Komitees definiert. Ziel des Works Council ist "(g) Im allgemeinen, die effektive Mitwirkung der Arbeiter in dem Betrieb, für den der Council eingerichtet wird, zu fördern und zu erhalten und beiderseitige Zusammenarbeit und Vertrauen zwischen Arbeitern, Management und Gewerkschaften im Interesse von Arbeitsfrieden, verbesserten Arbeitsbedingungen, größerer Effizienz und gesteigerter Produktivität sicherzustellen." (16) Der Works Council kann Empfehlungen dem Management gegenüber aussprechen, hat aber keine darüber hinausgehenden Mitbestimmungsrechte (17).

13. **Ministry of Labour and Social Services** (Department of Industrial Relations), Workers' Committees Guide Lines, Salisbury o.J. (1981)
14. ebd. § 2 (a) - (g)
15. ebd. § 5 (a) - (i)
16. ebd. Annexure B, Constitution for a Works Council, § 1 (g)
17. § 9 (c) der Mustersatzung schlägt vor: "(c) The company shall as far as possible

Workers' Committees und Works Councils sind in den 'Guide Lines' nicht als Mitbestimmungsorgane mit gesicherten Einflußmöglichkeiten, sondern als reine Beratungsorgane konzipiert. Die 'Guide Lines' sind geprägt durch sozialpartnerschaftliche Formulierungen; das schon bei der Einführung der Komitees erkennbare Motiv der Sicherung von 'industrial harmony', von Arbeitsfrieden, tritt hier noch deutlicher dominant hervor. Es geht um die Einrichtung von Arbeiterorganisationen, die, indem sie eine betriebliche Interessenartikulation im Gegensatz zu den vorherigen Verhältnissen ermöglichen und kanalisieren, spontane Artikulationsformen der Arbeiter im Interesse von Produktivität, 'Investitionsklima' und gesamtwirtschaftlicher Entwicklung kontrollieren (18). Während Arbeitsministerium und ZANU/PF nach der Unabhängigkeit bei Streiks zunächst eine Vermittlerrolle einnahmen, verschärfte sich das staatliche Vorgehen gegen verschiedene politisch und wirtschaftlich bedeutende spontane Streiks (von Lehrern, Krankenschwestern, Eisenbahnern und Busfahrern) seit Herbst 1981. Die politische Linie, die die Regierung in bezug auf spontane Streiks vertritt, hat Kangai folgendermaßen formuliert: "Weil unsere Wirtschaft noch im Entwicklungsprozeß begriffen ist, müssen unsere Arbeiter verstehen, daß Streik keine Lösung sein kann. Ich sage nicht, daß sie sich nicht beklagen sollten. Aber es gibt Kanäle, die wir festgelegt haben und die vor einem Streik durchlaufen werden müssen. Arbeiter, die diesen Kanälen nicht folgen, haben ohne Zweifel harte Maßnahmen von uns zu erwarten." (19)

Zwar sind Workers' Committees und Works Councils in den 'Guide Lines' als reine

endeavour to accept and implement council recommendations. In case of non-acceptance of council recommendations, the company shall endeavour to communicate to the council its reasons for such rejection unless such reasons involve confidential matters relating to company policy, financial structure or staff matters." (ebd., Annexure B, Constitution for a Works Council, § 9 (c))

18. Konsequenterweise forderte etwa der stellvertretende Arbeitsminister Manyika später angesichts sinkender Arbeitsproduktivität nach der Unabhängigkeit die Workers' Committees auf, ein Auge auf Disziplinlosigkeit und Faulheit der Arbeiter zu haben (H 20.5.1982). Arbeitsminister Kangai brachte die Funktion der Workers' Committees im Juli 1982 in einer Rede zur Eröffnung des Zimbabwe Institute of Personnel Management vor Managementvertretern folgendermaßen auf den Punkt: "The function of the workers' committees is not only to provide an effective voice and representation of the workers, but also to provide an effective machinery for constructive dialogue with employers and personnel managers with the purposes of promoting sound labour relations and high productivity." (**Department of Information**, Press Statement 676/82/ TM vom 19.7.82: "Workers' Committees must promote sound Working Relationship — Kangai", S. 6)

19. H 8.9.1981

Beratungsorgane konzipiert; das schließt jedoch nicht aus, daß ihnen weitere Kompetenzen im Rahmen einer Einführung von Mitbestimmungsformen — nach welchem Modell auch immer — zuwachsen könnten. So betonte I. Chigwendere anläßlich der Eröffnung eines Seminars für Workers' Committees aus verschiedenen Unternehmen die Bedeutung von Arbeiterbildungsmaßnahmen und fügte hinzu, aus den Reihen der Workers' Committees kämen eines Tages die Leute, die bei Entscheidungsprozessen der Unternehmen mitbestimmen sollten (20). Premierminister Mugabe kündigte am 1. Mai 1982 die Einführung einer Art Mitbestimmung auf Unternehmensebene an (21).

12.3.2. Die Auseinandersetzungen um den neuen Gewerkschaftsdachverband: United Trade Unions of Zimbabwe vs. Zimbabwe Congress of Trade Unions

Zum Zeitpunkt der Unabhängigkeit Zimbabwes existierten fünf verschiedene Gewerkschaftsverbände: der African Trade Union Congress (ATUC), der National African Trade Union Congress (NATUC), der weiß dominierte Trade Union Congress of Rhodesia (bzw.: of Zimbabwe) (TUCRh oder TUCZ), die Zimbabwe Federation of Labour (ZFL) sowie der Zimbabwe Trade Union Congress (ZTUC). Zu diesen kam mit der Unabhängigkeit aus dem Ausland der seit 1965 verbotene und seitdem inländisch nicht mehr in Erscheinung getretene Zimbabwe African Congress of Unions (ZACU) hinzu, der nur noch einen anderen Namen für das Labour Department von ZAPU darstellte. Mit Einschränkungen lassen sich ähnliche Bedenken hinsichtlich der praktischen Funktionsfähigkeit als Gewerkschaftsverband auch für den ZANU/PF-orientierten ZTUC anmelden, der aber immerhin auf einige, wenn auch nicht starke, Mitgliedsgewerkschaften verweisen konnte. Auch NATUC hatte in der Zeit vor der Unabhängigkeit nicht regelmäßig funktioniert (1). Während der Übergangszeit der 'Internen Lösung' waren Bemühungen in Gang gekommen, sich an die neuen politischen Umstände durch Zusammenschluß

20. H 21.1.1982; vgl. auch **Chigwendere**, Ignatius, Industrial Relations in Zimbabwe. Past, Present and Future, Harare 1982 (unveröffentlicht), S. 15 - 19
21. ''... Government will as stated above, take active steps in 1982, the Year of National Transformation, to increase participation by the workers in management functions of the enterprise through the creation of management committees in which workers will be effectively represented." (**Department of Information,** Press Statement 380/82/DC vom 3.5.1982, "Workers to have Power — PM", S. 4)
1. Die Führungspersönlichkeiten der jeweiligen Dachverbände waren um diese Zeit für ATUC Ph. Sithole (Präsident), E. Soko (Vizepräsident) und M. Derah; für den TUCRh H. Bloomfield (Präsident) und B. Holleran (Generalsekretär); für die ZFL Sh. Chifamba und A. Kupfuma; für NATUC M.G. Khumalo und A.

mehrerer Dachverbände als United Trade Unions of Zimbabwe (UTUZ) anzupassen. Beteiligt an entsprechenden Verhandlungen waren TUCRh, ATUC und ZFL gewesen. Diese Initiative zur Bildung von UTUZ als Abwehrverband aller Gewerkschaften, die Grund hatten, unter den nun völlig veränderten politischen Bedingungen Eingriffe der neuen Regierung zu fürchten, wurde erneut intensiviert kurz nach der Unabhängigkeit Zimbabwes.

Vom 19. - 23. Mai 1980 fand im katholischen **Silveira House** in Salisbury ein 'Nationales Gewerkschaftsseminar zum ökonomischen und sozialen Wiederaufbau Zimbabwes' statt. Das **Seminar** war finanziert von der ICFTU (2), die damit das Ziel verfolgte, eine Vereinigung der Gewerkschaftsverbände **vor** einem als möglich antizipierten Regierungseingriff in die gewerkschaftliche Situation herbeizuführen (3). Auf dem Silveira House-Seminar repräsentiert waren neben internationalen Organisationen wie ICFTU, International Metalworkers' Federation (IMF), International Labour Organization (ILO), der Organization of African Trade Union Unity (OATUU) und der Friedrich Ebert-Stiftung (FES) auch die zimbabwesche Regierung und die Regierungsparteien (ZANU/PF und als ZACU auftretende Vertreter der ZAPU) sowie schließlich alle Gewerkschaftsverbände Zimbabwes (4).

Mhungu, für den ZTUC A. Makwarimba und D.S. Ndawana; für ZACU entwickelte sich A. Ndhlovu zum hauptsächlichen Vertreter (vgl. **Ure**, Trade Unions, sowie die Tagespresse).

2. **Brand, Coenraad**, Some Comments on the National Trade Union Seminar on the Economic and Social Reconstruction of Zimbabwe held at Silveira House, Salisbury 19. - 23.5.1980 (unveröffentlicht), S. 1

3. vgl. **E. Holtze**, Friedrich-Ebert-Stiftung, Gewerkschafts-Situation in Zimbabwe, Bericht, Harare 31.10.1980, S. 2

4. Für **NATUC** waren anwesend I. Nedziwe (Generalsekretär der United Food and Allied Workers' Union), E. Dlongwa (amtierender Generalsekretär der National Union of the Clothing Industry — NUCI), M.G. Khumalo (Vorsitzender von NUCI), M. Makumbira (Präsident von NUCI), V.W. Chanayiwa, B. Ngwerume (Generalsekretär der Gemstone and Jewellery Workers' Union), A. Mhungu (Generalsekretär der Railways Associated Workers' Union — RAWU), M. Invetu (NUCI), E. Mutswegota (RAWU). Für **ATUC** — in der Teilnehmerliste als UTUZ geführt — waren anwesend Ph. Sithole (Generalsekretär der United Textile Workers' Union UTWU), A.R. Chakanyuka (Organisationssekretär von UTWU), M. Derah (Generalsekretär der Zimbabwe Motor Industry Workers' Union — in der Teilnehmerliste irrtümlich geführt als Generalsekretär der rivalisierenden Zimbabwe Motor Trade Workers' Union —). Der **TUCRh** — in der Teilnehmerliste ebenfalls als UTUZ geführt — wurde vertreten von R.A. Winzer (Generalsekretär der Air Transport Union), H. Bloomfield (Präsident und Generalsekretär der Associated Mineworkers' Union of Zimbabwe — AMUZ), B. Holleran (National Union of Railwaymen — NUR), J. Roberts (Organisationssekretär der AMUZ).

Waren es in der Vergangenheit TUCRh, ATUC und ZFL gewesen, die die UTUZ-Pläne getragen hatten, so war im Vorfeld des Seminars nun auch NATUC einbezogen worden. "NATUC wurde allerdings erst bei einem Treffen im Jameson Hotel am Tag vor dem Seminar vollständig in die Verhandlungen einbezogen." (4a) Die Vertreter dieser vier Organisationen stellten sich zu Beginn des Seminars als UTUZ-Repräsentanten vor (5). Die unterschiedliche Intensität jedoch, mit der diese die UTUZ-Initiative trugen, spiegelte sich in der Teilnehmerliste noch darin wider, daß ATUC- und TUCRh-Führer nur unter dem Titel UTUZ auftauchten, während ZFL-Funktionäre teils als UTUZ, teils als ZFL firmierten und die NATUC-Vertreter nur unter diesem Einzelnamen geführt wurden (6). Abseits dieser Vereinigungsbemühungen blieb nun nur noch – anscheinend mit Unterstützung des Arbeitsministers Kangai (7) – der ZANU/PF-nahe ZTUC; unklar war zu dieser Zeit auch noch der Status des nicht eigentlich als Gewerkschaftsverband zu begreifenden ZACU, der später zu UTUZ stieß. Während Regierungs-, Partei- und Gewerkschaftsvertreter das Seminar dazu benutzten, sich gegenseitig zu beobachten und zu versuchen, die Vorhaben der jeweils anderen Seite herauszufinden, machte gleichzeitig der Arbeitsminister klar, was er von den etablierten Gewerkschaften hielt: "Während der letzten Wochen, seitdem ich im Amt bin, habe ich wiederholte Male beim Besuch von Streiks bemerkt, daß viele der Gewerkschaftsfunktionäre keine

---

Für die **ZFL**, die in der Teilnehmerliste teils als UTUZ, teils als ZFL geführt wurde, nahmen teil A. Kupfuma (Generalsekretär der Hotel und Catering Workers' Union), T. Mapfumo (Salisbury Municipal Workers' Union), Sh. Chifamba (Generalsekretär der Commercial and Allied Workers' Union of Zimbabwe), S. E. Ruwona (Präsident der Hotel and Catering Workers' Union), D. Chimusoro (Generalsekretär der General Engineering and Metalworkers' Union). Der **ZTUC** wurde vertreten durch Albert Mugabe (Publicity-Sekretär der Transport and General Workers' Union), J.A. Siyandaba (Generalsekretär der Air Transport Workers' Union), O. Kabasa (Vorsitzender der Zimbabwe Engineering, Iron and Steel Workers' Union), R.P. Marufu (Food Processing Workers' Union), E. Njekesa (Generalsekretär der United Building and Allied Industrial Workers' Union, der erst im März 1980 von der ZFL zum ZTUC übergewechselt war, vgl. RH 21.3.80), St. Nyamande (Associated Hotel and Catering Workers' Union). **ZACU** schließlich war vertreten durch T.F. Nkobi (Publicity and Information Secretary) und R.M. Gwavava (Director for Labour Relations). **Quelle:** Silveira House, National Trade Union Seminar on the Economic and Social Reconstruction of Zimbabwe, Teilnehmerliste.
4a.**Brand**, Some Comments, S. 5; vgl. auch H 21.5.1980
5. **Brand**, Some Comments, S. 5
6. Silveira House, National Trade Union Seminar on the Economic and Social Reconstruction of Zimbabwe, Teilnehmerliste
7. Gespräch mit E. Holtze, Friedrich-Ebert-Stiftung Harare, am 23.9.1982

Berührung mit den Arbeitern haben und daß tatsächlich der einzige Kontakt, den sie hergestellt haben, telefonisch war. Das reicht einfach nicht. Ich würde sogar soweit gehen zu sagen, daß unter diesen Umständen die sogenannten Gewerkschaftsfunktionäre sich schuldig machen, die Beiträge der Arbeiter für eine unangemessene Vertretung zu kassieren." (8) Wenn auch allseits die Notwendigkeit der Vereinigung der Gewerkschaften betont wurde, so kam diese auf dem Seminar infolge des Abseitsstehens des ZTUC jedoch nicht zustande; Regierungs- und ZANU/PF-Vertreter ließen offen, welche Gewerkschaftspolitik von ihnen in Zukunft zu erwarten sei (9).

Die UTUZ-Gewerkschaften führten ihre Vereinigungsbemühungen nach dem Silveira House-Seminar ohne Beteiligung des ZTUC — und nun offensichtlich unter Zeitdruck — weiter. Verschiedentlich fanden Treffen statt (10). B. Holleran trat als Sekretär eines **UTUZ-Interim Committee** auf, das den Zusammenschluß organisieren sollte (11). Als Co-Chairmen von UTUZ figurierten H. Bloomfield (12) und Ph. Sithole (13); damit traten als Führer des beabsichtigten Zusammenschlusses ausgerechnet zwei der politisch am meisten kompromittierten Gewerkschafter, die parteipolitisch an die ZANU-S(ithole) bzw. die Rhodesian Front (RF) gebunden waren (14), auf. In der zweiten Julihälfte schien es dann soweit zu sein: Nach einem weiteren Treffen der beteiligten Verbände kündigte Holleran für den September 1980 eine Konferenz zur Vereinigung von TUCRh, ZFL, ATUC und NATUC als United Trade Unions of Zimbabwe (UTUZ) an (15).

Zu diesem Zeitpunkt war jedoch UTUZ als Abwehrbündnis politisch schon nicht mehr möglich. Am 25.7.1980 rief Arbeitsminister Kangai ein Treffen von Gewerkschaftern zusammen, um eine vereinheitlichte neue Gewerkschaftsorganisation ins

8. **Department of Information**, Press Statement 305/80/SFS, "Minister addresses Trade Union Seminar", S. 3. Klarer noch drückte es ein bei Brand zitierter, nicht namentlich genannter ZANU/PF-Vertreter auf dem Seminar aus: "The workers are not represented here today." (**Brand**, Some Comments, S. 4)
9. **Brand**, Some Comments, S. 6 beobachtete: "The chairman at one stage indicated that there had been a fear on the part of some that ZANU(PF) might ban the unions if it came to power. I cannot see that everybody was reassured (and, I suppose, the ICFTU least of all) when the Minister of Labour expressed surprise at such a suggestion since, he asserted bluntly, different socialist countries like Zambia, Tanzania, China and Russia, all had unions after all!"
10. H 25.6.1980, H 30.6.1980
11. H 10.7.1980
12. SM 20.7.1980
13. H 10.12.1980
14. vgl. H 29.12.1980
15. H 24.7.1980

Leben zu rufen; er teilte mit, daß diese neue Organisation den Namen **Zimbabwe Congress of Trade Unions (ZCTU)** tragen werde, und es wurde ein **National Co-ordinating Committee** des ZCTU benannt, das diesen endgültigen Zusammenschluß auf einer geplanten Gründungsversammlung vorbereiten sollte (16). War bei der UTUZ-Initiative der ZTUC vor der Tür geblieben, so stützte sich der Arbeitsminister nun bei der Zusammensetzung des ZCTU- Co-ordinating Committee vor allem auf ZTUC- und andere ZANU/PF-treue Gewerkschafter sowie auf nicht gewerkschaftlich tätige Parteimitglieder (17). Von den 18 Mitgliedern des Co-ordinating Committee vertraten im Grunde nur Ph. Sithole als Vize-Chairman (UTWU, ATUC), A. Mhungu als Schatzmeister (RAWU, NATUC), A. Ndhlovu (ZACU, ZAPU) und B. Holleran (NUR, TUCRh) nicht ZTUC- oder ZANU/PF-orientierte Kräfte. Vorsitzender des Co-ordinating Committee wurde A. Makwarimba (Commercial Workers' Union und ZTUC) (18). Mit der Schaffung des Co-ordinating Committee des ZCTU schob der Arbeitsminister durch einen politischen Eingriff dem vor allem

16. **Department of Information**, Press Statement 461/80/SS vom 28.7.1980, "Minister addresses Trade Unions", S. 1
17. A. Makwarimba, der Chairman des Co-ordinating Committee, suchte später (H 13.1.1981) ebenso wie der Arbeitsminister selbst (H 9.12.1980) gegen Angriffe die Interpretation aufrechtzuerhalten, die Mitglieder des Co-ordinating Committee seien nicht vom Minister ernannt, sondern von der vom Minister einberufenen Versammlung gewählt worden. Vgl. dazu das Schreiben des Chief Industrial Relations Officers im Arbeitsministerium I. Chigwendere an A. Mhungu (RAWU) vom 5.11.1980, S. 1: "The Z.C.T.U. is an interim committee set up to co-ordinate trade union activity towards the formation of a single trade union national centre. This came about as a result of the Minister's personal invitation to twenty leading trade union leaders."
18. Die genaue Zusammensetzung des Co-ordinating Committee bei dessen Benennung Ende Juli 1980 war wie folgt:
1. Vorsitzender A. Makwarimba (Commercial Workers' Union, ZTUC, ZANU/PF); 2. Stellvertretender Vorsitzender Ph. Sithole (UTWU, ATUC, ZANU-S); 3. Sekretär E. Nyashanu; 4. Stellvertretender Sekretär A. Mugabe (Transport and General Workers' Union, ZTUC); 5. Schatzmeister A. Mhungu (RAWU, NATUC); 6. Finanzsekretär M. Mawere; 7. Organisationssekretär W. Gwekwerere (ZANU/PF Labour Department); 8. Stellvertretender Organisationssekretär D. S. Ndawana (Zimbabwe Agricultural and Plantation Workers' Union, ZTUC); 9. Sekretär für Öffentlichkeitsarbeit E. Soko (UTWU, ATUC, ZANU/PF); 10. Stellvertretender Sekretär für Öffentlichkeitsarbeit J.L. Chamunogwa (ZANU/PF Labour Department); weitere Mitglieder: 11. Mrs. W. M. Gara; 12. E. Gwanzura; 13. A. Ndhlovu (ZACU, ZAPU); 14. A. Mbachi; 15. B. Holleran (NUR, TUCRh); 16. K. Hunda (General Engineering and Metalworkers' Union, vgl. H 9.5.80; Hunda führte dann die Splittergewerkschaft Zim-

von TUCRh und ATUC getragenen Versuch, alte gewerkschaftliche Machtverhältnisse und Strukturen im unabhängigen Zimbabwe in neuer Form abzusichern, einen Riegel vor. Problematisch scheint dabei weniger der politische Eingriff als solcher, der von UTUZ-Vertretern als Verletzung der gewerkschaftlichen Freiheit angegriffen wurde; denn erstens kann die Legitimation der alten Gewerkschaftsorganisationen mit guten Gründen angezweifelt werden, und zweitens war UTUZ ein politisch motivierter Zusammenschluß, der eine politische Antwort unter den neuen Verhältnissen geradezu herausforderte. Problematisch ist vielmehr, daß die nun vorgenommene Weichenstellung auf eine ZANU/PF-dominierte Gewerkschaftsführung oft gerade nicht stärkere und basisnähere Funktionäre, sondern eher die 'zweite Garnitur' der Gewerkschaftsführer des Landes an die Spitze beförderte. Die Einsetzung des Co-ordinating Committee leitete eine Zeit harter Auseinandersetzungen zwischen UTUZ- und ZCTU-orientierten Gewerkschaftern ein, die — unter dem Druck des Arbeitsministers — einen vorläufigen Abschluß in der Gründung des ZCTU Ende Februar 1981 fanden.

In der verbal heftig, letztlich aber seitens der UTUZ-Führer ohne reale Machtmittel im Rücken geführten **Auseinandersetzung um den ZCTU** und dessen Co-ordinating

babwe Motor Trade Workers' Union; er wurde später vom Arbeitsminister bei der neuen Zusammensetzung gegen den Willen der ZFL nominiert.); 17. K.M. Mupedziswa (der ebenso wie Hunda später gegen den Willen der ZFL als deren Vertreter nominiert wurde); 18. G.S.M. Majiri. Geht man die Liste durch, so ist unter den bekannten Namen unschwer die schwache Vertretung von ATUC, NATUC, ZFL, TUCRh und ZACU zu sehen; die ZFL wurde hier durch zwei Gewerkschafter 'repräsentiert', die sie später nicht als eigene Vertreter nominierte. Auffällig ist das Auftauchen einer Reihe von Namen, die nicht direkt aus der Gewerkschaftsbewegung kommen oder weder vor noch nach dieser Zeit als höherrangige Gewerkschafter in Erscheinung traten. Der Chief Industrial Relations Officer I. Chigwendere begründete dies später mit der Absicht des Arbeitsministers, außerhalb der bestehenden Verbände stehende Leute zur Förderung der Diskussionen mit heranzuziehen und nannte als solche 'unabhängigen' Mitglieder u.a. Gwekwerere, Mawere, Majiri, Nyashanu, Gwanzura und Chamunogwa. (Brief Chigwenderes an A. Mhungu vom 5.11. 1980) **Quelle** für die Zusammensetzung des Co-ordinating Committee ist **Department of Information**, Press Statement 461/80/SS vom 28.7.80: "Minister addresses Trade Unions", S. 2; Gewerkschafts- und Parteizugehörigkeiten sind ermittelt aus Pressemeldungen und den folgenden Listen: Übersicht über Gewerkschaften in Zimbabwe, Stand März 1981, von Brian Fox (Commonwealth TUC); Registered and unregistered Unions affiliated to the ZCTU, Stand Februar 1982; Registered Trade Unions — as at 1st April, 1982; Silveira House, National Trade Union Seminar, Teilnehmerliste.)

Committee exponierten sich vor allem Ph. Sithole (ATUC), D. Chimusoro (GEM-WU, ZFL, UANC) und A. Ndhlovu (ZACU) seitens der UTUZ-Gewerkschaften und E. Soko (UTWU, ATUC, ZANU/PF) und A. Makwarimba (Commercial Workers' Union, ZTUC, ZANU/PF) seitens der ZANU/PF-orientierten Gewerkschaften. Andere agierten wie H. Bloomfield (AMUZ, TUCRh, RF) eher vorsichtig im Hintergrund, stellten sich wie die ZFL-Führer A. Kupfuma (Hotel and Catering Workers' Union) und Sh. Chifamba (Commercial and Allied Workers' Union of Zimbabwe) schnell auf die neuen Verhältnisse ein oder hielten sich aus den öffentlichen Auseinandersetzungen heraus, um dann — wie RAWU unter A. Mhungu auf ihrem Jahreskongreß im Dezember 1980 — zur Unterstützung der Vereinheitlichung auf Regierungslinie überzugehen. Die Auseinandersetzung drehte sich vor allem um a) die Zusammensetzung des Co-ordinating Committee, b) die Tätigkeit der Mehrheit im Co-ordinating Committee, die, statt ihrem Auftrag entsprechend die Gewerkschaftsbewegung zu vereinheitlichen, zunächst an der Gründung neuer, ZANU/PF-orientierter Einzelgewerkschaften mitwirkte, sowie c) die Rolle der Workers' Committees, die von den etablierten Gewerkschaften als Bedrohung empfunden wurden.

Wie schon dargestellt waren die UTUZ-Gewerkschaften im Co-ordinating Committee des ZCTU unterrepräsentiert. Ph. Lubengo sprach von der neuen ZCTU-Führung als "handverlesenen Individuen, die einer politischen Partei angehören." (19) Ph. Sithole, der sich zunächst als Stellvertretender Vorsitzender des ZCTU Co-ordinating Committee hatte nominieren lassen, griff seit Oktober 1980 dieses Gremium scharf an: Der ZCTU gründe unter Berufung auf ZANU/PF Splittergewerkschaften und beabsichtige, den neuen Dachverband in ein Instrument von ZANU/PF und der Regierung zu verwandeln. ZANU/PF versuche auch, die Arbeiterorganisationen durch dazu geschaffene Workers' Committees zu 'übernehmen' (20). In der zweiten Oktoberhälfte trat Sithole dann von seinem Posten als Stellvertretender Vorsitzender zurück und schied aus dem Co-ordinating Committee aus. Er legte gleichzeitig eine Liste von 30 Splittergewerkschaften vor, die ZANU/PF in den vergangenen sieben Monaten gegründet habe. Mitte November wendete er sich mit Protest an die Organization of African Trade Union Unity (OATUU), weil die zimbabwesche Regierung sich in die Angelegenheiten der Gewerkschaften einmische (21).

Die Kritik der UTUZ-Vertreter an der Zusammensetzung des **Co-ordinating Committee** war partiell erfolgreich, insofern der Arbeitsminister einer **Erweiterung** des Gremiums zustimmte. Nach Angaben H. Bloomfields einigte man sich mit

19. SM 10.8.1980
20. SM 12.10.1980, H 24.10.1980
21. H 15.11.1980, H 22.10.1980

Vertretern des Arbeitsministeriums in einem Treffen am 27.10.80 darauf, daß im Co-ordinating Committee in Zukunft neben einigen politisch benannten Mitgliedern alle ehemaligen Verbände mit drei Repräsentanten vertreten sein sollten (22). In dem Schreiben eines 'Aktionskomitees des Interim Committee von UTUZ' (23) an den Chief Industrial Relations Officer im Arbeitsministerium I. Chigwendere vom 31.10.80 teilten die UTUZ-Vertreter mit, daß die "unten genannten Repräsentanten von den früheren Dachverbänden für das erweiterte Co-ordinating Committee nominiert worden sind, wie mit Ihnen am Montag, dem 27. Oktober, und davor mit dem Arbeitsminister, Comrade the Hon. K. Kangai, besprochen." (24) . Wie abgesprochen benannte anschließend das Arbeitsministerium je drei Vertreter pro Dachverband neben sieben weiteren Mitgliedern, hielt sich aber nicht in allen Fällen an die Nominierungen der Dachverbände selbst (25). Inwieweit das

22. Record on Discussions held with Trade Union Leaders in Zimbabwe on 27th and 28th of October 1980 in Salisbury, von E. Holtze, Friedrich-Ebert-Stiftung Harare, S. 2
23. Das Aktionskomitee bestand aus A. Ndhlovu, D. Chimusoro, H. Bloomfield, J. Deas
24. Schreiben des Action Sub Committee of the Interim Committee of the United Trade Unions of Zimbabwe an Chigwendere vom 31.10.80. Als Vertreter im erweiterten Co-ordinating Committee **nominierten die Gewerkschaften** für:
 NATUC A. Mhungu, M.G. Khumalo, T.E. Mhachi;
 ZFL A. Kupfuma, D. Chimusoro, T.G. Mapfumo;
 TUCZ B. Holleran, H. Bloomfield, J. Deas;
 ATUC M. Derah, A. Chakanyuka, M. Pasipanodya;
 ZACU A. Ndhlovu, R. M. Gwavava, R. Baleni.
 Chakanyuka war Organisationssekretär von UTWU; Deas kam aus der Air Transport Union; Khumalo und Pasipanodya waren Führer der National Union of the Clothing Industry, die erst Anfang 1980 aus zwei rivalisierenden Gewerkschaften entstanden war, weshalb Funktionäre derselben Gewerkschaft hier noch als Vertreter unterschiedlicher Dachverbände auftreten konnten. R.M. Gwavava war ZACU Director for Labour Relations, Baleni Generalsekretär der Zimbabwe Chemicals, Fertilizer and Allied Workers' Union.
25. Die **vom Arbeitsminister benannten Mitglieder des erweiterten Co-ordinating Committee** waren für NATUC A. Mhungu, M.G. Khumalo und T.E. Mhachi; für die ZFL D. Chimusoro, K. Hunda und K. Mupedziswa; für den TUCZ B. Holleran, H. Bloomfield und J. Deas; für ATUC M. Pasipanodya, E. Soko und J. Mutemi; für ZTUC A. Makwarimba, D.S. Ndawana und A. Mugabe. Die sieben wegen ihrer 'Erfahrung' zur 'Hilfestellung' bei der Vereinigung eingeladenen Mitglieder waren W. Gwekwerere, M. Mawere, R. Bango, G. Majiri, E. Nyashanu, E. Gwanzura und J. Chamunogwa. (Nach: Schreiben von J. Chigwendere, Ministry of Labour and Social Services, Industrial Rela-

328

Co-ordinating Committee in dieser neuen Form praktisch gearbeitet hat, ist unklar; die Auseinandersetzungen hörten mit der Erweiterung jedoch nicht auf. Ende November beschwerte sich UTUZ, das ZCTU-Komitee kommuniziere nicht mit den Gewerkschaftsverbänden (26). Aus zwanzig ernannten Mitgliedern enthalte es sieben, die keiner Gewerkschaft angehörten (27). Die Regierung manipuliere die Gewerkschaftsbewegung zugunsten des ZCTU (28).

Im Dezember nahm der Druck des Arbeitsministers auf die Gewerkschaften, nun endlich zur offiziellen Gründung des ZCTU zu kommen, offenbar stark zu. Kangai drohte, Gewerkschaften, die der Regierungspolitik der Vereinheitlichung unter dem ZCTU nicht folgten, zu 'zerschlagen', d.h. zu deregistrieren (29). Unmittelbar darauf schrieb A. Ndhlovu (ZACU) als Generalsekretär des Interim Committee von UTUZ an die International Labour Organization (ILO) und forderte, diese solle keinen Gewerkschaftsdachverband in Zimbabwe anerkennen, der nicht die zimbabweschen Arbeiter repräsentiere (30). Das von Kangai eingesetzte Co-ordinating Committee repräsentiere nicht die Gewerkschaftsbewegung Zimbabwes (31). Über die Tätigkeit des Co-ordinating Committee führte Ndhlovu aus: "Nicht mehr als fünf von diesen Leuten arbeiten im ganzen Land daran, Arbeiterkomitees einzurichten, wo es schon Gewerkschaften gibt; sie sind tatsächlich bis zu dem Extrem gegangen, Splittergewerkschaften in Wirtschaftsbereichen zu gründen, in denen seit vielen Jahren registrierte Gewerkschaften anerkannt waren, und haben eine höchst spalterische Atmosphäre geschaffen. Es scheint sich dabei um einen abgestimmten Versuch zu handeln, die Gewerkschaftsbewegung unter den Einfluß und die Verwaltung der Partei, die zur Zeit an der Macht ist, zu bringen." (32)

Während andere Gewerkschaftsführer sich öffentlich zu dem Problem nicht mehr äußerten und RAWU unter A. Mhungu auf ihrem Jahreskongreß im Dezember

tions Branch, an A. Mhungu (RAWU), vom 5.11.1980, S. 2) Während im Falle von NATUC, TUCZ und ZACU der Arbeitsminister die Nominierungen der Gewerkschaftsverbände übernahm, benannte er bei ZFL und ATUC je zwei Vertreter gegen den Willen dieser Verbände; neu von diesen war im Co-ordinating Committee nur J. Mutemi (UTWU, ZANU/PF). Bei den sieben 'Unabhängigen' war neu nur R. Bango.

26. H 24.11.1980
27. H 25.11.1980
28. H 4.12.1980
29. H 9.12.1980
30. Schreiben von A. Ndhlovu, General Secretary des Interim Committee von UTUZ, an den Direktor der ILO, Genf, vom 9.12.1980, S. 3
31. ebd. S. 1
32. ebd. S. 1 f

1980 die Regierungspolitik für einen Dachverband unterstützte (33), kündigte Chigwendere Ende des Monats den Gründungskongreß des ZCTU als bevorstehend an; auf diesem Kongreß solle in freien Wahlen die Führung der Gewerkschaftsbewegung bestimmt werden. Ein Credentials Committee (Mandatsprüfungskommission) des ZCTU werde vorher festlegen, wieviele Delegierte jede Gewerkschaft zum Kongreß entsenden dürfe. Der Arbeitsminister unterstrich diese Ankündigung mit dem Ultimatum, man werde weitere Maßnahmen ergreifen, wenn der neue Dachverband nicht bis Februar 1981 etabliert sei (34). A. Ndhlovu trat daraufhin wie vorher schon Ph. Sithole aus dem ZCTU Co-ordinating Committee zurück, trat als Generalsekretär von UTUZ auf und kündigte an, UTUZ sei nun wiederbelebt worden und werde den ZCTU boykottieren (35). Der angekündigte Boykott blieb aus; welche Auseinandersetzungen um die Teilnahme am ZCTU-Gründungskongreß noch hinter den Kulissen stattfanden, ist nicht erkennbar. Ndhlovu verschwand nun ebenso wie ein halbes Jahr später Ph. Sithole ganz von der gewerkschaftspolitischen Bühne. Das eingesetzte **Credentials Committee** (36) ließ sich, wie B. Holleran erläuterte, von den Gewerkschaften, die stimmberechtigt am Gründungskongreß teilnehmen wollten, mangels Zeit zu genauerer Überprüfung eine Satzung vorlegen und übernahm die von diesen angegebenen Mitgliederzahlen; je tausend Mitglieder wurde dann eine Delegiertenstimme zugeteilt (37).

Der **Gründungskongreß des Zimbabwe Congress of Trade Unions (ZCTU)** fand am 28.2. und 1.3.1981 im Monomatapa-Hotel in Salisbury statt. 52 Gewerkschaften nahmen teil. Damit gab es seitdem nur noch einen Gewerkschaftsdachverband in Zimbabwe. Der Arbeitsminister forderte die Gewerkschaften in der Eröffnungsansprache auf, sich von den Tabus des Berufsverbandswesens zu lösen und neuen

33. H 16.12.1980
34. H 29.12.1980
35. H 31.12.1980
36. Das Credentials Committee bestand aus J. Chamunogwa, W. Gwekwerere, B. Holleran, M.G. Khumalo und E. Soko. (Schreiben des ZCTU Co-ordinating Committee an die Einzelgewerkschaften, undatiert, unterzeichnet von W. Gwekwerere, "Secular to all National Trade Unions. ZCTU First Congress")
37. Minutes of the Inaugural Congress of the ZCTU, held in the Great Indaba Room of the Monomatapa Hotel on 28th February and 1st March, 1981, S. 13f. Dieses Verfahren, bei dem die angegebenen Mitgliederzahlen nicht überprüft wurden, was auch mangels formeller Organisation von vielen teilnehmenden Gewerkschaften schwer möglich gewesen wäre, verhalf einer Reihe unregistrierter, junger und schwacher Gewerkschaften zu erstaunlichen Delegiertenzahlen. Z.B. war die Zimbabwe Agricultural and Plantation Workers' Union mit 10 Delegierten vertreten. Die genaue Verteilung der Delegiertenstimmen ist ersichtlich ebd. S. 12 f.

Herausforderungen zuzuwenden. Aufgabe der Gewerkschaften sei es, Armut, Krankheit und Unwissenheit abzuschaffen und die Arbeitsdisziplin zu stärken im Interesse von wirtschaftlicher Effizienz und Produktivität (38). Premierminister Mugabe versicherte in der Schlußrede, daß seine Partei die Rede- und Versammlungsfreiheit, das Koalitions-, Demonstrations- und das Streikrecht sowie das Recht auf Arbeit und einen fairen Lohn anerkenne (39). Die Delegierten wählten einen Vorstand (Executive Committee) sowie einen aus 25 Mitgliedern bestehenden General Council des ZCTU. Präsident wurde A. Makwarimba (40), Vizepräsidenten wurden A. Kupfuma, P. Mashawire und M.G. Khumalo (41). Knapp fiel die Entscheidung bei der Abstimmung um den wichtigsten Posten, den des Generalsekretärs aus: A. Mugabe, Halbbruder des Premierministers, gewann das Amt mit 106 Stimmen vor dem wesentlich profilierteren A. Mhungu mit 101 Stimmen. Assistant General Secretaries wurden D.S. Ndawana und I. Nedziwe; A. Mhungu wurde Schatzmeister, B. Holleran und R. Baleni Trustees (42). Die wichtigsten Vorstandsposten wurden somit mit ZANU/PF-Gewerkschaftern besetzt. Gewerkschafter, die sich in den vorangegangenen Auseinandersetzungen gegen den ZCTU exponiert hatten wie z.B. Chimusoro, Lubengo, Sithole und Ndhlovu, kamen für Vorstandsposten nicht mehr in Betracht. Sie tauchten höchstens noch im General Council des ZCTU auf (43).

38. H 2.3.1981
39. Minutes of the Inaugural Congress of the ZCTU, S. 18
40. Makwarimba schlug die früheren NATUC- und ATUC-Führer M.G. Khumalo und Ph. Sithole mit 124:67:18 Stimmen. Die geringe Stimmenzahl für Ph. Sithole zeigt, daß dieser auch in den eigenen Reihen an Unterstützung verloren hatte.
41. Kupfuma erhielt 85 Stimmen, Mashawire, der von der Zimbabwe Clothing Industry Workers' Union kam, 34 und Khumalo (National Union of the Clothing Industry — in den Minutes of the Inaugural Congress, S. 15, fälschlich als Vertreter der Zimbabwe Clothing Industry Workers' Union geführt), 29 Stimmen.
42. Alle Angaben nach African Labour News. Bi-monthly Journal of the International Confederation of Free Trade Unions. Africa Information Service, Vol. 62 - 63, 30.4.1981, S. 1
43. In den **General Council** des ZCTU gewählt wurden 25 reguläre Mitglieder und 4 Stellvertreter. Die Mitglieder waren: G. Mguni (Zimbabwe Mineworkers' Union); J. Roberts (Associated Mineworkers' Union of Zimbabwe); R.P. Marufu (Food Processing Workers' Union); C. Pasipanodya (National Union of the Clothing Industry); B. Marufu (Zimbabwe Agricultural and Plantation Workers' Union); Mrs. F. Chitauro (Nurses' Association); Madondo (Zimbabwe Municipal Workers' Union); C. Moyo (Zimbabwe Domestic and Allied Workers' Union); C. Kumira (Commercial Workers' Union of Zimbabwe); J. Gwavava (Zimbabwe Engineering, Iron and Steel Workers' Union); P. Nkomo (Fe-

Mit der Gründung des ZCTU war die Auseinandersetzung um die Form der zimbabweschen Gewerkschaftsbewegung formal abgeschlossen, und äußerlich trat die Entwicklung damit in eine Phase relativer Konsolidierung ein. Die Aufgabe, aus Einzelgewerkschaften und ZCTU eine wirkliche, arbeitsfähige Vertretung der zimbabweschen Arbeiter zu machen, stand — und steht — damit freilich noch bevor. Im folgenden gilt es, nach der Darstellung der Auseinandersetzungen um den Dachverband die Entwicklung auf der einzelgewerkschaftlichen Ebene zu verfolgen.

12.3.3. Bildung von Industrieverbänden —
Splittergewerkschaften und Vereinigungspolitik

Erklärtes Ziel der Gewerkschaftspolitik der zimbabweschen Regierung ist, die zersplitterten Einzelgewerkschaften nach dem Industrieverbandsprinzip zu vereinheitlichen. Dies ist auch die Aufgabe des ZCTU und war Auftrag von dessen Coordinating Committee seit Juli 1980. In der Darstellung der ZCTU-Vorgeschichte deutete sich jedoch schon an, daß die ZANU/PF-orientierten Gewerkschafter und das Co-ordinating Committee keineswegs von Anfang an eine solche Vereinheitlichungspolitik betrieben, sondern in einer Reihe von Fällen erst einmal die Absplitterungen gründeten, die dann später mit anderen Organisationen zu vereinigen waren.

Nun ist freilich die Splitterstruktur der zimbabweschen Gewerkschaftsbewegung keine neue, erst nach der Unabhängigkeit auftretende Erscheinung; in der Darstellung der Gewerkschaftsentwicklung vor der Unabhängigkeit Zimbabwes wurde deutlich, daß es eine Reihe konkurrierender Gewerkschaftsorganisationen gab, die in vielen Fällen auch praktisch nicht funktionsfähig waren, sondern mehr oder

deration of Municipal Workers' Union); P. Ngwerume (Gemstone und Jewellery Workers' Union); J. Deas (Air Transport Workers' Union); S.M. Moyo; A. Ngwenya (Graphical Association Workers' Union); E. Soko (United Textile Workers' Union); E. Tavagwisa; A. Hodge (National Union of Railwaymen); M. Derah (Zimbabwe Motor Industry Workers' Union); E. Munyaradzi (Zimbabwe Clothing Industry Workers' Union); M. Ndhlovu (Hotel and Catering Workers' Union); C. Zemba (General Engineering and Metalworkers' Union); I. Zindoga (Leather and Shoe Manufacturing Workers' Union); J. Mutandare (Associated Mineworkers' Union of Zimbabwe); E. Njekesa (Building Workers' Trade Union); Stellvertreter wurden Ph. Sithole (United Textile Workers' Union); M.M. Gwetu (National Union of the Clothing Industry); J.J. Maodzwa (Federation of Municipal Workers' Union); R. Chitehwe (Zimbabwe Plastics, Fertilizer, Chemical and Allied Workers' Union). Nach: Liste des ZCTU, Members und Alternates des General Council.

weniger nur auf dem Papier existierten. Aber neben diesen älteren registrierten und unregistrierten Organisationen erwähnt der Bericht der Riddell-Kommission eine dritte Gruppe von Gewerkschaften, die sich nach der Unabhängigkeit zu etablieren suchten und vor allem in Bereichen, die schon von registrierten Gewerkschaften abgedeckt gewesen seien, aufgetreten seien (1). Diese Entwicklung, so schreibt die Kommission, sei zum einen Resultat der Tatsache, daß die alten registrierten Gewerkschaften nicht mehr als demokratisch organisiert und als wirkliche Vertreter der afrikanischen Arbeiterklasse anerkannt worden seien; zum anderen hätten parteipolitische Einflüsse eine Rolle gespielt. Eine Reihe der Neugründungen seien 1980 mit Rückendeckung des Co-ordinating Committee des ZCTU zustandegekommen (2).

Der **Prozeß der Absplitterung und Vereinheitlichung** auf der einzelgewerkschaftlichen Ebene und die damit verbundenen Machtkämpfe waren vielschichtig und verliefen je nach der einzelgewerkschaftlichen Situation unterschiedlich. Verschiedene Ziel- und Motivationsstränge überschnitten sich dabei. Zum einen ist der Versuch offenkundig, die neu an die Macht gekommene Haupt-Regierungspartei ZANU/PF organisatorisch stärker in der Arbeiterklasse zu verankern. Dabei ist kaum auseinanderzuhalten, inwieweit es vor allem um die Ablösung politisch auf der Seite des alten Regimes exponierter Gewerkschaftsführer ging, inwieweit durch Splittergewerkschaftsgründungen eine Mehrheit im neu entstehenden Dachverband beschafft werden sollte und inwieweit einzelne Gewerkschafter eine Chance sahen, sich durch Gründung neuer Organisationen einen Generalsekretärsposten zu verschaffen. Sicher haben alle diese Motive eine Rolle gespielt. Daneben ging es aber auch um eine 'Afrikanisierung' der Gewerkschaftsführungen, d.h. um schwarze Machtübernahme in ehemals weiß dominierten Bereichen, und um die Organisierung der Einzelgewerkschaften nach dem Industrieverbandsprinzip zur Bildung einer geschlossenen Gegenmacht der Arbeiterklasse in einem funktionsfähigen System von institutionalisierten Arbeitsbeziehungen. Je nach der einzelgewerkschaftlichen Situation erscheinen einzelne dieser Motivstränge als dominant. Im folgenden soll diese Entwicklung auf einzelgewerkschaftlicher Ebene in ihren unterschiedlichen Ausprägungen an verschiedenen relevanten Organisationsbereichen verfolgt werden.

In einigen Bereichen gelang die Vereinheitlichung relativ schnell und ohne größere sichtbare Konflikte. Einen solchen Fall stellen die **Commercial Workers** dar. Hier standen sich die Commercial and Allied Workers' Union unter Sh. Chifamba als Generalsekretär, der gleichzeitig auch ZFL-Generalsekretär war (3), und die Commercial Workers' Union unter A. Makwarimba (ZTUC, dann Vorsitzender des ZCTU Co-ordinating Committee) gegenüber. Ende September 1980 berichteten Makwa-

1. **Riddell-Report** S. 256
2. ebd. S. 242 und 244
3. H 25.6.1980

rimba und Chifamba über die Vereinigung der beiden Gewerkschaften zur Commercial Workers' Union of Zimbabwe mit Makwarimba als Generalsekretär (4). Chifamba trat in der Führung zurück (5).

Im Bereich des **Hotelgewerbes** wurde die lange etablierte Hotel and Catering Workers' Union unter dem ZFL-Führer A. Kupfuma herausgefordert von der kurz vor dem Silveira House-Seminar von St. Nyamande gegründeten Associated Hotel und Catering Workers' Union (6). Im Dezember teilte W. Gwekwerere vom ZCTU Co-ordinating Committee mit, daß die beiden Organisationen sich zusammenschließen wollten; Mitte Januar 1981 fand die Vereinigung statt (7). Kupfuma wurde Generalsekretär der neuen Gewerkschaft, auf dem ZCTU-Gründungskongreß dann Vizepräsident des ZCTU und 1982 Nachfolger A. Mugabes als ZCTU-Generalsekretär. In den beiden betrachteten Fällen paßten sich zwei ZFL-Führer schnell in die neue politische Entwicklung ein.

Im **Baubereich** bestanden zum einen eine altetablierte, weiß geführte Gewerkschaft, die Building Workers' Trade Union unter dem Präsidenten B. Durand, zum anderen die von E. Njekesa als Generalsekretär geführte United Building and Allied Industrial Workers' Union. Njekesa war auch Organisationssekretär der ZFL gewesen, war aber im März 1980, also kurz vor der Unabhängigkeit, zum ZTUC übergewechselt (8). Im November 1980 wurde der Zusammenschluß der beiden Bauarbeitergewerkschaften bekanntgegeben (9), unmittelbar darauf aber von B. Durand, der sagte, die Exekutive seiner Gewerkschaft sei von einem solchen Schritt nicht informiert, dementiert (10). Es scheint sich hier um das noch öfters ausgeführte ZCTU-Manöver gehandelt zu haben, Vereinigungen an den sich sträubenden Gewerkschaftsführungen vorbei bekanntzugeben. Nach Verhandlungen mit dem ZCTU Co-ordinating Committee erfolgte dann noch im Dezember 1980 die Vereinigung der beiden Gewerkschaften unter dem Namen Building Workers' Trade Union mit E. Njekesa als Generalsekretär (11). Im Baubereich kam es also nach kurzem öffentlichen Konflikt zu einer schnellen schwarzen Machtübernahme unter offenbar parteipolitischen Vorzeichen.

4. H 1.10.1980
5. Er wurde später noch als Assistant General Secretary geführt. Vgl. die Übersicht über Gewerkschaften in Zimbabwe, Stand März 1981, von Brian Fox (Commonwealth TUC), S. 1
6. H 30.5.1980
7. SM 14.12.1980, H 15.1.1981
8. H 21.3.1980
9. H 20.11.1980
10. H 22.11.1980
11. H 10.12.1980

Harte und stark parteipolitisch bestimmte Auseinandersetzungen um die Ablösung altetablierter Gewerkschaftsführer gab es vor allem in den Bereichen der Textil- und Bekleidungsindustrie, des Bergbaus und der Metall- und Motorindustrie.

Die **Textilarbeiter** waren organisiert in der traditionell starken United Textile Workers' Union (UTWU) unter dem Generalsekretär (und ATUC-Präsidenten) Ph. Sithole, der sich in der zweiten Hälfte der 70er Jahre zunehmend parteipolitisch in der ZANU-S(ithole) betätigt, diese nach den Wahlen der 'Internen Lösung' im März 1979 auch im Parlament vertreten hatte und zuletzt National Chairman der ZANU-S war (12). Ph. Sithole, der auf der Dachverbandsebene ein Exponent des UTUZ-Konzepts war, wurde durch einen Machtkampf innerhalb von UTWU die einzelgewerkschaftliche Basis entzogen. Nachdem Sithole Ende Oktober 1980 aus dem Co-ordinating Committee des ZCTU zurückgetreten war, aber weiter den Widerstand gegen das ZCTU-Vereinigungskonzept vertrat, wurde er Ende November von einer Versammlung von Gewerkschaftern als UTWU-Generalsekretär 'entlassen'; neuer Generalsekretär wurde E. Soko, neuer Präsident J. Mutemi, beide bekannt als ZANU/PF-Gewerkschafter (13). Wenige Tage später wurde jedoch sichtbar, daß es sich bei den 'entlassenden' Gewerkschaftern bestenfalls um eine Fraktion von UTWU handelte. Sithole bezeichnete die 'Entlassung' als lächerlich und behauptete, die Versammlung, die ihn 'abgesetzt' habe, sei von W. Gwekwerere (ZCTU Co-ordinating Committee, ZANU/PF) einberufen worden und es habe kein UTWU-Vertreter an ihr teilgenommen. Nach der Satzung seiner Gewerkschaft könne er nur von einem UTWU-Kongreß entlassen werden (14). Mitte Dezember wählte dann eine UTWU-Jahresversammlung Ph. Sithole einstimmig erneut zum Generalsekretär (15). Damit existierten nun zwei einander bekämpfende Fraktionen der Gewerkschaft; der Angriff der ZANU/PF-Fraktion richtete sich vor allem gegen Sitholes politische Rolle in ZANU-S (16). Zur Zeit des ZCTU-Gründungskongresses Ende Februar 1981 schwelte der Konflikt noch; beide Fraktionen waren mit Delegierten repräsentiert. Anfang Juni 1981 war dann der Führungskampf entschieden: E. Soko teilte die Vereinigung der beiden UTWU-Fraktionen mit (17), und Ph. Sithole trat als Generalsekretär und als Mitglied des General Council des ZCTU zurück, nicht ohne dies noch einmal mit staatlicher Einmischung in die Gewerkschaftsbewegung zu begründen (18). Zu diesem Ausgang des Konflikts scheint nicht unerheblich beigetragen zu haben, daß das Fehlen einer größeren Geldsumme

12. SM 23.11.1980
13. SM 30.11.1980
14. H 3.12.1980, H 4.12.1980
15. SM 14.12.1980
16. H 23.12.1980
17. H 6.6.1981
18. SM 7.6.1981

in Sitholes UTWU-Kasse bekannt wurde (19). Der erste Kongreß der neu vereinigten United Textile Workers' Union wählte Mutemi zum Präsidenten und Soko zum
Generalsekretär (20).

Anders verlief der Konflikt im Bereich des **Bergbaus**. Hier bestand zum einen die
traditionsreiche weiß dominierte Associated Mineworkers' Union (of Zimbabwe)
(AMUZ), die seit langem von H. Bloomfield geführt wurde. Dieser hatte seit 1961
die Ämter von Generalsekretär und Präsident in einer Person vereinigt (21). AMUZ
bildete die stärkste Säule des TUCRh, dessen Präsident Bloomfield ebenfalls war.
Als Konkurrenz zu AMUZ trat nun die von W. Gwekwerere neu gegründete Zimbabwe Mineworkers' Union (ZMU) auf. Gwekwerere war selbst weder Gewerkschafter noch Bergarbeiter, sondern ein im Februar 1980 nach 14-jährigem Exil
aus England zurückgekehrter ZANU/PF-Vertreter (22). Während des Silveira
House-Seminars war er noch als Vertreter des ZANU/PF-Labour Department aufgetreten und dann im Juli vom Arbeitsminister ins ZCTU Co-ordinating Committee
nominiert worden. Gwekwerere und das Co-ordinating Committee forderten von
Bloomfields AMUZ, sich mit der neuen ZMU zu vereinigen und freie Führungswah-
len, die zeigen würden, wer die Bergarbeiter wirklich vertrete, abzuhalten (23).
Die AMUZ suchte die Vereinigung mit einer aus ihrer Sicht unbedeutenden und
rein parteipolitisch motivierten Splittergewerkschaft durch internen Strukturwandel abzuwenden: Ende Mai 1981 wurde Bloomfield in der Führung abgelöst von
J. Mutandare, der damit erster schwarzer Präsident der Bergarbeitergewerkschaft
wurde (24). Mutandare definierte die Rolle der Gewerkschaften als parteipolitisch unabhängig und unpolitisch, rückte die Lebens- und Arbeitsbedingungen
der afrikanischen Minenarbeiter in den Vordergrund und kündigte eine massive
Kampagne zur Mitgliederwerbung an (25).

Im November 1981 forderte ZCTU-Generalsekretär A. Mugabe die beiden Minen-
gewerkschaften ultimativ zum Zusammenschluß auf (26), gleichzeitig drohte der
Arbeitsminister Gewerkschaften, die sich nicht vereinigen wollten, mit der Dere-
gistrierung (27). AMUZ wehrte sich jedoch weiter (28) und suchte die eigene Po-

19. vgl. H 27.7.1981
20. H 27.7.1981
21. H 25.6.1981
22. SM 23.11.1980
23. SM 23.11.1980
24. SM 31.5.1981
25. H 24.9.1981
26. SM 15.11.1981
27. H 17.11.1981
28. vgl. H 26.11.1981, SM 6.12.1981

sition zu stärken durch Zusammenschluß mit der Organisation des Führungspersonals im Bergbau MOSSA (Mine Officials and Salaried Staff Association) (29); der Arbeitsminister beantwortete dies mit einer ultimativen Aufforderung an Mutandare, sich mit der ZMU zu vereinigen (30). Wenige Tage später verkündete ZCTU-Präsident A. Makwarimba den Zusammenschluß aller Organisationen im Bergbau unter dem Namen Associated Mineworkers' Union of Zimbabwe mit J. Mutandare als Präsident und W. Gwekwerere als Stellvertreter (31). Die alte AMUZ fand sich zu diesem Zusammenschluß nur unter dem Druck des Arbeitsministers bereit (32); der Schwerpunkt der Machtverteilung blieb jedoch auch so auf Seiten Mutandares (33), der sich im Gegensatz zu Gwekwerere als in seiner Basis verankert erwies: Als 1983 der erste Kongreß der Associated Mineworkers' Union of Zimbabwe nach der Vereinigung der drei Gewerkschaften stattfand, wurde J. Mutandare erneut zum Präsidenten gewählt, Vizepräsidenten wurden St. Goremasandu und L. Muvanhiri, Generalsekretär B. Young. Gwekwerere wurde unter den neugewählten Funktionsträgern nicht mehr erwähnt (34). Der Versuch der ZANU/PF-Arbeitspolitiker, die Kontrolle über die weiß geführte Bergarbeitergewerkschaft zu erlangen, führte also in diesem Bereich zur Ablösung Bloomfields und zur 'Afri-

29. H 5.2.1982
30. In dem Brief Kangais an Mutandare vom 11.2.1982, den die AMUZ in Kopie an internationale Gewerkschafts- und Arbeitsorganisationen verteilte, heißt es knapp und lapidar: "The real issue is unity for your organisation and the Zimbabwe Mine Workers' Union. You are very much aware of the deep feelings of resentment amongst our workers of that split. I have in the past informed you that, if you do not take the initiative to solve this matter, Government will."
31. In dem 25-köpfigen Vorstand waren AMUZ, ZMU und MOSSA im Verhältnis 10:10:5 vertreten (H 20.2.1982).
32. Gespräch mit J. Mutandare und Organisationssekretär J. Roberts am 15.10.82
33. Die Auseinandersetzung brachte AMUZ freilich an den Rand des finanziellen Ruins: Während der Zeit der Auseinandersetzungen mit Gwekwereres ZMU konnte AMUZ eine notwendige Beitragserhöhung nicht durchführen, weil man befürchtete, die Mitglieder würden dann zur ZMU überlaufen. Nach der Vereinigung mußten die hauptamtlichen Funktionäre der ZMU übernommen und bezahlt werden, was die Finanzsituation der neuen Gewerkschaft so verschlechterte, daß sie Löhne und Gehälter fast nicht mehr zahlen konnte. In dieser Situation gelang es dem Organisationssekretär J. Roberts, die bundesrepublikanische IG Bergbau und Energie zu einer Spende von 30 000 DM zu bewegen, die im Juni 1982 überwiesen wurde. AMUZ wurde so durch ausländisches Geld bis zur Umsetzung der Beitragserhöhung über die Durststrecke geholfen (Mitteilung von E. Holtze, FES, vom 29.3.1983).
34. H 10.5.1983

kanisierung' der Bergarbeiterführung; der Versuch der Machtübernahme mißlang jedoch.

Konflikte zwischen verschiedenen ZCTU-Fraktionen traten bei den Vereinheitlichungsversuchen in der Metall- und der Bekleidungsindustrie zutage. In der **Metall- und Motorindustrie** bestand zum einen die General Engineering and Metalworkers' Union (GEMWU) als registrierte Gewerkschaft unter Generalsekretär D. Chimusoro, der auch als UANC-Vertreter bekannt war, und Präsident C. Zemba (35). GEMWU wurde herausgefordert durch die kurz vor dem Silveira House-Seminar von O. Kabasa gegründete Zimbabwe Engineering, Iron and Steel Workers' Union (ZEISWU) (36), eine ZTUC-Gewerkschaft (37). Zum anderen stand in der Motorindustrie der Zimbabwe Motor Industry Workers' Union (ZMIWU) unter Generalsekretär (und ATUC-Führer) M. Derah die Konkurrenzgründung Zimbabwe Motor Trade Workers' Union (ZMTWU) unter M. Nyandoro und E. Hunda gegenüber (38). Die beiden etablierten Gewerkschaften (GEMWU und ZMIWU) bemühten sich, ihre Position zu halten, indem sie sich statt mit den konkurrierenden Organisationen miteinander zusammenzuschließen suchten. Dabei hatten sie offensichtlich starke Rückendeckung seitens der International Metalworkers' Federation (IMF). Ausgerechnet deren Afrika-Vertreter P. Kanyago kündigte bei einem Aufenthalt in Salisbury im März 1982 an, GEMWU und ZMIWU schlössen sich Anfang April zusammen (39). Man versuchte dabei offenbar, am ZCTU vorbeizukommen, für dessen ZANU/PF-Flügel E. Soko scharf reagierte und sagte, Kanyago habe als Ausländer kein Recht, in Zimbabwe die Fusionierung von Gewerkschaften zu organisieren; dies habe vielmehr unter Leitung des ZCTU zu geschehen (40). Anfang April 1982 wurde der Zusammenschluß dann in Anwesenheit von H. Rebhahn (IMF) vollzogen (41). Während E. Soko für den ZCTU daraufhin mitteilte, dies werde nicht anerkannt (42), führte I. Nedziwe ebenfalls für den ZCTU aus, Soko habe nur seine Privatmeinung wiedergegeben; in Wirklichkeit sei der Zusammenschluß von ZMIWU und GEMWU sowohl staatlich als auch seitens des ZCTU anerkannt worden (43). Faktisch konnte sich die Vereinigung nicht durchsetzen. Im September 1982 wurde ein Zusammenschluß von ZMIWU und der konkurrierenden ZMTWU bekanntgegeben (44). Doch auch dies war nur ein Versuch

35. H 8.5.1980
36. H 30.5.1980
37. SM 23.11.1980
38. H 3.12.1980
39. H 24.3.1982
40. H 25.3.1982
41. SM 4.4.1982
42. H 6.4.1982
43. H 8.4.1982
44. H 22.9.1982

einer Vereinigung von der ZANU/PF-Seite her: Im Januar 1983 wählte der 'neue' ZMIWU-Zweig in Harare seine Funktionsträger; eine 'Restrukturierung' auch der anderen Zweige der 'neuen' ZMIWU, u.a. der Abteilung in Bulawayo, dem eigentlichen Hauptsitz der Gewerkschaft, wurde von Harare aus angekündigt (45). Doch noch im September 1983 gehörte die alte ZMIWU unter M. Derah in Bulawayo zu der Gruppe von Gewerkschaften, die von ZCTU-Generalsekretär Kupfuma scharf angegriffen wurden, weil sie sich immer noch nicht mit ihren Konkurrenten vereinigt hätten (46). Die 'Vereinigung' im September 1982 war also ein einseitiger Schachzug einer Fraktion gewesen. Ebenso war es bis September 1983 nicht gelungen, GEMWU unter D. Chimusoro mit der ZEISWU zu vereinigen (47).

Wie in der Metallindustrie zeigte sich auch anhand des Konflikts in der **Bekleidungsindustrie** Anfang 1982 die weiter durch den ZCTU gehende Spaltung. In diesem Bereich hatten sich kurz vor der Unabhängigkeit Zimbabwes Anfang 1980 die Rhodesia Tailors' and Garment Workers' Union und die Clothing Industry Workers' Union zur National Union of the Clothing Industry (NUCI) mit C. Pasipanodya als Generalsekretär vereinigt (48). Während Pasipanodya von ATUC herkam, waren andere NUCI-Funktionäre wie der Chairman M.G. Khumalo und Präsident M. Makumbira NATUC-Vertreter. Neben NUCI entstand als Konkurrenz die ZANU/PF-orientierte Zimbabwe Clothing Industry Workers' Union (ZCIWU) mit P. Mashawire als Präsident. Auf dem ZCTU-Kongreß im Februar 1981 waren beide Gewerkschaften vertreten; sowohl Mashawire als auch Khumalo wurden zu ZCTU-Vizepräsidenten gewählt. Nachdem NUCI sich 1981 in der Vereinigungsfrage auf den Standpunkt gestellt hatte, man verhandele mit rivalisierenden Gewerkschaften nur, sofern diese eine Satzung und ein Mitgliedsregister vorlegten (49), suchte Anfang 1982 der ZANU/PF-Flügel des ZCTU eine Vereinigung am NUCI-Vorstand vorbei zu initiieren. E. Soko (ZCTU) kündigte einen Vereinigungskongreß an (50), an dem die NUCI-Exekutive nicht teilnahm (51), und teilte nach dem Treffen die Vereinigung der Bekleidungsgewerkschaften unter P. Mashawire und T. Kondo, beide von der Zimbabwe Clothing Industry Workers' Union, mit (52). Pasipanodya dementierte den Zusammenschluß und drohte mit rechtlichen Schritten gegen den ZCTU (53); Khumalo als Vizepräsident des ZCTU wies darauf hin,

45. H 19.1.1983
46. H 6.9.1983
47. ebd.
48. H 26.1.1980
49. H 29.10.1981
50. H 29.1.1982
51. H 30.1.1982, H 2.2.1982
52. H 1.2.1982
53. H 2.2.1982, SM 7.2.1982

daß NUCI Mitglied des ZCTU sei und bleibe (54). NUCI blieb weiter die einzige registrierte Gewerkschaft in der Bekleidungsindustrie; im September 1983 war der Konflikt noch ungelöst.

Handelte es sich in der Textil-, Bekleidungs-, Metall- und Motorindustrie und im Bergbau um stark parteipolitisch eingefärbte Konflikte, die vor allem mit dem Versuch ZANU/PF-initiierter oder -orientierter Organisationen, stärkeren Einfluß in der Gewerkschaftsbewegung zu bekommen, verbunden waren, so stand in anderen Bereichen wie Post und Eisenbahn die Frage der Vereinigung weiß dominierter und afrikanischer Gewerkschaften im Vordergrund. Im **Postbereich** standen sich zunächst drei Gewerkschaften gegenüber, die auf dem ZCTU-Gründungskongreß auch noch getrennt repräsentiert waren: die weiß geführte und registrierte Post and Telecommunications Union of Zimbabwe (PTUZ) unter Max Walton (Präsident), eine Zimbabwe Posts and Telecommunication Workers' Union (ZPTWU) mit L. Matombo als Präsident, die seit 1971 existierte und als ZTUC-Mitgliedsgewerkschaft erwähnt ist (55), sowie drittens eine Posts and Telecommunications Workers' Union of Zimbabwe (PTWUZ), die auf dem ZCTU-Kongreß noch geführt wurde, in einer wenig später angefertigten Liste aber schon als mit der ZPTWU vereinigt auftauchte (56). Als im September 1981 auf dem ZPTWU-Jahreskongreß wieder einmal der Arbeitsminister den Gewerkschaften das Ultimatum gestellt hatte, man gebe ihnen weniger als ein Jahr zur Vereinigung (57), schoben sich anschließend ZPTWU und PTUZ gegenseitig die Schuld an der Verzögerung des Prozesses zu. Aus der Sicht der ZPTWU war der Zusammenschluß bisher an der Forderung der PTUZ nach gesonderter Vertretung unterschiedlicher Sektionen, d.h. einer Sonderstellung der weißen Facharbeiter, gescheitert (58). Seit April 1982 wurde der Prozeß vorangetrieben; später wurde ein Interim Committee eingesetzt (59). Im März 1983 fand dann der erste Kongreß der neu vereinigten Zimbabwe Posts and Telecommunications Union, die von Arbeitsminister Kangai als Beispiel für andere konkurrierende Gewerkschaften gepriesen wurde, statt (60).

Im Bereich der **Eisenbahn** gab es eine Reihe von Berufsorganisationen für verschiedene Beschäftigtengruppen, wobei auch hier — wie bei der Post — die Sonderrepräsentation verschiedener weißer Gruppen und deren Absicherung durch tarifliche Personalpolitik eine starke Rolle spielten. **Die** afrikanische Eisenbahnergewerkschaft war die in Bulawayo ansässige Railways Associated Workers' Union (RAWU)

54. H 19.2.1982
55. SM 30.11.1980
56. Übersicht über Gewerkschaften in Zimbabwe, Stand März 1981, von Brian Fox, Commonwealth TUC
57. H 14.9.1981
58. H 28.9.1981, H 30.9.1981, H 30.12.1981
59. H 1.7.1982, H 7.4.1982
60. H 3.3.1983

unter Generalsekretär A. Mhungu, der früher zur ATUC-Führung und seit der Gründung von NATUC 1974 zur NATUC-Führung gehört hatte. Mhungus Stellung scheint unbestritten gewesen zu sein; er brauchte sich nach der Unabhängigkeit nicht mit einer schwarzen Konkurrenzgewerkschaft auseinanderzusetzen. Neben RAWU arbeiteten bei der Eisenbahn die weiß geführten Organisationen Railway Association of Locomotive Enginemen (RALE) (61), die National Union of Railwaymen (NUR) (62), die Amalgamated Engineering Union (AEU) (63), sowie die Railway Officers and Senior Staff Association (OSSA). A. Mhungu kündigte Ende 1980 an, man werde nächstes Jahr versuchen, die Eisenbahnergewerkschaften zu vereinigen (64). Wenig später ergriff er die Initiative und schrieb NUR, AEU und RALE an (65). Wo die Konflikte zwischen den Eisenbahnerorganisationen anzusiedeln sind, wird daraus deutlich, daß Mhungu 1981 immer wieder das Problem der Arbeitsplatzbewertung bei den National Railways of Zimbabwe aufgriff, ein neues Bewertungssystem forderte, das für schwarze und weiße Arbeiter einen einheitlichen Eintrittspunkt auf der Lohnskala bestimmen müsse (66) und unter Teilnahme der Regierung auszuarbeiten sei, weil sonst andere Gewerkschaften eigene Interessenpositionen verteidigten (67). Das Problem der für afrikanische Arbeiter diskriminierenden Arbeitsplatzbewertung und Laufbahnstruktur führte bei der Eisenbahn Anfang 1982 zu dem wilden Streik von Rangierern (RALE-Mitgliedern) gegen den Willen der RALE-Führung, der von der zimbabweschen Regierung wegen der zentralen wirtschaftlichen Bedeutung des Transportsektors unter Anwendung des rhodesischen Law and Order (Maintenance) Act niedergeschlagen wurde (68). Seit Mai 1982 standen die Verhandlungen zwischen den verschiedenen Eisenbahnerorganisationen unter verstärktem Druck des Arbeitsministers. Kangai teilte nach einem von ihm einberufenen Treffen mit, die Eisenbahnergewerkschaften hätten sich auf den Zusammenschluß geeinigt und ein Komitee zur Ausarbeitung der Modalitäten eingesetzt (69). Kurz darauf dementierten Vertreter der weiß geführten Organisationen in unterschiedlicher Form und Intensität (70). Verhand-

61. Präsident H. Gratton, Generalsekretär A.R. Penrose
62. Präsident J. March, Sekretär J. Barr
63. Präsident A. Coppard, später J.C. Alexander
64. H 17.12.1980
65. H 3.2.1981
66. H 17.8.1981
67. H 16.12.1981
68. C 1.1.1982, H 5.1.1982, H 6.1.1982, H 7.1.1982
69. H 22.5.1982
70. OSSA sei nicht vertreten gewesen, die AEU sei von dem Treffen nicht informiert gewesen; NUR habe den Gegenstand der Zusammenkunft nicht gekannt; RALE habe zwar der Bildung eines Komitees zugestimmt, aber nichts darüberhinaus festgelegt (vgl. H 26.5.1982).

lungen zwischen den Gewerkschaften waren aber seitdem in Gang (71). Im Dezember 1982 teilte Arbeitsminister Kangai mit, vier Eisenbahnergewerkschaften — AEU, NUR, RALE und RAWU — hätten sich nun zusammengeschlossen und ein 15köpfiges Exekutivkomitee zur Ausarbeitung einer Satzung und für den praktischen Vollzug der Vereinigung gegründet. Der Name der neuen Eisenbahnergewerkschaft ist Zimbabwe Amalgamated Railway Union (ZARU); Präsident wurde S. Moyo und Generalsekretär wie zu erwarten A. Mhungu (72). Wenig später kündigte der Präsident S. Moyo an, die vier Gewerkschaften würden für eine Übergangsperiode von 6 Monaten weiter getrennt existieren (73).

Als letztes zu erwähnen bleiben die Gewerkschaften der Landarbeiter und der Haushaltsarbeiter. Beide Bereiche unterlagen dem alten Master and Servants Act, der freie Tarifverhandlungen und eine Organisierung der Beschäftigten nicht vorsah. Entsprechend existierte keine oder — wie im Falle der Landarbeiter — nur eine rudimentäre Arbeiterorganisation. Beide Bereiche sind außerdem von der Form des Arbeitsprozesses und den Arbeitsbedingungen her gewerkschaftlich schwer organisierbar. Sowohl bei den Land- als auch bei den Haushaltsarbeitern versuchten nach der Unabhängigkeit Zimbabwes ZANU/PF-orientierte Gewerkschafter, Arbeiterorganisationen aufzubauen. Die schon lange, aber nur in Ansätzen existierende **Agricultural and Plantation Workers' Union** trat nach der Unabhängigkeit auf als Zimbabwe Agricultural and Plantation Workers' Union (ZAPWU) mit D. Ndawana als Generalsekretär. ZAPWU trat vor allem mit der Forderung nach höheren Mindestlöhnen und nach einem Stop der Entlassungen infolge der Mindestlohngesetzgebung an die Öffentlichkeit (74). Beim ZCTU-Jahreskongreß war sie mit 10 Mandaten (für 10.000 beanspruchte Mitglieder) reichlich überrepräsentiert (75). Neu entstand nach der Unabhängigkeit Zimbabwes die **Domestic and Allied Workers' Union** (DAWU) mit C. Moyo als Generalsekretär. Auch die DAWU trat vor allem gegen Entlassungen von Haushaltsbeschäftigten anläßlich der Mindestlohngesetzgebung auf, begrüßte die Mindestlöhne und forderte klare Regelungen der Arbeitsbedingungen von Haushaltsarbeitern (76). C. Moyo wurde später nach dem Tode

71. H 22.6.1982, SM 11.7.1982
72. H 24.12.1982
73. H 25.12.1982
74. H 4.1.1981, SM 1.2.1981
75. Minutes of the Inaugural Congress of the ZCTU, S. 13; D. Ndawana wurde Mitte 1982 wegen der Verwicklung in einen ZCTU-Finanzskandal von allen gewerkschaftlichen Aktivitäten suspendiert (H 2.6.1982), später aber wiedereingesetzt; das Arbeitsministerium setzte ein 3-Mann-Komitee zur Verwaltung von ZAPWU ein (H 8.6.1982); M. Mawere fungierte als Generalsekretär (H 4.8.1982).
76. H 10.1.1981, H 21.8.1981, H 21.12.1981, H 16.1.1982

A. Mugabes zum Administrative Secretary des ZCTU bestimmt, um vorübergehend die Aufgaben des Generalsekretärs wahrzunehmen (77).

In einigen wichtigen Organisationsbereichen bestand der Konflikt zwischen der ZANU/PF-Fraktion im ZCTU bzw. den — meist schwächer organisierten — Konkurrenzgewerkschaften in Harare einerseits und einer Reihe von älteren, meist in Bulawayo angesiedelten Gewerkschaftsorganisationen andererseits weiter. Nachdem schon Anfang 1983 E. Soko als Publicity Secretary des ZCTU gedroht hatte, nicht vereinigte Gewerkschaften könnten am nächsten ZCTU-Kongreß nicht teilnehmen (78), griff Anfang September ZCTU-Generalsekretär A. Kupfuma dieses Thema wieder auf und sagte, daß die United Food and Allied Workers' Union, die General Engineering and Metalworkers' Union (GEMWU), die National Union of the Clothing Industry (NUCI), die Federation of Municipal Workers' Union und die Zimbabwe Motor Industry Workers' Union (ZMIWU) auf dem für Anfang 1984 geplanten ZCTU-Kongreß nicht vertreten sein könnten, wenn sie sich nicht bis dahin mit ihren Konkurrenten vereinigt hätten (79). Die betroffenen Gewerkschaften reagierten nach einem Treffen in Bulawayo scharf und teilten mit, sie hätten allen ZCTU-Formalia für eine Vereinigung Genüge getan, aber zu ihrem Erstaunen kein Gegenüber, mit dem sie sich zusammenschließen könnten, gefunden. Kupfumas Drohung sei nur Ausdruck des Versuchs, bestimmte Gewerkschaften und bekannte Gewerkschaftsführer vom ZCTU-Kongreß fernzuhalten, so daß dieser von Marionettenorganisationen bestimmt werden könnte (80).

12.3.4. Der ZCTU — Weiterentwicklung oder politische Stagnation?

Daß mit der formellen Gründung des ZCTU am 28.2. und 1.3.1981 die Konflikte in der zimbabweschen Gewerkschaftsbewegung nicht abgeschlossen waren, zeigte sich schon in der Frage der Vereinigung der Einzelgewerkschaften, über die verschiedene ZCTU-Fraktionen in offenen Streit miteinander gerieten. Der ZCTU als Ganzer bzw. die amtierenden ZCTU-Führer haben bisher kaum Anstrengungen unternommen, zu einer eigenen Position der Gewerkschaften gegenüber der Regierungspolitik zu finden und die gesellschaftliche Rolle der Gewerkschaften selbständig zu definieren. Insgesamt kann man sagen, daß vor allem ZCTU-Vertreter wie A. Makwarimba, A. Mugabe und E. Soko, später auch A. Kupfuma, sich in den meisten Fällen darauf beschränkten, ihre prinzipielle Unterstützung für die Regierungspolitik kundzutun.

77. H 29.1.1982
78. H 14.1.1983
79. H 6.9.1983
80. H 9.9.1983

Eine teilweise Ausnahme davon stellt die Frage der Abschaffung des **Industrial Conciliation Act** dar. Wie weiter oben dargestellt, verfolgte auch der Arbeitsminister das Ziel, den ICA durch eine neue Gesetzgebung zu ersetzen, die sich freilich stark verzögerte. Einzelne Gewerkschaftsführer wie auch der ZCTU, insbesondere A. Mugabe und A. Makwarimba, forderten immer wieder die Abschaffung des ICA vor allem wegen dessen rassistischer Bestandteile (1). Ende 1981 fand A. Mugabe dann zu einer deutlichen Kritik am Arbeitsminister, als er sagte, der ZCTU wolle sich nicht unter dem ICA registrieren lassen, weil "die Regierung uns im Stich gelassen hat, indem sie dieses zweideutige Stück Gesetzgebung nicht aufgehoben hat." (2) Gegenüber der Labour Relations Bill, die die Gewerkschaften Einschränkungen, die denen unter dem ICA nicht nachstehen, unterwirft, zeigte sich der ZCTU dann jedoch schwach und gespalten: während die verabschiedete schriftliche ZCTU-Stellungnahme zu dem Gesetzentwurf die Einschränkung wichtiger gewerkschaftlicher Rechte kritisiert, gingen Gewerkschafter wie E. Soko und A. Kupfuma — ebenfalls im Namen des ZCTU — recht schnell zur Unterstützung des Regierungsentwurfs über (3).

Auf die **Mindestlohngesetzgebung** der Regierung bezogen sich die Gewerkschaften wie zu erwarten im allgemeinen positiv, forderten aber immer wieder die Erhöhung der Mindestlöhne — sei es in speziellen Bereichen wie Haushalts- und Farmarbeit (4) oder allgemein (5) — und eine Anpassung an die steigenden Lebenshaltungskosten (6). Als Mitte 1981 die Riddell-Kommission einen Mindestlohn von 128 Dollar vorschlug, forderte der ZCTU — in Anlehnung an eine Äußerung des Arbeitsministers (7) — 150 Dollar monatlich als Minimum (8). Die Vorstellungen der Riddell-Kommission wurden von verschiedenen Gewerkschaftern als inakzeptabel und enttäuschend bezeichnet (9). Im Dezember 1981 begrüßte der ZCTU zwar die neuen Mindestlohnregelungen, äußerte aber Besorgnis über die Bestimmungen, die Obergrenzen für Lohnerhöhungen einführten (10). Regelmäßig machten ZCTU-Vertreter auch auf das Problem der praktischen Durchsetzung der Mindestlöhne aufmerksam und beklagten, daß eine Reihe von Arbeitgebern den Mindest-

---

1. H 12.9.1980, H 27.9.1980, H 15.9.1981, H 6.10.1981, H 31.10.1981
2. H 2.12.1981
3. vgl. Kapitel 12.2.
4. SM 1.2.1981, H 11.9.1981
5. H 30.5.1980, H 2.5.1981
6. H 20.10.1981
7. **Department of Information**, Press Statement 546/81/RH vom 22.7.1981, "Minister of Labour speaks on Riddell Report", S. 3
8. H 10.8.1981
9. J. Mutandare in H 1.7.1981, A. Mhungu in H 17.8.1981
10. H 7.12.1981

lohn nicht zahlten (11). In den traditionellen Niedriglohnbereichen Farmarbeit und Häusliche Dienste stellte sich darüber hinaus das Problem von Entlassungen infolge der Mindestlohngesetzgebung (12). Wie die Regierung sprachen sich auch ZCTU-Führer verschiedentlich gegen die **wilden Streiks** als Mittel der Auseinandersetzung zwischen Kapital und Arbeit aus (13). Abweichend von der vorherigen Haltung, wilde Streiks als Ausdruck der hohen Erwartungen der afrikanischen Arbeiter in bezug auf Veränderungen ihrer Lage im unabhängigen Zimbabwe anzuerkennen und ausschließlich durch Vermittlungsbemühungen beizulegen zu suchen, ging die Regierung seit Ende 1981 bei verschiedenen großen Streikbewegungen in wirtschaftlich und politisch wichtigen Bereichen mit vorher nicht gekannter Härte gegen die Streikenden vor. Im Oktober 1981 streikten Lehrer und Krankenschwestern. Der Staat reagierte mit der Verhaftung von Demonstranten, Entlassungsdrohungen und Entlassungen (14). ZCTU-Präsident A. Makwarimba sprach sich in dieser Situation gegen illegale Streiks aus (15). Anfang Januar 1982 legte ein wilder Streik von Eisenbahnarbeitern weite Teile des Eisenbahntransportsystems des Landes lahm und traf damit Zimbabwe an einem politisch wie wirtschaftlich neuralgischen Punkt (16). Die Regierung reagierte hart und schlug den Streik mit Verhaftungen nach dem Law and Order (Maintenance) Act nieder (17). Viele Eisenbahner wurden anschliessend zu Freiheitsstrafen auf Bewährung wegen Behinderung eines lebenswichtigen Wirtschaftsbereiches verurteilt (18). Wieder verurteilte Makwarimba den Streik und wies darauf hin, daß es institutionalisierte Kanäle der Konfliktlösung gebe, die einzuhalten seien (19). Die Eisenbahnarbeiter, deren Forderungen in den institutionalisierten Kanälen des ICA seit einem dreiviertel Jahr anhängig waren und verschleppt worden waren, wird dies nicht überzeugt haben. Im März 1982

11. Gwekwerere in SM 28.9.1980, A. Mugabe in H 26.8.1981, D. Ndawana in H 17.3.1982; besonders erwähnt wurden dabei von E. Soko afrikanische Arbeitgeber (H 15.4.1982).
12. So beklagte etwa C. Moyo von der Zimbabwe Domestic and Allied Workers' Union: "Our office is flooded every day with sacked domestic servants. Most of them are not given any notice at all. They are just told to pack up and leave because of the minimum wage." (H 10.1.1981) D. Ndawana (Zimbabwe Agricultural and Plantation Workers' Union) forderte gesetzliche Schritte gegen solche Entlassungen, die später dann tatsächlich ergriffen wurden (H 4.1.1981).
13. E. Soko in H 30.10.1980, A. Mugabe in H 16.10.1981
14. H 21.10.1981, H 24.10.1981, SM 25.10.1981
15. H 31.10.1981
16. C 1.1.1982, H 5.1.1982, H 6.1.1982, H 7.1.1982
17. H 5.1.1982
18. H 7.1.1982
19. H 6.1.1982

streikten Busfahrer in mehreren Städten Zimbabwes. Auch hier reagierte die Regierung nach einem fehlgeschlagenen Vermittlungsversuch des stellvertretenden Arbeitsministers Manyika mit Verhaftungen. Viele Fahrer wurden wegen Verstosses gegen das im Industrial Conciliation Act enthaltene Streikverbot in 'essential services' zu Geldstrafen zuzüglich Freiheitsstrafen auf Bewährung verurteilt (20).
Der ZCTU äußerte sich zur Streikfrage nur in Übereinstimmung mit der Regierung. A. Mugabe und andere Gewerkschafter, Politiker und Vertreter internationaler Organisationen wiesen in Zusammenhang damit auf die Bedeutung hin, die **Arbeiterbildungsmaßnahmen** sowohl für die gewerkschaftliche Organisierung, für die Arbeitsfähigkeit von Workers' Committees als auch für die Verhinderung wilder Streiks und die Verbesserung der Arbeitsbeziehungen zukomme (21). Im Bereich gewerkschaftlicher Bildungsmaßnahmen unternahmen der ZCTU wie auch Einzelgewerkschaften in Zusammenarbeit mit dem Arbeitsministerium und internationalen Organisationen einige Anstrengungen.
Die Rolle der Gewerkschaften in Zimbabwe selbständig zu definieren bemühte sich der ZCTU bisher nicht. Wie wenig sich der Verband im ersten Jahr seines Bestehens wirklich konsolidiert hatte, wurde nach dem Tode A. Mugabes, der Anfang Dezember 1981 ertrunken in seinem Schwimmbecken gefunden wurde (22), deutlich. Die Nachfolgefrage hielt man zunächst offen und bestellte C. Moyo (Domestic and Allied Workers' Union) zum Administrative Secretary (23). Die Zustellung eines gerichtlichen Räumungsbefehls für das Gewerkschaftshaus in der Sinoia Street in Harare im April 1982 stürzte den ZCTU dann in einen 'Finanzskandal': Im Juni wurde der Stellvertretende Generalsekretär D. Ndawana vorübergehend von allen gewerkschaftlichen Funktionen suspendiert (24), weil die in dem Haus ansässigen Einzelgewerkschaften zwar ihre Mietzahlungen weitergeleitet hatten, diese aber nicht beim Vermieter angekommen waren. Das Arbeitsministerium leitete Untersuchungen über die Finanzen der Zimbabwe Agricultural and Plantation Workers' Union, deren Generalsekretär D. Ndawana war, und des ZCTU ein; der im 'Herald' knapp referierte vertrauliche Bericht über die ZCTU-Finanzen vom 30.6.1982 stellte hohe Beitragsrückstände der Einzelgewerkschaften gegenüber dem ZCTU, eine undurchsichtige Verwaltung der ZCTU-Einnahmen mit der Möglichkeit unrechtmäßiger Aneignung solcher Gelder sowie das Fehlen jeglicher Buchführung in der Zeit unter A. Mugabe fest (25).

20. H 20.3.1982, H 23.3.1982, H 24.3.1982
21. vgl. z.B. H 13.11.1981, H 4.11.1981, H 12.11.1981, H 7.1.1982
22. H 4.12.1981
23. H 29.1.1982
24. H 2.6.1982
25. H 9.7.1982; das Dementi Kangais, es gebe keinen solchen Bericht über die ZCTU-Finanzen, beantwortete der 'Herald' mit der Feststellung, der Bericht liege ihm in Kopie vor (vgl. H 10.7.1982).

Mitte Juli 1982 regelte der National Council des ZCTU dann die Führungsfrage, indem er den ehemaligen ZFL-Führer A. Kupfuma (Hotel and Catering Workers' Union) zum amtierenden Generalsekretär bis zu dem 1984 fälligen nächsten Gewerkschaftskongreß wählte (26). Die durch den ZCTU weiter verlaufende Spaltung wurde auch im folgenden Jahr nicht überwunden. Als im September 1983 A. Kupfuma der United Food and Allied Workers' Union, GEMWU, NUCI, ZMIWU und der Federation of Municipal Workers' Union mit dem Ausschluß vom ZCTU-Kongreß 1983 drohte, wenn sie sich nicht bis dahin mit ihren Konkurrenzorganisationen zusammengeschlossen hätten, wies ein Kommentar im 'Herald' zurecht auf die Schwäche des ZCTU selbst, der zu einer klaren, durchgreifenden Vereinigungspolitik nicht fähig sei und außerdem bisher auch keine überzeugende Begründung für das Fortbestehen von Splittergewerkschaften gegeben habe, hin (27).

Im Vorangegangenen ist deutlich geworden, daß die Entwicklung der Gewerkschaften nach der Unabhängigkeit Zimbabwes geprägt war von deutlichen parteipolitischen und staatlichen Eingriffen in eine insgesamt wenig funktionstüchtige und zersplitterte Gewerkschaftsbewegung. Aufgrund der dargestellten historischen Entwicklung gab es vor der Unabhängigkeit Zimbabwes keine effektive Organisation der afrikanischen Arbeiterklasse als Ganzer. Die von der neuen Regierung betriebene Politik der Vereinheitlichung der Gewerkschaften nach dem Industrieverbandsprinzip kann eine Voraussetzung für stärkere Arbeiterorganisationen schaffen. Doch innerhalb des Vereinigungsprozesses kämpften verschiedene Kräfte um die Führung der Gewerkschaften. Daß die alten weißen Gewerkschaftsführungen abgelöst würden — wie es etwa im Bergbau, bei Post und Eisenbahn geschah —, war selbstverständlich. Ebenso unvermeidlich war, daß den Gewerkschaftsführern, die auf der gewerkschaftlichen Ebene die politische Konstellation der Internen Lösung (RF — UANC — ZANU-S) repräsentierten, unter den veränderten politischen Machtverhältnissen nicht ermöglicht würde, eine Vereinheitlichung als 'Abwehrverband' gegen die neue Regierung durchzuführen. Zu erwarten war auch, daß ZANU/PF den eigenen Einfluß in den Gewerkschaften zu stärken suchen würde; eine Reihe von Splittergewerkschaften wurden so im Laufe dieser Entwicklung nach der Unabhängigkeit erst einmal gegründet, um anschließend mit ihren Konkurrenten vereinigt zu werden. Durch das Vorgehen des Arbeitsministers und der ZANU/PF-Arbeitspolitiker gelangte eine Reihe von Funktionären in gewerkschaftliche Führungspositionen, die sich von den älteren, als basisfern angegriffenen Führern, die den Kontakt zu den streikenden Arbeitern in der Übergangszeit nach den Worten des Arbeitsministers 'by telephone' herstellten, eben nicht durch mehr eigenes Profil als Arbeitervertreter, sondern durch das richtige Parteibuch zur rechten Zeit und durch bedingungslose Regierungstreue unterschieden. Doch

26. H 19.7.1982
27. H 7.9.1983

auch als einfache 'Machtübernahme' von ZANU/PF-Gewerkschaftern kann die Entwicklung nicht beschrieben werden. Der Konflikt besteht innerhalb des ZCTU, vor allem zwischen der ZANU/PF-Fraktion und den in Bulawayo ansässigen, teilweise besser organisierten Gewerkschaften, weiter. Daneben könnten sich Organisationen wie AMUZ, ZARU u.a., die die Vereinigungspolitik nachvollzogen haben und öffentlich nicht (mehr) direkt in die ZCTU-Konflikte eingreifen, sondern an der Stärkung der eigenen Organisation arbeiten, auf Dauer als die gewichtigeren Kräfte in der zimbabweschen Gewerkschaftsbewegung erweisen. Die Machtverhältnisse sind im Fluß. Ohnehin kann eine Gewerkschaftsbewegung zwar von oben restrukturiert, nicht aber zu einer wirklichen Kraft aufgebaut werden; nur in dem Maße, wie die afrikanischen Arbeiter Zimbabwes selbst einen stärkeren Einfluß nehmen und die Gewerkschaften zu den ihren machen, kann aus der Gewerkschaftsbewegung eine bedeutende soziale Kraft werden.

Im Bereich der Arbeitsgesetzgebung wurde noch 1980 der alte Master and Servants Act aufgehoben. Mit dem Employment Act wurde die Möglichkeit für Übergangsregelungen der Arbeitsverhältnisse durch Verordnungen des Arbeitsministers geschaffen. Die Regierung führte einige neue Mindestarbeitsbedingungen und Arbeitszeitregelungen, vor allem für Haushaltsangestellte, ein. Durch ein Verbot von Überstunden und durch die Bindung von Entlassungen an eine ministerielle Genehmigung schuf der Arbeitsminister sich Instrumente für regulierende Eingriffe in den Arbeitsmarkt. Die von den Gewerkschaften geforderte und vom Arbeitsminister immer wieder angekündigte Abschaffung des Industrial Conciliation Act verzögerte sich zunächst. Der Ende 1982 erstmals vorgelegte Entwurf für ein neues Arbeitsgesetz, die Labour Relations Bill, bestätigte dann, daß die zimbabwesche Regierung ein Konzept von Arbeitsbeziehungen durchsetzen will, das vor allem durch eine gegenüber dem ICA nicht abgeschwächte staatliche Kontrolle gekennzeichnet ist. Mit der Berufung auf die Notwendigkeiten nationaler wirtschaftlicher Entwicklung werden der Gewerkschaftsbewegung Fesseln angelegt, die deren Entwicklung zu einer wirklichen Gegenmacht gegenüber nationalem und internationalem Kapital behindern. Das vorgeschlagene Arbeitsgesetz kann sich recht schnell zum Instrument einer neuen, afrikanischen Elite zur Kontrolle der afrikanischen Arbeiter entwickeln. Eine starke, selbstbewußte Arbeiterbewegung wäre freilich eine Voraussetzung für das längerfristige Gelingen einer Politik der Umverteilung und der Restrukturierung von Wirtschaft und Gesellschaft in Zimbabwe. Die Mindestlohngesetzgebung schuf nach der Unabhängigkeit ein Instrument für eine stufenweise Verbesserung der Einkommenssituation der ärmsten Gruppen der afrikanischen Arbeiter; hier wurden auch reale Verbesserungen erreicht. Freilich geriet die Einkommenspolitik der zimbabweschen Regierung schnell in Widersprüche, da die Rezession die Grenzen von Einkommensumverteilung unterstrich und die staatliche Haushaltspolitik dazu überging, auch die unteren Einkommensgruppen stark zu belasten. Eine Rolle als Hindernis einer Einkommensumverteilung spielen dabei allerdings auch — wie von der Riddell-Kommission analysiert — die starke Außenorientierung der zimbabweschen Wirtschaft und die wirtschaftspolitische Orientierung der Regierung, die auf schnelles Exportwachstum und ausländische Investitionen setzt. Dies wird im folgenden noch behandelt.

Kapitel 13:

Schwerpunkte staatlicher Wirtschaftspolitik

In Kapitel 10 dieser Arbeit habe ich die entwicklungspolitische Programmatik der zimbabweschen Regierung und die 'Nationale Strategie' der Riddell-Kommission dargestellt und untersucht und dabei drei verschiedene Ebenen der Argumentation unterschieden. Zum einen formulieren die entsprechenden Dokumente als langfristiges 'Endziel' der 'sozioökonomischen Befreiung' Zimbabwes die sozialistische Transformation von Wirtschaft und Gesellschaft. Die zweite Ebene ist die der Umverteilung von Einkommen und Ressourcen und einer damit verbundenen 'Restrukturierung' der wirtschaftlichen Aktivitäten im Sinne der Steigerung der Kaufkraft der unteren Einkommensschichten — bei der Riddell-Kommission auch im Sinne stärkerer Binnenmarktorientierung —, und der Lenkung von Ressourcen in ländliche Entwicklung. Drittens schließlich formulierte die zimbabwesche Programmatik schnelles Wirtschaftswachstum vor allem des modernen Sektors als Voraussetzung der intendierten Entwicklungsprozesse. Es zeigte sich, daß damit auf der programmatischen Ebene erst einmal widersprüchliche Ziele formuliert waren, insofern weitreichende Umverteilungsmaßnahmen, Restrukturierung und erst recht eine sozialistische Umgestaltung mit dem schnellen Wachstum der vorausgesetzten, kapitalistisch organisierten Ökonomie konfligieren. Bei der Untersuchung des Transitional National Development Plan wurde weiter deutlich, daß der programmatische Konflikt sich vertieft hatte, weil der Schwerpunkt der wirtschaftlichen Planung weiter in Richtung Wachstumspolitik und Weltmarktorientierung verschoben worden war. Als ein wichtiger Konfliktpunkt zwischen den Vorstellungen von Riddell-Kommission und zimbabwescher Regierung erschien dabei die Frage der Außenorientierung: Wollte die Riddell-Kommission die Offenheit der Wirtschaft verringern und damit die Auswirkungen äußerer Entwicklungen auf die Umsetzung der inneren politischen Zielvorstellungen minimieren oder wenigstens kontrollierbar machen, so setzte die Regierung von Anfang an auf eine weltmarktorientierte Wachstumspolitik: Eine Exportoffensive soll die zur Modernisierung der Wirtschaft nötigen Importe finanzieren; bei der Entwicklungsfinanzierung setzt man zu einem großen Teil auf ausländische Kredite, für die Kapitalbildung auf Förderung ausländischer Investitionen.

Im folgenden Kapitel soll nun nicht die gesamte Wirtschaftspolitik der zimbabweschen Regierung in allen Einzelschritten dargestellt werden, sondern es geht im wesentlichen um die Fragen, welche Schwerpunkte die Regierung in ihrer Haushaltspolitik setzt, inwieweit sie ihrem Anspruch der Institutionalisierung und Ausübung staatlicher Kontrolle oder größeren staatlichen Einflusses, der Durchsetzung nationaler Entwicklungsziele gegenüber einzelkapitalistischen Gewinninteressen, gerecht wird und wie sich die Außenabhängigkeit der zimbabweschen Wirtschaft weiterentwickelt und auf den Entwicklungsprozeß zurückwirkt.

13.1. Wirtschaftsentwicklung, Staatsausgaben und -verschuldung

Die wirtschaftliche Entwicklung Zimbabwes nach der Unabhängigkeit lief zunächst, was das gesamtwirtschaftliche Wachstum angeht, sehr gut an: Der Kriegszustand war beendet, die Aufhebung der Wirtschaftssanktionen gegen Rhodesien verbesserte die Terms of Trade, die Mindestlohngesetzgebung erhöhte die Inlandsnachfrage, und einige ausländische Hilfsgelder für Wiederaufbauprogramme begannen ins Land zu fließen. Die verbesserte Sicherheitssituation, eine geschickte Produzentenpreispolitik, Hilfsmaßnahmen zur Wiederingangsetzung der landwirtschaftlichen Produktion in den afrikanischen ländlichen Gebieten und günstige klimatische Verhältnisse führten zu der Rekordmaisernte von 1981. Die Wirtschaft erzielte in den ersten beiden Jahren nach der Unabhängigkeit hohe Wachstumsraten. Nachdem das reale Bruttoinlandsprodukt (BIP) im Durchschnitt der Jahre 1975 - 79 um 1,8% jährlich gesunken war, wuchs es nach offiziellen Angaben 1980 um 11,3% und 1981 um 12,3% (1). Die allgemeine Inflationsrate betrug — ebenfalls nach Angaben des CSO — 1980 10,7% und 1981 12,9% (2). Das schnelle gesamtwirtschaftliche Wachstum der ersten beiden Jahre nach der Unabhängigkeit spielte sicher eine Rolle beim Zustandekommen der unrealistischen Projektionen für den Planungszeitraum des Transitional National Development Plan.

Von Beginn an zeigten sich einige charakteristische Engpässe der wirtschaftlichen Entwicklung. Infolge der Sanktionen der UDI-Zeit ist die Kapitalgüterausstattung der zimbabweschen Industrie heute stark überaltert; die Inlandsnachfrage nach Konsumgütern wuchs nach 1980 schneller als die Produktion der Verarbeitenden Industrie, was einige Versorgungsengpässe und vor allem ein Ansteigen der Inflation verursachte. Der Devisenmangel wirkte sich als entscheidendes Hindernis schneller Modernisierung und Erweiterung der Produktionskapazitäten aus. Die Nachfrage der Wirtschaft nach qualifizierten Arbeitskräften wird nicht gedeckt, wobei wirkliche Knappheiten und das Zögern der Unternehmen, qualifizierte Posten mit Afrikanern zu besetzen, zusammenwirken. Engpässe im Transportsystem behinderten nach der Unabhängigkeit sowohl Ex- als auch Importe und führten zu einer drastischen Benzinverknappung.

1. **Republic of Zimbabwe**, TNDP Vol. I, S. 110 Tab. 2.3.1.
2. ebd. S. 121 Tab. 5.7; die Steigerung der Lebenshaltungskosten, die in den Consumer Price Indices ausgedrückt wird, betrug für die unteren Einkommensgruppen 1980 5,4%, 1981 13,1% und 1982 10,7%, für die höheren Einkommensgruppen 1980 9,2%, 1981 14,6% und 1982 18,4%. In diesem letztgenannten Bereich schlagen sich die erhöhten Mindestlöhne für Haushaltsarbeiter und die Benzinpreise stark nieder. (Vgl. die CPIs in **CSO**, Monthly Digest, Feb. 1983, Tab. 7.1 und 7.2, sowie für 1982 **CSO**, Monthly Supplement to the Digest of Statistics, August 1983, Tab. 7.1 und 7.2)

Der Boom der ersten beiden Nachkriegsjahre war von kurzer Dauer; die Weltrezession wirkte sich auch auf die zimbabwesche Wirtschaft aus. Der Bergbau wurde durch den Verfall der Rohstoffpreise auf dem Weltmarkt vor Probleme gestellt; dies schlug auch auf die zimbabwesche Zahlungsbilanz durch. Die Handelsbilanz, die mit Ausnahme von 1968 die gesamte UDI-Zeit über positiv gewesen war, geriet seit dem ersten Halbjahr 1981 in die roten Zahlen, das Leistungsbilanzdefizit wuchs stark. Der Ausgleich der Zahlungsbilanz zog eine zunehmende Auslandsverschuldung nach sich (3). Die sich verschlechternde Zahlungsbilanzsituation führte seit Mitte 1981 zu mehrfachen starken Kürzungen der Devisenzuteilungen für Importe, die ihrerseits das inländische Wachstum behinderten. Seit Ende 1981 wurde Zimbabwe dann noch stärker in die Weltrezession hineingezogen. Das Wirtschaftswachstum für 1982 wird auf real rd. 3% geschätzt, für 1983 erwartet man einen realen Rückgang des BIP von mindestens 3% (4). Erschwerend kamen 1982/ 83 zwei aufeinanderfolgende Dürreperioden hinzu, die vor allem die afrikanische Landwirtschaft hart trafen. Die Dürre wird als die schlimmste seit 35 Jahren bezeichnet und hat 1983 in Teilen des Landes zu einem vollständigen Ernteausfall und zu massenhaftem Viehsterben geführt. Trotz staatlicher Hilfsmaßnahmen sterben in Gebieten, die von den Getreidelieferungen nicht erreicht werden, Menschen an Hunger (5).

Die Wirtschafts- und Sozialpolitik der zimbabweschen Regierung suchte unmittelbar nach der Unabhängigkeit durch die weiter oben dargestellte Lohn-, Preis- und Steuerpolitik den Lebensstandard der Massen zu erhöhen. Doch gleichzeitig setzte die Suche nach Finanzierungsmöglichkeiten für die schnell steigenden Staatsausgaben ein; die Umsatzsteuer wurde seit 1981 schrittweise über den Stand von April 1980 hinaus erhöht. Die Struktur des Steueraufkommens wurde weiter zugunsten der indirekten Steuern verschoben: Machten die indirekten (Verbrauchs-) Steuern 1980 rd. 44%, die Einkommensteuern rd. 56% des Steueraufkommens aus, so wird das entsprechende Verhältnis für 1983/84 mit 55% : 45% angenommen (6). Die nicht weiter finanzierbaren Subventionen wurden schrittweise abgebaut — allerdings nicht, wie die Riddell-Kommission vorgeschlagen hatte, im Zuge eines geplanten Umverteilungsprozesses von Kapital zu Arbeit, der die städtischen Konsumenten in die Lage versetzt hätte, den Wert der Grundnahrungsmittel voll

3. vgl. Tabelle 1, Kapitel 1: "Zahlungsbilanz"
4. vgl. **Riddell** in H 6.10.1982, sowie Financial Mail (im folgenden immer: FM) 5.8.1983
5. vgl. "Facing the Drought" in: MOTO, März 1983, S. 5 ff sowie **Cheater, Angela/Bourdillon, M.F.C.**, Drought in Southern Zimbabwe: 1982, Paper to the Workshop on Resource Degradation and Development Planning in Semi-Arid Environments, Harare 23. - 30.7. 1982
6. FM 5.8.1983

zu zahlen und gleichzeitig ihre Einkommen auf die Poverty Datum Line erhöht hätte. Stattdessen wurden die in Gang kommenden Einkommenssteigerungen durch die starken Preiserhöhungen tendenziell wieder aufgefressen.

Die **Staatsausgaben** sind nach der Unabhängigkeit Zimbabwes stark angewachsen (7). Ein beträchtlicher Teil der Ausgabensteigerung ist in die sozialen Bereiche geflossen. Auffällig ist vor allem die starke Zunahme des Etats des Erziehungsministeriums von rd. 128 000 Dollar 1979/80 auf 414 000 Dollar im Haushalt 1983/84. Der Erziehungsetat wurde vor dem absolut gleichfalls steigenden Verteidigungsetat größter Einzelposten bei den Ausgaben der Ressorts. Auch der Gesundheitsetat macht einen der größeren Einzelposten aus. In diesen Ausgaben für Erziehung und Gesundheitswesen drücken sich die großen Anstrengungen der Regierung, im sozialen Bereich greifbare Verbesserungen zu erreichen, aus; so wurden im September 1980 die Schulgeldfreiheit für Primarschulen und freie Gesundheitsversorgung für alle, die weniger als 150 Dollar monatlich verdienen, eingeführt. Die Schülerzahlen in Primar- und Sekundarschulen stiegen von 892 668 1979 auf 2 159 223 1982 (8). Die Militärausgaben sanken im ersten Jahr der Unabhängigkeit absolut gegenüber dem vorherigen Kriegshaushalt, um danach wieder anzusteigen – Resultat vor allem der Aufblähung der Armee durch die politisch notwendige Integration der alten rhodesischen Armee mit den beiden Guerillaarmeen zur neuen Nationalarmee von Zimbabwe. Der Anteil des Verteidigungshaushalts an den Gesamtausgaben sank freilich; aber noch immer ist die Verteidigung der zweitgrößte Posten der Ressorts nach der Erziehung. Sehr stark angewachsen sind in den letzten Jahren die aus den eigentlichen Finanzen der Ressorts ausgegliederten verfassungsmäßig oder gesetzlich vorgeschriebenen Ausgaben, die unter Finance, Economic Planning and Development verbucht sind und hinter denen sich vor allem der infolge der Staatsverschuldung sprunghaft ansteigende Schuldendienst verbirgt. Der programmatische Schwerpunkt der Regierungspolitik auf ländlicher Entwicklung kommt in den Ausgaben der Ressorts kaum zur Erscheinung, was zum Teil daran liegt, daß die Kompetenzen für ländliche Entwicklung auf eine Vielzahl von Ressorts wie Lands, Resettlement and Rural Development, Agriculture, Community Development and Women's Affairs, Water Resources and Development, Local Government, Roads and Road Traffic u.a. verteilt sind. Zum Teil ist dies jedoch wohl auch Resultat der Tatsache, daß die Mittel für die eigentlichen produktiven Investitionen in ländliche Entwicklung nicht in gleichem Maße zur Verfügung stehen wie für die 'konsumtiven' Ausgaben für soziale Dienstleistungen wie Erziehung und Gesundheitswesen. Sozialistische Kritiker der zimbabweschen Regierungspolitik werfen dieser vor, daß sie die Steigerung sozialer Ausgaben und die Ausdehnung der Staatsbürokratie mit sozialistischer Politik verwechsele und sich damit

---

7. vgl. Tabelle 41
8. **CSO**, Monthly Digest, Feb. 1983, S. 5, Tab. 5.1

Tabelle 41

Ausgaben der Zentralregierung 1979/80 - 1983/84

	1979/80		1980/81		1981/82[10]		1982/83[11]		1983/84[11]	
	tsd. $	%	tsd. $	%	tsd. $	%	tsd. $	%	tsd. $	%
Verfassungsmäßig oder gesetzlich vorgeschriebene Ausgaben										
1. President, Parliament	78	x	115	x	124	x	132	x	130	x
2. Public Service	–	–	26 738	2,2	60 047	3,8	64 645	2,2	63 574	2,3
3. Finance, Economic Planning and Development[1]	137 322	13,4	141 943	11,8	145 615	9,3	540 659	18,4	566 454	20,9
4. Local Gvt. and Town Planning	598	x	523	x	258	x	400	x	430	x
5. Labour and Social Services	3 988	x	7 570	x	13 727	x	21 455	x	17 303	x
6. Justice	382	x	480	x	480	x	566	x	760	x
7. Roads and Road Traffic	308	x	349	x	258	x	400	x	430	x
8. Home Affairs	105	x	19	x	–	–	–	–	–	–
Insgesamt[9]	142 781	13,9	177 737	14,8	220 509	14,0	628 257	21,4	649 080	24,0
Ausgaben der Ressorts										
1. President, Parliament, Prime Minister, Cabinet Off.	7 881	x	10 620	x	18 446	1,2	20 594	x	19 026	x
2. Public Service	3 915	–	4 716	x	6 698	x	12 603	x	10 408	x
3. Defence	266 205	25,9	231 721	19,3	289 467	18,4	349 232	11,9	382 400	14,1
4. Finance, Economic Planning and Development[2]	34 607	3,4	27 626	2,3	26 275	1,7	263 648	9,0	253 359	9,4
5. Industry and Energy Dev.	–	–	1 175	x	1 466	x	2 010	x	2 333	x
6. Trade and Commerce	19 204	1,9	39 483	3,3	59 740	3,8	55 341	1,9	34 250	1,3
7. Agriculture[3]	53 341	5,2	54 852	4,6	83 843	5,5	153 836	5,2	118 014	4,4
8. Mines	2 619	x	3 218	x	3 547	x	5 075	x	4 636	x
9. Transport	48 872	4,8	52 773	4,4	54 379	3,5	120 189	4,1	58 657	2,2
10. Foreign Affairs	1 415	x	5 276	x	9 293	x	16 500	x	20 000	x
11. Manpower[4]	4 409	x	7 242	x	8 694	x	13 521	x	14 509	x
12. Local Gvt. and Town Planning	43 333	4,2	35 239	2,9	41 181	2,6	84 442	2,9	77 312	2,9
13. Housing	–	–	–	–	6	x	62 151	2,1	21 764	x
14. Lands, Resettlement and										

(Tabelle 41, Fortsetzung)

11. Education and Culture	127 637	12,4	220 557	18,3	308 685	19,7	408 743	13,9	414 100	15,3
18. Youth, Sport and Recreation	21	x	2 382	x	5 212	x	10 000	x	7 720	x
19. Community Development and Women's Affairs	—	-	67	x	1 819	x	3 310	x	5 000	x
20. Home Affairs[6]	97 327	9,5	81 340	6,8	85 914	5,5	104 291	3,6	120 557	4,4
21. Legal and Parl. Affairs	—	-	—	-	21	x	1 866	x	1 400	x
22. Justice[7]	16 169	1,6	18 042	1,5	21 955	1,4	24 955	x	23 250	x
23. Information, Posts and Telecommunications	5 138	x	4 641	x	6 001	x	9 264	x	11 701	x
24. Natural Resources and Tourism[8]	5 570	x	9 765	x	13 774	x	26 948	x	20 256	x
25. Water Resources and Dev.	9 313	x	10 401	x	13 512	x	43 976	1,5	37 200	1,4
26. Roads and Road Traffic	31 626	3,1	40 297	3,4	54 938	3,5	65 063	2,2	68 822	2,5
27. National Supplies	—	-	—	-	48	x	22 468	x	5 651	x
28. Construction	32 164	3,1	43 918	3,7	65 329	4,2	138 183	4,7	81 432	3,0
29. Combined Operations	161	x	—	-	—	-	—	-	—	-
Insgesamt[9]	884 448	86,1	1 024 505	85,2	1 349 863	86,0	2 307 303	78,6	2 060 330	76,0
Ausgaben insgesamt	1 027 230	100,0	1 202 242	100,0	1 570 372	100,0	2 935 560	100,0	2 709 410	100,0

Anm.:

1. Einschließlich Audit
2. Umfaßt Treasury, Customs and Excise, Taxes, Vote of Credit, Economic Planning and Development, Central Statistical Office, Computer Centre, Audit
3. Umfaßt Agriculture: General, Research and Specialist Services, Agricultural Technical and Extension Services, Veterinary Services
4. Manpower Planning and Development einschließlich Vocational Education and Training
5. Einschließlich University
6. Einschließlich Zimbabwe Republic Police
7. Einschließlich Zimbabwe Prison Services
8. Einschließlich National Parks and Wild Life Management
9. Rundungsfehler in Summen
10. Vorläufige Angaben
11. Haushaltszuteilungen auf Grundlage der Haushaltsentwürfe (incl. Nachträge für 1982/83)
(x) = weniger als 1% Anteil

Quellen:

CSO, Monthly Digest, Feb. 1983, Tab. 18.4; für 1982/83 und 1983/84: Zimbabwe. Estimates of Expenditure for the Year Ending June 30, 1984, Government Printer Harare 1983

partiell selbst in die Notlage einer hohen Verschuldung mit folgender Notwendigkeit, die Sozialausgaben wieder zurückzuschneiden, gebracht habe (9).

Die **Staatsverschuldung** wuchs mit den Haushaltsdefiziten (10): Sie betrug alleine für die Zentralregierung — ohne Parastatals und Lokalverwaltung — Ende 1980 1,8 Mrd Dollar und wuchs bis Ende 1982 auf 2,5 Mrd Dollar (11). Zum Ausgleich der Zahlungsbilanz verschuldete sich die zimbabwesche Regierung schnell und hoch im Ausland; die staatliche Auslandsschuld, die kurz vor der Unabhängigkeit mit rd.

Tabelle 42:
Verschuldung der Öffentlichen Hand 1975 - 1982
(in Mio Dollar)

zum Jahres- ende:	Inländ. Auslands- schuld	Zentralregierung Kredit- aufnahme[1]	Insgesamt	Lokalver- verwaltung	Insgesamt
1975	93,8	601,8	695,6	200,6	896,2
1976	78,1	710,4	788,5	220,8	1 009,3
1977	88,5	779,4	867,9	233,7	1 101,6
1978	223,7	926,1	1 149,8	258,0	1 407,8
1979	353,3	1 129,0	1 482,3	282,4	1 764,7
1980	414,8	1 428,5	1 843,3	326,8	2 170,1
1981	514,2	1 584,5	2 098,7	376,9	2 475,6
1982	841,4	1 639,9	2 481,3	418,7	2 900,0

1. Einschließlich Other Capital Liabilities.

Quelle: CSO, Monthly Digest, Feb. 1983, Tab. 18.1 und 18.2

9. "But, socialist political economists maintain, increased spending on social services and administrative bureaucracy, of itself, is not socialist. In fact, over time, the burden of growing public debt will inevitably force the government to cut back on these programmes, as Zimbabwe has already begun to do." ("Zimbabwe Could Avoid the Debt Crisis" in: MOTO, Juli 1983, S. 42 f
10. Die Haushaltsdefizite betrugen 1980/81 251 Mio Dollar, 1981/82 208 Mio Dollar, 1982/83 466 Mio Dollar; für 1983/84 sind 450 Mio Dollar veranschlagt; vgl. **CSO,** Monthly Digest, Feb. 1983, Tab. 18.3 sowie für 1982/83 und 1983/84 H 29.7.1983
11. vgl. Tabelle 42

353 Mio Dollar relativ niedrig gewesen war, wuchs bis Ende 1982 nach den Zahlen des CSO auf 841 Mio Dollar an. Von Bedeutung für die resultierende Belastung war dabei, daß ausländische Finanzzuschüsse und 'weiche' Entwicklungshilfekredite in geringerem Umfang als erwartet gegeben wurden und die zimbabwesche Regierung sich dadurch gezwungen sah, in hohem Maße kurzfristige Kredite und Anleihen auf dem internationalen Kapitalmarkt zu teuren, kommerziellen Bedingungen aufzunehmen (11a). Die Schuldendienstrate, d.h. der Anteil der Exporteinnahmen, der zur Rückzahlung der staatlichen Auslandsschuld verwendet werden muß, stieg ganz anders als im Transitional National Development Plan prognostiziert drastisch von rd. 3 - 4% 1979/80 auf 6% 1981 und 26% 1983 an und soll 1984 30% erreichen (12). Als "Gefahrengrenze" der Auslandsverschuldung gilt die 20%-Marke. Weltrezession und Orientierung der zimbabweschen Wirtschaftspolitik auf in hohem Maße ausländische Finanzierung der eigenen Entwicklung haben das Land innerhalb von nur 3 - 4 Jahren in eine Situation manövriert, in der Zimbabwe — unter ungünstigen weltwirtschaftlichen Bedingungen — nicht mehr nur, um notwendige Importe zu bezahlen, exportieren muß, sondern um seine Schulden abzutragen. Finanzminister Chidzero sagte denn auch bei der Vorstellung des Sparhaushalts 1983/84, daß Zimbabwe die Auslandsverschuldung verlangsamen und alle neuen Auslandskredite, die Tilgungen vor 1989 erforderten, vermeiden müsse. Die Entwicklung müsse in Zukunft stärker aus eigenen Ressourcen finanziert werden (13).

Der Gang, den Entwicklungsländer bei Verschuldungs- und Zahlungsbilanzproblemen antreten müssen, ist der zum International Monetary Fund (IMF). Es ist bekannt, daß IMF-Hilfsmaßnahmen in der Regel an die Bedingungen drastischer Sparmaßnahmen vor allem zu Lasten sozial bedeutsamer Bereiche und der Förderung von privater Unternehmerinitiative und Exporten, verbunden mit Lohnkostensenkungen, geknüpft sind. Zimbabwe, das dem IMF Ende September 1980 beigetreten war (14), fragte hier wegen der aktuellen Zahlungsbilanzprobleme in der zweiten Jahreshälfte 1982 um einen Beistandskredit an (15). Ende März 1983 wurde gleichzeitig in Washington und Harare bekanntgegeben, daß der IMF Zimbabwe mit einem Kreditpaket von 375 Mio Dollar unter die Arme greife (16). Weitere Kredite zur Exportförderung und zur Importfinanzierung wurden mit der Weltbank

11a. vgl. MOTO, Juli 1983, S. 42 f: "Zimbabwe Could Avoid the Debt Crisis"
12. **Riddell, Roger**, How the World Recession Affects Zimbabwe, in: MOTO, Feb. 1983, S. 35 ff, sowie Angaben von Finanz- und Planungsminister E. Chidzero anläßlich der Vorstellung des Haushalts für 1983/84, vgl. H 29.7. 1983 und FM 5.8.1983
13. H. 29.7.1983, FM 5.8.1983
14. H 1.10.1980
15. vgl. SM 29.8.1982, FM 12.11.1982
16. H 25.3.1983

ausgehandelt. Die Verhandlungen mit dem IMF wurden unter Geheimhaltung geführt; Bedingungen der IMF-Hilfe wurden offiziell nicht mitgeteilt. Jedoch sickerte aus Wirtschaftskreisen durch, daß es bei den Verhandlungen — wie zu erwarten — vor allem um das staatliche Haushaltsdefizit, die Lohnstruktur, Subventionen und Preiskontrollen sowie um den Kurs des Zimbabwe Dollar gegangen sei (17). Betrachtet man die einschlägigen wirtschaftspolitischen Maßnahmen der zimbabweschen Regierung im Vorfeld, während der und nach den Verhandlungen mit dem IMF unter diesem Blickwinkel, so läßt sich unschwer feststellen, daß die IMF-Hilfe mit einem Austeritätsprogramm, das auf Exportförderung und Erhöhung der Gewinnspannen des Privatsektors setzt, erkauft wurde.

- Seit den letzten Mindestlohnerhöhungen Anfang 1982 bestand ein allgemeiner Lohnstop; die Anpassung der Mindestlöhne an die Inflation wurde immer wieder verschoben. Erst nach den Preissteigerungen des Haushalts 1983/84 wurden begrenzte Lohnerhöhungen bewilligt.

- Die Zuteilung von Devisen für Importe wurde 1981/82 mehrmals scharf gekürzt.

- Die Subventionen wurden abgebaut; die Preise für Grundnahrungsmittel stiegen in mehreren Schritten im Oktober 1982, im Dezember 1982 und erneut nach dem Sparhaushalt für 1983/84 im September 1983 scharf an.

- Die Umsatzsteuer und die Verbrauchssteuer wurden in mehreren Schritten angehoben, zur Zeit der Verhandlungen mit dem IMF im Februar/März 1983 und dann noch einmal im Haushalt für 1983/84.

- Der Zimbabwe Dollar wurde im Dezember 1982 um 20% abgewertet und an einen Korb von 6 Währungen gebunden (18). Minister Chidzero gab gleichzeitig bekannt, die Abwertung werde begleitet sein von strikten Preiskontrollen, um den Anstieg der Lebenshaltungskosten aufgrund der Verteuerung von Importen zu begrenzen, und einem Niedrighalten der Löhne, um die verbesserte Wettbewerbsfähigkeit auf den Exportmärkten nicht gleich wieder zu verlieren. Während der Lohnstop bis September 1983 durchgehalten wurde, kamen auf die Konsumenten schon vorher beträchtliche Preiserhöhungen zu (19). Anfang 1983 wurde die Abwertung des Zimbabwe Dollar weitergeführt, indem die Reserve Bank den Dollar-Kurs floaten ließ (20).

Ein ungenannter Autor fragte in der April-Ausgabe des MOTO Magazine, was denn noch auf die Bevölkerung zukomme und ob der IMF der Regierung auch 'empfohlen' habe, das volkswirtschaftlich so teure Resettlement-Programm zu bremsen. "Die Maßnahmen, die von der Regierung in den letzten anderthalb Jahren eingeführt worden sind, führen dazu, die Profite der Unternehmen und der gutverdienen-

17. H 6.1.1983, FM 8.4.1983
18. H 10.12.1982
19. ebd.
20. H 3.2.1983

den Minderheit zu steigern, und bürden die Last der wirtschaftlichen Schwierigkeiten des Landes den Armen auf. Darüberhinaus weiß das Volk von Zimbabwe nicht, ob der IMF — wie er es anderswo getan hat — Zimbabwe noch weitere Bedingungen auferlegt hat." (21) Den bisher letzten Schritt der Anpassungsmaßnahmen bildete der Haushaltsentwurf für 1983/84 mit seiner zusätzlichen steuerlichen Belastung der unteren Einkommensgruppen und der — sicher notwendigen — Beschränkung der Staatsausgaben im Vergleich zum Haushaltsansatz für 1982/83 um 7,7%, wobei freilich horrende Kürzungen auf Bereiche zukamen, die rhetorisch in der Regierungspolitik 'hohe Priorität' genießen: Housing — 63,0%; Transport — 51,2%; Lands, Resettlement and Rural Development — 51,8%; Water Resources and Development — 15,4%; Construction — 41,0% u.a. (22).

Während die zimbabwesche Regierung bei Fortführung der in den letzten 1 1/2 Jahren eingeschlagenen Wirtschaftspolitik sicher unter verstärkten Druck sowohl seitens der Gewerkschaften als auch der Parteibasis von ZANU/PF geraten wird, artikuliert sich die sozialistisch orientierte Kritik an der Regierungspolitik, die auf eine stärkere Durchsetzung des staatlichen Kontrollanspruchs über die Wirtschaft und eine Mobilisierung der vorhandenen inländischen Ressourcen für Investitionen anstelle einer Liberalisierung zugunsten ausländischen Kapitals zielt, bisher vor allem in Veranstaltungen des Department of Economics der Universität und in dem von der katholischen Mambo Press herausgegebenen MOTO Magazine. Daneben nahm R. Riddell als Chief Economist der Confederation of Zimbabwean Industries (CZI) das Thema der Welt- vs. Binnenmarktorientierung der zimbabweschen Wirtschaft wieder auf, indem er sich in mehreren Artikeln mit den Schwächen einer Strategie, die zur Erreichung wirtschaftlichen Wachstums auf verstärkte Weltmarktintegration setzt, befaßte. In Auseinandersetzung mit dem Weltbankbericht über 'Accelerated Development in Sub-Saharan Africa' von 1981 weist Riddell dabei die Weltbankforderung nach Reduzierung der Staatstätigkeit und stärkerem Wirkenlassen der Weltmarktkräfte zurück, indem er zum einen auf die Erfahrungen mit staatlichen Aktivitäten während der UDI-Phase, die die Industrialisierung Rhodesiens stark vorangetrieben haben, und zum anderen auf die schlechten weltwirtschaftlichen Aussichten der nächsten Dekade verweist. Die weltwirtschaftlichen Wachstumsraten, an die man seit den 50er Jahren bis Anfang der 70er Jahre gewohnt gewesen sei, so Riddell, seien in nächster Zukunft nicht mehr zu erwarten, infolgedessen die Aussichten auf starke Exportsteigerungen gering. "In dem Ausmaß, wie sich diese Sicht als richtig erweist, haben Strategien für Zimbabwes Außenwirtschaftssektor, die auf der Erwartung hoher Exporterlöse beruhen, wenig Chancen, ihre Ziele zu erreichen, und dies wirft grundlegende Fragen in bezug auf Schlüsselbereiche der Entwicklungsstrategie des Landes auf." (23) Dabei steht auch für Riddell die

21. "Zimbabwe in the Grip of the IMF" in: MOTO, April 1983, S. 41
22. vgl. H 29.7.1983, sowie Tabelle 41
23. **Riddell,** World Recession, S. 47 f

Notwendigkeit von Exporten zur Finanzierung der erforderlichen Importe außer Zweifel; jedoch seien außenwirtschaftliche Aktivitäten als Mittel für die nationalen Entwicklungsziele und nicht als Selbstzweck einzusetzen (24).

13.2. Privatsektor, ausländisches Kapital und Staatsbeteiligung

Die Programmatik der zimbabweschen Regierung in bezug auf Privatsektor und insbesondere ausländisches Kapital ist weiter oben dargestellt worden. Während die Regierung in ihren Äußerungen am Ziel sozialistischer Transformation von Wirtschaft und Gesellschaft festhält, dieses aber 'flexibel' verfolgen und in ihrer Politik den Realitäten eines kapitalistisch strukturierten Wirtschaftssystems Rechnung tragen will, billigt sie dem Privatsektor, auf den sie zur Erreichung ihrer Wachstumsziele oder auch nur zur Erhaltung des gegebenen Sozialprodukts angewiesen ist, eine 'bedeutende Rolle' in der Entwicklung Zimbabwes zu. Aufgrund der Prämisse der Wirtschaftsplaner, daß die beabsichtigte Entwicklung aus inländischen Ressourcen nicht finanzierbar sei, setzt die sozialistische Politik der zimbabweschen Regierung auch auf ausländische Privatinvestitionen in Zimbabwe. Gleichzeitig erhebt sie jedoch den Anspruch, in- wie ausländische privatwirtschaftliche Aktivitäten auf die Ziele der staatlichen Entwicklungsplanung zu verpflichten und sie in diesem Sinne zu kontrollieren. Zum einen werden Joint Ventures von Staat und/oder nationalem Kapital mit ausländischen Interessen favorisiert, und inländische Anteile an Unternehmen sollen ausgebaut und nicht ans Ausland abgegeben werden. Zum anderen soll der staatliche Einfluß auf die Wirtschaft durch Ausdehnung des Staatssektors ausgebaut werden. Nicht um Nationalisierung schlechthin geht es dabei der Programmatik zufolge, sondern um Partizipation des Staats in Schlüsselindustrien. Im folgenden ist zu betrachten, inwieweit die Regierung bisher eine solche Programmatik umzusetzen suchte und wie sich der Anspruch auf staatliche Kontrolle oder staatlichen Einfluß mit dem Werben um in- und ausländische Privatinvestitionen verträgt.

Das **Werben um ausländisches Kapital** ist eine Konstante der zimbabweschen Wirtschaftspolitik seit der Unabhängigkeit. Nach der Aufhebung der UN-Wirtschaftssanktionen gegen Rhodesien fielen auch die rhodesischen Gegenmaßnahmen, die den Transfer von Profiten rhodesischer Unternehmen an ausländische Muttergesellschaften stark beschränkt hatten, teilweise weg. Um ausländisches Kapital anzuziehen, wurden die Devisenkontrollen in diesem Punkt liberalisiert und gestatten nun die Repatriierung von 50% der Gewinne nach Steuern (1). Die 'Invest-

24. **Riddell, Roger**, The Interaction Between the Public and Private Sector Roles in National Development in Zimbabwe, in: Issues and Opinions, August 1983
 1. **Investment Guidelines**, S. 2

ment Guidelines', die die Regierung im Oktober 1982 veröffentlichte, stellten eine weitere Liberalisierung der Repatriierungsbestimmungen in Aussicht (2). Die Veröffentlichung der 'Guidelines' war schon eine Reaktion darauf, daß ausländische Investitionen in größerem Umfang nach der Unabhängigkeit Zimbabwes ausblieben. Ein Foreign Investment Committee, das für die Bearbeitung von Anträgen ausländischer Investoren zuständig ist, wurde Mitte 1981 eingerichtet (3). Das Komitee ist als Instrument der Kontrolle, das ausländisches Kapital in die Bahnen staatlicher Entwicklungsplanung lenken soll, gedacht, hatte aber praktisch nicht allzuviele wichtige Anträge zu behandeln. Nachdem ausländische Investoren immer wieder — irritiert durch die sozialistische Rhetorik der zimbabweschen Regierung — neue Garantien der Sicherheit für ihre Kapitalanlagen durch Investitionsschutzabkommen u.a. gefordert hatten, ließ sich die Regierung auf Ausarbeitung und Veröffentlichung der 'Guidelines' ein. Diese wiederholten jedoch nur bekannte Regelungen und brachten insofern für ausländische Investoren nichts Neues. Neben der aus 'Growth with Equity' übernommenen Darstellung der politischen Prioritätensetzung für ausländische Investitionen (4) und der Wiederholung der Eigentumsgarantie der zimbabweschen Verfassung (5) enthalten sie eine Darstellung der geltenden Regelungen in bezug auf Devisenkontrollen und Besteuerung (6) und die Formalitäten des Antragsverfahrens beim Foreign Investment Committee (7).

Während der von den zimbabweschen Wirtschaftspolitikern erhoffte starke Kapitalzufluß auch nach Veröffentlichung der 'Guidelines' ausblieb, nahm infolge der Liberalisierung der Gewinntransferregelungen der Abfluß von Kapitaleinkommen ins Ausland nach der Unabhängigkeit zu. An diesem Punkt setzt die Kritik sozialistischer Wirtschaftswissenschaftler an. Schätzungen zufolge haben multinationale Unternehmen allein 1981 durch die erleichterten Gewinntransferregelungen und zusätzlich unter Ausnutzung der — illegalen — Transferpreismechanismen über

2. "Government is well aware of the importance of the flow of income in any investment decision and high priority is given to these flows in Exchange Control policy. Government is determined not to reduce the degree of remittability of investment income presently in force, except in the event of extreme balance of payments stress. Indeed it is Government's intention to liberalize the rules as soon as possible." (ebd. S. 2) Vgl. auch **Zimbabwe Agricultural and Economic Review**, S. 22: "The repatriation of overseas investment funds and profits, while complex, is generally more liberal than procedures in neighbouring African countries excluding South Africa."
3. vgl. H 3.9.1981
4. **Investment Guidelines**, S. 1
5. ebd. S. 2
6. ebd. S. 2 ff
7. ebd. S. 4 ff

200 Mio Dollar aus dem Land gebracht, während gleichzeitig ausländische Neuinvestitionen auf 25 Mio Dollar für 1981 geschätzt wurden (8). Die Politik des Werbens um ausländische Investitionen verfehlt demnach ihren Zweck und hat Nettoverluste an investierbarem Sozialprodukt für Zimbabwe zur Folge. Das einzige größere Engagement eines multinationalen Unternehmens in Zimbabwe seit der Unabhängigkeit ist die politisch kontroverse Investition des Heinz-Konzerns Ende 1982, die im folgenden noch gesondert behandelt wird.

Die programmatisch angekündigte Politik der **Staatsbeteiligung in Schlüsselindustrien** wurde seit 1980 in verschiedenen Schritten umgesetzt, indem der Staat Anteile an bestehenden Unternehmen erwarb oder Joint Ventures neu gründete. Der Staatssektor der Wirtschaft wuchs infolgedessen schrittweise. In zwei aufeinanderfolgenden Schritten engagierte sich die zimbabwesche Regierung 1980/81 im Bankgeschäft. Ende 1980 vereinbarte sie mit der luxemburgischen Bank of Credit and Commerce International, hinter der arabische Kapitalinteressen stehen, die Gründung einer **Bank of Credit and Commerce of Zimbabwe** als Joint Venture (9). Mitte 1981 zitierte Premierminister Mugabe anläßlich der Eröffnung der Bank das Joint Venture, an dem der Staat mit 47% und die Bank of Credit and Commerce International mit 53% beteiligt sind, als Musterbeispiel für die Art, auf die der zimbabwesche Staat in wichtigen Wirtschaftsbereichen zu partizipieren wünsche (10). Ein weiterer wesentlicher Schritt in den Geldsektor war, daß sich der Staat in das bestehende Viereroligopol von Geschäftsbanken (Standard Bank Ltd., Barclays Bank Int. Ltd., Grindlays Bank Int., Rhobank) einkaufte. Während Standard, Barclays und Grindlays britischer Herkunft sind, war die Rhobank eine Tochter der südafrikanischen Nedbank. Im Januar 1981 kündigte der damalige Finanzminister E. Nkala an, daß die zimbabwesche Regierung von der Nedbank-Gruppe deren 61%-Anteil an der Rhobank für 26,6 Mio Dollar über mehrere Tranchen verteilt kaufen werde. Die restlichen 39% der Anteile seien in der Hand zimbabwescher Anteilseigner (11). Die Rhobank wurde zur **ZIMBANK** umbenannt. Im September 1982 hieß es, daß bis dahin rd. 5,3 Mio Dollar für Zimbank-Anteile von der Regierung ausgegeben worden seien (12).

Eher von medienpolitischer als von wirtschaftspolitischer Bedeutung war der

8. "Zimbabwe Could Avoid the Debt Crisis" in: MOTO, Juli 1983, S. 42 f; vgl. auch **Ruth Weiss: Ideas Galore,** Now Let's Have Answers in: Business Herald 18.8.1983
9. H 28.1.1981
10. H 16.7.1981
11. H 28.1.1981
12. Mitteilung des Ministers of Finance, Economic Planning and Development, B. Chidzero, in H 23.9.1982, S. 5

staatliche Erwerb der südafrikanischen Anteile an der **Presse** Zimbabwes, auch wenn dieser Schritt als Bestandteil der Regierungspolitik der Staatsbeteiligung in 'Schlüsselindustrien' dargestellt wurde. Die Zeitungen des Landes – The Herald und The Sunday Mail in Harare, The Chronicle und The Sunday News in Bulawayo und The Umtali Post in Umtali (Mutare) – waren bis 1980 zu 40% von dem südafrikanischen Zeitungskonzern Argus und zu weiteren 3,5% von anderen südafrikanischen Aktionären kontrolliert. Der zimbabwesche Staat kaufte Anfang 1981 die südafrikanischen Anteile mittels eines von Nigeria zur Verfügung gestellten Zuschusses von 5 Mio Dollar auf und übergab sie an den gleichzeitig gebildeten 'Zimbabwe Mass Media Trust'. Dieser übernahm auch die im Eigentum der South African Press Association (SAPA) befindliche Inter African News Agency (IANA), die als Zimbabwe Inter African News Agency (ZIANA) im Juli 1981 den Betrieb aufnahm (13).

Im Bereich des **Bergbaus** wurden Mitte 1981 Abmachungen bekannt, denen zufolge der Staat zukünftige Mineralfunde gemeinsam mit ausländischen Unternehmen auszubeuten beabsichtigt. Nachdem an Union Carbide Rhomet Pvt. Ltd., Prospecting Ventures Ltd., Corsyn Consolidated Mines Ltd. und die Saarberg Interplan Uran GmbH Exclusive Prospecting Orders für verschiedene Metalle, vor allem Uran, ausgegeben worden waren, teilte ein Sprecher des Ministry of Mines mit, daß den Abmachungen zufolge die eventuelle spätere Ausbeutung von Uran nur in Joint Ventures mit dem zimbabweschen Staat erfolgen dürfe (14).

Im Juli 1981 machte Finanzminister E. Nkala bekannt, der Staat habe seine Investitionen in den Privatsektor durch den Erwerb von 42,6% des Kapitals von Central African Pharmaceuticals (**CAPs**) für 4 Mio Dollar erhöht (15). CAPs ist der größte Hersteller von pharmazeutischen Produkten in Zimbabwe, besitzt Tochterunternehmen in Botswana, Malawi, Zambia und Südafrika und ist der Hauptlieferant pharmazeutischer Produkte an den Staat und andere medizinische Institutionen in Zimbabwe. Doch zum Zeitpunkt der Ankündigung Nkalas war der Handel noch keineswegs abgeschlossen. Bis Ende 1982 wurde noch verhandelt (16). Anfang 1983 wurden dann die Verträge unterzeichnet; der zimbabwesche Staat erwarb von der in den USA lebenden Gründerfamilie des Unternehmens, den Grahams, den größten Einzelanteil von 42,6% für 4 Mio Dollar. Zur Frage des Transfers

13. **Osang, Helmut,** Entkolonisierung der Medien. Massenkommunikation in Zimbabwe in: epd Entwicklungspolitik 6 (1983) , S. 11 ff; vgl. auch meinen Artikel: Freiheit der Presse. Aufkauf der südafrikanischen Anteile an zimbabweschen Zeitungen in: Informationsdienst Südliches Afrika 1/2 (1981), S. 28 f.
14. H 17.6.1981
15. H 30.7.1981
16. vgl. H 23.9.1982, S. 5

des Kaufpreises in die USA wollte sich der unterzeichnende Minister of Industry and Energy Development, S. Makoni, bei Vertragsabschluß nicht äußern (17).

Wieder in bezug auf den Bergbaubereich wurde Anfang 1982 bekanntgegeben, daß es Gespräche zwischen **Union Carbide Corp.** (USA), **Anglo American Corporation of SA Ltd. (AAC)** und der zimbabweschen Regierung über eine staatliche Beteiligung an den Unternehmen gegeben habe. Während der Staatssekretär im Ministry of Mines, Chr. Ushewokunze, wie auch Union Carbide konkrete Verhandlungen miteinander dementierten, bestätigte AAC, daß die zimbabwesche Regierung Interesse an einer Beteiligung an den von AAC ausgebeuteten Kohlefeldern von Wankie (heute: Hwange) habe (18). Im November desselben Jahres wurde das Abkommen, demzufolge der Staat 40% der **Wankie Colliery Company** erwirbt und das Kapital des Unternehmens gleichzeitig von 36 Mio Dollar auf 43 Mio Dollar erhöht wird, von der Aktionärsversammlung gebilligt (19). Das staatliche Engagement in Hwange ist im Zusammenhang mit der Bemühung um die Sicherung der Energieversorgung zu sehen und ist verbunden mit dem Projekt eines zweiten Kohlekraftwerkes in Hwange (Hwange II Thermal Power Station). Gerade der Sinn dieses Engagements freilich läßt sich in Frage stellen: Indem die Regierung 40% von Hwange erwarb, ließ sie die Kontrolle letztlich in der Hand von AAC, erhöhte jedoch die Staatsverschuldung und schöpfte auf dem lokalen Geldmarkt Kapital ab. Hwange II, so sagen Kritiker des Projekts, ist im Ansatz eine Fehlplanung, weil Zimbabwe die benötigte Elektrizität billiger von Zambia und Mozambik aus der Stromerzeugung des Kariba- und des Cabora Bassa- Staudamms kaufen könnte, dadurch auch den Zusammenschluß der Frontstaaten, die Southern African Development Co-ordination Conference (SADCC), gestärkt hätte und den Nachbarländern zu den für den Kauf zimbabwescher Industrieerzeugnisse dringend benötigten Devisen verholfen hätte. Unter dieser Perspektive betrachtet wird mit Hwange II die Chance zu größerer regionaler Kooperation, die man programmatisch allgemein als Ziel anstrebt, vertan (20).

Weitere Gespräche zwischen Regierung und Privatunternehmen, die 1982 bekannt wurden, sind neben dem Heinz-Geschäft, das von besonderer Bedeutung ist, die Verhandlungen über eine staatliche Beteiligung an der **F. Issels & Sons Ltd.**, einer Maschinenbaufirma in Bulawayo, deren Hauptanteilseigner J. Brown and Comp. (GB) ihren Anteil zum Verkauf angeboten hatte, und Gespräche über ein Joint Venture mit der schwedischen **Scania** zur Errichtung eines Lastwagenmontage-

17. H 4.2.1983
18. H 4.2.1982
19. H 25.11.1982
20. "Zimbabwe Could Avoid the International Debt Crisis" in: MOTO, Juli 1983, S. 43; vgl. auch "Power: Where Self-Reliance Can Fail" in: MOTO, Mai 1983, S. 38 f

werks (21). In Issels & Sons kaufte sich der Staat später ein (22). Ende 1982 schließlich wurde im Zusammenhang des Konflikts um die Empress Nickel Mine auch über eine staatliche Beteiligung an **Rio Tinto Zimbabwe** gesprochen. Die zimbabwesche Rio Tinto beabsichtigte, der allgemein schlechten Lage des Bergbausektors aufgrund des Preisverfalls auf dem Weltmarkt durch Schließung ihrer Empress Nickel Mine zu begegnen und gut 1 000 Bergarbeiter zu entlassen. Dies führte zu Verhandlungen mit der Regierung, die Rio Tinto einen Unterstützungskredit von 4,7 Mio Dollar anbot. Als eine Übereinkunft bevorzustehen schien, schwenkte das Unternehmen um und verlangte statt des Kredits einen nicht rückzahlbaren Zuschuß, was wiederum das Ministry of Mines ablehnte (23). Man einigte sich schließlich auf einen Kredit von 2,7 Mio Dollar, und Rio Tinto nahm 1 000 Kündigungen zurück (24). Später wurde bekannt, daß der Staat wahrscheinlich innerhalb der nächsten Jahre als 'Gegenleistung' für die Hilfe an Rio Tinto einen Anteil an dem Unternehmen erwerben werde (25).

Mitte Oktober 1982 wurde die größte einzelne ausländische Investition in Zimbabwe seit der Unabhängigkeit vertraglich abgesichert: Der amerikanische Lebensmittelkonzern **Heinz** erwarb mit 23 Mio Dollar 51% an der zimbabweschen Olivine Industries, einem wichtigen lokalen Hersteller von Speiseöl und Margarine; die zimbabwesche Regierung übernahm die restlichen 49%. Heinz sicherte zu, später weitere 30 Mio Dollar zu investieren. Der Vertragsabschluß erfolgte nach 2-jährigen zähen Verhandlungen (26). Schon im April 1982 war gemeldet worden, die Verhandlungen mit Heinz seien ins Endstadium getreten; lange Gespräche hätten sich um den Widerstand der Regierung dagegen, die inländische Kontrolle an Olivine Industries an ausländische Interessen abzugeben, gedreht (27). In der Tat widerspricht das Engagement von Heinz unmittelbar der Absichtserklärung aus 'Growth with Equity', bestehende inländische Kontrollmehrheiten nicht an ausländische Unternehmen übergehen zu lassen, sondern umgekehrt den inländischen Anteil zu stärken (28). Eine erwartete Vertragsunterzeichnung Ende Juni 1982 war abgesagt worden wegen neuer Schwierigkeiten: Die zimbabwesche Regierung wollte sich zunächst nicht auf das von Heinz zugrundegelegte Overseas Private Investment Agreement, das US-Firmen gegen Nationalisierungen schützt, festlegen lassen, gab dann aber nach, während Heinz in den Verhandlungen mögliche alternative Standorte für

21. H 8.7.1982
22. **Riddell**, Public and Private Sector
23. SM 19.9.1982, S. 1
24. H 13.10.1982, S. 1
25. H 4.11.1982
26. H 12.10.1982, S. 1; H 9.10.1982, S. 1
27. SM 1.4.1982
28. vgl. Kapitel 10 der Arbeit

sein Engagement in Nigeria und Kenia ins Feld führte (29). Schließlich erhöhte die Regierung kurz vor Vertragsabschluß noch die staatlich direkt kontrollierten Preise für Speiseöl und Margarine, was "das letzte Hindernis für den Einzug des US-Lebensmittelgiganten H.J. Heinz in Zimbabwe aus dem Weg räumte." (30) Ob die 'Flexibilität' der Regierung, d.h. das Aufgeben ihres Grundsatzes der Stärkung inländischer Kontrolle, bei den Verhandlungen mit dem IMF über einen Beistandskredit von Bedeutung war, ist nicht bekannt; in jedem Falle erhoffte sich die Regierung von dem Gelingen des Heinz-Geschäfts nach 2 1/2 Jahren abwartenden Verhaltens ausländischer Investoren eine Art Initialzündung, die freilich bis heute nicht sichtbar ist.

Noch kurz vor Vertragsabschluß hatte C. Stoneman in MOTO (31) die Berichte über das bevorstehende Heinz-Geschäft zum Anlaß genommen, sich grundsätzlich mit ausländischen Investitionen als Bestandteil einer Entwicklungsstrategie auseinanderzusetzen. Stoneman stellte ausländische Privatinvestitionen als die teuerste Methode der Kapitalbeschaffung für Entwicklungsländer dar, die wegen der umfangreichen Gewinntransfers keineswegs zur Beschleunigung von Wachstumsraten führe; jedoch zwinge in bestimmten Fällen die Angewiesenheit auf moderne Technologie Entwicklungsländer, multinationale Konzerne ins Land zu holen. Prüft man das Heinz-Geschäft unter diesem Blickwinkel, so muß man mit Stoneman zu dem Ergebnis kommen, daß gerade im Bereich der Lebensmittelindustrie, in dem Zimbabwe über eine seit Jahrzehnten aufgebaute eigene Basis und ein breites Spektrum schon aktiver in- und ausländischer Firmen verfügt, eine ausländische Investition wie die von Heinz fehl am Platze war. Mit geringeren Kosten hätte man wohl bestehende Unternehmen weiterentwickeln können und hätte so erwirtschaftete Gewinne für Reinvestitionen gesichert, statt sie in die USA zu leiten. "Wenn irgendetwas, dann ist dies ein erstklassiges Beispiel für die Art von ausländischen Investitionen, die Zimbabwe **nicht** braucht .... Ein Land mit nationalistischen — geschweige denn sozialistischen — Bestrebungen würde ausländische Investitionen in solchen Sektoren **reduzieren**, den 70prozentigen ausländischen Anteil an der Gesamtwirtschaft auf etwa 20% zurückschneiden, die in Sektoren mit hochentwickelter Technologie, in denen die inländischen Möglichkeiten tatsächlich nicht ausreichend sind und es keine Alternative zu ausländischen Investitionen gibt, konzentriert wären." (32)

Eine weitere wichtige Entwicklung im Finanzierungssektor war die Einrichtung ei-

29. H 8.7.1982
30. SM 10.10.1982
31. **Stoneman, Colin,** We Do Not Need Heinz and Co., in: MOTO, Okt. 1982, S. 50 f
32. ebd. S. 51 (Hervorhebungen im Original); vgl. **Rudolph, Helmut,** Heinz im Sozialismus in: Informationsdienst Südliches Afrika 1/2 (1983), S. 29

ner **Zimbabwe Development Bank** als staatlichem Instrument der Entwicklungsfinanzierung. Die Bank, so sagte der Stellvertretende Finanzminister M. Malianga bei der Lesung des Gesetzentwurfs, solle neben der schon bestehenden staatlichen Industrial Development Bank Mittel an staatliche Entwicklungsagenturen und an Joint Venture-Projekte ausleihen (33). Der bundesrepublikanische Minister für wirtschaftliche Zusammenarbeit J. Warnke teilte anläßlich seines Zimbabwe-Besuchs Anfang August 1983 in Harare mit, die Deutsche Entwicklungsgesellschaft (DEG) werde 5 Mio Dollar in die Zimbabwe Development Bank investieren und damit die erste bundesrepublikanische Privatinvestition in Zimbabwe nach der Unabhängigkeit tätigen (34).

Im April 1983 kündigte Premierminister Mugabe in der April-Ausgabe der Zimbabwe News, dem offiziellen Organ der ZANU/PF, an, die Regierung wolle, wie sie es schon bei den Massenmedien, Zimbank, Hwange Colliery Company und CAPs getan habe, kontrollierende Anteile im Bereich der Brennstoffversorgung, im Mühlengewerbe, im Transportwesen und in anderen Sektoren erwerben. Eine Reihe von Unternehmen würden wegen ihrer strategischen Bedeutung besser als Staatsbetriebe denn als Privatunternehmen geführt (35). Damit bestätigte der Premierminister in einer stark verschlechterten wirtschaftlichen Lage und trotz wachsenden Drucks des IMF die Absicht, die Ausdehnung des Staatssektors im produktiven Bereich der Wirtschaft voranzutreiben. Allzugroße Nationalisierungsbestrebungen erwarteten Geschäftsleute aufgrund dessen freilich nicht. Vielmehr wiesen Wirtschaftsvertreter darauf hin, daß die Regierung unter dem Druck wachsender Verschuldung für große Neuerwerbungen im Privatsektor wahrscheinlich gar kein Geld mehr habe (36).

Nichtsdestoweniger teilte wenig später der Minister of Industry and Energy Development, S. Makoni, mit, der Staat werde in Kürze die Abwicklung der **Brennstoffimporte** übernehmen, um sich die Kontrolle über die Brennstofflieferungen zu sichern. Man habe eine **National Oil Company of Zimbabwe** gebildet, die als Parastatal arbeiten und die Funktionen des von verschiedenen Ölmultis gebildeten Zimbabwe Oil Procurement Consortium übernehmen werde. Ein entsprechender Gesetzentwurf komme in der nächsten Sitzungsperiode vor das Parlament. Die National Oil Company werde Öl im Ausland einkaufen, es über den mozambikanischen Hafen Beira nach Feruka (Mutare) importieren und nach Harare, Gweru und Bulawayo verteilen. Der Staat werde in der Folgezeit auch alle nationalen Treibstofflager erwerben. Die Verteilung an den Endverbraucher werde weiter dem Privatsektor überlassen bleiben (37).

33. H 3.3.1983
34. H 6.8.1983
35. H 16.4.1983
36. H 12.5.1983
37. H 17.5.1983

Die Ausdehnung staatlicher Kontrolle in den Privatsektor hinein ist auch das Ziel der Einrichtung neuer parastaatlicher Institutionen wie der angekündigten **Zimbabwe State Trading Corporation** (38) und der **Zimbabwe Mining Development Corporation**; letztere soll u.a. als Arm des Staats im Bergbaubereich investieren, sowohl eigene staatliche Unternehmen entwickeln als auch an bestehenden Privatunternehmen partizipieren und sich in Prospektion und Exploration engagieren (39). Die Mining Development Corporation soll auch Kooperativen im Bergbaubereich fördern (40). Der Staat will sich von Anfang an in Prospektion und Entwicklung einschalten; der Minister of Mines, M. Nyagumbo, kündigte anläßlich der Lesung der Zimbabwe Mining Development Corporation Bill an, man werde in Zukunft weniger Exclusive Prospecting Orders an Privatunternehmen ausgeben (41).

Besondere Bedeutung könnte bei entsprechender Durchsetzung der geschaffenen gesetzlichen Regelungen die **Minerals Marketing Corporation of Zimbabwe** erlangen, eine parastaatliche Organisation, die gesetzlich das Recht hat, den gesamten Handel mit Mineralien in und aus Zimbabwe zu kontrollieren. Der Minerals Marketing Corporation of Zimbabwe Act (Act No. 2 of 1982) war Gegenstand harter politischer Auseinandersetzungen, von denen freilich nur ein Teil an die Öffentlichkeit drang. Ansatzpunkt der 'Verstaatlichung' des Handels mit Bergbauprodukten ist der Versuch, die Verluste an Sozialprodukt und Deviseneinnahmen, die Entwicklungsländern durch die Praktiken der Transferpreisbildung innerhalb multinationaler Konzerne entstehen, zu verhindern. Die Riddell-Kommission hatte in ihrem Bericht vorgeschlagen, gegen die rechnerische Unterbewertung von Exporten zimbabwescher Tochterunternehmen an ihre ausländischen Mütter, durch die eine Hauptquelle für inländische Einkommenssteigerungen ins Ausland kanalisiert werden könne, helfe nur die Einrichtung einer intervenierenden staatlichen Exportbehörde (42). Deren Aufgabe wäre dann, den Weltmarktpreis, den 'wahren Wert von Zimbabwes Mineralien' (43), gegen die internen Verrechnungspreise der multinationalen Unternehmen durchzusetzen. Abgesehen von der politischen Einrichtung einer solchen Behörde setzt dies voraus, daß diese im Konfliktfall alternative Vermarktungsmöglichkeiten zu den Kanälen der multinationalen Konzerne verfügbar hat. Das Bergbaukapital in Zimbabwe wehrte sich gegen die geplante Minerals Marketing Corporation zum einen durch die Chamber of Mines und zum anderen vermittelt über ausländische politische Interventionen. Der Staats-

38. H 10.8.1982, S. 1; H 8.10.1982, S. 1
39. H 24.7.1982, S. 3; H 22.4.1982
40. Business Herald 5.8.1982, S. 3
41. H 4.8.1982, S. 1
42. **Riddell-Report** S. 171; vgl. Kapitel 10.3. der Arbeit
43. M. Nyagumbo in H 21.8.1981

sekretär im Ministry of Mines, Chr. Ushewokunze, teilte Ende 1981 mit, daß ausländische Regierungen Druck auf Zimbabwe ausgeübt hätten, den Plan schlicht fallenzulassen; ohne diese genau zu identifizieren, sagte Ushewokunze, es seien Regierungen von Ländern mit Bergbauinteressen in Zimbabwe gewesen (44); das trifft im wesentlichen nur auf Großbritannien, Südafrika und die USA zu. Die Chamber of Mines wehrte sich gegen die Minerals Marketing Corporation mit dem Argument, die Übernahme des Verkaufs durch den Staat sei ineffizient und werde ausländische Investoren abhalten. Man versuchte, die Corporation auf eine Rolle als Vermarkter der Produktion von Kleinunternehmen im Bergbau zu beschränken; in diesem Bereich könne sie eine große Hilfe sein (45). Das war freilich gerade nicht die Intention der Regierung gewesen.

Der Widerstand gegen den **Minerals Marketing Corporation of Zimbabwe Act** (Act No. 2 of **1982**) war ohne Erfolg; das Gesetz ging Anfang 1982 mit großer Mehrheit — nur gegen die Stimmen der Republican Front, der früheren Rhodesian Front — durch das Parlament. Aufgabe der Corporation soll u.a. sein, "(a) als der einzige Marketing- und Verkaufsagent für alle Mineralien aufzutreten; ... (c) jegliche Mineralien auf eigene Rechnung zu erwerben und sie zu verkaufen oder über sie zu verfügen; (d) die inländische Nutznießung und Verwendung jeglicher Mineralien zu fördern; (...)" (46).

Wird so die Corporation einerseits zum alleinigen Agenten von Mineralien gemacht, so eröffnet das Gesetz andererseits die Möglichkeit, daß die Corporation andere Verkäufer, d.h. die Bergbauunternehmen selbst, zum Verkauf von Mineralien autorisiert (47). Die Minerals Marketing Corporation of Zimbabwe nahm Mitte 1982 ihre Arbeit auf, ohne jedoch gleich das Monopol auf alle Mineralienverkäufe wahrzunehmen. Der zum Chairman bestellte Staatssekretär Chr. Ushewokunze teilte mit, die Funktionen würden Schritt für Schritt ausgedehnt (48). Seit März 1983 ist die Corporation alleiniger (Ver)Käufer von Mineralien für den Export (49). Inwieweit sie dabei ihre Politik gegen die multinationalen Konzerne durchsetzen kann, bleibt abzuwarten.

Zusammenfassend kann festgehalten werden, daß die Betrachtung der wirtschaftlichen Entwicklung und von wesentlichen Bereichen der zimbabweschen Wirtschaftspolitik zeigte, wie nach zwei Jahren schnellen Wachstums unmittelbar nach

44. SM 8.11.1981
45. vgl. SM 8.11.1981, H 10.12.1981
46. Minerals Marketing Corporation of Zimbabwe Act, No. 2 of 1982, Section 20
47. ebd. Sect. 37 und 38
48. H 2.7.1982
49. H 7.3.1983

der Unabhängigkeit die zimbabwesche Wirtschaft von der Weltrezession erfaßt wurde; dies hat den Spielraum für Einkommensumverteilung und staatliche Reformpolitik erheblich eingeschränkt. Zusätzlich spielte dabei die zweijährige Dürreperiode eine wichtige Rolle. Die Staatsausgaben expandierten nach der Unabhängigkeit stark, wobei große Summen in den Ausbau von sozialen Diensten wie Erziehungswesen und Gesundheitswesen, aber auch in eine Aufblähung der staatlichen Verwaltung flossen. Mit den staatlichen Haushaltsdefiziten und den Zahlungsbilanzproblemen wuchs die Staatsverschuldung und insbesondere auch die Auslandsschuld schnell. Nach nur gut zwei Jahren Unabhängigkeit sah sich die zimbabwesche Regierung gezwungen, zum Ausgleich der Zahlungsbilanz um IMF-Hilfe — mit den damit verbundenen Implikationen — nachzusuchen. Dies ist zum einen das Resultat ungünstiger weltwirtschaftlicher Entwicklungen und des hohen Importbedarfs der Industrie zur Erneuerung des veralteten Kapitalstocks, hängt zum anderen m.E. aber auch mit der wirtschaftspolitischen Orientierung der Regierung, die recht unkritisch auf verstärkte Weltmarktintegration zum Erreichen wirtschaftlichen Wachstums und auf ausländische Finanzierungsquellen setzt, zusammen — eine Strategie, die gerade unter den gegenwärtigen weltwirtschaftlichen Bedingungen nicht sehr erfolgversprechend sein kann. Eine für 1984 erwartete Schuldendienstrate von 30% könnte zum Anlaß genommen werden, die wirtschaftspolitische Ausrichtung zu überdenken. Ein Widerspruch der zimbabweschen Politik in bezug auf die Kapitalbildung ist weiter, daß die Regierung einerseits auf ausländische Investitionen als conditio sine qua non von Wachstum setzt, andererseits aber an der Zielsetzung sozialistischer Transformation und an bestimmten einkommens- und sozialpolitischen Positionen festhalten will, ausländisches Kapital kontrollieren, den nationalen und insbesondere staatlichen Anteil am Kapitalstock des Landes vergrößern und die staatliche Kontrolle in Schlüsselindustrien ausbauen will. Das Werben um ausländische Investoren durch Liberalisierung der Gewinntransferregelungen brachte in den ersten Jahren der Unabhängigkeit für das Land nur hohe Verluste an Devisen und investierbarem Sozialprodukt, ohne daß ausländische Unternehmen in nennenswertem Maße diesem Anreiz zum Investieren gefolgt wären. Zimbabwe könnte sich so vor die Frage gestellt sehen, ob man die Bedingungen für ausländisches Kapital weiter auf Kosten nationaler Reformziele verbessern will oder ob man durch Mobilisierung inländischer Ressourcen der Kapitalbildung und Erschwerung der Repatriierung eine stärker nationalistische Politik in diesem Bereich betreiben will. Durch staatliche Beteiligungen an Privatunternehmen hat die Regierung innerhalb der ersten Jahre eine Reihe wichtiger Positionen in wirtschaftlichen Schlüsselbereichen erworben, ebenso durch die Verstaatlichung des Handels mit Bergbauprodukten. Der damit gegebene, bisher insgesamt freilich begrenzte, staatliche Einfluß in der Wirtschaft ist sicher keine hinreichende, aber eine notwendige Bedingung für eine stärkere Durchsetzung von nationalen Entwicklungsinteressen in einer kapitalistisch organisierten und von ausländischem Kapital dominierten Ökonomie.

SCHLUSS

Die ersten drei Jahre des unabhängigen Zimbabwe sind ein kurzer Zeitraum und tragen den Charakter einer Übergangsperiode, in der sich aus verschiedenen gesellschaftlichen Bestrebungen politische Entwicklungsrichtungen erst allmählich herauskristallisieren. Urteile über die entwicklungspolitischen Ansätze der zimbabweschen Regierung müssen also vorsichtig formuliert werden, wenn sie der dem gesellschaftlichen Prozeß innewohnenden Dynamik gerecht werden sollen. Trotzdem kann eine Zwischenbilanz, die die ersten politischen Schritte der Regierung des unabhängigen Zimbabwe mit deren programmatischen Absichtserklärungen vergleicht und auf die Entwicklungsaufgaben und -bedingungen bezieht, versucht werden.

Als Ergebnis des ersten Hauptteils dieser Arbeit habe ich in Kapitel 9 Landreform und ländliche Entwicklung, die Schaffung von Arbeitsplätzen für eine schnell wachsende Bevölkerung im Bereich lohnabhängiger Beschäftigung wie auch im informellen und ländlichen Sektor und die Verbesserung der materiellen Lage der afrikanischen Arbeiterklasse als Entwicklungsaufgaben festgehalten. Gleichzeitig war deutlich geworden, wie die in der ererbten Struktur von Wirtschaft und Gesellschaft enthaltenen Abhängigkeiten die Handlungsspielräume der Regierung Zimbabwes begrenzen. Die Bedeutung des weißen Farmsektors als Nahrungsmittelproduzent und Devisenquelle macht sich als Schranke der Landreform geltend. Die Notwendigkeit, dem Land wenigstens für eine Übergangszeit die Berufsqualifikationen der weißen Bevölkerungsminderheit zu erhalten, zwingt dazu, den weißen Besitzstand nicht zu sehr anzugreifen und fördert eine Tendenz, die allgemeine Struktur der Einkommensverteilung beizubehalten. Daß ausländisches Kapital die zimbabwesche Wirtschaft dominiert, steht der Durchsetzung nationaler Entwicklungsprioritäten entgegen. Schließlich sind das wirtschaftliche Angewiesensein auf den politischen Gegner Südafrika und die von diesem ausgehende militärische Bedrohung eine wesentliche Entwicklungsbedingung für Zimbabwe. Wollte man das einmal erreichte Niveau wirtschaftlicher Entwicklung erhalten, so waren aufgrund der genannten Bedingungen schnellen und tiefen Eingriffen nicht nur in die kapitalistische Struktur der zimbabweschen Wirtschaft, sondern auch in das Muster der Verteilung von Einkommen und Vermögen zunächst relativ enge Grenzen gesetzt.

Die dargestellten Abhängigkeiten bilden freilich keine unüberwindbaren Hindernisse einer Politik gesellschaftlicher Reformen; eine solche hätte sich vielmehr daran zu bewähren, daß sie ihre Handlungsspielräume schrittweise ausweitete. Was jedoch in kurzfristiger Perspektive als notwendige vorübergehende Anpassung an ererbte Ausgangsbedingungen erscheint, wird mittel- und langfristig gesehen schnell zu einem Mechanismus, der die Erhaltung alter gesellschaftlicher Strukturen über eine Übergangszeit, in der die Weichen für die zukünftige Entwicklung gestellt werden, hinaus garantiert.

Eine sozialistische Transformation von Wirtschaft und Gesellschaft im Sinne einer grundsätzlichen Veränderung der Eigentumsverhältnisse, wie sie von vielen für den Fall der Regierungsübernahme durch die Befreiungsbewegungen erwartet, sei es erhofft oder befürchtet, worden war, fand so in Zimbabwe nach der Unabhängigkeit nicht statt. Dies kann als Ausdruck des gesellschaftlichen Kräfteverhältnisses zum Zeitpunkt der Unabhängigkeit und des Kräfteverhältnisses innerhalb der Befreiungsbewegungen interpretiert werden und zeugt darüberhinaus von dem Willen der zimbabweschen Führung, Veränderungen, die zunächst nur mit materiellen Verschlechterungen für den Großteil auch der afrikanischen Bevölkerung verbunden gewesen wären, zu vermeiden. Revolutionäre sozialistische Veränderungen stehen wohl auch für die nähere Zukunft nicht an. Die sozialistische Transformation ist als Ziel in der veröffentlichten Regierungsprogrammatik weiter enthalten, bekam jedoch den Status eines nur langfristig zu erreichenden Endziels zugewiesen, das man wegen der ererbten kapitalistischen Struktur, die nicht 'über Nacht' transformierbar sei, nicht jetzt realisieren könne, an dem man aber festhalte. Während Premierminister Mugabe Nah- und Fernziele noch in der Form von Stufenmodellen zu verbinden sucht und damit sicher auch dem Legitimationsbedarf der Regierung gegenüber radikaleren Parteiflügeln Rechnung trägt, sind andere längst zur Tagesordnung kapitalistischer Entwicklung übergegangen: Das sich etablierende afrikanische Bürgertum sucht seine Positionen abzusichern und auszubauen, und die Wirtschaftspolitik der Regierung muß sich auf die Bedingungen, die private in- und ausländische Kapitaleigner für Investitionen setzen, einlassen. Starke gesellschaftliche Kräfte, die einen Prozeß sozialistischer Transformation wirklich tragen wollten, sind nicht sichtbar: Die afrikanischen Bauern Zimbabwes und die landlose Bevölkerung wollen Land und haben eine klare Präferenz für individuelle Bewirtschaftung; die afrikanische Arbeiterklasse erwartet spürbare materielle Verbesserungen.

Ohnehin sind Entwicklungsländer meistens durch ihren Platz im System der Weltwirtschaft so stark bestimmt, daß die Wahl sozialistischer, kapitalistischer oder 'dritter' Entwicklungswege allein nicht viel über konkrete Entwicklungserfolge aussagt. Weder scheint eine kapitalistische Orientierung Garantie für schnelleres Wachstum, das alleine noch keine Entwicklung für die Bevölkerungsmehrheit mit sich bringt, noch sichern sozialistische Strategien als solche schon Grundbedürfnisbefriedigung und schnelle materielle Verbesserungen für die Bevölkerung. Von größerer unmittelbarer Bedeutung sind vielleicht die Fragen, inwieweit entwicklungspolitische Strategien die Spielräume gegenüber der Außenabhängigkeit vergrößern, inwieweit sie sicherstellen, daß verfügbare Ressourcen für nationale Entwicklung verwendet werden statt ins Ausland abzufließen, und daß Investitionen inländisch auf eine Weise geplant und verteilt werden, die breite Bevölkerungsschichten in einen Entwicklungsprozeß einbindet, statt sie zu marginalisieren. Für die materielle Situation der Bevölkerung Zimbabwes sind Landreform und ländliche Entwicklungsanstrengungen sowie Beschäftigungs- und Einkommensentwicklung im modernen Wirtschaftssektor von handgreiflicherer Bedeutung. Damit ist die zweite Ebene innerhalb der zimbabweschen Programmatik angesprochen:

die Umverteilung von Einkommen und Ressourcen und die Restrukturierung der wirtschaftlichen Aktivitäten, wie sie im Titel 'Growth with Equity' postuliert sind. Zwar sind Wachstum und mehr Gleichheit unter den Bedingungen einer kapitalistisch organisierten und von internationalem Kapital dominierten Entwicklungsökonomie nicht ganz einfach zu verbinden. Fragen wir jedoch nun konkreter, welche Ansätze in den wesentlichen genannten Bereichen der Regierungspolitik sich in den ersten drei Jahren abzeichneten.

Neben dem Reconstruction-Programm, das der Beseitigung der Kriegsschäden galt, und der Ausweitung sozialer Dienstleistungen, vor allem von Bildungsangebot und Gesundheitsversorgung, in den ländlichen Gebieten steht im Bereich der ländlichen Entwicklung das Resettlement-Programm, das bisher den Kern der Bemühungen um Landreform und ländliche Entwicklung bildete. Die Untersuchung des Resettlement-Prozesses zeigte, daß die Umsiedlung von afrikanischen Bauern auf ehemals weißes Farmland die in der 'Nationalen Strategie' der Riddell-Kommission intendierte Entlastung der Communal Lands von Bevölkerungsdruck in den ersten drei Jahren der Unabhängigkeit nicht leistete, weil der Prozeß nur langsam anlief und große organisatorische Schwierigkeiten, die durch die Dürre noch verschärft wurden, zu überwinden hatte. Die Untersuchung zeigte weiter, daß das Resettlement diese Entlastung bei Beibehaltung der bisherigen Konzeption auch in Zukunft nicht im erforderlichen Umfang leisten kann. Ein Grundproblem des Programms ist, daß aus gesamtwirtschaftlichen Gründen der Kernbereich des weißen Farmsektors nicht angetastet werden soll und daher für die Landreform vor allem das 'un- und unterausgenutzte Land' zur Verfügung steht. Dies reicht zum einen quantitativ nicht für einen Umsiedlungsprozeß in dem notwendigen Umfang aus; es wirft zum anderen qualitative Probleme auf. Die Beschränkung auf 'un- und unterausgenutztes Land' erschwert die Organisation des Resettlement, ist mitverantwortlich für ökologische Schäden, geringe Produktivität und für eine schon im Ausgangspunkt schlechte Konkurrenzposition der angesiedelten Bauern im Rahmen einer kommerziell betriebenen Landwirtschaft, in die die Resettlement-Projekte integriert werden sollen. Sie erhöht auch die Kosten des Resettlement, die infolge von Infrastrukturinvestitionen und der Regelung des Landerwerbs durch die Lancaster House-Konferenz ohnehin sehr hoch sind. Während die Regierung das Konzept einer Landreform auf 'un- und unterausgenutztem Land' aus älteren Planungen, die noch in rhodesischer Zeit entstanden waren, übernahm, wurden neuerdings infolge der Probleme des Resettlement Ansätze entwickkelt, den Landerwerb und die Erschließung durch das neue Konzept der 'designated areas' effektiver zu gestalten. Die starken Kürzungen der dem Ministry of Lands, Resettlement and Rural Development zur Verfügung stehenden Mittel im Haushaltsentwurf für 1983/84 sind sicher auch das Ergebnis einer Zwischenbilanz des Resettlement-Programms mit dem Ergebnis, daß neue Wege und Konzepte erforderlich sind, wenn die Umsiedlung ihre Ziele wenigstens teilweise erreichen soll. Ob die Regierung Zimbabwes die nötigen finanziellen Mittel in Zukunft aufbringen kann und will, bleibt abzuwarten.

Die Probleme des Resettlement-Programms haben noch verdeutlicht, daß die Umverteilung von Land alleine keine hinreichende Bedingung für eine grundlegende Veränderung der Situation der Communal Land-Bevölkerung ist. Deren Lage verändert sich vielmehr durch Resettlement solange überhaupt nicht, wie die Umsiedlung weniger als den oder nur den laufenden Bevölkerungszuwachs absorbiert. Einen größeren Entlastungseffekt hat demgegenüber schon die Selbsthilfe der afrikanischen Bevölkerung durch Squatting gehabt. Doch auch dies bietet keine Lösung für die Probleme ländlicher Entwicklung. Erforderlich sind vielmehr über die Umsiedlung hinaus Investitionen in ländliche Entwicklung, die die Produktivität der afrikanischen Landwirtschaft heben können, ländliches Gewerbe und ländliche Arbeitsplätze fördern. Zu solchen Programmen gibt es bisher erst Ansätze. Die Verbreitung genossenschaftlicher, kooperativer Organisationsformen wäre eine Voraussetzung dafür, eine Mehrheit der ländlichen Bevölkerung an Entwicklungsfortschritten teilnehmen zu lassen. Unter den gegenwärtigen Bedingungen und mit den bisherigen politischen Konzepten scheint sich die Landpolitik in Zimbabwe im Widerspruch zur politischen Programmatik in die Richtung der älteren 'policy of stratification' zu bewegen, bei der nur ein kleiner Teil der afrikanischen Landbevölkerung von der Landreform profitiert, während sich die Situation der meisten Menschen nicht positiv verändert.

Im Bereich der lohnabhängigen Beschäftigung stiegen die durchschnittlichen Realeinkommen nach der Unabhängigkeit Zimbabwes in den meisten Wirtschaftszweigen zunächst weiter an. Die Durchschnittsdaten, die europäische und afrikanische Einkommen enthalten, sind freilich nicht sehr aussagekräftig. Die 1980 eingeführte Mindestlohngesetzgebung wirkte sich vor allem für Haushaltsangestellte und Landarbeiter positiv aus. Zwar baute die Inflation die seit 1981 vorgenommenen Erhöhungen der gesetzlichen Mindestlöhne weitgehend wieder ab: Im Juli 1983 waren die erhöhten Mindestlöhne real fast wieder auf dem Stand vom Juli 1980 angelangt. Damit blieb soweit jedoch die Verbesserung, die die Einführung der gesetzlichen Mindestlöhne gegenüber der Situation vor der Unabhängigkeit bedeutete, erhalten. Anfang 1982 wurde aufgrund der sich verschlechternden gesamtwirtschaftlichen Bedingungen die Regierungspolitik der Mindestlohnsteigerungen vorerst von einem bis Mitte 1983 allgemein durchgehaltenen Lohnstop abgelöst. Auch dann wurden nur leichte Lohnerhöhungen staatlich verordnet, die die Belastungen, die der Haushalt für 1983/84 mit sich brachte, kaum kompensieren. Der Lohnstop ist in den Durchschnittseinkommensdaten für 1982 noch nicht sichtbar, muß aber 1983 zu realen Verlusten geführt haben. Die staatliche Politik, durch Umsatzsteuersenkungen und Subventionierung von Grundnahrungsmitteln die Realeinkommen vor allem der unteren Einkommensgruppen zu erhöhen, kehrte sich bald um in starke Steuererhöhungen sowohl bei direkten als auch indirekten Steuern und in schnellen Abbau der Agrarsubventionen. Das Schwergewicht des Steueraufkommens wurde weiter zu den indirekten Steuern verschoben. Die wachsende Belastung der unteren Einkommensgruppen, wie sie auch in der angekündigten Einführung einer Lower-Level Income Tax, d.h. praktisch der Besteuerung des Mindestlohns, zum Ausdruck kommt, ist Resultat der staatlichen Suche nach höheren Einnahmen, um die gerade auch im Bereich der sozialen Dienstleistungen schnell gestiegenen Ausgaben finanzieren zu können, und der Haltung der Regierung, daß die Unternehmen und oberen Einkommensgruppen nicht mehr über das nun erreichte Maß hinaus belastet werden könnten, ohne das wirtschaftliche Wachstum zu gefährden. Freilich erscheint die Steuerbelastung unter Einbeziehung der verschiedenen Abzugsmöglichkeiten in Zimbabwe im Vergleich zu den Nachbarländern — mit Ausnahme von Südafrika — eher als gering. Einer Politik, die auf hohe ausländische Investitionen hofft, sind allerdings in der Lohn- und Steuerpolitik wohl engere Schranken gesetzt als einer Politik, die Entwicklung stärker aus inländischen Ressourcen finanzieren will.

Als Beginn eines geplanten gesamtgesellschaftlichen Umverteilungsprozesses, wie die Riddell-Kommission ihn vorschlug, kann die zimbabwesche Einkommenspolitik 1980 - 83 kaum interpretiert werden. Die Gewerkschaftsbewegung Zimbabwes stellt bisher auch keine gesellschaftliche Kraft dar, die einen solchen Prozeß durchsetzen könnte. Die vielfältig zersplitterten gewerkschaftlichen Organisationen wurden nach der Unabhängigkeit einem mit staatlichem Druck durchgesetzten Vereinheitlichungsprozeß, der bisher noch unabgeschlossen ist, unterworfen. Weiße Gewerkschaftsführungen wurden abgelöst, und ZANU/PF suchte ihren Einfluß in innergewerkschaftlichen Führungskämpfen, durch Gründung von Konkurrenzgewerkschaften und Arbeiterkomitees auszuweiten. Die Vereinheitlichung nach dem Industrieverbandsprinzip kann als Voraussetzung einer gestärkten Gewerkschaftsbewegung gesehen werden; innerhalb des ZCTU, des neuen Dachverbandes, bestehen die Rivalitäten zwischen ZANU/PF-Gewerkschaften, die die Regierungslinie vertreten und solchen Organisationen, die alte Machtpositionen erhalten oder eine unabhängigere Interessenvertretung verfolgen wollen, jedoch noch weiter. Dies zeigte sich auch bei den Auseinandersetzungen um die neue Labour Bill, die den Industrial Conciliation Act ablösen soll. Der Arbeitsminister suchte hier eine Konzeption von Arbeitsbeziehungen durchzusetzen, die vor allem durch enge staatliche Kontrolle gekennzeichnet ist. Die Regierungsfraktion innerhalb des ZCTU trug die politische Fesselung der eigenen Organisation mit. Eine Gewerkschaftsbewegung, die als starke gesellschaftliche Kraft für 'Growth with Equity' ins Gewicht fiele, ist in Zimbabwe noch nicht in Sicht; sie scheint auch von der Regierung allenfalls sehr zwiespältig erwünscht.

Die Wirtschaftspolitik der zimbabweschen Regierung hielt einerseits bisher fest an Reformzielen im Bereich der Einkommensverteilung, institutionalisierte staatliche Eingriffe in den Arbeitsmarkt, arbeitete mit Preis- und Lohnkontrollen weiter, will ausländische Investitionen in die Zielbereiche der staatlichen Entwicklungsplanung lenken und sucht den staatlichen Einfluß in der Wirtschaft durch eine Politik der Staatsbeteiligung in Schlüsselindustrien auszubauen. Sie ist andererseits zum Erreichen ihrer Wachstumsziele abhängig von Bedingungen, die der Privatsektor der Wirtschaft setzt, und rechnet mit der Notwendigkeit hoher ausländischer Privatinvestitionen. Die Liberalisierung der Gewinntransferregelung und im Falle der Heinz-Investition der Verzicht auf das programmatisch festgelegte Prinzip, daß inländische Kontrollmehrheiten nicht an ausländische Investoren abgegeben werden sollten, führten jedoch bisher nicht zu dem erhofften Zufluß ausländischen Kapitals. Um Zimbabwe als Anlagefeld attraktiver zu machen, müßten wohl noch weitere wirtschafts- und sozialpolitische Positionen der Regierungspolitik wegfallen. Folge der Orientierung auf ausländische Investitionen waren bisher so nur Verluste an investierbaren Gewinnen durch Repatriierung. Im Gegensatz zur Riddell-Kommission, die die Offenheit der zimbabweschen Wirtschaft verringern wollte, hält die Regierung für das Erreichen schnellen wirtschaftlichen Wachstums eine 'außenorientierte Produktionspolitik' für erforderlich. Sie setzt auf schnelles Exportwachstum zur Finanzierung des hohen Importbedarfs und auf − in den Haushalten der letzten Jahre überschätzte − ausländische Hilfsgelder. Daß das geplante Exportwachstum unter den gegebenen weltwirtschaftlichen Bedingungen kaum zu erreichen ist, könnte zum Anlaß genommen werden, die Konsequenzen des Planungsansatzes zu überdenken. Die Auslandsschuld Zimbabwes stieg in den ersten drei Jahren der Unabhängigkeit schnell; für 1984 wird eine Schuldendienstrate von 30% der Exporterlöse erwartet. Daß Zimbabwe sich nach zweieinhalb Jahren Unabhängigkeit gezwungen sah, zum Ausgleich der Zahlungsbilanz um IMF-Hilfe nachzusuchen und ein − wenn auch im Vergleich zu anderen Ländern noch gemäßigtes − IMF-Sanierungsprogramm durchzuführen, signalisiert, daß aufgrund ungünstiger weltwirtschaftlicher Bedingungen wie auch aufgrund der wirtschaftspolitischen Orientierung der Regierung selbst die Abhängigkeit des Landes sich eher verschärft hat und die Handlungsspielräume eher abgenommen haben. Nur eine stärker nationalistische und binnenmarktorientierte Wirtschaftspolitik könnte wohl die inneren Spielräume für Reformpolitik auf Dauer erweitern. Bei Fortführung des gegenwärtigen wirtschaftspolitischen Kurses wird die Abhängigkeit Zimbabwes von ausländischen Geldgebern und Investoren mit der damit verbundenen Dynamik des Zurückschraubens innerer Reformprojekte und einer weiteren Öffnung gegenüber Weltmarkteinflüssen wahrscheinlich noch wachsen. Umverteilungsprozesse, die der IMF in Gang setzt, verlaufen in eine andere Richtung als der in der zimbabweschen Programmatik angestrebten.

Die Untersuchung entwicklungspolitischer Ansätze in den ersten drei Jahren der Unabhängigkeit Zimbabwes zeigte, daß innerhalb der Programmatik der zimbabweschen Regierung Widersprüche bestehen zwischen den Zielen der sozialistischen Transformation der ererbten Wirtschaft und Gesellschaft, der Umverteilung von

Einkommen und Ressourcen innerhalb des bestehenden Systems und dem schnellen Wachstum der vorausgesetzten kapitalistischen Wirtschaft. Zum anderen zeigten sich Widersprüche zwischen Programmen und wirklicher Politik. Die ererbten Abhängigkeiten der zimbabweschen Wirtschafts- und Gesellschaftsstruktur begrenzen die Spielräume für tiefgreifende gesellschaftliche Reformen. Dies ermöglicht in einer Übergangszeit die Herauskristallisierung und Stabilisierung einer Gesellschaftsstruktur, in der sich die Interessen des sich entfaltenden afrikanischen Bürgertums mit denen von internationalem Kapital und einem Teil des weißen Bürgertums koordinieren und verbinden. Inwieweit dies zur Aufgabe der Reformziele führt und die Konzentration der für Entwicklung verfügbaren Ressourcen in Prestigeprojekten und Bereichen, die nur noch der Erhöhung des Lebensstandards der städtischen Mittel- und Oberschichten dienen, zur Folge hat, hängt davon ab, wie effektiv die Interessen der Bevölkerungsmehrheit, der afrikanischen Bauern und Arbeiter, zur Geltung gebracht werden können. Neben der Gewerkschaftsbewegung sind dafür vor allem die Parteistrukturen von Bedeutung. Wenn der bisher immer wieder verschobene erste Parteikongreß von ZANU/PF 1984 wirklich stattfindet, so muß sich hier zeigen, inwieweit Kräfte in der Partei, die die Entwicklungsinteressen der Basis vertreten, noch aktiv sind und ihre Positionen verankern können. Die politische Rolle von ZAPU/PF ist infolge der inneren Auseinandersetzungen in Zimbabwe sehr geschwächt.

Absehbar ist, daß die Unzufriedenheit der afrikanischen Bevölkerung Zimbabwes zunimmt. Schon für die Schulabgänger der 80er Jahre weiß heute niemand Arbeitsplätze anzubieten. Damit ist auch eine Verschärfung der gesellschaftlichen Konflikte und der Auseinandersetzungen innerhalb der und zwischen den Parteien wahrscheinlich. Die Regierung kann hierauf unterschiedlich reagieren: Sie kann praktisch — nicht nur rhetorisch — deutlich machen, daß sie an den formulierten gesellschaftlichen Reformzielen festhält und ihre politischen Strategien immer wieder neu an diesem Kriterium messen. Oder sie kann durch Ausbau der Repression und Ablenkung der Unzufriedenheit auf innere und äußere, wirkliche und vermeintliche Feinde Zimbabwes reagieren. Das von Mugabe angestrebte Einparteiensystem kann in diesem Zusammenhang durchaus zwiespältig sowohl als Faktor der Stabilisierung unter unvermeidlich schwierigen gesellschaftlichen Bedingungen wie auch als Instrument zur Unterdrückung aller sozialen Kräfte, die sich der Interessenkoalition von nationalem und internationalem Kapital und neuer afrikanischer Elite nicht fügen, interpretiert werden.

ANHANG

ANMERKUNGEN ZUR ZITIERWEISE

Die benutzte Literatur wird bei der ersten Erwähnung mit vollem Titel aufgeführt. Danach wird ein Kurztitel, der eine eindeutige Identifizierung erlaubt, verwendet. Englischsprachige Zitate sind, um den Text lesbarer zu gestalten, entweder in Fußnoten angefügt oder, soweit Zitate im Haupttext bleiben sollten, ins Deutsche übersetzt worden.

Bei der Darstellung der aktuellen Entwicklung in Zimbabwe habe ich zimbabwesche, englische und südafrikanische Presseberichte verarbeitet. Soweit ich die entsprechenden Zeitungen und Zeitschriften selbst benutzt habe, sind die Berichte mit Datum und Seitenzahl zitiert. In den meisten Fällen habe ich jedoch Zeitungsberichte aus Ausschnittdiensten und Archivmaterial verwendet, die keine Seitenangaben enthalten. Hier habe ich nur unter Angabe des Datums zitiert.

Beim Zitieren von Zeitungen werden folgende Abkürzungen benutzt:

C Chronicle (Zimbabwe)
FM Financial Mail (Südafrika)
FT Financial Times (GB)
G Guardian (GB)
H Herald (Zimbabwe)
RH Rhodesia Herald (Rhodesien)
SM Sunday Mail (Zimbabwe)
T Times (GB)

WÄHRUNGEN

Angaben in Dollar beziehen sich, soweit nicht anders vermerkt, immer auf den Zimbabwe Dollar (− bzw. vor 1980 auf den rhodesischen Dollar). 1 Zimbabwe Dollar = rund 2,55 DM (Stand vom September 1983). Angaben in Pfund sind auf das britische Pound Sterling bezogen.

VERZEICHNIS DER VERWENDETEN ABKÜRZUNGEN

AAC	Anglo-American Corporation
AALC	Afro-American Labour Center
ACCOZ	Associated Chambers of Commerce of Zimbabwe
ADA	Agricultural Development Authority
ADF	African Development Fund
AEU	Amalgamated Engineering Union
AFC	Agricultural Finance Corporation
AFL/CIO	American Federation of Labour/Confederation of Industrial Organizations
AGRITEX	Agricultural, Technical and Extension Services
AMA	Agricultural Marketing Authority
AMUZ	Associated Mineworkers' Union of Zimbabwe
ANC	African National Congress
	African National Council
APA	African Purchase Area
APWU	Agricultural and Plantation Workers' Union
ARDA	Agricultural and Rural Development Authority
ATUC	African Trade Union Congress
AWVA	African Workers' Voice Association
BIP	Bruttoinlandsprodukt
BMWU	Bulawayo Municipal Workers' Union
BSAC	British South Africa Company
BSP	Bruttosozialprodukt
C	Chronicle
CAPs	Central African Pharmaceuticals
CC	Carrying Capacity
CFU	Commercial Farmers' Union
CLs	Communal Lands
CMB	Cotton Marketing Board
CONEX	Department of Conservation and Extension
CPI	Consumer Price Index
CSC	Cold Storage Commission
CSO	Central Statistical Office
CZI	Confederation of Zimbabwean Industries
DAWU	Domestic and Allied Workers' Union
DDF	District Development Fund
DEG	Deutsche Entwicklungsgesellschaft
DEVAG	Department of Agricultural Development
DMB	Dairy Marketing Board
ESCOM	Electricity Supply Commission
FAWU	Federation of African Workers' Union

FES	Friedrich-Ebert-Stiftung
FM	Financial Mail
FRELIMO	Frente de Libertacao de Mocambique
FT	Financial Times
G	Guardian
GEMWU	General Engineering and Metalworkers' Union
GMB	Grain Marketing Board
H	Herald
IANA	Inter African News Agency
IB	Industrial Board
IBFG	Internationaler Bund Freier Gewerkschaften
IC	Industrial Council
ICA	Industrial Conciliation Act
ICFTU	International Confederation of Free Trade Unions
ICU	Industrial and Commercial Workers' Union
IFAD	International Fund for Agricultural Development
ILO	International Labour Organization
IMF	International Metalworkers' Federation
	International Monetary Fund
IRDA	Intensive Rural Development Area
ISCOR	Iron and Steel Corporation (South Africa)
IUEF	International University Exchange Fund
LAA	Land Apportionment Act
LONRHO	London and Rhodesian Mining and Land Company
LTA	Land Tenure Act
MNR	Mozambik National Resistance
MOSSA	Mine Officials and Salaried Staff Association
MRM	Mozambik Resistance Movement
MSA	Master and Servants Act
NAFU	National African Federation of Unions
NATUC	National African Trade Union Congress
NDP	National Democratic Party
	Net Domestic Product
NIC	National Interim Committee
NLHA	Native Land Husbandry Act
NR	Natural Region
NUCI	National Union of the Clothing Industry
NUR	National Union of Railwaymen
OATUU	Organization of African Trade Union Unity
OSSA	(Railway) Officers and Senior Staff Association
PA	Purchase Area
p.a.	per annum
PCC	People's Caretakers' Council

PDL	Poverty Datum Line
PF	Patriotic Front
PL	Purchase Land
PSC	Public Service Commission
PSIP	Public Sector Investment Programme
PTUZ	Post and Telecommunications Union of Zimbabwe
PTWUZ	Posts and Telecommunications Workers' Union of Zimbabwe
RALE	Railway Association of Locomotive Enginemen
RALSC	Rhodesia African Labour Supply Commission
RAWU	Railway African Workers' Union
	Railways Associated Workers' Union
RF	Rhodesian Front
RH	Rhodesian Herald
RICU	Reformed Industrial and Commercial Workers' Union
RISCO	Rhodesia Iron and Steel Corporation
RNFU	Rhodesia National Farmers' Union
RNLB	Rhodesia Native Labour Bureau
RNLSC	Rhodesia Native Labour Supply Commission
RRAEA	Rhodesia Railways African Employees' Association
RRAWU	Rhodesia Railways African Workers' Union
SADCC	Southern African Development Co-ordination Conference
SAPA	South African Press Association
S.I.	Statutory Instrument
SLA	Sabi Limpopo Authority
SM	Sunday Mail
SMWU	Salisbury Municipal Workers' Union
SRATUC	Southern Rhodesia African Trade Union Congress
SRTUC	Southern Rhodesia Trade Union Congress
SU	Standard Unit
T	Times
TEBA	The Employment Bureau of Africa
TILCOR	Tribal Trust Land Development Corporation
TNDP	Transitional National Development Plan
TTL	Tribal Trust Land
TUCRh	Trade Union Congress of Rhodesia
TUCZ	Trade Union Congress of Zimbabwe
UANC	United African National Council
UDI	Unilateral Declaration of Independence
UIF	Unemployment Insurance Fund
UNHCR	United Nations High Commissioner for Refugees
USAID	United States Agency for International Development
UTUZ	United Trade Unions of Zimbabwe
UTWU	United Textile Workers' Union

ZACU	Zimbabwe African Congress of Unions
ZANU/PF	Zimbabwe African National Union (Patriotic Front)
ZANU-S	Zimbabwe African National Union (Sithole-Flügel)
ZAPU/PF	Zimbabwe African People's Union (Patriotic Front)
ZAPWU	Zimbabwe Agricultural and Plantation Workers' Union
ZARU	Zimbabwe Amalgamated Railway Union
ZCIWU	Zimbabwe Clothing Industry Workers' Union
ZCTU	Zimbabwe Congress of Trade Unions
ZEISWU	Zimbabwe Engineering, Iron and Steel Workers' Union
ZES	Zimbabwe Economic Society
ZFL	Zimbabwe Federation of Labour
ZIANA	Zimbabwe Inter African News Agency
ZIMCORD	Zimbabwe Conference on Reconstruction and Development
ZMIWU	Zimbabwe Motor Industry Workers' Union
ZMTWU	Zimbabwe Motor Trade Workers' Union
ZMU	Zimbabwe Mineworkers' Union
ZPTWU	Zimbabwe Posts and Telecommunication Workers' Union
ZTUC	Zimbabwe Trade Union Congress

VERZEICHNIS DER TABELLEN

VERZEICHNIS DER ABBILDUNGEN

LISTE ALTER UND NEUER ORTSNAMEN

Alter Name	Neuer Name
Belingwe	Mberengwa
Chipinga	Chipinge
Enkeldoorn	Chivhu
Essexvale	Esigodini
Fort Victoria	Masvingo
Gatooma	Kadoma
Gwelo	Gweru
Hartley	Chegutu
Marandellas	Marondera
Melsetter	Mandidzudzure
Mrewa	Murewa
Mtoko	Mutoko
Nkai	Nkayi
Nuantetsi	Mwenezi
Que Que	Kwekwe
Salisbury	Harare
Selukwe	Shurugwi
Sinoia	Chinhoyi
Shabani	Zvishavane
Tjolotjo	Tsholotsho
Umtali	Mutare
Umvuma	Mvuma
Wankie	Hwange

LITERATURVERZEICHNIS

Agricultural and Rural Development Authority (ARDA), Agricultural (Rural) Development Planning in Zimbabwe, 2. Entwurf 14.9.1981 (unveröffentlicht)

Agricultural, Technical and Extension Services (AGRITEX), Manicaland Province. Murare Intensive Resettlement Scheme, Mutare Feb. 1982 (unveröffentlicht)
— Report: Manicaland Province Intensive Resettlement — Model B: Headlands I.C.A. Ruponeso Co-operative (California A.), Mutare 1982 (unveröffentlicht)

Annual Economic Review, siehe Ministry of Economic Planning and Development, Annual Economic Review

Arrighi, Giovanni, The Political Economy of Rhodesia, Den Haag 1967
— Labour Supply in Historical Perspective: A Study of the Proletarianization of the African Peasantry in: Journal of Development Studies 1970, S. 197 - 234
— Multinationale Konzerne, Arbeiteraristokratien und die ökonomische Entwicklung in Schwarz-Afrika in: Senghaas, Dieter (Hrsg.), Peripherer Kapitalismus, Frankfurt/M. 1974, S. 221 - 275
— /Saul, John, Essays on the Political Economy of Africa, New York 1973

Bannerman, J.H., The Land Apportionment Act. A Paper Tiger? in: Zimbabwe Agricultural Journal, Vol. 79, 3 (1982), S. 101 - 106

Barber, William Joseph, The Economy of British Central Africa — A Case Study of Economic Development in a Dualistic Society, London 1961

Barber, James, Zimbabwe's Southern African Setting in: Morris-Jones, W.H. (Hrsg.), From Rhodesia to Zimbabwe, London 1980, S. 69 - 84

Bates, D.B., Important Innovations introduced by Agricultural Extension to the Tribal Farmer over the last Twenty Years, in: Zimbabwe Science News 1980, S. 187 - 190

Batson, Edward, The Poverty Line in Salisbury, School of Social Science and Social Administration, University of Cape Town, Cape Town 1945

Baumhögger, Goswin, Aspekte der wirtschaftspolitischen Ausrichtung und Entwicklungsplanung in Zimbabwe, 1980 - 1981 in: Afrika Spektrum 3 (1981), S. 279 - 330

Beach, David, The Shona Economy: Branches of Production in: Palmer, Robin/ Parsons, Neil (Hg.), The Roots of Rural Poverty in Central and Southern Africa, London 1977, S. 37 - 65

Beaumont, C., The Human Factor in Rural Development in: Zimbabwe Science News 1980, S. 7ff

Bettison, David G., The Poverty Datum Line in Central Africa, Rhodes-Livingstone Journal 27(1960)

Biermann, Werner, Rhodesien. Sozio-ökonomische Analyse eines kolonial-peripheren Landes. Ein Beitrag zur neueren Imperialismustheorie, Bochum 1976

– / **Kößler, Reinhart**, Siedlerkoloniale Produktionsweise: Das Beispiel Rhodesien in: Studien zu Imperialismus, Abhängigkeit, Befreiung 3 (1978), S. 56 - 72

– / – (Hg.), Strukturen der Ausbeutung und Unterdrückung in Südrhodesien. Das koloniale Erbe des unabhängigen Zimbabwe, Bonn 1980

Boyd, Rosalind E. (Hrsg.), Changing Patterns of Worker Relations in Zimbabwe: Conference Report, Centre for Developing Area Studies, McGill University, Montreal 1982

Brand, Coenraad M., Politics and African Trade Unionism in Rhodesia since Federation in: Rhodesian History. The Journal of the Central African Historical Association 1971, S. 89 - 109

– Some Comments on the National Trade Union Seminar on the Economic and Social Reconstruction of Zimbabwe held at Silveira House, 19. - 23.5. 1980 (unveröffentlicht)

– The Anatomy of an Unequal Society in: Stoneman, Colin (Hrsg.), Zimbabwe's Inheritance, London 1981, S. 36 - 57

– Land Tenure and Land Hunger in two Zimbabwean Peasant Communities. Paper at the ZES Conference on Rural Development, 8. - 10.6.1981

Bratton, Michael, Structural Transformation in Zimbabwe. Comparative Notes from the Neo-Colonization of Kenya in: Journal of Modern African Studies 15(1977), S. 591 - 611

– Beyond Community Development, From Rhodesia to Zimbabwe 6, London 1978

– Development in Zimbabwe: Strategy and Tactics in: Journal of Modern African Studies 19(1981), S. 447 - 475

Brown, Ken, Land in Southern Rhodesia, London 1959

Callear, Diana, Food Subsidies in Zimbabwe, Paper at the ZES Conference on Rural Development, 8. - 10.6.1981

Central Statistical Office (CSO), Monthly Digest of Statistics, Salisbury/Harare (verschiedene Ausgaben)

– Supplement to the Monthly Digest of Statistics, Salisbury/Harare (verschiedene Ausgaben)

– Rhodesia. Census of Population 1969, Salisbury 1969

– Wage Distribution of African Employees by Industrial Sector for the Month of June 1977 (E/1/79/30,20/9/80), Harare

– Agricultural Production in African Purchase Lands 1976, Salisbury 1977

– Statement of External Trade 1981, Harare 1982

– Social Conditions in District Council Areas 1982 (Preliminary Tables), Harare 1982

Centro de Estudos Africanos, Zimbabwe: Notes and Reflections on the Rhodesian Question, Universidade Eduardo Mondlane (2. Auflage mit einem Vorwort von Robert Mugabe), Maputo 1979

Chavunduka, Gordon L., Farm Labourers in Rhodesia in: Rhodesian Journal of

Economics Dez. 1972, S. 18 - 25

Cheater, Angela P., Co-operative Marketing among African Producers in Rhodesia in: Rhodesian Journal of Economics 1 (1976), S. 45 - 47

— Small-Scale Freehold as a Model for Commercial Agriculture in Rhodesia-Zimbabwe in: Zambezia 1978, S. 117 - 127

— Idioms of Accumulation: Rural Development and Class Formation among Freeholders in Zimbabwe, Department of Sociology, University of Rhodesia, Salisbury 1981 (unveröffentlicht)

— Rural Development Policy: Zimbabwe, Past and Present, Department of Sociology, University of Zimbabwe, Salisbury o.J. (1981)

— / **Bourdillon, M.F.C.**, Drought in Southern Zimbabwe: 1982, Paper to the Workshop on Resource Degradation and Development Planning in Semi-Arid Environments, 23. - 30.7.1982

Chigwendere, Ignatius T., Agriculture and the Utilisation of Labour and Skilled Manpower in the Subsistence and Commercial Sector of the Zimbabwean Economy in: Zimbabwe Manpower Survey 1978, IUEF (Hrsg.), Genf 1979, Vol. III, S. 41 - 57

— Industrial Relations in Zimbabwe. Past, Present and Future, 1982 (Rede)

Christopher, A.J., Land Tenure in Rhodesia in: South African Geographical Journal, 53 (1971)

Clarke, Duncan G., The Assumed Employment Generating Capacity of European Immigration in Rhodesia in: Rhodesian Journal of Economics Jan. 1970, S. 33 - 42

— Contract Workers and Underdevelopment in Rhodesia, Gwelo 1974

— Domestic Workers in Rhodesia. The Economics of Masters and Servants, Gwelo 1974

— The Underdevelopment of African Trade Unions in Rhodesia: An Assessment of Working Class Action in Historical Perspective, o.J. (1974) (unveröffentlicht)

— African Mine Labourers and Conditions of Labour in the Mining Industry in Rhodesia 1940 - 1974 in: Rhodesian Journal of Economics Dez. 1975, S. 177 - 218

— African Workers and Union Formation in Rhodesia in: South African Labour Bulletin, März 1975, S. 1 - 5

— A Note on the Agricultural and Plantation Workers' Union in Rhodesia in: South African Labour Bulletin, März 1975, S. 53 - 65

— The Debate on Unemployment in Rhodesia: A Survey of Some Theoretical Positions in: South African Labour Bulletin, März 1976

— Agricultural and Plantation Workers in Rhodesia, Gwelo 1977

— The Distribution of Income and Wealth in Rhodesia, Gwelo 1977

— The Economics of African Old Age Subsistence in Rhodesia, Gwelo 1977

— Unemployment and Economic Structure in Rhodesia, Gwelo 1977

— The Pattern of White Emigration/Immigration and their Effects on the

Zimbabwean Economy in: Zimbabwe Manpower Survey 1978, IUEF (Hrsg.), Genf 1979, Vol. II, S. 205 - 226
- The Unemployment Crisis, From Rhodesia to Zimbabwe Bd. 3, London 1978
- Foreign Companies and International Investment in Zimbabwe, London/Gwelo 1980
- A Review of Skill Problems and Policies in Zimbabwe in: Zimbabwe. Towards a New Order, Working Papers Vol. II, UN (Hrsg.) 1980, S. 257 - 314
- Zimbabwe's International Economic Position and Aspects of Sanctions Removal in: Morris-Jones, W.H. (Hrsg.), From Rhodesia to Zimbabwe, London 1980, S. 28 - 54

Cliffe, Lionel/Munslow, Barry, Editorial: The Prospects for Zimbabwe in: Review of African Political Economy 18 (1980), S. 1 - 6

Cliffe, Lionel/Mpofu, Joshua/Munslow, Barry, Nationalist Politics in Zimbabwe: The 1980 Elections and Beyond in: Review of African Political Economy 18 (1980), S. 44 - 67

Crookes, Ken B., Labour Problems in Rhodesia: An Employer's Viewpoint in: Rhodesian Journal of Economics Dez. 1972, S. 1 - 8

Cross, E.G., The Economics of Ecosystems Management in: Rhodesia Science News 1975, S. 21 f
- The Tribal Trust Lands in Transition: The National Implications, Rhodesian Institute for Agricultural Extension Workshop, University of Rhodesia, Salisbury Juli 1977 (hektographiert)
- Agriculture: Development and Equity, Paper to the Conex Training Branch Forum: Zimbabwe: Strategies for Economic Development, Salisbury 1980 (hektographiert)
- Economic Policy and Nutrition in Zimbabwe in: Zimbabwe Science News Juni 1982, S. 130 f
- The Stability of Food Crop Production through Pricing Policies in: Zimbabwe Science News 1982, S. 3 ff

Cubitt, Verity S., 1979 Supplement to the Urban Poverty Datum Line in Rhodesia: A Study of the Minimum Consumption Needs of Families (1974). Faculty of Social Studies, University of Rhodesia, Salisbury 1979
- / **Riddell, Roger C.,** The Urban Poverty Datum Line in Rhodesia, Faculty of Social Studies, University of Rhodesia, Salisbury 1974

Dankwerts, J.P., Requirements for the Development of African Agriculture in: Rhodesia Science News 1976, S. 267 f

Davies, D.H., Towards an Urbanization Strategy for Zimbabwe in: Geo Journal, Supplement 2 (1981)

Davies, Rob J., The Informal Sector in Rhodesia: How important? in: Rhodesia Science News 1974, S. 216 - 220
- Leadership and Unity in Rhodesian Black Trade Unions in: South African

Labour Bulletin, März 1975, S. 12 - 28

– External Zimbabwean Manpower Supplies: A Partial Assessment Based upon IUEF Data in: Zimbabwe Manpower Survey 1978, IUEF (Hrsg.), Genf 1979, Vol. II, S. 181 - 203

– The Informal Sector: A Solution to Unemployment?, From Rhodesia to Zimbabwe Bd. 5, London 1978

– Foreign Trade and External Economic Relations in: Stoneman, Colin (Hrsg.), Zimbabwe's Inheritance, London 1981, S. 195 - 219

Dawson, R., Towards a better Understanding of Manpower Supply in Rhodesia in: Rhodesian Journal of Economics Sept. 1972, S. 1 - 20

Decke, Bettina/Tüllmann, Abisag, Betrifft: Rhodesien. Unterdrückung und Widerstand in einer Siedlerkolonie, Frankfurt 1974

Department of Agricultural Development (DEVAG), Proposals for the Relief of Distress and Rehabilitation in the Peasant Farming Areas through Agriculture (DEVAG Agplan 2/80), Salisbury 1980 (revised)

District Development Fund (DDF), Functions of the District Development Fund, Report to the Prime Minister by M.R. Bowen-Davies (Acting Director DDF) 29.6.1982 (hektographiert)

– Annual Report for the Year Ending 30th June 1982, by M.R. Bowen-Davies (Acting Director DDF) (hektographiert)

Duncan, B.H.G., The Wages and Supply Position in European Agriculture in: Rhodesian Journal of Economics März 1973, S. 1 - 13

Duncan, W.F., Labour Problems in Rhodesia: A Trade Union Viewpoint in: Rhodesian Journal of Economics Dez. 1972, S. 15 - 17

Dunlop, Harry, Land and Economic Opportunity in Rhodesia in: Rhodesian Journal of Economics März 1972, S. 1 - 19

– Development in Rhodesian Tribal Areas in: Rhodesian Journal of Economics Dez. 1974, S. 177 - 189

Ellis-Jones, R.W.J., Land Tenure and Obstacles to Rural Development, University of Reading, Reading 1981 (Diss.)

Ellsworth, B.L., Rural Development Policy in Ndanga District, Paper at the ZES Conference on Rural Development, 8. - 10.6.1981

Federation of Rhodesia and Nyasaland, An Agricultural Survey of Southern Rhodesia. **Part I:** The Agro-Ecological Survey, by V. Vincent/R.G. Thomas; **Part II:** The Agro-Economic Survey, by R. Anderson and the Department of Native Agriculture of Southern Rhodesia, Salisbury 1961 (Government Printer)

Floyd, Barry Neil, Changing Patterns of African Land Use in Southern Rhodesia, 3 Bde., Rhodes-Livingstone Institute, Lusaka 1959 (Diss.)

– Land Apportionment in Southern Rhodesia in: Geographical Review 1962, S. 566 - 582

Foley, Griff, The Zimbabwean Political Economy and Education, 1980 - 1982, Department of History, University of Zimbabwe, Harare Aug. 1982

Gapare, R., Problems in Crop Production as seen by a Tribal Trust Land Farmer in: Rhodesia Science News 1976, S. 249 ff

Garbett, G.K., The Land Husbandry Act of Southern Rhodesia, Leopoldville 1961

Gasasira, Francis/Amos, Francis/Carol, Jacques u.a., A Spatial Planning System for Zimbabwe Vol. II: Diagnostic Studies (UNDP/UNCHS ZIM/80/008), Salisbury Nov. 1981

Göttlicher, Manfred/Fritz, Joachim, Ländliche Mittelpunktzentren in den Communal Lands von Zimbabwe (DFG Projektbericht), Bonn 1983

Government of Zimbabwe, Growth with Equity. An Economic Policy Statement, Salisbury Feb. 1981
— Intensive Resettlement, Policies and Procedures, Salisbury o.J. (1981)
— Intensive Resettlement Programme. Instruction Handbook for Planning, Salisbury o.J. (1981)
— Estimates of Expenditure for the Year Ending June 30th, 1983 (presented to the Parliament of Zimbabwe, 1982), Harare 1982
— Financial Statement 1982 (presented to the House of Assembly by the Minister of Finance, Economic Planning and Development on July 29th, 1982), Harare 1982
— Foreign Investment. Policy, Guidelines and Procedures, Harare Sept. 1982
— Estimates of Expenditure for the Year Ending June 30th, 1984, Harare 1983

Grant, P.M., Peasant Farming on Infertile Sands in: Rhodesia Science News 1976, S. 252 ff

Gray, Richard, The Two Nations. Aspects of the Development of Race Relations in the Rhodesias and Nyasaland, London 1960

Growth with Equity, siehe Government of Zimbabwe, Growth with Equity

Harbeson, John W., Land and Rural Development in Independent Zimbabwe: A Preliminary Assessment, USAID Feb. 1981

Harris, Peter S., Economic Incentives and European Immigration in Rhodesia in: Rhodesian Journal of Economics Sept. 1972, S. 61 - 74
— Government Policy and African Wages in Rhodesia in: Zambezia 1972, S. 39 - 45
— The 1973 Amendments to the Industrial Conciliation Act in: Rhodesian Journal of Economics Sept. 1973, S. 159 - 164
— Black Industrial Workers in Rhodesia. The General Problems of Low Pay, Gwelo 1974
— Industrial Relations in Rhodesia in: South African Journal of Economics 42 (1974), S. 65 - 84
— Industrial Workers in Rhodesia, 1946 - 1972: Working Class Elites or Lumpenproletariat? in: Journal of Southern African Studies Vol. I 2 (1975), S.

139 - 161
— Job Reservation — Rhodesian Style in: South African Labour Bulletin März 1975, S. 46 - 52
Hawkins, Anthony M., How much African Unemployment; in: Rhodesian Journal of Economics Sept. 1972, S. 21 - 33
— African Unemployment in Rhodesia in: Rhodesia Science News 1974, S. 211 - 215
— African Labour Supplies in the Rhodesian Economy in: Rhodesian Journal of Economics 10 (1976), S. 103 - 116
— The Economy: 1924 - 1974 in: Leistner, G.M.E. (Hrsg.), Rhodesia. Economic Structure and Change, Pretoria 1976, S. 15 - 40
Hughes, A.J.B., Development in Rhodesian Tribal Areas (Tribal Areas of Rhodesia Research Foundation), Salisbury 1973
Hume, Ian M., Agriculture in Rhodesia, Whitsun Foundation, Salisbury 1977 (hektographiert)
— A Preliminary Essay on Land Reform in Rhodesia/Zimbabwe, Whitsun Foundation, Salisbury 1978
Hunt, A.F., European Agriculture in: Leistner G.M.E. (Hrsg.), Rhodesia. Economic Structure and Change, Pretoria 1976, S. 79 - 80

International Fund for Agricultural Development (IFAD), Report of the General Identification and Programming Mission to the Republic of Zimbabwe, Rom August 1981
International Labour Office (ILO), Labour Conditions and Discrimination in Southern Rhodesia (Zimbabwe), Genf 1978

Jennings, A., Zimbabwe External Trade: Transit-Transport Routes in: Zimbabwe. Towards a New Order, Working Papers Vol. I, UN (Hrsg.) 1980, S. 599 - 659
Jeske, Joachim, Verkehrsgeographische Strukturwandlungen im Südlichen Afrika 1975 - 1980, Hamburg 1981
— Zimbabwes Eingliederung in den regionalen Wirtschaftsverbund des Südlichen Afrika in: Afrika Spektrum 3 (1981), S. 267 - 296
Jordan, T.W.F., Intensive Rural Development Area Number One in: Zimbabwe Science News 1980, S. 10 - 14

Kay, George, Rhodesia: A Human Geography, London 1970
— Population Pressures and Development Prospects in Rhodesia in: Rhodesia Science News 1975, S. 7 - 13
— The Population in: Leistner, G.M.E. (Hrsg.), Rhodesia. Economic Structure and Change, Pretoria 1976, S. 43 - 56
— Towards a Population Policy for Zimbabwe — Rhodesia in: African Affairs 1980
Kennan, P.B., Agricultural Extension in Zimbabwe, 1950 - 1980 in: Zimbabwe

Science News 1980, S. 183 - 186

Kößler, Reinhart, Zimbabwe: Die Perspektiven der Landreform in: Informationsdienst Südliches Afrika 3 (1980), S. 18

Kürschner, Frank, Zimbabwe — Schwerer Weg zur Demokratie in: Weiße, Wolfram (Hrsg.), Asania — Namibia — Zimbabwe, Stuttgart 1979, S. 65 - 95

Kufandada, Jewel Canisius, Der Dualismus in Entwicklungsländern und Ansätze zu seiner Überwindung. Ein Studium Zentralafrikas (Malawi, Zambia und Zimbabwe), Institut für Genossenschaftswesen, Universität Münster, Münster 1979

Leistner, Gerhard M.E. (Hrsg.), Rhodesia. Economic Structure and Change, Pretoria 1976

Leumer, Wolfgang, Zimbabwe: Niedergang der Siedlerkolonie Rhodesien, Forschungsinstitut der Friedrich-Ebert-Stiftung, Bonn 1979

Loewenson, R./Laing, R., The Health Status of Farmworker Communities in Zimbabwe, Salisbury o.J. (1981) (hektographiert)

Makoni, Tonderai, The Rhodesian Economy in a Historical Perspective, Part II in: Zimbabwe. Towards a New Order, Working Papers Vol. II, UN (Hrsg.) 1980, S. 35 - 67

Malaba, Luke, Supply, Control and Organisation of African Labour in Rhodesia in: Review of African Political Economy 18 (1980), S. 7 - 28

Mehnert, Klaus, Ausbau oder Umbau? Entwicklungen im Erziehungswesen nach der Unabhängigkeit in: Informationsdienst Südliches Afrika 4/5 (1983), S. 25 - 27

Meinardus, Ronald, Südafrika und Zimbabwe: Koexistenz oder Intervention? in: Informationsdienst Südliches Afrika 4 (1981), S. 17 - 20
— Feindselige Nachbarschaft: Pretorias Politik gegenüber Zimbabwe in: Informationsdienst Südliches Afrika 4/5 (1983), S. 11 f

Melchers, Konrad, Zimbabwe. Bedingungen und Ansätze einer Mitarbeit des DED, Berlin Sept. 1981

Ministry of Economic Planning and Development, Annual Economic Review of Zimbabwe, Salisbury Aug. 1981, Harare 1983
— Let's Build Zimbabwe Together. Conference Documentation, Zimbabwe Conference on Reconstruction and Development (ZIMCORD), Salisbury 23. - 27.3.1981
— Supplement to the Documentation for ZIMCORD, Salisbury 1981

Ministry of Labour and Social Services (Department of Industrial Relations), Workers' Committee Guide Lines, Salisbury o.J. (1981)

Ministry of Lands, Resettlement and Rural Development, Report of the Director of Marketing and Co-operative Services Section for the Year Ending 31st December, 1981, (15.7.1982)

Ministry of Trade and Commerce, Pilot Survey: Small Business Development-Preliminary Report (Ref: D/36, 29.10.1981), Harare (unveröffentlicht)

— Projektbeschreibung "Rehabilitation and Reconstruction of Rural Businesses" (20.3.1981), Harare (unveröffentlicht)
— Pilot Survey: Small Business Development — Final Report (Ref: D/36, 26.1.1982), Harare (unveröffentlicht)
— Project for the Development of Small Scale Commercial and Industrial Enterprises in Zimbabwe (17.5.1982), Harare (unveröffentlicht)

Mombeshora, S., Agricultural Policy and Nutritional Needs of the People of Zimbabwe in: Zimbabwe Science News Juni 1982, S. 127 - 129

Morris-Jones, W.H. (Hrsg.), From Rhodesia to Zimbabwe. Behind and Beyond Lancaster House, London 1980

Moyo, Nelson P., Notes on Skilled Manpower for Industrial Development in Zimbabwe in: Zimbabwe Manpower Survey 1978, IUEF (Hrsg.), Genf 1979, Vol. III, S. 69 - 85
— The Summer Seed Pack Programme, Resettlement Schemes and Rural Development in Zimbabwe: Preliminary Observations. Paper at the ZES Conference on Rural Development, 8. - 10.6.1981

Mswaka, T.E., Rural Area Subsidies to Wage Employment in Rhodesia in: Rhodesia Science News 1974, S. 221 - 224

Muir, Kay, Minimum Wages in Zimbabwe. Case Study of Family Earnings on a Fluecured Tobacco Farm in: Zimbabwe Agricultural Journal Vol. 79,4 (1982), S. 115 - 117

Muir, K.A./Blackie, M.H./Kinsey, B. u.a., The Employment Effects of 1980 Prize and Wage Policy in the Zimbabwe Maize and Tobacco Industries in: African Affairs 1982

Mukarati, M.M., Land Reform and Agricultural Transformation in Zimbabwe in: Zimbabwe. Towards a New Order, Working Papers Vol. I, UN (Hrsg.) 1980 S. 1 - 25

Mukundu, N.Z., Factors Limiting Increased Crop Production in Tribal Trust Lands as an Extension Worker sees them in: Rhodesia Science News 1976, S. 248 f

Munslow, Barry, Zimbabwe's Emerging African Bourgeoisie in: Review of African Political Economy 19 (1980), S. 63 - 69

Muvingi, Lucy/Cliffe, Lionel/Munslow, Barry, Proposed Agrarian Strategies for the Future of Zimbabwe, Paper to the Leeds Conference on Zimbabwe, 21.6. 1980 (unveröffentlicht)

Muzondo, Timothy R., Planning Economic Growth with Equity. The Relevance of Rural Development, Paper to the ZES Conference on Rural Development, 8. - 10.6.1981

Ndlela, Daniel B., The Rhodesian Economy in a Historical Perspective, Part I, in: Zimbabwe. Towards a New Order, Working Papers Vol. II, UN (Hrsg.) 1980, S. 1 - 34
— Dualism in the Rhodesian Colonial Economy, University of Lund, Lund 1981

Ngwenya, Martyn A.R., External Economic Links of Southern Rhodesia in: Zimbabwe. Towards a New Order, Working Papers Vol. I, UN (Hrsg.) 1980, S. 573 - 598

Nicolle, W.H.H., The Development of the Subsistence Sector: What is being done in Rhodesia in: Rhodesian Journal of Economics Dez. 1971, S. 1 - 8

Niemann, Rolf, Von Rhodesien zu Zimbabwe. Emanzipation der Afrikaner durch Guerillakampf oder Verfassungskonferenz, Frankfurt 1976
− Zimbabwe in: Deutscher Volkshochschulverband, Materialien 20, Afrika II, Bonn 1982, S. 167 - 180

Nyambuya, M.M., Industrial Decentralization in Zimbabwe. Past and Future Policy, Paper to the UN Interregional Seminar on Decentralization for Development, Khartoum 14. - 18.9.1981

Nziramasanga, Mudziviri, The Agricultural Sector in Zimbabwe: Prospects for Change and Development in: Zimbabwe: Towards a New Order, Working Papers Vol. I, UN (Hrsg.) 1980, S. 27 - 74

Onselen, C. van, Chibaro. African Mine Labour in Southern Rhodesia 1900 - 1933, London 1976
− Worker Consciousness in Black Miners, Southern Rhodesia 1900 - 1920 in: Phimister, I.R./Onselen, C. van, Studies in the History of African Mine Labour in Colonial Zimbabwe, Gwelo 1978, S. 1 - 22
− The 1912 Wankie Colliery Strike in: Phimister, I.R./Onselen, C. van, Studies in the History of African Mine Labour in Colonial Zimbabwe, Gwelo 1978, S. 41 - 57

Osang, Helmut, Entkolonisierung der Medien. Massenkommunikation in Zimbabwe in: epd-Entwicklungspolitik 6 (1983), S. 11ff

Otzen, Uwe, The Colonial Heritage of the Rhodesian Agriculture and its Development Perspectives in: German Development Institute, Perspectives of Independent Development in Southern Africa, Berlin 1980

Palmer, Robin, The Agricultural History of Rhodesia in: Palmer, Robin/Parsons, Neil (Hg.), The Roots of Rural Poverty in Central and Southern Africa, London 1977, S. 221 - 254
− Land and Racial Domination in Rhodesia, London 1977
− / **Parsons, Neil (Hg.)**, The Roots of Rural Poverty in Central and Southern Africa, London 1977

Palmer-Jones, R.W./Rukuni, Mandivamba, The Political Economy of Irrigation Development in Zimbabwe, Paper to the University of Leeds Conference on Zimbabwe, 21.6.1980 (unveröffentlicht)

Phimister, I.R./Onselen, C. van, Studies in the History of African Mine Labour in Colonial Zimbabwe, Gwelo 1978

Plowes, D.C.H., Technical Problems of Tribal Crop Production in: Rhodesia Science News 1976, S. 244 - 247
− The Impact of Agricultural Extension in the Eastern Tribal Areas of Zim-

babwe in: Zimbabwe Science News 1980, S. 197 - 200

Pollak, Oliver B., The Impact of the Second World War on African Labour Organization in Rhodesia in: Rhodesian Journal of Economics 1973, S. 121 - 137

Ranger, Terence O., The African Voice in Southern Rhodesia, 1898 to 1930, London 1970

Reichert, Christoph, Freiheit der Presse. Aufkauf der südafrikanischen Anteile an zimbabweschen Zeitungen in: Informationsdienst Südliches Afrika 1/2 (1981), S. 28f.
— Mais — Grundnahrungsmittel und Waffe. Zur landwirtschaftlichen Entwicklung in Zimbabwe in: Informationsdienst Südliches Afrika 8/9 (1981), S. 13 - 16
— Rückkehr der Flüchtlinge. Wiederansiedlung der im Krieg entwurzelten Bevölkerung in: Informationsdienst Südliches Afrika 4 (1981), S. 3f

Reid, M.G., Progress in Cotton Production in the Tribal Trust Lands in: Rhodesia Science News 1978, S. 255f
— Tribal Agriculture in Relation to Rural Development — A Historical Note in: Zimbabwe Rhodesia Science News 1980, S. 4 - 6

Report of the Commission of Inquiry into Incomes, Prices and Conditions of Service under the Chairmanship of Roger C. Riddell, Salisbury 1981

Republic of Zimbabwe, Transitional National Development Plan 1982/83 - 1984/85, Vol. I, Nov. 1982

Rhodesia. Integrated Plan for Rural Development, Published as an Annexure to Proposals for a Five-Year Programme of Development in the Public Sector, Ministry of Finance, Salisbury Juli 1978 (3. Auflage)

Rhodesia. Proposals for a Five-Year-Programme of Development in the Public Sector, Ministry of Finance, Salisbury Jan. 1979 (3. Auflage)

Riddell, Roger C., Poverty and the Wage Structure in Rhodesia in: Rhodesia Science News 1974, S. 201 - 205
— Alternatives to Poverty, From Rhodesia to Zimbabwe Bd. 1, London o.J. (1977)
— The Land Problem in Rhodesia. Alternatives for the Future, Gwelo 1978
— Post 1965 Economic Changes under Sanctions and War and their Implications for Manpower in Zimbabwe in: Zimbabwe Manpower Survey 1978, Vol. II, IUEF (Hrsg.) Genf 1979, S. 85 - 115
— Skill Needs in the Agricultural Sector in Zimbabwe in: Zimbabwe Manpower Survey 1978, IUEF (Hrsg.), Genf 1979, S. 5 - 40
— Zimbabwe's Land Problem: the Central Issue in: Morris-Jones, W.H. (Hrsg.), From Rhodesia to Zimbabwe, London 1980, S. 1 - 12
— Education for Employment, From Rhodesia to Zimbabwe Bd. 9, London 1980
— The Recommendations of the Commission of Inquiry into Incomes, Prices and Conditions of Service in the Light of Recent Developments, Paper at the Leadership Seminar for Public Service Unions, Harare 4. - 8.10.1982

– How the World Recession Affects Zimbabwe in: MOTO Feb. 1983, S. 45ff
– The Interaction between the Public and Private Sector Roles in National Development in Zimbabwe in: Issues and Opinions, Aug. 1983
–/Harris, Peter S., The Poverty Datum Line as a Wage-Fixing Standard, Gwelo 1975
Riddell-Report, siehe Report of the Commission of Inquiry
Rifkind, M.L., Land Apportionment in Perspective in: Rhodesian History 3 (1972), S. 53 - 62
Rudolph, Helmut, Heinz im Sozialismus in: Informationsdienst Südliches Afrika 1/2 (1983), S. 29
Rukuni, Mandivamba, Dualism in Agricultural Development of Under-Developed Countries, Department of Agricultural Economics, University of Reading, Reading 1978

Sadie, J.L., Report on Planning and the Economic Development of Rhodesia, CSR 35-1967, Salisbury 1967 (Government Printer)
Saul, J.S./Woods, R., African Peasantries in: Shanin, T. (Hrsg.), Peasants and Peasant Societies, Harmondsworth 1971
Schinner, Hans-Dieter, IWF-Budget? Zimbabwes Haushalt 1983/84 in: Informationsdienst Südliches Afrika 10/11 (1983), S. 17f.
Schmidt, Werner, Rhodesien, Bonn 1970
Seidman, Ann, A Development Strategy for Zimbabwe (Department of Economics 63/82/AS) 1982 (hektographiert)
Senghaas, Dieter (Hrsg.), Peripherer Kapitalismus. Analysen über Abhängigkeit und Unterentwicklung, Frankfurt/M. 1974
Shanin, T. (Hrsg.), Peasants and Peasant Societies, Harmondsworth 1971
Sithole, Phineas F., Labour Problems in Rhodesia: A Trade Union Viewpoint in: Rhodesian Journal of Economics Dez. 1972, S. 9 - 14
– Major Problems in Union Formation in Rhodesia in the 70's in: South African Labour Bulletin, März 1975, S. 6 - 11
Stark, Werner, Die ethnisch-sprachliche Situation in Simbabwe zum Zeitpunkt der Unabhängigkeit in: Asien, Afrika, Lateinamerika 9 (1981), S. 1091 - 1099
Stoneman, Colin, Economic Development with Unlimited Supplies of Capital: The Case of Southern Rhodesia in: South African Labour Bulletin Feb. 1976
– Foreign Capital and the Prospects for Zimbabwe in: World Development Vol. 4, Jan. 1976, S. 25 - 58
– Foreign Capital and the Reconstruction of Zimbabwe in: Review of African Political Economy 11 (1978)
– Skilled Labour and Future Needs, From Rhodesia to Zimbabwe Bd. 4, London 1978
– Foreign Capital in Zimbabwe in: Zimbabwe. Towards a New Order, Working Papers Vol. I, UN (Hrsg.) 1980, S. 413 - 540
– Zimbabwe's Prospects as an Industrial Power in: Morris-Jones, W.H. (Hrsg.),

From Rhodesia to Zimbabwe, London 1980, S. 14 - 27
— Agriculture in: Stoneman, Colin (Hrsg.), Zimbabwe's Inheritance, London 1981, S. 127 - 150
— (Hrsg.), Zimbabwe's Inheritance, London/Basingstoke 1981
— We do not need Heinz and Co. in: MOTO Okt. 1982, S. 50f
—/Davies, Rob, The Economy: An Overview in: Stoneman, Colin (Hrsg.), Zimbabwe's Inheritance, London 1981, S. 95 - 126
—/Zwizwai, B./Kaliyati, J.u.a., Industry and Rural Development in Zimbabwe, Paper at the ZES Conference on Rural Development, 8.- 10.6.1981
Stubbs, A.T., The Components and Organisation of Rural Development in Zimbabwe Rhodesia in: Zimbabwe Rhodesia Science News 1980, S. 18 - 22

Tickner, Vincent, The Food Problem, From Rhodesia to Zimbabwe Bd. 8, London 1979
Tillett, E.R., Planning for the Rural Development Needs of Zimbabwe, Paper to the ZES Symposium, Salisbury 8. - 10. 9.1980
TNDP siehe Republic of Zimbabwe, Transitional National Development Plan
Trade Union Congress of Rhodesia (TUCRh), Resume of the Historical Background over the Years (Konferenzpapier), Nov. 1978
United Nations (Hrsg.), siehe Zimbabwe. Towards a New Order
United States Agency for International Development (USAID), Irrigation in Zimbabwe, Harare April 1982
— An Assessment of the Agricultural Sector in Zimbabwe and Proposed Assistance Strategy for USAID, Harare April 1982
Ure, John, Trade Unions in Zimbabwe, 1980 (unveröffentlichtes MS)

van der Veen, R.G., The advanced Master Farmers Training Scheme. A New Era in Small-scale Farmer Training in Zimbabwe in: Zimbabwe Agricultural Journal Vol. 79, 1 (1982), S. 7 - 9
Vereinbarungen der Verfassungskonferenz für den Übergang Rhodesiens zur Unabhängigkeit, unterzeichnet in London am 21.12.1979 in: Europa-Archiv 5 (1980), S. D 108 - D 124
Vincent, V./Thomas, R.G., The Agro-Ecological Survey in: Federation of Rhodesia and Nyasaland. An Agricultural Survey of Southern Rhodesia, Part I, Salisbury 1961 (Government Printer)

Walker, B.H., Ecological Constraints to Growth in Rhodesia in: Rhodesia Science News 1975, S. 18ff
Waller, Peter P./Otzen, Uwe u.a., The Economy of Colonial Zimbabwe and Policy Issues for a Future Majority Government, GDI, Berlin 1977
Weinrich, Aquina K.H., Chiefs and Councils in Rhodesia, London 1971
— Black and White Elites in Rural Rhodesia, Manchester 1973
— African Farmers in Rhodesia. Old and New Peasant Communities in Karan-

galand, London 1975

Weiße, Wolfram (Hrsg.), Asania — Namibia — Zimbabwe, Stuttgart 1979

Whitlow, J.R., Agricultural Potential in Zimbabwe — A Factorized Survey in: Zimbabwe Agricultural Journal 77 (1980), S. 97 - 106
— Environmental Constraints and Population Pressures in the Tribal Areas of Zimbabwe in: Zimbabwe Agricultural Journal 67 (1980), S. 173 - 181
— Environmental Constraints in the Peasant Farming Areas of Zimbabwe, Paper at the ZES Conference on Rural Development, 8. - 10.6.1981

Whitsun Foundation, An Appraisal of Rhodesia's Present and Future Development Needs, Salisbury 1976
— African Co-operative Societies in Rhodesia, Salisbury 1977
— A Strategy for Rural Development, Data Bank Nr. 2: The Peasant Sector, Salisbury 1978
— Social Security Study, Salisbury 1979
— Peasant Sector Credit Plan for Zimbabwe Vol. I, II, III, Salisbury 1980

Wohlleben, Roland, Weltwirtschaft am Jahreswechsel 1982/83. Simbabwe, Mitteilungen der Bundesstelle für Außenhandelsinformation, April 1983

Yates, Peter, The Prospects for Socialist Transition in Zimbabwe in: Review of African Political Economy 18 (1980), S. 68 - 88

Yudelman, M., Africans on the Land, Cambridge (Mass.) 1964

Zengeya, S./Sena, A./Zanza, J. u.a., The Health Status of Mineworker Communities in Zimbabwe, Harare 1982 (hektographiert), siehe auch in: Central African Journal of Medicine, Juli 1982

Zimbabwe Agricultural and Economic Review (published by Modern Farming Publications), Harare März 1982

Zimbabwe-Informationsgruppe, Nationale Wirtschaftspolitik und regionale Kooperationsbemühungen in: Informationsdienst Südliches Afrika 4/5 (1983), S. 13 - 15

Zimbabwe Manpower Survey 1978, Patriotic Front Seminar, Dar-es-Salaam 5. - 9. 11.1978, 3 Bde.. IUEF (Hrsg.), Genf 1979

Zimbabwe. Towards a New Order. An Economic and Social Survey, Hauptband und Working Papers Vol. I, II, UN (Hrsg.) 1980

ZIMCORD, siehe Ministry of Economic Planning and Development, Let's Build Zimbabwe Together